新形态优秀教材译丛

管理信息系统

管理数字化企业·第16版

[美] 肯尼斯·C. 劳顿（Kenneth C. Laudon） 著
简·P. 劳顿（Jane P. Laudon）

黄丽华　俞东慧　译

Management Information Systems (16th Edition)

清华大学出版社
北京

北京市版权局著作权合同登记号　　图字：01-2021-2702

Authorized translation from the English language edition, entitled MANAGEMENT INFORMATION SYSTEMS: MANAGING THE DIGITAL FIRM, 16th Edition, 0135191793 by KENNETH C. LAUDON, JANE P. LAUDON, published by Pearson Education, Inc, copyright ©2020.

All Rights Reserved. No part of this book may be reproduced or transmitted in any form or by any means, electronic or mechanical, including photocopying, recording or by any information storage retrieval system, without permission from Pearson Education, Inc.

CHINESE SIMPLIFIED language edition published by **PEARSON EDUCATION ASIA LTD.**, and **TSINGHUA UNIVERSITY PRESS** Copyright ©2021

本书中文简体翻译版由培生教育出版集团授权给清华大学出版社出版发行。未经许可，不得以任何方式复制或抄袭本书的任何部分。

本书封面贴有 Pearson Education（培生教育出版集团）激光防伪标签，无标签者不得销售。

版权所有，侵权必究。举报：010-62782989，beiqinquan@tup.tsinghua.edu.cn。

图书在版编目 (CIP) 数据

管理信息系统：管理数字化企业：第16版 /（美）肯尼斯·C. 劳顿 (Kenneth C.Laudon)，（美）简·P. 劳顿 (Jane P.Laudon) 著；黄丽华，俞东慧译. —北京：清华大学出版社，2023.5

（新形态优秀教材译丛）

书名原文：Management Information Systems: Managing the Digital Firm

ISBN 978-7-302-58732-3

Ⅰ.①管… Ⅱ.①肯…②简…③黄…④俞… Ⅲ.①管理信息系统－高等学校－教材 Ⅳ.① C931.6

中国版本图书馆 CIP 数据核字 (2021) 第 161172 号

责任编辑：徐永杰
封面设计：何凤霞
版式设计：方加青
责任校对：宋玉莲
责任印制：朱雨萌

出版发行：清华大学出版社
网　　址：http://www.tup.com.cn, http://www.wqbook.com
地　　址：北京清华大学学研大厦 A 座　　邮　　编：100084
社 总 机：010-83470000　　邮　　购：010-62786544
投稿与读者服务：010-62776969, c-service@tup.tsinghua.edu.cn
质 量 反 馈：010-62772015, zhiliang@tup.tsinghua.edu.cn
印 装 者：北京同文印刷有限责任公司
经　　销：全国新华书店
开　　本：185mm×260mm　　印　张：32.75　　插　页：2　　字　数：885 千字
版　　次：2023 年 5 月第 1 版　　印　次：2023 年 5 月第 1 次印刷
定　　价：98.00 元

产品编号：089789-01

作者简介

肯尼斯·C. 劳顿是纽约大学斯特恩商学院信息系统方面的教授。他本科毕业于斯坦福大学并获经济学学士学位，在哥伦比亚大学获得博士学位。他出版了12本专著，涉及电子商务、信息系统、组织和社会等。劳顿教授还发表了40多篇论文，内容涉及信息系统对社会、组织、管理带来的影响，以及隐私、伦理和多媒体技术等。

劳顿教授现在所从事的研究涉及大规模信息系统和多媒体信息技术，同时他正在承担美国国家自然科学基金项目，主要研究联邦调查局（FBI）和美国国税局（IRS）的信息系统的演变。他的研究聚焦于企业信息系统的实施、在大型组织中与计算机密切关联的组织变化和职业变化、管理思想的变化和公共政策的变化，以及对知识工作效率影响的理解等。

在纽约大学斯特恩商学院，劳顿教授讲授"数字企业的管理""信息技术与公司战略、专业责任（商业伦理）""电子商务与数字市场"等课程。劳顿教授的业余爱好是帆船运动。

简·P. 劳顿是信息系统方面的管理咨询师，她出版了7本著作。她的研究领域包括系统分析、数据管理、MIS审计、软件评估以及给企业人员培训如何设计和使用信息系统。

简本科毕业于巴纳德学院，后在哈佛大学和哥伦比亚大学分别获得了硕士学位和博士学位。她曾任教于哥伦比亚大学和纽约大学商学院。她从小就对东方语言和文明感兴趣。

劳顿夫妇有两个可爱的女儿——埃丽卡和伊丽莎白。谨以此书奉献给她们。

前　言

新版书的新内容

《管理信息系统：管理数学化企业（第 16 版）》有以下一些新特点和新内容，使课程更有趣味性、时效性和关联性。

新特点

- **新职业机会**：这部分内容有助于学生找工作。通过对实际工作的职业描述、相关工作的需求与本章内容的相关性，让相关专业毕业的大学生知道这个工作的基本进入门槛。工作需求显示了所需的教育背景和技能，列出了在面试过程中可能会问到的问题，给读者提供了回答这些问题的提示，便于读者为面试做好准备。
- **新概念的视频**：包含 45 个 3～5 分钟的概念视频资料。劳顿教授利用现代化的动漫平台，为学生提供了每一章中最重要的 3 个概念。这些视频只有在 MyLab MIS 的数字教材中才能获得。
- **新的视频案例**：书中有 36 个视频案例（每章 2 个或更多），还有 10 个额外的教学指导视频，这些视频涵盖 MIS 领域的主要概念和经验，显示工作人员在实际工作中如何合作、管理人员如何利用信息技术和系统。

新内容主题

第 16 版所有的开篇案例、结尾案例、互动案例都是全新的，其中文字、图片、表格和案例均已更新至 2018 年 9 月行业的最新进展和 MIS 研究的最新成果。

- **人工智能最新成果**：重写了第 11 章，增加了最新的机器学习、深度学习、自然语言系统、计算机视觉系统以及机器人等内容，反映出业界对利用 AI 和智能技术的强大兴趣。
- **大数据和物联网**：第 1 章、第 6 章、第 7 章以及第 12 章深度涵盖了大数据、大数据分析以及物联网的相关内容，包括大数据分析、物联网数据流分析、Hadoop、内存计算、非关系型数据库、数据湖以及分析平台。
- **云计算**：更新和拓展了第 5 章的云计算（IT 基础设施）内容，更具体、详细地介绍了各种云服务的类别、私有云、公有云、混合云、管理云服务以及关于利用云服务的全新的互动环节。在第 6 章（云上数据库）、第 8 章（云安全）、第 9 章（基于云计算的 CRM 和 ERP）、第 10 章（电子商务）和第 13 章（基于云的系统开发）均涉及了云计算。
- **社交、移动和本地化的服务**：在第 10 章中，新的电子商务内容描述了社交工具、移动技术以及基于位置的服务是如何改变市场营销和广告的。
- **社会化商务**：第 2 章拓展了社会化商务的概念，并在整本书中均有讨论，还详细讨论了企业内部的社会化网络和电子商务中的社会化网络。
    - ■ 机器学习

- 自然语言处理
- 计算机视觉系统
- 机器人
- 深度学习
- 监督学习
- 无监督学习
- 边缘计算
- 5G 网络
- 欧盟通用数据保护条例（GDPR）
- 移动设备管理（MDM）
- Office 365
- 区块链
- 数据湖
- 分布式数据库
- 金融科技

本书的核心在于提供了当今商业企业使用的信息系统的最新的、最综合性的内容。读完本书，我们希望学生们能够参与甚至领导管理层来讨论企业的信息系统，并且理解如何在工作中使用信息技术来实现业务效益。不管学生是学会计、金融、管理、运营管理，还是学市场营销或信息系统专业，本书中的知识和信息将使他们受益终生。

本书的核心

本书围绕一个描述和分析信息系统的集成架构，提供了关于 MIS 基本概念的全貌，这个架构告诉我们信息系统是由管理、组织和技术要素组成，并在学生的项目练习和案例学习内容上得到强化。本书共 15 章，还包括覆盖 MIS 各个基本主题的实践性项目案例。视频案例学习和教学视频学习材料是本书的重要组成部分，包含 36 个视频学习案例（每章 2～3 个），再加上 10 个教学视频，展示了信息系统的商业应用，解释了一些新技术，探索了一些新概念。这些视频对每章的主题内容都是非常重要的。

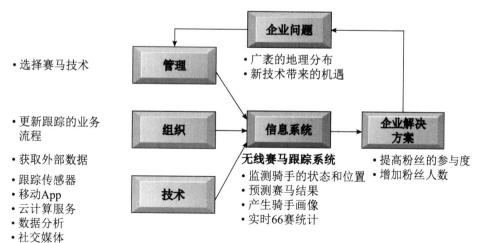

每章开篇案例的附图（章首图）生动地说明了管理、组织、技术要素如何共同构成了一个信息系统解决方案，用于应对在案例所讨论的企业面临的挑战。

章节编排

每章均包含下列内容：
- 基于学习目标的每章概要
- 每章的案例研究和视频案例列表
- 通过开篇案例介绍现实世界中某个组织的情况来确立本章的主题和重要性
- 根据书中所采用的管理、组织与技术模型来分析开篇案例
- 2个互动学习讨论部分，均附有案例讨论题
- 职业机会部分，为学生展示在找工作和职业准备过程中如何利用本书
- 复习总结部分，对学生学习目标的达成具有关键作用
- 列出关键术语，帮助学生复习概念
- 复习题，帮助学生测试自己掌握了多少知识
- 与本章主题有关的更广泛的讨论题
- 一系列MIS实践项目，包括2个管理决策问题、1个练习应用软件项目以及1个互联网技术学习项目
- 1个"协同与团队合作"练习项目，帮助学生提高团队工作能力和演讲技能，还有机会使用开源合作工具
- 每章末的案例可以让学生将本章概念应用于案例中
- 2个辅助进阶的写作问题
- 参考资料

以学生学习为中心

学习目标是围绕学生关心的学习问题来组织的。每章都基于这些学习问题来进行小结和提供复习题，并且每章的主要内容也都是基于某一学习目标展开。

主要特点

本书增加了对学生和教师更具互动性、更具前沿性和吸引力的内容，这些特点和学习工具将在下面加以说明。

现实世界的企业案例

本书将帮助学生了解信息系统和企业绩效之间的直接联系，在世界各地驱使企业使用信息系统和技术的主要业务目标包括：卓越运营、新产品和服务、客户与供应商的密切关系、改善决策、竞争优势和生存。书中的案例向学生们展示了某个具体企业是如何应用信息系统来达成这些业务目标的。

在本书中，我们只用最新（2018年）的商业企业和公共组织案例，以帮助解释每章中重要的概念。所有这些企业或组织的案例都是学生们广为熟知的，如优步（Uber）、美国职业橄榄球大联盟（NFL）、脸书（Facebook）、绘儿乐（Crayola）、沃尔玛（Walmart）、亚马逊（Amazon）、星巴克（Starbucks）以及通用电气（GE）等。

互动性

没有比实际操练更好的学习MIS的方法了！我们提供了各种不同的实践练习项目，学生们可以在现实世界里接触各种不同的商业场景和数据，直接领悟MIS的全部真谛。这些实践项目将提升

学生投入激动人心的课题中去的积极性。

- **互动部分**。在每章中，我们重新设计了 2 个简短的案例用于互动性课堂教学（或者在互联网讨论平台上），以有助于激发学生的兴趣和主动性学习。每个案例均有案例分析题，这些分析题供课堂讨论、在线讨论或书面作业所用。

互动讨论：组织
数字化技术帮助绘儿乐（Crayola）提升品牌知名度

Crayola 是全球最受儿童和他们的父母喜爱的品牌之一。这家总部位于宾夕法尼亚州伊斯顿的企业，因其高品质、无毒的蜡笔、记号笔、铅笔、橡皮泥模型、创意玩具和创新的艺术工具而闻名，这些产品一百多年来持续激发儿童的艺术创造力。你几乎可以在任何地方找到 Crayola 的产品，包括学校、办公室、超市、药店、医院、主题公园、机场、加油站和餐馆等。

Crayola 的蜡笔盒已经成为几代美国人集体历史和经验的一部分，并象征着童年的色彩和乐趣。但是今天，Crayola 的蜡笔盒不再像过去那样具有标志性。Crayola 蜡笔的受欢迎程度受到了打击——不是 Crayola 的传统竞争对手（Faber-Castelli、Dixon Ticonderoga 和 MEGA Brands）引起的，而是时代的变革。

孩子们的游戏方式发生了深刻的技术和文化变革。孩子和他们的家庭越来越受到复杂的娱乐形式的轰炸，其中许多都是数字化的。在孩子的游戏、其他工作和日常生活中，数字产品已开始取代实体产品。随着计算机和网络学习的兴起，孩子们越来越早地抛弃了手工艺术品，这种现象被称为 KGOY（Kids Growing Older Younger）。当孩子长到四五岁可以玩电脑的年龄时，他们对玩具和蜡笔的兴趣就减少了，他们更喜欢电子化产品，如视频游戏、数字平板电脑和智能手机。Crayola 也不能回避这个问题。

……

> 每章包含 2 个实际企业中关于管理、组织和技术互动讨论的案例，帮助学生理解本章的概念和问题。

案例讨论题

---

1. 分析是哪些管理、组织和技术因素导致 Crayola 现在的问题。
2. Crayola 追求什么样的竞争战略？数字化技术是如何支持这些战略的？
3. 在设计新的基于技术的产品时，Crayola 碰到了哪些人员问题？
4. 数字化技术是如何改变 Crayola 的商业模式和业务运营方式的？

> 案例讨论题鼓励学生在参与课堂讨论、演讲和做作业时，将本章的概念应用到企业的实际工作中。

- **MIS 实践项目**。每章都提供了 3 类实践性的 MIS 项目：2 个管理决策难题；1 个各种软件的应用练习，如用微软的 Excel、Access 或 Web 页面和博客创建工具等；1 个开发互联网商务技能的项目。
- **合作和团队项目**。每章都有 1 个合作项目，鼓励学生们用 Google Drive、Google Docs 或其他开源合作工具进行团队工作。第 1 章中的第一个团队项目是让学生创建一个合作 Google 平台。

> 学生在实际情景下练习利用软件来实现卓越运营和改善决策的练习

改善决策：使用网络工具进行汽车配置和定价

软件技能要求：基于网络的软件

业务技能要求：研究产品信息和定价

3-11 在本练习中，你用汽车网页的软件找到你所选择的车型的产品信息，利用这些信息作出重要的买车决策。同时，你要评估一下这两个平台作为销售工具的效果。

你想购买一辆全新的 Ford Escape（或所选的其他车型）。到 CarsDirect 网站（www.carsdirect.com）开始你的研究。找到 Ford Escape，研究不同的 Escape 型号，根据价格、特点以及安全等级选择一个你最喜欢的型号。至少阅读两个相关评论。到制造商的网站上去看看，在这个案例中是 Ford 公司（www.ford.com）。将 Ford 公司网站上的信息和 CarsDirect 上关于 Ford Escape 这款车的信息进行对比。确定你想要的这辆车在当地的经销商库存中有货，并且价格最低。对 CarsDirect.com 和 Ford.com 提出改进建议。

> 每章均提供 1 个项目，让学生获取信息、开展研究，完成在线计算和分析，从而培养学生的互联网技能

开发职业技能

学生要在瞬息万变的就业市场中取得成功，应该要思考自己的职业选择，以及如何培养各种技能。在这本书里，我们将重点放在以下几个方面来帮助学生发展这些技能。

职业机会和资源

每一个使用本书的学生都想知道：这本书对我的事业有何帮助？在新的职业机会部分，会告诉读者如何使用这本书作为求职和职业发展的工具。面试官们通常会问你：为什么想要这份工作？你的沟通能力如何？能否进行多任务工作？团队合作能力如何？领导力如何？如何解决问题？如何实现目标？这些问题是你在任何一份工作中都需要具备的一般技能和行为，你应该从你的课程和工作经验中提供案例来展示这些技能。当然，雇主也会问一些商业知识和专业技能方面的问题。"职业机会"部分将会告诉你如何利用本书中学到的知识来展示这些技能。

"职业机会"在每章的最后，标题以"MIS 将如何帮助我的职业生涯？"出现。在这部分，

你会看到一个即将毕业的大学生的入门级工作描述，这些描述都是基于一些主要的在线招聘网站的真实工作描述，而且与该章所涉及的主题相关。本书提供的公司名称和工作地点进行了一定的修改。每章的招聘启事都描述了所需的教育背景、具体的工作技能，并提出了在面试过程中可能出现的一些与业务相关的问题。作者提供了回答这些问题的要点和准备面试的技巧。"职业机会"部分也为学生提供了在本书、网络和社交媒体上能够找到的更多有关工作所需的技术和商业知识信息。

下表是不同的企业发布的职位描述的样例。在这些工作描述中，有一些需要MIS专业的毕业生，有一些需要学过MIS课程的毕业生，但是大部分职位并没有那么具体的描述。一些职位要求有一定的实习或工作经验，但大部分工作是适合应届大学毕业生的入门级职位，其中一些职位提供在职培训。但是，所有这些职位都需要商业信息系统和应用的知识，以及在数字化环境中工作的能力。

序号	章及章名	职业机会工作描述
1	当今全球商业中的信息系统	财务客户支持和销售助理
2	全球电子商务与合作	初级销售支持专员
3	信息系统、组织与战略	初级业务开发代表
4	信息系统中的商业伦理和社会问题	初级隐私分析员
5	IT基础设施与新兴技术	初级IT顾问
6	商务智能基础：数据库与信息管理	初级数据分析员
7	通信、互联网和无线技术	汽车数字化顾问
8	信息系统安全	初级身份论证和管理支持专家
9	实现运营优化和客户亲密：企业应用	制造管理实习生
10	电子商务：数字化市场、数字化产品	初级电子商务数据分析师
11	管理知识和人工智能	AI技术销售支持
12	增强决策能力	初级数据分析师
13	建设信息系统	初级商业系统分析师
14	管理项目	IT项目管理助理
15	管理全球系统	全球数据服务销售和营销实习生

学生可以利用"职业机会"来形成自己的简历和职业规划，也可以为面试做准备。对教师来说，"职业机会"是学生研究和课堂讨论的可选议题。

我们提供了额外的职业资源，包括求职指南和如何建立数字化档案来展示相关的商业知识、应用软件熟练程度和互联网技能。数字化档案可以包含在简历或工作申请中，也可以作为教师的学习评估工具。

内容一览表

章节	标题
1	当今全球商业中的信息系统
2	全球电子商务与合作
3	信息系统、组织与战略
4	信息系统中的商业伦理和社会问题
5	IT基础设施与新兴技术
6	商务智能基础：数据库与信息管理
7	通信、互联网和无线技术

续表

章　节	标　题
8	信息系统安全
9	实现运营优化和客户亲密：企业应用
10	电子商务：数字化市场、数字化产品
11	管理知识和人工智能
12	增强决策能力
13	建设信息系统
14	管理项目
15	管理全球系统

教师教学资源

教师可在以下网址获得教辅材料 www.pearsonhighered.com/laudon	教辅材料的特点
教师手册	• 每一章的总结 • 在书中没有的案例和活动 • 教学大纲 • 教学提示 • 书中所有问题的解答
题库 由纽约大学肯尼斯·C.劳顿教授编写	作者与经验丰富的测试题目编写者密切合作，确保更高层次的认知技能得到测试。题库中的多项选择题包括关于内容的问题，也包括许多需要分析、综合和评估技能的问题 **AACSB 评估指南** 作为认证活动的一部分，AACSB 的 PBL 确保学校教给学生他们承诺的内容。学校需要提出明确的使命，制订一个连贯的学业计划，确定学生的学习目标，然后证明学生确实实现了目标 我们在本书中也尝试支持 AACSB 协会的努力，鼓励基于评估的教和学。本书的最后明确提出了学生的学习目标和期望的 MIS 实践项目的结果。我们为具有不同使命和评估需求的院校使用本书提供了个性化的建议。请 E-mail 给我们或者接洽当地的 Pearson 代表索取联系方式
计算机化的 TestGen	TestGen 可以让教师： • 定制、保存和生成课堂测试卷 • 编辑、添加或删除测试卷中的问题 • 分析测试结果 • 形成测试和学生成绩数据库
PowerPoints 由纽约大学肯尼斯·C.劳顿教授编写	我们为每章准备了 50 个 PPT 演讲稿供课堂教学使用，这些 PPT 大部分已经在劳顿教授的课堂上、公司高管教育课程中使用过。每一页 PPT 都附有授课建议的注解，包括向学生提问、发掘课堂上对关键概念的清单列表以及所建议的除了书中案例以外的其他公司的案例等。这些注解就像一份教师手册一样方便、有效 PPT 也符合残疾学生的无障碍标准，这些特征包括但不限于： • 通过键盘和屏幕阅读器访问 • 图片的其他文本 • 背景色和前景色之间的高对比度

致谢

任何一本著作的出版均包含了许多人的贡献。在此我们要感谢所有编辑们这么多年来给予我们的鼓励、见解和强有力的支持。感谢编辑 Samantha McAfee Lewis 和项目经理 Faraz Sharique Ali 承担管理项目的角色。

我们还要特别感谢提供补充材料的各位作者：北爱荷华大学的 Roberta M. Roth、印第安纳大学的 Gipsi Sera、犹他州立大学的 Robert J. Mills 以及哥伦布州立大学的 John Hupp。我们对 Erica Laudon 在"职业机会"的贡献以及 Megan Miller 在出版过程中提供的帮助深表感激。

还要特别感谢纽约大学斯特恩商学院的同事们、罗切斯特大学西蒙商学院的 Werner Schenk 教授、孟菲斯大学福格尔曼商业和经济学院的 Mark Gillenson 教授、印第安纳普渡大学韦恩堡的 Robert Kostrubanic、费利西亚诺商学院信息管理与商业分析系的 Ethné Swartz 教授、科隆大学的 Detlef Schoder 教授、圣加伦大学的 Walter Brenner 教授、哥廷根大学的 Lutz Kolbe 教授、国际管理发展研究所的 Donald Marchand 教授对本书修订所提的建议。感谢加州大学欧文分校的 Ken Kraemer 教授、密歇根大学的 John King 教授十多年来关于信息系统和组织的讨论。一份特殊的纪念献给我多年的朋友和同事——印第安纳大学的 Rob Kling 教授。

我们还要特别感谢所有评阅者的建议，感谢他们帮助我们完善本书，这些评阅者包括：

Brad Allen，普利茅斯州立大学

Wanda Curtsinger，得克萨斯农工大学

Dawit Demissie，奥尔巴尼大学

Anne Formalarie，普利茅斯州立大学

Bin Gu，得克萨斯大学奥斯汀分校

Essia Hamouda，加州大学河滨分校

Linda Lau，朗沃德大学

Kimberly L. Merritt，俄克拉荷马基督教大学

James W. Miller，多米尼加大学

Fiona Nah，内布拉斯加大学林肯分校

M. K. Raja，得克萨斯大学阿灵顿分校

Thomas Schambach，伊利诺伊州立大学

Shawn Weisfeld，佛罗里达理工学院

目 录

第一部分 组织、管理和网络化企业

第1章 当今全球商业中的信息系统 ……2

1.1 信息系统如何改变商业？为何它们在当今企业运营和管理中如此重要？ ………4
1.2 什么是信息系统？它如何起作用？什么是它的管理、组织和技术要素？为什么确保信息系统为企业提供真正价值的互补性资产如此重要？ ………13
1.3 研究信息系统需要的学术学科及其如何有助于理解信息系统 ……………22
1.4 MIS 如何有助于我的职业发展 ………24

第2章 全球电子商务与合作 …………33

2.1 业务流程及其与信息系统的关系 ………35
2.2 信息系统如何服务于企业中的各级管理层？如何与企业提升组织绩效相关联？ ………37
2.3 合作和社会化系统的重要性及其使用的技术 ……………………45
2.4 企业中信息系统职能部门的作用 ………54
2.5 MIS 如何有助于我的职业发展 ………55

第3章 信息系统、组织与战略 ………65

3.1 管理者需要知道成功地建设和使用信息技术的组织特性有哪些？ ……………67
3.2 信息系统对组织的影响 …………72
3.3 波特的竞争力模型、价值链模型、协同效应、核心竞争力以及网络经济学如何帮助企业利用信息系统实现竞争战略 ……76
3.4 战略信息系统的挑战及应对 ………88
3.5 MIS 如何有助于我的职业发展 ………90

第4章 信息系统中的商业伦理和社会问题 ……………………101

4.1 信息系统引发商业伦理、社会和政治问题 ……………………103
4.2 指导商业伦理决策的行为准则 ………107
4.3 为什么现代信息系统技术和互联网对个人隐私和知识产权保护带来了挑战？ ……110
4.4 信息系统影响法律责任和义务以及日常生活质量？ ……………118
4.5 MIS 如何有助于我的职业发展 ………126

第二部分 信息技术基础设施

第5章 IT 基础设施与新兴技术 ………138

5.1 IT 基础设施及其演变的阶段和驱动力 …140
5.2 基础设施的组成 …………………148
5.3 计算机硬件平台的发展趋势 …………152
5.4 当前计算机软件平台及其趋势 ………160
5.5 管理 IT 基础设施的挑战及其解决方案 …165
5.6 MIS 如何有助于我的职业发展 ………168

第6章 商务智能基础：数据库与信息管理 ……………………178

6.1 传统文件环境下管理数据资源的问题 …180
6.2 数据库管理系统的主要功能以及关系型数据库管理系统如此强大的原因 ………183
6.3 从数据库获取信息的主要工具和技术 …192
6.4 为什么信息政策、数据管理、数据质量保证对管理公司的数据资源至关重要？ …200
6.5 MIS 如何有助于我的职业发展 ………203

第 7 章　通信、互联网和无线技术 ……… 213

- 7.1 通信网络的关键组成和关键网络技术是什么？ ……… 215
- 7.2 网络有哪些不同类型？ ……… 219
- 7.3 互联网和互联网技术是如何工作？它们是如何支持沟通和电子商务？ ……… 221
- 7.4 无线网络、通信和互联网接入主要的技术和标准是什么？ ……… 236
- 7.5 MIS 如何有助于我的职业发展 ……… 241

第 8 章　信息系统安全 ……… 250

- 8.1 为什么信息系统容易受到破坏、容易出错和被滥用？ ……… 252
- 8.2 安全与控制的商业价值是什么？ ……… 261
- 8.3 安全与控制的组织框架有哪些组成要素 ……… 264
- 8.4 保护信息资源最重要的工具和技术是什么？ ……… 269
- 8.5 MIS 如何有助于我的职业发展 ……… 277

第三部分　数字化时代的关键系统应用

第 9 章　实现运营优化和客户亲密：企业应用 ……… 288

- 9.1 企业系统如何帮助企业实现运营卓越？ ……… 290
- 9.2 供应链管理系统是如何帮助与供应商协调计划、生产和物流配送的？ ……… 294
- 9.3 客户关系管理系统如何帮助企业提供客户的亲密度？ ……… 299
- 9.4 企业应用的挑战是什么？企业如何利用新技术？ ……… 305
- 9.5 MIS 如何有助于我的职业发展 ……… 308

第 10 章　电子商务：数字市场、数字产品 ……… 317

- 10.1 电子商务、数字市场和数字产品有哪些独特的特征 ……… 319
- 10.2 电子商务的原则和收入模式是什么？ ……… 328
- 10.3 电子商务如何改变市场营销？ ……… 335
- 10.4 电子商务如何影响 B2B 交易？ ……… 342
- 10.5 移动商务在商务活动中的作用是什么？最重要的移动商务应用有哪些？ ……… 344
- 10.6 企业构建电子商务时需要考虑哪些问题？ ……… 346
- 10.7 MIS 如何有助于我的职业发展 ……… 348

第 11 章　管理知识和人工智能 ……… 358

- 11.1 知识管理系统在企业中起到怎样的作用？ ……… 360
- 11.2 什么是 AI 和机器学习？企业如何利用 AI？ ……… 365
- 11.3 企业级知识管理系统有哪些类型？它们如何为企业创造价值？ ……… 374
- 11.4 知识工作系统有哪些主要类型？它们如何为企业创造价值 ……… 376
- 11.5 MIS 如何有助于我的职业发展 ……… 381

第 12 章　增强决策能力 ……… 392

- 12.1 决策的类型有哪些？决策过程是如何开展的？ ……… 394
- 12.2 信息系统是如何支持管理者活动和管理层决策的？ ……… 397
- 12.3 商务智能和商业分析是如何支持企业制定决策的？ ……… 399
- 12.4 组织中不同决策群体是如何使用 BI 的？信息系统如何支持团队更有效地决策？ ……… 405
- 12.5 MIS 如何有助于我的职业发展 ……… 411

第四部分　建设和管理系统

第 13 章　建设信息系统 ……… 422

- 13.1 新系统的建设如何引发组织变革？ ……… 424
- 13.2 信息系统开发过程的核心活动有哪些？ ……… 429
- 13.3 信息系统建模和设计的主要方法有哪些？ ……… 434

13.4 建设信息系统有哪些可选方法 ………… 437

13.5 在数字企业时代信息系统建设有哪些
新方法？……………………………… 442

13.6 MIS 如何有助于我的职业发展 ………… 446

第 14 章 管理项目 ……………………… 456

14.1 项目管理的目标是什么？为什么项目
管理在信息系统开发中如此重要？ …… 458

14.2 有哪些方法可以用来选择和评估信息
系统项目，并且使信息系统的开发和
公司目标保持一致？ ………………… 460

14.3 企业如何评估信息系统项目的商业
价值 …………………………………… 464

14.4 信息系统项目的主要风险有哪些？
如何管理风险？ ……………………… 466

14.5 MIS 如何有助于我的职业发展 ………… 475

第 15 章 管理全球系统 …………………… 485

15.1 推动业务国际化的主要因素有哪些？… 487

15.2 发展全球化企业有哪些可选的战略？… 491

15.3 全球信息系统和管理解决方案面临的
挑战是什么？ ………………………… 493

15.4 开发国际信息系统时需要考虑哪些
问题和技术选择？ …………………… 497

15.5 MIS 如何有助于我的职业发展 ………… 502

词汇表 ……………………………………… 511

第一部分
组织、管理和网络化企业

第 1 章　当今全球商业中的信息系统

第 2 章　全球电子商务与合作

第 3 章　信息系统、组织与战略

第 4 章　信息系统中的商业伦理和社会问题

第一部分介绍了本书的主题，提出了一系列重要的问题：什么是信息系统？什么是信息系统的管理、组织和技术维度？为什么在当今商业中信息系统如此重要？为什么系统对合作和社会化商务如此重要？信息系统是如何帮助企业获得更大的竞争优势的？广泛使用信息系统会带来哪些商业伦理和社会问题？

第1章

当今全球商业中的信息系统

学习目标

通过阅读本章,你将能回答:

1. 信息系统是如何改变商业的?为什么在当今企业运营和管理中如此重要?

2. 什么是信息系统?信息系统是如何起作用的?什么是信息系统的管理、组织和技术要素?在确保信息系统为组织提供真正价值的过程中,为什么互补性资产如此重要?

3. 学习信息系统需要用到哪些学科知识?每个学科是如何影响我们对信息系统的理解的?

4. MIS 如何有助于我的职业发展?

本章案例

PCL 建筑公司:新型数字化企业

你可以用 iPhone 经营企业吗?

UPS 利用信息技术开展全球竞争

信息系统是否导致德意志银行陷入困境?

PCL 建筑公司：新型数字化企业

许多人认为建筑项目中使用最广泛的工具是锤子，但其实更有可能是文件柜或传真机。传统的建筑行业非常耗费纸张，并且是人工操作的。诸如大型建筑物之类的复杂项目，需要几百张建筑图样和设计文档，并且每天都会更改。由于难以找到和访问文档，导致成本很高，项目经常会延迟，并且其他项目信息也会破坏一个项目。如今，情况正在发生变化，PCL 建筑公司正处于最前沿。信息技术已经改变了业务的运作方式，这家公司成为新型数字化企业的典范。

PCL 是一家独立的总承包商建筑集团，在美国和加拿大等国拥有 4 400 多名员工，业务涵盖商业、机构、多户住宅、可再生能源、重工业、文物修复和民用建筑等领域。PCL 的总部位于加拿大艾伯塔省埃德蒙顿，在科罗拉多州丹佛设有美国总部。

在 PCL 的工作现场，你会看到员工使用移动设备，包括智能手机、平板电脑和笔记本电脑，在 PCL 系统中访问重要信息或输入数据。整个工作现场处处都有电子触摸屏信息亭，在电子计划室可访问数字化的更新蓝图，因此团队成员不必浪费时间查找纸质版本。

过去，有一个现场工作室用于存放项目的大型纸质蓝图。每当项目团队成员想要查看计划时，必须有人要去工作室。由于同时运行多达 800 个在建项目，因此无法使项目文档保持最新状态。用来追踪项目细节或工作要求的微小变化，可能要到记录之日起 30～40 天内才能到达项目决策者。到那时，为时已晚——决策已经"凭直觉"作出，而不是根据事实作出。

现在，PCL 的施工计划都是数字形式，或扫描纸质版本以进行数字存储。数字形式的计划可以快速地被修订。由于大部分的设计和计划工作基于计算机完成，PCL 能够在施工过程的早期识别并解决冲突和可施工性问题，使项目能提前完成，并在项目预算范围内完成。

PCL 实施了项目文档控制（project document controls，PDC）系统，以促进项目团队成员之间的合作。施工承包商、分包商、顾问、供应商和客户无论身在何处，都可以使用相同的文档进行工作。PCL 使用自己专有的项目管理系统进行预算、成本估算、预测、分包商跟踪、生产和报告。该系统也与其他 PCL 系统相连，包括人员和项目数据库、客户管理和会计系统以及 BEST 评估系统。BEST 评估系统是 PCL 的内部估算系统，用于创建总价和单价估算，并提供准确的资源和成本信息。

PCL 开始将其计算工作转移到微软的 Azure 云，即在微软管理的远程计算中心中运行 PCL 某些应用程序的硬件和软件。PCL 项目的员工利用移动设备或传统台式机，只要和互联网连接，可随时随地从基于云的系统中访问信息。通过使用 Azure 平台，PCL 节省了公司数据 80% 的备份成本。Azure 云还提供了一个实时分析仪表盘，使 PCL 监控质量、安全性、进度和成本方面的项目绩效，以柱状图或饼图的形式将绩效数据直观地显示给施工现场人员、项目经理和高层管理者，并用从红色到橙色、绿色等不同的颜色来显示绩效等级。

资料来源： "Technology and Innovation," pcl.com, accessed February 9, 2018; "PCL: Capitalizing on the Cloud," itworldcanada.com, accessed February 9, 2018; Brian Jackson, "PCL Constructors Reach New Heights with Real-time Analytics Solution in the Cloud," IT World Canada, November 9, 2017.

PCL 的经验表明当今世界信息系统是多么重要！PCL 在一个传统的、非常耗纸的行业中，需要管理众多分布在不同地点的建筑项目，处理和访问建筑项目所需的大量文档和其他信息非常昂贵且耗时，成本很高。PCL 使用了领先的信息技术对文档进行数字化处理，并简化用于记录、跟踪和分析项目的业务流程。利用移动工具和云计算基础架构，PCL 业务发展已在很大程度上开始数字化。PCL 已成为数字化企业的领先典范。

本章的开篇案例引出了一些主要观点，对案例的分析如图 1-1 所示。为了减少纸张密集型行业中的时间和成本，并改善客户服务，PCL 管理层选择使用信息技术提高关键业务活动的精度和效率，包括设计、成本核算、预算编制和建筑项目的监控。这些技术包括移动设备（平板电脑和笔记本电脑）、触摸屏信息亭、云计算服务、互联网以及用于创建模型、管理文档、监视项目进度、预算、估算成本和在计算机上显示关键项目绩效指标的软件。在如今的 MIS 领域中，使用领先的数字技术驱动业务运营和管理决策是一个重要的话题，将在整本教材中对此进行讨论。

同样需要注意的是，信息技术的使用已经改变了 PCL 企业运营的方式。为了有效地使用所有新的数字化工具，PCL 必须重新设计工作和程序，来收集、输入和访问信息，进行设计、预算和计算成本以及监视项目进度。必须仔细规划这些变化，以确保它们提高了效益、服务和利润。

> 需要考虑：在PCL里，信息技术是如何改变运营的？移动技术和云计算的作用是什么？

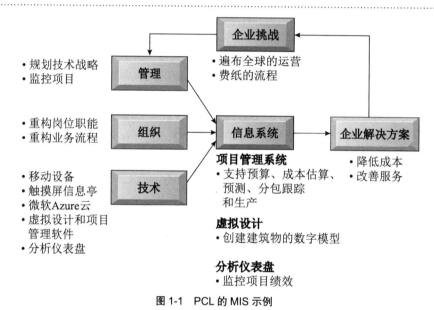

图 1-1　PCL 的 MIS 示例

1.1 信息系统如何改变商业？为何它们在当今企业运营和管理中如此重要？

当前在美国和全球其他地区，企业已经和以往大不相同。2017 年，美国企业花费 1 万亿美元用于购买信息系统硬件、软件和通信设备。另外，它们还将花费额外的 1 430 亿美元用于购买业务和管理的咨询与服务——其中很多被用于企业运营的再设计，以保证有效利用这些新技术。实际上，IT 投资的商业价值绝大部分来自于企业内组织、管理和文化方面的变化（Saunders 和 Brynjolfsson，2016）。图 1-2 显示 1999—2017 年间，私营企业在硬件、软件和通信设备等信息技术上的投资占总投资的比例从 21% 增加至 33%。

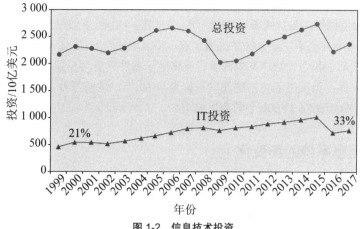

图1-2 信息技术投资

注：信息技术投资，包括对硬件、软件和通信设备的投资，1999—2017年信息技术投资占总投资的比例从21%增至33%。

资料来源：Based on data in U.S. Department of Commerce, Bureau of Economic Analysis, National Income and Product Accounts, Table 5.3.6 Real Private Fixed Investment by Type, Chained Dollars (2018).

作为一名管理者，你们中的大多数将在那些大量使用信息系统且大量地投资于信息技术的公司中工作。你一定希望知道如何明智地投资信息技术吧？如果你作出明智的选择，你的企业将可能超越竞争对手；如果你作出了错误的选择，企业将会浪费大量的资金。本书致力于帮助你在信息技术和信息系统投资上作出明智的决策。

1.1.1 信息系统如何改变商业

你可以通过观察人们如何进行商业活动来了解你周围每天的巨额支出。技术的变化和创新的商业模式已经改变了社会生活和企业实践。在美国，超过 2.69 亿人拥有移动电话（81% 以上的人口），其中 2.3 亿美国人用智能电话和平板电脑上网，55% 的人使用平板电脑，而且平板电脑的销售还在上升。2 亿美国人使用网上社交网络；1.75 亿美国人使用 Facebook；5 400 万美国人使用 Twitter。智能手机、社交网络、短信、电子邮件和在线会议已经成为重要的商业工具，因为你的客户、供应商、同事都在使用这些工具（eMarketer，2018）。

截至 2017 年 6 月，全球有超过 1.4 亿家企业注册了".com"网站。如今，美国有 2.2 亿人在线购物，其中 1.9 亿人在线交易。2017 年，FedEx 在全球 220 个国家和地区每天运送 1 600 万件包裹，并且大多数包裹是当天连夜被配送的。联合包裹服务公司（UPS）每天运送超过 2 800 万件包裹。企业利用信息技术快速感知和响应，以便应对快速变化的客户需求，将库存减少到最低水平以及获得更高的运营效率。供应链变得更加快速，不同规模的企业通过实施准时制 JIT 库存管理策略来降低总成本，快速进入市场。

如今，随着阅读纸质报纸的人数越来越少，2017 年在线阅读报刊的人数已经突破了 1.8 亿，还有更多的人选择浏览其他新闻网站。在线数字阅读每年以 10% 的速度增长，是网络人数增长的 2 倍。每天大约有 1.28 亿美国人观看网络视频，8 500 万人浏览博客，3 000 万人撰写博客，创造了一批新作家和客户反馈的新方式，这在 5 年前是不存在的（eMarketer，2018）。2018 年，社交网站 Facebook 在美国每月平均吸引 2.14 亿的访问者，全球访问人数则超过 2 万亿。企业利用社会化网络工具将分布在世界各地的员工、客户以及管理者联系在一起。大多数财富 500 强企业已经在 Facebook、Twitter 以及 Tumblr 上设立公司账户或主页。

电子商务以及互联网广告持续增长。2017 年，在美国，Google 的在线广告收入超过 320 亿美元，互联网广告的收入以年增长率超过 20% 的速度上涨，2018 年达到 1 070 亿美元（eMareter，2018）。

新的美国联邦安全和会计法律要求许多企业将电子邮件信息至少保存 5 年，外加现有的职业与健康法要求企业保存员工接触化学物质的数据至少 60 年，这使得数字信息以每年大约 5EB 的数量增长，相当于每年新增 37 000 个国会图书馆。

1.1.2 管理信息系统的新变化

管理信息系统的新变化太多了！事实上，现在的世界是利用新技术来管理和组织业务运营的全新的世界。技术、管理和业务流程的不断变化使得 MIS 领域成为当今商学院研究中最激动人心的领域。这里主要讲述 5 个方面的重要变化。

信息技术创新。 信息技术的持续创新正在改变传统的商业世界。相关的案例包括云计算的普及、基于智能手机和平板电脑、大数据和物联网、商业分析、机器学习系统的移动数字业务平台的发展以及管理者利用社交网络来达到企业目标。这些变化大部分发生在过去的几年间。这些创新使企业家和创新的传统企业创造出了新的产品和服务，开发出了新的模式，改变了企业的日常行为。在这个过程中，当新的业务出现时，旧的业务甚至行业被颠覆。

新的商业模式。 像 Netflix、苹果的 iTunes、亚马逊等流媒体网络视频服务，彻底颠覆了付费视频的发布甚至创造的方式。2018 年，Netflix 在全世界范围内吸引了 1.25 亿订阅者，这被称为"网络电视革命"。Netflix 进入付费电视节目创作领域，拥有 1 000 个原创性节目，如"美国囧案""致命信条""王冠""大学同学""老无所依"等，这些节目对传统有线电视节目的生产者提出了挑战，不知不觉中摧毁了有线电视网络在电视节目生产领域的统治地位。目前，用户通过 iTunes 能够下载 67% 的电影和电视节目，并且 iTunes 也开始触及好莱坞出品的最新电影和电视节目。很多用户开始取消有线电视网络，只用互联网来娱乐。

电子商务扩张。 2017 年，电子商务的收入大约为 7 000 亿美元，预计到 2020 年将达到 9 500 亿美元。电子商务正在改变公司设计、生产、运输商品和服务的方式。电子商务本身还在不断发展中，打破了传统的市场营销和广告行业的传播方式，使主流媒体和内容生产企业陷入危险的困境。Facebook 和其他一些社交网站，如 YouTube、Twitter、Tumblr、Netflix、苹果音乐，以及许多其他的媒体公司，极大地扩大了 21 世纪电子商务的范畴。它们出售的是服务。当我们谈及电子商务时，我们一般会想到出售有形的商品。这种对电子商务的理解依然非常普遍，也是美国增长最快的零售形式，与之并驾齐驱的是销售服务而非产品的全新的价值流。这是电子商务的服务模式。移动平台的强劲增长推动了社会商务的发展：85% 的 Facebook 用户通过移动电话和平板电脑获得服务。信息系统和技术是这场基于服务的新的电子商务革命的基础。2017 年，移动电子商务达到 2 290 亿美元，并且正在以每年 30% 的速度增长。

管理变革。 商业企业的管理已经发生变化：有了新的移动智能手机、高速无线 WiFi 网络以及平板电脑，差旅中的销售人员对于经理提出的问题只需几秒钟就能解决。管理变成了移动的，差旅中的管理人员能够直接地、持续地与员工保持沟通。具有大量数据的企业级信息系统的建立意味着管理人员将不会在混乱的迷雾中工作，而能够在线实时地获取他们作出准确、及时的决策所需要的重要信息。此外，公开使用的网络、微博、博客已经成为公司沟通、合作和信息分享的重要工具。

企业和组织变革。与工业后时代的企业组织相比，21世纪快速成长的商业企业不再强调组织的层级和结构，而更强调员工的多角色、多任务和团队合作。企业更关注员工的能力和技能，而不是职位，强调基于数据与分析进行更快、更准确的决策。企业对技术变化、消费者态度和文化更加敏感，企业利用社交媒体与消费者对话，表现出它们非常愿意倾听消费者的心声，因为从某种程度上来说它们别无选择。它们对利用信息技术创造和管理企业以及其他组织的重要性有了更加深入的理解，从某种意义上来说，具有这些特质的商业组织和企业就是21世纪的数字化企业。

在"互动讨论：管理"部分，你可以看到这些变化。大量的管理人员利用移动电子平台协调供应商运输、使客户满意、管理员工。没有这些移动设备或互联网的接入，现在的企业难以开展工作。

互动讨论：管理

你可以用 iPhone 经营企业吗？

你可以仅使用 iPhone 来运营企业吗？也许不是全部的业务，但如今有许多业务功能可以使用 iPhone、iPad 或安卓移动设备来进行。智能手机和平板电脑将强大的联网计算机功能装到袖珍设备中，成为多合一的工具，可以帮助管理人员和员工更有效地工作。轻按一下手指，这些移动设备就可以访问互联网或充当电话、照相机、音乐或视频播放器、电子邮件和消息传递机器，并且越来越多地进入企业系统。那些用于文档共享、合作、销售、订单处理、库存管理、计划和生产监控的新软件应用程序使这些设备变得更加通用。

英国铁路网络公司是一家运营、维护和开发铁路轨道、信号灯、桥梁、隧道、平交道口和许多关键车站的企业，企业业务主要覆盖英格兰、苏格兰和威尔士等地区。保持火车准时运行是其首要任务之一。为了安全、有效地保持32 000千米的轨道，技术工人必须配备适当的工具，并且每天24小时在整个铁路网络的数千个站点中工作。英国铁路网络公司为其员工配备了22 000个iPhone和iPad设备，使用了若干个App，用来支持员工维护操作、快速捕获事件数据并立即共享关键信息。

应用多个App可以帮助英国铁路网络公司改善铁路运营绩效和安全性。Close Call 的 App 可帮助员工报告发现的危险，快速解决问题。MyWork 的 App 为维护团队提供了开始和完成维修任务需要的所有信息。Sentinel 的 App 允许现场经理以电子方式扫描身份证，验证工人是否有资格执行特定任务。

iPhone 和 iPad 的 App 为维护技术人员提供了最新的技术数据、GPS 位置，简化各类报告，从而取代了会拖慢修复过程的、笨拙的参考书和被雨淋过的文书，如图1-3所示。许多危险情况都是由英国铁路网络公司员工汇报上来的，工人不再需要花费好几个小时填写报告，而是立即拍摄危险情况的照片，使用 Close Call 的 App 来描述情况并将照片上传到呼叫中心。一旦提供了危情发生地的 GPS 坐标，呼叫中心通常会在24小时内安排维修。

MyWork 为维护人员提供了每个团队在特定班次需要完成的所有工作的简单概述。该移动 App 按照位置、所需技能以及开始和结束时间对任务进行聚类。有了精确的地理位置，工作人员可以轻松地找到站点并快速地完成工作。通过以电子方式向14 000多名维护人员提供每日工作时间表，迄今为止，MyWork 赋能员工完成超过50万个工作单，同时最大限度地减少了干扰。

英国航空公司是英国最大的航空公司，在全球200多个机场运营。该航空公司找到了许多使用iPad来改善客户服务和运营效率的方法,为员工创建了40多个自主开发的App,安装在超过17 000个iPad中,改变了这家公司开展业务的方式。

iPhone和iPad的业务应用:
1. Salesforce
2. Cisco WebEx Meetings
3. SAP Business One
4. iWork
5. Evernote
6. Adobe Acrobat Reader
7. Oracle Business Intelligence Mobile
8. Dropbox

无论是出席在线会议、检查订单、处理文件和文档,还是获得商业智能,苹果的iPhone和iPad都为商业用户提供了无限的可能性。惊人的多点触摸屏、网页全屏浏览、消息传递、视频和语音传输以及文档管理能力,使得iPhone或iPad成为实现移动计算的通用平台。

图1-3 iPhone和iPad的业务应用

不可预见的事件干扰会导致航班延误,乘客等候航班信息,乘客排长队重新预订。英国航空公司使用的FlightReact应用程序,可动员代理商在4分钟之内扫描登机牌、查看客户的预订、查找备选的航班选项并给旅客重新订票。iBanner允许代理商识别转乘特定航班的乘客,而iTranslate则使工作人员能够轻松地与讲任何语言的旅行者进行沟通。

在机场内,iPad和iPhone与基于iBeacon的低能耗无线蓝牙信号进行通信,及时告知客户获取WiFi、登机口位置和航班更新等信息。除航站楼外,移动应用程序也帮助英国航空公司改善飞机的周转过程。英国航空公司在伦敦希思罗机场航站楼拥有70多架飞机,其中5架同时周转,每架飞机需要30人左右的团队。缩短和简化这个过程可以产生巨大的商业利益。

将行李和货物装载到飞机上是周转过程中最复杂的部分之一,在出发和到达期间,协调和管理飞机周围服务的周转经理(TRM)、异地集中载荷控制(CLC)的团队和飞行员之间需要详细沟通。通过使用iPad上的iLoad Direct应用程序,周转经理能够监视飞机的装载进程,并与飞行员和后勤人员实时共享数据。TRM可以接收并输入有关飞机装载的物件内容、重量和分布情况的实时数据。这些数据对飞行员正确计算燃油量并确定飞机的起飞位置至关重要。通过简化地勤人员、CLC团队和飞行员之间的通信,iLoad Direct和iPad加快了飞机空降的速度。这些移动工具帮助英国航空公司在飞机周转行业达到了领先的水平。

除了支持管理者的工作外,移动设备还帮助普通员工更加有效地管理其工作和生活。Shyft的App允许员工共享信息、更改时间表和报告违反劳工情况。星巴克和老海军等连锁店的数千名员工正在使用这些应用程序查看日程安排,当他们发现日程安排冲突或需要额外工作的时候,也可以和同事交换班次。

资料来源:"British Airways: Transforming the Travel Experience from Start to Finish," Apple at Work, www.apple.com, accessed February 7, 2018; www.networkrail.co.uk,accessed September 2, 2018; "Network Rail," iPhone in Business, www.apple.com, accessed January 4, 2017; and Lauren Weber, "Apps Empower Employees, Ease Scheduling," Wall Street Journal, January 3, 2017.

案例分析题:

1. 本案例描述了哪些类型的应用?这些应用支持哪些业务功能?它们是怎样帮助提高运营效率和决策速率的?

2. 请指出本案例中通过移动数字设备解决了企业的哪些问题?

3. 哪些企业最有可能给员工配备类似 iPhones 和 iPads 的移动数字设备中受益？

4. 某家企业给员工配备了 iPhone 的 App，它们认为："iPhone 不是游戏规则的改变者，而是行业的改变者，它改变你和客户以及供应商的互动方式。"请讨论这句话的含义。

1.1.3 全球化挑战和机遇：世界是平的

1492 年，哥伦布重申天文学家的论断：地球是圆的，大海可以安全航行。事实证明世界是由不同民族、不同语言、彼此相互隔绝的人组成的，各个国家的经济和科学发展程度也相差很大。哥伦布航行后，世界贸易的大发展使得各国人民与文化的交流更加密切。随着各国间贸易的不断增加，以及第一次全球化经济的出现，"工业革命"成为一种全球性现象。

2005 年，托马斯•弗里德曼（Thomas Friedman）写了一本很有影响的书，声称现在的世界是"平的"，他认为互联网和全球通信的发展，大大降低了发达国家经济和文化方面的优势。弗里德曼指出，美国和欧洲国家的人民为了维持经济水平，不得不与来自低收入地区的受过高等教育和积极上进的人竞争工作岗位、市场、资源甚至想法（Friedman，2007）。这种"全球化"对商业企业来说，既是机会又是挑战。

美国和欧亚一些发达工业国家的经济增长越来越依赖于其进出口贸易。2017 年，美国 20 万亿美元经济收入中约 30% 来自外贸进出口。在欧洲和亚洲，这个数值超过 50%。《财富》500 强中的多数美国公司收入的一半来自海外业务。技术企业尤其依赖于离岸业务收入：2017 年，英特尔 80% 的收入来自微处理器的海外销售业务，苹果 60% 的收入来自美国之外。在美国销售的玩具中，有 80% 是在中国制造的；而在中国制造的个人电脑中，有 90% 用的是美国英特尔和 AMD 的芯片，微处理器的芯片是从美国运到中国来组装。

不仅产品跨国流动，工作岗位也在流动，其中包括要求高学历的高工资的岗位。在过去的 10 年中，美国 700 万个制造业工作岗位转移到海外低收入国家，目前制造业员工在美国只占就业的一小部分（低于 12% 且还在持续下降）。平时每年约 30 万个服务工作岗位被移至海外低劳动力成本的国家，其中许多是对技能要求较低的信息系统职位，包括建筑业、金融服务业、客户呼叫中心、咨询业、工程，甚至无线电技术等可外包服务的岗位。然而，美国在失去这么多工作岗位的同时也增加了 3 300 万个新的服务工作岗位。

美国经济在一个正常、非衰退的年份可以创造超过 350 万个新的就业机会。虽然 2011 年处于经济缓慢复苏阶段，只创造了 110 万个私营机构岗位，但到 2017 年，美国每年增加超过 200 万个新的工作岗位。从事信息系统和其他服务行业的就业人数在不断增加，且工资稳定。业务外包加速了新系统开发在全球进行，因为这些系统的维护和开发在低工资国家进行。这也从某种意义上解释了为什么美国 MIS 和计算机科学专业毕业的学生所面临的就业市场会如此迅速地增长。

作为一名商科学生，你面临的挑战在于如何通过受教育和在岗实习去学习那些无法被外包的高水平技能。你的企业所面临的挑战是如何避免可离岸外包生产的廉价产品和服务的市场。机遇同样是巨大的。在本书中，你会发现许多公司和个人使用信息系统适应新的全球化环境，有的成功了，也有的失败了。

在全球化的背景下，MIS 可以做什么？答案很简单：可以做每一件事情。互联网与全球通信系统融合，极大地降低了在全球范围内的运营和交易成本。如今，中国上海的一个工厂车间和在美国南达科他州拉皮德城分销中心之间的沟通是实时且几乎是免费的。客户现在可以一天 24 小时在全球市场内采购，获得可靠的价格和质量信息。企业通过在其他国家寻找低成本的供应商和管理生产设备，实现在全球范围内生产产品和提供服务，极大地降低了成本。互联网服务公司，如eBay，可以在多个国家复制自己的商业模式和服务，而不必重新设计昂贵的信息系统基础设施。简而言之，信息系统驱动了全球化。

1.1.4 新兴的数字化企业

前面描述的所有变化，再加上同等重要的组织再设计，为全数字化企业创造了所需的条件。我们可以按不同的维度来定义数字化企业。**数字化企业**（digital firm）是指那些和客户、供应商和员工的重要商业关系几乎完全可以借助数字化实现的组织。数字化企业通过数字网络管理整个组织或连接多个企业的数字网络完成核心业务流程。

业务流程（business process）是指逻辑上相关的按时间顺序执行一系列任务和行动的集合的，以产生明确的业务结果以及组织与协调业务活动的特定方式。开发新产品、获取并完成订单、创建营销计划、聘用员工等都属于业务流程，企业完成业务流程的方式是企业竞争优势的来源（第2章将详细讨论业务流程）。

关键企业资产——知识产权、核心能力、财务和人力资源——可以通过数字化方法进行管理。在数字化企业中，支持企业重要决策所需的任何信息可以随时随地获得。

数字化企业对其环境的感知和响应远比传统企业更迅速，这使它们更加敏捷，也利于其在商业动荡时期存活。数字化企业为创建灵活的全球化组织和管理提供了特殊的机会。在数字化企业中，时间转移和空间移动是司空见惯的。**时间转移**是指业务可以连续开展，每周7天，每天24小时，而不是狭义的"工作日"时段，即每天上午9点到下午5点。**空间移动**意味着在全球任一办公场所开展工作（当然在国内各地也是一样的概念），工作被安排在全世界最适合的地方完成。

许多公司，如思科、3M和GE（详见第12章末尾的案例），已快要成为完全的数字化企业，它们利用互联网驱动业务的方方面面。其他大多数企业虽然还不是完全的数字化企业，但它们正处于与供应商、客户和员工的紧密数字化集成进程中。

1.1.5 信息系统的战略业务目标

为什么今天信息系统如此重要？为什么企业在信息系统和技术的投入如此多？美国有超过2 500万名业务和财务经理、3 600万名专业工人依赖信息系统开展工作。在美国和大多数发达国家，信息系统是开展日常业务以及实现战略业务目标的关键。

如果没有持续地大量投资于信息系统建设，整个经济将不可想象。电子商务公司，如亚马逊、eBay和E*Trade将根本不会存在。今天的服务行业（如金融、保险、房地产），以及个人服务业（如旅游、医药、教育），没有信息系统就无法运作。同样，零售企业（如沃尔玛、西尔斯）以及制造企业（如通用汽车和通用电气）都需要信息系统以保证其生存和发展。正如办公室、电话、文件柜、有电梯的高层建筑曾经是20世纪的商业基础一样，信息系统也是21世纪的商业基础。

企业应用信息技术的能力与其执行企业战略并实现企业目标的能力之间的关联越来越紧密（见图1-4）。信息系统能做什么往往决定了企业在未来5年所能做的事情，增加市场份额、成为提供高质量或低成本产品的生产商、开发新产品和提高员工生产效率等，越来越取决于组织信息系统的能力。你对这样的关系理解越深，你作为管理者的价值就越大。

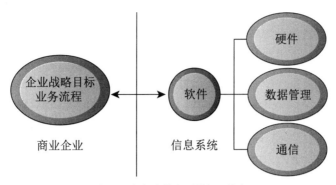

图 1-4　组织和信息系统相互依存

注：在当今的组织体系里，企业信息系统和企业能力的相互依存度日益增长。战略、制度和业务流程的变化越来越依赖于硬件、软件、数据库和通信的改变。通常，企业想做什么将取决于其信息系统允许它做什么。

具体来说，商业企业对信息系统的大量投资主要用于实现以下 6 个战略业务目标：卓越运营；新产品、新服务和新商业模式；与客户和供应商建立密切的关系；决策优化；获得竞争优势；永续经营。

1. 卓越运营

企业持续寻求改进其运营效率以获取更高的利润。信息系统和技术是管理者可利用的最重要的工具之一，用以帮助企业实现更高的运营效率和生产率，特别是在配合业务实践和管理行为改变时，效果更显著。

全球最大的零售商沃尔玛是将信息系统能力与卓越的运营实践和支持管理完美结合达到世界一流运营效率的典范。2018 财务年度，沃尔玛的销售额达到 5 000 亿美元，是全美零售销售额的近 1/10，这很大程度上依赖于它的零售链管理系统，该系统连接供应商与每一家沃尔玛的零售商店。只要客户购买了某一商品，供应商就能立刻监测到，从而准确地安排补货。沃尔玛也是全行业最高效的零售商，每平方英尺实现销售额超过 600 美元，而与其销售额最接近的竞争对手塔吉特（Target）每平方英尺仅实现销售额 425 美元，其他零售企业每平方英尺实现的销售额则不到 200 美元。

2. 新产品、新服务和新商业模式

信息系统和技术是企业创造新产品、新服务以及全新的商业模式的主要驱动器。**商业模式**（business model）是描述企业如何通过生产、交付和销售产品或服务来创造财富的。

当前音乐产业已与 10 年前大不相同。苹果公司把基于唱片、磁带和 CD 载体的传统音乐销售模式转变为基于自有的 iPod 技术平台的合法在线分销模式。苹果公司从 iPod 技术的不断创新中获得成功，包括 iTunes 音乐服务、iPad 和 iPhone。

3. 与客户和供应商建立密切的关系

当企业真正了解并能很好地服务于客户时，客户常会成为回头客，购买更多的产品，从而提高企业的收入和利润。同样对供应商来说，企业与供应商关系越紧密，供应商就能越好地向企业提供重要的服务，从而降低企业成本。如何真正地了解客户或供应商，对拥有几百万线下或在线客户的企业来说是个关键问题。

曼哈顿的文华东方等高档酒店的案例说明，信息系统和技术的使用能让企业与客户建立密切的关系。这些酒店用计算机记录客户的个人偏好（如他们喜欢的室内温度、入住时间、常拨打的电话号码和常观看的电视频道等），并将这些数据存入大型数据库。为便于远程监控或控制，酒

店的每个房间的网络都与酒店的中心网络服务器相连。当客户到达酒店时，酒店系统会根据客户留下的数据资料，自动调整房间的室内环境，如调暗光线、设置室内温度或选择合适的音乐等。此外，这些酒店对客户数据进行分析，从中识别出最佳客户，并根据客户偏好开发出个性化的营销活动。

彭尼（JCPenney）百货公司的案例说明，信息系统能使企业与供应商的关系更加密切，并从中获益。每当美国彭尼百货公司卖出一件衬衫后，该销售记录会立即出现在其供应商——中国香港的 TAL 制衣有限公司（TAL Apparel）的信息系统中。TAL 公司是一家成衣代工生产商，全美销售衬衫的 1/8 由该企业生产。TAL 公司自己开发了一个计算机分析处理模型和系统，通过该模型分析各种数据，并决定要生产多少件衬衫及其款式、颜色和尺码等。TAL 公司生产出这些衬衫以后，就直接将其配送到每家彭尼百货商店，而不需要送到该零售商的仓库。换言之，彭尼公司的衬衫库存几乎为零，库存成本也就接近零。

4. 决策优化

很多企业管理者至今仍在信息不透明的环境下工作，几乎没有在正确的时间获得正确的信息以进行决策，反而依赖预测、猜测和运气来决策，其结果是企业产品和服务要么过剩，要么不足，企业资源分配不合理，响应时间滞后。这些糟糕的结果导致了企业生产成本上升和客户流失。10 多年来，信息系统和技术的发展已使得管理者决策时利用来自市场的实时数据进行决策成为可能。

例如，威瑞森电信（Verizon）公司是美国最大的通信企业之一，基于网络的数字仪表盘给管理者提供关于客户投诉、每个服务区的网络质量、线路停电或暴雨损坏的线路等的实时信息。一旦有了这些信息，管理者就能马上决策，给受影响的地区分配维修资源，告知用户维修事宜，并快速恢复服务。

5. 获得竞争优势

企业目标包括卓越运营等多个目标，当公司实现其中一个或多个目标时，也就有可能获得竞争优势。当企业在上述几个方面比竞争对手做得更好、企业的产品质优价廉、企业能实时响应客户和供应商的需求时，这些综合起来将会给企业创造竞争对手难以匹敌的高销售额和高利润。本章后面将提到的苹果公司、沃尔玛和 UPS 公司等之所以成为行业翘楚，是因为它们知道如何利用信息系统实现业务目标。

6. 永续经营

商业企业会投资一些企业运营所必需的信息系统和技术，有时这些"必需的"信息系统和技术驱动了行业变革。例如，1977 年花旗银行在纽约推出了第一台 ATM，以此吸引客户并为客户提供更便捷的服务。竞争对手紧随其后，也迅速地为客户提供了 ATM 服务，以便和花旗银行抗衡。如今几乎在美国的所有银行都提供了本地的 ATM 服务，并且和国内外 ATM 网络相连，如 CIRRUS 网络。现在，银行为零售客户提供 ATM 服务，已经是银行零售业务生存的一种必备要求。

许多联邦和州的法规和规章规定，要求建立企业及其员工保存记录，包括数字记录的法律责任。例如，《有毒物质控制法案》（*Toxic Substances Control Act*, 1976）规定，当工人接触 75 000 多种有毒化学物质中的任何一种时，要求公司保存该员工记录的时间为 30 年。旨在加强上市公司及其审计师责任的《萨班斯—奥克斯利法案》（2002）要求，会计事务所审计上市公司后必须保存审计工作报告和记录 5 年，包括所有的电子邮件等。其他诸如在医疗保健、金融服务、教育和保护隐私等方面，许多联邦政府和各州均有相应的法律法规，要求美国企业必须保存和报告相关的重大信息。因此，企业需要利用信息系统和技术开发相应的能力以满足这些要求。

1.2 什么是信息系统？它如何起作用？什么是它的管理、组织和技术要素？为什么确保信息系统为企业提供真正价值的互补性资产如此重要？

在此之前，我们已经非正式地使用了"信息技术"和"信息系统"等词，但还没有给出它们的定义。**信息技术**（information technology，IT）是指企业用以实现业务目标所用到的硬件和软件，不仅包括计算机、存储设备和手持移动设备，还包括软件，如 Windows 或 Linux 操作系统、微软的桌面办公软件套装以及大公司常有的众多计算机程序。信息系统比较复杂，需要从技术和企业的视角进行理解。

1.2.1 信息系统

信息系统（information system）从技术视角定义为由若干相互连接的部件组成，对组织中的信息进行收集（或检索）、处理、存储和发布的系统，用以支持组织制定决策和管理控制。除了决策支持、协调和控制外，信息系统还可以协助管理者和员工分析问题、复杂对象可视化和创造新的产品。

信息系统包含与组织内或组织所处环境中的重要人员、地点和事情相关的信息。**信息**（information）是指对人有意义和有用的数据。相对而言，**数据**（data）则是指发生于组织中或组织所处物理环境中事件的事实记录，数据需进一步加以组织，才能变成人们能理解和使用的形式。

举一个简单的例子来区分信息和数据。超市收银台扫描产品的条码得到了数百万条数据，汇总并分析这些数据就会得到有意义的信息。例如，在某家商店里销售的所有餐具洗涤剂的数量，在某家商店或销售区域哪个品牌的餐具洗涤剂销售最快，或在某家商店或销售区域的某种品牌餐具洗涤剂的销售总额（见图 1-5）等，都属于信息。

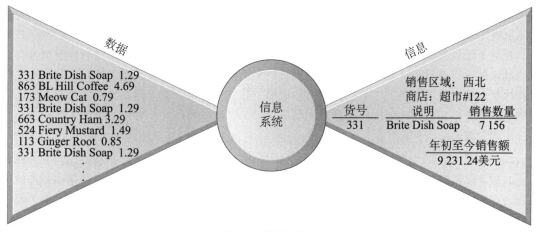

图 1-5 数据和信息

注：从超市收银台获得的原始数据能够被处理和组织产生有意义的信息，如洗涤剂的销售数量或某家商店抑或某销售区域洗涤剂的销售总额。

信息系统有三类活动，分别是输入、处理和输出（见图 1-6）。一个组织可以利用这些信息支持决策、控制运营活动、分析问题和创造新产品或服务。**输入**（input）是指获取或收集组织内外的原始数据。**处理**（processing）是指把原始输入数据转变为有意义的表达方式。**输出**（output）是指将处理后的信息传递给需要使用的人或活动。信息系统还需要有**反馈**（feedback），是指信息输出返回给组织里合适的人员，以及帮助他们评估、调整输入。

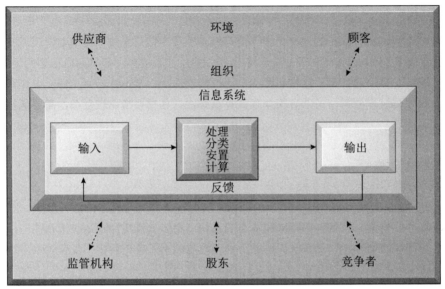

图1-6 信息系统的功能

注：信息系统包含组织或组织所处环境的信息，通过3种基本活动——输入、处理和输出产生组织所需的信息。反馈是输出返回给组织里合适的人员，帮助他们评估或调整输入，环境参与者，如客户、供应商、竞争者、股东和监管机构等，与企业组织和其信息系统之间相互影响。

在PCL的项目管理系统中，输入的是承包商和分包商的名称和地址、项目名称及其标识号、项目活动、人工成本、材料成本以及项目活动的开始和完成日期。计算机存储这些数据并对其进行处理，计算每个项目活动和整个项目将花费多少成本，估计项目完成的时间。该系统提供有意义的信息，如PCL管理的所有项目的规模、成本、工期、超出预算的和低于预算的项目以及延迟或按时完成的项目。

尽管基于计算机的信息系统使用计算机技术把原始数据处理成有意义的信息，但两者存在明显的不同：计算机和计算机程序是一方面，信息系统则是另一方面。电子计算机及其相关软件程序是现代信息系统的技术基础、工具和原料；计算机提供信息存储和处理的设备，而计算机程序或软件是指挥和控制计算机处理的指令集合。了解计算机和计算机程序的工作原理，在设计组织问题的解决方案时是非常重要的，但是计算机仅仅是信息系统的一部分。

我们用房子来打一个恰当的比方。搭建房子需要用铁锤、钉子和木头，但仅有这些并不能造房子。房子的架构、设计、装修、景观等所有决定房子特色的决策是建造房子的重要组成部分，也是造好房子最关键的部分。计算机和程序犹如基于计算机信息系统的铁锤、钉子和木头，但仅有它们还不能构成某一组织所需要的信息系统。要理解信息系统，我们必须要理解信息系统所要解决的问题、构成解决方案的体系结构、设计要素以及组织流程。

1.2.2 信息系统的维度

为了全面理解信息系统，我们必须更广泛地了解信息系统的组织、管理和信息技术维度，及其解决商业环境中的挑战和问题的能力（见图1-7）。除了从系统的技术维度以外，还应该从系统的管理和组织维度理解信息系统，我们把这种理解看作**信息系统文化**（information system literacy）。比较而言，**计算机文化**（computer literacy）主要关注信息技术方面的知识。

管理信息系统（management information systems，MIS）学科一直在努力实现更广泛的信息系统文化的目的。MIS除了解决与信息系统开发、使用相关的技术问题以外，还要研究企业内部管理者和员工使用信息系统所带来的影响和行为问题。

图 1-7　信息系统不仅是计算机

注：有效地使用信息系统需要理解构成系统的组织、管理和信息技术维度。信息系统为企业创造价值，为企业应对环境挑战提供组织和管理的解决方案。

下面我们就来了解信息系统的3个维度。

1. 组织

信息系统是组织不可分割的一部分。事实上，对某些企业而言，如信用报告服务企业，没有信息系统就没有业务。一个组织的核心要素是人员、组织结构、业务流程、规章制度和企业文化。我们将在第2章和第3章详细解释这里提到的这些组织要素。

组织是有结构的，由不同的层次和专业任务组成，体现了清晰的劳动分工部门。商业企业中的权利和责任按层级或者金字塔结构组织。其中，上层由管理人员、专业人员和技术人员组成，下层由操作人员组成。

高层管理（senior management）不但要确保公司的财务绩效，而且要制定关于企业产品、服务的长期战略决策。**中层管理**（middle management）负责执行高层管理制订的项目和计划。**操作层管理**（operational management）负责监控业务的日常活动。诸如工程师、科学家或架构师等**知识工作者**（knowledge workers）负责设计产品或服务，为企业创造新的知识；诸如秘书或文员等**数据工作者**（data workers）辅助完成所有层级的日程安排和沟通工作；**生产或服务工人**（production or service workers）则真正生产产品和提供服务（见图1-8）。

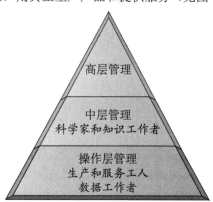

图 1-8　公司中的管理层次

注：商业组织的管理层级结构包含3个基本层次：高层管理、中层管理和操作层管理。信息系统服务于每个层级的工作。科学家和知识工作者通常与中层管理者一起工作。

企业不同的业务职能部门聘用和培训了很多专家。企业主要的**业务职能**（business functions）由企业组织执行完成，包括销售和营销部、制造和生产部、财务和会计部以及人力资源部（见表1-1）。第2章将详细描述这些业务职能，以及信息系统如何支持它们的工作。

一个组织通过其管理层级和业务流程来协调工作，绝大多数组织的业务流程包括通过长期工作积累而形成的用于完成任务的一系列正式的规则，这些规则包含一系列各种各样的操作程序，用于指导员工处理各种任务，如从开发票到响应客户投诉。其中有一些业务流程被正式地记录下来，也有一些业务流程则是非正式的工作经验，如作为一项要求要给合作者或客户回电，这些就没有正式的文件。信息系统使得许多业务流程自动化，如客户如何授信、如何付款等业务流程，通常由一个信息系统来完成，并固化在一系列正式的业务流程中。

表 1-1 主要业务职能

业 务 职 能	目　　标
销售和营销	销售产品和服务
制造和生产	生产并交付产品和服务
财务和会计	管理财务资产，维护财务记录
人力资源	吸引、开发和维护组织的劳动力，维护员工记录

每个组织都有被其绝大多数员工所接受的独特的**文化**（culture），或者是该企业的假设基础、价值观和做事的方式。观察周围的大学或学院，你就能感受到组织文化在起作用。大学校园里最基本的假设是教授要比学生知道得多，这个假设是学生来读大学、按照规范的课程计划来上课的理由。

一个组织的文化总是在信息系统中能部分展现出来。例如，UPS 把客户服务放在第一位，这一点作为 UPS 公司文化的一部分可以在公司的包裹跟踪系统中体现出来（本章后面将描述该系统）。

一个组织中不同的层级和专业具有不同的利益与观点，这些不同的观点通常使公司在关于公司如何运作、如何配置资源和如何分配奖励等方面产生冲突。冲突是组织政治的基础。这些不同的观点、冲突、妥协和共识是所有组织天生的组成部分，信息系统就诞生于这些不同观点、冲突、妥协和共识交织而成的"大锅"中。第 3 章我们将详细解释组织的这些特性及其在信息系统开发中所带来的影响。

2. 管理

管理岗位的工作在于分析、理解组织所面临的各种情境，作出决策并制定解决问题的行动方案。管理者要洞察环境所带来的商业挑战，制定组织战略以应对这些挑战，分配人力和财务资源去协调工作，并争取获得成功。管理者从始至终必须行使负责任的领导力。本书所描述的企业信息系统反映了实际工作中管理者们的希望、梦想和现实。

然而，管理者们还必须比管理现有事务做更多的事情，他们也应该创造新产品和服务，甚至还要时不时地再造组织。管理的很大一部分责任在于由新知识和信息驱动的创造性工作。在帮助管理者设计、提供新产品和服务，对组织的再定位和再设计方面，信息技术可以发挥强有力的作用。第 12 章将详细探讨管理决策内容。

3. 信息技术

信息技术是管理者应对变化的众多工具之一。**计算机硬件**（computer hardware）是指在信息系统中进行输入、处理和输出的物理设备，包括各种尺寸和外形的计算机（包括移动手持终端）；各类输入、输出和存储设备以及连接计算机的通信设备。

计算机软件（computer software）是指在信息系统中控制和协调计算机硬件设备的一系列精细复杂的、预先编写的指令。第 5 章将详细介绍当前企业所应用的现代计算机软件和硬件平台。

数据管理技术（data management technology）是指管理存储在物理存储媒介里的数据组织的软件。更详细的有关数据组织和存取方法的介绍见第 6 章。

网络和通信技术（networking and telecommunication technology）由物理设备和软件组成，连接各类硬件，把数据从一个物理地点传输到另一个地点。许多计算机和通信设备能连接成网络来共享声音、数据、图像、音频和影像等。一个**网络**（network）连接两台或多台计算机以共享数据，或者连接一台打印机这样的资源。

世界上最大和最广泛使用的网络是**互联网**（internet）。互联网是全球范围的"网中网"，通过采用统一标准（见第 7 章）把全世界超过 230 个国家的数以百万计的网络连接起来。

互联网创造了一种全新的"统一"技术平台，基于这个平台可创建新产品、新服务、新战略和商业模式。同样的技术平台可在企业内部使用，把公司内部不同的系统和网络连接起来。基于互联网技术的企业内部网络称为**内联网**（intranet），企业内联网延伸到组织外部的授权用户的专用网络称为**外联网**（extranet），企业利用外联网可以协调与其他公司之间的业务活动，如采购、设计合作及其他跨组织的业务工作。对当今绝大多数企业而言，使用互联网技术既是企业所必需的，又是一种竞争优势。

万维网（world wide web）是基于互联网的一项服务业务，使用公认的存储、检索、格式以及以网页方式显示互联网信息的标准。网页包含文字、图形、动画、声音、视频，并和其他网页相连接。通过点击网页上高亮显示的文字或按钮，你可以链接到相关的网页查找信息，可以链接到网页上的其他地址。网站已经是新型信息系统的基础，如接下来的互动讨论中介绍的 UPS 公司就采用基于网站的包裹跟踪系统。

所有这些技术，连同那些运行和管理它们的员工，代表了整个组织能共享的资源，这些资源组成了企业的**信息技术基础设施**（information technology infrastructure）。信息技术基础设施为企业提供了基础或平台，使得企业能基于这些基础和平台建立自己的信息系统。每个组织必须认真地设计和管理它的信息技术基础设施，以保证满足公司利用信息系统完成工作所需要的技术服务。本书的第 5～8 章将介绍信息技术基础设施中每个主要的技术要素，所有这些要素一起工作才能为组织创建技术平台。

"互动讨论：技术"介绍了目前在基于计算机的信息系统中一些常用的典型技术。UPS 公司在信息系统技术方面进行了大量的投资，从而确保该公司更富效率，并且以客户为导向。UPS 公司所采用的一系列信息技术包括条码扫描系统、无线网络、大型计算机主机系统、手持计算机、互联网以及用于跟踪包裹、计算运费、维护客户记录和管理物流的不同类型的软件。

让我们一起来识别一下刚提到的 UPS 包裹跟踪系统中的组织、管理和技术要素。组织要素反映的是与包裹跟踪系统紧紧联系在一起的 UPS 公司的销售和生产职能部门（UPS 的主要业务是包裹速递服务），它要求明确说明通过发件人和收件人信息确认包裹、清点库存、跟踪在途包裹、给客户和客户服务代表提供包裹状态报告等工作的必要程序。

该系统也必须给管理者和员工提供信息以满足他们的需求。UPS 公司驾驶员需要接受培训，了解收取包裹和递送包裹的程序，以及如何利用包裹跟踪系统提高工作效率。UPS 客户也需要接受一些培训，了解如何使用 UPS 自主开发的包裹跟踪软件或 UPS 公司网站。

UPS 公司的管理层负责监控服务水平和成本，促进公司低成本的优质服务战略的实现。管理层决定利用计算机系统提升使用 UPS 递送包裹服务和跟踪包裹状态的便捷性，从而减少递送成本，增加销售收入。

支持UPS包裹跟踪系统的技术包括手持电脑、条码扫描器、台式计算机、有线和无线通信网络、UPS数据中心、包裹递送数据的存储技术、UPS自主开发的跟踪包裹软件以及访问公司网站的软件，这些技术的应用形成了一个应对商业挑战的信息系统技术维度的解决方案，在日益激烈的竞争中支持UPS提供了优质低价的服务。

互动讨论：技术

UPS利用信息技术参与全球竞争

1907年，UPS创建于一个狭小的地下室办公室。吉姆·凯西（Jim Casey）和克劳德·瑞安（Claude Ryan），两个来自西雅图的、不满20岁的年轻人，骑着两辆自行车，带着一部电话，承诺提供"最好的服务和最低的价格"。遵循这个原则，UPS繁荣发展了100多年，至今已成为全球最大的地面和空中包裹递送公司。它是一家全球化的企业，拥有超过454 000名员工、超过112 000辆运输车，也是世界第九大的航空公司。

目前，UPS每天在美国及220多个国家和地区递送51亿个包裹。尽管有来自联邦快递公司（FedEx）和美国邮政的激烈竞争，但是通过大量投资于先进的信息技术，UPS仍能在小包裹递送服务市场上保持领导地位。UPS每年投入10亿美元来保证提供高水平的客户服务，同时保证低成本和公司整体顺畅地运行。

所有这些均源于贴在包裹上的可扫描条码标签，该条码包含寄件人的详细信息、目的地和包裹应当何时寄到等信息。客户可以使用UPS提供的专用软件或者直接通过UPS网站，下载并打印他们自己的标签，在包裹被收走以前，"智慧"标签上的信息就已经被传输到UPS位于新泽西州莫沃或佐治亚州阿尔法利塔的计算机中心，同时被传输到离目的地最近的包裹集散中心。

该包裹集散中心的调度员下载标签数据，并利用名叫ORION的专用软件分析交通、气候条件和每一站的具体位置，为每一个包裹创建最有效的投递路线。每一个UPS驾驶员每天平均要停100个地方。仅在美国，就有55 000条路线网络，假如每个驾驶员的日常路线减少1英里，那么一年将会节约5 000万美元的巨大成本。这对UPS来说是举足轻重的，因为整个电子商务物流业的利润率在下降，而UPS致力于促进收入增长。过去，UPS驾驶员一天中可能要在某个零售商那里装卸几个很重的包裹，如今，他们往往要在居民小区多停几站，每家送一个重量很轻的包裹。这种变化需要花费更多的燃料和时间，增加了每个包裹运送的成本。

每个UPS司机每天的第一件事是拿起一个称为递送信息读取设备（DIAD）的手持电脑，它可连上无线蜂窝电话网络。一旦司机登录系统，他今天的投递路线就被下载到DIAD上。当领受包裹和送达包裹的时候，DIAD还能自动地读取客户的签字信息以及包裹的接收和传递信息，包裹的跟踪信息随即被传到UPS信息中心进行存储和处理。自此，这些信息就能在全世界范围内获取，为客户提供递送的证明或响应客户的查询。通常，当司机在DIAD上按下"完成"键以后不到60秒的时间内，这些新的信息就能在网上被查到。

通过自动化包裹跟踪系统，UPS在整个包裹递送过程中可以监控甚至调整路线。从送出到接收包裹沿路各站点内的条码设备扫描包裹标签上的运输信息，增加了关于这个包裹递送的进程信息。这些信息会被传送到中央计算机上。客户服务代表可以通过联网到中央计算机的桌面电脑检查任何包裹的状态，随时回复客户的询问。UPS的客户也可以用自己的计算机或手机，通过UPS的网站获取这些信息。目前，UPS已经有了手机App和一个手机网站，iPhone、黑莓和安卓等智能手机均可以使用。

任何需要寄送包裹的人都可以联网到 UPS 网站，跟踪包裹、检查包裹路径、计算运费、确定运输时间、打印标签和计划收发的时间。在 UPS 网站上收集的这些信息被传至 UPS 中央计算机，处理后再传回给客户。UPS 也开发了工具提供给诸如思科这样的大客户，使它们能把 UPS 系统的跟踪包裹和费用计算等功能嵌入自己的网站，这样不用访问 UPS 网站也可以跟踪包裹运输状态。

现在 UPS 利用自己多年积累的全球递送网络管理经验为其他公司管理物流和供应链活动。UPS 设立了供应链解决方案部门，给客户提供完全整合的、标准化的服务，其成本只占客户建造自己系统和基础设施所需成本的很小一部分。除物流服务外，该项服务还包括供应链设计和管理、货运代理、海关代理、邮件服务、多式联运和金融服务等。位于北卡罗来纳州达勒姆的 CandleScience 公司是蜡烛和肥皂行业的领导者，在全世界提供蜡等原材料、蜡烛的灯芯和香水。UPS 与 CandleScience 合作，为该公司及其客户建立运费模型，并在其网站上添加运费选择功能。UPS 也帮助 CandleScience 为其西海岸的客户确定新仓库的最佳位置。西海岸内华达州斯帕克斯的新仓库让该企业更快、更高效、更便宜地触达最大的客户。

UPS 也为 Valor Flags 公司提供财务和运输建议服务，Valor Flags 是一家位于弗吉尼亚州阿什顿市的手工制品企业，每天要向网上的客户发送木制旗帜。使用 UPS 的 Quantum View Manage® 技术，员工可以查看和监控出站包裹，并立即回复客户有关订单状态的问题。UPS Capital® 是 UPS 的金融服务部门，为其他企业提供从现金流、资产转移到综合保险计划的服务。

资料来源： Paul Ziobro, "UPS's $20 Billion Problem: Operations Stuck in the 20th Century," Wall Street Journal, June 15, 2018; www.ups.com, accessed February 7, 2018; "Igniting Growth with CandleScience," UPS Compass, May 2017; and "Stars and Stripes Flying High," UPS Compass, December 2017.

案例分析题：
1. UPS 包裹跟踪系统的输入、处理和输出各是什么？
2. UPS 用了哪些技术？这些技术和 UPS 业务战略是如何关联起来的？
3. UPS 信息系统实现了哪些战略性的业务目标？
4. 如果 UPS 的信息系统不可用，将会发生什么？

1.2.3 IT不仅仅是技术：信息系统的企业视角

管理者和企业投资于信息技术和信息系统，是因为其能给企业带来实实在在的经济价值。建设或维护一个信息系统的决策前提是该项投资回报将会优于对建筑物、机器或其他资产的投资。这种高回报将来自于生产效率的提高、业务收入的增加（它也会增加公司的股票市值）或者可能在某个市场上长期领先的战略地位（未来将产生优厚的业务收入）。

从企业视角来看，信息系统是企业创造价值的重要工具。信息系统给管理者提供信息，帮助他们更好地制定决策或优化业务流程，使公司增加业务收入或降低成本。例如，如图 1-5 所示的用于分析超市结账数据的信息系统，该系统就能帮助管理者更好地制定零售超市的进货和促销决策，使企业能增加盈利能力。

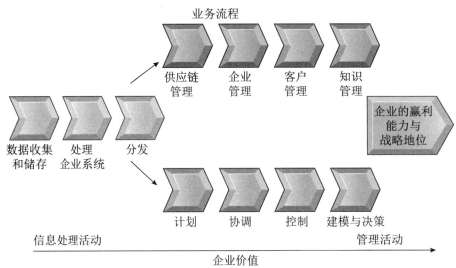

图 1-9 企业信息价值链

注：从企业视角来看，信息系统是一系列获取、处理和分发信息的增值活动的一部分，管理者可利用这些信息来改善决策，提升组织绩效，最终提升公司的盈利能力。

如图 1-9 所示，每家企业都有信息价值链，原始信息被系统地采集，并经过不同阶段的处理以后不断增值。对企业而言，信息系统的企业价值，除了投资新信息系统时决策所定的价值以外，大部分取决于该系统能多大程度上改善管理决策、提升业务流程效率以及提高公司盈利。尽管要建信息系统还有其他原因，但其主要目的就是要有助于提升公司价值。

企业视角关注信息系统的组织和管理特性。信息系统是企业应对环境带来的挑战或问题时的、基于信息技术的组织和管理解决方案。本书每章的开头都有一个简短的案例来强调这个概念。每章开头的一张图说明了企业挑战和由此引发的管理与组织决策之间的关系，该决策以 IT 作为解决方案来应对环境所产生的挑战。你可以把这张图作为分析任何信息系统或你碰到的信息系统问题的起点。

回顾本章开始的第一张图，该图显示了 PCL 公司的系统如何解决由大量使用纸张的业务造成的低效率问题。这些系统提供了一个充分利用新的无线数字技术和互联网带来的机遇的解决方案，PCL 以数字化方式实现了建筑项目中关键业务流程的规划、设计和监控。这些系统对改善 PCL 的整体经营业绩至关重要。该图也说明了管理、技术和组织 3 个要素共同发挥作用才能构建一个信息系统。

1.2.4 互补性资产：组织资本和合适的商业模式

深入了解信息系统的组织与管理维度，有助于我们理解为什么信息系统会让某些企业取得比其他公司更好的结果。对信息技术投资回报的研究显示，信息系统带给企业的回报千差万别（见图 1-10）。有些公司信息系统投入得多，其收益也高（第二象限）；有些企业投入得多，其收益却很少（第四象限）；有一些企业投入虽少，但收益却高（第一象限）；还有一些企业投入少，收益也少（第三象限）。这说明仅对信息技术投资并不能保证获得良好的回报。如何解释这种公司之间的差别呢？

答案在于互补性资产这一概念。单纯的信息技术投资不能使组织和管理者更有效率，除非配以相关的组织价值、组织结构和行为模式及其他互补性资产。公司如果真的想获得新的信息技术好处，就必须要改变以前的经营方式。

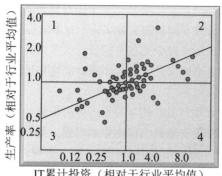

图 1-10　信息技术投资收益的变化

注：一般而言，信息技术投资收益尽管远高于其他资产的投资回报，但公司间存在较大的差异。

互补性资产（complementary assets）是指那些从基本投资获得价值的必要资产（Teece，1988）。例如，要实现汽车价值，就需要大量互补性的投资，诸如高速公路、马路、加油站、维修设施以及制定标准和法律规范体系等。

研究指出，那些进行技术投资的企业，同时要进行新商业模式、新业务流程、管理行为、组织文化或培训等互补性资产的投资，才能获得高额收益。反之，未对互补性资产进行投资的企业很少甚至没有从信息技术投资中获得收益（Brynjolfsson，2005；Brynjolfsson 和 Hitt，2000；Laudon，1974）。对组织和管理的这些投资，也被称作**组织和管理资本**（organizational and management capital）。

表 1-2 列出了企业为实现信息技术投资价值而需要投资的主要互补性资产，包括如建筑物、机器和工具等有形资产。然而信息技术的投资价值很大程度上取决于对管理资产和组织资产等互补性资产的投资。

表 1-2　提升信息技术投资收益的社会、管理和组织的互补性资产

组织资产	重视效率和效益的支持性企业文化 合适的商业模式 高效的业务流程 分权管理 分散的决策权体系 强大的信息系统（IS）开发团队
管理资产	高层管理对技术投资和变革的强烈支持 对管理创新的激励 团队和协同的工作环境 提高管理决策技能的培训项目 灵活的、基于知识决策的管理文化
社会资产	互联网和通信的基础设施 提高劳动力计算机能力的 IT 强化教育项目 标准（包括政府和私营部门） 创造公平、稳定市场环境的法律法规 在相关市场协助实施的技术和服务公司

关键的互补性组织资产包括重视效率和效益的企业文化、合适的商业模式、高效的业务流程、分权管理、高度分散的决策权体系以及强大的信息系统（IS）开发团队等。

重要的互补性管理资产包括高层管理对企业变革、监督和奖励个人创新的激励体系、强调团队合作和培训项目以及重视灵活性和知识的企业文化等方面的强烈支持。

重要的互补性社会资产（一般不是公司自身投资，大多由其他公司、政府和其他市场主要参与者投资）包括互联网和支持互联网文化、教育体系、网络和计算标准、法律法规以及现有的技术和服务公司等。

本书强调技术、管理和组织资产及其相互关系的分析框架。本书中最重要的话题就是，管理者需要从更广泛的组织和管理维度去理解当前面临的问题，要不断地考虑如何从信息技术投资中获得高于平均水平的实际回报。正如在本书中所见，那些重视与 IT 投资相关的企业通常会获得丰厚的回报。

1.3 研究信息系统需要的学术学科及其如何有助于理解信息系统

信息系统的研究属于跨学科领域，没有单一的理论或观点占主导。图 1-11 表明了研究信息系统中的问题、议题和解决方案所涉及的主要学科。一般来讲，该领域可以分为技术和行为两类方法。信息系统是社会技术系统，尽管它是由机器、设备和"硬"物理技术组成，但也需要大量的社会、组织和智力投入才能正常工作。

1.3.1 技术方法

信息系统的技术方法除了强调信息技术和系统能力以外，还强调基于数学模型来研究信息系统。属于技术方法的学科主要是计算机科学、管理科学和运筹学。

计算机科学注重建立可计算理论、计算方法和数据有效存取的方法。管理科学强调的是决策模型的开发和管理实践的总结。运筹学专注于参数优化的数学技术，如运输、库存控制和交易成本等。

1.3.2 行为方法

伴随着信息系统开发和长期维护而出现的行为问题是信息系统领域的重要组成部分，诸如战略业务的整合、设计、实施、应用和管理等问题，一般难以采用技术方法中的模型，而需要采用行为学科中的理论和方法进行研究。

例如，社会学家研究信息系统着眼于群体和组织如何影响信息系统开发，以及信息系统如何影响个人、群体和组织。心理学家研究信息系统关注于决策者如何感知和使用正式的信息。经济学家研究信息系统感兴趣的是数字商品的生产、数字市场的动态变化以及新的信息系统如何改变公司内部的控制和成本结构。研究信息系统的当代方法，如图 1-11 所示。

行为方法并不忽视技术。事实上，信息系统技术常常会引发行为方面的问题或议题，当然行为方法通常不关注技术的解决方案，而聚焦于人的态度、管理和组织政策以及行为的变化等。

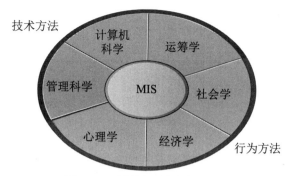

图 1-11　研究信息系统的当代方法

注：信息系统研究所涉及的问题和观点来自技术和行为学科的贡献。

1.3.3　本书的方法：社会技术系统

在本书中，你将会发现许多和以下 4 个主要行动者有关的故事：软硬件供应商（技术专家）、投资并寻求从技术中获得价值的商业公司、寻求获得企业价值（和其他目标）的管理者和员工以及当代的法律、社会和文化环境（公司所处的外部环境）。四方行动者共同努力形成了我们所说的 MIS。

对 MIS 的研究最早专注于商业企业和政府机构对基于计算机的信息系统的使用。MIS 结合计算机科学、管理科学和运筹学的研究成果，针对现实世界的问题和信息技术资源管理需求，以实用为导向开发系统解决方案。此外，它也关注与信息系统开发、应用及其影响有关的行为问题，这些问题也是社会学、经济学和心理学典型的研究领域。

学者和从业者的经验告诉我们，没有单一的方法能有效地全面理解和研究信息系统的现实问题。信息系统的成功和失败很少完全由技术或行为所决定。我们给予学生最好的建议是要从多学科的角度来理解信息系统的观点。事实上，信息系统领域的挑战和令人兴奋之处也正是在于它需要多种不同方法的借鉴和融合。

对于本书所采用观点的最好诠释是系统的社会技术观点。这种观点认为，只有通过运营中所涉及的社会和技术两个系统同时进行优化，组织的业绩才会达到最佳。

社会技术系统观点有助于我们避免单纯用技术方法来研究信息系统。例如，信息技术的成本在快速下降，其功能在逐渐增强，但这并不一定或不容易转化为生产率的提升或盈利性的增加。当一家公司最近安装了企业级的财务报告系统时，这并不意味着它必然会被很好地应用或有效地利用。同样，当一家公司最近引入了新的业务程序和业务流程时，这并不意味着员工必然会有更高的劳动生产率，因为缺少新的信息系统支撑那些业务流程发挥作用。

在本书中，我们强调将公司绩效作为一个整体来考虑改进，需要注意技术和行为两个方面，这意味着技术的变化和设计必须符合组织和个人的需求，有时候不得不采用非最优的技术来满足这种需求。例如，移动电话用户接受了某项技术以满足他们个人的需要，其结果是手机厂商就要快速地调整技术以迎合用户的期望。组织和个人也要通过培训、学习和有计划的组织变化来进行变革，从而使技术能被利用且蓬勃发展。图 1-12 显示了社会技术系统相互调整的过程。

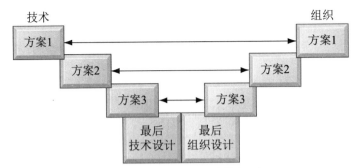

图 1-12 信息系统的社会技术观点

注：社会技术观点认为，当技术与组织双方相互调整直到达到满意的相互适配状态时，系统的绩效才会达到最佳。

1.4 MIS 如何有助于我的职业发展

这是第 1 章和本书可以帮助你找到金融客户支持和销售助理的入门级工作的内容。

1.4.1 企业

Power Financial Analytics Data Services 是一家为金融行业提供服务的数据和软件企业，在纽约、亚特兰大、洛杉矶和芝加哥设有办事处，正提供金融客户支持和销售助理的入门级职位。该企业拥有 1 600 名员工，其中大多数是顾问，需要向客户展示如何使用其强大的财务分析软件和数据产品。

1.4.2 职位描述

金融客户支持和销售助理是企业咨询服务团队的成员。咨询团队将综合应用金融和技术的专业知识，并利用 Power Financial Analytics Data Services 的软件，以各种方式为客户提供帮助。企业提供相关软件和咨询方法的在职培训。工作职责包括：

- 提供企业软件的应用服务。
- 帮助团队创建客户的模型和屏幕。
- 在办公室和研讨会上培训客户。
- 通过电话和现场为客户提供专家咨询。

1.4.3 岗位要求

- 应届大学毕业生或 1～2 年工作经验的专业投资人员，具有财务、MIS、经济学、会计、工商管理和数学专业背景的申请者优先。
- 对金融市场具有一定的知识或兴趣。
- 掌握电子表格的实用知识。

- 非常强的沟通和人际交往能力。
- 渴望在变化的环境中学习。

1.4.4 面试问题

1. 你的金融背景是什么？你选了哪些课程？你曾经在金融业工作过吗？你在金融业中做过什么？
2. 你对电子表格软件的熟练程度如何？你用 Excel 电子表格完成了哪些工作？可以举例说明你的工作吗？
3. 你能否分析一下金融业的发展趋势，以及它们如何影响 Power Financial 的商业模式和客户群？
4. 你有过客户服务工作经历吗？你能否举例说明如何提供客户服务或支持？
5. 你能否举例说明帮助解决的金融相关问题或其他业务问题？你做过相关的研究报告起草和分析吗？你能提供案例吗？

复习总结

1-1 信息系统是如何改变商业的？它为什么对当今的企业运营和管理如此重要？

电子邮件、网络会议、智能手机和平板电脑已成为进行商务活动的基本工具。信息系统是快捷供应链的基础。互联网让许多企业实现了在线采购、销售、做广告和收集客户反馈。许多组织通过核心业务流程的数字化，并逐渐演化成数字化企业，都在努力试图变得更有竞争力和富有效率。互联网让我们可以极大地降低生产、采购成本，可以在全球范围内销售产品，从而加快全球化发展。信息系统发展的新趋势包括新兴的移动数字平台、大数据和云计算等。

如今，信息系统已是进行商业活动的基础。如果没有广泛地应用信息技术，许多行业的企业难以生存，难以获得实现战略业务目标的能力。当前企业正应用信息系统实现六大主要目标：卓越运营，新产品、新服务和新商业模式，与客户和供应商建立密切的关系，决策优化，获得竞争优势以及永续经营。

1-2 信息系统是什么？它是如何起作用的？它的管理、组织和技术要素分别是什么？为什么确保信息系统为组织提供真正价值的互补性资产如此重要？

从技术的角度看，信息系统从组织内外部收集信息、储存和分发信息以支持组织的各项职能和决策、沟通、协调、控制、分析以及可视化。信息系统通过 3 个基本活动——输入、处理和输出，将原始数据转化为有用的信息。

从企业角度看，信息系统是应对企业面临的问题或挑战时的解决方案，包含管理、技术和组织 3 个维度要素。信息系统的管理维度涉及领导力、战略和管理行为等方面的议题，信息系统的技术维度包括计算机硬件、软件、数据管理技术和网络／通信技术（包括互联网），信息系统的组织维度涉及组织层级、职能分工、业务流程、文化和政治利益团体等议题。

为了从信息系统中获得有意义的价值，组织在投资技术的同时必须对相应的组织和管理方面的互补性资产进行适度投资。这些互补性资产包括新的业务模式和商业流程，组织文化和管理行为，合适的技术标准、规则和法律等。企业在投资新的信息技术时，除非进行适当的管理和组织变革以支持该技术的使用，否则不太可能获得高回报。

1-3 哪些学科用于研究信息系统？每个学科如何有助于理解信息系统？

信息系统研究涉及技术和行为学科的议题与观点。技术方法聚焦于规范的模型和系统能力，包括计算机科学、管理科学和运筹学，行为方法关注信息系统的设计、实现、管理和业务影响等，包括心理学、社会学和经济学。社会技术系统观点既考虑信息系统的技术特性，又考虑其社会特性，其解决方案要求技术和社会之间达到最佳平衡。

关键术语

业务职能（business function）
商业模式（business model）
业务流程（business processes）
互补性资产（complementary assets）
计算机硬件（computer hardware）
计算机文化（computer literacy）
计算机软件（computer software）
文化（culture）
数据（data）
数据管理技术（data management technology）
数据工作者（data workers）
数字化企业（digital firm）
外联网（extranets）
反馈（feedback）
信息（information）
信息系统（information system）
信息系统文化（information systems literacy）
信息技术（information technology，IT）
信息技术基础设施（IT infrastructure）

输入（input）
互联网（internet）
内联网（intranets）
知识工作者（knowledge workers）
管理信息系统（management information system，MIS）
中层管理（middle management）
网络（network）
网路和通信技术（networking and telecommunications technology）
运营管理（operational management）
组织和管理资本（organizational and management capital）
输出（output）
处理（processing）
生产或服务工人（production or service workers）
高层管理（senior management）
社会技术观点（sociotechnical view）
万维网（world wide web）

复习题

1-1 信息系统是如何改变商业的？它为什么对当今的企业运营和管理如此重要？
- 描述信息系统如何转变企业的运营方式与企业的产品和服务。
- 指出信息系统的 3 个主要的新趋势。
- 描述数字化企业的特征。
- 描述在"扁平化的"世界中全球化面临的挑战和机遇。列举并阐述信息系统对当今企业如此重要的 6 个原因。

1-2 信息系统是什么？它是如何起作用的？它的管理、组织和技术维度要素分别是什么？为什么互补性资产在确保信息系统给组织提供真正价值方面是必不可少的？
- 界定信息系统概念，描述信息系统执行的活动。
- 列举并阐述信息系统的组织、管理和技术维度要素。
- 区分数据和信息、信息系统文化和计算机文化。
- 解释互联网和万维网与信息系统其他技术的关联性。
- 界定互补性资产的概念，阐述它们与信息技术的关系。
- 解释互补性社会资产、管理和组织资产在提升信息技术投资回报中的必要性。

1-3 研究信息系统需要哪些学科？每个学科如何有助于理解信息系统？
- 列出并说明信息系统技术方法的各个学科。
- 列出并说明信息系统行为方法的各个学科。
- 解释信息系统的社会技术观点。

讨论题

1-4 信息系统太重要了，以至于不能完全丢给计算机专家。你同意这种说法吗？为什么？

1-5 如果让你来为 Major League 棒球队建立一个网站，你将会碰到哪些管理、组织和技术方面的问题？

1-6 哪些组织、管理和社会互补性资产让 UPS 公司的信息系统获得了成功？

MIS 实践项目

本章的项目让你通过分析财务报告和库存管理问题获得实践经验，请用数据管理软件改善如何增加销售的管理决策，并用互联网软件研究工作岗位的要求。

管理决策问题

1-7 Snyders of Hanover 公司每年销售约 8 000 万袋的饼干、零食和有机小吃，其财务部门使用电子表格和手工流程收集大量的数据并撰写报告。该公司的金融分析师每个月末要花费一周的时间从全球 50 多个部门负责人那里收集电子表格，然后合并数字，并把所有数据再录入另一个电子表格，用于制作公司每月的利润表。如果一个部门需要更新已提交给财务部门的电子表格数据，分析师不得不重新回到初始的工作表，然后等待该部门重新提交数据，最后把更新的数据合并到财务报表中。请评估这种情况对经营业绩和管理决策的影响。

1-8 Dollar General 公司经营折扣廉价商店，销售家居用品、清洁用品、服装、健康和美容用品、包装食品等，大多数商品售价为 1 美元。它的商业模式要求维持尽可能低的成本。该公司还没有用自动化的方法来跟踪每个店铺的库存。当送货车到达时，商店管理人员大概知道，该商店大概应收到某商品多少箱，但商店没有扫描商品包装的技术，无法验证每一件包装中确切的商品数。盗窃或其他事故造成的商品损失持续增加，已超过销售总额的 3%。请问：在投资信息系统解决方案之前，要作出什么样的决策？

改善决策：利用互联网找到要求信息系统知识的工作岗位

软件技能要求：基于互联网的软件

业务能力要求：寻找工作岗位

1-9 请访问诸如 Monster.com 等求职网站，花一些时间在线了解和会计、财务、销售、市场营销和人力资源有关的工作岗位。请找出 2～3 个需要具备信息系统知识的工作岗位的描述。这些工作岗位需要哪些信息系统知识？为获得这些工作岗位，你需要做哪些准备？请写一份 1～2 页的报告，总结你的看法。

团队合作项目

选择团队合作工具

1-10 与 3～4 名同学组成一个团队，看看 Google Drive 和 Google Sites 的功能是否满足团队合作的需要。请比较两种工具的不同功能，如存储团队文档、项目公告、寻找资料、工作分配、插图、电子演示文稿和处理感兴趣的网页等。了解每个功能如何与 Google Docs 配合使用。说明为什么 Google Drive 或 Google Sites 更适合你的团队。如果可能，请使用 Google Docs 来集思广益并制作演示文稿报告小组结果。请使用 Google 工具组织和存储你的演示文稿。

案例研究

信息系统是否导致德意志银行陷入困境？

德意志银行（Deutsche Bank AG）成立于 1870 年，是全球顶级金融企业之一，在全球拥有 2 425 个分支机构。它提供了一系列金融产品和服务，包括零售和企业银行业务、外汇交易以及并购服务等。银行提供抵押、消费金融、信用卡、人寿保险和企业养老金计划产品；为国际贸易提供融资；并为富有的私人客户提供定制化的财富管理服务等。德意志银行也是德国最大的银行，在德国发挥着核心作用。在许多方面，德意志银行是全球金融系统的典范。

德意志银行拥有全球最大的衍生品投资组合，价值约 46 万亿美元。金融衍生产品是两个或多个当事方之间的合同，其价值取决于一种或多种基础资产，如股票、债券、商品、货币和利率，或从中衍生。尽管德意志银行在 2008 年的银行业危机中幸存下来，这次危机是由有缺陷的衍生品引发的，但德意志银行现在仍在努力地应对银行业的剧烈变化，包括最近的监管变化。该银行被迫支付72亿美元，以解决美国监管机构有关出售有害抵押贷款证券的指控，这些不良抵押贷款证券助长了2008年的金融危机。

此外，商品期货交易委员会（CFTC）指控德意志银行提交了不完整、不及时的信用违约掉期数据，未能适当地监督负责掉期数据报告的员工，并且缺乏适当的业务连续性和灾难恢复计划。（信用违约掉期是一种信用保险合同，其中保险人承诺赔偿被保险方（如银行）因债务人（如公司）违约而遭受的损失，在金融市场上可以由任何一方出售或购买。信用违约掉期是非常复杂的金融工具。）

CFTC抱怨说，2016年4月16日，德意志银行的掉期数据报告系统发生系统故障，导致德意志银行在长达5天内无法报告多种资产的掉期数据。德意志银行后来为修复系统故障所做的努力反而加剧了原有的报告问题，还导致了新问题的产生。

例如，在系统中断之前和之后报告的德意志银行的掉期数据显示，某些数据字段，包括许多无效的法人标识符的完整性存在问题。法人标识符是用于唯一标识金融交易各方的所有法人的标识代码。CFTC投诉称，这些报告问题今天仍然存在，影响了向公众提供的市场数据和CFTC用来评估整个掉期市场中系统性风险的数据。CFTC的投诉还声称，德意志银行的系统故障和随后的报告问题部分是由于德意志银行未能制定适当的业务连续性和灾难恢复计划以及其他适当的监管系统而造成的。

除了因应付监管机构和支付罚款而产生的高昂成本外，德意志银行也是一家运营非常笨拙和低效的银行。美国监管机构已将德意志银行的过时技术视为其无法始终提供正确信息以正常开展业务并响应监管机构的原因之一。信息系统不佳甚至助长了2008年的金融危机。银行常常难以弄清它们买卖的复杂的金融产品及其潜在的价值。

包括德意志银行在内的所有银行都是信息技术密集型企业，它们依靠技术发现不当行为。德意志银行在德国和世界金融体系中扮演着如此重要的角色，为什么它的信息系统体系不能胜任呢？

实际上，与其他领先的全球金融企业一样，德意志银行经历了数十年的合并和扩张。当这些银行合并或收购其他金融企业时，它们通常没有进行必要的（而且通常是影响深远的）变革，将其信息系统与所收购机构的系统集成。集成所需的工作量和成本是巨大的，包括管理团队之间的协调。因此，银行往往保留许多旧系统来处理各自原有的业务工作，这就形成了所谓的"意大利面球"，即相互重叠且通常不兼容的技术平台和软件程序堆砌在一起。这些过时的遗留系统之前用来处理大量的交易和资金，但不适用于管理大型银行业务。它们通常不允许部门之间轻松共享信息，也无法为高层管理者提供有关银行业务运营的整体情况。

仅在伦敦，德意志银行就拥有超过100种不同的交易预订系统，每种系统都设有一套通用的识别客户的代码集。这些系统可能使用不同的数字或代码来标识同一个的客户，因此，要描述清楚同一客户在所有的系统中是如何处理的，将是非常困难或不可能的事。各个团队和交易者都有各自不兼容的平台。该银行采取了让团队相互竞争的策略来刺激他们，但是这进一步鼓励他们使用不同的系统，因为有竞争的交易者和团队不愿共享数据。然而，在处理和记录交易之前，银行最终不得不经常手动核对这些来自不同系统的数据。

这种情况使银行很难为它们今天需要的系统开展大规模的技术项目，也很难遵守监管要求。美国监管机构批评德意志银行由于其过时的技术而无法提供必要的信息。监管机构要求金融机构改善其风险管理方式。银行承受着必须使其陈旧的计算机系统符合监管要求的压力，但是许多传统金融机构的IT基础架构无法跟上监管要求以及不断变化的消费者期望。德意志银行及其同行还必须适应来自新的创新技术对手的竞争，如苹果公司正在涉足银行服务领域。

2015年7月，约翰·克雷恩（John Cryan）成为德意志银行的CEO。他试图降低成本并提高效率，一方面裁掉了数千名员工，另一方面决心全面改革德意志银行分散、过时的信息系统。信息系统是控制成本以及寻找新的利润增长点来源的主要障碍。

克雷恩指出，银行的成本因糟糕而无效的业务流程、技术系统不足以及手动处理过多任务而膨胀。他提出对银行的系统和程序进行标准化、消除旧版软件、对数据进行标准化和增强，并改善报告系统的要求。克雷恩任命技术专家金·哈蒙德斯（Kim Hammonds）为首席运营官，负责监督银行信息系统和运营的重新设计。哈蒙德斯曾任德意志银行全球首席信息官，此前曾担任波音公司首席信息官。哈蒙德斯观察到，德意志银行的信息系统是在反复试错的过程中运营的，就如同其前雇主波音公司将飞机升空后看着飞机坠毁，然后试图从错误中学习一样。

2015年2月，德意志银行宣布与惠普（HP）签署为期10年、投资数十亿美元的合作协议，进行标准化和简化其IT基础架构，降低成本，创建更现代、更敏捷的技术平台支持新的产品和服务。德意志银行将系统迁移到云计算基础架构，将在HP的远程计算机中心中运行其信息系统。惠普将提供计算服务、托管和存储服务。德意志银行自己将负责应用程序开发和信息安全技术，它认为信息系统是专有技术，对于竞争差异化至关重要。

德意志银行开展了清退高风险的客户、改善其控制框架，并自动进行对账工作。为了实现IT基础架构的现代化，该银行将控制计算机工作方式的单个操作系统的数量从45个减少到了4个，替换了数十台过时的计算机，并替换了过时的软件应用程序。成千上万的应用程序和功能从德意志银行的大型机转移到惠普的云计算服务，流程自动化将提高效率和更好的控制。预计这些改进将使"运营银行"的成本减少8亿欧元，同时清退6000名合作方，将节省10亿欧元。德意志银行还设立了4个技术中心，并与金融技术初创企业合作改善其技术。

尽管作出了上述努力，德意志银行仍难以恢复盈利能力和稳定性。2018年4月上旬，该银行的监事会用克里斯蒂安·西文（Christian Sewing）取代了克雷恩，西文是一位长期负责银行的财富管理部门及其在德国的分支机构网络的内部员工。克雷恩任职期间未能使银行恢复盈利。2018年2月，该银行报告2017年亏损7.35亿欧元，约合9亿美元，这是其连续第三年亏损。

德意志银行并不是唯一受到信息系统问题困扰的大型银行。信息系统问题也是Banco Santander银行美国分支机构2016年未能通过美国联邦储备委员会的年度"压力测试"的原因之一，"压力测试"是衡量大型银行在新的金融危机中性能的标准。2015年，埃森哲（Accenture）咨询报告指出，在全球大型银行中，只有6%的董事会成员和3%的CEO具有专业技术经验。金融技术创新、安全性、IT弹性和法规变化对技术的影响都是银行董事会面临的关键问题，但董事会中的许多人缺乏相关的知识来评估这些问题，无法在战略、投资以及如何最佳分配技术方面作出明智的决策来分配资源。

资料来源：Jack Ewing, "Deutsche Bank Replaces CEO Amid Losses and Lack of Direction," New York Times, April 8, 2018; Charles Riley, "Deutsche Bank Hasn't Made a Profit in Three Years," CNN Money, February 2, 2018; Anna Irrera, "Deutsche Bank Launches Tech Startup Lab in New York City," Reuters, March 21, 2017; Geoffrey Smith, "Things You Should Know About the Deutsche Bank Train Wreck," Fortune, September 28, 2016; Hayley McDowell, "System Outage Sees Deutsche Bank Charged over Reporting Failures," The Trade News, August 19, 2016; Derek du Preez, "US Regulator Charges Deutsche Bank over Multiple Systems Failures," Diginomica, August 19, 2016; Kat Hall, "Deutsche Bank's Creaking IT Systems Nervously Eyeing Bins," The Register, October 27, 2015; Martin Arnold and Tom Braithwaite, "Banks' Ageing IT Systems Buckle Under Strain," Financial Times, June 18, 2015; Martin Arnold, "Deutsche Bank to Rip Out IT Systems Blamed for Problems,"

Financial Times, October 26, 2015; Ben Moshinsky, "Deutsche Bank Has a Technology Problem," Business Insider, October 20, 2015; Edward Robinson and Nicholas Comfort, "Cryan's Shakeup at Deutsche Bank Sees Tech Restart," Bloomberg, December 20, 2015; and Accenture, "Bank Boardrooms Lack Technology Experience, Accenture Global Research Finds," October 28, 2015.

案例分析题：

1-11　请指出此案例中描述的问题，是哪些管理、组织和技术因素导致了这些问题？

1-12　德意志银行信息技术的作用是什么？IT与银行的运营效率、决策能力和业务战略有何关系？

1-13　德意志银行是否有效利用技术来支持其业务战略？请解释你的答案。

1-14　德意志银行提出了什么解决方案？你认为效果如何？请解释你的答案。

参考文献

扫一扫，下载本章参考文献

[1] Baldwin, Richard. The Great Convergence: Information Technology and the New Globalization. Cambridge, MA: Harvard University Press (2016).

[2] Brynjolfsson, Erik. "VII Pillars of IT Productivity." Optimize (May 2005).

[3] Brynjolfsson, Erik, and Lorin M. Hitt. "Beyond Computation: Information Technology, Organizational Transformation, and Business Performance." Journal of Economic Perspectives 14, No. 4 (2000).

[4] Bureau of Economic Analysis. National Income and Product Accounts. www.bea.gov, accessed June 19, 2018.

[5] Chae, Ho-Chang, Chang E. Koh, and Victor Prybutok. "Information Technology Capability and Firm Performance: Contradictory Findings and Their Possible Causes." MIS Quarterly 38, No. 1 (March 2014).

[6] Dedrick, Jason, Vijay Gurbaxani, and Kenneth L. Kraemer. "Information Technology and Economic Performance: A Critical Review of the Empirical Evidence." Center for Research on Information Technology and Organizations, University of California, Irvine (December 2001).

[7] eMarketer. "Number of Bloggers in the United States from 2014 to 2020 (in Millions)." eMarketer (2018).

[8] _____. "Average Daily Time Spent with Media According to US Internet Users, 2012 & 2017 (Hours)," March 14, 2018.

[9] eMarketer Chart. "US Digital Ad Spending, by Format, 2014–2020 (billions and % change)," June 17, 2018.

[10] FedEx Corporation. "SEC Form 10-K for the Fiscal Year Ended May 31, 2018."

[11] Friedman, Thomas. The World Is Flat. New York: Picador (2007).

[12] Gartner Inc. "Gartner Identifies the Top 10 Strategic Technology Trends for 2018." (October 4, 2017).

[13] Hughes, Alan, and Michael S. Scott Morton. "The Transforming Power of Complementary Assets." MIT Sloan Management Review 47, No. 4 (Summer 2006).

[14] Lamb, Roberta, Steve Sawyer, and Rob Kling. "A Social Informatics Perspective of Socio-Technical Networks." http://lamb.cba.hawaii.edu/pubs (2004).

[15] Laudon, Kenneth C. Computers and Bureaucratic Reform. New York: Wiley (1974).

[16] Lev, Baruch. "Intangibles: Management, Measurement, and Reporting." The Brookings Institution Press (2001).

[17] McKinsey Global Institute. "Digital America: A Tale of the Haves and Have-Mores" (December 2015).

[18] Mithas, Sunil, and Roland T. Rust. "How Information Technology Strategy and Investments Influence Firm Performance: Conjecture and Empirical Evidence." MIS Quarterly (March 2016).

[19] Morris, Betsy. "From Music to Maps: How Apple's IPhone Changed Business." Wall Street Journal (June 27, 2017).

[20] Nevo, Saggi, and Michael R. Wade. "The Formation and Value of IT-Enabled Resources: Antecedents and Consequences of Synergistic Relationships." MIS Quarterly 34, No. 1 (March 2010).

[21] Otim, Samual, Kevin E. Dow, Varun Grover, and Jeffrey A. Wong. "The Impact of Information Technology Investments on Downside Risk of the Firm: Alternative Measurement of the Business Value of IT." Journal of Management Information Systems 29, No. 1 (Summer 2012).

[22] Ren, Fei, and Sanjeev Dewan. "Industry-Level Analysis of Information Technology Return and Risk: What Explains the Variation?" Journal of Management Information Systems 21, No. 2 (2015).

[23] Ross, Jeanne W., and Peter Weill. "Four Questions Every

CEO Should Ask About IT." Wall Street Journal (April 25, 2011).

[24] Sabherwal, Rajiv, and Anand Jeyaraj. "Information Technology Impacts on Firm Performance: An Extension of Kohli and Devaraj (2003)." MIS Quarterly (December 2015).

[25] Sampler, Jeffrey L., and Michael J. Earl. "What's Your Information Footprint?" MIT Sloan Management Review (Winter 2014).

[26] Saunders, Adam, and Erik Brynjolfsson. "Valuing Information Technology Related Intangible Assets." MIS Quarterly (March 2016).

[27] Shanks, Ryan, Sunit Sinha, and Robert J. Thomas. "Managers and Machines, Unite!" Accenture (2015).

[28] Teece, David. Economic Performance and Theory of the Firm: The Selected Papers of David Teece. London: Edward Elgar Publishing (1998).

[29] U.S. Bureau of Labor Statistics. Occupational Outlook Handbook. 2018–2019 (April 19, 2018).

第 2 章
全球电子商务与合作

学习目标

通过阅读本章，你将能回答：

1. 什么是业务流程？它和信息系统之间的关系如何？
2. 信息系统如何服务于企业中各级管理层？如何帮助企业改进组织绩效？
3. 为什么用于合作和社会化商务的信息系统如此重要？这些系统采用了哪些技术？
4. 信息系统在企业中扮演了什么样的角色？
5. MIS 如何有助于我的职业发展？

本章案例

企业社交网络帮助赛诺菲·巴斯德创新和提高质量
数据改变了 NFL 球队的比赛，球迷如何看待它
视频会议：每个人都有收获
企业应该接受社会化商务吗？

企业社交网络帮助赛诺菲·巴斯德创新和提高质量

赛诺菲·巴斯德（Sanofi Pasteur）是跨国制药公司赛诺菲的疫苗部门，也是全球最大的疫苗生产企业。它的总部位于法国里昂，在全球拥有近15 000名员工，每年生产超过10亿剂疫苗，可为全球5亿多人接种疫苗。赛诺菲·巴斯德的企业愿景是：朝着一个没有人遭受或死于疫苗可预防疾病的世界努力。企业每天在研发上的投入超过100万欧元。合作、共享信息、不断创新和严格追求质量对于赛诺菲·巴斯德的业务成功以及对改善世界人口健康的承诺至关重要。

该企业一直缺乏适当的制度来鼓励员工相互交流、分享想法并与其他成员合作，包括他们可能不认识的人。作为具有传统层级文化的大型集中式，创新行动主要是自上而下进行的。该企业希望给员工更多的机会进行自主创新和试验，采用微软的Yammer作为变革平台，组织中的任何成员均可有改进的想法，并且可以通过Yammer在任何地方共享。

微软的Yammer是供内部业务使用的企业社交网络平台，尽管它也可以创建链接到供应商、客户和组织外部其他人员的外部网络。Yammer使员工可以创建小组，并在项目上进行合作、共享和编辑文档，还可以通过新闻源来了解企业内部发生的情况。人员名录提供了一个可搜索的联系信息、技能和专业知识的数据库。Yammer可以使用台式机和移动设备通过网络进行访问，并且可以与其他微软工具集成，如SharePoint和Office 365，使得其他应用程序更加具有"社交性"。（SharePoint是微软的合作、文档共享和文档管理平台。Office365是微软的在线服务，用于桌面的应用程序，如文字处理、电子表格、电子演示文稿和数据管理等。）

赛诺菲·巴斯德如何从更加"社会化"中受益呢？员工使用Yammer共享更新的信息、征求反馈意见、联系志愿者等来改进行动方案。最近一项使用Yammer的项目表明某制造基地的关键质量流程简化了60%，为企业节约了数千欧元，并减少了端到端的总体处理时间。通过Yammer，员工将有关此改进的信息传播到全球其他地方。

赛诺菲员工使用Yammer建立了某大型生产基地的参与者网络，每个小组吸引了1 000多人。这些网络有助于建立一种集体主义的员工文化，使人们对提出改进建议以及与全球其他团体合作成为可能。他们还向管理层提供关于部门和层级结构中相关政策和程序的看法，用于重新设计企业的制造和业务流程，提高质量和成本效益。例如，一位建筑工人分享了他在生产设施中管理特定材料时如何减少浪费的想法，改进后的物料处理的新程序每年为工厂节省超过100 000欧元，并成为赛诺菲·巴斯德所有生产基地的全球最佳实践。由Yammer推动的社区提高了人们对健康、安全和细节的关注，对这些问题的关注也帮助企业减少了91%的人为错误。

资料来源："Yammer Collaboration Helps Sanofi Pasteur Improve Quality, Make More LifeSaving Vaccines," www.microsoft.com, January 24, 2017; www.sanofipasteur.us, accessed February 4, 2018; and Jacob Morgan, "Three Ways Sanofi Pasteur Encourages Collaboration," Forbes, October 20, 2015.

赛诺菲·巴斯德的经验表明，当今的企业组织在很大程度上依赖信息系统提升业绩和保持竞争力，同时也说明一个组织的信息系统可以支持团队合作和团队工作，能使它在创新、运营和增加利润方面显得与众不同。在这个案例中，信息系统也能提供重要的社会效益。图2-1提示了本章和本案例中需要关注的要点。

赛诺菲·巴斯德是一家知识密集型企业，崇尚创新，但由于自上而下的等级流程，阻碍了员工和管理者之间自由分享信息和创新建议的途径，影响了企业创造和交付新的前沿产品、维持其高质量标准的能力。

赛诺菲·巴斯德管理层发现，最好的解决方案是部署新技术，将一个等级森严的企业知识和工作环境，转变为一个员工积极参与并能够从同事那里获得更多知识的新环境。该企业利用微软 Yammer 社交工具来提高员工的合作和参与度。员工的知识共享越来越有效率，企业也变得越来越有创新力，成本效益也越来越高。

然而，单靠新技术是无法解决赛诺菲·巴斯德的问题的。为了使解决方案更加有效，赛诺菲·巴斯德必须改变组织文化和业务流程进行知识传播和合作，新技术只是将这些改变成为可能。

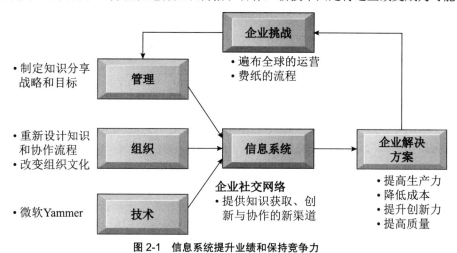

图 2-1　信息系统提升业绩和保持竞争力

> 需要考虑：协作和员工参与是如何让赛诺菲·巴斯德保持竞争力和质量意识的？使用 Yammer 如何改变赛诺菲·巴斯德的工作方式？

2.1　业务流程及其与信息系统的关系

企业运营需要处理各种关于供应商、客户、员工、发票、支付以及企业产品和服务等相关的信息，并利用这些信息组织、开展各项工作，从而达到企业高效运营和提高整体绩效的目的。信息系统的应用使企业能够管理各类信息，作出更好的决策，提高企业业务流程的执行效率。

2.1.1　业务流程

业务流程的概念在第 1 章中已经提到过，是指以提供有价值的产品或服务为中心而进行的一系列业务工作的组织和协调方式。业务流程是生产产品或提供服务所需要的一系列业务活动的集合，这些业务活动由物流、信息流和业务流程参与者之间的活动组成。业务流程也指企业组织协调工作、信息、知识的特定方式，以及管理层确定的工作协调方式。

一个企业的业绩好坏很大程度上取决于其业务流程设计和运行的好坏。如果业务流程使企业能够比其竞争对手更创新或更具执行力，这样的业务流程就可以成为企业竞争优势的源泉。同样，如果这些业务流程基于陈旧过时的工作方式，则会妨碍企业的响应能力和效率，此时业务流程也可能会成为企业的负债。本章开篇案例中描述的赛诺菲·巴斯德公司在知识共享流程方面的改进清楚地说明了这些观点，就像本书中的其他情况一样。

每一项业务都可以看作是一系列业务流程的集合，其中一些业务流程又是更广范围的业务流程的组成部分。例如，利用有经验的顾问、维基、博客和视频是整个知识管理流程的一部分。许多业务流程专属于特定的职能部门。例如，销售和市场职能部门负责发现客户的流程，人力资源职能部门负责员工招聘的流程。表 2-1 给出了每一个职能部门所负责的一些典型业务流程。

表 2-1 职能性业务流程举例

职 能 领 域	业 务 流 程
制造和生产	产品组装、质量检查、准备物料清单
销售和市场	客户发现、客户产品认知、产品销售
财务和会计	债务偿付、提供财务报表、管理现金账户
人力资源	员工招聘、员工岗位绩效评估、制订员工福利计划

还有一些业务流程跨越不同的职能部门，需要跨部门协调。比较简单的例子是完成客户订单的流程（见图 2-2）。该流程从销售部门接到一份订单开始，首先传递到会计部门，财务和会计部门进行信用审核或者预付款审核，确认该客户有能力支付该订单；一旦建立了客户信用，制造和生产部门将负责相关产品的生产或出库；然后，产品将被运输至指定的地方（这一步可能需要 UPS 或 FedEx 等物流公司的参与）；财务和会计部门将出具与订单相关的账单或发票，并通知客户产品已经运出；销售部门接到订单已经发货的通知，并准备回答客户来电或履行保修索赔等事项。

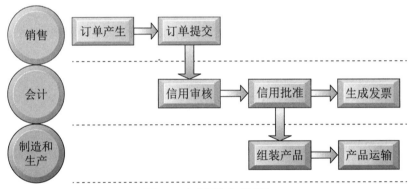

图 2-2 企业订单完成过程

注：完成一份客户订单需要一系列复杂的步骤，销售和市场部门、财务和会计部门以及制造和生产部门必须紧密协调。

初看完成一份订单似乎是一个比较简单的过程，但实际上是一系列非常复杂的业务流程的集成，需要企业中各主要职能部门之间的紧密协调。此外，为了高效地执行并完成订单的所有步骤，需要大量的信息，而且这些信息必须能够在公司内部决策者之间、企业与运输公司等合作伙伴之间以及企业与客户之间快速地流动。基于计算机的信息系统使这一切成为可能。

2.1.2 信息技术如何改进业务流程

信息系统到底如何改进业务流程呢？信息系统使业务流程中许多原来依靠手工方式完成的活动自动化，如客户信用的审核或发票和运单的产生等。然而如今的信息技术可以完成更多的事。

新技术能改变信息流，使更多的人能获取和共享信息，用并行的步骤和任务代替串行，并消除决策过程中的延误。新技术往往改变一个企业的业务运作方式，转而支持全新的商业模式。从亚马逊下载一本Kindle电子书、从百思买在线购买一台计算机或通过iTunes下载一段音乐等，都是基于新商业模式的全新业务流程。没有信息技术的支持，要完成这些任务是不可想象的。

这就是对业务流程要给予更多的关注是如此重要的原因！不仅是在信息系统课程中，还包括在将来的职业生涯中。通过对业务流程的分析，你可以清楚地了解一家企业到底是如何开展工作的。此外，通过对业务流程的分析，你还能够了解如何通过改进流程来转变企业，提升企业效率和效益。业务流程的视角将贯穿本书，有助于我们理解如何应用信息技术改进业务流程，从而达到更高的效率、更好的创新和更优的客户服务效果。

2.2 信息系统如何服务于企业中的各级管理层？如何与企业提升组织绩效相关联？

既然你已经了解了业务流程，那么该去更深入、细致地了解信息系统在企业中是如何支持业务流程的实现的。企业组织中存在不同的利益、专业职能和管理层级，因此也存在不同类型的信息系统。没有一个单独的信息系统能够提供一个组织需要的所有信息。

企业组织中的每一项典型主要职能，包括销售和市场、制造和生产、财务和会计以及人力资源等，其业务流程均有相应的信息系统支持。你可以在本章的"学习跟踪"部分找到每一个企业职能系统的例子。各职能系统之间难以共享信息来支持跨职能业务流程，彼此孤立运行的情况已成过去，这类孤立的系统大部分已经被更大规模的、跨职能的集成信息系统所替代，集成了相关的业务流程活动和组织单元。我们将在本部分后续章节中介绍这些集成的跨职能应用系统。

我们在第1章中已经描述了在一家典型企业中存在着各层级管理团队的决策，以及能够支持这些主要管理团队决策所需要的系统。每一层级——操作层管理、中层管理以及高层管理的管理团队都需要不同类型的系统以支持其所做的决策。下面我们将介绍这些系统和它们支持的决策类型。

2.2.1 支持不同管理团队的信息系统

一个企业组织需要信息系统支持不同团队和层级的管理需求。这些系统包括事务处理系统和商务智能系统。

1. 事务处理系统

业务经理需要系统帮助记录组织中各种基本业务活动的信息，如销售、票据、现金存量、工资发放、信贷决策以及工厂的物流等。**事务处理系统**（transaction processing systems，TPS）就提供这类信息。事务处理系统是计算机化的系统，用以执行和记录企业日常性的业务，如销售订单输入、旅馆预约、薪酬、员工档案保管、运输等。

这个层次系统的主要目的是解决常规问题和跟踪组织中的业务流，如库存的零部件还有多少、史密斯先生的付款出现了什么问题等。为回答这类问题，信息通常必须是容易获得的、即时的和准确的。

在企业运营层面，任务、资源和目标是预先设置和高度结构化的。例如，是否授予客户信用的决策是由基层主管根据预设的评判标准作出的，需要判断的仅仅是客户是否满足这些标准。

图 2-3 是薪酬事务处理系统。该系统记录了企业支付给员工的薪酬记录，包含员工姓名、社会保障号码和每周工作小时数的员工工作时间记录卡，代表了该系统的一项事务。一旦该事务输入系统中，它将更新系统中的员工信息主文件（或数据库，见第 6 章），员工主文件长期维护着组织中员工的信息。系统中的数据通过不同的方式可以形成企业管理层和政府部门所需要的各类报告以及给员工的薪水支票。

管理者需要事务处理系统来监控企业内部的运营状态以及企业与外部环境的关系，事务处理系统也是其他系统和企业职能部门所需信息的主要产生者。例如，图 2-3 中的薪酬事务处理系统和公司其他会计事务处理系统一起，为公司的财务总账系统提供数据，记录公司的收入和费用，并产生收益表和资产负债表等财务报告。薪酬系统也为公司人力资源部门计算员工保险、退休金以及其他福利提供员工薪酬历史数据，为政府部门如美国国税局和社会保障局提供雇员薪酬数据。

事务处理系统对企业非常重要，它停运几个小时就可能导致整个企业的瘫痪，甚至影响与该企业相关的其他企业。设想一下，如果 UPS 公司的包裹追踪系统不能工作将会发生什么事？如果航空公司没有计算机支持的预订系统将会怎样？

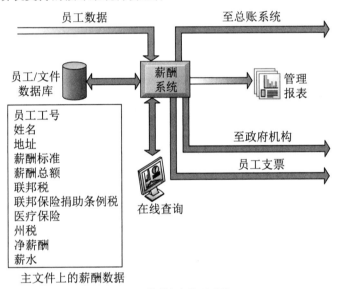

图 2-3　薪酬事务处理系统

注：薪酬事务处理系统输入员工薪酬业务数据（如时间卡），系统输出包括在线的和纸质的管理报表以及员工支票。

2. 商务智能系统

企业中还有提供信息来支持管理决策的商务智能系统。**商务智能**（business intelligence）是一个现代术语，包括一系列用来组织、分析和提供数据访问的数据和软件工具，以帮助管理者和其他企业用户作出更明智的决策。商务智能可满足所有层级管理和决策需要。本节对商务智能进行简要介绍，在第 6 章和第 12 章可以获得更多的相关知识。

商务智能系统支持中层管理者开展监督监测、控制管理、决策制定和行政事务工作。在第 1 章中，我们曾将 MIS 定义为对企业和管理中信息系统的研究，MIS 也可以指为中层管理服务的一类特定的信息系统。MIS 为中层管理人员提供关于组织当前运行情况的报告，中层管理人员使用这些信息来监督和控制业务，并预测未来的绩效等。

MIS 根据事务处理系统（TPS）产生的数据进行汇总，生成关于企业基本运行情况的报告，来自 TPS 的基础业务数据被汇总,并常常以定期报告的形式呈现。今天,大量的报告已经实现了在线传递。图 2-4 显示了一个典型的 MIS 如何将来自库存、生产、会计等方面的业务数据转换为 MIS 文件,进而形成报告提交给管理人员的过程。图 2-5 显示了由 MIS 系统产生的样本报告。

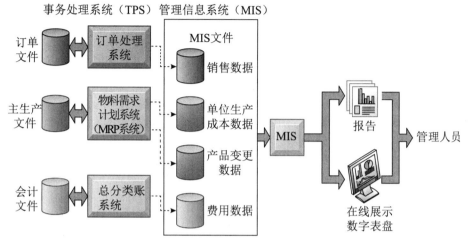

图 2-4 MIS 如何通过组织中的 TPS 获取数据

注:在报告周期结束前,3 个 TPS 将初步汇总的业务数据提供给 MIS 报告系统。管理人员通过 MIS 访问组织的业务数据,MIS 为管理人员提供合适的报告。

MIS 回答的通常是常规性问题,这些问题都是预先设定的,并有一套预先确定的程序进行解答。例如,一份 MIS 报告可能会列出本季度在一个快餐连锁店中消耗的生菜数量,或者如图 2-5 所示,比较某一特定产品的实际销售与计划销售数据。总的来说,这类系统不具有柔性,分析能力也很有限。大多数 MIS 系统使用的是汇总和比较这类简单的处理程序,而不是复杂的数学模型或统计技术。

产品编号	产品描述	销售区域	实际销售(美元)	计划销售(美元)	实际与计划对比
4469	地毯清洁剂	东北部 南部 中西部 西部	4 066 700 3 778 112 4 867 001 4 003 440	4 800 000 3 750 000 4 600 000 4 400 000	0.85 1.01 1.06 0.91
		总计	16 715 253	17 550 000	0.95
5674	房间清新剂	东北部 南部 中西部 西部	3 676 700 5 608 112 4 711 001 4 563 440	3 900 000 4 700 000 4 200 000 4 900 000	0.94 1.19 1.12 0.93
		总计	18 559 253	17 700 000	1.05

图 2-5 MIS 报告样本

注:这份报告展示了由图 2-4 中 MIS 系统产生的年度销售数据概况。

商务智能系统中其他类型的系统支持比较非常规性的决策。**决策支持系统**(decision-support systems,DSS)关注那些特定且快速变化的问题,这些问题的解答步骤不可能完全被事先明确。这些系统试图回答类似于这样的问题:如果 12 月的销售额加倍,会对我们的生产计划产生什么样的影响？如果一个工厂的计划延迟6个月，会对我们的投资回报产生什么样的影响？

DSS不仅使用来自TPS及MIS的内部信息，也会使用来自外部的信息，如当前股价或者竞争对手的产品价格等。这些系统的使用者是作为"超级用户"的管理者以及希望运用复杂的分析技术和模型来分析数据的业务分析人员。

举一个很小但功能强大的DSS例子，是一家负责运输煤炭、石油、矿石等大宗商品及各类产品的大型运输公司使用的航运估算系统。该企业拥有自己的船舶，也租用船舶，在开放的市场上参与竞标以争取运输货物业务。该企业航运估算系统可以计算与航运财务和技术相关的各种细节，财务方面包括运输/时间成本（燃料、人工、资金）、各类货物的运价/运费率以及港口费用等。技术方面考虑的因素很多，包括船舶运载能力、航速、港口距离、燃料、淡水消耗量以及货物装载模式（不同港口的货物装载次序）等。

该系统可以回答以下问题：给定一个客户货物和计划运送时间表和运费率，应该用什么样的船舶和运费率使利润最大化？某个船舶能够保证按时完成运输业务且使利润最大化的最佳速度是多少？一艘由马来西亚驶往美国西海岸的船舶，符合运载能力限制的最佳货物装载模式是什么？图2-6描述了该公司开发的DSS，该系统运行在一台高性能的个人计算机上，菜单式系统使用户能够快速地输入数据或获取信息。

上述航运估算DSS高度依赖于分析模型的应用。其他类型的商务智能系统越来越多的是数据驱动型，关从大量的数据中提取有用信息以支持决策。例如，北美大型的滑雪度假村公司（如Introwest和Vail度假村）从呼叫中心、住宿餐饮预订系统、滑雪学校及滑雪装备租赁店收集并存储了大量的客户信息。它们使用特殊的软件来分析这些数据，确定每个客户的价值、回报潜力和忠诚度，这样管理者就可以更好地做出有针对性的营销计划决策。

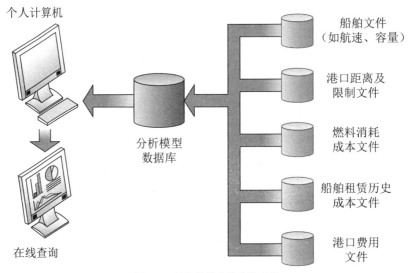

图2-6 航运估算决策支持系统

注：DSS系统运行在一台高性能的个人计算机上，供负责生成运输合同标书的经理日常使用。

商务智能系统还可以满足高层管理者的决策需求。高层管理者需要的系统应能着眼于战略问题和长期发展趋势，既要关注公司内部，也要关注外部环境。他们会关心如下问题：5年后，就业市场将会如何？长期的行业成本趋势将如何变化？5年后，我们应该生产什么产品？

经理支持系统（executive support systems，ESS）可以支持高层管理者做决策。ESS专注于需要判断、评估和洞察力的非常规性决策,因为这类决策没有统一的解答程序。ESS 给高层管理者提供容易使用的界面来呈现来自多个源头的数据和图形。通常通过**门户**(portal),即 Web 界面来呈现集成的、个性化的业务内容,会给高层管理者提供各种信息。

ESS 综合了来自企业外部数据(如新的税法或竞争者信息),以及来自企业内部的 MIS 和 DSS 中的汇总信息,通过过滤、精炼、跟踪关键数据,将其中最重要的部分展示给高层管理者。ESS 系统将越来越多地包含趋势分析、预测"向下钻取"细节数据等商务智能分析功能。

例如,世界上最大的独立炼油企业 Valero 的首席运营官(COO)和工厂经理,利用 Refining Dashboard 来显示与工厂和设备可靠性、库存管理、安全和能源消耗相关的实时数据。有了这些数据,COO 及其团队就能根据每个工厂生产计划的执行情况,对在美国和加拿大的 Valero 炼油厂的绩效作出评估。总部就可以了解从企业管理层向下钻取到炼油厂层,乃至某个系统操作层人员的绩效。Valero 的 Refining Dashboard 是数字仪表盘的一个示例,它在单个屏幕上显示用于管理公司的关键绩效指标的图表,如图 2-7 所示。数字仪表盘正逐渐成为管理决策者欢迎的工具。

在"互动讨论:组织"部分描述了美国橄榄球联盟(National Football League,NFL)及其球队所使用的不同类型的系统。请注意该案例中提到的系统类型及其在改善运营和决策过程中所起的作用。

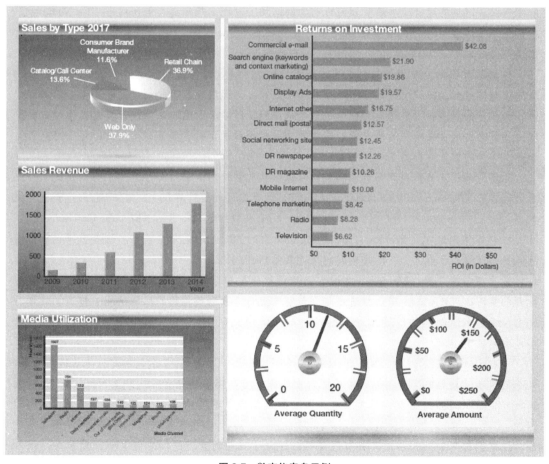

图 2-7 数字仪表盘示例

注:数字仪表盘通常在一个屏幕上显示综合的、准确的信息以支持决策,图形化的 KPI 帮助管理者快速发现需要注意的地方。

> 互动讨论：组织

数据改变了 NFL 球队的比赛，球迷如何看待它

如今，所有的专业运动队都在收集有关球员和球队表现、球迷行为和销售的详细数据，并且越来越多地使用这些数据，以支持业务各个方面的决策，包括营销、票务、球员评估以及电视和数字媒体交易等。其中包括 NFL，该联盟越来越多地通过数据改善球员和球队的表现以及球迷们体验比赛。

自 2014 年以来，NFL 将镍大小的射频识别标签（RFID）放在运动员的肩垫下方来跟踪运动员的每一次动作，从而捕获运动员的现场运动数据。NFL 团队使用传感器收集的信息改进它们的培训和策略，现场评论员、观看比赛的球迷或在 Xbox One 上使用 NFLApp 的球迷都可以使用这些信息。

NFL 的球员跟踪系统基于斑马技术（Zebra Technologies）开发的斑马运动解决方案（Zebra Sports Solution）。斑马技术是一家总部位于芝加哥的企业，专门研究跟踪技术，其中包括食品杂货和其他消费品的条码以及 RFID 技术。斑马运动解决方案系统记录了球员的速度、方向、场上位置，如在比赛中跑了多少米以及短跑、慢跑或步行多长时间。该系统还可以帮助分析团队组成以及球员的速度或加速度如何影响他们的场上表现。想知道埃里·曼宁（Eli Manning）投掷传球的力度或球传到接球手奥德尔·贝克汉姆（Odell Beckham）手中的力量如何？系统知道如何做到这一切。

NFL 运动员的左右肩垫中都装有 RFID 芯片，可将数据传输到位于体育场上下两层的 20 个无线电接收器，接收器收集每个球员的移动数据，如速度、时速和行进的距离等。数据再被传输到现场的计算机上，这时，斑马的软件将 RFID 标签与正确的球员或官员进行匹配。橄榄球上还具有发送位置数据的传感器。这些数据是在比赛进行的时候实时产生的，每个传感器发送每个球员的位置数据约 25 次。

运动传感器上的数据只需要两秒钟就可以被接收，并对其进行分析，然后将其发送到由亚马逊网络服务（Amazon Web Services）为 NFL 运行的远程云计算机上。在 NFL 云计算机上的数据，粉丝、广播公司和 NFL 团队都可以获取。NFL 获取的数据也通过 NFL Next Gen Stats 网站、NFL 社交媒体频道以及 Windows 10、Xbox One 上的 NFLApp 展示给粉丝。这些数据也被传输到赛场的巨型显示屏上，在比赛期间向球迷展示。

数据有多种用途。NFL 球队使用它们来评估球员和球队的表现，并分析战术，如在某场比赛的第四次进攻时，是向前推进还是踢悬空球更好。数据被传输到广播企业、体育场屏幕、NFL Next Gen Stats 网站以及 Xbox One 上 NFLApp 中，有助于创造更好的粉丝体验，使粉丝更多地参与其中。

一些统计迷现在可以在"NFL Next Gen Stats"上看到一些数据，包括最快的持球前进的队员、最长的抢断、最长的比赛、传球带球者、冲球领先者和接球领先者等。NFL Next Gen Stats 数据还提供球员人体的图表和视频，这些图表数据解释了球员、团队和比赛之间的差异性和相似性。

尽管数据可能对粉丝而言具有娱乐性，但对于球队而言，它们可能具有战略意义。记录每场比赛的数据标记，包括进攻型、防守型、是否有球员靠拢（磋商战术）、比赛中所有的移动以及球所停的码线等。NFL 有定制的分析系统，通过定制的网络门户在比赛后 24 小时内向每个球队提供可视化数据。该系统显示图表、图形和表格数据，使球队获得更多的洞察。每个

NFL 球队也可以聘请自己的数据分析师，从数据中获取更多价值。这些数据使 NFL 球迷、球队、教练和球员对自己喜欢的比赛有了更深入的了解。

资料来源：Jason Hiner, "How the NFL and Amazon Unleashed 'Next Gen Stats' to Grok Football Games," TechRepublic, February 2, 2018; Teena Maddox, "Super Bowl 52: How the NFL and US Bank Stadium Are Ready to Make Digital History," TechRepublic, February 1, 2018; Brian McDonough, "How the NFL's Data Operation Tracks Every Move on the Field," Information Management, December 7, 2016; www.zebra.com, accessed March 15, 2017; and Mark J. Burns, "Zebra Technologies, NFL Revamp Partnership For Third Season," SportTechie, September 6, 2016.

案例分析题：

1. 本案例中描述了哪些系统？它们从哪里获取数据？它们如何处理数据？请描述这些系统中的输入和输出机制。
2. 这些系统支持哪些业务功能？请解释你的答案。
3. NFL 获取的有关球队和球员的数据如何帮助 NFL 球队和 NFL 自身作出更好的决策？请举出本案例中所描述的系统的两个改进决策。
4. 如何使用数据帮助 NFL 及其球队改善经营方式？

2.2.2 连接企业的各类系统

回顾之前描述的所有各类不同的系统，你可能会想了解一家企业如何管理来自不同系统中的所有信息，以及维护那么多不同的系统需要付出多少成本。你也许还想了解这些不同的系统之间如何共享信息，管理者和员工之间是怎样协调工作的。实际上，这些问题也都是当今企业需要解决的重要问题。

1. 企业应用

在企业中，让所有不同类型的系统一起工作确实是一个重要挑战。一般而言，大企业要么是自然形成的，要么是通过并购小企业组合而成。随着时间的推移，企业内就会汇集一系列的系统，且大部分系统较为陈旧，这时企业面临的挑战就是设法让这些系统互联互通，并让这些系统像一个单一的企业系统一样工作。针对这一问题有几种解决方案。

一种解决方案是实施**企业应用**（enterprise applications）系统。企业应用是指那些跨越组织职能领域的系统，主要用于执行贯穿企业的各类业务流程（其中涉及各层级的管理工作）。企业应用系统的实施，使企业业务流程之间更密切地协调合作，使各业务流程得以集成，从而提升企业资源管理和客户服务效率，帮助企业提高柔性和效率。

以下 4 类主要的企业应用，即企业系统、供应链管理系统、客户关系管理系统和知识管理系统，都集成了一系列相关的职能和业务流程，帮助企业增强组织的整体绩效。图 2-8 描述了这些企业应用系统的架构，这些系统涵盖的业务流程跨越整个组织，在某些情况下还将超出企业边界延伸至客户、供应商，以及其他重要的业务合作伙伴。

企业系统（enterprise systems）也被称作**企业资源计划**（enterprise resource planning，ERP）系统，通过实施企业系统，将制造和生产、财务和会计、销售和市场、人力资源等职能领域的业务流程整合到一个统一的软件系统中，之前分散在不同系统中的信息也被统一存储到一个综合数据库中，供企业的不同部门使用。

例如，当一位客户下了一份订单，订单数据就会自动流向企业中与该订单相关的业务部门。仓库收到订单后就开始挑拣订单所需的产品，安排发货并通知工厂补充消耗掉的库存产品等工作。会计部门就会被告知要给这位客户提供发票；客户服务代表跟踪订单的每一步进展，及时告知客户订单进展；管理人员能够及时掌握整个企业的信息，对日常运营和长期规划作出更加准确和及时的决策。

公司使用**供应链管理**（supply chain management，SCM）系统管理供应商的关系。这类系统的实施，有助于公司与供应商、采购公司、分销商以及物流公司之间共享关于客户订单、生产、库存状态，以及产品和服务递送的信息，从而有效地管理资源、协调生产以及配送产品和服务，最终达到以最短的时间和最小的成本将正确数量的产品从源头送到消费点的目标，降低产品生产和运输成本，使管理人员更好地决策，安排采购、生产和配送业务，增加企业的盈利能力。

由于供应链管理系统中的信息流跨越了企业组织的边界，供应链管理系统属于**跨组织系统**（interorganizational system）类别。在本书中，你还将发现其他类型的跨组织信息系统，这些系统使企业与客户及外包服务公司之间的电子化联系成为可能。

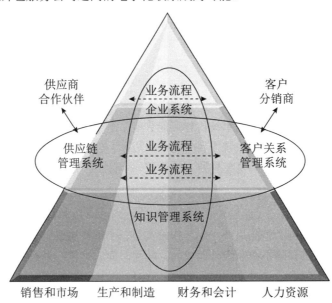

图 2-8　企业应用架构

注：企业应用系统将横跨业务职能领域，纵穿组织层级甚至扩展至组织外部的业务流程自动化。

公司使用**客户关系管理**（customer relationship management，CRM）系统来管理客户的关系。CRM 提供相关信息帮助企业协调所有与销售、市场、服务有关的业务流程，不断提升业务收入、客户满意度和客户忠诚度，帮助公司识别、吸引、保留最有价值的客户，为现有客户提供更好的服务，提高销售额。

有些公司比其他公司做得好，是因为这些公司拥有更好的关于创新、生产、产品配送和服务的知识，这些知识是独特的、难以模仿的，能够帮助企业形成长期的战略优势。**知识管理系统**（knowledge management systems，KMS）的实施能够更好地管理与知识经验获取和应用有关的流程，收集企业范围内所有相关的知识和经验，并使这些知识和经验在需要的时候能够随时随地被员工获取，从而改善业务流程和管理决策。这些系统也能使公司与外部知识源相连接。

在第9章中我们将进一步详细阐述企业系统、供应链管理系统和客户关系管理系统。本章将讨论支持知识管理的协同系统，其他类型的知识管理系统应用将在第11章中介绍。

2. 内联网和外联网

企业应用系统深刻地改变了企业开展业务的方式，使企业能够把大量的业务数据整合到一个系统中，但实施这些系统通常非常昂贵，难度很大。由于内联网和外联网能够促进信息在企业内部及企业与客户、供应商之间的流动和整合，因此可以作为一种替代性的工具，也是值得关注的。

内联网简单来讲就是只有企业员工能够访问的企业内部网站。内联网是相对互联网而言的，指的是企业内部的网络，而互联网是指连接组织和其他外部网络的公共网络。内联网采用与互联网同样的技术标准和技术，通常作为大型企业网站中的内部员工的访问区域。外联网与内联网类似，是企业网站中授权供应商可以访问的区域，通常用来帮助与供应商之间的协同生产。

例如，六旗主题乐园公司（Six Flags）管理着遍布北美的18个主题乐园，该企业有一个内联网，为企业1 900名员工提供与每个主题乐园日常运营相关的各类新闻和信息，包括天气预报、演出计划安排、团体和知名人士参观访问细节等。该企业也用外联网给30 000名季节性员工提供有关计划变更和乐园事件等方面的信息。我们将在第7章中介绍内联网和外联网的更多细节。

2.2.3 电子商业、电子商务和电子政务

之前提到的系统和技术都是通过网络和互联网让企业与客户、供应商以及物流合作伙伴间的关系转换为数字化的连接。目前，大量的企业已经利用数字化网络或者基于数字化网络来开展业务，因此在本书中我们将频繁地使用"电子商业"和"电子商务"这些表述。

电子商业（electronic business/e-business）是指企业应用数字技术和互联网来执行主要的业务流程，包括企业内部管理相关的各类活动以及协调供应商和其他合作伙伴的各类活动。电子商业涵盖了**电子商务**（electronic commerce/e-commerce）。

电子商务可以看作是电子商业中涉及通过互联网买卖商品及服务的部分。电子商务也包括支撑这些市场交易进行的各类活动，如广告、营销、客户支持、安全、配送以及支付等。

电子商业相关的技术也给公共部门带来了相似的变化，各级政府正在应用互联网技术为市民、员工以及企业提供信息和服务。**电子政务**（e-government）是指应用互联网和网络技术建立的，使各政府部门和公共服务机构与市民、企业及其他政府分支机构之间的关系数字化。

除了改进政府服务模式之外，电子政务还使政府部门的运行效率更高，让市民更容易获取信息，并且让市民具有与其他市民建立电子化网络的能力。例如，在美国某些州的市民可以在线更新驾照或申请失业金，互联网已成为政治活动和募集资金时快速动员利益群体的强大工具。

2.3 合作和社会化系统的重要性及其使用的技术

知道上述系统和信息后，你可能很想知道怎样才能使它们变得有意义？企业中的员工如何一起工作，协调计划和行动，进而实现共同目标？除之前提过的各类系统外，企业还需要专门的系统来支持合作与团队工作。

2.3.1 合作

合作（collaboration）是指与他人一起工作以达到共同而明确的目标。合作强调任务或使命的完成，通常发生在企业或其他组织中以及企业之间。例如，你和东京一位某领域的专家同事合作进行一项你什么也不知道的任务，你和很多同事合作发布企业博客。如果你在律师事务所工作，你又能与来自审计企业的会计师合作共同为客户解决税务问题。

合作可能是短期的，只维持几分钟，也可能是长期的，这取决于任务的性质和合作方之间的关系。合作可能是一对一的，也可能是多对多的。

企业中员工之间的合作可能存在于不属于企业正式组织结构的非正式团队中，也可能组成正式的合作团队。**团队**（teams）通常有一项企业赋予的特殊使命，团队成员需要通过合作完成一系列具体的任务来达到这一使命。团队的使命可能是"赢得一场比赛"，也可能是"增加10%的在线销售额"。团队的存在通常是短暂的，团队存在的时间取决于该团队需要解决的问题以及找到问题解决方案并完成使命需要的时间。

由于如下原因，合作和团队工作如今比以往任何时候都更为重要。

- **工作性质的变化**。在以前的工厂制造生产流程中，每个环节每个阶段都是彼此独立的，各环节之间由管理者负责协调，工作被垂直划分为彼此独立的单元。在每一单元内工作从一个机床传递到另一个机床，从一个桌面传递到另一个桌面，直至成品完成。如今，在产品生产或服务流程中，参与各方工作之间需要更紧密的协调和互动。麦肯锡咨询公司最近的一份报告指出，目前在41%的美国劳动力从事的工作中，互动（交谈、电子邮件、演讲以及劝说）已经成为主要的增值活动（Mckinsey，2012）。甚至在工厂中，今天的工人也常常以生产小组的方式工作。
- **专业工作的增加**。在服务业中，"互动性"的岗位越来越变成需要紧密协调和合作的专业岗位。专业岗位的工作人员要求具有相当程度的教育，需要信息的分享以及如何完成工作的想法或看法。每一个岗位的人员要具备解决相关问题的技能，所有的参与者都需要考虑彼此，协同完成工作。
- **企业组织的变化**。在工业时代，管理者将工作分解成层级状结构，工作指令自上而下传递，反馈自下而上进行。如今，工作是按工作组和团队来组织的，每个团队成员均按团队自己的方式方法来完成任务，高层管理者负责监控和评估工作结果，但很少下达详细的命令或操作指令。从某种角度讲，这是因为组织中的知识技能和决策权力已经下沉的结果。
- **企业规模的变化**。企业的工作场所已经从单点向多点变化，办公机构或工厂遍布于某个区域、国家甚至全球。例如，亨利·福特（Henry Ford）在密歇根州的迪尔伯恩建立了第一个大规模的汽车生产工厂。到2017年，福特公司在全球有67家工厂并雇佣202 000名员工。在这种全球化趋势下，设计、生产、营销、分销以及服务等领域的紧密合作显然具有重要的意义，尤其是大型跨国企业需要基于全球的团队工作。
- **对创新的关注**。虽然我们常常倾向于把企业和科学中的创新归功于某些杰出的个体，但这些杰出的个体大都是与才华横溢的同事组成的团队一起工作的。想想比尔·盖茨和史蒂夫·乔布斯，两位都是被高度敬仰的创新者，都在自己的企业中建立了强有力的合作团队，培养和支持企业创新。他们最初的创新都来源于与同事及合作伙伴之间的紧密合作。换句话来说，创新是一个群体过程和社会过程，大部分创新来源于实验室、企业及政府机构中个体之间的合作。充分的合作实践和强有力的合作技术被认为能够增加创新的成功率和品质。
- **工作和企业文化的变化**。大部分关于合作的研究支持这样的观点，即相比于独自工作的个体，多样化的团队能获得更快、更好的成果。当前关于群体的广泛认识（"众包"以及"群体智慧"）也为合作和团队合作提供了文化支持。

2.3.2 社会化商务

如今，许多企业采用**社会化商务**（social business）来加强合作。社会化商务是指应用社交网络平台，包括 Facebook、Twitter 以及企业内部的社会化工具，增强企业与员工、客户以及供应商之间的交流互动，使员工建立个人档案、创建组群，以及"跟踪"其他人的状态更新。社会化商务的目的在于加深企业内外群体之间的交互，促进和提升信息共享、创新和决策水平。

社会化商务的关键词是"对话"，客户、供应商、员工、管理人员甚至监督机构通常在不了解企业和关键成员的情况下可以持续"对话"。

社会化商务的支持者们认为，如果企业能够倾听这些对话，可以强化企业与消费者、供应商以及员工之间的联结，增强他们对企业的认同感。

所有这些均需要相当程度的信息透明。人们可以在不受主管或其他任何人干扰的情况下非常直接地与他人分享观点和事实，员工可以直接了解客户或其他员工的想法，供应商可以直接了解供应链合作伙伴的想法，管理者甚至可以从员工那里大致了解他们的工作表现。几乎每一个参与价值创造的人都可以更多地了解他人。

如果企业能够创造出这样的环境，企业或许就可以提升运营效率、鼓励创新、加快决策。如果产品设计师能够根据消费者的反馈实时了解他们设计的产品在市场上的表现，他们就能够加快产品的再设计过程；如果员工能够通过企业内外的社会联结获取新的知识和见解，他们就能够工作得更有效率，可以解决更多的业务问题。

表 2-2 描述了企业内外社会化商务的重要应用。本章将关注企业的社会化商务，即社会化商务在企业内部的应用。第 7 章和第 10 章将描述与客户和供应商有关的企业外部社会化商务应用。

表 2-2 社会化商务的应用

社会化商务应用	商务应用描述
社会网络	通过个人和企业的相关介绍建立联系
众包	利用集体的知识产生新的创意和解决方案
共享工作区	开展项目和任务合作；共创内容
博客和维基	发布和快速获取知识；探讨观点和经验
社会化商业	在社交平台上分享购物经验和看法
文件共享	上载、共享和评论照片、视频、音频、文本等文件
社会化营销	利用社交媒体与客户互动；获取客户的观点
社区	在开放论坛中讨论各种话题；分享经验

2.3.3 合作和社会化商务的商业价值

关于合作的研究很多，商业界和学术界普遍认为，企业越具有"合作性"，取得的成就会越多，合作也显得比以往任何时候更为重要。麻省理工学院斯隆管理评论（**MIT Sloan Management**

Review)的研究发现,关注合作是数字化先进企业如何创造商业价值和建立竞争优势的核心(Kiron,2017)。最新一份关于企业和信息系统管理者的全球调研发现,企业在合作技术方面的投资能够改进组织系统,可以取得四倍于投资的回报,其中销售、市场以及研发是受益最多的职能领域(Frost和Sullivan,2009)。麦肯锡公司咨询员预测,应用企业内部和企业之间的社交技术可使企业员工之间的合作效率提升 20%～25%(McKinney Global Institute,2012)。

表 2-3 汇总了合作及社会化商务能够为企业带来的一些好处。图 2-9 描述了合作是如何影响企业绩效的。

表 2-3 合作和社会化商务

利　　益	原　　因
生产效率	与独自工作相比,通过互动和协同工作,员工能够更快地获取专业知识并解决问题,同时发生的错误更少
质量	相比于独自工作,合作能让员工更快地发现和改正错误。合作和社会化的技术可以减少设计和生产过程中的延误
创新	与独自工作相比,合作可以激发员工更多的关于产品、服务及管理方面创新的想法,这是多样化和"群体智慧"的优势
客户服务	相比于独自工作,利用合作和社会化工具可以使员工更快、更有效地解决客户投诉和相关问题
财务业绩(盈利能力、销售额、销售增长)	基于上述原因,合作性更强的企业具有更高的销售额、销售增长以及更好的财务业绩

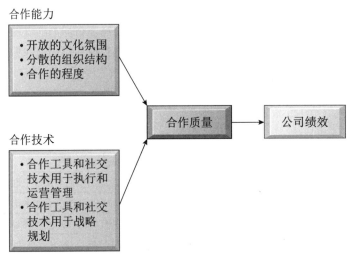

图 2-9 合作的必要条件

注:成功的合作需要合适的组织架构和文化,以及合适的合作工具。

2.3.4 建设合作性文化和业务流程

在企业中,如果没有相应的组织文化和业务流程的支撑,合作不会自发产生。特别是大型企业,过去被誉为"命令和控制"型组织,在这样的企业中,高层领导需要考虑所有重要的事情,然后命令下级员工执行。由此可以推测,中层管理者的工作就是在各层级间来回传递信息。

在这类"命令和控制"型的企业中,下级员工在执行命令时不必过问太多的问题,他们也没有责任改进流程,团队工作绩效也与奖励无关。如果你所在的小组需要其他小组的帮助,那是老板需要考虑的事情,你不必做横向沟通,只要纵向沟通即可,这样管理者才能够控制整个流程。总之,管理人员和员工的期望合在一起构成了一种文化,即一系列关于共同目标和如何行动的设想。很多商业企业至今仍采取这种运营方式。

在强调合作的企业文化和业务流程的企业中,情况有很大的差别。在这类企业中,高层管理者对结果负责,但依靠员工组成的团队工作来达到和实现这些结果。企业的政策、产品、设计、流程以及系统更多的是依靠组织中各个层级的团队来构思、创造和建设的。绩效奖励基于团队的绩效来进行,而个人奖励基于个人在团队中的表现来进行。中层管理者的职责是团队建设,协调团队工作和监控团队绩效。企业文化和业务流程更加"社会化"。在这种合作型文化氛围中,高层管理者之间建立合作和团队精神对企业至关重要。

2.3.5 合作和社会化商务的工具和技术

如果没有信息系统来支持合作和社会化商务,一种合作的、团队导向的文化是难以产生收益的。为了获得工作上的成功,我们必须互相依赖——依赖我们的员工、客户、供应商和管理者,同时现在有大量的工具可用来支持这样的工作。其中一些工具比较昂贵,而另外一些工具可以免费在线获取(或者是一些价格适中的付费版本)。让我们来详细了解这些工具。

1. 电子邮件和即时通信

电子邮件(E-mail)和**即时通信**(instant messaging,IM)已经成为互动性工作中的主要沟通和合作工具,这些工具软件在计算机、手机以及其他无线手持设备上运行,提供文件分享和信息传递等功能。即时通信系统能够让使用者同时与不同的对象进行实时对话。最近几年,电子邮件的使用减少了,通信工具和社交媒体成为最受欢迎的沟通渠道。

2. 维基

维基(Wikis)实际上是一种网站,能使用户很容易地发布和编辑文本、图形等内容,用户不需要具备任何与网页开发或编程技术相关的知识。最著名的维基网站是**维基百科**(Wikipedia),它是全球最大的百科全书合作编辑项目。维基百科的维护依赖于志愿者,不支付报酬,也不接受广告。

维基是用来存储和共享企业知识和观点的理想工具。企业的软件供应商 SAP AG 为企业外部人员,如企业客户和编写 SAP 系统交互程序的软件开发者等建立了一个类似信息库的维基网站。以前,这些人在 SAP 在线论坛上非正式地提问,有时候也回答问题,但那是个低效率的系统,因为相同的问题在论坛中常常被人反复提问和回答。

3. 虚拟世界

类似**第二人生**(second life)这样的虚拟世界是一个居住"居民"的在线 3D 环境,这些"居民"为自己建立了图形化的化身。IBM、Cisco 和 Intel 等企业已经使用虚拟世界里的在线会议、面试、特邀演讲会和员工培训等功能。真实世界中的人们通过虚拟世界中的化身,利用手势、对话框以及语音通信在虚拟的场所中见面、互动和交流想法。

4. 合作和社会化商务平台

现在,市面上已有套装软件产品可以为工作在不同地域的团队提供合作和社会化商务的多功能平台,应用最广泛的是基于互联网的音频会议和视频会议系统,如微软的 SharePoint 和 IBM

的 Notes 等企业合作系统，以及如 Salesforce Chatter、微软 Yammer、Jive、Facebook Workplace 和 IBM 的 Connections 等企业社交网络工具。

虚拟会议系统 为了减少旅行花费，使不同地方的人能够见面和合作，许多企业都采用了视频会议及网络会议技术。亨氏、GE 和百事可乐等均将虚拟会议系统用于产品宣讲、培训课程、战略研讨会，甚至鼓舞人心的报告。

视频会议系统允许两个或两个以上地域的人通过双向视频及音频传输同步沟通交流。高端视频会议系统采用**网真**（telepresence）技术，这是一种集音频和视频环境于一体，允许人们在某处而不是在其真实物理位置出现的虚拟现实技术（见"互动讨论：技术"部分）。如 Skype 群体视频会议、Zoom 等免费的或者低成本的基于互联网的系统，其质量往往较低，但对一些小企业来说还是有用的。苹果的 FaceTime 是一种非常有用的一对一视频会议，人们可以在移动设备上使用这些工具。

许多企业现在都在寻找像思科的 WebEx、Skype for Business 以及 Adobe Connect 这样基于网络的在线会议工具，这类工具对企业培训和销售宣传尤为有利。这些产品可以使参与者结合音频会议和通过网络摄像头的即时视频，实时分享文档和演讲。

云合作服务 Google 提供了许多在线工具和服务，有一些适合合作，如 Google Drive、Google Docs、Google App、Google Sites 以及 Google+，这些工具大部分都是免费的。

Google Drive 是一种云存储服务，支持文件共享和合作编辑的文件存储和同步。这种基于 Web 的在线文件共享服务允许用户将文件上传到安全的在线存储站点，方便其他人共享文件。Microsoft OneDrive 和 Dropbox 也是一种领先的云存储服务，都有免费版本和付费版本，具体取决于所需的存储空间和管理要求。用户能够将其在线存储的文件与本地 PC 和其他类型的设备同步，可以选择私有或公开文件，并与指定的联系人共享。

Google Drive 和 Microsoft OneDrive 集成了文档创建和共享的工具。 OneDrive 为 Microsoft Office 文档和其他文件提供在线存储功能，并与 Microsoft Office 的 App（已安装或在网络上）配合使用，也可以分享到 Facebook 上。 Google Drive 与 Google Docs、Sheets 和 Slides 集成起来，形成一个提高工作效率的应用套件，它为用户提供了文档、电子表格和演示文稿的合作性编辑。Google 基于云服务的商务套件叫作 G Suite，也可以和 Google Drive 一起工作。Google Sites 允许用户快速创建面向在线团队的网站，很多人可以合作和共享文件。

微软 SharePoint 和 IBM Notes 微软 SharePoint 是基于浏览器的合作和文档管理平台，同时还具有一个安装在企业服务器上的强大搜索引擎。SharePoint 有一个基于网页的界面，并且与微软的用于提高工作效率的工具（如 Microsoft Office）整合在一起，使员工可以分享 Office 文档，在项目中进行合作。

SharePoint 还可以被用作企业的内部网站，通过一个集中的网络工作空间组织和存储信息，使得团队成员可以协调工作活动、合作生成文档并发布、更新任务清单、执行工作流以及通过维基和博客分享信息。用户可以控制文档版本和文档安全。由于 SharePoint 在一个地方存储和组织信息，用户在紧密合作完成相关任务、项目及文档的同时，可便捷有效地找到相关信息。企业搜索工具可以帮助找到相关的人、专家和内容。SharePoint 现在也是一个社会化工具。

IBM Notes（以前是 Lotus Notes）是一个合作软件系统，具有分享日历、e-mail、信息沟通、协同写作和编辑、共享数据库存取以及在线会议等功能。Notes 软件安装需要在用户桌面或笔记本计算机上，通过 IBM Domino 服务器才能获取相应的应用。Notes 还提供了一个应用开发环境，使用户可以开发客户化的应用以满足独特的需求，还增加了博客、微博、维基、RSS 聚合、桌面系统帮助、语音及视频会议和在线会议等功能。IBM Notes 承诺会提供高水平的安全和可靠性，具备保护企业敏感信息的能力。

企业社会化网络工具　我们刚才描述的工具中已包含支持社会化商务能力的工具，但是还有更多的专门用来支持社会化商务需求的工具，如 Salesforce 的 Chatter、微软的 Yammer、Jive 和 IBM Connections。企业社会化网络工具的商业价值在于通过文档、更新和通知功能把组织内的成员连接起来，这与 Facebook 的功能相似，但只限于在企业内部使用。表 2-4 是关于内部社交功能的详细描述。

虽然企业社会化网络让很多企业受益，但这些内部社会化网络并不容易实施。这个问题将在本章末的案例研究中提到。

表 2-4　企业社会化网络软件能力

社会化网络软件能力	描　　述
资料文档	具有建立成员资料的能力，包括描述成员的个人信息、教育背景、兴趣爱好，也包括与工作相关的协会与专业知识（技能、项目、团队）等
内容分享	分享、存储和管理包括文档、演示报告、图片及视频在内的内容
递送及通告	实时信息流、状态更新以及由特定个人和群体发布的通告
群组及团队工作区	建立分享信息、文档合作、项目合作的群组，设立私密的或公开的小组，保存对话内容，保存团队知识等
标签及社会化书签	表明对特定内容的偏好，类似 Facebook 的点赞功能；标记可以让用户为他们喜欢的内容添加关键词
许可及隐私	保证隐私信息在由关系而建立的合适范围内流通；企业社会化网络需要对用户设立查看信息的权限

互动讨论：技术

视频会议：每个人都可以使用

在合作方面，视频会议已成为各类组织的首选。过去，视频会议仅限于可以负担得起专用视频会议室以及昂贵的网络和软件费用的大型企业。如今，视频会议已经能全民拥有，每个人均可使用。

技术的成本已大大降低，全球互联网和桌面视频、音频数据的传输费用已经是可负担的了。市场上有便宜的移动和桌面工具以及高端视频会议和网真系统，企业可用于管理业务流程以及与全球其他人、物进行连接和合作，甚至包括客户。

新一代的网真平台不仅提供视频合作，还可以协调来自多源的数据流，把来自移动设备、台式机和视频的数字信息集成在一起，创建一个合作的环境，并将信息共享给管理人员和专业人员进行决策。思科的 IX5000 沉浸式网真系统就是一个例子。它提供了领先的网真功能，但与过去相比，价格更实惠且更易于使用。在 3 个 LCD 屏幕上方安装的 3 个 4K 超高清摄像机，提供了清晰的高清视频。18 个定制扬声器和 1 个强大的低音炮发出剧院级的声音，可以为 8～18 人提供高质量的、逼真的合作体验。摄像头和图形处理器可以捕获整个房间的各种细节，因此你可以站起来走动或到白板那儿书写。截图显示的是参与者坐在桌子后面，但是当有人站起来时，截图可同时显示坐着和站着的参与者。

安装 IX5000 系统不需要对房间进行任何特殊变更，仅需一半的电力、安装时间和数据传输容量（带宽）即可达到以前的网真系统的能力。6 座 IX5000 系统的标价为 299 000 美元，而

18 座系统的标价为 339 000 美元。

西班牙桑坦德银行（Grupo Santander）的技术企业普罗杜班（Produban）专门从事 IT 基础架构的连续设计和运营，它采用 IX5000 系统将员工聚集在一起，以便更快地作出更好的决策。Grupo Santander 是西班牙一家银行集团，也是世界上最大的银行之一，拥有超过 188 000 名员工，为超过 1.25 亿客户提供服务，业务遍及欧洲、拉丁美洲、北美、非洲和亚洲。普罗杜班负责这家遍布全球的企业的整个 IT 基础架构，并为其他 120 家企业提供 IT 基础架构设计和服务。普罗杜班在 9 个不同的国家/地区拥有 5 500 多名员工。

IX5000 的用电量减少了 50%，数据传输容量减少了 50%，并且安装时间仅为早期系统的一半（仅 8 个小时），因此在 3 年内将网真系统的购买和运营总成本降低了 30%。较低的总成本使普罗杜班可以在更多的位置设置视频室，更多的团队可以从中受益。普罗杜班打算在整个企业内使用视频会议。

华盛顿州的金县，包括西雅图市，政府拥有 14 000 名员工，选择了一种不太复杂但价格合理的解决方案。2016 年，它们开始使用 Logitech's SmartDock 音频和视频会议与合作系统举行会议、面试求职者、处理其他任务。SmartDock 是一个界面友好的触摸屏控制台，可在任何大小的会议空间中启动和管理音频和视频通话，其内部是一个嵌入式微软 Surface Pro 平板电脑，运行 Skype 企业版的专业版本，叫作 Skype Room System，并与 Office 企业版系统和相关设备（如 Logitech Conference Cams）集成在一起。借助 Logitech SmartDock，员工可以一键开始会议，然后立即投影到房间的显示器上，并通过智能手机或笔记本电脑上的 Skype 企业版与远程的参会者共享。参会者可以共享会议中的内容以及实时查看和编辑文档。当有人在会议室里时，嵌入式运动传感器会激活系统。这套系统的价格从 1 999 美元到 3 999 美元不等，具体取决于会议室的大小和对网络摄像头的需求。

过去，金县政府曾使用各种系统和技术进行视频会议和合作。金县的 IT 员工需要花费很多的时间来管理，并且系统的功能和特点有限，如团队无法远程连接、无法与智能手机和平板电脑建立多点连接。金县的 IT 员工要在会议前花 20 分钟甚至更长的时间来建立视频会议系统，因为该系统要用到多家供应商的传统技术以及计算机显示器和过时的 VGA 质量的电视机。金县的 IT 员工每天在 30 个现场会议室中收到使用这些系统的多次请求，因此需要对技术进行标准化，并使其支持协同工作。

现在，金县的 IT 人员能够自行处理 Logitech SmartDock 系统的安装和实施。员工能在没有 IT 人员参与的情况下使用视频会议和合作系统，能够以 Word、Excel 和其他格式共享演示文稿、共同编辑文档，使工作更加协同。

资料来源： "'Less Is More' as Cisco Completely Reimagines Flagship Three-Screen Video Conferencing Technology" and "Cisco Telepresence IX5000 Series," www.cisco.com, accessed February 5, 2018; www.produban.com, accessed February 5, 2018; www.santander.com, accessed February 5, 2018; www.logitech.com, accessed February 5, 2018; and Samuel Greengard, "King County Focuses on Collaboration," CIO Insight, December 20, 2017.

案例分析题：

1. 请比较思科的 IX5000 和 Logitech SmartDock 系统的功能。它们是如何促进合作与创新的？

2. 为什么像普罗杜班这样的企业要购买高端网真系统，如思科的 IX5000？视频会议技术和网真系统如何支持普罗杜班的业务模式和企业策略？

3. 为什么华盛顿州金县政府希望应用 Logitech SmartDock 系统？通过使用这项技术，它获得了哪些好处？

5. 管理者清单：评估和选择合作和社会化软件工具

面对这么多合作和社会化商务工具与服务，企业如何选择合适的合作技术呢？要回答这个问题，我们需要有一个框架来理解这些工具是用来解决什么问题的。一些研究合作工作的学者在20世纪90年代初期开发了一个基于时间/空间的合作和社会化工具的评估矩阵（见图2-10），这对我们是非常有帮助的。

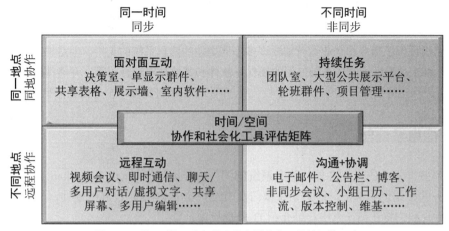

图2-10　基于时间/空间的合作和社会化工具的评估矩阵

注：合作和社会化技术可以依据它们是否支持相同或不同的时间或地点的互动以及是远程还是同地来划分。

时间/空间矩阵侧重于合作问题的两个维度：时间和空间。例如，你需要与在不同时区的人员进行合作，但是你不能同时见到所有人。在纽约是午夜，而在孟买就是中午，所以这样做很难组织一个视频会议。显然，时间是全球范围内合作的障碍。

在大型跨国企业、全国或区域性企业中，地理位置也是影响合作的因素之一，由于地理位置分散（拥有不止一个地点的企业）、旅行成本、管理人员有限的时间等因素，使得企业很难把人聚集起来召开一次面对面的会议。

上述描述的合作与社会化技术是克服时间和空间限制的一种方式。利用这个时间/空间框架可以帮助企业选择最合适的合作与团队工具。请注意，有些工具在多时间/空间场景中均适用，如互联网合作套装软件——IBM Notes，既具有同步互动（即时通信、电子会议工具）功能，也具有非同步互动（电子邮件、维基、文档编辑）功能。

下面是一个待办行动事项的清单。如果按照这6个步骤操作，就可以为企业找到一个价格适中、风险可控、合适的合作软件。

（1）在时间/空间方面，企业面临的合作方面的挑战是什么？请利用时间/空间矩阵分析你的企业。你的企业可能位于矩阵中的多个单元，每个单元都对应不同的合作工具。

（2）对于你的企业在矩阵中每一个单元面临的挑战，可以采用什么类型的解决方案？请将所有供应商的产品列出一份清单。

（3）请从企业的成本及收益角度分析每个产品工具，成本估算中要包含培训成本，如果必要的话，也要估算信息系统部门投入的成本。

（4）请识别每个产品工具的安全风险及漏洞风险。你的企业愿意将内部专有信息通过互联网托付给外部服务提供商吗？你的企业愿意承担将重要系统的运营交给其他公司而带来的风险吗？你的供应商有财务风险吗？它们会存在3～5年吗？如果供应商倒闭，转换至另一家供应商的成本将是多少？

(5) 向潜在用户寻求支持，让它们识别实施和培训中会遇到的问题，有一些工具会比其他工具更易使用。

(6) 在候选产品工具中作出选择，并邀请供应商来演示。

2.4 企业中信息系统职能部门的作用

我们已经理解了当今的企业运营需要许多不同类型的信息系统的支持。但是谁来负责这些系统的运行呢？谁来负责保证这些系统使用的硬件、软件和其他技术运行正常，并能得到及时更新？企业的终端用户从支持业务的角度来管理这些系统，但技术的管理需要一个专门的信息系统职能部门。

2.4.1 信息系统部门

除了那些非常小的企业之外，**信息系统部门**（information system department）是专门负责信息技术服务的正式组织单位。信息系统部门负责维护企业 IT 基础设施的硬件、软件、数据存储的正常运行。我们将在第 5 章中详细介绍 IT 基础设施。

信息系统部门由程序员、系统分析师、项目主管以及信息系统经理等专业人士组成。**程序员**（programmers）是训练有素的技术专家，他们负责编写计算机软件指令。**系统分析员**（systems analysts）是企业中信息系统团队和其他部门成员之间的主要联络人，其职责是将业务问题和需求转换为信息和系统的需求。**信息系统经理**（information systems managers）是程序员、系统分析师、项目经理、设备经理、通信经理或数据库专家等团队的领导者，也是计算机运维人员和数据录入人员的管理者。此外，硬件供应商和制造商、软件公司、咨询顾问等外部专家也经常会参与信息系统部门的日常运行和长期规划工作。

在很多企业中，信息系统部门的工作由**首席信息官**（chief information officer，CIO）领导，CIO 是全面负责企业中信息技术应用的高层管理者。如今的 CIO 要求同时具备深厚的业务背景和信息系统专业知识，从而能够在信息技术与企业战略进行集成整合的过程中发挥领导作用。目前，有些大型企业中还设置了与 CIO 紧密合作的首席安全官、首席知识官、首席数据官和首席隐私官等职位。

首席安全官（chief security officer，CSO）负责企业信息系统的安全工作，制定并确保企业信息安全政策的落实（见第 8 章，有时这个职位也被称为**首席信息安全官**（chief information security officer，CISO，如果信息系统安全和物理安全是分开的话）。CSO 还负责教育和培训用户及信息系统专家关于信息安全的知识，提醒管理层关注安全带来的威胁和系统故障，维护安全保护的工具以及落实企业的安全政策。

由于信息系统安全和个人数据的保护变得越来越重要，那些收集了大量个人数据的企业已经设立了**首席隐私官**（chief privacy officer，CPO）。CPO 负责保证企业的行为符合现有的数据隐私法律的规定。

首席知识官（chief knowledge officer，CKO）负责企业的知识管理项目。CKO 帮助企业设计一些程序和系统，在组织和管理流程中发现新的知识源，并使现有的知识得到更好的应用。

首席数据官（chief data officer，CDO）负责企业范围内的信息治理和数据利用，以最大限度地释放组织的数据价值。CDO 确保企业收集适当的数据以满足其需求，部署用于分析数据的技术，并使用数据分析结果来支持业务决策。这个职位出现在需要处理生成和收集大量数据的组织中（见第 6 章）。

终端用户（end user）是指信息系统部门之外的企业各部门人员，应用程序就是为他们开发的。终端用户在信息系统的设计和开发中将起到越来越大的作用。

在计算机刚开始应用于企业时，信息系统部门的成员几乎都是程序员，他们仅在技术方面非常专业。如今，随着信息系统部门在企业组织中起着越来越强有力的变革促进者的作用，系统分析师和网络专家的人数比例也大大增加。信息系统部门要向企业提出新的企业战略建议、新的基于信息化的产品和服务建议，以及协调技术的开发应用与规划中的组织变革之间的关系。

2019年，美国大约有450万信息系统经理和员工，到2026年，估计每年以13%的速度增长，也就是将增加超过550 000新工作岗位。所有IT/IS领域的岗位数量增长高于平均增长水平，其中增长最快的职位是信息安全分析师（28%）、软件开发者（24%）、计算机科学家（19%）、网页开发者（15%）、IS/IT经理（12%）、计算机支持专家（11%）、数据库管理者（11%）、系统分析师（9%）、计算机网络架构师（6%）以及网络和系统管理者（6%）（美国劳动力统计局，2018）。出乎意料的是，在这期间，计算机程序员减少了7%，这是由于创建计算机程序的过程随着在线软件服务和云计算的增长而变得更有效率。一般来说，IT管理的职位要比IT技术职位增加得快。系统和网络安全管理职位的需求也越来越大。请学习本章"学习跟踪"模块中的"信息系统专业2016—2026职业展望"部分，了解更多关于IS职业机会的详细情况。

2.4.2 组建信息系统职能部门

企业的类型多种多样，组建企业中IT职能部门的方式也多种多样。在一个很小的企业中，可能不会有正式的信息系统团队，可能只有一个员工负责企业网络和应用程序的运行，也可能聘请外部人员来提供这些服务。大一点的企业会有一个独立的信息系统部门，因企业的性质和利益不同，这些部门的组建也有不同的路径。本章的"学习跟踪"模块描述了组建企业信息系统职能部门的不同路径。

信息系统部门应该如何组织属于IT治理的部分。**IT治理**（IT governance）包括组织内应用信息技术的战略和政策。IT治理通过明确与IT有关的决策权和责任框架来确保企业信息技术的应用支持企业战略和目标的实现。信息系统职能的集中程度应该如何设置？为确保信息技术的有效管理和应用，需要作出哪些诸如IT投资回报这样的决策？这些决策应该由谁来做？如何制定并监控这些决策？IT治理水平较高的企业对这些问题均有清楚的答案。

2.5 MIS如何有助于我的职业发展

这是第2章，可以帮助你找到销售支持专家的工作。

2.5.1 企业

美国综合补充保险公司（Comprehensive Supplemental Insurance USA）是个人意外、伤残、健康和人寿保险产品的领先企业。企业总部设在明尼阿波利斯，有一个初级销售支持专家的空缺职位。该企业为客户提供补充保险，补充现有的雇主福利计划，在全球有5 000人以上的销售队伍。该企业以投资于员工及其职业发展而闻名。

2.5.2 职位描述

该职位主要是面向小企业的销售部门，提供全面的系统、行政和数据的管理支持，工作职责包括：

- Salesforce.com 网站的 CRM 系统的日常管理和支持工作，包括管理用户设置、配置文件和角色以及验证数据。
- 协助数据管理，提供系统培训和支持。
- 为销售管理人员准备例行的每周、每月和每季度销售报告和关键绩效指标报告。
- 准备代理商的佣金报告，并根据要求创建新报告。
- 协助与代理商许可证和代理补偿相关的各种项目管理。

2.5.3 工作要求

- 较强的 Excel 技能，并具备一定的数据管理知识。
- 较强的客户服务技能。
- 较强的分析、批判性思维和沟通能力。
- 能够在快节奏的环境中完成多任务的能力。
- 大学学历或 2 年同等工作经验。

2.5.4 面试问题

1. 你对 CRM 了解多少？你曾经用过 Salesforce.com 吗？如果是，你用这个系统做了什么？
2. 你对数据管理了解多少？你曾经使用过数据管理软件吗？如果是，你用它做了什么？
3. 你能用 Excel 做什么？你用 Excel 解决过哪些问题？你学过 Excel 课程吗？
4. 你曾经做过客户服务工作吗？你做了哪些工作？你认为对企业的代理商和客户来说，要胜任一个成功的以客户为导向的角色，需要具备哪些能力？
5. 列举一个你曾经面对的客户服务挑战的例子，并说明你是如何应对这一挑战的？

2.5.5 作者提示

1. 回顾本章有关企业应用的内容介绍，第 9 章关于 CRM 的讨论以及第 6 章关于数据管理的内容介绍。
2. 通过网络和专业社交网站 LinkedIn，可以了解一下有关该企业、保险产品和服务以及运营方式的更多信息。想一想，企业需要如何来支持它的保险代理和客户？为什么 CRM 和数据管理如此重要？你可以询问这个职位的数据管理职责是什么？
3. 了解通过 Salesforce.com 你能做什么？特别是如何设置用户配置文件和角色以及如何验证数据？表达你非常希望了解关于 Salesforce 的更多信息的愿望，并希望使用此工具来开展工作。
4. 询问如何使用 Excel，如计算代理佣金。如果你以前从未使用过，那就展示一下你曾经利用 Excel 做过的一些工作（面试时也可带上你曾经做过的一些工作成果），同时表现出你渴望学习 Excel 相关知识来完成工作任务的心情。

复习总结

2-1 什么是业务流程？它和信息系统的关系如何？

业务流程是一系列逻辑上相关的活动集合，明确指出了企业任务是如何被执行的，也代表了组织协调任务、信息和知识的独特方式。管理者需要关注业务流程，因为业务流程决定了组织业务执行的好坏，也可能成为企业战略优势的来源。每一个主要业务职能领域都有对应的业务流程，但大多的业务流程是跨职能领域的。信息系统可以将部分业务流程自动化，并且可以帮助企业重新设计和理顺业务流程。

2-2 信息系统如何服务于企业中不同的管理团队？系统如何帮助企业改善组织绩效？

服务于运营管理的系统统称为**事务处理系统**（TPS），如薪酬系统或订单处理系统，它们跟踪企业开展业务所需的日常性事务。MIS 为中层管理团队提供各类报告，报告中的信息来自 TPS 的信息提炼处理而成，但未进行深入的分析。**决策支持系统**（DSS）运用先进的分析模型支持特定的且快速变化的管理决策。所有这几类系统都能为管理者和企业员工提供商务智能，帮助其作出更加明智的决策。这些商务智能系统服务于各个层级的管理，其中包括为高层管理者服务的**经理支持系统**（ESS）。ESS 通过门户以图形、图表和数字仪表盘的形式为高层管理者提供来自企业内部和外部多个来源的信息。

企业应用系统用来协调多个企业职能和业务流程。企业系统将企业中重要的内部业务流程整合成一个统一的软件系统，以提升组织协调和决策水平。**供应链管理系统**（SCM）帮助公司管理与供应商的关系，优化计划、采购、制造、产品和服务的配送等业务。CRM 帮助企业协调与客户相关的业务流程。**知识管理系统**（KMS）使企业能优化知识的创造、共享和传播。内联网和外联网是基于互联网技术的企业内部私有网络，帮助企业汇总来自各个系统的信息。外联网使企业内部私有网络能够被外界授权的伙伴访问。

2-3 为什么合作和社会化商务系统如此重要？这些系统采用了哪些技术？

合作是指与他人一起工作达到共同确定的目标。社会化商务是指应用企业内部和外部的社交网络平台，吸引员工、客户和供应商参与进来，增强彼此之间的合作。随着企业的全球化、决策的分散化，互动逐渐成为各个岗位基本的增值活动，合作和社会化商务在企业中变得越来越重要。合作和社会化商务可以增强企业创新、提升生产力、改善质量以及客户服务水平。用于合作及社会化商务的工具包括邮件、即时通信、维基、虚拟会议系统、虚拟世界和云上文件共享系统等，合作平台有微软的 SharePoint、IBM 的 Lotus Notes 等，企业社会化网络工具有诸如 Chatter、Yammer、Jive 以及 IBM Connections 等。

2-4 信息系统部门在企业中起到什么样的作用？

信息系统部门是企业中负责信息技术服务的正式组织单元，其职责是维护硬件、软件、数据存储及网络等信息基础设施。信息系统部门由程序员、系统分析师、项目主管和信息系统经理等专业人士组成，并通常由信息主管 CIO 领导。

关键术语

商务智能（business intelligence）
首席数据官（chief data officer，CDO）
首席信息官（chief information officer，CIO）
首席知识官（chief knowledge officer，CKO）
首席隐私官（chief privacy officer，CPO）
首席安全官（chief security officer，CSO）
合作（collaboration）
客户关系管理（customer relationship management，CRM）
决策支持系统（decision support systems，DSS）
数字仪表盘（digital dashboard）
电子商业（electronic business，e-business）
电子商务（electronic commerce，e-commerce）
电子政务（e-government）
终端用户（end users）
企业应用（enterprise applications）
企业系统（enterprise systems）
经理支持系统（executive support systems，ESS）

信息系统部门（information systems department）
信息系统经理（information systems managers）
跨组织系统（interorganizational systems）
信息技术治理（IT governance）
知识管理系统（knowledge management systems，KMS）
管理信息系统（management information systems，MIS）
门户（portal）
程序员（programmers）
社会化商务（social business）
供应链管理（supply chain management，SCM）
系统分析师（systems analysts）
团队（teams）
网真（telepresence）
事务处理系统（transaction processing systems，TPS）

复习题

2-1 什么是业务流程？它和信息系统的关系如何？
- 定义业务流程并描述其在企业组织中的作用。
- 描述信息系统和业务流程之间的关系。

2-2 信息系统如何服务于企业中不同的管理团队？信息系统如何帮助企业改进组织绩效？
- 描述 TPS 的特点和它在企业中的作用。
- 描述 MIS 的特点并解释它与 TPS 及 DSS 的区别。
- 描述 DSS 的特点并解释它给企业带来的收益。
- 描述 ESS 的特点并解释它和 DSS 的区别。
- 解释企业应用系统如何有助于改善企业绩效。
- 定义企业系统、供应链管理系统、CRM 系统和知识管理系统，并描述它们给企业带来的价值。
- 解释内联网和外联网如何帮助企业整合信息和业务流程。

2-3 为什么合作和社会化商务系统如此重要？它们采用了哪些技术？
- 定义合作和社会化商务，并解释为什么它们在当今企业中变得如此重要。
- 列举并说明合作和社会化商务给企业带来的价值。
- 描述支持合作所需的组织文化和业务流程。
- 列举并描述各种合作和社会化商务工具。

2-4 信息系统部门在企业中起到什么样的作用？
- 描述信息系统职能如何支持企业。
- 比较程序员、系统分析员、信息系统经理、CIO、CSO、CDO 以及 CKO 在企业中的作用。

讨论题

2-5 信息系统如何支持图 2-2 所描述的订单完成过程？该系统需要获取的最重要的信息是什么？请解释你的答案。

2-6 请描述从学校图书馆挑选并借出一本书的流程，以及在这些活动中所包含的信息流，并将这些流程画成图。有什么办法能够改进流程，从而改善图书馆或学校的绩效？将改进后的流程画成图。

2-7 请使用时间/空间合作和社会化工具矩阵将赛诺菲·巴斯德公司所采用的合作和社会化技术进行分类。

MIS 实践项目

这部分项目让你获得实践经验，请分析采用新的信息系统改善业务流程的机遇、采用电子表格改进供应商的决策、采用互联网软件规划高效的运输路线。

管理决策问题

2-8 位于哈得孙（Hudson）河畔的唐氏木材（Don's Lumber）公司出售各种可以用作地板、桌子、装饰用嵌线、窗户、侧线以及屋顶的建筑材料。木材和其他建筑材料的价格总是不断地在变化。当客户询问一种预制木地板的价格时，销售代表首先查看手工制作的价目表，然后打电话给供应商询问木地板的最新价格。供应商同样需要查询一张手工制作的价目表，这张价目表每天更新一次。因为手头没有随时可用的最新价格信息，供应商通常必须回电话给销售代表。请评述这种情形对企业的影响，说明如何利用信息技术和系统来改进这一业务流程，并分析实施这样的信息技术和系统，需要在哪些方面作出决策。

2-9 亨利硬件（Henry Hardware）是一家位于加州首府的夫妻店，店主亨利和凯瑟琳要使每一平方米的存储空间都尽可能多地获利。他们以前从未保存过库存或销售记录，货物一旦运达就被存放到店内的货架上，保留供应商的发票仅用于缴税。当一件商品售出后，商品的编号和价格就记录在收银机中。店主根据自己的判断提出需要补货的商品。请分析这种情形对该店的生意会造成什么样的影响？信息系统可以怎样帮助亨利和凯瑟琳做好生意？这个信息系统应当收集哪些数据？哪些决策可以利用信息系统得以改善？

> **卓越运营：使用互联网软件来规划高效的运输路线**
>
> 软件技能要求：互联网软件的使用。
>
> 商业技能要求：制订运输路线计划。
>
> **2-10** 在本练习中，你要使用 Google Maps 画出企业的运输路线并选出效率最高的路线。
>
> 你刚在 Cross-Country 运输公司任调度员岗位，Cross-Country 运输公司是一家总部位于俄亥俄州克里夫兰市的卡车运输和递送服务公司。你的首项任务是要制订一份运输路线计划，把办公设备和家具从印第安纳州的埃尔克哈特市运送到马里兰州的哈格斯顿。为了给司机提供导引，你需要知道这两个城市之间最有效的运输路线。请用 Google Maps 找出这两个城市之间最短的运输路线，再找出耗时最少的运输路线。比较上述两种运输方案，你建议 Cross-Country 公司采用哪个方案？

团队合作项目

> **确定管理决策和系统**
>
> **2-11** 由 3~4 名学生组成一个团队，从《商业周刊》《福布斯》《财富》《华尔街日报》或其他商业出版物中找到关于企业经理的描述，或者在网络上进行研究。收集关于经理应做哪些工作，在企业中扮演什么样的角色的相关信息。确定该经理工作的组织级别和业务职能。列出这位经理所作的决策，以及经理作决策所需的各类信息。给出信息系统如何提供这些信息的建议。如果可能，请使用 Google Docs、Google Drive 或 Google Sites，集思广益并制作演示文稿来报告你们的结果。

案 例 研 究

企业应该接受社会化商务吗？

随着业务在全球市场中的分布越来越分散，越来越多的企业转向使用合作技术，包括使用内部社交网络工具。这些工具可以促进员工之间的协同工作和知识共享，并帮助员工更快地作出决策，为产品和服务开发提出更多创新的想法，并使他们更多地参与到工作和企业事务中。

员工每天收到大量无法处理的电子邮件，数百封电子邮件必须被打开、阅读、应答、转发或删除，这驱动了企业使用内部社交网络。例如，太多的电子邮件促使 Hawk Ridge Systems 公司采用 Glip（一种基于云的社交工具），让美国和加拿大 15 个办事处的 200 名员工使用。Glip 具有实时消息传递、群聊、视频会议、共享日历、任务管理和文件共享等功能。Glip 帮助 Hawk Ridge 运营经理塞缪尔·埃金（Samuel Eakin）每天处理 200 个电子邮件。企业社交网络的另一个驱动力是"应用程序疲劳症"。为了合作，许多员工必须登录多个应用程序，增加了工作量。当代企业社交网络系统通常将多种功能集成在一个应用中。

《哈佛商业评论》上的一篇文章对 421 名专业人员的最新调查发现，合作工具可以有效地提高效率和生产力，同时使用户能够作出更好的业务决策，有助于激发创新潜力。但是，并非所有的企业都能成功地使用它们。企业社交网络的实施和采用不仅取决于技术的功能，还取决于组织文化以及这些工具与企业业务流程的适配性。

当企业引进新的社交媒体技术（和其他技术一样）时，很多员工通常会抵制新工具，坚持使用旧的工作方式，如电子邮件，因为他们更加熟悉原有的工作方式。有些企业的员工在社交媒体和电子邮件上重复工作，增加了完成工作的时间和成本。巴斯夫（BASF）是世界上最大的化工生产企业，在80多个国家设有子公司和合资企业，BASF曾禁止项目团队使用电子邮件，以鼓励员工使用新的社交媒体工具。

社会化商务需要改变思维方式，组织需要变得更加扁平化，对每个人的想法需要持更加开放的态度。秘书、装配线工人或销售员可能是下一个大创意的来源。因此，让人们喜欢社会化商务工具需要更多"拉"的方式，这种方法能吸引员工以更好的工作方式进行工作。大多数情况下，不能强迫员工使用社会化商务应用系统。

社交媒体的关键能力是管理社交网络和分享数字内容，它可以帮助或伤害一个组织。社交网络可以提供丰富的信息资源，这些信息提高了组织的生产力、效率和创新力，也可以用来支持那些不愿与外界沟通和交流知识的、志同道合的人群。如果员工使用内部社交网络批评他人或追求个人目的，那么工作效率和士气可能会下降。

面向消费者平台（如 Facebook 和 Twitter）的社会化商务应用不一定能很好地应用于各类组织中。企业是否会利用社会化商务来开展业务或创新，社交媒体平台运行是否有效，取决于企业具体的业务目标。此外，在个人生活中积极使用 Facebook 和 Twitter 的员工，通常不愿在工作中使用类似的社交工具，因为他们将社交媒体视为非正式的、个人的表达方式，也是与亲朋好友的沟通方式。大多数管理者希望员工使用内部社交工具沟通工作信息，而不是讨论个人事务。习惯了 Facebook 和 Twitter 的员工可能很难想象，不为个人目的，他们如何使用社交工具？

这意味着企业不应仅聚焦于技术，而应该首先确定社会化技术应用如何改善员工和管理人员的工作。他们需要详细了解社交网络：员工目前是怎样工作的，他们和谁一起工作，他们的需求是什么以及克服员工偏见和抵制的措施。

一个成功的社会化商务战略需要领导力和行为变革。只是开展一个社会化应用项目是远远不够的，管理者需要创造更加开放、透明的工作氛围。习惯于以传统的方式进行合作和开展业务的员工，需要被激励才会使用社交软件。改变一个组织的工作方式，需要招募那些有兴趣帮助设计和建立使用社会化技术工作环境的人员。

管理者需要确保企业实施内部和外部的社会化网络能够为企业带来真正的价值。网络上的内容应该是互相关联的、最新的且易于访问的；员工需要连接那些真正拥有他们所需要的信息的人，否则他们将无法联系上那些拥有真正有用信息的人。社会化商务工具应适合目前的任务和组织的业务流程，并且员工需要了解如何使用以及为什么使用社会化商务。

举个例子，美国航空航天局的戈达德太空飞行中心（NASA's Goddard Space Flight Center）曾经不得不放弃一个名为 Spacebook 的定制化企业社交网络，因为没有人知道这个社交工具是如何帮助人们做好工作的。Spacebook 的设计和开发并未考虑组织的文化和政治因素。这不是一个孤立的现象。达科数据（Dimension Data）公司发现，在接受调查的900家企业中，有1/4的企业只关注合的实践作技术的实施，而不关心它如何被使用和采纳。

尽管实施内部社交网络具有很大的挑战性，但是有些企业还是成功地使用了这些社交网络。例如，Covestro 公司，全球领先的涂料和胶黏剂、聚氨酯和高抗冲击性塑料供应商，通过让工具更易于使用，成功实现了社会化合作；在试点项目中展示了这些工具的价值；为高级管理人员实施了逆向的指导计划；培训员工在企业内部传播新的社交工具和方法，并证明这些工具是有用的。利用 IBM Connections 作为社会化商务的工具集，Covestro 公司的努力现已获得回报：50%的员工定期参与企业社交网络。尽管很难衡量社会化商务的投资回报率，但Covestro公司已受益于更快的知识流动、更高的效率以及更低的运营成本。

另一家使用社会化商务的企业是ModCloth，这是一家受欢迎的在线服装、配饰和家庭装饰零售商，以其有趣的、引人入胜的客户购物体验而著称。该企业的业务建立在与客户紧密联系的社交媒体上，拥有134 000个Twitter关注者和1 600 000个Facebook"赞"。由于社交网络在ModCloth的成长和发展中起着重要作用，企业希望将社交网络工具用于内部交流。ModCloth采用了微软的Yammer作为其社会化商务工具。

ModCloth开始在一个小型测试小组中试用Yammer，并且利用People Team进行推广。Yammer很快就吸引到了员工，很快被美国4个办事处的250多名员工使用。每一位来到ModCloth的新员工，第一天上班都会被引导进入Yammer。Yammer帮助新员工了解其他同事的姓名，并让其感受到自己是企业的一分子。

Yammer已被证明在连接人与想法方面非常有用，为ModCloth节省了大量的时间和金钱。例如，ModCloth人才招聘负责人斯科特·埃尔南德斯使用Yammer通过内部员工推荐，找到了很多优秀的工程师。Yammer帮助团队避免了重复的工作。ModCloth的用户体验小组开发了一个研究项目，希望了解用户对该企业的移动应用需求，他们把这个项目的信息发布在Yammer上。几小时之内，ModCloth的社交团队成员就收集到大量的用户调研结果，包括一份包含已完成的客户反馈数据的详细电子表格。这样，用户体验团队节省了2个星期的工作量。

溢达集团（Esquel Group）总部位于中国香港，是一家棉纺织品和服装供应商，它的业务涉及从棉花种植、面料生产，到服装制造和成衣的所有业务。它的核心业务是为Lacoste和Ralph Lauren等时尚品牌制造棉质上衣。该企业被内部社交网络所吸引，以此作为整合不同地点不同业务的一种方式。溢达集团选择了微软的Yammer作为企业社交网络工具。其员工可方便地使用多种语言进行交流，因此特别感谢Yammer的翻译功能。

管理者认为能够"收听"员工的想法很有好处。当人们在网络上投诉时，意味着能够帮助企业找到创新的解决方案和新想法。例如，溢达集团制衣部门的工人向Yammer投诉，称他们必须排队等候才能在企业的自助餐厅购买餐点和充值。4个月后，企业找到了一个解决方案，即增加一个新功能，可以将钱从工资单转入餐卡。

Yammer上发布的想法可用于改进溢达集团的质量控制流程。质量控制部门的一名员工在Yammer上提出了用电尺确保衣袖和衣领符合标准的想法。通过Yammer上多次的讨论，这个想法得到了完善。现在，员工无需用卷尺测量并写下数字，而是以更快、更准确的电子方式获得测量结果。

Yammer还帮助溢达集团在全企业范围内复制创新和提高效率的解决方案。以往，一个地方的创新通常不会被运用到其他地方。Yammer提供了一个发布创新和实践新闻的渠道，可以轻松地在整个组织中传播。

随着劳动力成本的上升，溢达集团所在的行业是一个向低薪地区转移的行业。溢达集团宁愿通过提高生产率来节省成本，而不愿将业务搬迁到其他低薪的地方。通过帮助员工更高效地工作，企业社交网络每年帮助溢达集团节省约200万美元。

资料来源："Top Four Social Collaboration Software Fails," searchmobilecoputing.techtarget.com, accessed February 7, 2018; "ModCloth: Keeping Employees Engaged While Scaling Up," and "Esquel Group: Social Technology Weaves an Enterprise Together," blogs.office.com, accessed February 5, 2018; Margaret Jones and Cordelia Kroob, "The Growth of an Enterprise Social Network at BASF," www.simply-communicate.com, accessed March 12, 2018; Paul Leonardi and Tsedal Neeley, "What

Managers Need to Know About Social Tools," Harvard Business Review, November-December 2017; Sue Hildreth, "What's Next for Workplace Collaboration?" searchcontentmanagement.com, March 2, 2017; Arunima Majumdar, "3 Reasons Why Collaboration Tools Fail to Make the intended Impact," eLearning Industry, January 20, 2017; Harvard Business Review Analytic Services, "Collaboration Technology Boosts Organizations," Insight Enterprises Inc.（February 13, 2017）; and Dimension Data, "2016 Connected Enterprise Report," 2016.

案例分析题：

2-12 请分析影响企业实施内部社交网络系统的管理、组织和技术方面的因素。

2-13 比较案例中两家企业实施内部社交网络的做法，它们为什么能够成功？在实施的过程中，管理者起到了什么作用？

2-14 是否所有的企业都需要实施内部社交网络系统？为什么？

参考文献

[1] Aral, Sinan, Erik Brynjolfsson, and Marshall Van Alstyne. "Productivity Effects of Information Diffusion in Networks." MIT Center for Digital Business (July 2007).

[2] Arena, Michael, Rob Cross, Jonathan Sims, and Mary Uhl-Bie. "How to Catalyze Innovation in Your Organization." MIT Sloan Management Review (Summer 2017).

[3] Bala, Hillol, Anne P. Massey, and Mitzi M. Montoya. "The Effects of Process Orientations on Collaboration Technology Use and Outcomes in Product Development." Journal of Management Information Systems 34 No. (2017).

[4] Banker, Rajiv D., Nan Hu, Paul A. Pavlou, and Jerry Luftman. "CIO Reporting Structure, Strategic Positioning, and Firm Performance." MIS Quarterly 35, No. 2 (June 2011).

[5] Boughzala, Imed, and Gert-Jan De Vreede. "Evaluating Team Collaboration Quality: The Development and Field Application of a Collaboration Maturity Model." Journal of Management Information Systems 32 No. 3 (2015).

[6] Bughin, Jacques, Michael Chui, and Martin Harrysson. "How Social Tools Can Reshape the Organization." McKinsey Global Institute (May 2016).

[7] Bureau of Labor Statistics. "Occupational Outlook Handbook 2018–2019." Bernan Press (January 9. 2018).

[8] Colony, George F. "CIOs and the Future of IT." MIT Sloan Management Review (Spring 2018).

[9] Cummings, Jeff, and Alan Dennis. "Virtual First Impressions Matter: The Effect of Enterprise Social Networking on Impression Formation in Virtual Teams." MIS Quarterly 42, No. 3 (September 2018).

[10] Forrester Research. "Social Business: Delivering Critical Business Value." (April 2012).

[11] Frost and Sullivan. "Meetings Around the World II: Charting the Course of Advanced Collaboration." (October 14, 2009).

[12] Gast, Arne, and Raul Lansink. "Digital Hives: Creating a Surge Around Change." McKinsey Quarterly (April 2015).

[13] Greengard, Samuel. "Collaboration: At the Center of Effective Business." Baseline (January 24, 2014).

[14] _____. "The Social Business Gets Results." Baseline (June 19, 2014).

[15] Guillemette, Manon G., and Guy Pare. "Toward a New Theory of the Contribution of the IT Function in Organizations." MIS Quarterly 36, No. 2 (June 2012).

[16] Haffke, Ingmar, Bradley Kalgovas, and Alexander Benloan. "Options for Transforming the IT Function Using Bimodal IT." MIS Quarterly Executive (June 2017).

[17] Harvard Business Review Analytic Services. "Collaboration Technology Boosts Organizations." Insight Enterprises Inc. (February 13, 2017).

[18] Johnson, Bradford, James Manyika, and Lareina Yee. "The Next Revolution in Interactions." McKinsey Quarterly No. 4 (2005).

[19] Kane, Gerald C. "Enterprise Social Media: Current Capabilities and Future Possibilities." MIS Quarterly Executive 14, No. 1 (2015).

[20] Kane, Gerald C., Doug Palmer, Anh Nguyen Phillips, and David Kiron. "Finding the Value in Social Business." MIT Sloan Management Review 55, No. 3 (Spring 2014).

[21] Kiron, David. "Why Your Company Needs More Collaboration," MIT Sloan Management Review (Fall 2017).

[22] Kiron, David, Doug Palmer, Anh Nguyen Phillips, and Nina Kruschwitz. "What Managers Really Think About Social

Business." MIT Sloan Management Review 53, No. 4 (Summer 2012).

[23] Kolfschoten, Gwendolyn L., Fred Niederman, Robert O. Briggs, and Gert-Jan De Vreede. "Facilitation Roles and Responsibilities for Sustained Collaboration Support in Organizations." Journal of Management Information Systems 28, No. 4 (Spring 2012).

[24] Leonardi, Paul and Tsedal Neeley. "What Managers Need to Know About Social Tools." Harvard Business Review (November–December 2017).

[25] Li, Charlene. "Making the Business Case for Enterprise Social Networks." Altimeter Group (February 22, 2012).

[26] Malone, Thomas M., Kevin Crowston, Jintae Lee, and Brian Pentland. "Tools for Inventing Organizations: Toward a Handbook of Organizational Processes." Management Science 45, No. 3 (March 1999).

[27] Maruping, Likoebe M., and Massimo Magni. "Motivating Employees to Explore Collaboration Technology in Team Contexts." MIS Quarterly 39, No.1 (March 2015).

[28] McKinsey & Company. "Transforming the Business Through Social Tools." (2015).

[29] McKinsey Global Institute. "The Social Economy: Unlocking Value and Productivity Through Social Technologies." McKinsey & Company (July 2012).

[30] Miller, Claire Cain. "Tech's Damaging Myth of the Loner Genius Nerd." New York Times (August 12, 2017).

[31] Mortensen, Mark. "Technology Alone Won't Solve Our Collaboration Problems." Harvard Business Review (March 26, 2015).

[32] Poltrock, Steven, and Mark Handel. "Models of Collaboration as the Foundation for Collaboration Technologies." Journal of Management Information Systems 27, No. 1 (Summer 2010).

[33] Ricards, Tuck, Kate Smaje, and Vik Sohoni. " 'Transformer in Chief': The New Chief Digital Officer." McKinsey Digital (September 2015).

[34] Ross, Jeanne. "Architect Your Company for Agility." MIT Sloan Management Review (January 10, 2018).

[35] Saunders, Carol, A. F. Rutkowski, Michiel van Genuchten, Doug Vogel, and Julio Molina Orrego. "Virtual Space and Place: Theory and Test." MIS Quarterly 35, No. 4 (December 2011).

[36] Srivastava, Shirish, and Shalini Chandra. "Social Presence in Virtual World Collaboration: An Uncertainty Reduction Perspective Using a Mixed Methods Approach." MIS Quarterly 42, No. 3 (September 2018).

[37] Tallon, Paul P., Ronald V. Ramirez, and James E. Short. "The Information Artifact in IT Governance: Toward a Theory of Information Governance." Journal of Management Information Systems 30, No. 3 (Winter 2014).

[38] Weill, Peter, and Jeanne W. Ross. IT Governance. Boston: Harvard Business School Press (2004).

第 3 章
信息系统、组织与战略

学习目标

通过阅读本章,你将能回答:
1. 要成功地构建并使用信息系统,管理者需要知道哪些组织特性?
2. 信息系统对组织有哪些影响?
3. 波特的竞争力模型、价值链模型、协同效应、核心竞争力以及网络经济学如何帮助企业利用信息系统实现竞争战略?
4. 战略信息系统的挑战有哪些?如何应对这些挑战?
5. MIS 如何有助于我的职业发展?

本章案例

技术帮助星巴克找到更好的竞争方式
数字技术帮助 Crayola 提升品牌知名度
智能产品向你走来
食品杂货大战

技术帮助星巴克找到更好的竞争方式

星巴克是全球最大的特色咖啡零售商，在 75 个地区拥有 24 000 多家门店。星巴克的声誉在于其高端特色的咖啡和饮料、友好且知识渊博的服务人员以及对客户友好的咖啡店装修。这是其多年来的制胜法宝，让星巴克可以在许多商品上收取溢价。但是，星巴克也有竞争对手，因此必须不断地调整其业务模式和业务策略，以跟上竞争环境的步伐。

星巴克曾经尝试过在线销售，但是没有成功。如果访问 Starbucks.com 网站，你可以在网上看到咖啡、品牌马克杯、意式浓缩咖啡机和冲煮配件，但你需要从星巴克的门店、超市或指定的零售商处购买这些产品。星巴克于 2017 年 8 月停止了在线销售。星巴克的管理层认为，零售业发生了"地震式的变化"，而商家需要创造独特的沉浸式的店内体验才能生存，星巴克的大部分产品和服务都不应该在线销售。

因此，星巴克专注于改善店内的体验。企业于 2018 年在 1 000 多家门店推出了新的 Mercato 菜单，包括新鲜制作的三明治和沙拉，并计划扩大含咖啡因的果汁（星巴克清新剂）和硝基饮料的冷饮产品。管理层希望到 2021 年食品的销售额能够翻一番。星巴克还在世界各地建立 "Reserve" 品牌的高端咖啡馆，以吸引愿意为优质咖啡和糕点支付更多费用的客户。

星巴克通过信息技术持续改善客户的店内体验。每家星巴克门店都有 WiFi 网络供客户免费使用。许多星巴克客户都是智能手机的活跃用户。2015 年 9 月，星巴克推出了一款针对苹果手机和安卓移动设备的 App，使饮料和食品的付款变得非常便捷。客户可以通过 App 在去星巴克门店的途中下订单，还可以给咖啡师小费，App 会显示订单时间，告知饮料什么时候会被准备就绪，客户无需排队等候。这个 App 还可以识别在星巴克门店中播放的歌曲，并将它们保存到 Spotify 上的播放列表中。该 App 可帮助星巴克更有效地将产品定位到客户，这一点尤其重要，因为连锁店还在菜单中添加了更多的午餐和冷饮，以便在早上咖啡高峰过后吸引更多的客户。现在，冷饮销售已占星巴克饮料销售额的一半。

星巴克希望使用店内 WiFi 网络的美国客户，在他们连接的第一家门店中输入电子邮件地址后，公司的软件就会记住该客户的设备，以后就会自动连接。这为星巴克提供了更多可用于发送促销活动信息的电子邮件地址。

资料来源：Julie Jargon, "Starbucks Aims for More Mobile Orders," Wall Street Journal, March 21, 2018; Stacy Cowley, "Starbucks Closes Online Store to Focus on In-Person Experience," New York Times, October 1, 2017; "Starbucks' Mobile Order Push Meets Resistance From Ritual Seekers," Reuters, March 21, 2018; and www.starbucks.com, accessed March 28, 2018.

星巴克的故事展示了信息系统可以帮助企业提高竞争力的方式，同时也揭示了找到正确的企业战略的挑战和在此战略下如何利用技术的难度。今天的零售业竞争非常激烈，不管是线上门店还是线下门店。即便星巴克已经是世界领先的咖啡零售商，它也有很多竞争对手，它仍不断地在寻找保持业务增长的方法。越来越多的客户在网上购物，但星巴克的产品在网上的销售并不好。星巴克的门店是为了让客户亲身体验，它们太有经验了！

如图 3-1 所示为本案例和本章需关注的要点。星巴克的商业模式是基于积极的产品差异化战略，旨在强调它的饮料和食物、高效和有益的客户服务以及在星巴克门店购买和消费这些商品的乐趣。星巴克使用信息技术改善其门店客户的体验。移动 App 加快了星巴克饮料的订购和支付，星巴克也不得不重新设计支付流程，以充分利用移动技术这一优势。免费的 WiFi 网络使星巴克的门店更具吸引力，让客户可以参观、逗留和消费食品和饮料。App 支持门店为更多的客户提供服务，而客户注册 WiFi 服务为星巴克提供了发送促销活动的电子邮件地址。

> 需要考虑：星巴克的业务战略是什么？技术在多大程度上帮助星巴克提示竞争力？请解释你的答案。

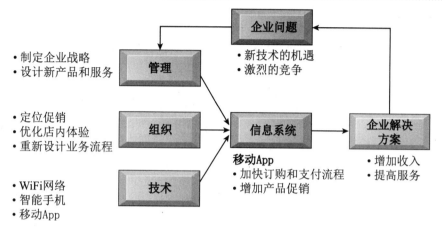

图 3-1　信息系统提升企业竞争力

3.1 管理者需要知道成功地建设和使用信息技术的组织特性有哪些？

　　信息系统和组织互相影响。信息系统由管理者建立，并服务于企业的利益，同时，要从新技术中获利，组织必须要知道并接受信息系统带来的影响。

　　信息技术与组织之间的相互作用是非常复杂的，受很多因素的影响，包括组织架构、业务流程、政治、文化、周围环境以及管理决策等（见图3-2）。你需要理解信息系统如何改变企业的社交与工作环境。如果你不理解自己的企业，就不可能成功地设计新的信息系统或者理解现有的系统。

　　作为一个管理者，你要决定企业应该建哪些系统？这些系统该做什么？如何实施这些信息系统？你可能无法预测这些决策的最终结果，因为新的信息技术（IT）投资给企业带来的变化是不能提前预知的，你的预期可能达到，也可能达不到。例如，谁会在 15 年前想象到电子邮件和即时消息（IM，也称短信）会成为业务沟通的主要手段？很多管理者每天要处理超过 200 封的电子邮件？

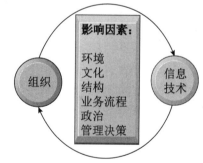

图 3-2　组织与信息技术间的双向关系

注：这种复杂的相互关系受很多因素影响，不仅包括管理者已经做的或者没有做的决策，还包括组织文化、结构、政策、业务流程和环境因素。

3.1.1 组织

　　组织（organization）是指一个稳定的、正式的社会结构，它能从环境中获取并处理资源，从而输出产品。这种对组织的技术视角的定义侧重于组织的三个要素。资本和劳动力是环境所提供的基本生产要素，组织（即企业）通过生产过程将这些输入转化为产品和服务，这些产品和服务又被环境所消费，反过来提供更多的输入（见图 3-3）。

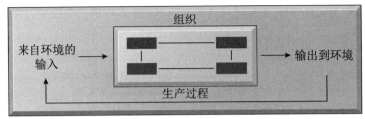

图 3-3　组织的微观经济学定义

注：在组织的微观经济学定义中，资本和劳动力（由环境提供的基本生产要素）被企业通过生产过程转化为产品和服务（输出到环境）。产品和服务被环境所消费，并提供更多的资本和劳动力，重新输入这个循环中。

从存续时间和规范性角度来看，一个组织比一个非正式群体（如一群每周五共进午餐的朋友们）更稳定。组织是一个正规的法律实体，其内部的规则和程序必须遵守法律法规的要求，同时组织也是一种社会结构，是一系列社会元素的组合，就像一台机器由阀门、凸轮、轴和其他部件按特定的方式和结构组合在一起一样。

上述组织的定义有效且简单，但对于真实世界中的组织来说这个定义不具有描述性和预见性。一个更接近组织现实行为的定义是这样表述的：组织是一段时间内通过冲突与解决冲突而形成的一系列权利、特权、义务和责任的平衡体（见图 3-4）。

从企业行为的视角来看，在组织中工作的人形成了自己的工作习惯，他们依附于现有的关系；他们和上司、下属就如何完成工作、工作量的多少以及工作完成的条件等进行洽商。大部分的工作安排和工作感受都不会在正式的规则手册中讨论。

上述定义和信息系统技术有什么关系呢？技术视角的组织定义鼓励我们关注在技术变化引入企业中时如何组合输入、创造输出。由于资本和劳动力之间可相互替换，可以说企业具备无限的可塑性。而行为视角的组织定义认为，在建立新的信息系统或者重建老的信息系统

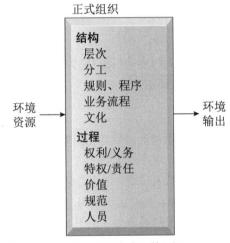

图 3-4　行为视角下的组织

注：行为视角下的组织强调群体关系、价值及结构。

时，涉及的远远不止设备或者工作人员的简单重组，信息系统将打破组织长期形成的权利、特权、义务、责任和情感的平衡。

这些要素的变化可能需要持续很长一段时间，很有破坏性，并且还需要投入更多的资源来支持后续的培训和学习。例如，有效实施一个新的信息系统所需要的时间往往比预期的要长很多，主要是因为实施一个系统是一回事，而教会员工和管理人员使用该系统是另一回事，这两者之间有一个巨大的鸿沟。

技术上的改变意味着通常需要重新安排拥有和控制信息的人、有权访问并更新信息的人以及对于"谁、什么时候、怎样"做决策的人。这个复杂的过程迫使我们去审视工作是如何设计的，达成目标的程序是如何进行的。

技术视角和行为视角的组织定义并不矛盾，实际上它们是互补的：技术视角的定义告诉我们在竞争的市场中，成千上万的企业是怎样整合资本、劳动力和信息技术的，而行为视角的定义则让我们看清在单个企业中，技术是如何影响组织内部工作的。下面将分别阐述这两个不同视角的

组织定义如何解释信息系统和组织的关系。

3.1.2 组织的特性

现代组织有一些共同的特征。组织是一个由分工明确的劳动力和专业部门组成的层级机构。在组织中，专业人员被安排在某个权力等级体系中，其中，每个人都要向某个人负责，而权力仅限于受抽象的规章制度或程序所规定的某种特定行为。这些规章制度构成了组织内公正和普遍的决策体系。组织都希望基于员工的技术能力和专业技能（而不是个人关系）来招聘和升迁。组织以效率为准则，即用有限的输入获得最大化的输出。组织的其他特性还包括业务流程、组织文化、组织政策、周围环境、组织架构、目标、支持者和领导风格。所有这些特性都将影响组织采用什么样的信息系统。

1. 工作规范和业务流程

随着时间的推移，包括商业企业在内的所有组织都将变得很有效率，因为企业中的每一位员工均在不断地完善生产产品和提供服务的**工作规范**（routines）。工作规范有时被称为标准操作程序，是为应对工作中几乎所有可能的情况而建立起来的明确的规则、程序和惯例。当员工学会了这些工作规范以后，他们就变得高产、高效，随着效率的提升，企业就会降低成本。例如，当你去医院时，接待员按照一套完善的工作规范来获取你的基本信息，护士有另一套规范来安排你和医生的见面，而医生也有一套完善的规范来为你诊断。我们在第 1、2 章中介绍过的业务流程，其实就是这些工作规范的集合。事实上任何一家企业都是一系列业务流程的集合（见图 3-5）。

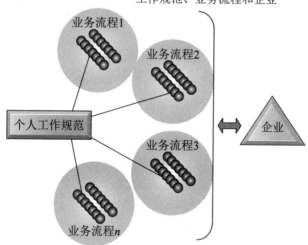

图 3-5 工作规范、业务流程和企业

注：所有的组织都由个人工作规范和行为组成。一系列的个人工作规范形成业务流程，一系列的业务流程形成企业。新的信息系统应用需要个人工作规范和业务流程发生相应的改变，从而支持组织实现高水平的组织绩效。

2. 组织政治

组织内不同的人有不同的职位，有不同的专长，关心不同的事，有不同的视角，因此他们对组织的资源、奖励和惩罚怎样分配自然存在分歧。这些分歧对管理者和员工都很重要，也引起了每个组织内与资源、竞争及冲突有关的政治问题。政治阻力通常是组织变革（特别是引入新的信息系统）所面临的最大的困难之一。实际上，所有大型信息系统的投资都会给企业带来战略、业务目标、业务流程及程序方面的巨大变革,都会引发政治冲突。了解如何在组织内处理这类政治问题的管理者,往往会比那些不了解的管理者在实施新的信息系统时更容易获得成功。读完本书后,你会发现很多这样的例子,即组织内部的政治争斗打败了完美的信息系统实施计划。

3. 组织文化

每个组织都有一系列基本的、被员工完全确信的、不容置疑的基本假设,这些假设决定了组织的目标与产品。组织文化就是指这一系列的假设,包括组织应该生产什么产品、怎样生产、在哪生产、为谁生产等。通常来说,这些假设往往是理所当然存在着,而很少公开地被宣传或讨论,企业真正产生价值的业务流程往往隐藏在组织文化中。

观察你所在的大学或学院,就能感受到组织文化的存在。在大学中,最基本的假设是教授知道的应该比学生多、学生到大学的目的是学习、上课需要遵循有规律的时间安排等。组织文化具有强大的凝聚力,可以规避一些政治冲突,促进组织内对工作程序和具体实践的理解并达成共识。如果我们都能共享这些最基本的文化假设,那么在其他事情上也更容易达成一致。

同时,组织文化对变革,特别是技术变革来说,是一个强大的约束力。大部分的组织都会尽力避免这些基本假设的变动,任何威胁到组织普遍认同的基本假设的技术变革往往会遭遇巨大的阻力。然而,对于一个企业来说,有些时候要取得进步的唯一明智的选择是采纳一个与现有组织文化不相容的新技术,这时,组织可以适当放缓新技术的实施步伐,同时让组织文化逐渐变化并与之适应。

4. 组织环境

组织从环境中获取资源,并向环境提供产品和服务。组织和环境之间具有双向关系。一方面,组织向其周围的社会和自然环境开放,并依赖于这些环境。人们愿意忠诚而持续地工作是因为可以从客户那里获得工资或收入,如果没有财务资源和人力资源,组织将不可能存在。组织除了要应对客户和竞争者以外,还必须要遵守政府制定的法律法规和其他要求。另一方面,组织也能对周围的环境产生影响。例如,企业与其他企业组成联盟可以影响政策制定的过程;企业通过广告来影响客户对产品的接受程度等。

图 3-6 描述了信息系统帮助组织察觉到环境的变化,并帮助组织采取应对措施方面的作用。信息系统是感知环境变化的重要工具,能够帮助管理者及时发现需要组织应对的外部变化。

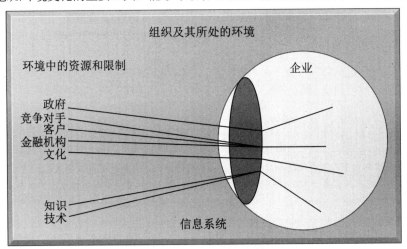

图 3-6　环境与组织的双向关系

注:环境决定组织能做什么,组织也能影响和改变周围的环境。信息技术在帮助组织察觉环境中的变化,并帮助组织采取应对措施中起到重要作用。

环境通常比组织变得快。新技术、新产品、大众品位和价值观的变化（其中很多会导致新的法律法规）都会给组织的文化、政治和人员带来压力。大部分组织不能及时适应快速变化的环境。组织标准操作流程中的惰性、现有秩序调整所带来的政治斗争以及对文化价值观的威胁，都会抑制组织作出重大变革。年轻的企业往往缺少资源来维持即便是短暂的困难期。因此，1919年世界财富榜上的500强企业活到今天的只有10%，这一事实也就不怎么令人惊讶了。

破坏性技术：乘风破浪。 有时一项技术和由此产生的业务创新往往伴随着商业格局和环境的快速变化，这些创新被称为"破坏性创新"（Christensen, 2003； Christensen、Raynor和McDonald, 2015）。是什么会导致一项技术具有破坏性？某些情况下，**破坏性技术**（disruptive technologies）会替代现有产品，而且会比现有产品更好（通常会好很多）。例如，汽车替代了马车，文字处理软件替代了打字机，数码照相替代了胶卷相机等。表3-1描述了一些过去的破坏性技术。

表3-1 破坏性技术：赢家和输家

技术	描述	赢家和输家
微处理器芯片（1971）	在一个硅芯片上有上千甚至几百万个晶体管	微处理器企业（Intel）、得克萨斯仪器公司是赢家，而晶体管企业（GE）则消失
个人电脑（1975）	小、便宜、功能齐全的台式电脑	PC制造商（HP、IBM）、芯片制造商（Intel）是赢家，而主机（IBM）、小型机商（DEC）则是输家
数码照相（1975）	使用CCD图像传感器芯片来记录图像	CCD制造商和传统相机制造商是赢家，而胶卷制造商是输家
WWW网络（1989）	一个即时可用的全球数字文件和页面的数据库	在线内容和新闻拥有者获利，而传统出版商（报纸、杂志、广播电视）则是输家
网络音乐、视频、电视服务（1998）	在线存储可供下载的音乐、视频、电视	互联网平台拥有者、因特网骨干通信商（ATT、Verizon）、本地网络服务商是赢家，而内容拥有者和实体零售商（Tower唱片、Blockbuster）是输家
网页排序算法	一种根据知名度排序的算法，是对关键词搜索法的补充	谷歌（拥有专利）是赢家，而传统关键词搜索引擎（Alta Vista）是输家
网络服务软件	通过因特网提供在线软件远程访问	在线软件服务企业（Salesforce.com）是赢家，而传统套装软件企业（微软、SAP、Oracle）是输家

在上述案例中，有些行业都因破坏性技术而消失了，而在另一些案例中，破坏性技术可能拓展了现有市场，通常比现有商品功能减少，但成本降低很多，最终变成现有商品的低成本竞争者。磁盘驱动器就是这样一个例子。在个人电脑市场中使用的便携式硬盘为磁盘驱动器开拓了一个新的市场，为小文件提供了经济的数码存储空间。最终，便携式PC硬盘变成了磁盘驱动器最大的市场。

有些企业能创造这些技术，并乘势获利；也有些企业学得很快，并迅速调整其业务；还有一些企业则因过时的产品、服务和商业模式而逐渐被市场抛弃。这些被抛弃的企业可能非常高效地做那些也许不需要做的事情。还有一些情形是没有企业获利，而客户却获得了所有的收益。当然，不是所有的变化或技术都是破坏性的（King和Baatartogtokh, 2015）。那些经营时间长一些的企业管理者会及时作出正确的决策，并找到持续竞争的方法。破坏性技术其实是一个很棘手的问题。发明破坏性技术的企业叫作"第一先行者"，如果它们缺乏资源来实施这种技术或没有看到这种技术的市场机会，一般都不会从中获益。例如，MITS Altar 8800曾被广泛认为是第一台PC，但是它的发明者却没有获得先发优势，而通常被称为"迅速跟随者"的第二行动者，如

IBM 和 Microsoft，反而获得了回报。花旗银行创造的 ATM 机给零售银行业带来了革命，但很快被其他银行复制，现在所有的银行都用 ATM 机，结果所有好处几乎全给了消费者。

5. 组织结构

所有的组织都有一个结构或形状。明茨伯格把组织分为 5 种基本类型（Mintzberg，1971），见表 3-2。

一家企业中信息系统的类型以及这些信息系统的问题本质，往往能够反映出这个组织结构的类型。例如，在一家像医院这样的专家型机构中，你常会发现同时存在着医院行政使用的、医生使用的、护士和社会工作者等其他专业人员使用的病人记录系统。在小型创业企业里，你常常会发现一些因设计匆忙而并不适合长期使用的、糟糕的信息系统。在一个拥有几百个地方运营的多事业部的大型企业里，你通常很难发现一个集成的信息系统，更多的是每个地方或每个事业部都有自己的一套信息系统。

表 3-2 组织结构

组织类型	描述	示例
创业型机构	快速变化环境中的年轻的小组织，结构简单，由企业家担任 CEO	小型创业企业
机械官僚机构	在一个变化较慢的环境中的大企业，生产标准产品，被一个集中式的管理团队掌控，实行集中决策	中等规模的制造企业
事业部制官僚机构	多个官僚机构的组合，被一个中央总部领导，生产或提供不同的产品或服务	财富 500 强企业，如 GE
专家型官僚机构	基于知识的组织，产品和服务取决于专家的经验和知识。由部门领导掌控，集中的权力很弱	法律事务所、学校系统和医院
专案型组织	任务型组织，适应快速变化的环境。由大量的专家组成短期跨学科团队，具有很弱的中央集权	顾问企业，如 Rand 公司

6. 组织的其他特征

组织都有目标，并用不同的方法达成目标。有的组织具有强制性目标（如监狱）；另一些组织具有实用主义目标（如企业）；还有一些组织具有规范的目标（如学校、宗教团体）。组织服务于不同的群体或拥有不同的赞助者，有些组织服务于自己的成员，有些则服务于客户、股东或公众。不同组织的领导形式大不一样，有的比较民主，而有的则较集权。组织的不同还体现在它们执行的任务不同和使用的技术不同。一些组织执行的主要是常规性任务，可以简化为一些正式的规则而很少要求主观判断（如汽车零件制造），而另一些组织（如顾问企业）主要执行的是非常规性的任务。

3.2 信息系统对组织的影响

信息系统已经成为不可缺少的、在线的、互动的工具，深深融入大型组织每分钟的运行和决策过程中。经过 10 多年的发展，信息系统从根本上改变了组织的经济特性，并大大地增加了优化组织运作的可能性。经济学和社会学的理论和概念有助于我们理解 IT 所带来的影响。

3.2.1 经济影响

从经济学的视角来看，IT 既改变了资本的相对成本，也改变了信息的成本。信息系统技术已经被看作是一种生产要素，可以替代传统的资本和劳动力。随着信息技术成本的降低，信息技术被用来代替成本一直在上升的劳动力。因此，信息技术对劳动力的替代会造成中层管理者和文职人员的减少。

随着信息技术成本的降低，它还可以替代其他形式的资源，如仍然相对昂贵的建筑物和机器。所以，随着时间的推移，我们可以期待管理者会增加对 IT 的投资，因为 IT 的成本相对于其他资源的成本仍在不断下降。

IT 还会影响信息的成本和质量，并改变信息经济学。IT 可以帮助企业扩大交易，因为它可以降低交易成本。交易成本是指当企业在市场上购买自己不能生产制造的产品时所带来的成本。根据**交易成本理论**（transaction cost theory），企业和个人总是在寻求降低交易成本的方法，就如同在不断寻求降低生产成本那样。由于存在供应商搜寻与沟通成本、合同进展状况跟踪成本、购买保险、获得产品信息等成本的存在，因而利用市场机制的成本也是昂贵的（Coase, 1937; Williamson, 1985）。就像通用汽车和福特汽车过去所作的那样，企业传统的做法是通过垂直整合、扩大规模、雇佣更多员工、建立自己的供应商和分销商等方式来降低交易成本。

信息技术特别是网络技术的使用，可以帮助企业以更低的成本（交易成本）参与市场活动，使企业和外部供应商签定的合同比用内部资源更划算。因此，企业可以缩小规模（员工人数），因为将工作外包比自己雇人要便宜得多。

例如，像克莱斯勒、丰田、本田那样的汽车制造企业，通过计算机与外部供应商连接，从外部供应商处购买了 70% 以上的零部件，从而获得经济效益。信息系统也使诸如苹果、思科和戴尔这样的企业将它们的生产外包给 Flextronics 这样的制造商，而不是自己生产。

随着交易成本的降低，企业规模（员工人数）将缩小，因为企业在市场上更容易以更低的价格买到产品和服务，不用再自己制造产品或提供服务了。企业的收入增加了，但其规模可以不变甚至还可能收缩。例如，Eastman 化工企业在 1994 年从 Kodak 公司分出来时收入为 33 亿美元，全职员工有 24 000 名。到了 2015 年，它的收入达到 96 亿美元，员工只有 10 000 名。

信息技术还可以降低内部管理成本。根据**代理理论**（agency theory），企业可以被看成是自利个人之间的"契约集合"，而不是一个统一的、利益最大化的实体（Jensen 和 Meckling, 1976）。委托人（所有者）雇佣"代理人"（员工）代替自己工作。无论如何，代理人需要经常地被监督和管理，否则他们将会倾向于追求自己的利益，而不是所有者的利益。当一个企业的规模和范围都逐渐增大时，代理成本或者协调成本也会随之上升，因为所有者需要花越来越多的努力来监督和管理员工。

信息技术可以让组织减少获取和分析信息的成本，从而降低组织的代理成本，因为它使管理者容易监管更多数量的员工。信息技术可以让企业减少中层管理人员和文书人员，从而减少企业的总管理成本。我们在前面章节中所列举的一些例子说明，信息技术能够扩大小型组织的权力和范围，使小型组织能够用非常少的员工和管理者来完成诸如处理订单或者跟踪库存等协调性工作。

因为信息技术为企业减少了代理成本及交易成本，随着在信息技术上的投资越来越多，我们可以预期企业的规模将越来越小，管理者将越来越少，而每个员工的平均收益会越来越高。

3.2.2 组织和行为的影响

复杂组织的社会学理论也提供了一些解释,让我们来了解一下新的信息技术应用是如何及为什么会引起企业变革的。

1. IT 使组织扁平化

大型官僚组织的产生与发展早于计算机时代,这些组织往往效率不高、变化缓慢,与新组织相比缺乏竞争力。但是现在一些大型组织已经开始降低组织规模,减少员工数量以及组织层级了。

组织行为学研究者认为,信息技术能够帮助企业扩大信息的传播范围,给底层员工授权,提高管理效率,从而使组织扁平化(见图3-7)。信息技术可以赋能组织中的决策权下放,因为低层级的员工能够在没有监督的情况下获得决策所需要的信息(这种权力下放也可能是因为员工的教育水平提高,使他们有能力作出明智的决策)。因为现在的管理者能及时获得足够充分的准确信息,进而能更快地作出决策,这样组织就可以配置较少的管理人员。随着管理成本占收入百分比的降低,组织的管理效率也变得更高。

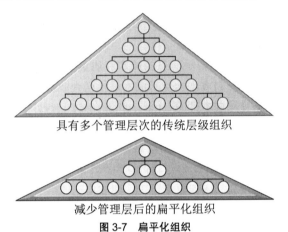

图 3-7 扁平化组织

注:信息系统能够帮助减少组织的层级,因为信息系统能够为管理者提供管理下属所需要的信息,并授权给低层级员工提供更多的决策权。

这些变化意味着管理控制的幅度扩大了,高层管理者可以管理和控制更大范围内的更多员工。事实上,许多企业已省掉了数以千计的中层管理者。

2. 后工业化组织

后工业化理论更多的是基于历史学和社会学,而不是经济学的理论展开的。后工业化理论同样支持信息技术会带来组织扁平化的观点。在后工业化社会中,权威更来自于知识和能力,而不仅仅是正式的职位。因为专业工作者更倾向于自我管理,当知识和信息在组织中广泛传播时,决策就可以是分散化的,这样组织就变得扁平化了。

信息技术能促进任务型组织的形成,即为了在短期内完成一项特定的任务(如设计一款新汽车),将一群专家聚在一起,面对面或者通过网络进行合作;一旦任务完成,这些专家就会加入其他任务团队中。Accenture 公司就是一个例子,373 000 名员工中的大多数咨询专家会从一个地方被调动到另一个地方,在超过 56 个不同国家的客户所在地的项目中工作。

谁来确保自我管理的组织不会走向错误的方向?谁来决定哪个人加入哪个团队工作,工作多长时间?当某人经常转换工作团队时,管理者如何考核他的绩效?人们如何知道他们的工作前景在哪里?这都要求有新的方式来评价、组织和沟通员工,并非所有的公司都能使虚拟工作真正有效。

3. 理解组织变革的阻力

信息系统不可避免地与组织政治相关联,因为它们都能影响关键资源,即信息的获取。信息系统可以影响一个组织中谁为谁做什么,何时、何地和如何做。许多新的信息系统要求员工的个人工作规范发生改变,而这些改变可能会给那些要求重新培训或额外付出努力的员工带来痛苦,因为他们不知道这些努力是否会得到补偿。因为信息系统会潜移默化地改变组织的结构、文化、业务流程和战略，所以当信息系统被实施并引发变革时，必然会遇到强大的阻力。

有几种方式可以描述组织的阻力。关于创新的组织阻力研究表明，组织变革的阻力通常来源于4个主要方面：IT创新的特性、组织结构、组织中人员的文化以及创新所影响的任务（见图3-8）。技术引发的变革可以通过任务的再安排、结构和人的再调整来得以被接受、理解，或被阻止或被战胜。在这个模型中，进行变革的唯一方法是同时改变技术、任务、结构和人员。其他学者也谈到了在引入变革前需要"解冻"组织，并快速实施，然后"再冻结"，最终将这些变革制度化（Kolb和Frohman，1970）。

由于组织的阻力太强大，以致许多信息技术项目投资深陷困境，而且没有带来任何生产力的提高。事实上，关于项目实施失败的研究表明，许多大项目没有达到预期目标的普遍原因不是技术上的失败，而是源于，对变革的组织和政治阻力。第14章将详细描述这一问题。因此，作为一个未来参与IT投资的管理者，你对人和组织的处理能力与你对技术知识的掌握一样重要。

图3-8 信息系统创新的组织阻力

注：实施信息系统会对任务安排、组织结构、人员造成影响。根据这个模型，实施变革时这4个方面必须同时发生变化。

3.2.3 互联网和组织

互联网尤其是万维网，对许多企业与外部实体之间的关系有着重要的影响，甚至对企业内部组织的业务流程也有很大的影响。互联网增加了组织对信息和知识的可获取性、存取性和传播性，从本质上讲，互联网能大大降低大多数组织的交易和代理成本。例如，全球销售人员通过网站几乎可以实时接收更新的产品价格信息，可以实时接受到管理人员通过电子邮件、手机或移动终端上的短消息发送的指令。某些大型零售商的供应商可以直接访问零售商的内部网站获取准确到每一分钟的销售信息，即时发起补货订单。

基于互联网技术的应用，并将互联网技术作为企业IT基础设施的关键组成部分，企业可以很快重建一些关键的业务流程。如果说之前的计算机网络是先导的话，那么现在的互联网使得业务流程更简单、员工更少、组织更扁平化。

3.2.4 对设计和理解信息系统的启示

要真正发挥信息系统的价值，在建设信息系统之前，必须对使用信息系统的组织有清晰的理解。根据我们的经验，在规划一个新的系统时，要考虑的核心的组织因素有以下几点。

- 组织所在的环境。
- 组织的结构：结构层级、专业分工、日常工作规范和业务流程。
- 组织的文化和政治。
- 组织的类型和领导风格。
- 被系统影响的主要利益群体，以及使用系统的员工态度。
- 信息系统要支持的任务类型、决策和业务流程。

3.3 波特的竞争力模型、价值链模型、协同效应、核心竞争力以及网络经济学如何帮助企业利用信息系统实现竞争战略

几乎在每一个行业里，你都会发现某些企业做得比其他大部分企业要好，其中总会有一个比较出众的企业。在在线零售业中，Amazon 是领导者；在线下实体零售行业中，Walmart 是全球最大的零售商和领导者；在在线音乐领域，苹果的 iTunes 以超过 60% 的音乐下载市场占有率，被认为是领导者；在数字音乐播放器相关的行业中，iPod 是领导者；在网络搜索方面，谷歌被认为是领导者。

比其他企业做得更好的企业，被认为具有超越其他企业的竞争优势：要么具有其他企业得不到的特殊资源，要么能更高效地使用容易得到的普通资源——这通常是因为具有出众的知识和信息资产。不管怎样，从收入增长、营利性或者提升生产率（效率）来看，这些做得好的企业经过长期运营最终会获得在股票市场上比竞争对手更高的估值。

那么，为什么有些企业会比其他企业做得好？它们是如何获得竞争优势的？如何分析和识别企业的战略优势？如何为自己的企业构建战略优势？信息系统如何为企业战略优势作出贡献？这些问题可以通过迈克尔·波特（Michael Porter）的竞争力模型作出回答。

3.3.1 波特的竞争力模型

可以说，理解竞争优势最好的模型是波特的竞争力模型（见图3-9）。该模型为我们提供了关于企业、竞争者和企业环境之间关系的基本概貌。我们在本章前面描述了企业环境的重要性，以及企业对所处环境的依赖性。波特的竞争力模型描述了跟企业有关的总体商务环境，此模型中的 5 种力量决定了企业的命运。

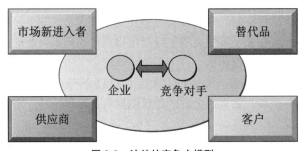

图 3-9　波特的竞争力模型

注：在波特竞争力模型中，企业的战略地位和战略不仅取决于传统的直接竞争对手，同时也受行业环境中其他 4 种力量的影响。

1. 传统竞争对手

所有的企业和其竞争对手共享同一个市场空间，竞争者们都在持续不断地引入新产品和新服务，创造更新的、更高效的生产方式，都在持续不断地努力开发品牌，增加客户的转换成本，以此吸引客户。

2. 市场新进入者

在自由经济中，劳动力和金融资源都是可流动的，新企业总是在不断地进入市场。有些行业的准入门槛很低，而有些行业准入门槛则很高。例如，开始做比萨饼生意或任何其他的小型零售

生意就比较容易，但是要进入计算机芯片行业则难得多，不仅需要高额的资金成本，还要求具备那些难以获取的、丰富的经验和专业知识。新企业具有若干个可能的优势：它们没有旧的工厂和设备的困扰；往往可以雇佣经验少但更具创意的年轻员工；它们也不会被老得过时的品牌所拖累；比已有的企业"更饥饿"（有更高的积极性）。当然，新企业有这些优势的同时也有弱势：它们需要外部资金来建造新的厂房和购买新的设备，这可能很昂贵；它们的员工队伍缺乏经验，并且缺乏品牌认可度等。

3. 替代性产品和服务

几乎在每一个行业中，如果你的产品价格过高，那么客户就会寻找可用的替代品。新技术总是在创造新的替代品，甚至石油也有替代品，即乙醇能替代汽油，植物油可替代柴油，而风、太阳能、煤炭和水力可以替代工业电能。类似地，互联网电话服务可替代传统的电话服务，进入各家的光缆电话线可以替代同轴电缆线。同样，作为 CD 的替代品，互联网音乐服务让你能下载音乐到 iPod 上。行业中的替代品越多，你控制价格的能力就越低，边际利润就会越少。

4. 客户

一个企业的获利能力在很大程度上取决于它吸引和留住客户、索要高价的能力（同时阻止客户走向竞争者）。当客户很容易转换到竞争者的产品和服务时，或者客户能迫使企业和竞争者在某个**产品差异化**（product differentiation）很小、所有价格均能及时获取（如在互联网上）的透明市场上展开价格竞争时，那么客户的谈判力就会提升。例如，在互联网上的大学旧书市场，学生（客户）能找到多个供应商提供他们所需的教科书。这种情况下，学生就具有更强的谈判力。

5. 供应商

供应商的市场谈判力对企业的利润有重大影响，尤其是当企业不能快速提升价格，而供应商可以提价时。如果企业的供应商越多，它就越能在价格、质量、供货时间上对供应商有更强的控制力。例如，手提电脑的制造商总是有多个相互竞争的供应商提供电脑的关键配件，如键盘、硬盘和显示屏等。

像沃尔玛这样的超市和大型零售商店（见图 3-10）利用在收银处获取的销售数据，来判断卖出了哪些商品？哪些需要补货？沃尔玛的不间断补货系统把订单直接发送给供应商进行补货。系统使沃尔玛在调整商品满足客户需要时保持低成本。

图 3-10　沃尔玛超市

3.3.2 提升竞争力的信息系统战略

当一个企业面对所有这些市场竞争时,应当做些什么呢?企业该如何利用信息系统来应对这些力量?如何防止替代品和阻止新市场竞争者?一般来讲,有4种竞争战略可以利用信息技术和系统:低成本领先战略、产品差异化战略、聚焦细分市场战略以及加强与客户和供应商的亲密关系战略。

1. 低成本领先战略

利用信息系统可以降低运行成本和产品价格。最典型的例子就是沃尔玛,沃尔玛运用神奇的库存补充系统保持商品低价和货架充足,成为美国零售业的领导者。客户在收银台购买商品后,沃尔玛的不间断补货系统立即将新的补货订单发送给供应商;销售点终端系统(point-of-sale,POS)记录每一件结账商品的条码,并直接发送一个交易记录给总部的中央计算机。然后,中央计算机系统搜集所有沃尔玛门店的订单,并传送给供应商。供应商也可以利用网络技术来获得沃尔玛的销售和库存数据。

由于系统可以迅速补充库存,沃尔玛在库存上无须花费很多资金,该系统还能使沃尔玛根据客户的需求调整库存。竞争对手如 Sears 的管理费用占总销售收入的 24.9%,而沃尔玛通过信息系统降低了运营成本,其管理费只占销售收入的 16.6%(零售行业的平均运营成本为 20.7%)。

沃尔玛的不间断补货系统也是一个**高效客户响应系统**(efficient customer response system),将客户的购买行为直接与分销、生产、供应链紧密相连大大提高了客户响应效率。

2. 产品差异化战略

企业可以开发出基于信息系统的新产品和新服务,或者可以极大地改善客户使用现有产品和服务的便捷性。像 Facebook、亚马逊、苹果这样的高科技企业,正在投入数十亿美元研究和部署新服务,并不断增强它们最有价值的服务和产品,从而与潜在的竞争对手形成差异化。

绘儿乐(Crayola)是一家不知名的科技企业,是基于技术创新产品和服务的另一家企业。它的产品旨在启发孩子、家长和教育工作者们思考,使它们的产品与竞争对手区别开来。(见"互动部分:组织")

制造商和零售商正在利用信息系统创造定制化、个性化的产品和服务,以满足单个客户独特的、明确的需求。例如,耐克在它的网站上通过 NIKEiD 项目出售个性化的运动鞋,客户可以挑选运动鞋的种类、颜色、材质、鞋底,甚至可以定制 8 个字母的个性化标签。耐克通过计算机网络把这些订单发送给在中国和韩国的制造工厂。客户定制化服务只需另外加收 10 美元,制造工厂用 3 个星期的时间就可以将鞋子送到客户手中。利用与大批量生产时一样的资源,提供个性化的商品和服务的能力被称为**规模化定制**(mass customization)。

表 3-3 列举了一系列的企业,它们都已经成功地开发了其他企业很难模仿或者至少需要较长时间才能模仿的基于 IT 的产品和服务。

表 3-3 具有竞争优势的 IT 使能的新产品和新服务

亚马逊:一键式购物	亚马逊拥有一键式购物的技术专利,并把专利使用权卖给其他零售商
在线音乐:苹果 iPod 和 iTunes	一个集成的手持播放器和一个包含超过 4 300 万首歌的在线歌曲库
高尔夫球杆定制:Ping	客户可以在 100 多万个不同的高尔夫球杆选项中选择;订单制造系统可在 48 小时内完成客户定制的高尔夫球杆并发货
在线个人支付:PayPal	PayPal 支持个人银行账户间的转账,以及银行账户和信用卡账户间的转账

互动讨论：组织

数字技术帮助 Crayola 提升品牌知名度

Crayola 是全球最受儿童和他们的父母喜爱的品牌之一。这家总部位于宾夕法尼亚州伊斯顿的企业，因其高品质、无毒的蜡笔、记号笔、铅笔、橡皮泥模型、创意玩具和创新的艺术玩具而闻名，这些艺术玩具已经持续 100 多年不断激发儿童的艺术创造力。你几乎可以在很多地方找到 Crayola 的产品，包括学校、办公室、超市、药店、医院、主题公园、机场、加油站和餐馆等。

Crayola 的蜡笔盒已经成为几代美国人集体记忆的一部分，并代表着童年的色彩和乐趣。但是今天，Crayola 的蜡笔盒不再像过去那样具有标志性，Crayola 蜡笔的受欢迎程度大大下降——不是由 Crayola 的传统竞争对手引起的（如 Faber-Castelli、DixonTiconderoga 和 MEGA Brands），而是时代的变革所致。

孩子们的游戏方式发生了深刻的技术和文化的变革。孩子和他们的家庭越来越受到复杂的娱乐形式的轰炸，其中许多都是数字化的。在孩子游戏、其他工作和日常生活中，数字产品已开始取代物理产品。随着计算机和网络学习的兴起，孩子们越来越早地抛弃了手工艺术品，这种现象被称为 KGOY（kids growing older younger）。当孩子长到四五岁可以玩电脑的年龄时，他们对玩具和蜡笔的兴趣就减少了，因为他们更喜欢电子游戏，如视频、数字平板电脑和智能手机游戏等。Crayola 也不能躲避这个问题。

Crayola 会成为当代的"恐龙"吗？不可能。这要归功于企业的前瞻性管理，因为企业在 10 多年前就已经在领导力、组织文化和产品开发方面进行了深刻的变革。企业根据消费者的意见和需求进行了重组，而不是根据特定的产品线进行重组。

Crayola 的战略副总裁薇姬·洛萨诺（Vicky Lozano）和她的团队意识到，Crayola 的目的一直是为了培养创意，并帮助父母和老师培养富有创造力和灵感的孩子，Crayola 的使命不仅是将蜡笔和美术材料放在孩子们手中，而且还要帮助孩子们以丰富多彩的方式进行学习和玩耍。他们不是关注如何出售更多的蜡笔，相反，他们更关注 Crayola 应如何加强客户的体验、应采用哪种技术。由此，Crayola 调整了业务模式，为产品开发引入了新的创新流程，并创造了新的产品和收入来源。企业已经从蜡笔和美术工具制造商转变为值得信赖的创意游戏工具和体验的来源。

Crayola 正在使用数字技术，但并未取代核心的蜡笔业务，而是把旧业务和新业务融合起来了。企业现在提供了一系列新产品，如 iMarker 是一种多功能数码笔，专门用于 iPad 中 Color Studio 应用的蜡笔和铅笔，就像一本传统的图画书，但包含了新的交互式的声音和动作。"Lights，Camera，Color！"是另一个数字化应用程序，它可以让孩子们将自己喜欢的照片转换为数字涂色书页。诸如数字灯光设计器（360 度半球形的绘图表面）之类的高科技玩具，通过彩色 LED 灯激发了孩子们的想象力。孩子们可以玩自己喜欢的最新版本的游戏或自己制作的动画，并在自己的账户中保存多达 50 件艺术品。Crayola 还发现，父母们正在寻找比传统画笔或手指画更整洁的玩具，而这些数字化玩具是"100% 不会乱的"玩具，数字技术也帮助 Crayola 降低了其他产品的混乱程度。

在设计新的数字产品和体验时，Crayola 利用了丰富的儿童成长知识，了解数字化技术如何在不同的年龄段发挥作用。例如，My First Crayola line 系列产品就是专门针对一岁的孩子；而 Crayola Catwalk Creations 则专为喜欢通过时尚表达自我的"青少年"女孩而设计的。

Crayola 已经意识到，它必须改变产品的营销方式和产品本身，并且已经在数字营销方面进行了大量的投资，包括在线广告、促销、社交媒体推送和其他数字激活计划等，其中数字激活计划的目的是使 Crayola 能够与为提高孩子的创造力水平而投资的父母和教育工作者建立联系。Crayola 在 Facebook、YouTube、Pinterest、Twitter 和 Instagram 上都有自己的频道事实证明社交媒体特别有效。Crayola 在 YouTube 的频道提供了有关 Crayola 产品的视频以及如何参与它们的创意项目的说明；在 Facebook 上与专家或创意名人进行了一系列在线聊天，节目名字就叫"蜡笔盒内"（Inside the Crayon Box）。Crayola 的这些举措是希望激发有关创造力的讨论，以便父母们可以互相学习，并了解如何培养孩子们的创造力。

Crayola 的核心客户的父母们越来越喜欢从网上寻找礼物、比较价格，并在购买前阅读评论。Crayola 希望他们能成为客户心目中那个 20 美元的艺术玩具和防脏礼物的首选商家。Crayola 专注于搜索、社交媒体和数字化显示，帮助父母们找到孩子们的学校用品或礼物产品。Crayola 还通过 Google Analytics 技术密切跟踪它在在线渠道上的活动，确保在线营销和广告的有效性。

Crayola 的网站也经过了精心设计，比较适合于儿童、父母和教育工作者使用，提供了有关工艺品的免费创意、可打印的彩页，甚至提供有关如何去除污渍的建议。该网站还可以在线订购 Crayola 产品。凭借其新的产品和服务系列，Crayola 取得了更好的业绩增长，它的未来与其标志性的蜡笔一样色彩鲜亮。

资料来源：www.crayola.com, accessed March 28, 2018;"Crayola SWOT," www.marketingteacher.com, accessed March 29, 2018; and Jon Coen, "Crayola's Colorful Evolution," Think Play, July 2012.

案例分析题：

1. 分析 Crayola 的问题。哪些管理、组织和技术问题导致了 Crayola 的问题？
2. Crayola 追求什么样的竞争战略？数字技术是如何支持这些战略的？
3. 在设计新的基于技术的产品时，Crayola 碰到了哪些人员方面的问题？
4. 数字技术是如何改变 Crayola 的商业模式以及运营方式的？

3. 聚焦细分市场战略

聚焦细分市场是指利用信息系统聚焦于某一特定市场，并且比竞争对手能更好地服务于这个细分市场。信息系统通过产生并分析数据来支持这一战略，为精细销售和精准营销提供支持。信息系统使企业能精确地分析客户的购买模式、口味、偏好等，从而能有效地针对越来越小的目标市场投放精准广告和开展营销活动。

这些数据的来源有很多，包括信用卡交易数据、人口统计数据、超市和零售商店的结账数据，以及人们访问网站和与网站交互时收集到的数据。已有一些复杂的软件工具能从这些数据中发现消费模式和内在规律，从而帮助企业决策。数据分析技术促生了一对一营销，创造了基于个人偏好的个性化标签。例如，希尔顿酒店的 OnQ 系统可以收集并分析活跃客户的所有数据，确定每一个客户的喜好和价值。利用这些信息，希尔顿会给最有价值的客户提供一些附加优惠，如延迟退房等。目前的 CRM 具备了分析这些庞大数据的能力（见第 2、9 章）。

信用卡企业可以利用这种战略来预测最有价值的持卡人，可以收集大量的客户购买以及其他行为的数据，通过挖掘这些数据来详细鉴别哪些持卡人具有好的或坏的信用。我们将在第 6、12 章讨论数据分析的工具和技术。

4. 加强与客户和供应商的亲密关系战略

利用信息系统可以强化和供应商的联系，发展与客户的亲密关系。比如，丰田、福特和其他汽车制造商利用信息系统，让其供应商可以获得它们的生产调度计划，甚至允许供应商自行决定如何以及何时将产品运至它们的工厂，这使供应商在生产产品时有了更多的提前期。在客户方面，亚马逊记录了客户购买书籍和CD的偏好，并能把其他人购买的产品推荐给客户。建立与客户和供应商的紧密联系将提高供应商和客户增加消费者的**转换成本**（switching costs，从现有商品切换到竞争者的商品的成本），提高供应商和客户的忠诚度。

表3-4总结了我们刚才描述的这些竞争战略。某些企业专注于其中某一种战略，但某些企业往往会同时执行多种战略。例如，星巴克是全球最大的咖啡零售商，它不仅提供高品质的咖啡和饮料，同时也在试图通过更聚焦于目标市场来参与竞争。

表3-4 4种基本的竞争战略

战　　略	描　　述	实　　例
低成本	利用信息系统提供比竞争对手价格更低的产品和服务，同时，它的产品质量和服务水平更高	沃尔玛
产品差异化	利用信息系统提供差异化产品，并且赋能新的产品和服务	优步、耐克和苹果
聚焦细分市场	利用信息系统专注于某个特殊的细分市场	希尔顿酒店
加强与客户和供应商的亲密关系	利用信息系统建立与客户及供应商的紧密联系，提高其忠诚度	丰田公司、亚马逊

3.3.3 互联网对竞争优势的影响

虽然传统的竞争力依然存在，但是互联网的出现使竞争变得越来越激烈（Porter, 2001）。任何企业都能使用基于通用标准的互联网技术，这使得企业之间更容易开展价格战，而且新的竞争者更容易进入市场。因为信息对每个人都开放，互联网增加了客户的议价能力，客户可在网上快速发现最低价格的供应商，这使得企业的利润下降很快。表3-5给出了波特总结的互联网对商业企业的潜在影响。

互联网几乎摧毁了某些行业，严重威胁到了许多行业。例如，印刷百科全书行业和旅游代理行业几乎被互联网产生的替代品所毁灭，同时互联网也对零售、音乐、书籍、零售经纪、软件、电信和新闻报纸业等都产生了重大影响。

表3-5 互联网对竞争力和行业结构的影响

竞　争　力	互联网的影响
替代的产品或服务	赋能新的替代品的涌现，这些替代品以新的方式满足需求和新功能
客户的议价能力	客户更容易获得全球价格和产品信息，增加了议价能力
供应商的议价能力	公司通过互联网采购，增加了对供应商的议价能力，但是供应商也可通过降低进入门槛和省去分销商、中介商来获利
新进入者威胁	互联网降低了进入门槛，如不需要销售人员、渠道和物理设施。互联网提供了改进企业流程的技术，使得新业务更容易开展
现存竞争者间的定位和对抗	互联网扩展了地域市场，增加了业内竞争者数量，减少了竞争者间的差异。让企业较难维持长期优势，使追求价格竞争的压力剧增

然而，互联网也创造了全新的市场，成为成千上万新产品、新服务和新商业模式的基础，也为企业建立品牌和建立庞大且忠诚的客户群体创造了新的机会。亚马逊、eBay、iTunes、YouTube、Facebook 和 Travelocity 等都是这样的示例。从这个角度上说，互联网改变了所有行业，迫使企业改变做生意的方式。

智能产品和物联网

在工业和消费品领域越来越多使用的传感器，通常被称为物联网（Internet of Things，IoT），它是互联网如何在行业内改变竞争状况并创造新产品和服务的一个很好的应用。Under Armour、Gatorade 等众多运动健身企业正在把资金投向可穿戴健康追踪器和健身设备，这些设备利用传感器将用户的运动数据传送给企业的计算中心，这样就可以分析这些数据了（参见"互动讨论：技术"部分）。正如第 12 章开篇案例中所描述的，John Deere 的拖拉机上装载了现场雷达、GPS 收发器和数百个传感器跟踪设备。GE 通过设备中成千上万个传感器产生的数据，并进行分析，帮助其飞机和风力涡轮机客户改善设备运营，从而创造新业务。这些设备被称为"智能产品"，成为企业销售的大量信息密集型服务的一部分（Gandhi 和 Gervet，2016；Davis，2015；Porter 和 Heppelmann，2014；Iansiti 和 Lakhani，2014）。

智能互联产品的影响力正在显现。智能产品提供了新的功能、更好的可靠性，使客户有更强烈使用产品的欲望，同时也让企业获得可用于改进产品和客户体验的详细信息。这样的产品增加了产品和服务差异化的机会。当你购买了一个可穿戴数字健康产品时，你不仅获得了产品本身，还可以从制造商的云服务器中获取大量的服务。智能产品还加剧了企业之间的竞争，行业中的竞争对手要么创新，要么坐等失去客户。智能产品通常也会提高转换成本，抑制新进入市场者，因为现有客户熟悉了该企业的软件环境。最后，正如许多人认为的那样，当有形产品变得不如使其运行的软件和硬件更重要时，那么，智能产品可能会降低工业零部件供应商的能力。

互动讨论：技术

智能产品向你走来

如果你还没有使用过智能产品，相信你很快就会用到。你的鞋子、衣服、手表、水瓶，甚至你的牙刷都会被重新设计，将传感器和计量装置嵌入这些产品中，然后连接到互联网上，以便监控和分析这些产品的性能。你的家里也将越来越多地使用智能设备，如智能恒温器、智能电表、智能安全系统和智能照明系统等。

Under Armour 是一家以功能性服装著称的企业，它也在使它的产品更智能化。该企业花费 7.1 亿美元购买了 MyFitnessPal、MapMyFitness 和 Endomondo 等移动应用程序 App，使其能够进入世界上最大的数字健康和健身社区，现在已有超过 2.25 亿注册用户。根据企业的数据，自企业开始跟踪数据以来，Under Armour 的联网健身用户已记录了超过 5 亿次锻炼，并记录了步数 7 万亿步。从这些数据中可以得出一些结论，如跑步的平均距离是 3.1 英里，最活跃的运动月份是 5 月等。

Under Armour 正在努力通过数字化技术来增强服装的性能。企业现在正在销售联网跑鞋，这双鞋有多种型号，并且内置了无线蓝牙传感器，即使跑步者没有携带智能手机，它也可以追踪步频、距离、步伐、步幅和步数。这些数据将存储在鞋子上，直到它们可以无线同步到 iPhone、iPad 和 Android 设备上 Map My Run 的 App 中。用户还可以在 AppleWatch、Garmin 或 Fitbit 等第三方设备上连接到该应用，以获得鞋无法追踪的数据，如心率等。鞋子的分析功能可以让用户知道何时该购买一双新鞋，什么时候必须为传感器电池充电等。

最近，Under Armour 为联网的跑鞋和 MapMyRunApp 增加了数字教练功能。跑步者可以监控自己每一英里的步态和步幅，并观察步伐和步调如何相互产生影响。通过分析这些数据，加上跑步者的性别、年龄、体重和身高等数据，MapMyRun 为跑步者提供一些跑步技巧，如帮助他们通过改变步幅长短来提高步速和步宽。

Under Armour 通过 App 内的广告（包括其他企业的广告）以及用户购买与其产品相关的应用软件来获得收入。该平台为健身和健康导向的消费者提供了前所未有的信息和深入的洞察，为 Under Armour 和其他品牌创造了许多与潜在客户及现有客户接触的机会。例如，如果用户使用社交媒体连接到 App 上，MapMyFitness 就会收集用户姓名、电子邮件地址、出生日期、位置、性能和配置文件的数据。Under Armour 不会向第三方出售个人资料，但向广告客户提供有关用户的综合信息。Under Armour 希望每天用它的智能手机 App 能够与用户建立更强的联系，从而增加自己的服装、鞋类和其他运动装备的销售。企业已经从软件的功能中为其物理产品的销售带来了收益。

智能产品也正在进入人们的家中。2017—2022 年，为纽约市城区提供电力和天然气的 Con Edison 公司将在其所有客户的家庭和企业中安装 360 万台新的智能电表和 120 万台新的智能煤气表。智能电表是一种数字电表，可以通过安全的无线通信网络在住宅或企业用户与 Con Edison 公司之间进行通信。智能电表可以全天定期记录并传输每个客户的能耗，将数据传输到电线杆上的接入点系统，然后将这些客户使用量数据发送到 Con Edison 公司。

智能电表可以尽早让企业知道客户在什么时候没有电力服务了，从而可以更快地进行维修，还能把能耗随时间分布情况通过账单提供给客户，从而使他们能够准确地确定可以节能的地方。智能电表还允许进行精确的电压调节，提高配电系统的效率，降低成本，最终让用户的支出最少。新电表的数据使 Con Edison 公司可以根据客户的时间和使用水平来设置价格。在炎热的夏季人们打开空调，价格可能会上涨，而在用电量较低的情况下价格可能会在一夜之间下降。

Con Edison 的用户可以使用"我的账户仪表板"在线跟踪每天的用电量，时间精度是 15 分钟。他们可以比较不同小时区间的用电量，工作日与周末或白天与晚上的使用情况等，了解可以在哪些地方节约用电。如果比平时消耗更多的电量，客户会收到高额账单的提醒。Con Edison 公司还为 iPhone 和 Android 智能手机用户提供了一个移动 App，以便他们在旅途中也能看到自己详细的能源使用情况。

资料来源：Jen Booton，"Under Armour's New HOVR Smart Shoe Will Automatically Track Your Run," SportTechie, January 26, 2018; Edgar Alvarez, "Under Armour's HOVR smart running shoes are more than just a gimmick," Engadget, February 9, 2018; www.coned.com, accessed March 28, 2018; Edward C. Baig, "Under Armour and HTC Team Up on Connected Fitness," USA Today, January 5, 2016; www.underarmour.com, accessed April 20, 2018; and John Kell, "Why Under Armour Is Making a Costly Bet on Connected Fitness," Fortune, April 21, 2016.

案例分析题：

1. 请分析信息技术在本案例的产品中所起的作用，IT 如何增加这些产品的价值？信息技术是如何改变这些产品的？
2. 智能产品如何改变组织的运营和决策？如何改变用户的行为？
3. 智能产品是否会引发伦理问题，如消费者隐私？请给出答案并作出解释。

3.3.4 企业的价值链模型

虽然波特模型对分析竞争力、提出一般性战略建议是非常有用的,但没有明确提出具体应该要做什么,对于如何获得竞争优势没有提供可遵循的方法。如果你的目标是要达到运行最优化,那么应该从哪里开始?这就是企业价值链模型的有用之处。

价值链模型(value chain model)突出了那些企业中最适用应用竞争战略的具体活动(Porter, 1985),以及信息系统中最具战略影响的活动。这个模型指出了企业利用信息系统,最有效地提高市场竞争地位的具体关键支撑点。价值链模型把企业看成是一系列基本活动组成的串或链,这些活动能增加企业产品或服务的边际价值。这些活动可分为主要活动或支持活动(见图3-11)。

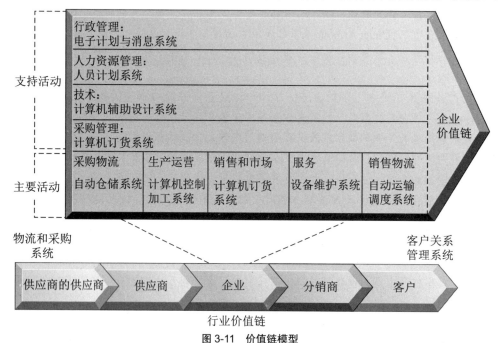

图 3-11 价值链模型

注:该图为企业主要活动和支持活动提供支持的系统的例子,并且也为企业产品或服务增加边际效用的有价值的合作伙伴提供了支持的系统的例子。

主要活动(primary activities)是指为客户创造价值的、与企业产品和服务的生产和分销最直接相关的活动,包括采购物流、生产运营、销售物流、销售和市场、客户服务。采购物流包括接收、储存原材料,为生产进行配送;生产运营是将输入的原材料加工成产成品;销售物流负责储存和配送成品;销售和市场涵盖了企业产品的促销和销售活动;客户服务活动包括维护和修理企业的产品和服务。

支持活动(support activities)是指支持、辅助主要活动开展的活动,包括组织的基础管理(行政和管理)、人力资源(员工招聘、雇佣和培训)、技术(改进产品和生产过程)和采购(购买原材料)。

现在,你可以就价值链的每一阶段进行思考:"我们如何用信息系统改善运行效率,改进与客户和供应商之间的关系?"这需要让你批判性地考察企业的价值链活动在每一个阶段执行得如何,业务流程如何改善。你也可以开始问:如何用信息系统改善与客户或供应商之间的关系?客户和供应商在企业的价值链之外,属于企业扩展的价值链,对企业的成功至关重要。用于协调企业资源的供应链管理系统，以及用于协调销售人员和维修服务人员与客户的 CRM 系统，这两个系统是由价值链分析得到的最常见的应用系统。我们将在第 9 章更详细地讨论这些系统。

利用企业价值链模型，还可以将所在企业的业务流程与竞争对手或相关行业的标杆企业进行比较，从而可以识别行业的最佳实践。**标杆分析法**（benchmarking）是指将企业的业务流程的效率和效益与严格的标准进行对比，然后根据这些标准来评估企业的绩效。行业**最佳实践**（best practices）通常由咨询企业、研究机构、政府部门和行业协会来确定，是有效地达到企业目标的、最成功的解决方案或解决问题的方法。

通过对企业价值链不同活动的分析，你就能形成一系列可选择的信息系统应用方案。然后，一旦有了一系列的候选应用，你就该决定先开发哪一个。优先改进竞争对手忽视的那些价值链，你就能够通过优化运行、降低成本、增加边际利润、改善与客户和供应商的关系来获得竞争优势。如果竞争者也做了相似的改进，你至少不至处于竞争劣势，最坏的情况也不过如此。

延伸价值链：价值网。 图 3-11 显示了企业的价值链与它的供应商、分销商和客户的价值链相连。毕竟，企业的绩效不仅取决于企业的内部，而且取决于企业与其直接或间接相连的供应商、运输企业（物流合作伙伴，如 FedEx 或 UPS），还有客户之间关系的协调。

如何应用信息系统在行业层面实现战略优势？现有的企业可以通过与其他企业合作，利用信息技术制定行业的信息和业务电子交易标准，迫使所有的市场参与者遵守相同的标准。这种努力能够提高效率，使替代性产品变得不太可能，或许还能提高行业准入门槛，从而阻碍市场新进入者进入。同样地，行业成员还可以建立行业范围的支持 IT 的联盟、论坛和通信网络来协调与政府部门、国外竞争者和行业竞争有关的活动。

行业价值链让你思考如何利用信息系统更有效地与供应商、战略伙伴以及客户互动。战略优势来自你的价值链与其他合作伙伴的价值链在业务流程中的集成能力。例如，诸如亚马逊这样的电商企业想要建立以下系统：

- 让供应商在亚马逊网站上方便地展示产品和开店。
- 让客户轻松完成购物支付。
- 开发系统来协调产品快速配送至客户。
- 为客户开发物流跟踪系统。

互联网技术使得被称作"价值网"的高度协同的行业价值链成为可能。**价值网**（value web）是一系列独立企业的集合，这些企业利用信息技术协调它们的价值链，共同为市场生产一种产品或提供服务。与传统的价值链相比，它更多地由客户驱动，并且很少通过线性方式运行。

图 3-12 显示了价值网在本行业或相关行业的不同企业中与客户、供应商和贸易伙伴间的协同情况。这些价值网是灵活的，可适应供应和需求的变化。为响应市场条件的变化，这些企业之间的关系可以是捆绑在一起的，也可以是灵活松散的。企业可以通过优化价值网，快速决策谁能以合适的价格和地域位置提供市场所需的产品和服务，从而缩短其进入市场、获取客户的时间。

3.3.5 协同效应、核心竞争力和网络战略

一家大的企业通常是一系列业务的集合，一般来说，企业在财务上组成一系列业务战略单元，企业绩效直接取决于所有战略单元的绩效。信息系统通过提高企业的协同能力以及核心竞争力，改善这些业务单元的整体绩效。

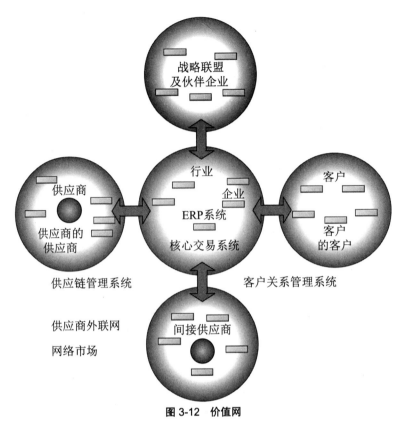

图 3-12 价值网

注：价值网络是一个能够协同行业内商业伙伴间价值链的网络系统，能够快速响应供应和需求的变化。

1. 协同效应

协同是指当某些单元的输出可以作为其他单元的输入时，或者是两个组织共享市场和专业知识时，这种关系可以降低成本并创造利润。银行和金融企业的合并，如摩根大通和纽约银行合并、美国银行和全美金融公司合并，都是为了达到这种目的。

在协同的情况下，信息技术的应用就是将不同业务单元的运行联结在一起，形成一个整体。例如，通过与全美金融企业的合并，美国银行扩展了自身的贷款业务，并挖掘出一大群对其信用卡、消费类业务和其他金融产品感兴趣的新客户。信息系统帮助兼并企业合并运营、降低零售成本、增加跨市场的金融产品。

2. 增强核心竞争力

用信息系统获得竞争优势还有一种方式，即用信息系统提高核心竞争力。所有业务单元整体绩效的提升，取决于这些业务单元能否开发或形成核心竞争力。**核心竞争能力**（core competency）是能使企业成为世界领先者的活动。核心竞争力的例子可能是成为世界上最好的微型零件设计者、最好的包裹递送服务或者最好的薄膜制造商。总之，核心竞争力依赖于通过多年实践经验获得的知识，这些实践知识通常来自长期研究的努力和忠诚的员工。

任何支持跨业务单元分享知识的信息系统都能提高竞争力。这样的系统可以支持或者提高现有的竞争力，帮助员工获得外部新知识，也可以帮助企业将现有竞争力更好地应用到市场中去。例如，宝洁公司是一家在品牌管理和消费者产品创新方面的全球领先企业，该企业利用一系列信息系统来提高核心竞争力。宝洁的信息系统帮助员工在相似的问题上分享想法和经验，也将世界各地从事研发（R&D）、工程、采购、市场、法律事务和业务信息系统工作的员工联系在一起，可以在线共享文件、报告、图表、视频和其他数据，还有助于找到具有特殊技能的员工。该系统还可连接到企业外、正在全球范围内寻找创新产品的科学家和企业家。

3. 网络战略

互联网和网络技术的出现激发了企业创建网络并互联的战略。网络战略包括网络经济学、虚拟企业模式和商业生态系统战略。

网络经济学（network economics）是指一个产品产生的经济价值取决于人们利用这个产品的情况。对某些产品及其市场来说，真正的经济价值来自其他人使用产品的情况。这时，"网络效应"就产生了作用。例如，假如一部电话与其他的电话不连接，它的价值是什么呢？电子邮件之所以有价值，是因为它能让我们和成千上万的人沟通。基于网络效应的商业模式在互联网时代已取得了成功，包括社会化网络、软件、通信软件、像 Uber 和 Airbnb 那样按需服务的企业。

在传统经济学（工业经济学和农业经济学）中，生产将遵循收益递减的规律。生产资源的投入越多，得到的边际收益越少，当达到某一个临界点后，增加投入将得不到任何额外的回报，这就是收益递减规律，它是大多数现代经济学的基础。

但在某些情况下，收益递减规律会失效。例如，在一个网络中增加一个参与者的边际成本几乎为零，而边际收益却非常大。在电话系统或互联网中，用户越多，对于所有参与者的价值就越高，因为每个用户可以和更多的人联络。然而，运行一个有 1 000 万个用户的电视台，不会比运行一个只有 1 000 个用户的电视台花费多很多。社区的价值随规模扩大而大大增加，而新增成员的成本却是微不足道的。

从网络经济学的视角来看，信息技术是具备战略意义的。互联网站点可以被企业用来建立用户社区，方便志趣相投的客户分享经验，这种社区有助于提高客户忠诚度和购物乐趣，从而建立与客户之间的特别联系。eBay 是一个在线拍卖网站的巨头，其业务是基于百万级用户展开的，并已利用网络建立了在线社区。在 eBay 上提供商品的人越多，eBay 网站对每一个用户就越有价值，因为在网站上陈列了更多的商品，供应商间的低价竞争也越激烈。网络经济学也给商业软件供应商提供了战略机会。使用某软件及软件互补产品的用户越多，软件的价值就越高，这样才会有一个更大的用户基础来保证产品的持续使用和供应商的支持。

另一个网络战略是基于**虚拟企业模式**（virtual company model）创造具有竞争力的业务。**虚拟企业**（virtual company）也被称为虚拟组织，是指利用网络将人员、资产、创意想法连接在一起，使之能和其他企业结成联盟，不受传统的组织边界或者地理位置限制，创造并提供商品或服务的组织。一个企业可以利用别的企业的能力，但又没必要在物理上和该企业相连。当企业发现从外部供应商获得产品、服务或能力比较便宜时，或者需要快速抓住市场机遇而自己又缺少相关资源时，虚拟企业模式就很有用。

时装公司，如 GUESS、Ann Taylor、Levi Strauss 和 Reebok 等委托中国香港的利丰公司管理生产和运输产品。利丰公司负责产品开发、原材料供应、生产计划、质量保证和物流等活动。利丰公司没有任何布料、纺织厂或机器，它将其所有工作外包给世界各地 40 个国家的 15 000 多家厂商组成的供应商网络。客户通过自己的外联网下订单给利丰公司，利丰公司然后将订单分解后发送给合适的原材料供应商和工厂，并在那里进行生产。利丰公司通过外联网跟踪每一个订单的全部生产过程并监控质量。作为一个虚拟企业，利丰公司保持了灵活性和适应性，因而它能迅速设计并生产出客户所要求的产品，以适应快速变化的流行趋势。

互联网和新生的数字企业给行业竞争力模型带来了一些改变。传统的波特模型假设企业面临的是一个相对静态的行业环境、相对清晰的行业边界和相对稳定的供应商、替代品和客户，企业只需要关注成为某个市场中的参与者。与仅仅参与单个行业竞争不同的是，如今的企业更多的是参与到一个行业群，不同行业的企业一起提供相关服务和产品，为客户带来价值（见图3-13）。这些耦合连接但又互相依存的供应商、分销商、外包商、运输服务商和技术制造商组成的网络被称为**商业生态系统**（business ecosystem）（Iansiti 和 Levien，2004）。

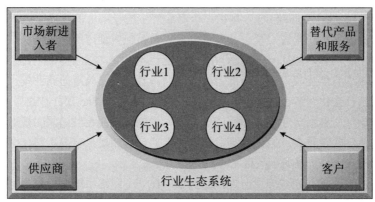

图 3-13　生态系统战略模型

注：数字化时代需要用一个更动态的视角来看行业、企业、客户和供应商的边界，商业生态系统中的竞争发生在行业群中。在商业生态系统模型里，多个行业的企业在一起工作，为客户提供价值。信息技术使这些参与合作的企业在密集型互动中扮演重要角色。

移动互联网平台是商业生态系统的一个典型例子。在此生态系统中有4个行业，包括设备制造商（苹果、三星、LG 及其他）、无线通信公司（AT&T、Verizon、T-Mobile、Sprint 及其他）、独立软件应用提供商（通常是销售游戏、应用、铃声的小企业）、互联网服务提供商（向移动平台提供互联网服务的供应商）。每一个行业都有自己的成长历史、利益和驱动力。不同行业的不同企业走到一起，形成一个新的移动数字化平台生态系统，为客户提供它们单独无法提供的价值。

商业生态系统通常是由一个或几个关键企业主导的生态系统，建立起针对某个细分市场的一些**平台**（platforms）。例如，微软和 Facebook 都创建了由信息系统、技术和服务组成的平台，这些平台使来自不同行业的成千上万家企业提升了自己的能力（Van Alstyne 等人，2016）。Facebook 是一个被数十亿人和数百万企业用来互动和分享信息，同时购买和销售众多产品和服务的平台。越来越多的企业正试图利用信息系统发展成为关键企业，建立基于 IT 的平台供其他企业使用。同样，进入生态系统的企业也应该考虑如何通过信息系统使自己在关键企业创建的更大的生态系统中成为有利可图的市场参与者。

3.4　战略信息系统的挑战及应对

战略信息系统常常会改变组织及其产品、服务和运营程序，驱使组织进入全新的行为模式。要成功地应用信息系统来获得竞争优势，是一件很具挑战性的事，要求技术、组织和管理之间密切配合。

3.4.1 保持竞争优势

战略信息系统带来的竞争优势不一定会持续很久，也不一定能保证长期获利，因为竞争对手可以反击或者模仿战略信息系统，因此竞争优势并不总是可持续的。市场、客户期望和技术在不断地发生变化，全球化使得这些变化变得更快、更不可预测。互联网能使竞争优势很快消失，因为实际上几乎所有的企业都能应用该技术。经典的战略信息系统，如美国航空公司的SABRE计算机订票系统、花旗银行的ATM系统、联邦快递的包裹跟踪系统等，均得益于它们是该行业的先行者。后来，竞争性的信息系统不断涌现。亚马逊是电子商务的领导者，但现在面临着来自eBay和沃尔玛的竞争。单独依靠信息系统不能获得持久的商业优势，原先以为会带来战略优势的系统，常常会变成该行业企业生存的工具，即成为每个想要留在该行业的企业必须有的系统，也有可能成为阻碍组织为获得长远成功而进行战略变革的因素。

3.4.2 信息技术与企业目标的对应

关于信息技术和企业绩效的研究表明：①信息技术与企业目标对应得越成功，企业就可能获得越大的收益。②只有1/4的企业能成功地实现IT和企业目标的对应，这些企业中大约有一半的收益来自于信息技术和企业目标的对应（Luftman，2003）。

大多数企业易犯的错误在于：信息技术只追求技术上的完善，并没有很好地为管理和相关利益者服务。管理人员在构建企业信息系统的过程中没有发挥积极的作用，而是忽视了信息技术，他们宣称不懂信息技术，并且容忍了信息技术领域投资的失败，认为信息技术就是一件麻烦事。这样的企业往往付出了巨大的成本，但得到的绩效却很差。成功的企业和管理人员要懂得信息技术能做什么以及怎么做，在信息系统建设中起到积极的作用，并评估它对企业营收和利润的影响。

管理备忘录：开展战略性的系统分析

为了确保信息技术和企业业务相对应，有效地应用信息系统，从而获得竞争优势，管理人员需要开展战略性的系统分析。为了判断什么样的系统能为企业带来战略优势，管理人员应思考以下这些问题：

1. 企业所处行业的结构是什么？
- 影响行业竞争的因素是什么？有没有行业的新进入者？供应商、客户、替代性产品或服务的相对价格谈判力如何？
- 质量、价格或品牌是竞争基础吗？
- 在所在行业中，变革的方向和本质是什么？这种变革是从哪儿开始的？
- 目前，所在行业内是如何利用信息技术的？所在企业在应用信息系统方面是领先者还是落后者？

2. 对于所在企业来说，业务和行业价值链是什么？
- 企业如何为客户创造价值？是通过低价格、低交易成本，还是通过高质量？价值链中是否还存在可以为客户创造更多价值、为企业创造更多利润的地方？
- 企业是否采用行业最佳实践来理解和管理业务流程？是否能利用供应链管理、客户关系管理和企业系统来获得最大的收益？
- 企业是否有效地发挥了它的核心竞争力？

- 行业供应链和客户在向有利于还是不利于企业的方向变化？
- 企业是否能从战略合作或价值网络中获利？
- 在价值链的哪个环节，信息系统能给企业带来最大的价值？

3. 所在企业是否已经把信息技术与企业战略、企业目标对应起来？
- 企业是否已经正确表达了企业战略和目标？
- 信息技术是否正在改进相关的业务流程和活动，以促进相关战略的实施？
- 是否使用了正确的评价方法，来确保项目进展朝着预定的目标？

3.4.3 战略性变革的管理

本章所描述的战略性信息系统通常要求企业在业务目标、客户和供应商关系以及业务流程方面发生变革。这种同时在社会和技术两个层面影响组织的变革被称为**战略性变革**（strategic transitions），即在社会技术系统层面的变化。

这些变革常常会造成组织内部和外部边界的模糊化。组织必须与供应商和客户紧密连接，并相互承担责任。管理者需要设计全新的业务流程，以便协调企业和客户、供应商以及其他组织间的活动。这些组织变革要求有新的信息系统的支持，这些信息系统非常重要，值得整本书来讨论。在第14章我们将更详细地讨论组织变革的问题。

3.5 MIS 如何有助于我的职业发展

这里是第 3 章和本书可以帮助你找到初级工作的内容。

3.5.1 企业

Superior Data Quality 是一家快速发展中的位于洛杉矶的企业，提供软件和服务，帮助大型企业管理数据和数据质量。企业正在寻找一个初级的业务开发代表。这家企业的数据质量、数据管理工具和服务帮助客户准确地获得客户地址、电子邮件和电话等数据，纠正、标准化和提高客户数据的准确性，删除企业系统中的重复数据，发现它们之间的关系，重组和标准化数据以及监控数据，以确保持续的数据质量控制和标准化。这家企业在全球拥有 12 000 名客户，有 450 名员工，并在美国、欧洲和亚洲都设有办事处。

3.5.2 职位描述

业务开发代表主要帮助企业的销售团队实现积极的增长目标。企业提供课堂和在职培训，培训内容包括如何与潜在客户和现有客户沟通，如何为产品确定合适的市场，如何编写销售计划，以及如何使用诸如 Salesforce 的网站工具等。工作职责包括：

- 研究目标客户，创造潜在的商业机会。
- 支持客户获取销售策略。
- 落实营销活动的策略。

- 寻找潜在客户并确定销售线索，建立和管理销售线索通道。
- 汇报市场活动的成功情况。

3.5.3 工作要求

- 学士学位。
- 对销售职业有强烈的兴趣。
- 出色的沟通、人际交往、分析和解决问题的能力。
- 能够在快节奏的环境中进行多任务处理。

3.5.4 面试问题

1. 你对数据质量和数据管理了解多少？你有在这些领域的工作经验吗？你是否遇到过数据质量问题？如果有，你能描述一下这个问题是如何解决的吗？

2. 你曾经在工作中使用过 Salesforce 吗？你对它了解多少？你是怎么使用这个软件的？

3. 你能举一个与营销或销售相关问题的例子吗？或者你参与解决的其他问题？你在写作和分析工作方面有相关经历吗？

4. 你和客户有过多次面对面的接触吗？你能描述一下你为客户做了些什么吗？

3.5.5 作者提示

1. 复习第 3 章关于 IT 和企业战略的讨论，以及第 6 章的数据管理部分，包括数据质量。

2. 利用网络了解有关提高数据质量和数据管理的工具和服务的更多信息，并研究该企业在这一领域的具体产品情况。

3. 除了其他社交媒体频道外，还应该查看一下企业的 LinkedIn 的简介和海报。有没有企业关注的，在不同渠道上一致的主题？做好准备表明你理解这家企业所面临的各种业务挑战。

4. 尽可能多地 Salesforce 中了解与该职位职责相关的信息。询问你将在工作中如何使用 Salesforce.com。

5. 询问面试官你可能在工作中遇到的客户数据质量问题。

> **复习总结**
>
> **3-1 为成功建设和使用信息系统，管理者必须知道哪些组织特性？**
>
> 所有现代组织都是科层制、专业化分工和公正的，有明确的工作规范以达到效率的最大化。组织有其自身的文化，以及因不同利益群体而形成的政治，它们也受到周围环境的影响。不同的组织具有不同的目标、服务群体、社会角色、领导风格、激励机制、任务类型和组织结构等，这些特性有助于组织应用信息系统的差异。信息系统和组织之间是相互作用、相互影响的。

3-2 信息系统对组织的影响有哪些?

引入一个新的信息系统会影响组织的结构、目标、工作设计、价值观、利益群体间的竞争、决策方式和日常行为等。同时,信息系统必须以服务重要的组织群体为设计目标,并受到组织结构、业务流程、目标、文化、政治和管理的影响。信息技术能降低交易和代理成本,降低成本的幅度伴随着互联网的使用而增加。新的系统会破坏组织现有的工作模式和权力关系,这也是新系统引入时会遇到强大阻力的原因。

3-3 波特的竞争力模型、价值链模型、协同效应、核心竞争力和网络经济学如何帮助企业利用信息系统开发竞争战略?

在波特的竞争力模型中,企业的战略定位和企业战略是由与传统直接竞争者之间的竞争关系所决定的,但它们也在很大程度上受到新的市场进入者、替代性产品或服务、供应商以及客户的影响。信息系统可以帮助企业实现低成本、产品和服务差异化、聚焦于细分市场、强化与客户和供应商的关系、提高运营水平增加进入市场的壁垒等竞争策略。

价值链模型强调了企业中受竞争战略和信息系统影响最大的业务活动。这个模型将企业看成是一系列主要活动和支持活动的组合,这些活动给企业的产品和服务带来价值。主要活动是直接与生产和配送相关的活动,而支持活动是辅助主要活动完成的活动。企业的价值链可以和供应商、分销商和客户的价值链相连接,组成价值网的信息系统有助于促进行业标准和行业联盟的应用,使企业和价值伙伴能更高效地工作,由此提高行业层面的竞争力。

由于企业是由多个业务单元组成,信息系统能将独立的业务单元紧密联系在一起,从而帮助企业增加效率,提高服务质量。信息系统能促进跨业务单元的知识共享,从而帮助企业掌控核心竞争力。信息系统发挥网络经济的优势,使得基于用户或消费者的大型网络企业的商业模式更容易实现。虚拟企业战略是通过网络让企业和其他企业连接在一起,以利用其他企业在生产、市场、分销产品和服务上的能力。在商业生态系统中,多个行业的企业一起合作从而给客户带来价值。信息系统能够支持相关企业间的密集的网络互动。

3-4 战略信息系统带来的挑战是什么?应当如何应对这些挑战?

实施战略信息系统通常要求彻底的组织变革,并从一个社会技术水平向更高水平的社会技术转变。这类变革被称为战略性变革,要实现这种变革往往很艰难、很痛苦。另外,信息系统建设可能花费很高,但并非所有的战略信息系统均能给组织带来利润。许多战略信息系统容易被其他企业模仿,因而战略优势并不总是可持续的。

关键术语

代理理论(agency theory)

标杆分析法(benchmarking)

最佳实践(best practices)

商业生态系统(business ecosystem)

竞争力模型(competitive forces model)

核心竞争力(core competency)

破坏性技术（disruptive technologies）
高效客户响应系统（efficient customer response systems）
规模化定制（mass customization）
网络经济学（network economics）
组织（organization）
平台（platform）
主要活动（primary activities）
产品差异化（product differentiation）

工作规范（routines）
战略性变革（strategic transitions）
支持活动（support activities）
转移成本（switching costs）
交易成本理论（transaction cost theory）
价值链模型（value chain model）
价值网（value web）
虚拟企业（virtual company）

复习题

3-1 为了成功地建设和使用信息系统，管理者应当了解哪些组织特性？
- 组织的定义，比较组织的技术视角的定义和行为视角的定义。
- 识别和描述组织特性，这些特性可以有助于解释组织中利用信息系统的差异。

3-2 信息系统对组织有哪些影响？
- 描述能解释信息系统如何影响组织的主要经济学理论。
- 描述能解释信息系统如何影响组织的主要行为学理论。
- 解释为什么引入信息系统时会有巨大的组织阻力。
- 描述互联网和破坏性技术对组织的影响。

3-3 波特的竞争力模型、价值链模型、协同效应、核心竞争力和网络经济学如何帮助企业利用信息系统开发竞争战略？
- 波特竞争力模型的定义，解释它是如何工作的。
- 描述竞争力模型关于竞争优势的解释。
- 列举并描述企业可利用信息系统实现的4种竞争策略。
- 描述信息系统是如何支持每一种竞争战略的。
- 解释为什么信息技术和企业目标对应对于战略性利用信息系统至关重要。
- 定义并描述价值链模型。
- 解释价值链模型如何用于识别信息系统应用的机会。
- 定义价值网，并解释它与价值链之间的关系。
- 解释价值网如何帮助企业识别战略信息系统的应用机会。
- 描述互联网是如何改变竞争力和竞争优势的。
- 解释信息系统是如何促进企业协同并获得核心竞争力的。
- 描述促进协同、获得核心竞争力如何提高竞争优势。
- 解释企业如何基于网络经济学和生态系统来获利。
- 定义并描述虚拟企业以及虚拟企业战略带来的好处。

3-4 战略信息系统带来的挑战是什么？如何应对这些挑战？
- 列举并描述战略信息系统带来的管理上的挑战。
- 解释如何开展战略性的系统分析。

讨论题

3-5 有人说可持续的竞争优势已经不存在了，你同意吗？请说明原因。

3-6 有人说像戴尔、沃尔玛这样领先的零售商超过竞争对手的优势不是因为技术，而是在于它们的管理。你同意吗？请说明原因。

3-7 在分析互联网是否能给你的企业带来竞争优势时，应该考虑哪些问题？

MIS 实践项目

本部分的项目能给你带来关于识别信息系统如何支持企业战略、解决客户保留问题、如何利用数据库改进企业战略决策，以及利用网络工具来配置汽车并给汽车定价等方面的实践。

管理决策问题

3-8 梅西百货及其子公司在美国经营着大约 840 家百货商店，这些零售商店销售一系列的商品，包括衣服、室内陈设和家居用品等。高层管理团队决定根据当地的客户偏好，如衣服的颜色、尺码、品牌、样式等，并基于每个梅西百货商店的销售状况来调整产品。信息系统如何帮助梅西百货实施这个新战略？信息系统应收集哪些数据来帮助管理者进行决策，以支持这个战略？

3-9 尽管 T-Mobile 开展了很激进的低价手机销售活动来吸引客户，但它还是丢失了很多给企业带来盈利的签了两年合约的客户。管理人员想要知道为什么那么多客户会离开 T-Mobile？如何做才能把他们吸引回来？客户离开的原因是因为糟糕的客户服务、不均匀的网络覆盖、无线服务的收费，还是因为苹果的服务造成的竞争？企业如何使用信息系统找到答案？这些系统中的信息可以用来支持哪些管理决策？

MIS 实践项目

改善决策：使用网络工具配置汽车并为汽车报价

软件技能：互联网软件。

业务技能：寻找产品信息并报价。

3-10 在这个练习中，你自己选择一辆汽车，使用汽车网站上的软件来收集关于这辆车的相关产品信息，通过分析这些信息作出重要的购买决策，并评估两个网站作为销售渠道的价值。

例如，你对一辆新的福特 Escape（或者其他任何类型的汽车）感兴趣。访问 CarsDirect 网站（www.carsdirect.com）开始你的信息收集。找到福特 Escape，研究 Escape 的不同型号，从价格、性能、安全配置等各方面考虑选择你最喜欢的一款，找到至少两个评价并阅读。再访问汽车制造商的网站，这里是福特的网站（www.ford.com）。比较福特网站和 CarDirect 网站上对 Escape 的介绍信息。寻找你选定的那款型号的汽车在本地经销商中的最低价，对 CarDirect.com 和 Ford.com 给出改进建议。

团队合作项目

识别战略信息系统的机会

3-11 由 3~4 名学生组成一个团队，从《华尔街日报》《福布斯》《财富》或其他商业出版物中选择一家企业，或者在网上做研究。访问该企业的网站，查找该企业的其他信息，并查看企业是如何使用网络的。在这些信息的基础上，分析这家企业的组织特性，如重要的业务流程、企业文化、组织结构和环境，以及企业的业务战略等。给这家企业提出合适的战略信息系统的建议，包括基于互联网技术的战略信息系统。如果可能，请使用 Google Docs、Google Drive 或 Google Sites，集思广益并制作演示文稿来报告你们的结果。

案例研究

食品杂货大战

2017 年 6 月 16 日，亚马逊宣布以 137 亿美元的价格收购高档食品连锁店全时超市（Whole Foods）。这项收购于当年 8 月完成，是亚马逊最大的一笔收购，在整个食品杂货行业引起了不小的震动。此次并购对食品杂货店、整个食品行业，甚至购物本身都具有深远的影响。

在收购全时超市之前，亚马逊的业务就已经扩展到了食品杂货和实体店，包括书店、直通式杂货店（客户可以在网上订购商品，然后不用下车就能到店提货），以及一家名为 Amazon Go 的便利店（亚马逊的无人便利店），该商店使用传感器和软件让购物者付款，购买时也无须排队等候结账。亚马逊还通过"亚马逊新鲜计划"获得了在线食品杂货销售的经验。但是，亚马逊在网上销售食品杂货并没有像书籍和媒体那样取得成功。全时超市为亚马逊提供了新的途径来增强其在线业务，同时建立了实体零售店的据点。

食品杂货业务竞争非常激烈，且利润率低，仅为 1~2 美分/美元。尽管亚马逊擅长低价竞争，但为什么一定要选择这一挑战呢？从亚马逊的角度来看，兼并全时超市可能是一项非常不错的投资，原因有很多。食品杂货是一个重要的消费类别，在美国的销售额为 8 000 亿美元/年。食品市场研究所最近的一份报告表明，在未来 10 年内，美国食品杂货的销售量可能会增长 5 倍。兼并全时超市可帮助亚马逊成为食品杂货业的主要参与者，帮助亚马逊的实体店提升到一个新的水平，在美国、加拿大和英国拥有 460 多家门店，2017 财年的销售额达到 160 亿美元。这将在一个小时或 30 分钟内吸引尽可能多的人。

亚马逊可以让客户使用它每年119美元的Prime会员服务，就像在书店里购买书籍一样，为客户提供免费的两天送货和其他优惠，从而为全时超市的客户提供更好的食品杂货价格。这些门店还可以充当广告，吸引更多的客户注册Prime。截至2017年9月，Prime在美国拥有4 900万客户，约占家庭总数的44%。

亚马逊是提供"消费者便利"的大师。电子商务的飞速发展，使外卖食品业开始腾飞，因为人们太忙或其他占用的事情而无法离家去购物。美国人开始网上订购更多的食品和杂货。市场研究公司Euromonitor委托的一项研究预测，在下一个十年内，在线餐厅市场的增长速度将比其他餐厅业务快15倍。亚马逊可以继续在线销售食品杂货，但它也可以为客户提供亲自到店购买食品的客户体验。

全时超市还可以用作亚马逊的非杂货产品的交付网络。亚马逊一直在努力试图在离客户更近的地方开设仓库，以便可以在短短的两个小时内完成订单交付，而全时超市使亚马逊在地理上更接近客户。这些商店可以成为退货的地点，还可以使亚马逊缩短在线订单的交货时间。

有分析师发现，全时超市在市区和郊区的门店对亚马逊的送货业务非常有价值，即使全时超市停止出售食品杂货，亚马逊的兼并交易还是值得的。亚马逊收购全时超市，也就意味着获得了431个美国主要高收入地区的分销点。凭借全时超市在富裕地区的门店以及亚马逊在供应链和配送方面的专业，可以颠覆食品零售和食品配送行业。

有专家认为亚马逊就是"生活包"，特别是对于富裕的美国人来说。亚马逊的Prime可能会成为未来另一类类似有线电视的捆绑服务，即会员每年订购一组多样化的服务，这些服务为亚马逊提供了可靠的收入来源和不断增长的忠实客户群。在收入超过100 000美元的美国家庭中，一半以上的家庭已经是Prime会员，他们每年使用这项服务的费用超过1 000美元。一个富裕家庭每月在全时超市的花费通常在500美元左右。亚马逊拥有了全时超市，最富有的客户每年有望通过亚马逊花费数千美元。全时超市的客户被要求签约成为亚马逊Prime会员，而Prime客户在全时超市也获得了诱人的价格，即使对低收入的美国人也提供相应的折扣，亚马逊在高端市场的渗透也将会增加。

2017年8月收购完成后，亚马逊开始对全时超市进行改革。收购完成那天，许多全时超市的主食价格立马下降，一些物品的价格下降多达40%。在布鲁克林的全时超市购买同样一篮子物品，收购前需要97.76美元，收购后降到75.85美元。2017年11月，全时超市宣布又一轮的降价，重点是假日食品和畅销产品以及自有品牌365系列产品。

2018年2月，亚马逊和全时超市推出一个试验计划，在美国的4个城市可直接从全时超市配送食品杂货和其他商品，这样全时超市基本上被用作亚马逊的仓库了。客户可以在线订购新鲜的农产品、海鲜、肉类、花卉、烘焙食品和乳制品，货品则在两个小时内到达客户的家门口。该计划通过Prime Now将服务推广到了更多的城市。2月下旬，亚马逊对在全时超市购物并使用亚马逊Prime Rewards Visa卡的Prime会员给予了5%的现金返还。全时超市的部分门店也开始销售亚马逊的技术产品，包括亚马逊声控扬声器系统、Echo Dots、Fire TV、Kindle电子阅读器和Fire平板电脑等。

全时超市宣布，亚马逊Prime将取代全时超市的会员系统。现在，全时超市的商品可以在亚马逊网站、AmazonFresh（亚马逊的杂货送货服务）、Prime Pantry和Prime Now中销售。一些全时超市增加了亚马逊储物柜，客户可以将网站订单中的产品先放置在某些全时超市的安全储物柜中，客户可以自己来取。客户还可以使用储物柜退还亚马逊的物品。亚马逊和全时超市正在整合其POS系统，以便更多的亚马逊品牌可以在全时超市上架，反之亦然。

收购全时超市代表着亚马逊与沃尔玛之间的长期竞争关系又升级了。沃尔玛是全球最大的、最成功的实体零售商，而亚马逊则主导了在线商务领域。双方都想进入对方的地盘：亚马逊希望拥有更强大的实体店和在线商店，而沃尔玛则大力推动电子商务的扩展。

沃尔玛是美国最大的杂货销售商，与山姆俱乐部一起占据了杂货市场18%左右的市场份额。食品杂货占沃尔玛总销售额的56%，食品杂货购物也是商店流量和客户忠诚度的主要驱动因素。沃尔玛旨在维持其作为美国领先食品杂货商的地位，也投资并开展了点击-然后-收货模式、独立的杂货店提货站点以及使用智能手机扫描付款等项目。食品杂货是沃尔玛真正的亮点。如果沃尔玛在与亚马逊的食品杂货大战中败北，那么它就不可能超越亚马逊成为全球最大的电子商务企业。

2017年，在线食品杂货销售是沃尔玛电子商务销售增长的关键，管理层希望在线食品杂货扩张将成为沃尔玛未来销售增长的主要动力。2018年沃尔玛想要实现在线销售增长40%的目标，它为此做了很多努力。截至2018年底，沃尔玛将当日食品杂货递送到了100个市场，覆盖了40%的美国家庭。送货由Uber Technologies和其他供应商承担，客户至少要购买30美元以上，并支付9.95美元的服务费才能送货到家。到2018年底，沃尔玛的在线订购和到店取货服务也已在2 000家门店中提供。管理层希望，随着新门店的推出，在线订购和到店取货模式将逐年增长。

送货上门服务使原本到沃尔玛店内的购物者开始在线购物，他们通常会在网上购物。沃尔玛还推出了路边食品杂货取货服务，现在已有1 200家门店提供了路边取货服务，2018年增加1 000家。

沃尔玛将与亚马逊的Prime Now服务展开竞争，向其会员免费提供两小时的送货服务。两家公司还推出了允许送货人员进入家中并将包裹留在室内的服务。

这些竞争措施将如何影响食品杂货业的其他企业？亚马逊之所以能吓倒竞争对手，是因为它能够以非常低的价格提供不同类别的商品。如果全时超市跟进，消费者可以预期相关商品的价格将会下跌，而其他食品杂货的参与者也因此会受影响。当亚马逊宣布收购全时超市时，Kroger、Costco和Dollar General的股票均下跌超过6%。而对于与全时超市有着密切关系的食品杂货送货服务提供商Instacart而言，此次兼并可能是更糟糕的消息。

还有其他因素正在影响亚马逊、全时超市、沃尔玛和食品杂货业的竞争格局。消费者外出就餐所花的钱已经超过了食品杂货的销售额；消费者将不会每周到超市购物，然后在家准备食物，而是越来越多地吃零食和消费现成的食物。尽管杂货连锁店也在创造自己的预包装食品快餐盒，而市值达15亿美元的食品快餐行业中的企业（如Blue Apron）已进入市场。

食品杂货行业也正在适应消费者对更新鲜的食品、个性化的选择以及使用技术来改善食品购买体验的需求。德勤的研究人员发现，绝大多数购物者正在使用数字设备来研究他们打算购买的食品，而购物者使用数字工具购物时会花费更多。

尽管在线食品购物的增长以及竞争格局还在变化，但专家们认为，超市市场份额依然很大。根据Marcus&Millichap的看法，在未来的5年中，将有一波食品杂货开业潮，将占232.5万平方米的商业空间。德国国内连锁店和折扣超市Aldi和Lidl也正在美国开设分店，其中也有一部分店是较小规模的商店。

资料来源：Kate Taylor, "Here Are the Changes Amazon Is Making to Whole Foods," Business Insider, March 2, 2018; Adam Levy, "Walmart's Grocery Efforts Probably Aren't Enough to Overcome Amazon," The Motley Fool, March 17, 2018; Matthew Boyle, "Walmart to Expand Grocery Delivery as Amazon Battle Rages," Bloomberg, March 14, 2018; John Cook, "Walmart

Counterpunches Amazon with Plan to Expand Grocery Delivery Service to 100 U.S. Markets," GeekWire, March 14, 2018; Toby Clarence-Smith, "Amazon vs. Walmart: Bezos Goes for the Jugular with Whole Foods Acquisition," www.Toptal.com, accessed March 21, 2018; Tom McGee," Perspective for the Grocery Wars: Shoppers Crave Experience," Forbes, September 13, 2017; Derek Thompson, "Why Amazon Bought Whole Foods," The Atlantic, June 16, 2017; and Nick Wingfield and Michael J. de la Merced, "Amazon to Buy Whole Foods for $13.4 Billion," New York Times, June 16, 2017.

案例分析题：

3-12　请用价值链和竞争力模型分析亚马逊和沃尔玛。

3-13　请比较食品杂货销售在亚马逊和沃尔玛商业战略中的作用。

3-14　信息技术在这些战略中起到了什么作用？

3-15　哪家企业更有可能主导食品杂货零售业？请解释你的答案。

参考文献

[1] Amladi, Pradip. "The Digital Economy: How It Will Transform Your Products and Your Future." Big Data Quarterly (March 25, 2016).

[2] Andriole, Stephen J. "Five Myths About Digital Transformation," MIT Sloan Management Review 58, No. 3 (Spring 2017).

扫一扫，下载本章参考文献

[3] Bernstein, Ethan, John Bunch, Niko Canner, and Michael Lee. "Beyond the Holocracy Hype." Harvard Business Review (July–August 2016).

[4] Bresnahan, Timothy F., Erik Brynjolfsson, and Lorin M. Hitt, "Information Technology, Workplace Organization, and the Demand for Skilled Labor." Quarterly Journal of Economics 117 (February 2002).

[5] Ceccagnoli, Marco, Chris Forman, Peng Huang, and D. J. Wu. "Cocreation of Value in a Platform Ecosystem: The Case of Enterprise Software." MIS Quarterly 36, No. 1 (March 2012).

[6] Christensen, Clayton M. The Innovator's Dilemma: The Revolutionary Book That Will Change the Way You Do Business. New York: HarperCollins (2003).

[7] _____. "The Past and Future of Competitive Advantage." Sloan Management Review 42, No. 2 (Winter 2001).

[8] Christensen, Clayton M., Michael E. Raynor, and Rory McDonald. "What Is Disruptive Innovation?" Harvard Business Review (December 2015).

[9] Coase, Ronald H. "The Nature of the Firm." (1937). In Putterman, Louis and Randall Kroszner. The Economic Nature of the Firm: A Reader. Cambridge University Press, 1995.

[10] Cohen, Daniel, and Joshua S. Gans. "Warding Off the Threat of Digital Disruption." MIT Sloan Management Review 58, No. 2 (Winter 2017).

[11] Davenport, Thomas H., and Stephan Kudyba. "Designing and Developing Analytics-Based Data Products." MIT Sloan Management Review 58, No. 1 (Winter 2016).

[12] Downes, Larry, and Paul Nunes. "Finding Your Company's Second Act." Harvard Business Review (January–February 2018).

[13] Drucker, Peter. "The Coming of the New Organization." Harvard Business Review (January–February 1988).

[14] Gandhi, Suketo, and Eric Gervet. "Now That Your Products Can Talk, What Will They Tell You?" MIT Sloan Management Review (Spring 2016).

[15] Gurbaxani, V., and S. Whang, "The Impact of Information Systems on Organizations and Markets." Communications of the ACM 34, No. 1 (January 1991).

[16] Hagiu, Andrei, and Elizabeth J. Altman. "Finding the Platform in Your Product." Harvard Business Review (July–August 2017). Hagiu, Andrei, and Simon Rothman. "Network Effects Aren't Enough." Harvard Business Review (April 2016).

[17] Hitt, Lorin M., and Erik Brynjolfsson. "Information Technology and Internal Firm Organization: An Exploratory Analysis." Journal of Management Information Systems 14, No. 2 (Fall 1997).

[18] Iansiti, Marco, and Karim R. "Digital Ubiquity: How Connections, Sensors, and Data Are Revolutionizing Business." Harvard Business Review (November 2014).

[19] _____. "Managing Our Hub Economy." Harvard Business Review (September–October 2017).

[20] Iansiti, Marco, and Roy Levien. "Strategy as Ecology." Harvard Business Review (March 2004).

[21] Jensen, M. C., and W. H. Meckling. "Specific and General

[22] Jensen, Michael C., and William H. Meckling. "Theory of the Firm: Managerial Behavior, Agency Costs, and Ownership Structure." Journal of Financial Economics 3 (1976).

Knowledge and Organizational Science." In Contract Economics, edited by L. Wetin and J. Wijkander. Oxford: Basil Blackwell (1992).

[23] Kapur, Rahul, and Thomas Klueter. "Organizing for New Technologies." MIT Sloan Management Review 58, No. 2 (Winter 2017).

[24] Kauffman, Robert J., and Yu-Ming Wang. "The Network Externalities Hypothesis and Competitive Network Growth." Journal of Organizational Computing and Electronic Commerce 12, No. 1 (2002).

[25] King, Andrew A., and Baljir Baatartogtokh. "How Useful Is the Theory of Disruptive Innovation?" MIT Sloan Management Review (Fall 2015).

[26] King, J. L., V. Gurbaxani, K. L. Kraemer, F. W. McFarlan, K. S. Raman, and C. S. Yap. "Institutional Factors in Information Technology Innovation." Information Systems Research 5, No. 2 (June 1994).

[27] Kling, Rob. "Social Analyses of Computing: Theoretical Perspectives in Recent Empirical Research." Computing Survey 12, No. 1 (March 1980).

[28] Kolb, D. A., and A. L. Frohman. "An Organization Development Approach to Consulting." Sloan Management Review 12, No. 1 (Fall 1970).

[29] Lamb, Roberta, and Rob Kling. "Reconceptualizing Users as Social Actors in Information Systems Research." MIS Quarterly 27, No. 2 (June 2003).

[30] Laudon, Kenneth C. "A General Model of the Relationship Between Information Technology and Organizations." Center for Research on Information Systems, New York University. Working paper, National Science Foundation (1989).

[31] _____. "Environmental and Institutional Models of Systems Development." Communications of the ACM 28, No. 7 (July 1985).

[32] _____. Dossier Society: Value Choices in the Design of National Information Systems. New York: Columbia University Press (1986).

[33] Laudon, Kenneth C., and Kenneth L. Marr. "Information Technology and Occupational Structure." (April 1995).

[34] Leavitt, Harold J., and Thomas L. Whisler. "Management in the 1980s." Harvard Business Review (November–December 1958).

[35] Luftman, Jerry. Competing in the Information Age: Align in the Sand (2nd ed.). Oxford University Press USA (August 6, 2003).

[36] March, James G., and Herbert A. Simon. Organizations. New York: Wiley (1958).

[37] McAfee, Andrew, and Erik Brynjolfsson. "Investing in the IT That Makes a Competitive Difference." Harvard Business Review (July–August 2008).

[38] McLaren, Tim S., Milena M. Head, Yufei Yuan, and Yolande E. Chan. "A Multilevel Model for Measuring Fit Between a Firm's Competitive Strategies and Information Systems Capabilities." MIS Quarterly 35, No. 4 (December 2011).

[39] Mintzberg, Henry. "Managerial Work: Analysis from Observation." Management Science 18 (October 1971).

[40] Nan, Ning, and Hüseyin Tanriverdi. "Unifying the Role of IT in Hyperturbulence and Competitive Advantage Via a Multilevel Perspective of IS Strategy." MIS Quarterly 41 No. 3 (September 2017).

[41] Parker, Geoffrey, Marshall Van Alstyne, and Xiaoyue Jiang. "Platform Ecosystems: How Developers Invert the Firm," MIS Quarterly 41, No. 1 (March 2017).

[42] Porter, Michael E. Competitive Advantage. New York: Free Press (1985).

[43] _____. Competitive Strategy. New York: Free Press (1980). _____. "Strategy and the Internet." Harvard Business Review (March 2001).

[44] _____. "The Five Competitive Forces That Shape Strategy." Harvard Business Review (January 2008).

[45] Porter, Michael E., and James E. Heppelmann. "How Smart, Connected Products Are Transforming Competition." Harvard Business Review (November 2014).

[46] Porter, Michael E., and Scott Stern. "Location Matters." Sloan Management Review 42, No. 4 (Summer 2001).

[47] Ross, Jeanne W., Ina M. Sebastian, and Cynthia M. Beath. "How to Develop a Great Digital Strategy." MIT Sloan Management Review 58, No. 2 (Winter 2017).

[48] Shapiro, Carl, and Hal R. Varian. Information Rules. Boston, MA: Harvard Business School Press (1999).

[49] Song, Peijian, Ling Xue, Arun Rai, and Cheng Zhang. "The Ecosystem of Software Platform: A Study of Asymmetric Cross-Side Network Effects and Platform Governance." MIS Quarterly 42 No. 1 (March 2018).

[50] Suarez, Fernando Fl, James Utterback, Paul Von Gruben, and Hye Young Kang. "The Hybrid Trap: Why Most Efforts to Bridge Old and New Technology Miss the Mark." MIT Sloan Management Review 59, No. 3 (Spring 2018).

[51] Svahn, Fredrik, Lars Mathiassen, and Rikard Lindgren. "Embracing Digital Innovation in Incumbent Firms: How Volvo Cars Managed Competing Concerns," MIS Quarterly 41, No. 1 (March 2017).

[52] Taneja, Hemant, and Kevin Maney. "The End of Scale." MIT Sloan Management Review (Spring 2018).

[53] Tushman, Michael L., and Philip Anderson. "Technological Discontinuities and Organizational Environments." Administrative Science Quarterly 31 (September 1986).

[54] Van Alstyne, Marshall W., Geoffrey G. Parer, and Sangeet

[55] Paul Choudary. "Pipelines, Platforms, and the New Rules of Strategy." Harvard Business Review (April 2016).

[55] Weber, Max. The Theory of Social and Economic Organization. Translated by Talcott Parsons. New York: Free Press (1947).

[56] Williamson, Oliver E. The Economic Institutions of Capitalism. New York: Free Press, (1985).

[57] Wixom, Barbara H., and Jeanne W. Ross. "How to Monetize Your Data." MIT Sloan Management Review 58, No. 3 (Spring 2017).

[58] Zhu, Feng, and Nathan Furr. "Products to Platforms: Making the Leap." Harvard Business Review (April 2016).

第 4 章
信息系统中的商业伦理和社会问题

学习目标

通过阅读本章，你将能回答：
1. 由信息系统引发的商业伦理、社会和政治问题有哪些？
2. 指导商业伦理决策的具体行为准则有哪些？
3. 为什么现代信息系统技术和互联网给个人隐私和知识产权保护带来了挑战？
4. 信息系统如何影响法律责任和义务以及日常生活的质量？
5. MIS 如何有助于我的职业发展？

本章案例

汽车正成为车轮上的老大哥吗？
自动化会消灭工作岗位吗？
智能手机的危害有多大？
Facebook 隐私：你的生活可能被出售

汽车正成为车轮上的老大哥吗？

今天的汽车已成为车轮上精致的聆听站。它们可以跟踪电话和短信、记录你收听的广播电台、监视驾驶速度和制动动作，甚至可以告诉你何时超速了，而这通常是在你不知情的情况下进行的。目前，美国有数以千万计的驾驶员受到监视，每销售或租用一辆新汽车，这个数字就会上升。道路上有 7 800 万辆具有嵌入式网络连接的汽车，可用于监视驾驶员。根据研究公司 Gartner 的数据，到 2021 年，在美国和欧洲售出的新车中有 98% 将实现联网。自 2014 年以来，美国的每辆新车都配有**事件数据记录器**（EDR），用于记录和存储十多个数据点，包括车速、安全带使用和制动激活等。任何汽车制造商和保险企业都可以使用 EDR 数据，以便帮助确定事故的责任方或检测欺诈行为。

EDR 是由美国政府强制安装和监管的，但是如今汽车中其他的数据收集软件不是由政府强制要求的。此类软件是众多传感器、诊断系统、仪表板导航系统和内置蜂窝连接以及驾驶员辅助系统的基础，可帮助驾驶员停车、行驶在自己的车道上、避免追尾另一辆汽车和在短时间内转向等。这些软件所做的都是跟踪记录驾驶员的行为，较新的汽车可能会记录驾驶员的眼球运动、前排座椅的重量以及驾驶员的手是否在转向盘上。无论智能手机是否连接到汽车上，都可以跟踪你的活动，包括驾驶时发短信等。汽车制造商可以获得所有的信息，应用开发者像 Google、Spotify 这样的企业也可以获得这些信息。

除了医疗信息外，美国几乎没有任何法规来管理企业可以收集哪些数据以及如何使用这些数据，企业一般不需要隐瞒姓名或其他个人的详细信息。在大多数情况下，驾驶员必须同意允许跟踪或监视其个人信息。当许多人在注册汽车仪表板系统或导航应用程序时，会在一份冗长的服务协议表格中勾选一个一个的选项，会不经意间提供了收集信息的同意书。

收集驾驶员产生的大量的个人数据引起了人们对汽车制造商和其他人在保护人们隐私方面的担忧。驾驶员可能会欢迎使用数据来传递有用的诊断信息或附近交通拥堵的更新信息，但是他们不一定会支持其他用途。汽车制造商也不愿就未来的数据收集计划和政策发表评论。

汽车制造商认为，这些数据对于改善车辆性能和车辆安全性非常有价值，并且在不久的将来将能够减少交通事故和死亡人数。收集驾驶员的驾驶行为的详细数据对于开发自动驾驶汽车也至关重要。但是，隐私专家认为这种做法很危险。有了驾驶员行为足够多的数据，就可以开发出像指纹一样独特的个人资料。例如，出差旅行会揭示购买习惯和关系，这对企业、政府机构或执法部门可能是有价值的。又如，频繁光顾酒类商店或心理健康诊所可能会透露某人的饮酒习惯和健康问题等信息。人们显然不希望与他人共享此类机密数据。

资料来源：Peter Holley, "Big Brother on Wheels：Why Your Car Company May Know More About You Than Your Spouse." Washington Post, January 15, 2018；Christina Rogers, "What Your Car Knows about You," Wall Street Journal, August 18, 2018；John R. Quain, "Cars Suck Up Data About You. Where Does It All Go?" New York Times, July 27, 2017；and Russ Heaps, "Data Collection for Self-Driving Cars Could Be Risking Your Privacy, " Autotrader, September 2016.

开篇案例中描述的车联网和大数据给隐私带来的挑战，说明技术是一把双刃剑。它可以带来许多好处，包括驾驶更安全、更高效，同时，数字技术也为侵犯隐私和使用可能造成伤害的信息创造了新的机会。

图 4-1 提醒读者关注此案例和本章提出的要点。数据管理技术、**物联网**（IoT）和分析技术的发展为组织创造了用大数据改善运营和决策的机会。大数据分析正被应用于所有由汽车产生的

数据，尤其是那些有互联网连接的汽车。本文所述的汽车制造商和其他组织受益于使用大数据来监控车辆性能和驾驶员行为，并为驾驶员提供安全驾驶和爱护车辆的有用工具。然而，使用汽车的大数据也在剥夺个人的利益。个人可能会受到工作歧视或更高的保险费率，因为组织有新的工具来收集和分析他们驾驶行为的大量数据。因此，需要制定新的隐私保护法律和政策，以跟上收集和分析大数据的技术。

开篇案例提出了商业伦理的困境，因为它显示出两种不同的利益机制：一种观点认为组织希望提升利润，甚至帮助人们使用联网车辆生成的数据；另一种观点则认为企业和公共组织不应该使用大数据分析来侵犯个人隐私或损害个人利益。作为管理者，你需要敏锐地觉察到信息系统带给你的企业、员工和客户的积极影响和消极影响，你需要了解如何解决涉及信息系统的商业伦理困境。

> **需要考虑**：从汽车上产生的大数据是否会产生伦理困境，为什么？是否应该有新的隐私法律来保护从汽车上采集的个人数据，为什么？

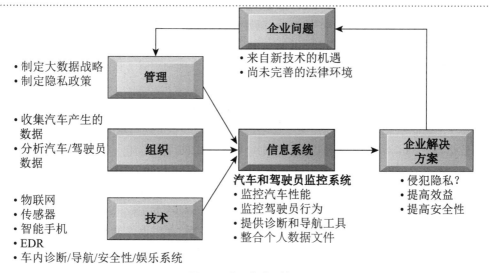

图 4-1　商业伦理困境

4.1 信息系统引发商业伦理、社会和政治问题

在过去的 20 年里，我们见证了美国和全球企业最具商业伦理挑战的时期。表 4-1 给出了近年来部分中高层管理人员商业伦理判断失败的案例，这种失败案例在许多行业中都存在。

表 4-1　近年来部分中高层管理人员商业伦理判断失败的案例

富国银行（2018）	富国银行承认开设了数百万个虚假账户，操纵抵押贷款条款，强迫汽车贷款客户购买不必要的保险。这家银行被联邦政府罚款 25 亿美元
迪尔菲尔德管理公司（2017）	华盛顿特区的一家对冲基金企业，因利用政府融资的机密信息进行交易，投资一些可能受改革影响的医疗保健企业股票而被起诉
通用汽车（2015）	通用汽车 CEO 承认，这家企业掩盖故障点火开关的问题已有 10 多年了，造成至少 114 名客户死亡。全球超过 1 亿辆车受到影响

续表

高田公司（2015）	高田公司的高管承认，他们掩盖了数百万辆汽车多年来使用有故障的安全气囊的事实。3名高管被认定犯罪，高田公司被罚款10亿美元。2017年6月，高田公司宣布破产
葛兰素史克公司（2012）	这家全球医疗保健行业的巨头承认非法和犯罪性地推销某些处方药，未报告某些安全数据，以及涉嫌虚假价格报告行为的民事责任。被罚款30亿美元，这是美国历史上最大的医疗欺诈和解案
美国银行	联邦检察官指责美国银行及其下属企业——Countrywide Financial，通过在没有适当控制的情况下快速发放贷款来欺骗政府支持的抵押贷款机构，被罚款10亿美元

在现今的法律体系下，触犯法律和被证明有罪的管理者们几乎都会被送进监狱。1987年美国通过的联邦量刑准则要求，联邦法官根据犯罪的货币价值、企图隐藏犯罪、使用结构性金融交易隐藏犯罪及未能配合检察官行为（美国量刑委员会，2004）等情况，对企业高管施加严厉的判决。

过去，企业经常为卷入民事指控和犯罪调查的员工承担法律辩护费用，但现在，企业鼓励其员工和检察官合作，以减少对整个企业妨碍调查的指控。这些进步意味着，作为一个管理者或员工，你需要比以往更多地考虑你的决策的正确性、合法性以及是否符合商业伦理。

虽然这些商业伦理失效和法律判决不当的情况不是由信息系统引起，但信息系统在许多错误中起了"帮凶"的作用。在许多案例中，这些犯罪者巧妙地利用财务报告信息系统掩盖犯罪，希望不被查出。

我们将在第8章中介绍信息系统的控制问题。本章我们基于信息系统的应用，讨论多种行为的商业伦理问题。

商业伦理（Ethics）是关于对和错的原则，作为自由的道德主体，个人可以依照商业伦理原则作出行为选择。因为信息系统的实施会带来巨大的社会变革的机会，威胁到了已有的权势、金钱、权利和义务的分配，所以信息系统在个人和社会两个方面引发了新的商业伦理问题。如同电力、电话等其他技术一样，信息技术可以促进社会进步，也可以用来犯罪，威胁宝贵的社会价值。信息技术的发展将在许多方面产生利益，但也会让另一些方面付出代价。

互联网和电子商务的兴起使得信息系统中的商业伦理问题变得更加迫切。互联网和数字技术使得比以往更容易汇总、集成和发布信息，由此引发了关于如何正确使用客户信息、保护个人隐私和保护知识产权的新忧虑。

由信息系统引发的其他紧迫的商业伦理问题还包括建立关于信息系统的问责制、设立保障系统质量的标准以保护个人和社会的安全、维护被认为对信息社会生活质量必不可少的价值和制度。当使用信息系统的时候，有必要问一问"什么是商业伦理和有社会责任的行动方案？"

4.1.1 思考商业伦理、社会和政治问题的模型

商业伦理、社会和政治问题紧密相连。作为一名信息系统的管理者，你所面对的商业伦理困惑往往反映了社会和政治的争论。图4-2可以用来思考这些关系。把社会想象成一个夏日相对平静的"池塘"，个体、社会与政治机构形成了局部平衡的生态系统。个体知道如何在此"池塘"中行动，因为社会机构（家庭、教育、组织）已经形成了完善的行为规则，同时这些规则得到了政治领域制定的法律支持，这些法律规定了合法的行为，并对违法行为进行惩罚。现在我们扔一块石头到池塘的中央，会有什么情况发生呢？当然是产生涟漪。

想象一下这不是一块石头，而是新的信息技术和系统的强大震动对相对平静的社会造成的扰动。突然间，个体行动者面临不受旧规则约束的新情况；社会机构对这些涟漪也不能在一夜之间作出反应，可能要花上几年时间形成规矩、期望、社会责任、政治的正确态度或者认同的规则；政治机构也需要时间来制定新的法律，而且在新法律实施之前常常需要时间来证明其真实的危害。在这期间，你可能不得不采取行动，也可能必须在一个法律的灰色区域中行动。

我们可以用这个模型来说明连接商业伦理、社会和政治问题的动态关系。这个模型对识别信息社会道德方面的主要问题也很有用，它跨越了各个层次的行动者——个体、社会和政治。

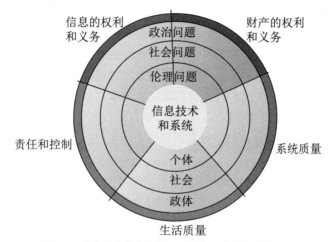

图 4-2　信息社会中商业伦理、社会、政治问题的关系

注：新信息技术的引入引发了连锁反应，引发了必须在个体、社会和政治层面去解决新的商业伦理、社会和政治问题。

4.1.2　信息时代的5个道德维度

由信息系统引发的主要商业伦理、社会、政治问题包括以下的道德维度：

- **信息的权利和义务**：个体和组织相对于自身来讲具有什么样的信息权利（information rights）？它们能保护什么？
- **财产的权利和义务**：传统的知识产权在数字社会中如何进行保护？在数字环境中，跟踪和追究所有权是很难的，而忽视这些产权却很容易。
- **责任和控制**：当个体和集体的信息、产权受到伤害时，谁能以及谁要负起责任和义务？
- **系统质量**：为保护个人的权利和社会的安全，我们需要什么样的数据标准和系统质量标准？
- **生活质量**：在以信息和知识为基础的社会中，应当保留什么样的价值观？我们应当保护哪些机构免受伤害？新的信息技术支持什么样的文化价值和实践？

我们将在4.3节详细阐述这些道德维度。

4.1.3　引发商业伦理问题的关键技术趋势

商业伦理问题先于信息技术出现，但是信息技术加重了商业伦理问题，影响了已有的社会秩序，使一些法律不合时宜或者产生了严重的缺陷。引发商业伦理问题的技术趋势见表4-2。

表 4-2　引发商业伦理问题的技术趋势

趋　势	影　响
每 18 个月计算能力翻一番	许多组织的关键运营依赖于计算机系统，因而更容易受系统故障的影响
数据存储成本快速下降	组织能容易地维护个人的详细数据库，关于个体的数据收集就没有限制了
数据分析能力突飞猛进	企业能通过分析大量的个人数据形成个人行为的详细描述，大规模人群监测成为可能
网络技术迅猛发展	数据的流动、从任何地方访问数据的成本呈指数级下降，对数据的访问变得更加难以控制
移动设备影响力持续增强	个人手机可能在未经用户同意或知悉情况下被跟踪，始终在线的设备变成了一种束缚

计算能力每 18 个月翻一番，这使得大多数企业能将信息系统用于核心生产过程，结果极大地增加了对系统的依赖性、因系统错误和低质量的数据而造成的脆弱性。社会规则和法律还没有对这种依赖性作出调整，以致保证信息系统的可靠性和准确性的标准并未普遍接受或推行（见第 8 章）。

数据存储技术的进步和存储成本的快速下降使私营企业和公共组织能够维护更大量的数据库，包括员工、客户和潜在客户的数据库。数据存储的进步使侵犯个人隐私的违法行为代价既便宜又有效，能够存储 TB 级和 PB 级的海量数据存储系统变得随处可用，使得各种规模的企业可以用来存储客户数据并识别客户。

海量数据分析技术的进步是另一项引发商业伦理问题的技术趋势，因为企业和政府部门都能找到个人的详细信息。有了这些现代数据管理工具（见第 6 章），企业可以比以往更加容易地汇总和组合存储在计算机里如金字塔形的海量数据。

思考你产生数字化信息的各种方式，包括信用卡购物、拨打电话、订阅杂志、租借录像、邮购、银行记录、地方 / 州 / 联邦政府的记录（包括法院和警方的记录）和访问网站等。通过合理的把这些数据收集起来，进行汇总和挖掘，不仅能显示你的信用信息，而且还能显示你的驾驶习惯、喜好、社团、看什么或读什么、政治兴趣等。

产品销售企业从这些源头购买信息，更精准地定位和开展营销活动。第 6 章和第 12 章分别描述了企业如何通过分析来自多源的海量数据来迅速识别客户的购买行为模式，并提出个性化的营销措施。用计算机将多源数据进行整合，并建立个人的详细数字档案叫作**画像**（profiling）。

例如，数千个最受欢迎的网站允许网络广告经纪商 DoubleClick（谷歌旗下公司）跟踪访问者行为，以换得基于 DoubleClick 搜集的访问者信息所做的广告收入。DoubleClick 利用这些信息给每个网络访问者画像，当访问者访问 DoubleClick 相关网站时，就给画像加入了更详细的信息。随着时间的推移，DoubleClick 就能形成一个关于客户网上消费和行为习惯的数字档案，卖给相关企业，帮助它们投放网络广告的目标更精准，广告商也可以把消费者的线下信息和线上信息整合起来（见图 4-3）。

图 4-3　信用卡消费

注： 信用卡购买信息使得市场研究人员、电话营销人员、直邮公司都能访问到个人信息。信息技术的发展使侵犯隐私更加便利。

LexisNexis Risk Solutions（以前是 ChoicePoint）公司从警局、犯罪记录、信用和雇佣历史、现在和以前的住址、专业执照和保险索赔等方面收集了大量的数据，汇总和保存了几乎包括美国所有成年人的数字档案。它把这些个人信息出售给企业和政府机构。对个人数据的需求是非常巨大的，像 Risk Solutions 这样的数据经纪企业的生意非常火爆。全球最大的两家信用卡企业——Visa 和 Master Card，计划将信用卡使用信息、客户社交网络及其他信息连接起来创立客户画像，并卖给广告企业。

一种新的数据分析技术叫做**不明显关系认知**（nonobvious relationship awareness，NORA），该技术为政府和企业提供了更强的画像能力。NORA 可以从各种不同的来源取得个人信息，如求职申请、电话记录、客户名单和"通缉"名单等，并研究这些信息之间的关系，以发现背后复杂的联系，这项技术可帮助识别犯罪和恐怖分子，如图 4-4 所示。

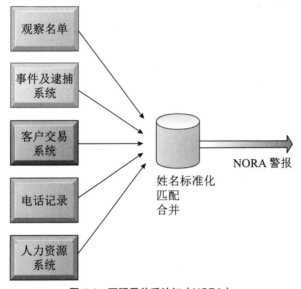

图 4-4　不明显关系认知（NORA）

注：NORA 可以从各种来源获取人员信息，并发现这些信息之间复杂的、隐藏的联系。例如，若一个申请赌场工作的人和一个已知的罪犯共有一个电话号码，NORA 就会发现这一联系，并向赌场的人事招聘管理者发出警报。

NORA 技术可以在数据产生时扫描数据和提取信息，所以当一个人在机票售票处而尚未登机前，它就可以马上发现他是否和恐怖分子共享一个电话号码。这个技术被看作是对国土安全很有价值的一个工具，但是它对隐私有影响，因为它能提供与个有关的详细的活动轨迹和各类关联关系。

最后，包括互联网在内的网络技术的发展，大大降低了海量数据流动和存取的成本，提供了用 PC、移动设备以及云服务器来远程挖掘巨大数据池的可能性，人们已经无法想象侵犯隐私的规模和精度了。

4.2　指导商业伦理决策的行为准则

商业伦理与有自由权力的人有关。商业伦理是关于个人的选择：当面对多种行动方案可以选择时，什么是正确的道德选择？这些商业伦理选择的主要特点是什么？

4.2.1 基本概念：职责、问责和法律责任

商业伦理是个人作出的决策，他对其行动后果负责。**职责**（responsibility）是商业伦理行为中的关键组成部分。职责意味着你接受由于你所做决策而产生的潜在成本、责任和义务。**问责**（accountability）是一个系统和社会制度的特性，它意味着有一种机制来决定谁该采取行动和谁来负责。一个没有能力去发现谁做了什么的制度和机构，从本质上讲也就没有能力进行商业伦理分析、采取商业伦理行为。**法律责任**（liability）将责任的概念扩展至法律领域。法律责任是政治制度的一个特性，法律允许个体挽回由其他个体、制度和机构造成的损失。**正当法律程序**（due process）是法制社会的特性，它是一个了解和理解法律的过程，让人们有能力向上级申诉，以保证法律被正确地应用。

这些基本概念组成了分析信息系统和相关人员的商业伦理的基础架构。首先，信息技术由社会机构、组织和个人来应用，信息系统本身不产生影响，信息系统的任何影响都存在于机构、组织和个人行为的后果之中。其次，技术应用后果的职责应该落在应用这些技术的机构、组织和个人身上。采用对社会负责任的方式来应用信息技术，意味着你能够并将对你的行为后果负起责任。最后，在商业伦理和政治社会中，所有人都可以通过正当法律程序来挽回损失。

4.2.2 商业伦理分析

当你遇到了一个可能涉及商业伦理问题的情况时，你该如何分析它？以下 5 个步骤可能会有帮助。

（1）识别和描述清楚事实。弄清楚谁对谁做了什么？在何处、何时和如何做的？在许多情况下，你会惊讶于初始报告与事实不符，你会发现弄清楚简单的事实就能直接有助于问题的解决，也有助于让商业伦理困境中的当事人接受事实真相。

（2）明确矛盾或困境，并发现其中包含的更高层次价值。商业伦理、社会、政治问题总是和更高层次的价值有关。纠纷的当事人总是声称要追求更高的价值（即自由、隐私、产权保护和自由企业制度等）。通常，商业伦理问题会遇到两难困境：两个截然相反的行动都支持了有意义的价值。例如，本章开篇案例指出了两种截然相反的价值：一方面是让组织更高效、成本更低的需求；另一方面是尊重个人隐私的需求。

（3）确认利益相关者。每一个商业伦理、社会和政治问题都有利益相关者，如同游戏中的玩家们对结果有兴趣，谁在这种情况下投资，通常谁就有话语权。找到这些群体的身份和他们的需求，这将对以后设计解决方案很有用。

（4）确定你有理由采取的方案。你将发现没有一种方案能满足各方的利益，但有些方案会比其他方案好一些。有时候，一个好的或符合商业伦理的解决方案并不总是平衡各方利益相关者的结果。

（5）明确你的方案的潜在后果。有些方案在商业伦理上正确，但从其他方面来看却是灾难性的；有些方案适用于某种情况，但不适用其他类似的情况。你要问自己："如果我一直坚持选择这个方案，结果将会怎样？"

4.2.3 可选的商业伦理原则

一旦完成了分析，你应当采用商业伦理的哪些原则和规则来决策呢？应当根据哪些更高层次的价值观来作出判断？虽然你能决定在商业伦理原则中你将遵循哪个，如何对它们进行排序，但是考虑历史上形成的根值于文化中的一些商业伦理原则也是非常有帮助的。

（1）己所不欲，勿施于人（**黄金规则**，the golden rule）。换位思考，设想自己是接受决策的对象，这样有助于决策的公平性。

（2）如果采取这个行动对每个人来说都是不对的，那么任何人不得采取这个行动（康德伦理学原则，Immanuel Kant's Categorical Imperative）。问问你自己，"如果每一个人都这样做，这个组织或社会能生存吗？"

（3）如果不能反复采取某个行动，那么根本不能采取这个行动。这是**光滑斜坡规则**（slippery slope rule）：如果一个行动现在带来一些可接受的小变化，但是如果它重复下去，长此以往它将带来不可接受的变化。"一旦开始沿着光滑的路径下滑，你可能就无法停止了。"

（4）采取能获得较高或较大价值的行动（**功利原则**，utilitarian principle）。该原则假定你可以对价值排定优先级，并且能够理解各种行动的后果。

（5）采取最小伤害或最小潜在成本的行动（**回避风险原则**，risk aversion principle）。某些行动的失败概率很低，但有极高的失败成本（如在市区建立核发电设备），或中等失败概率但有较高的失败成本（如超速驾驶和汽车事故）。我们应当特别关注并且尽量避免具有中等到高等的失败概率，但高失败成本的行动。

（6）除非有特别明确的声明，否则假定几乎所有有形和无形的物体都是由其他人所拥有的（伦理上"没有免费午餐"规则）。如果别人创造了对你来说有用的事物，它就有价值，你应当假设创造者期望对此有所回报。

那些不符合上述规则的行动值得我们密切关注，缺乏商业伦理的行为有可能和其本身一样伤害你和你的企业。

4.2.4 专业行为守则

当一群人声称自己是专业人士的时候，由于他们对知识、智慧和尊重的特别要求，他们就负有特殊的权利和义务。专业行为守则是由专业协会发布的，如美国医学会（American Medical Association，AMA）、美国律师协会（American Bar Association，ABA）、信息技术专业协会（Association of Information Technology Professionals，AITP）和计算机协会（Association for Computing Machinery，ACM）等。这些专业群体通过确定准入条件、资格和技能，对所属领域的专业人士进行监管。商业伦理守则是专业人士在社会公共利益面前用以规范自己的承诺，如避免伤害他人、尊重产权（包括知识产权）和尊重隐私，是 ACM 的商业伦理和专业行为守则的基本道德要求。

4.2.5 现实中的商业伦理困境

信息系统带来了新的商业伦理困境，其中一群人的利益可能和另一群人相对立。例如，美国许多企业正在使用语音识别软件技术，使计算机能够识别客户，并回答客户的一系列问题，从而减少客户支持人员的员工数。许多企业正在监视员工在互联网上的行为,防止他们在非企业业务活动中浪费企业资源(见第 7 章"互动讨论:管理"案例)。

在上述情况下,你可以发现相对立的价值观,争辩的双方都有支持者。例如,企业可能争辩说,它有权通过信息系统的应用来提高劳动生产率、减少工人规模,进而降低成本,以便在行业中生存;被信息系统替代的员工可能会争辩,雇主对其福利负有责任。企业主感到有必要监控员工的电子邮件和互联网应用,以减少生产力的消耗;员工却认为,他们应当可以用电子邮件代替电话来处理一些个人事务。对事实的深入分析有时可能会带来妥协的结果,即给每一方"半块面包"。请试用前述的商业伦理分析原理来分析这些例子,看怎么做才是正确的。

4.3 为什么现代信息系统技术和互联网对个人隐私和知识产权保护带来了挑战?

本节将进一步解释图 4-2 所描述的信息系统商业伦理的 5 个维度。在每一个维度上,我们会介绍商业伦理、社会和政治层面的内容,并用真实的例子说明其中的价值、利益相关者和方案的选择。

4.3.1 信息权利:互联网时代的隐私和自由

隐私(Privacy)是个人独处的要求,是不受他人或相关组织包括国家的干扰和监督的诉求。隐私保护的诉求也包含在工作场所。目前,数百万名员工正承受着数字和其他高科技技术的监督。信息技术和系统威胁到了个人隐私保护的诉求,使侵犯隐私成本更低、更有利可图、更高效。

隐私保护的诉求在美国、加拿大和德国以各种方式受到宪法保护,在其他国家也通过各种条令受到保护。在美国,隐私保护的诉求主要通过两个法案来实现:《美国宪法第一修正案》保障言论和结社自由;《美国宪法第四修正案》保护公民免受不合理的搜查、占有个人文件和家庭,同时保护正当的法律程序。

表 4-3 描述了美国与个人信息相关的主要联邦隐私保护法规,涉及领域包括信用报告、教育记录、财务记录、报纸记录和电子通信等。1974 年颁布的《隐私法案》是这些法律中最重要的一项,规范了联邦政府收集、使用和披露信息的行为。现在大多数联邦政府的隐私法规仅适用于联邦政府,极少对私人部门领域作出规范。

表 4-3 美国联邦的相关隐私法规

通用的联邦隐私法	影响隐私机构的隐私法
• 1966 年修订的《信息自由法案》 • 1974 年修订的《隐私法案》 • 1986 年《电子通信隐私法》 • 1988 年《计算机匹配和隐私保护法》 • 1987 年《计算机安全法》 • 1982 年《联邦管理者财务正直法》 • 1994 年《驾驶员隐私保护法》 • 2002 年《电子政务法》	• 1970 年《公平信用报告法案》 • 1974 年《家庭教育权和隐私权法案》 • 1978 年《金融权隐私法案》 • 1980 年《隐私保护法案》 • 1984 年《有线通信政策法案》 • 1986 年《电子通信隐私法案》 • 1988 年《视频隐私保护法案》 • 1996 年《健康保险可携带性和责任法案》(HIPAA) • 1998 年《儿童网络隐私保护法案》(COPAA) • 1999 年《金融现代化法案》

大多数美洲和欧洲的隐私法律基于**公平信息规范**（fair information practices，FIP）制度，该制度首先出现在联邦顾问委员会 1973 年所写的报告中，2010 年修订时将侵犯隐私的技术纳入其中（美国卫生教育和福利部，1973）。FIP 是关于个人信息收集和使用的一系列管理制度，其基本理念是信息记录持有者和个体间利益的相互依存。例如，个人有兴趣参与了一项交易，信息记录持有者（通常是企业或政府机构）需要个人的信息支持这项交易。信息一旦被收集，个人对这个记录拥有所有权，未经本人许可，个人信息不能用于支持其他活动。1998 年联邦贸易委员会（Federal Trade Commission，FTC）重述和扩展了原来的 FIP，为网络隐私保护提供了指引。表 4-4 描述了 FTC 公平信息规范的原则。

表 4-4　联邦贸易委员会公平信息规范的原则

1. 告知 / 提醒（核心原则）。网站在收集信息前，必须公开其信息操作过程，包括收集者身份、数据用途、数据其他接收者、收集性质（主动 / 被动）、自愿或被要求状态、拒绝的后果，以及保护数据的保密性、完整性和质量的步骤
2. 选择 / 同意（核心原则）。必须要有一个选择机制，允许消费者选择他们的信息如何被用于支持交易处理外的第二个目的，包括内部应用和传给第三方的应用
3. 获得 / 参与。消费者应该可以用一个及时的、并不费劲的处理过程评价和辩驳他们被收集的信息的正确性和完整性
4. 安全。数据收集必须采取可靠的步骤，保证用户信息的正确性和安全性，防止非授权应用
5. 执行。必须有一种机制强制推行 FIP 原则，包括自我规范、能够保护消费者合法权益的立法、联邦法令和法规的推行

联邦贸易委员会的 FIP 原则被用作推动隐私立法变革的指导方针。1998 年 7 月，美国国会通过了《儿童网络隐私保护法案》（COPPA），要求网站在收集 13 岁以下儿童的信息前应得到他们父母的同意。联邦贸易委员会建议通过附加的立法，保护广告网络中的在线消费者的隐私，这些网络企业搜集消费者的网络活动记录，形成了详细的用户画像，然后其他企业使用这些信息来投放精准的网络广告。2010 年，联邦贸易委员会为其隐私保护框架增加了 3 个方面的规范：企业应采纳"隐私设计"，开发保护隐私的产品和服务；企业应增加数据应用的透明度；企业应征得用户同意，为其提供明确的选项，使其可以选择退出数据搜集计划（FTC，2010）。关于网络隐形立法还有其他提议，包括互联网隐私立法需要关注网络应用个人识别码（如社会安全码）的保护，保护未包含在《儿童网络隐私保护法案》中涉及的个人隐私的网络信息，以及限制涉及国土安全的数据挖掘等。2015 年，FTC 正在研究隐私保护、物联网（IoT）和移动健康 App 的新指南（联邦贸易委员会，2015）。

2012 年，联邦贸易委员会扩展了 FTP 原则，用以解决行为定位的问题。然而，政府、隐私保护团体和网络广告行业还在两个问题上争论不休。隐私保护倡导者希望所有网站建立"加入选择"政策，并列出全国范围内的"不跟踪"网站列表；而网络广告行业反对这样的做法，并坚持"退出跟踪"是避免被跟踪的唯一方式。尽管如此，各方正在达成新的共识，在网络行为跟踪上要给用户更多、更透明的控制权（特别是将"退出跟踪"作为默认选项）。民意调查显示，公众对网络营销依然是不信任。虽然在联邦政府一级关于隐私问题有很多研究，但近年来还是没有明确的立法。皮尤研究中心（Pew Research Center）2016 年的调查显示，91% 的美国人认为消费者在网上已失去个人信息的控制权，86% 的人已经采取措施保护自己的网络信息。

最近，隐私保护也被加入关于撤销金融服务管制和保护个人健康信息的相关法律中。1999 年的《格雷姆-里奇-比利雷法案》（Gramm-Leach-Bliley）中的条款解除了早期对银行、证券企业和保险企业间的关联限制，包括消费者金融服务的隐私保护。所有的金融机构被要求披露在保护非公开个人信息方面的隐私保护政策和实践，并允许客户退出与第三方机构实行信息共享的安排。

1996年的《健康保险流通与责任法案》（HIPPA）在2003年4月14日正式生效，该法案对涉及医疗记录的隐私保护，使病人有权获取由健康服务提供商、医院、医疗保险商持有的个人医疗记录，以及有权决定他们的信息被如何使用和披露。医生、医院和其他健康服务提供商必须将病人信息的披露限制到最低程度，以符合法律要求。

1. 欧洲的数据保护指令

欧洲的隐私保护比美国更严格。与美国不同，欧洲各国不允许企业在未经本人同意的情况下使用个人信息。1998年，欧盟委员会关于数据保护的指令开始生效，要求欧盟企业在收集用户信息时要通知用户，并告知这些信息将如何储存和使用。任何企业在合法使用客户的信息前，必须获得客户的知情同意，客户有权取和修正这些信息，并要求企业不再收集更多的数据。**知情同意**（informed consent）可以定义为，客户在知悉了所有为作出一个合理决策所需的事实基础上表示同意。欧盟成员国必须参照这些原则来制定法律，不允许传送个人数据到没有相似隐私保护规则的国家，如美国。2009年，欧洲议会通过新条例，限制使用第三方cookie进行网络行为跟踪。新条例要求只有在网站访问者明确同意接受cookie跟踪的情况下，才能使用cookie跟踪；如果有第三方在使用cookie记录，网站页面必须有明显的警示（European Parliament，2009）。

2012年，欧盟改变了数据保护规则，这些规则适用于在欧洲提供服务的所有企业，并且要求亚马逊、Facebook、苹果、谷歌和其他互联网企业必须从用户那里获得能使用个人数据的明确许可，必须根据用户的要求删除信息，并只在绝对必要的情况下才保留这些信息。2014年，欧洲议会设立了"被遗忘权"，扩展了互联网用户的控制权，这项权力使得欧盟公民有权要求谷歌和社交网站删除其个人信息。虽然美国企业的隐私政策（与政府相比）主要是自愿设立的，但是在欧洲，企业的隐私政策是强制性的，而且在不同的司法管辖区也是一致的。

欧盟委员会和美国商务部为美国企业制定了一个安全港框架。**安全港**（safe harbor）是一种私人的、自我调节的政策和执行机制，符合政府监管和立法机构的目标，但不涉及政府监管或执法。美国的企业将被允许使用欧盟的用户数据，只要这些企业制定的隐私保护政策符合欧盟的标准。在美国，执行是通过企业自我监督实现的，政府对公平贸易进行执法。

到2015年，欧盟开始采取措施，用更严格的《通用数据保护条例》（General Data Protection Regulation，GDPR）取代了安全港和数据保护指令。GDPR适用于在欧盟运营的所有企业，要求得到用户的明确同意后才能将其个人数据用于诸如在网络上跟踪使用等目的，并限制将数据用于搜集目的以外的用途（如构建用户画像）。它也允许个人删除在Facebook等社交平台上的数据，并阻止这些企业收集任何新的信息。在欧盟运营的企业，一旦收集的信息不再服务于原先的目的，则要删除已收集的信息（欧盟委员会，2016）。

随着美国政府情报机构可获取欧盟公民的个人信息，以及越来越多的人意识到Facebook和谷歌等企业没有遵守欧盟的政策，欧盟的GDPR于2016年修订，以进一步加强用户在被收集和保存的数据，以及这些数据与谁共享、如何以及在哪里被处理等方面的控制权。不遵守规定就要被罚款。GDPR还建立了一个欧盟隐私政策，涉及欧盟内所有的国家。欧洲（但不是美国）的这些政策和法律带来的一个结果是：减少了定位广告，同时也减少了广告跟踪互联网上的用户的可能性。GDPR于2018年5月生效。Facebook、谷歌和微软正在欧洲建设重要的数据中心，并计划在全球范围内实施GDPR法规。

2. 互联网对隐私的挑战

互联网技术对个人隐私保护提出了新的挑战。用户在网上的任何活动都能被跟踪和记录下来，包括访问的网站或网页、访问的网络内容、在网站上查看或购买了什么物品等。这些监视和跟踪大多发生在访问者不知情的情况下。个人行为不仅被单个网站跟踪，而且也被像微软、雅虎及谷歌的 DoubleClick 这些广告网络监控，这些广告网络可跟踪用户在数千个不同网站上的浏览行为。网站发布商和广告企业都支持跟踪个人跨网站的行为，因为这么做能使广告投放更精准，广告企业也对网站发布商支付费用。从这个意义上讲，就如同广播电视一样，广告内容对用户是免费的。对个人信息的商业需求是无法被满足的，但是这些行为侵犯了个人隐私。

Cookies 是用户访问网站时被记录并存于计算机硬盘中的一些短文本文件。Cookies 可以识别访问者的网络浏览器软件，并跟踪在这个网站上的访问活动。当访问者再次访问已保留 Cookies 记录的网站时，网站的软件系统就会自动查找访问者的计算机，找到该 Cookies 记录，从而可以了解访问者过去做了些什么。也有可能会更新 cookie 文件，这取决于访问者的活动情况。有了这种方法，网站可以对每一个访问者定制他感兴趣的内容。例如，如果你在亚马逊网站上买了一本书，当你用相同的浏览器再次访问时，这个网站将显示你的名字并欢迎你，还会根据你过去的购买历史推荐你感兴趣的书籍。本章前面描述的 DoubleClick 就是利用 Cookies 建立了访问者详细的网络购物档案，并分析网站访问者的行为。图 4-5 描述了 Cookies 是如何运作的。

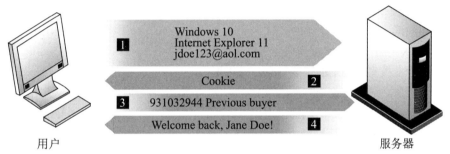

图 4-5　Cookies 如何识别网页访问者

注：1. 网站服务器读取该用户的网络浏览器，并确定操作系统、浏览器名称、版本号、互联网地址和其他信息。

2. 用户的浏览器接收服务器传送的一个包含用户身份信息的小的文本文件（称为 Cookie），并将其存储在用户的计算机硬盘上。

3. 当用户再次访问该网站时，网站服务器查找以前存于用户计算机上的 Cookie 内容。

4. 网站服务器读取 cookie，识别访问者，并调用用户数据。

尽管使用 Cookie 技术的网站不能直接获得访问者的姓名和地址，但是，如果访问者已经在这个网站上注册过，那么网站就能将注册信息和 Cookie 数据整合起来，用于识别访问者。网站所有者还可以把 Cookie 数据、其他网站收集到的数据和其他数据，如线下调研或纸质分类目录的数据，整合起来构建非常详细的访问者画像。

监视互联网用户还有更狡猾和隐秘的工具。**网络信标**（web beacons），又称网络爬虫（或"跟踪文件"），是一些小的软件程序，隐附在电子邮件和网页上，用来记录用户的在线点击流，并把这些信息传送到拥有跟踪文件的计算机上。网络信标由第三方企业通过付费方式放置在一些受欢迎的网站上，并能通过这些网络信标来接触网站的受众。那么，网络跟踪到底有多普遍呢？在《华尔街日报》发表的一系列原创性文章中，研究人员分析了 50 个最受欢迎的美国网站的跟踪文件，揭示了网络监控系统的普遍性。在这 50 个网站中，他们发现访问者的计算机上被安装了 3 180 个跟踪文件。只有一个网站，即维基百科，没有跟踪文件。2/3 的跟踪文件来自 131 家企业，它们的主要业务是通过识别和跟踪互联网用户来创建用户画像，并将用户画像出售给那些寻找特定类型用户的广告企业。最大的网络追踪者是谷歌、微软和 Quantcast，它们都在卖广告给广告企业和营销人士。对这 50 个受欢迎网站的持续研究发现，它们的跟踪文件数目已翻了 5 倍。原因在于网络广告竞拍业务的增长使得广告商需要购买用户网络浏览行为的数据。

另一类**间谍软件**（spyware）可以通过搭载较大的应用程序秘密地把自己装到一个互联网用户的计算机上。一旦装好，这个间谍软件将被网站用来给用户推送横幅广告和其他未经请求的内容，并且也可以向其他计算机报告用户在互联网上的活动。第 8 章将详细讨论这类侵入性软件。

全球大约有 80% 的网络用户都在用谷歌搜索引擎及其他谷歌服务，这使谷歌成为全球最大的在线用户数据搜集商。无论谷歌在数据处理上怎么做，都会对网络隐私产生巨大的影响。大多数专家认为谷歌拥有全球最大的个人信息集合，超过了任何政府部门。最近与谷歌竞争的是 Facebook。

谷歌在 2007 年收购了广告网络企业 DoubleClick 后，开始使用行为定位功能来帮助它推送基于用户搜索活动的相关广告，当用户从一个网站转向另一个网站时也会标识用户，并向用户推送展示广告和旗帜广告。谷歌允许跟踪软件存在于它的搜索页上，并通过 DoubleClick 在整个互联网上跟踪用户。谷歌有一个程序让广告商基于谷歌用户的搜索历史及用户发送给谷歌的其他信息，如年龄、人口统计数据、地区和其他网络活动（如博客）等，来投放有定位的广告。谷歌的 AdSense 能使广告商选择关键词，并基于搜索历史，为不同的细分市场设计广告，如帮助一个服装网站制作和测试针对女性青少年的广告。现在，谷歌在 YouTube 和谷歌移动应用上做定位广告，它的 DoubleClick 广告网络为定位横幅广告服务。

美国允许企业搜集市场上的交易信息，并将这些信息用于其他的市场用途，无须得到信息所有权人的知情同意。这些企业认为，当用户同意使用网站的服务时，也就同意了网站收集他们在网站上的活动信息。知情同意的**选择性退出**（opt-out）模式允许企业收集个人信息，除非用户特别提出不能收集相关数据。而隐私保护的倡导者更愿意看到知情同意的**选择性加入**（opt-in）模式得到更广泛的应用，这样的话，企业就会被禁止收集任何个人信息，除非用户特意选择同意信息的收集和应用。默认的选择是企业不得搜集用户信息。

网络行业更希望通过自律而不是隐私立法来保护用户，包括谷歌 DoubleClick 在内的网络广告行业协会的成员创建了另外的行业协会，叫作网络广告倡议联盟（Network Advertising Initiative，NAI），它们建立了自己的隐私保护政策，帮助用户选择性地退出网络广告程序，并提供给用户滥用信息的赔偿。

微软、Mozilla Foundation、雅虎和谷歌等少数企业都已发布了自己的政策，努力消除公众对网络跟踪的担心。2015 年发布的微软 IE11 浏览器将"选择性退出"选项作为默认配置，但现在这一状况变成"选择性加入"作为默认配置，因为大多数网站不用"选择性退出"功能。其他浏览器也有"选择性退出"选项，但需要用户主动将这个选项打开，而大多数用户都不会这样做。AOL 也建立了"选择性退出"政策，允许网站用户选择不被跟踪。Yahoo 遵循 NAI 的基本准则，允许用户"选择性退出"跟踪和网络爬虫。谷歌也减少了跟踪数据的保留时间。

总的来看，大多数互联网企业在保护用户隐私上做得不够，用户也没有做他们应该做的来保护自己的隐私。那些靠广告来支持日常运营的商业网站，大多数的收入来源于贩卖用户信息。即使是那些在网站上发布了隐私政策的企业，其中仍有一半的企业并没有监控它们的网站是否在遵守这些政策。绝大多数的网络用户表示自己关心网络隐私，但不到一半的用户会阅读网站的隐私条款。一般来说，网站的隐私政策条款常常晦涩难懂，需要一定程度的法律知识才能理解（Laudon and Traver，2019）。如今，Facebook 和谷歌等企业认为隐私政策其实就是数据使用政策。但是，隐私的概念与用户权利联系在一起，而企业却没有清楚地认识到这一点。数据使用政策只是告诉用户他们的信息是如何被使用的，而不会涉及权利问题。

加州大学伯克利分校的一群学生调查了网上用户和向联邦贸易委员会提出涉及隐私的投诉。结果显示，人们普遍觉得他们无法控制网站收集他们的信息，也不知道该向谁投诉。网站收集了用户所有的信息，但不允许用户访问这些信息，它们的政策也不明确，它们与分支机构共享这些数据，但从不告知谁是谁的分支机构，这样的分支机构到底有多少。网络跟踪程序无处不在，用户在访问页面时也不会被告知。这项研究的结果表明，消费者希望对被收集的个人信息有所控制，并且可以选择性退出整个跟踪企业（完整的研究报告可在 knowprivacy.org 网站上获得）。

3. 技术解决方案

除了立法以外，已有几项新技术能在用户和网站进行互动时保护他们的隐私。这类工具主要被用于加密电子邮件、匿名使用电子邮件或浏览网页，从而保护用户的计算机不接受 Cookie，或者监测和删除间谍软件。但是，大部分技术解决方案还是不能避免用户在站点间转换时不被跟踪。

许多浏览器都有"不跟踪"选项。对那些选择了"不跟踪"选项的用户而言，他们的浏览器会发送申请给网站，要求不被跟踪，但是网站并没有义务满足浏览者不被跟踪的请求。目前，网络广告业还没有就如何应对不跟踪要求达成一致意见，同时也没有立法要求网站停止跟踪。移动设备上的专有浏览器加密软件或 App 为消费者提供了一个很好的机会，至少他们的消息是私密的。

4.3.2 财产权：知识产权

现代信息系统已经对现有的知识产权保护的法律和社会实践提出了巨大的挑战。**知识产权**（Intellectual Property）是指由个人或者企业创造出来的有形的和无形的智力产品。因为计算机化的信息很容易被复制，并且在网上传播也轻而易举，因此信息技术使得知识产权保护太困难了。目前，知识产权得到法律全方位的保护形式有 4 种：版权、专利、商标和商业秘密。

1. 版权

版权是一种法定授权，旨在保护知识的创造者，在他们生前和过世后 70 年内，其作品不被其他人出于任何目的的复制。对企业拥有的作品，其版权保护延续至它被创造后的 95 年。美国国会把版权保护的范围扩展至书籍、期刊、讲演、戏剧、作曲、地图、绘画、任何类型的艺术作品和电影图片。版权法的真正意图是鼓励创造性和保护所有权，保证创作者获得与其作品有关的财务和其他利益。大多数工业国家都有自己的版权法，国家之间也有相应的国际惯例和双边协定来协调和加强这些法律的执行。

20 世纪 60 年代中期，美国版权局开始实施软件程序登记制度。1980 年，美国国会通过了《计算机软件版权法案》，明确规定了对软件程序源代码和商业销售的原始代码复制品的保护，在保护购买者使用软件的同时，也保护了创造者的合法权益。

版权保护法反对复制整个软件程序或者部分程序的行为，一旦被侵权，被保护者很容易获得侵权赔偿金。版权保护的缺点是作品背后的创意没有被保护，只保护了作品的表象。竞争者可以使用你的软件，了解它是如何运作的，然后按照相同的思想和逻辑编制一个新的软件，这不属于侵犯版权。"外观和感受"的版权侵权诉讼如同一个创意与其产品表象之间的区别。例如，20 世纪 90 年代早期，苹果起诉微软和惠普侵犯苹果 Macintosh 界面的设计风格，声称被告复制了其视窗重叠的表现方式。被告反驳说，视窗重叠的呈现方式只有一种，因此根据版权法的合并原则，这是不受保护的。当创意思想与其产品表现方式合而为一时，其表现方式不能被版权法保护。

通常，法庭会遵循1989年"Brown Bag 软件公司和赛门铁克公司"（Brown Bag Software vs. Symantec Corp.）的案例判据进行推理。在这个案例中，法庭详细分析了被控侵权的软件，认为相似的概念、功能、通用性功能特点（如下拉式菜单）和颜色等不受版权法保护（Brown Bag Software vs. Symantec Corp.，1992）。

2. 专利

专利是给予专利所有者对其发明背后的创意独占权20年的保护期。专利法的真正意图是保护新机器、新设备或新方法的发明者获得他们劳动的全部财务收益和其他奖励，同时为了使发明被推广使用，在专利所有人的许可下，使那些希望使用专利创意的人能得到详细的图解资料。美国专利授予权是由联邦专利和商标局予以确定的。

专利法的关键概念是原创性、独特性和创造性。直到1981年，最高法院裁定计算机程序可以成为申请专利的一部分。从那以后，每年授予几百个软件专利，同时有几千个软件专利正在等待审议。

专利保护的优点在于它使得软件背后的概念和思想得以被保护，其困难在于要达到独特性（也就是作品必须反映特殊的理解和贡献）、原创性、创造性的严格标准，而且从专利申请到专利保护需要耗费多年的等待时间。

在2011年所谓的世纪专利侵权案的审判中，苹果起诉三星侵犯了其在iPhone、iPad和iPod上的专利。2012年8月24日，加州陪审团在联邦地区法院判予了苹果决定性的胜利和三星的败诉，法院判三星赔偿苹果10亿美元，同时，法庭还判罚三星不能在美国销售它新的平板电脑。这个裁定为竞争对手可以与行业领先企业的产品（如苹果的iPhone）有多少的相似度才能避免侵犯领先企业的设计及实用专利权树立了标准。在后来的专利纠纷中，三星也赢得了苹果侵权案，该案禁止旧的iPhone和iPad设备在市场上销售。2014年，苹果再次起诉三星，声称其侵犯了5项专利，涉及Galaxy 5系列产品上照片、视频和列表的硬件和软件技术。2015年，美国最高法院裁定三星抄袭了苹果的设计专利，但是把苹果要求的赔偿金降到了9.3亿美元。2018年5月，这场官司又回到了法庭，要求计算三星侵权造成的损失。

事情变得更加复杂的是，苹果已经成为三星闪存处理器、图形芯片、固态驱动器和显示器件的最大的客户之一，这些元件广泛应用于苹果的iPhones、iPads、iPod Touch设备和MacBooks中。三星和苹果的专利案例也反映了领先的计算机公司之间的复杂关系。

3. 商标

商标（trademarks）是用来区分市场上产品的标志、符号和图像。商标法通过确保消费者获得的是他们所购买的真实东西来保护消费者，同时也保护企业对产品进入市场的投资。典型的商标侵权行为发生在一家企业盗用竞争对手的商标的时候。当一家企业通过削弱商标和产品之间的联系来稀释另一家企业的价值时，侵权也就发生了。例如，如果一家搜索引擎企业复制了谷歌的商标标识、颜色和图片，那么它就侵犯了谷歌的商标权，这家企业也会稀释谷歌搜索服务与其商标之间的联系，可能会在市场上造成混乱。

4. 商业秘密

任何知识性的工作成果，如公式、仪器装置、专利或者数据汇编等，这些用于商业目的且没有公布于众的，均可以归为**商业秘密**（trade secret）。美国各州对于商业机密的保护政策不尽相同。

总的来说，商业秘密法是对产品背后的创意提供垄断性的保护，尽管这种垄断是非常脆弱的。

含有新奇或独特的要素、流程或汇编的软件也属于商业机密的范畴。商业秘密法不仅保护工作成果中那些显而易见的外在表现形式，更要保护工作成果中的真实的创意。为了主张这些权利，成果的创造者或所有者必须与员工或客户签订保密协议，避免这些商业机密被披露给公众。

不过商业秘密法有它的局限性，因为几乎所有的软件都或多或少含有独特的内容，但是当软件被广泛应用时，实际上很难将那些创意或思想保护起来。

5. 知识产权的挑战

现代信息技术，尤其是软件，对现有的知识产权制度提出了严重的挑战，由此引发了重大的商业伦理、社会和政治问题。数字媒体不同于书籍、期刊和其他媒体，更容易被复制、传输、更改和盗窃，难以维护其独特性。

互联网等数字网络的广泛使用使知识产权的保护更为困难。在网络广泛应用以前，软件、书籍、杂志文章、影片胶卷的复制必须通过纸张、计算机磁盘、磁带等，物理介质，这就给复制造成了一些障碍。有了网络以后，信息能被广泛地再生产和传播。国际数据企业和软件联盟（也叫 BSA）对全球软件的调研显示，2018 年安装在个人计算机上的软件中 37% 有盗版行为（The Software Alliance，2018）。

互联网的设计初衷就是要在世界范围内自由地传输信息，包括版权信息。你可以非常容易地复制任何信息，并分发给全世界上成千上万的人，即使他们使用不同的计算机系统。信息可以在一个地方被非法复制，然后通过其他系统和网络被传播，不管参与者是不是想参与侵权。

有了互联网，用户就开始在互联网上非法复制和传播音乐文件。共享文件服务不断涌现，如 Napster 和后来的 Grokster、Kazza、Morpheus、Megaupload 以及 The Pirate Bay 等，帮助用户查找和交换数字音乐文件，包括那些被版权保护的音乐。非法的音乐文件共享非常流行，只需要在某个地方占用 20% 的网络带宽即可，这威胁着音乐录制行业的生存。尽管音乐录制行业在几次法律诉讼中均取得了胜诉，也关闭了一些此类网络服务，但还是不能完全阻止非法的文件共享。电影和电视行业也进行着类似的斗争。几个欧洲国家曾经与美国当局合作，关闭了一些非法分享网站，但结果不一。

随着诸如 iTunes 网上音乐商店的合法化和诸如 Pandora 流媒体服务的发展，非法的文件共享业务逐渐消失。苹果的 iTunes Store 合法地付费给音乐及娱乐项目制作商，创建了一个良性闭环的市场环境，使音乐和影视作品不易被非法复制和传播，只能在苹果的设备上使用。亚马逊的 Kindle 也保护了出版商和作者的权益，因为它的图书不能在网络上复制及传播。网络广播服务的涌现，如 Pandora、Spotify 和好莱坞电影（如网站 Hulu 和 Netflix）等，也因为这些流媒体不易被不同的设备复制而阻止了盗版的扩散。尽管这些合法的网络音乐平台取得了不错的业绩，但自 2000 年以来，艺术家和唱片企业的收入下降了 50%，成千上万的工作岗位消失了。

1998 年的《**数字千年版权条款**》（Digital Millennium Copyright Act，DMCA）提供了版权保护的保障。DMCA 遵循了《世界知识产权组织条约》的规定，使得逃避版权保护的技术基础成为非法。互联网服务提供商（ISPs）一旦发现版权有问题，就必须在其网站上撤下版权的侵权人及其内容。作为软件和信息行业协会（SIIA）代表，微软和其他从事软件及信息内容的企业表示，将忠于新的法律，严格执行现行法律，在全球范围内保护知识产权。SIIA 开通了一条反盗版的热线，鼓励个人举报盗版行为，举办培训班，帮助组织和软件与侵权行为做斗争，出版指导手册，帮助员工合法使用软件。

4.4 信息系统影响法律责任和义务以及日常生活质量？

与隐私和知识产权保护一样，新的信息技术对个人和机构的法律责任及社会实践提出了挑战。如果一个人被一台受软件控制的机器所伤，那么谁应该被问责？谁应该负法律责任？像 Facebook 和 Twitter 这样的社交网站，应该对有人发布色情内容或种族歧视内容负责吗？或者说它们应该对用户发布的任何内容负责吗（因为它们是运营商，就如电话系统一样）？互联网又该怎么样呢？如果你将你的信息处理任务外包给云服务商，而云服务提供商无法提供足够合适的服务，那你能做什么呢？云服务提供商一般会认为是你使用的软件有问题，而不是云服务器有问题。

4.4.1 与计算机相关的法律责任问题

2013 年，塔吉特公司（美国最大的零售商之一）近 1.1 亿的客户信用卡、借记卡和其他个人信息被黑客窃取，其销售量和声誉即刻受到打击，至今仍未完全恢复。塔吉特公司表示，它花费了 6 000 多万美元来加强它的系统，2015 年向客户支付了 1 000 万美元，并向万事达卡公司支付了 1 900 万美元，而塔吉特的销售和客户信任的损失代价更大。

个人或企业的信用卡被侵犯，造成的经济损失该谁来负责？尽管塔吉特公司在确保信息安全方面作出了很大的努力，它还会对类似受侵害的行为负责吗？或者这是信用卡生意的部分成本，而用户和企业需要有保险来使其免受损失？比如，根据联邦银行法的规定，用户的信用卡被盗最高可以赔偿 50 美元。

信息系统管理者是否应该对企业系统造成的损失负责？由于计算机软件是机器的一部分，如果机器对某人造成身体或经济上的伤害，那么软件生产者和操作人员将要承担赔偿责任。而软件是用来存储和显示信息的，如同一本书，法院就很难认定作者、出版商和销售商对书的内容负责（欺诈或诽谤的除外）。因此，法院对于软件作者对软件负责这个问题非常小心谨慎。

一般而言，软件生产者对软件产品承担责任是非常困难的（即使可能的话），就像书的作者对书的内容负责一样，无论其产生了什么样的身体或经济损失。历史上，图书和期刊的出版商不对书的内容负责，因为担心赔偿责任会干扰《第一修正案》中关于保障言论自由的权利。因软件故障原因导致的伤害很少是致命的，一般是用户使用上的不方便，不会造成身体上的伤害（医疗设备除外）。

那么，软件即服务呢？自动取款机是银行向客户提供的一种服务。如果这项服务出现了问题，客户会觉得不方便，或许会因为无法及时获得现金而造成经济上的损失。是否应该将保护责任扩展到软件生产商和财务、会计、模拟或营销系统的运营商身上呢？

软件和书很不一样。软件的用户可能认为软件是没有错误的。和书比起来，软件更不容易检查出错误，也更不容易和其他软件进行质量比较，软件实际上是在执行一个任务，而不像书那样只是在描述一个任务。人们依赖服务本质上就是依赖软件。由于软件在日常生活中具有重要的作用，即使软件仅提供信息服务，相关责任法也应该将软件包含在内。

电话系统是传输的共同载体，从来没有对所传输的信息内容负责，但它必须以合理的费率和可被接受的可靠性向所有人提供服务。但是，有线网络是不受监管的私有网络，而使用公共无线电波的广播在内容和设施方面受各地方和联邦政府的管制。在美国，除少数网站以外，网站一般不对其发布的内容负责，无论内容是由网站所有者还是由用户放上去的。

4.4.2 系统质量：数据质量和系统错误

2012年12月24日，"白色圣诞节"那晚，数百万Netflix用户和社交网络用户发生了中断事件。这次中断事件是由于Netflix提供存储和计算服务的亚马逊的云计算服务（AWS）故障引起的，故障持续了一天。亚马逊将其归咎于弹性负载平衡程序出错所致，弹性负载平衡是一个平衡所有云服务器上的负载以防止过载的软件程序。亚马逊的云计算服务已经有过几次中断，尽管不像圣诞除夕夜中断的时间那么持久。2015年9月，AWS再次遭受重大中断事故。云计算服务的中断是罕见的，但是会重复出现，这些中断对云服务的可靠性和质量提出了质疑。这些中断是否可以接受呢？

对于因使用系统而导致意外后果的法律责任问题，提出了一个相关但又独立的商业伦理问题：什么是一个可接受的、技术上可行的系统质量水平？在什么情况下系统经理可以说："停止试验，我们已经尽力完善了这个软件。发布吧！"个人和组织需要察觉到可避免的、可预测的后果，并承担纠正的责任。然而，现实中只有部分系统错误是可预测的，也是可纠正的，有些错误若要纠正需付出很大的代价，为追求完美而付出那么大的代价在经济上是不可行的，因为没有人能支付得起这样的产品。

例如，在发布产品前，软件企业会尽量调试好软件，但它们也知道向市场推出的软件是有瑕疵的，因为要修复所有微小的错误所花费的时间和成本将妨碍这些产品的发布。如果这个产品不推向市场会怎样？社会的总体福利会波动，甚至可能会有所下降吗？进一步说，计算机服务厂商的责任是什么？是否应该撤回那些永远不可能完美的产品，是警告用户还是忘掉风险（让买主自己意识到风险）？

之所以出现性能差的系统主要是因为：①软件瑕疵和错误。②由自然或其他原因引起的硬件和设备故障。③输入的数据质量差。在第8章的"学习跟踪"模块中，我们会讨论为什么任何复杂的软件代码都不可能做到零缺陷，为什么软件瑕疵的严重性不可估算？因此，软件的完善还存在着技术壁垒，用户必须清楚这个潜在的问题。软件行业至今尚未形成性能并非完美但可接受的行业标准。

虽然新闻上时不时有软件瑕疵和设备故障的报道，但到目前为止，企业信息系统失败最普遍的原因是数据质量问题。几乎没有企业定期评估它们的数据质量，仅有个别的组织报告其数据的错误率在0.5%～30%。

4.4.3 生活质量：平等、互通和边界

随着技术能力的增强，新的信息技术和系统带来的负面的社会成本在不断攀升，这些消极的社会后果并不是指侵害个人的权利或财产犯罪行为，而是指那些可能会极大地伤害个人、社会和政治机构的事件。计算机和信息技术在带来好处的同时，也极有可能在破坏我们的文化和社会的价值观。使用信息系统的好处和坏处是否能平衡？谁来对坏的后果负责？接下来，我们需要从个人、社会和政治角度来看信息系统带来的负面的社会后果。

1. 平衡权利：中心和外围

早期对计算机时代的巨大恐惧是担心大型的中央主机将权力集中于国家的首都，形成一个"大哥"社会，就如George Orwell的小说《1984》描述的那样。随着信息系统向非集中化的客户-服务器计算模式的变迁，伴随着Twitter和社会化媒体用户的授权意识，以及决策权力的分散化下

沉到组织较低的层次，人们对政府机构权力集中的恐惧才逐步消失。当然，商业期刊上描述的分散化授权仍是很少见的，底层员工可以授权做一些小的决策，但关键的政策决策还是要像过去一样是高层集中决策的。同时，谷歌、苹果、雅虎、亚马逊和微软等大型网络企业，已经成为搜集和分析所有民众个人信息的主导力量。自从 2001 年 9 月 11 日美国发生恐怖袭击事件后，联邦政府在《2001 爱国者法案》以及后续秘密执行令的授权下，大大拓展了使用个人信息的范围。从这个意义上来看，信息使用的权力更集中在少数的寡头企业和政府机构手中。

2. 变化的快速性：减少竞争的响应时间

信息系统有助于创造更加高效的国内和国际市场。通常，企业需要几年的时间来适应竞争，但如今快速变化的全球市场减少了竞争响应时间。基于时间的竞争有它不好的一面：你所在的企业可能因为没有足够的时间来响应全球竞争而在一年内被消灭，一起消失的还有你的工作岗位。我们正承受着"准时社会"的风险，连同"准时岗位"和"准时的工作场所、家庭和假期"。Uber（见第 10 章）和其他按需服务的企业所带来的影响是为员工提供没有福利和保险的准时工作。

3. 维护边界：家庭、工作和休闲

无所不在的计算、通信、游牧计算（nomad computing）、移动计算以及"在任何地方可做任何事"的计算环境的危害正在变为现实。把工作与家庭、纯粹的休闲时间分开的传统边界已经被弱化了。

虽然传统上作家可以在任何地方工作，信息系统的出现伴随着知识工作职业的增加，意味着越来越多的人将原本用于休闲或者和家人、朋友交流的时间，也变成了工作时间。工作的"大伞"正在扩展，远超过每天 8 小时，已延伸到交流时间、休假时间和休闲时间。智能手机的爆炸式增长和使用给许多员工带来了从不离开工作的感觉，即他们从来没有离开过工作。

当人们把休闲时间也花在计算机上时，就开始威胁到亲密的社会关系。互联网和手机的广泛使用，哪怕是出于娱乐目的，正逐渐使人们远离家庭和朋友。这在青少年中可能会导致有害的反社会行为，如最近出现的网络欺凌现象。

人与人之间关系的弱化具有非常大的危害。从历史上看，家庭和朋友为个人提供了强大的支持，使每个人在社会中找到一个平衡点：保留私人的生活，为每个人提供一个地方收集和交流他们的想法，并以不同于雇主的方式来思考和想象（见图 4-6）。

图 4-6　在家工作

注：虽然有些人喜欢在家工作的便利性，但在任何地方可做任何事的计算机环境把我们工作和家庭时间之间的传统界限模糊化了。

4. 依赖性和脆弱性

如今，我们的企业、政府、学校和私人社团（如教堂）等也越来越依赖于信息系统，因而一旦系统失效，它们都将脆弱不堪。想想看，如果国家的电网关闭了，又没有备用设施来弥补电子

系统的缺失，会发生什么？现代信息系统就像电话系统一样无处不在，令人不安的是，现在还没有像电话、无线电、电力、电视或其他公共设施技术那样的监管体系或标准。信息系统应用标准和监管的缺失，正在唤起人们对国家标准和监管的呼声。

5. 计算机犯罪和滥用

计算机等新技术的应用也为犯罪创造了新的机会、新的项目、新的犯罪方式和新的伤害他人的办法。**计算机犯罪**（computer crime）是通过使用计算机或者攻击计算机系统来进行的非法行动。未经授权的访问或企图损害计算机的行为，即使是在偶然的情况下发生的，现在也被视为犯罪行为。最常见的计算机犯罪类别包括恶意软件、网络钓鱼、网络中断、间谍软件、拒绝服务攻击（PwC，2016）。所有计算机犯罪的真实成本均是一个未知数，但估计有数十亿美元。关于计算机犯罪第 8 章有更详细的讨论。

计算机滥用（computer abuse）是涉及计算机的一系列行为，可能是合法、但不道德的行为。互联网和电子邮件的普及引发了一类计算机滥用的行为，即垃圾邮件，对个人和企业而言，垃圾邮件已成为一个严重的问题。**垃圾邮件**（spam）是由一个组织或个人发送给大量的互联网用户的无用的电子邮件，展示给用户不感兴趣的产品或服务。垃圾邮件发送者大多数发送的是推销色情、欺诈性交易和服务、各种骗局以及其他未被广泛认可的产品。一些国家通过了法律，禁止垃圾邮件或限制其使用。在美国，如果不涉及欺诈行为，且电子邮件的发件人和主题能被正确识别，这类垃圾邮件依然是合法的。

垃圾邮件迅速增长，是因为给互联网用户发送几千份广告信息的成本只有几美分。2017 年，垃圾邮件占所有电子邮件的比例约为 60%（Symantec，2018）。大多数垃圾邮件源自僵尸网络，通过数千台被捕获的 PC 发起并转发。由于处理数十亿无用的电子邮件所消耗的计算和网络资源以及时间成本巨大，垃圾邮件对企业造成了大量的资源浪费（估计每年超过 500 亿美元）。

身份盗窃和金融盗窃的网络罪犯把智能手机作为目标，当用户查看电子邮件、进行网上银行业务、支付账单和披露个人信息时是网络罪犯的机会。手机垃圾邮件通常以短信的形式出现，但越来越多的用户在 Facebook 新闻和消息服务中收到垃圾邮件。

互联网服务提供商和个人可以通过使用垃圾邮件过滤软件，在垃圾邮件进入接受者邮箱前将其阻断，不过垃圾邮件过滤软件也可能会滤除掉合法的信息。垃圾邮件制造者知道如何躲避滤除，通过不断地改变电子邮件的账号，以图像的方式展示垃圾邮件信息，以附件或电子贺卡的形式发送垃圾邮件，或使用由僵尸网络控制的他人的计算机等方式发送邮件（见第 8 章）。许多垃圾邮件是从某个国家发送的，但往往却是在另一个国家的网站制造的。

与美国相比，欧洲更严格地规范了垃圾邮件。2002 年 5 月，欧洲议会通过了一个未经请求发送商业信息的禁令，即数字营销只能针对事先同意的人。

美国的《反滥发商业电子邮件法》（*CAN-SPAM Act of* 2003）自 2004 年 1 月 1 日起生效，没有规定垃圾邮件是非法的，但确实禁止了欺骗性的电子邮件，要求商业电子邮件显示正确的主题、能识别真实的发送者，并提供给接收者在邮件地址表中轻易地移除其姓名的方法。这个法律也禁止使用虚假的返回地址。即使有这个法律，现实中也只有少数人被起诉，因为互联网的安全系数特别低，再加上发送者使用离岸服务器及僵尸网络，大体而言该法律对垃圾邮件的影响是微不足道的。目前，大多数大规模的垃圾邮件已经离岸到俄罗斯和东欧，在那里黑客控制了全球的僵尸网络，能产生数十亿的垃圾邮件信息。近年来，最大的垃圾邮件网络之一是位于圣彼得堡的俄罗斯网络 Festi。Festi 的出名在于它是全球伟哥垃圾广告行业背后的垃圾邮件产生器。

6. 就业：信息技术和岗位再造

由于信息技术能够带来巨大的收益，企业再造工作在信息系统领域非常受欢迎。但也有人指出，业务流程再造可能会引起几百万中层经理和文员失去他们的工作。一些经济学家警告说，信息和计算机化技术会威胁到中产及白领阶层的工作（工厂里的蓝领也一样）。埃里克·布赖恩约弗森（Erik Brynjolfsson）和安德鲁·迈克菲（Andrew P. McAfee）认为，自动化的步伐近年来已经加快了，这主要是由于技术融合的结果，包括机器人、数控机床、计算机化的库存控制、模式识别、语音识别和电子商务等。其结果是机器现在可以做很多人类所做的工作，包括技术支持、呼叫中心工作、X射线读片等，甚至审查法律文档（Brynjolfsson 和 McAfee，2011）。

上述观点与其他经济学家的观点形成鲜明对比，这些经济学家认为新技术创造的新的就业岗位的数量多于被摧毁的就业岗位数量。例如，在IT资本投资最高的金融行业，就业人数反而有所增长或保持不变，而电子商务的发展导致零售业工作岗位的减少，但增加了仓库工人、主管和送货员的工作岗位。经济学家们相信，那些受过良好教育的技术型工人在这些快速增长的行业会得到更好的就业机会，而失去工作的只是那些缺少技能的蓝领工人以及年龄较大、受教育程度较低的中层管理人员。这些群体是否可以轻松地重新获得高质量、高收入的工作，很难下定论。在"互动讨论：组织"部分将探讨这个问题。

7. 平等和接入：扩大了的种族和社会阶层差异

是否每个人都有同等的机会参与数字时代？在美国和其他地区中存在的社会、经济和文化的鸿沟，能否被信息技术缩小？还是差异会扩大，让好的变得更好？

这些问题现在还没有确切的答案，因为信息系统技术对社会中各种人群的影响尚未彻底被认知。众所周知，使用信息、知识、计算机以及获取教育机构和公共图书馆这些资源的机会，对于不同的民族和社会阶层是不平等的，许多其他的信息资源也是如此。有研究发现，即使近5年来计算机的拥有量和互联网访问量在美国猛增，但一些贫穷的人和少数民族群体只拥有较少的计算机和互联网访问量。虽然在获得计算机方面的鸿沟不大，但是收入较高的家庭相对于同一种族内收入较低的家庭，更容易获得家用计算机和访问互联网的带宽。此外，高收入家庭的孩子更有可能使用互联网达到接受教育的目的，而低收入家庭的孩子更有可能花时间去娱乐和玩游戏，这被称为"时间利用"的差距。

这个数字鸿沟没有缩小，可能会导致在一个社会中，一群是具有计算机知识和技能的信息富人，另一群是没有计算机知识和技能的信息穷人。公益组织希望通过给每个人提供数字信息服务（包括互联网）来缩小这个数字鸿沟，就像现在基本的电话服务一样。

互动讨论：组织

自动化会消灭工作岗位吗？

俄亥俄州扬斯敦的丹尼斯·克里巴尔（Dennis Kriebal）曾是一家铝型材挤压厂的主管，负责冲压出汽车和拖拉机的零件。6年前，他的工作被机器人取代，从那以后，他一直做零工以维持生计。雪莉·约翰逊（Sherry Johnson）曾经在佐治亚州玛丽埃塔（Marietta）的一家当地报社工作，她的工作是将纸张送入印刷机并排版。她也失去了这份工作，还有在医疗设备制造、库存管理和自动化归档工作的人也失去了工作。

这些情况说明了计算机技术的负面影响。美国还有很多被机器人和自动化替代的工作岗位，比与中国、墨西哥或其他任何国家的贸易中失去的工作岗位要多得多。鲍尔州立大学商业与经济研究中心的一项研究表明，2000—2010 年，约有 87% 的制造业工作岗位由于工厂的自动化和更好的技术应用而消失了，只有 13% 的工作岗位由于贸易而消失。例如，美国钢铁业在 1962—2005 年失去了 40 万个工作岗位。《美国经济评论》的一项研究发现，钢铁的运输量并未下降，但从事与以前相同工作量所需的岗位人数却更少了，主要是由于使用了小型轧机的钢厂（由废铁生产特种钢的小型工厂）的生产效率大大提高了。

麦肯锡全球研究院迈克尔·崔（Michael Chui）、詹姆斯·曼尼卡（James Manyika）和梅赫迪·米雷玛迪（Mehdi Miremadi）在 2015 年 11 月发布的麦肯锡全球研究所（McKinsey Global Institute）的报告中，研究了 800 种职业中 2 000 种不同类型的工作。他们发现，到 2055 年，使用现有技术可以将 45% 的工作自动化。美国人所从事的工作中，约有 51% 是可预测的、常规的体力劳动、数据收集和数据处理等工作，这些工作岗位相关的自动化技术是成熟的。没有人确切地知道美国将失去多少工作岗位，这些工作消失得有多快，但研究人员估计，有 9%～47% 的工作岗位可能受到影响，或许有 5% 的工作岗位被彻底淘汰。这些变化不应导致大规模失业，因为自动化技术可以在未来 50 年内每年将全球生产率提高 0.8%～1.4%，并创造许多新的就业机会。

根据麻省理工学院（MIT）劳工经济学家戴维·奥特（David Autor）的一项研究表明，到现在为止，自动化技术的进步并未消除大多数工作岗位。在某些情况下，机器确实会取代人类，如在农业和制造业，但并不是整个经济。劳动力自动化带来的生产率提高增加了对商品和服务的需求，反过来又增加了对新型劳动形式的需求。没有被自动化淘汰的工作将会被自动化增强。例如，宝马（BMW）在南卡罗来纳州的斯巴达堡的工厂，在过去的 10 年中完成了许多日常生产任务的自动化，因此汽车年产量翻了一番以上，达到 40 万辆。斯巴达堡的工人已从 4 200 名增加到 10 000 名，他们大部分要完成更复杂的汽车装配工作（之前的汽车有 3 000 多个零部件，而现在的汽车有 15 000 多个零部件）。

技术的正面影响和负面影响不会以相同的方式显现出来。自动化创造的所有新工作岗位不一定都是更好的。高薪工作（如会计师）有所增加，但低薪工作（如食品服务工人和家庭保健助手）也有所增加。消失的工厂工作岗位在很大程度上已被服务业的新工作岗位所取代，但通常处于较低的工资水平。

制造业一直是机器人和自动化的重点应用领域。与 2000 年相比，如今的制造业岗位减少了 500 万个以上。根据 MIT 的经济学家达伦·阿西莫格鲁（Daron Acemoglu）和波士顿大学的帕斯夸尔·雷斯特雷波（Pascual Restrepo）的研究，每 1 000 个工人中有一个机器人，就会有 6 名工人会失去工作，而且工资水平下降高达 0.75%。阿西莫格鲁（Acemoglu）和雷斯特雷波（Restrepo）发现，其他职业的就业岗位增长很少，难以抵消制造业的岗位消减数。新岗位最终可能会增加，但是现在美国仍有大量的工人失业，尤其是没有大学学历的蓝领工人。研究人员还发现，1990—2007 年，多达 670 000 个制造业岗位的消失归咎于工业机器人的应用。预计工业机器人的使用数量还将翻两番，失业人数还将继续上升。阿西莫格鲁（Acemoglu）和雷斯特雷波（Restrepo）指出，底特律等特定的区域经济可能受到的打击尤其严重，尽管在美国全国范围内机器人的影响还比较小，因为在其他地方创造了新的就业机会。技术创造的新工作不一定在被替代工作的地方，如 Rust Belt 公司中那些被机器人替代的员工，通常是没有技能或无法承担自动化带来的新工作的人。

自动化不仅会影响体力劳动者和工厂的工作，现在的计算机可以接管某种类型的白领和服务行业的工作，如 X 射线影像图片的分析和文档筛选等。对于医疗技术人员、主管甚至律师而言，工作机会正在小幅缩水而那些需要创造力、管理、信息技术技能或个人护理的工作受到的威胁最小。

波士顿大学经济学家詹姆斯·贝森（James Bessen）认为，问题不在于大规模失业，而是人们从一项工作转移到另一项工作，人们需要学习新技能才能在新经济中工作。当美国从农业经济转向工业经济时，高中教育迅速发展。到 1951 年，美国人的平均受教育年限比 75 年前出生的人多 6.2 年。额外的教育使人们能够在工厂、医院和学校中从事新的工作。

资料来源：William Wilkes, "How the World's Biggest Companies Are Fine-Tuning the Robot Revolution," Wall Street Journal, May 14, 2018; James Manyika and Michael Spence, "The False Choice Between Automation and Jobs," Harvard Business Review, February 5, 2018; Andrew Hobbs, "Automation Will Replace 9 Percent of U.S. Jobs in 2018," Internet of Business, February 16, 2018; Patrick Gillespie, "Rise of the Machines: Fear Robots, Not China or Mexico," CNN Money, January 30, 2017; Claire Cain Miller, "Evidence That Robots Are Winning the Race for American Jobs," New York Times, March 28, 2017; "The Long-Term Jobs Killer Is Not China, It's Automation," New York Times, December 21, 2016; "A Darker Theme in Obama's Farewell: Automation Can Divide Us," New York Times, January 12, 2017; Steve Lohr, "Robots Will Take Jobs, But Not as Fast as Some Fear," New York Times, January 12, 2017; Michael Chui, James Manyika, and Mehdi Miremadi, "Where Machines Could Replace Humans—and Where They Can't (Yet)," McKinsey Quarterly, July 2016; Stephen Gold, "The Future of Automation—and Your Job," Industry Week, January 18, 2016; and Christopher Mims, "Automation Can Actually Create More Jobs," Wall Street Journal, December 11, 2016.

案例分析题：

1. 请分析自动化工作如何带来道德困境？谁是利益相关者？请分析不同的情境下可以采取的方案以及每种方案的潜在后果。

2. 如果你是一家工厂的老板，对是否购买机器人来执行某些任务进行决策，你会考虑哪些人员、组织和技术方面的因素？

4.4.4 健康风险：RSI、CVS和认知下降

如今，最常见的职业病是**重复性压力损伤**（repetitive stress injury，RSI）。RSI 是由于肌肉被迫做重复性动作而引起的，这些动作常常是带有高冲击的负荷（如网球）或几万次低冲击负荷（敲击计算机键盘）。据估计，RSI 的发病率影响多达全体劳动力的 1/3，占所有残疾病例的 1/3。

与计算机相关的、最常见的 RSI 是**腕管综合征**（carpal tunnel syndrome，CTS），压力通过腕管的手腕骨骼结构施加在中枢神经上而产生疼痛。这种压力是由于长期重复的键盘操作引起的，一个打字员在一个班次中可能敲击键盘 23 000 次。腕管综合征的症状包括麻木、射痛、抓不住东西、刺痛等。已有数百万名职工被确诊患有该病症。它影响了 3% ~ 6% 的劳动力（LeBlanc 和 Cestia，2011）。

RSI 是可以避免的。设计一个平衡腕部位置的工作台（用一个腕垫支持腕部）、正确的显示器位置和脚垫均可纠正姿势，从而减少 RSI 的发生。人体工效学的校正键盘也可作为一个选择。这些措施还应配合经常性的间歇休息以及员工的岗位轮换。

RSI 不是计算机引起的唯一疾病。背部和颈部疼痛、腿部紧张和脚痛也会因为工作台的人体工效学设计不佳而产生。**计算机视觉综合征**（computer vision syndrome，CVS）是指台式计算机、笔记本电脑、智能手机、手持视频游戏机的显示屏所导致的眼部疲劳状况。CVS 影响到了每日使用相关电子设备 3 小时以上的人群中 90% 的人，其症状通常是暂时的，包括头疼、视觉模糊、眼睛干燥和发炎等。

除了这些疾病，计算机技术或许正在损害我们的认知能力，至少是在改变我们思考及解决问题的方式。有专家认为，尽管互联网使人们更容易获取、创造和使用信息，但它也正妨碍人们专注、独立地思考问题。他们还认为，过度使用电脑或手机会降低智力。MIT 的一位学者认为，计算机的使用鼓励人们查找答案，而不是真正地解决问题。这种观点认为，与聆听、画画、争论、观察和探索相比，人们在阅读网页或者写电子邮件时，不会学到很多东西（Henry，2011）。

无论从个人、社会、文化还是政治角度来看，计算机都已成为我们生活的一部分。随着信息技术持续地改变我们的世界，信息系统的伦理问题和我们的选择都变得更加困难。互联网和信息经济的发展表明，当我们步入第一个数字世纪时，上述的所有商业伦理和社会问题进一步凸显。

RSI（见图 4-7）是当今主要的职业病。造成 RSI 的最大原因是计算机键盘工作。

图 4-7　RSI

互动讨论：技术

智能手机的危害有多大？

对许多人来说，智能手机已变得不可或缺，然而智能手机也受到了一些抨击，是因为智能手机对我们的思维和行为方式存在影响，尤其是对儿童的影响。苹果的两个最大投资者正在敦促这家 iPhone 的制造商采取行动，防止儿童对智能手机上瘾，原因是人们越来越担心技术的负面影响。

2018 年 1 月 6 日，苹果的两个股东：纽约的 JANA Partners 和加利福尼亚州教师退休系统（CalSTRS）向苹果公司致公开信，要求苹果必须做更多的工作来帮助儿童对抗智能手机成瘾问题。这两个股东共同控制着约 20 亿美元的苹果股票。

来自投资者的信呼吁苹果提供预防智能手机成瘾的工具，并给父母提供监控儿童使用智能手机的情况。苹果智能手机和平板电脑的 iOS 操作系统已经赋予家长部分控制功能，可以限制儿童使用 App、位置共享等功能以及对某些类型内容的访问。投资者认为苹果需要做更多的事情，如允许父母在设置过程中指定手机用户的年龄、设置屏幕使用时长、选择一天中可以使用手机的时间，以及屏蔽社交媒体服务。

美国普通的青少年会在 10 岁左右收到他的第一部智能手机，每天会花超过 4.5 个小时在手机上（不包括发短信和通话）。78% 的青少年至少每小时检查一次手机，50% 的青少年表示对手机已经"上瘾"。投资者的信中引用了许多关于大量使用智能手机和社交媒体对大脑仍在发育的孩子的身心健康产生负面影响的研究成果，包括在教室里分散注意力、引发高风险的自杀和抑郁等。

媒体和儿童健康中心以及艾伯塔大学对 2 300 多名教师的最新调查发现，有 67% 的教师报告说，在教室中受到数字技术干扰的学生人数在增加；有 75% 的教师认为学生专注于教学任务的能力有所下降。圣迭戈州立大学心理学教授让·特温格（Jean Twenge）的研究发现，与每天在电子设备花不到 1 小时的美国青少年相比，那些每天在电子设备上花 3 个小时或以上的美国青少年自杀倾向的风险高达 35%；而花 5 个小时或以上的青少年自杀倾向的风险高达 75%。这项研究还表明，频繁使用社交媒体的八年级学生患抑郁症的风险高达 27%，那些花更多的时间与朋友一起出去玩或做家庭作业的孩子患抑郁症的风险要低得多；此外，每天在电子设备上花 5 个小时或更多时间的青少年，每晚少于 7 小时睡眠的可能性增加了 51%（而建议的睡眠时间是 9 小时）。

研究技术对商业和文化影响的尼古拉斯·卡尔（Nicholas Carr）也表达了这些担忧。他严厉批评了互联网和智能手机的使用对认知的影响，担心人们过度使用移动设备会降低专注力和深入思考的能力。

卡尔认为，智能手机的便捷性、超强的功能性和实用性使手机对人们的注意力、思维和行为产生了极大的影响。智能手机正以深刻而复杂的方式影响着我们的思想，即使我们不使用智能手机，它们的影响依然会持续存在。研究表明，随着大脑越来越依赖于技术，人类的智力水平会降低。

卡尔 10 多年来一直在研究智能手机和互联网如何影响人们的思想和判断力，引用了得克萨斯大学奥斯汀分校的认知心理学家和市场营销学教授阿德里安·沃德（Adrian Ward）的研究成果。沃德观察到，使用智能手机，哪怕只是听到铃声响起或振动，都会使人分心，使人们难以集中精力解决难题或工作。注意力分散会妨碍人们的推理能力和工作表现。

2017 年 4 月在《应用认知心理学》上发表了一项研究，这项研究基于在蒙蒂塞洛阿肯色大学演讲课的 160 名学生的调查，研究了智能手机是如何影响学习的。调查发现，未带电话到教室的学生在测验中的得分比带电话的学生要高一个等级，而且与带手机的学生是否使用手机没有关系。2016 年发表在《劳工经济学》上的一项针对英国 91 所中学的研究发现，当学校禁止使用智能手机时，学生的考试成绩会大幅提高，而且成绩越差的学生受益越大。

卡尔还指出，频繁使用智能手机可能会损害社交技能和人际关系，通过智能手机与"朋友"进行电子连接并不能替代真正的人际关系和面对面的对话。

资料来源："Letter from JANA Partners & CalSTRS to Apple, Inc.," posted by Anne Sheehan, California State Teachers' Retirement System, Harvard Law School Forum on Corporate Governance and Financial Regulation, January 19, 2018; Samuel Gibbs, "Apple Investors Call for Action over iPhone 'Addiction' among Children," The Guardian, January 8, 2018; David Benoit, "iPhones and Children Are a Toxic Pair, Say Two Big Apple Investors," Wall Street Journal, January 7, 2018; and Nicholas Carr, "How Smartphones Hijack Our Minds," Wall Street Journal, October 7, 2017.

案例分析题：

1. 请分析本案例所描述的问题。从何种意义上讲这是一个商业伦理困境？
2. 是否应该限制儿童和青少年使用智能手机？为什么？
3. 智能手机会降低人的认知能力的问题能否解决？为什么？请解释你的答案。

4.5 MIS 如何有助于我的职业发展

下面是第 4 章和本书可以帮助你找到初级隐私分析师工作的内容。

4.5.1 企业

得克萨斯州的 Pinnacle 空军基地在人力资源办公室有一个初级隐私分析员的职位空缺。该办公室管理着 6 800 多名军人及其家属和 1 250 名文职人员的详细人事记录,包括工作经历、薪酬、医疗保健和退休福利等。

4.5.2 职位描述

初级隐私分析员负责协助员工记录的保存,并帮助确保遵守所有联邦和州隐私法规。工作职责包括:
- 分析和制定与办公室职能相关的隐私政策和流程。
- 记录和跟踪隐私法案请求,协助审查、编辑和准备响应记录,并跟踪所有隐私办公室通信。
- 监督并回复针对政府隐私保护办公室的书面、口头和电子信函和询问,包括敏感的受益人、人员的信函。
- 协调隐私保护办公室的会议。
- 审查并分析数据和文件,评估各种项目规划、报告和执行活动的方案、问题和立场等。

4.5.3 岗位要求

- 文科或商科学士学位。
- 具有较强的沟通和组织能力。
- 有记录保管和文件系统方面的经验。

4.5.4 面试问题

1. 你在隐私保护领域有什么背景或工作经验?
2. 你对《隐私法》了解多少?
3. 你对处理书面和电子信函的隐私保护的具体做法了解多少?
4. 如果你被要求改善组织的隐私保护,你将如何进行?
5. 你是否曾经处理过涉及隐私保护的问题吗?你在其中起到了什么作用?

4.5.5 作者提示

1. 回顾本章内容,重点复习有关信息系统和隐私的章节。
2. 利用网络了解更多关于隐私法案和隐私保护人事记录的程序和政策。
3. 尽可能了解更多关于在美国军事基地或其他组织的员工记录保存和隐私保护的信息。
4. 如果你在隐私领域没有任何实际经验,请解释你所知道的什么是隐私,为什么保护敏感的个人数据非常重要等问题,并表示你会非常有兴趣学习和了解更多关于隐私的工作。

复习总结

4-1 信息系统引发了什么样的商业伦理、社会和政治问题？

信息技术正在不断引发变革，但相应的法律和可接受的操作规则现在还没有出台。包括互联网在内的不断增长的计算能力、存储和网络能力扩展了个人和组织的活动范围，扩大了它们的影响。现在，信息的交流、复制和加工在网络环境下变得更加容易，这对保护隐私和知识产权提出了新的挑战。信息系统引发的主要商业伦理、社会和政治问题围绕着信息的权利和义务、财产的权利和义务、责任和控制、系统质量和生活质量 5 个维度展开。

4-2 有哪些具体的原则可用于指导商业伦理的决策？

用于商业伦理判断的 6 项原则包括：黄金规则、康德的绝对命令（康德的伦理学原则）、光滑的斜坡规则、功利原则、回避风险原则以及"没有免费的午餐"伦理规则。这些原则需要和商业伦理分析结合使用。

4-3 为什么现代信息系统技术和互联网给个人隐私和知识产权保护带来了挑战？

现代的数据存储和数据分析技术使企业很容易通过多种来源收集到个人的隐私信息，分析这些数据后可以创建关于个人及其行为的详细的数字画像。数据流在互联网上流动，会在许多点被监视，Cookie 和其他网络监视工具可以密切跟踪网络访问者的活动。并非所有的网站都有很强的隐私保护政策，它们在应用个人信息之前，不一定征求用户的知情同意。传统的版权法对保护软件知识产权也是不够的，因为数字信息可以非常容易地被复制，并可以通过互联网及时地传输到许多不同的地方。

4-4 信息系统如何影响法律责任和义务，以及人们日常生活的质量？

新的信息技术正在挑战现有的法律责任和社会实践，并让个人与机构对其他人造成的伤害负责。虽然计算机系统带来了效率和财富，但它们也带来了一些负面的影响：计算机的错误可能会严重伤害个人和组织；数据质量差也可能会给企业带来损失；在业务流程再造中，计算机可能会代替员工，从而导致员工下岗；拥有和使用计算机的能力可能会加大社会经济在不同的族群和社会阶层间的差异；计算机的广泛应用，增加了计算机犯罪和滥用的机会；计算机也会引起健康和认知问题，如 RSI、计算机视觉综合征以及不能集中精力深入思考和执行复杂任务。

关键术语

问责（accountability）

腕骨隧道综合征（carpal tunnel syndrome，CTS）

计算机滥用（computer abuse）

计算机犯罪（computer crime）

计算机视觉综合征（computer vision syndrome，CVS）

版权（copyright）

数字鸿沟（digital divide）

数字千年版权条款（digital millennium copyright act，DMCA）
正当法律程序（due process）
"没有免费的午餐"伦理规则（ethical no-free-lunch rule）
商业伦理（ethics）
公平信息原则（fair information practices，FIP）
黄金原则（golden rule）
康德绝对命令（Immanuel Kant's categorical imperative）
信息权益（information rights）
知情同意（informed consent）
知识产权（intellectual property）
法律责任（liability）
隐性关系认知（nonobious relationship awareness，NORA）

选择进入（opt-in）
选择退出（opt-out）
专利（patent）
隐私（privacy）
画像（profiling）
重复压力损伤（repetitive stress injury，RSI）
责任（responsibility）
回避风险原则（risk aversion principle）
安全港（safe harbor）
光滑斜坡规则（slippery slope rule）
垃圾邮件（spam）
间谍软件（spyware）
商业秘密（trade secret）
功利原则（utilitarian principle）
网络爬虫（web beacons）

复习题

4-1 由信息系统引发的商业伦理、社会和政治问题是什么？
- 阐述商业伦理、社会和政治问题是如何相互联系的，并给出一些例子。
- 列出并描述加剧商业伦理问题的关键技术趋势。
- 区分职责、问责和法律责任。

4-2 有哪些具体的原则可用于指导商业伦理的决策？
- 列出并描述商业伦理分析的 5 个步骤。
- 明确描述 6 项商业伦理原则。

4-3 为什么现代信息系统技术和互联网给个人隐私和知识产权保护带来了挑战？
- 界定隐私和合法的信息行为。
- 阐述互联网如何挑战个人隐私和知识产权保护。
- 阐述知情同意、立法、行业自律和技术工具如何有助于保护互联网用户的个人隐私。
- 列出并界定保护知识产权的 3 个不同的法律体系。

4-4 信息系统如何影响法律的责任和义务以及日常生活质量？
- 阐述为什么很难界定软件失效和故障的法律责任。

- 列出并描述导致系统质量问题的主要原因。
- 列出并描述计算机和信息系统影响生活质量的 4 个方面。
- 定义并描述计算机视觉综合征和 RSI，并阐述它们和信息技术的关系。

讨论题

4-5　软件服务的提供商，如 ATMs，是否应当对系统失败而导致的经济损失负有法律责任？

4-6　企业是否应该对信息系统引起的失业负责？为什么是？为什么不是？

4-7　请讨论允许企业使用大量的个人数据进行行为定位的优点和缺点。

MIS 实践项目

下列项目为一些关于处理实际应用中隐私问题的实践，包括应用网络数据经纪商、开发一个企业策略指导员工使用网络、用博客工具搭建一个简单的博客以及分析网络浏览器的隐私处理问题。

管理决策问题

4-8　InfoFree 的网站与大量的数据库相连，可以整合数百万人的个人数据。用户在 InfoFree 网站上可以根据地点、年龄、性别、收入水平、家庭价值观和兴趣来购买消费者的营销列表。若个人一旦可以得到如纽约 Peekskill 社区每个人的数据列表，那么这个人一年至少可以赚 15 万美元。像 InfoFree 这样的数据经纪人会引发隐私问题吗？为什么会或为什么不会？如果你的名字和其他人的数据也在这个数据库中，你希望保护你的隐私，对访问应该采取哪些限制？请考虑以下数据用户：政府机构、你的雇主、私营企业和其他个人。

实现卓越运营：创建一个简单的博客

　　软件技巧：创建博客

　　商业技巧：博客和网页设计

4-9　在本项目中，你将学习如何利用 Blogger.com 网站上可用的博客创建软件，来创建一个你设计的简单博客。选择一项运动、爱好或一个感兴趣的话题作为博客的主题。请给这个博客命名，定一个标题，选择一个模板。在此博客上贴至少 4 个贴板，每个贴板上加一个标签。如果需要，请向贴板上传一张照片，如把你硬盘或网页上的一张照片添加到博客中。请添加其他注册用户（如团队成员）对你的博客进行评价的功能。简单描述你的博客将如何为企业推销与主题相关的产品和服务。列出 Blogger 网站上能使你的博客变得更有用的工具，并描述它们的商业用途。保存博客，并提交给老师。

> **改善决策：分析网络浏览器的隐私**
>
> 软件技巧：网络浏览器软件
>
> 商业技巧：分析网络浏览器隐私保护特征
>
> 4-10 本项目将有助于你提高利用主流网络浏览器软件的隐私保护功能方面的互联网技能。
>
> 检查两个主流 Web 浏览器（如 Internet Explorer、Mozilla Firefox 或 Google Chrome）的隐私保护功能和设置。从提供的功能和易用性两方面，比较这两种浏览器的功能。
> - 隐私保护功能是如何保护个人隐私的？
> - 隐私保护功能如何影响企业在互联网上的行为？
> - 哪个浏览器在隐私保护方面做得更好？为什么？

团队合作项目

> **制定企业的商业伦理规范**
>
> 4-11 由 3～4 名同学组成一个团队，制定企业关于隐私和保护的行为规范，包括员工的隐私、客户的隐私以及企业网站用户的隐私，并务必考虑电子邮件隐私、雇主对工作场所的监控以及企业对雇员非工作行为的信息（如生活方式、婚姻安排等）使用等情况。如有可能，请使用 Google Docs、Google Drive 或 Google Sites 等工具，集思广益并制作演示文稿来报告你们的结果。

案 例 研 究

Facebook 隐私：你的生活可能被出售

　　Facebook 的企业使命是赋予人们建立社群的权力，并让世界融合在一起。在 2017 年和 2018 年，当人们知道 Facebook 失去了用户在该网站上共享的个人信息的控制权时，这一崇高的使命受到了沉重的打击。在 2016 年美国总统大选期间，Facebook 允许俄罗斯情报和政治顾问利用其平台，意图加剧现有的政治分歧，迫使人们远离社区并彼此疏远。

　　2018 年 1 月，一家名为剑桥分析（Cambridge Analytica）的企业，专注于政治咨询和投票概况分析，该企业的创始人和前员工透露，企业收集了多达 8 700 万 Facebook 用户的个人信息，并利用这些信息来影响美国 2016 年总统大选。Facebook 不会出售用户的个人信息，但允许第三方 App 获取 Facebook 用户的个人信息。在这种情况下，出于研究目的，英国某研究人员获得了 50 000 个 Facebook 用户的访问权限。他开发了一个应用测试，声称可以测量用户的性格特征的 App，在 Facebook 上不仅可以收集同意接受调查的用户的个人信息，还可以收集这些用户在 Facebook 社交网络中所有人的个人信息。该研究人员将收集到的数据出售给了剑桥分析，用来在总统选举中发送有针对性的政治广告。

　　2017 年 10 月的参议院听证会上，Facebook 作证说俄罗斯特工利用 Facebook 的社交网络来影响 2016 年总统大选。俄罗斯情报机构互联网研究机构（Internet Research Agency）的数千名俄罗斯黑客构建并操作了一组自动化软件机器人，向 Facebook 的美国用户发送了超过 13 万条虚假消息和虚构的故事。（软件机器人是一种执行自动化任务的软件程序，经常出于恶意目的在互联网上运行——请参阅第8章）。他们还使用了75 000个伪造的Facebook账户和23万个软件机器人，在Facebook上向大约1.46亿人发送了俄罗斯的信息。这些消息基于Facebook在正常业务过程中收集的个人信息来定位人群，包括用户的宗教信仰、肤色、族群、个人兴趣和政治观点，并针对不同政治观点的人群发送定向广告，目的是加剧他们之间的社会冲突。

这怎么可能发生的呢？事实证明，Facebook的系统设计和管理，使开展这方面的工作非常容易而且便宜。一旦Facebook向广告商、应用程序开发人员或研究人员授予访问权限，其控制信息使用方式的能力将非常有限。Facebook很少对第三方协议和政策进行审查，以确保其合规性。Facebook的高管表示，当他们听到有8 700万Facebook用户的个人信息被俄罗斯情报机构收集，并被剑桥分析用来发送定位政治广告时，他们与其他人一样震惊。

情况变得更加糟糕的是：2018年6月上旬，就在剑桥分析丑闻之后，Facebook被迫解释其隐私措施并承诺进行改革的几个月之后，据《纽约时报》报道，Facebook至少与60家设备制造商建立了数据共享合作伙伴关系。Facebook允许苹果、三星、亚马逊和其他销售手机、平板电脑、电视和视频游戏机的企业在未经用户明确同意的情况下，不仅可以访问Facebook有关用户的数据，还可以访问这些用户朋友的个人数据。实际上早在2015年，Facebook已禁止应用软件开发人员收集有关用户朋友的信息。显然，这些限制并未扩展到设备制造商。

此后不久，又有消息显示，Facebook与加拿大皇家银行、日产汽车公司等少数企业达成了数据共享交易，允许这些企业可以访问用户的记录，尽管Facebook声称已在2015年就取消了搜集这类信息，但还是允许某些企业访问有关用户在Facebook上的朋友的信息。

Facebook再次遭到媒体、隐私权倡导者和政府机构的抨击，原因是Facebook狡辩说并不知情，并没有允许不受控制的数据共享。Facebook自成立以来首次面临严重的生存危机，并可能对其商业模式构成威胁。Facebook的危机源于其短短14年中滥用隐私的历史。Facebook从一个小型的、专门为常春藤盟校生打造的小型社交网站，迅速成长为一家大型的上市企业，2018年市值达5 340亿美元。Facebook声称加入Facebook是免费的，而且永远都会免费，那么，服务21亿全球用户的钱从哪儿来呢？就像技术巨头、它的竞争对手谷歌一样，Facebook的收入几乎全部来自于广告（2017年406亿美元的收入中有97%来自广告）。Facebook会观察你在Facebook上做的所有事情，然后将这些信息和有关你朋友的信息出售给广告商，不仅仅是在Facebook上，而是在整个网络上。正如苹果首席执行官蒂姆·库克所指出的那样，Facebook出售的产品就是你。

像Facebook和谷歌这样的企业，在2017年的广告业务收入约为1 100亿美元，它们正在利用你的在线活动制作令人难以想象的、准确的数字化生活画像，然后出售给广告商。Facebook的目标是在网络上提供与你相关的广告，无论你是否同意，它收集的关于你的个人信息也可以通过其他方式对你不利。

Facebook具有多种引人注目的实用功能。它可以帮助家庭找到丢失的宠物、允许现役士兵与家人保持联系；它可以使较小的企业有机会进一步开展电子商务，使较大的企业有机会巩固自己的品牌；而且最明显的是，Facebook可以使你更轻松地与你的朋友、亲戚、当地餐馆保持联系。总之，Facebook的功能几乎涉及所有你感兴趣的事物，这就是许多人使用Facebook的原因——它为用户提供了真正的价值。但是，使用Facebook平台的代价是广告商以及你可能不认识的其他人在共享你的个人信息。

Facebook 在历史上曾多次侵犯隐私和失策，这使人们不得不怀疑它是否应对数十亿人的个人数据负责。美国尚没有法律赋予消费者了解 Facebook 之类的数据企业的权力。尽管你可以根据《公平信用报告法案》(*Fair Credit Reporting Act*) 质疑信用报告中的信息，但迄今为止，你还无法获得 Facebook 收集的有关你的数据。欧洲的情况有所不同，用户有权要求 Facebook 交出其收集到的有关个人的所有信息报告。2018 年，Facebook 允许用户下载它们搜集的个人信息，尽管用户无权要求获得这些信息的法律权力。

你还认为你拥有自己的"脸"吗？不在 Facebook 上，因为面部识别软件可以为用户的照片添加标签。注册后，会自动打开"标签建议"功能，无需用户同意。2016 年，联邦法院受理了指控 Facebook 未经用户同意就使用照片标签权利的诉讼，指控其违反了旨在保护生物识别数据隐私的州的法律。

《消费者报告》的一项研究发现，在使用 Facebook 的 1.5 亿美国人中，每天至少有 480 万人愿意以某种方式分享他们的使用信息。其中包括计划在特定的日子旅行，这使得窃贼可能会利用这段时间安排抢劫；或者对特定健康状况或治疗的页面点赞，这可能会让保险企业拒绝对你承保。信用卡企业和类似组织已开始参与网络活动，他们会根据与你相似的其他人的行为来决定你的信用评级。雇主可以使用你在 Facebook 上的点赞来评估你的个性和行为。有 1 300 万用户从未调整过其在 Facebook 上的隐私控制，这使得 Facebook 的用户可以在你不知情的情况下，有意向第三方提供。

那么，为什么有这么多人在 Facebook 上分享生活的敏感细节呢？通常是因为用户没有意识到自己的数据是以这种方式被收集和传输的。如果 Facebook 用户的朋友信息是由该用户的应用程序收集的，则不会通知该用户。Siegel+Gale 的一项研究发现，Facebook 的许多功能和服务在启动时都是默认启用，无须通知用户。与之相比，Facebook 的隐私保护政策比那些密密麻麻的政府公告或典型的银行信用卡协议还要难懂得多。你是否知道，每当你通过 Facebook 登录某网站时，Facebook 都会与该网站共享一些个人信息，并可以跟踪你在该网站中的活动？在你下次访问 Facebook 时，请先单击"隐私设置"，然后思考是否可以理解你的选择。

但是，有迹象表明，无论是出于自愿还是被迫，Facebook 都将在收集数据的过程中承担更多的责任。作为一家上市企业，Facebook 已邀请投资者和监管机构进行更多的审查。2018 年，由于美国的批评声势浩大，以及欧洲新的《通用数据保护条例》（GDPR）的实施，Facebook 更改了它的隐私政策，可以让用户更轻松地选择自己的隐私偏好，企业可以确切地了解他们的意愿，下载用户的个人档案以及 Facebook 收集和共享包含面部图像在内的信息等；限制新闻源中的点击诱饵和垃圾邮件；更加密切地监视应用程序开发人员对个人信息的使用；加大力度消除数百万个虚假账户等。Facebook 雇佣了 10 000 名新员工和几百个事实调查企业来识别和消除虚假新闻，有史以来第一次被迫对用户发布的内容进行控制，从这个意义上讲，它变得更像是对内容负责的传统出版商和新闻媒体。不幸的是，正如研究人员所料且 Facebook 高管了解的那样，很少有用户（估计少于 12%）愿意花时间了解和调整他们的隐私选项。实际上，用户的选择并不是对 Facebook 使用个人信息的有影响力的审查。

尽管美国的 Facebook 用户几乎无法获取 Facebook 收集的关于他们的数据，但其他国家、地区的用户会好一些。在欧洲，已经有超过 100 000 个 Facebook 用户对他们的数据发出了获取请求，并且欧洲法律要求 Facebook 在 40 天内响应这些请求。来自法国、西班牙、意大利、德国、比利时和荷兰的政府隐私监管机构一直在积极调查 Facebook 的隐私控制措施，因为欧盟正在推行更为严格的隐私保护法规。

尽管Facebook已经关闭了一些较为严重的侵犯隐私功能，增强了用户同意流程，但其数据使用政策明确表明，作为使用该服务的条件，用户必须授予Facebook在广告中使用其个人信息。用户的默认选项是"选择加入"；大多数用户不知道如何控制其个人信息的使用；如果用户想使用Facebook，就不能"选择退出"所有共享。研究人员将其称为"控制悖论"：即使为用户提供了使用个人信息的控制权，但用户通常也会选择不使用这些控制权。尽管用户可以限制其信息的某些使用，但需要具有Facebook数据功能的高级知识。Facebook不仅可以在Facebook上向你展示广告，还可以通过Facebook的受众网络（Facebook Audience Network）在整个网络上向你显示广告，这些网络跟踪其用户在其他网站上的行为，然后将广告定位到这些网站上的用户。

有批评者质问Facebook为什么不能提供像音乐流媒体网站那样的按月付费的免广告服务。还有人质问Facebook为什么不允许用户仅选择退出跟踪。但是，对于Facebook而言，这种要求是非常难满足的，因为它的商业模式完全建立在用户在数据使用政策中声明的Facebook可以不受限制地使用其个人信息的条款。这项政策非常公开地表明，如果你使用Facebook，则表示你同意了它的服务条款，正是这个条款使Facebook可以与第三方共享你的信息。

资料来源： Deepa Seetharaman and Kirsten Grind, "Facebook Gave Some Companies Access to Additional Data About Users' Friends," Wall Street Journal, June 8, 2018; Natalia Drozdiak, Sam Schechner, and Valentina Pop, "Mark Zuckerberg Apologizes to EU Lawmakers for Facebook's Fake-News Failures," Wall Street Journal, May 22, 2018; Cecilia Kang and Sheera Frenkel, "Facebook Says Cambridge Analytica Harvested Data of Up to 87 Million Users," New York Times, April 24, 2018; Eduardo Porter, "The Facebook Fallacy: Privacy Is Up to You," New York Times, April 24, 2018; Jack Nicas, "Facebook to Require Verified Identities for Future Political Ads," New York Times, April 6, 2018; Sheera Frenkel and Natasha Singer, "Facebook Introduces Central Page for Privacy and Security Settings," New York Times, March 28, 2018; David Mayer, "Facebook Is Giving You New Privacy Options, But It's Clear What It Wants You to Choose," Fortune, March 19, 2018; Matthew Rosenberg, Nicholas Confessore, and Carole Cadwalladr, "How Trump Consultants Exploited the Facebook Data of Millions," New York Times, March 17, 2018; Sheera Frenkel, "Tech Giants Brace for Europe's New Data Privacy Rules," New York Times, January 28, 2018; Georgia Wells and Deepa Seetharaman, "New Facebook Data Shows Russians Targeted Users by Education, Religion, Politics," Wall Street Journal, November 1, 2017; Hunt Allcott and Matthew Gentzkow, "Social Media and Fake News in the 2016 Election," Journal of Economic Perspectives, March, 2017; Samuel Gibbs, "Facebook Facing Privacy Actions Across Europe as France Fines Firm € 150k," The Guardian, May 16, 2017; and Katie Collins, "Facebook's Newest Privacy Problem: 'Faceprint' Data," CNET, May 16, 2016.

案例分析题：

4-12 请分析Facebook的商业伦理行为。这个案例展现的商业伦理困境是什么？

4-13 隐私和Facebook的商业模式之间有什么样的关系？

4-14 请描述Facebook隐私政策和系统功能的不足，哪些人员、组织和技术因素导致了这些弱点？

4-15 在不侵害隐私的情况下，Facebook能否建立一个成功的商业模式？请解释你的答案。Facebook可以采取什么样的指标来衡量这种商业模式成功的可能性？

参考文献

[1] Adjerid, Idris, Eyal Peer, and Alessandro Acquisti. "Beyond the Privacy Paradox: Objective Versus Relative Risk in Privacy Decision Making." MIS Quarterly 42, No. 2 (June 2018).

[2] Anderson, Chad, Richard L. Baskerville, and Mala Kaul. "Information Security Control Theory: Achieving a Sustainable Reconciliation Between Sharing and Protecting the Privacy of Information." Journal of Management Information Systems 34, No. 4 (2017).

[3] Belanger, France, and Robert E. Crossler. "Privacy in the Digital Age: A Review of Information Privacy Research in Information Systems." MIS Quarterly 35, No. 4 (December 2011).

[4] Bernstein, Amy, and Anand Raman. "The Great Decoupling: An Interview with Erik Brynjolfsson and Andrew McAfee." Harvard Business Review (June 2015).

[5] Bernstein, Ethan, Saravanan Kesavan, and Bradley Staats. "How to Manage Scheduling Software Fairly." Harvard Business Review (December 2014).

[6] Bilski v. Kappos, 561 US (2010).

[7] Brown Bag Software vs. Symantec Corp. 960 F2D 1465 (Ninth Circuit, 1992).

[8] Brynjolfsson, Erik, and Andrew McAfee. Race Against the Machine. (Digital Frontier Press, 2011).

[9] Chan, Jason, Anindya Ghose, and Robert Seamans. "The Internet and Racial Hate Crimes: Offline Spillovers from Online Access." MIS Quarterly 40, No. 2 (June 2016).

[10] Clemons, Eric K., and Joshua S. Wilson. "Family Preferences Concerning Online Privacy, Data Mining, and Targeted Ads: Regulatory Implications." Journal of Management Information Systems 32, No. 2 (2015).

[11] Culnan, Mary J., and Cynthia Clark Williams. "How Ethics Can Enhance Organizational Privacy." MIS Quarterly 33, No. 4 (December 2009).

[12] Davenport, Thomas H., and Julia Kirby. "Beyond Automation." Harvard Business Review (June 2015).

[13] European Commission. "The EU-U.S. Privacy Shield Factsheet." July 2016. http://ec.europa.eu, accessed June 15, 2017.

[14] European Parliament. "Directive 2009/136/EC of the European Parliament and of the Council of November 25, 2009." European Parliament (2009).

[15] Federal Trade Commission. "Protecting Consumer Privacy in an Era of Rapid Change." (Washington, DC, 2012).

[16] _____. "Internet of Things (IoT): Privacy & Security in a Connected World." (January 2015).

[17] Goelmarch, Vindu. "One Billion Yahoo Accounts Still for Sale, Despite Hacking Indictments." New York Times (March 17, 2017).

[18] Goldfarb, Avi, and Catherine Tucker. "Why Managing Consumer Privacy Can Be an Opportunity." MIT Sloan Management Review 54, No. 3 (Spring 2013).

[19] Gopal, Ram D., Hooman Hidaji, Raymond A. Patterson, Erik Rolland, and Dmitry Zhdanov. "How Much to Share with Third Parties? User Privacy Concerns and Website Dilemmas." MIS Quarterly 42, No. 1 (March 2018).

[20] Groysberg, Boris, Eric Lin, George Serafeim, and Robin Abrahams. "The Scandal Effect." Harvard Business Review (September 2016).

[21] Henry, Patrick. "Why Computers Make Us Stupid." Slice of MIT (March 6, 2011).

[22] Hsieh, J. J. Po-An, Arun Rai, and Mark Keil. "Understanding Digital Inequality: Comparing Continued Use Behavioral Models of the Socio-Economically Advantaged and Disadvantaged." MIS Quarterly 32, No. 1 (March 2008).

[23] Hutter, Katja, Johann Fuller, Julia Hautz, Volker Bilgram, and Kurt Matzler. "Machiavellianism or Morality: Which Behavior Pays Off In Online Innovation Contests?" Journal of Management Information Systems 32, No. 3 (2015).

[24] Laudon, Kenneth C. Dossier Society: Value Choices in the Design of National Information Systems. (New York: Columbia University Press, 1986).

[25] Laudon, Kenneth C., and Carol Guercio Traver. E-Commerce 2018: Business, Technology, Society, 13th ed. (Upper Saddle River, NJ: Prentice-Hall, 2019).

[26] LeBlanc, K. E., and W. Cestia. "Carpal Tunnel Syndrome." American Family Physician 83, No. 8 (2011).

[27] Lee, Dong-Joo, Jae-Hyeon Ahn, and Youngsok Bang. "Managing Consumer Privacy Concerns in Personalization: A Strategic Analysis of Privacy Protection." MIS Quarterly 35, No. 2 (June 2011).

[28] Lowry, Paul Benjamin, Gregory D. Moody, and Sutirtha Chatterjee. "Using IT Design to Prevent Cyberbullying." Journal of Management Information Systems 34, No. 3 (2017).

[29] MacCrory, Frank, George Westerman, Erik Brynjolfsson, and Yousef Alhammadi. "Racing with and Against the Machine: Changes in Occupational Skill Composition in an Era of Rapid Technological Advance." (2014).

[30] Manyika, James, and Michael Spence. "The False Choice Between Automation and Jobs." Harvard Business Review (February 5, 2018).

[31] Pew Research Center. "The State of Privacy in America." (January 20, 2016).

[32] PwC. "US State of Cybercrime Survey 2015." (June 2016).

[33] Saunders, Carol, Martin Wiener, Sabrina Klett, and Sebastian Sprenger. "The Impact of Mental Representations on ICTRelated Overload in the Use of Mobile Phones." Journal of Management Information Systems 34, No. 3 (2017).

[34] The Software Alliance. "BSA Global Software Survey 2018." (June 2018).

[35] Sojer, Manuel, Oliver Alexy, Sven Kleinknecht, and Joachim Henkel. "Understanding the Drivers of Unethical Programming Behavior: The Inappropriate Reuse of Internet-Accessible Code." Journal of Management Information Systems 31, No. 3 (Winter 2014).

[36] Symantec. "2018 Internet Security Threat Report." (2018).

[37] Tarafdar, Monideepa, John D'Arcy, Ofir Turel, and Ashish Gupta. "The Dark Side of Information Technology." MIT Sloan Management Review 56, No. 2 (Winter 2015).

[38] U.S. Department of Health, Education, and Welfare. Records, Computers, and the Rights of Citizens. (Cambridge: MIT Press, 1973).

[39] U.S. Senate. "Do-Not-Track Online Act of 2011." Senate 913 (May 9, 2011).

[40] U.S. Sentencing Commission. "Sentencing Commission Toughens Requirements for Corporate Compliance Programs." (April 13, 2004).

[41] Wolcott, Robert C. "How Automation Will Change Work, Purpose, and Meaning." Harvard Business Review (January 11, 2018).

第二部分
信息技术基础设施

第 5 章　IT 基础设施与新兴技术

第 6 章　商务智能基础：数据库与信息管理

第 7 章　通信、互联网和无线技术

第 8 章　信息系统安全

第二部分通过介绍硬件、软件、数据库、网络技术以及用于安全和控制的工具和技术，帮助读者理解信息系统的技术基础。本部分要回答以下问题：今天的企业需要什么样的技术来完成工作任务？为确保这些技术能帮助提高企业的绩效，我们需要知道些什么？这些技术未来会如何变化？需要什么样的技术和步骤来保障信息系统是可靠的、安全的？

第 5 章

IT基础设施与新兴技术

学习目标

通过阅读本章，你将能回答：
1. 什么是 IT 基础设施？IT 基础设施演化的阶段和驱动力是什么？
2. IT 基础设施的组成部分有哪些？
3. 当前计算机硬件平台的发展趋势是什么？
4. 当前计算机软件平台的发展趋势是什么？
5. 管理 IT 基础设施的挑战及其解决方案是什么？
6. MIS 如何有助于我的职业发展？

本章案例

PeroxyChem 成功的云计算公式
可穿戴计算机业务准备好了吗？
展望云
BYOD 对企业有利吗？

PeroxyChem 成功的云计算公式

PeroxyChem 是一家电子、造纸和家用医疗产品中所用的过氧化氢及相关物质的全球领先的供应公司，总部位于宾夕法尼亚州的费城，拥有大约 500 名员工，超过 4 亿美元的收入，在北美、欧洲和亚洲都设有研究机构、销售机构和制造工厂。

2014 年 2 月，PeroxyChem 从母公司剥离出来，仅用一年的时间就接管了业务系统。它必须创建自己的 IT 基础架构和 IT 部门，同时保持日常业务系统和运营的平稳运行。之前作为一家大企业的一部分，PeroxyChem 并不负责维护和管理自己的 IT 系统，但剥离后不得不自给自足。当时，企业不愿承担购买硬件、在本地建立数据中心以及维护大型内部 IT 部门的成本，而且也没有内部专业人员来做这些工作。

就像首席信息官吉姆·柯利（Jim Curley）所说的，管理层不想更改任何应用程序，但希望迁移到云计算架构，员工可以通过互联网访问在该架构中运行的企业系统，包括计算机硬件和软件，且按需使用。PeroxyChem 的目标是让 IT 人员将 40% 的时间用于维持企业运转的运营性任务上，而将 60% 的时间用于促进企业发展战略的项目上。PeroxyChem 还缺乏时间和资源来聘请和培训新人完成日常操作。

PeroxyChem 与 IBM 合作，将现有的系统迁移到 IBM 的 SoftLayer 云计算基础架构上。这是一个托管的云基础架构，其中 IBM 作为受信任的、经验丰富的第三方，帮助管理企业的云计算活动，使企业可以将精力集中在它的核心能力上。IBM 还帮助企业实施 SAP 的企业系统和商务智能系统，对系统进行配置以满足 PeroxyChem 的业务需求。新的基础架构经过严格的测试，可以在四个半月内投入使用，且不会中断 PeroxyChem 现有的 IT 运营。

PeroxyChem 组建了一个精简的内部团队来运行和扩展企业系统。IBM 云托管解决方案使 PeroxyChem 的 IT 员工花费更少的时间进行例行维护，将更多的时间放在开发核心竞争力、为食品安全和电子等特殊行业开发创新产品上。

使用云基础架构可避免对新的硬件、软件和数据中心前期进行大量的资本投资，并减少了维护内部 IT 团队的费用，降低了成本和风险。该基础架构具有可扩展性，可以在企业业务量增长或访问量达到峰值时扩展计算能力，也可以在企业的用户减少或访问量减少的情况下减少计算资源（和费用）。企业无须购买额外的计算、存储和网络资源，即可轻松地增加更多的用户。PeroxyChem 的云基础设施全天候运行，使得这家跨国企业的业务开展变得更加容易。

资料来源：David Slovensky, "PeroxyChem Builds a Whole New IT Infrastructure in Less Than Five Months," www.ibm.com, January 17, 2017; "PeroxyChem LLC," www.03-ibm.com, accessed February 20, 2018; Ken Murphy, "PeroxyChem Starts a Cloud Reaction," SAP Insider Profiles, December 12, 2016; and www.peroxychem.com, accessed February 20, 2018.

PeroxyChem 的经验说明了信息技术基础设施在当今开展业务中的重要性。正确的技术、合适的价格能够提高组织绩效。从母公司剥离后，PeroxyChem 不得不建立自己的管理信息系统。企业若按传统方法建立 IT 部门，会不堪重负，需要学习如何运行自己的系统，可能没有时间开发新系统来支持战略和未来的增长。那么，PeroxyChem 可能无法尽其所能有效地运行。

下图 5-1 提出了本案例和本章的重点。从母公司脱离使得 PeroxyChem 需要在有限的资源和较短的时间内建立和运行自己重要的信息系统和数据中心。利用云计算作为 IT 基础设施，使 PeroxyChem 迅速将 IT 系统的运营和管理委托给外部专家，并保留非常少的内部 IT 员工来支持业务创新，而不是日常运营。企业只需要根据实际使用的计算能力来支付费用，而不必进行大量且昂贵的前期 IT 投资。

> 需要考虑：PeroxyChem 使用云计算基础设施的好处有哪些？从母公司中脱离在 PeroxyChem 选择解决方案中起到什么作用？

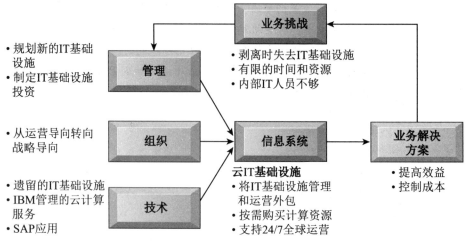

图 5-1　IT 基础设施与新兴技术

5.1　IT 基础设施及其演变的阶段和驱动力

在第 1 章中，我们将 IT 基础设施定义为"为企业特定的信息系统应用提供平台的共享技术资源"。IT 基础设施包括在硬件、软件、服务（如咨询、教育和培训）方面的投资，这些资源在整个企业或企业的业务部门内实现共享，提供客户服务、供应商合作以及内部业务流程管理的基础（见图 5-2）。

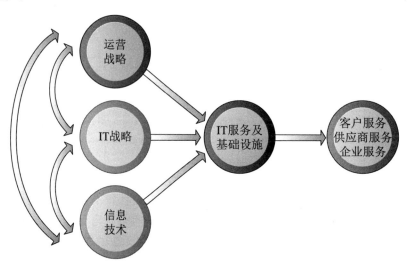

图 5-2　企业、IT 基础设施和业务能力之间的联系

注：一家企业的 IT 基础设施的直接功能是向客户、供应商和员工提供服务。在理想的情况下，这种基础设施应该支持企业战略和信息系统战略。新的信息技术对企业的运营战略、信息技术战略以及客户服务都能产生巨大的影响。

到 2018 年，全球提供 IT 基础架构（硬件、软件、网络和 IT 服务）的企业形成了约 3.7 万亿美元的行业（Gartner，2018）。基础设施投资占大型企业信息技术支出的 25%～50%，其中金融服务企业的 IT 投资超过所有资本投资的一半以上。

5.1.1 IT基础设施的定义

IT 基础设施包括运营整个企业必需的一系列物理设备和应用软件的集合，也包括由管理层预算所决定的企业范围内的人和技术能力。IT 基础设施及其服务包括：

- 用于提供计算服务的计算平台，该平台将员工、客户和供应商连接到一个密切关联的数字环境中，包括大型主机、中型主机、台式机、便携电脑、移动便携设备和远程云计算服务等。
- 为员工、客户和供应商提供数据、音频和视频连接的通信服务。
- 存储、管理和分析企业数据的数据管理服务。
- 提供企业范围内各业务部门共享的企业资源规划、CRM、供应链管理、知识管理等方面的应用软件服务，包括在线软件服务。
- 为计算、通信和数据管理服务所需的物理设施的安装和管理服务。
- IT 管理服务，包括规划与开发基础设施、与业务部门协调 IT 服务、管理 IT 支出的账目以及提供项目管理服务等。
- IT 教育服务，包括为员工提供信息系统应用的培训，为管理者提供如何规划和管理 IT 投资的培训。
- IT 研究与开发服务，包括研究未来可能帮助企业建立竞争优势的 IT 项目和投资。

从这种"服务平台"视角看 IT 基础设施，可以更容易地理解其投资能够带来的商业价值。例如，购买一台价值以满负荷 3.5 千兆赫兹运转并且与高速互联网连接的个人计算机约需 1000 美元，如果不知道谁会使用它、怎样使用它，就很难评估其实际的商业价值。然而，如果考虑这些工具提供的服务，其价值就显而易见了，即这台新的个人计算机能够使一个年薪 10 万美元的高薪员工访问企业的信息系统和公用互联网，每天能够为这位员工获取互联网信息，可节省 1 个小时的等待时间。如果这台计算机不能和互联网接入，该员工对企业的价值贡献可能会减少一半。

5.1.2 信息技术基础设施的演化

当今组织中的 IT 基础设施，是过去 50 多年来计算平台演化的结果。演化过程可分为 5 个阶段，每个阶段体现了不同的计算能力配置和基础设施构成要素（见图 5-3）。这 5 个阶段分别为通用主机／小型机、个人计算机、客户机／服务器网络、企业计算、云计算及移动计算等阶段。

某一阶段的主流技术，在其他阶段也可能为某种用途服务。例如，一些企业仍然使用传统的主机系统，或将主机用来支持大型网站和企业级应用的服务器。

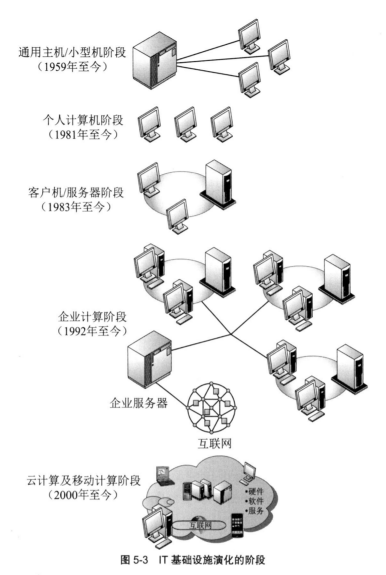

图 5-3 IT 基础设施演化的阶段

注：这里给出了代表 IT 基础设施 5 个演化阶段特征的典型计算机配置。

1. 通用主机及小型机阶段（1959 年至今）

1959 年，IBM1401 和 7090 晶体管计算机的出现，标志着主机型计算机开始得以广泛地应用于商业中。1965 年，IBM 推出的 IBM360 系列，使得**主机型**（mainframe）计算机真正为人们所认识。IBM360 是第一款拥有强大操作系统的商用计算机，其高级型号的机型可以提供分时、多任务、虚拟内存等功能。IBM 在主机型计算机领域处于领导地位。主机型计算机拥有非常强大的功能，能够支持数千个远程终端，通过专用通信协议和数据线与中央主机远程连接。

这一阶段采用高度集中的计算模式。计算机系统都是由专业的程序员和系统操作员集中控制（通常在组织的数据中心）。各种基础设施几乎都由同一软硬件生产商提供。

这种模式在 1965 年数据设备公司（Digital Equipment Corporation，DEC）推出了**小型计算机**（minicomputer）后开始发生变化。DEC 生产的小型计算机（如 PDP-11 和后来的 VAX 系列）功能强大，但价格远远低于 IBM 的主机，这使得分布式计算模式成为可能。这种分布式模式可以按照独立部门或业务部门的特殊需求来定制，而不必通过分时方式来共享一台大型主机。近年来，这种小型计算机发展成为中型计算机或中型服务器,成为网络的一个组成部分。

2. 个人计算机阶段(1981 年至今)

第一批真正的个人计算机(PC)最早出现在 20 世纪 70 年代,如施乐公司(Xerox)的 Alto、MITS 公司的 Altair 8800、苹果公司的 Apple Ⅰ和 Apple Ⅱ等,但这些计算机并没有得到普遍的应用。通常认为,1981 年 IBM PC 的出现标志着个人计算机时代的开始,这是因为 IBM PC 在美国的企业中第一次得到了普遍应用。起初使用基于文本命令的 DOS 操作系统,后来发展为使用 Windows 操作系统的 Wintel PC(使用 Windows 操作系统以及 Intel 微处理器的个人计算机),成为标准的桌面 PC。由于平板电脑和智能手机的普及,全世界 PC 的销量减少了 10% 以上,但 PC 依然是企业中最普遍的工具。大约 88% 的桌面 PC 使用 Windows 操作系统,8% 使用 Mac OS 操作系统。由于 iPhone 和安卓设备销量的增加,Wintel 作为计算机操作平台的统治地位逐渐降低。

随着 20 世纪 80 年代和 90 年代初期 PC 的普及,涌现出了大量的个人桌面软件工具,如文字处理软件、电子制表软件、电子演示软件以及小型数据管理软件等,这些软件在个人用户和企业用户中都得到了广泛应用。此时的 PC 还是独立的系统,直到 90 年代 PC 操作系统的进一步发展,才具备了将孤立的 PC 连接成网络的能力。

3. 客户机 / 服务器阶段(1983 年至今)

在**客户机 / 服务器计算**(client/server computing)阶段中,被称为**客户机**(client)的台式机或便携式计算机通过网络与功能强大的**服务器**(server)连接在一起,服务器向客户机提供各种服务和计算能力。计算机的处理任务在这两类设备上完成,客户机主要作为输入的用户终端,服务器主要对共享数据进行处理和存储、提供网页,或者管理网络活动。服务器一词具有两方面的含义:一方面指应用软件;另一方面指用于运行网络软件的计算机物理设备。服务器可以是一台主机,今天大多数服务器是具有更强大功能的 PC,使用较便宜的 Intel 芯片,通常在一个计算机机箱或者服务器槽架中内置多个处理器。

最简单的客户机 / 服务器网络由客户机通过网络与服务器连接而成,这两类计算机具有不同的处理分工。这种架构称为**两层客户机 / 服务器架构**(two-tiered client/server architecture)。虽然在很多小型企业中可以见到这种两层架构的客户机 / 服务器网络,但大多数企业采用的是更为复杂的**多层客户机 / 服务器架构**(multitiered client/server architecture),通常称为 **N 层客户机 / 服务器**架构。在多层客户机 / 服务器架构中,整个网络的工作负荷根据所请求的服务类型在不同层次的服务器中均衡(见图 5-4)。

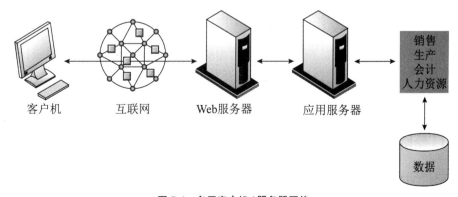

图 5-4 多层客户机 / 服务器网络

注:在一个多层客户机 / 服务器网络中,客户机的服务请求由不同层次上的服务器来处理。

例如，在第一层，**Web 服务器**（web server）负责响应服务请求，对存储的 Web 页面进行定位和管理，向客户机提供 Web 页面。如果客户机请求访问企业系统（如查询产品清单或价格），这一请求就会由**应用服务器**（application server）来处理。应用服务器软件处理在用户和企业后台业务系统之间的所有应用操作。应用服务器可以与 Web 服务器放在同一台计算机上，也可以放在专用的计算机上。第 6 章和第 7 章将进一步介绍应用于电子商务和电子事务处理的多层客户机/服务器架构的其他软件。

客户机/服务器架构使得企业可以将计算任务分散到一些较便宜的小型计算机上，相比于采用集中处理的主机系统，能大大降低成本，使企业的计算能力得以增强，企业应用软件得以增长。

Novell Netware 公司曾是在客户机/服务器阶段刚出现时的技术领导者。但今天的微软通过 Windows 操作系统（Windows Server、Windows10、Windows 8、Windows 7 等）成为市场领导者。

4. 企业计算阶段（1992 年至今）

20 世纪 90 年代初期，企业开始应用一些网络标准和软件工具将分散的网络和应用整合，形成覆盖整个企业的基础设施。1995 年以后，当互联网发展成为可靠的通信环境之后，企业开始应用**传输控制协议/网间协议**（transmission control protocol/internet protocol，TCP/IP）作为连接分散的局域网的网络标准。第 7 章将会深入讨论 TCP/IP 协议。

随之形成的 IT 基础设施把不同的计算机硬件和较小的计算机网络连接成了一个覆盖整个企业的网络，使得信息可以在组织内部以及不同组织之间自由流动。不同类型的计算机硬件，包括主机、服务器、个人计算机及移动设备等都可以连接起来，还可以进一步与公共基础设施，如公用电话网、互联互联网和公共网络服务等相连接。企业基础设施同样需要软件的支持，把分散的应用连接起来，使数据能够在企业内部的各业务部门之间自由传输，如企业应用（参见第 2 章和第 9 章）和 Web 服务（将在第 5.4 节讨论）。

5. 云计算及移动计算阶段（2000 年至今）

互联网带宽的提升推动了客户机/服务器模式更进一步向"云计算模式"的方向发展。**云计算**（cloud computing）是指提供通过网络（通常是互联网）访问计算资源共享池的一种计算模式，其中计算资源包括计算机、存储、应用和服务。这些"云"计算资源可以以按需使用的方式，从任何联网的设备和位置来访问。

如今的云计算是发展最快的计算形式，2020 年全球公有云支出将达到 4 110 亿美元。Cisco Systems 预测，到 2021 年，94% 的计算机工作负载将在某种类型的云环境中运行（Gartner，2017；Cisco，2018）。成千上万的计算机组成云数据中心，云数据中心可以被台式机、便携式计算机、平板电脑、娱乐设备、智能手机以及其他连接到互联网上的客户端设备访问。亚马逊、谷歌、IBM 以及微软等企业都建立了庞大的、可扩展的云计算中心，为那些希望在远程运行其 IT 基础设施的企业提供计算能力、数据存储、应用开发工具和高速互联网连接服务。谷歌、微软、SAP、Oracle 和 Salesforce 等软件生产商以销售服务的方式通过互联网交付其应用软件服务。

5.1.3 IT基础设施发展的技术动因

上面所述的 IT 基础设施的发展变化，源自计算机处理能力、内存芯片、存储设备、通信和网络软硬件以及软件设计等方面的发展，这些使得计算机的计算能力呈指数上升，而成本却以指数级下降。下面将介绍其中一些最重要的进展情况。

1. 摩尔定律和微处理能力

1965年,戈登·摩尔(Gordon Moore)是Fairchild半导体研究与开发实验室的主任。他在《电子学》上撰文指出,自从1959年微处理器芯片诞生以来,以元器件(通常是晶体管)最小的生产成本,在一块芯片上可集成的元件数量每年翻一番。这个论断随后成为著名的摩尔定律的基础。摩尔后来把芯片上元器件数的增长率调整为每两年翻一番。

摩尔定律至少有3种版本,但没有一种是摩尔本人的表述:①微处理器的处理能力每18个月翻一番。②计算能力每18个月翻一番。③计算成本每18个月下降一半。

图5-5揭示了微处理器上晶体管数量与每秒百万条指令(MIPS)之间的关系。MIPS是用来衡量处理器能力的一个常用指标。图5-6表示晶体管成本以指数级下降,且计算能力以指数级上升。例如,2018年,你可以购买一个拥有25亿个晶体管的英特尔i7处理器芯片,每个晶体管的价格约为千万分之一美元。

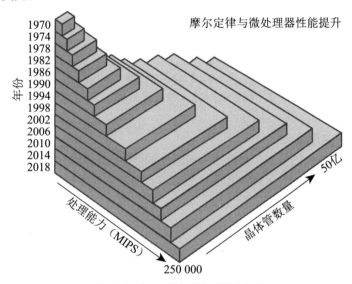

图 5-5 摩尔定律及微处理器的性能

注:把50亿个晶体管组合成一个极小的微处理器,使其处理能力呈指数增长,可达250 000 MIPS以上(每秒执行约26亿条指令)。

资料来源:作者的估算值。

微处理器集成的晶体管数量呈指数上升,处理能力翻倍,但计算成本却呈指数级下降,这种趋势将不会持续很久。在过去的5年里,成本降低从每年的30%下降到个位数;芯片制造商继续使芯片小型化。今天的晶体管尺寸为14纳米,已无法与人类头发的大小(8万纳米)相比,而应与病毒的大小(400纳米)相比。未来5年左右,芯片可能会达到半导体尺寸的物理极限。因此,芯片制造商可能需要使用其他的替代品来制造芯片,而不再使用硅,或者寻找其他方式使计算机更强大。

芯片生产商甚至可以利用纳米技术将晶体管的大小缩小到几个原子的大小。**纳米技术**(nanotechnology)使用比现在的技术所能做到的小几千倍的单个原子和分子来制造芯片和其他装置。芯片生产商正在研发能够生产经济的纳米管处理器的生产流程。斯坦福大学的科学家已经制造出一台纳米计算机。

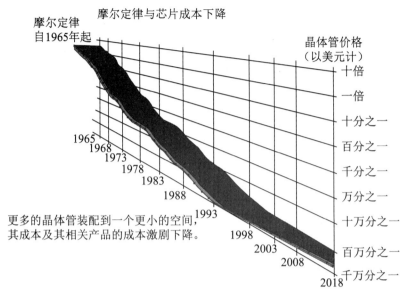

图 5-6 芯片成本的下降

注：把更多的晶体管装配到一个更小的空间，使晶体管的成本以及用到晶体管的产品的成本急剧下降。
资料来源：作者的估算值。

2. 大规模数字存储定律

推动 IT 基础设施变化的第二个动因是大规模数字存储定律。数字信息的总量差不多每年翻一番（Lyman 和 Varian，2003）。所幸的是，数字信息的存储成本每年以 100% 的指数率下降。图 5-7 表明了每 1 美元的磁存储介质能存储的信息的兆字节数，自 1950 年至今几乎每 15 个月就翻一番。2018 年，一个 T 字节容量的硬盘驱动器的零售价大约为 50 美元。

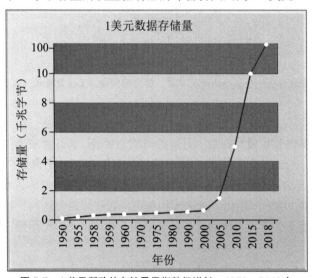

图 5-7 1 美元所购的存储量呈指数级增长，1950—2018 年

注：像谷歌 Drive 这样的云存储服务，100G 的存储量每月只需 1.99 美元。
资料来源：作者的估算值。

纳米管是一种极为微小的管状体，比人的发丝还细 10 000 倍。它由六角形的碳结构叠卷构成，可以作为非常细小的导线或者在超小型的电子设备中加以应用，是一种具有强导电能力的导体（见图 5-8）。

3. 梅特卡夫定律和网络经济学

摩尔定律和大规模数字存储定律说明了为什么今天的计算资源如此充足。但是，为什么人们还需要更多的计算资源和存储空间呢？网络经济学和互联网的发展给出了一些答案。

以太局域网技术的发明者 Robert Metcalfe 在 1970 年指出，网络的价值或能力随着网络中成员数量的增加而呈指数级增长。Metcalfe 等人指出，随着越来越多的人加入网络，就会出现**规模报酬递增**（increasing returns to scale）。如果网络成员数量呈线性

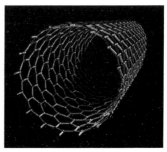

图 5-8 纳米管

增加，那么整个网络的价值将呈指数级增长，并且可以随着网络成员数量的增加而持续增长。数字网络使得实际连接和潜在连接的网络成员数量成倍增长，其社会价值与商业价值驱动人们对信息技术的需求不断增长。

4. 互联网通信成本的下降

推动 IT 基础设施不断发展的第四个技术动因是通信成本的迅速下降以及互联网规模的指数增长。据估计，全球有大约 42 亿互联网用户（Internetlivestats.com，2018）。图 5-9 显示了互联网和电话网的通信成本呈指数级下降趋势（使用互联网的用户在不断增长）。当通信成本降到非常低的水平甚至接近于零的时候，对于通信设备和计算设备的使用自然就会急剧增长。2018 年，1 兆互联网的接入成本约为 2.60 美元，而 2000 年的费用超过 300 美元。在同一时间段内，家庭的平均网速从 0.2Mbps 上升到 18Mbps。

为了充分利用互联网带来的商业价值，企业必须大幅扩展与互联网的连接（包括无线连接），并大幅提升其客户机 / 服务器网络、客户机桌面和移动计算设备的能力。这种发展趋势必将持续下去。

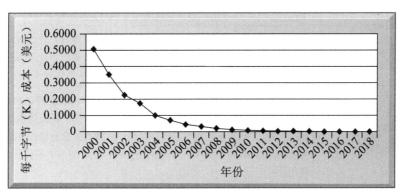

图 5-9 互联网通信成本的指数下降

注：通过互联网和电话网络进行通信的成本呈指数下降，推动了全球通信和计算需求的爆炸性增长。

资料来源：2007—2018: "Average Internet Connection Speed in the United States from 2007 to 2017 (in Mbps), by Quarter" Statista, 2018; 2006 Home Broadband Adoption 2006 BY John B. Horrigan PEW Research 2007; Internet speeds: How Fast Does Internet Speed grow?By Xah Lee. Date: 2006-12-30. Last updated: 2017-01-22,http://xahlee.info/comp/bandwidth.html.

5. 标准和互联网的影响

无论是现在还是未来，如果没有被生产商和客户广泛接受的技术标准，企业基础设施和互联网计算就不会得到快速发展。**技术标准**（technology standards）是对产品兼容性和网络通信能力规范的描述。

技术标准释放出了强大的规模经济能量,生产厂商能够按照同一标准生产产品并使得产品的价格下降。如果没有规模经济的作用,无论如何计算,其成本都会远大于现在的成本。表 5-1 列出了对 IT 基础设施形成有重要意义的一些技术标准。

20 世纪 90 年代,企业开始逐步转向标准化的计算和通信平台。Wintel PC 配合 Windows 操作系统和微软 Office 桌面软件成为标准的桌面和移动客户端计算平台(它与其他标准如苹果公司的 iOS、Macintosh 操作系统及 Android 操作系统等一起,成为当前的技术主流)。Unix-Linux 被广泛用来作为企业服务器操作系统,这使得替换掉专用和昂贵的主机型基础设施成为可能。在通信方面,以太网(Ethernet)标准使 PC 能够在小型局域网中连接在一起(local area networks,LANs;参见第 7 章),TCP/IP 标准使这些局域网连接形成企业网络,进而连接到互联网。

表 5-1 计算技术中的一些重要标准

标　　准	意　　义
美国信息交换标准代码（ASCII）（1958）	使得不同的计算机生产厂商生产的计算机之间能够交换信息;后来用作输入 / 输出设备(如键盘和鼠标)与计算机连接的通用语言。1963 年,被美国国家标准协会(American National Standards Institute)采纳
面向商业通用语言（COBOL）（1959）	一种容易使用的程序语言,极大地拓展了程序员编写商业应用程序的能力,并能减少软件开发成本。1959 年由美国国防部资助研发
Unix（1969—1975）	一种强大的多任务、多用户、可移植的操作系统,首先由贝尔实验室于 1969 年研发,后来版权公开使用(1975 年),可以在不同生产厂商生产的各种计算机上运行。20 世纪 80 年代,被 Sun、IBM、HP 等企业采用,成为应用最为广泛的企业级操作系统
以太网（Ethernet）（1973）	一种把台式机连接到局域网的网络协议,使得客户机 / 服务器计算模式和局域网得到了广泛应用,进一步促进了个人计算机的广泛使用
传输控制协议 / 网间协议（TCP/IP）（1974）	一组通信协议及一个通用寻址方案,能够使数以百万计的计算机连接起来形成一个巨大的全球网络(互联网)。后来,又被用来作为局域网(LAN)和内联网(Intranet)默认的网络协议。20 世纪 70 年代为美国国防部研发
IBM/Microsoft/Intel 个人计算机（1981）	为个人桌面计算设计的 Wintel 标准,以标准的 Intel 处理器和其他标准设备、微软 DOS 以及后来的 Windows 软件为基础。这一标准的出现以及低成本的产品,为 25 年来遍及全球的所有组织计算能力的急剧增长奠定了基础。今天,每天有 10 亿台以上的个人计算机在企业和政府部门的各种活动中发挥着重要作用
万维网（World Wide Web）（1989—1993）	一种以 web 形式对包含文本、图像、音频和视频的电子文档进行存储、检索、格式化和信息显示的标准,形成了总量达数以亿计的网页

5.2 基础设施的组成

如今的 IT 基础设施的组成主要有 7 类,图 5-10 中列出了主要的供应商。对这些要素的投资要求在各类要素之间进行协调以使企业的基础设施整体上协调一致。

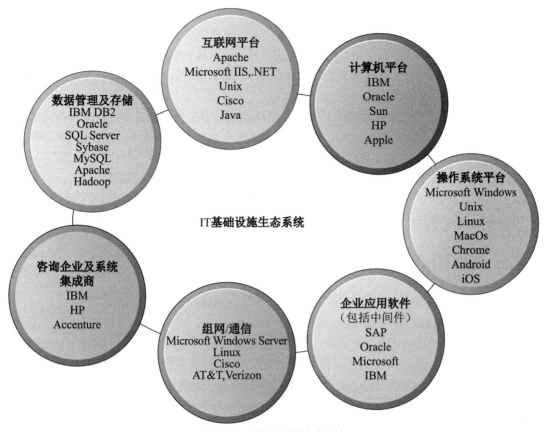

图 5-10 IT 基础设施生态系统

注：7 类主要组成必须相互协调，为企业提供协调一致的 IT 基础设施。

过去，提供这些产品的技术供应商相互竞争，它们通常向购买者提供一些不兼容、专用和不完整的解决方案。但是，迫于大客户的压力，这些供应商逐渐以战略合作伙伴的形式相互合作。例如，像 IBM 这样的硬件和服务供应商与一些主要的企业应用软件供应商合作，与系统集成商建立战略合作关系，并承诺无论其用户希望使用何种数据库产品都可以进行合作（尽管 IBM 也在销售它自己的数据库管理软件 DB2）。

另一个重大的变化是，很多企业正在将更多的 IT 基础架构转移到云端或外部服务机构，而使自己拥有并管理更少的资源。企业的 IT 基础设施将逐渐成为部分拥有、部分租用或授权、部分位于现场、部分由外部供应商或云服务提供的组件和服务的组合。

5.2.1 计算机硬件平台

2018 年，全球企业在计算机硬件设施上的开支达 7 040 亿美元，包括主机、服务器、PC、平板电脑和智能手机等。所有这些设备构成企业（和个人）计算的计算机硬件平台。

大部分的企业计算集中在由英特尔和 AMD 制造和设计的微处理芯片上。英特尔和 AMD 处理器通常被称为"i86"处理器，因为一开始 IBM 的 PC 使用了 Intel 8086 处理器，之后所有的英特尔（和 AMD）芯片向下兼容此处理器，如你可以在新买的 PC 上运行一个 10 年前设计的软件应用程序。

随着移动计算设备的引入，计算机平台发生了巨大的变化，全球已经有 20 亿人在使用智能手机。你可以认为这些设备是第二类计算机硬件平台，是由用户设备驱动的平台。

在第一类计算机硬件平台中，移动设备不需要像计算机那样执行许多任务，因此它们消耗更少的电力，产生更少的热量。移动设备处理器的生产厂商很多，包括苹果、三星和高通，它们都采用 ARM 股份公司设计的架构。

然而，大型主机并没有完全消失。大型主机在可靠性和安全性要求高的大宗事务处理中仍在继续使用，如用于海量数据的分析、云计算中心大负荷量任务的处理等。大型主机仍然是银行系统和通信网络中用于数据处理的主要设备，通常这些行业运行的软件程序较旧，需要特定的硬件平台。不过，现在供应商的数量已经减少到只有 IBM。IBM 还重新调整了其大型机系统的用途，使其可以用作企业网络的巨型服务器和企业网站。单个 IBM 大型机可以运行数千个 Linux 或 Windows Server 软件，并能够替代数千个较小的服务器（参见 5.3 中虚拟化的讨论）。

5.2.2 操作系统平台

领先的企业服务器操作系统有 Microsoft Windows Server、Unix 和 Linux，其中，Linux 是和 Unix 相关的、廉价且强大的开源系统。Microsoft Windows Server 能够提供企业范围的操作系统和网络服务，适用于那些基于 Windows 的 IT 基础设施的企业。Unix 和 Linux 均具有可扩展性和可靠性，比大型机操作系统便宜得多，也可以运行在不同类型的处理器上。Unix 操作系统的主要提供商有 IBM、HP 和 Oracle-Sun，各家企业的版本稍微有些差异并且有部分不兼容。

近 90% 的 PC 使用微软 Windows **操作系统**（operating system）来管理计算机的资源及其活动。但是，与过去相比，客户端操作系统有了很大的变化，新的操作系统可用于便携移动数字设备或连接云的计算机。

谷歌的 Chrome OS 是一款用于网络计算机的云计算轻便操作系统。该程序不是存储在用户端的 PC 上，而是通过互联网和 Chrome 网页浏览器来使用的。用户数据存储在互联网的服务器上。**安卓**（android）系统是一款开源操作系统，用于谷歌领导的开放便携机联盟（open handset alliance）开发的移动设备（如智能手机和平板电脑），是全球最流行的智能手机平台。与其竞争的产品是苹果的 iOS，这是一款为 iPhone、iPad 和 iPod Touch 开发的移动操作系统。传统的客户端操作系统软件是围绕鼠标和键盘来设计的，然而现代触摸技术使用起来更加自然和直观。iOS 是非常流行的 iPad、iPhone 和 iPod Touch 等苹果公司产品中使用的操作系统，它以**多重触控**（multitouch）界面为特征，用户可以使用一个或多个手指，而无须用鼠标或键盘来操作屏幕上的对象。微软的 Windows 10 和 Windows 8 也有多重触控功能可用于平板电脑和 PC 上，用于使用安卓系统的设备。

5.2.3 企业应用软件

2018 年全球用于企业应用方面的软件费用达到 3 890 亿美元，这些应用软件是 IT 基础设施的组成部分。第 2 章介绍了各种类型的企业应用软件，第 9 章将会对这些软件逐一作详细介绍。

最大的企业应用软件供应商是 SAP 和 Oracle。企业应用软件还包括**中间件**（middleware），由 IBM 和 Oracle 等供应商提供，用来连接企业现有的各种应用系统，实现企业内系统的全面集成。微软正试图进入企业应用软件的低端产品市场，专门为中小企业提供产品。

5.2.4 数据管理和存储

企业数据库管理软件负责组织和管理企业的数据,使其能够得到有效的使用。第 6 章会进一步介绍这一类软件。IBM(DB2)、甲骨文(Oracle)、微软(SQL Server)和 SAP 赛贝斯(Sybase Adaptive Server Enterprise)是数据库管理软件供应商中的主导者。MySQL 是一款 Linux 环境下的开源关系型数据库产品,目前由甲骨文公司所拥有。Apache Hadoop 是一种用来管理大规模数据集的开源软件架构(见第 6 章)。

5.2.5 网络/通信平台

2018 年,全球企业在通信设备上的开支达到 1.43 万亿美元(Gartner, 2018)。Windows Server 是占据主导地位的局域网操作系统,Linux 和 Unix 紧随其后。大型企业的广域网主要使用各种版本的 Unix 操作系统。几乎所有的局域网和广域企业网络都使用 TCP/IP 协议作为网络通信标准(见第 7 章)。

思科和瞻博网络公司(Juniper)是主要的网络硬件供应商。通信平台主要由提供语音和数据接入、广域网、无线网服务和互联网接入服务的电信/电话服务企业提供。美国主要的电信服务供应商有 AT&T 和 Verizon。这一市场随着无线移动服务、高速互联网服务和网络电话服务等新的供应商的出现而快速发展。

5.2.6 互联网平台

互联网平台涵盖硬件、软件和管理服务以支持企业的 Web 网站,包括网站托管服务、路由器和有线/无线设备。**网站托管服务**(web hosting service)提供的是一个大型网站服务器或一组服务器的维护,并为付费用户提供维护其网站的存储空间。

互联网革命使服务器计算机发生了变化,许多企业利用成千上万的小型服务器来运行其互联网应用。通过增强服务器的功能型号以及运用能够使单台服务器运行更多程序的软件工具,业界一直在稳步减少服务器数量。随着组织向云计算服务过渡,独立服务器计算机的使用正在减少。互联网硬件服务器市场越来越集中到 IBM、戴尔、甲骨文和惠普等企业,其价格也在大幅下降。

Web 软件应用开发工具和组件市场主要有微软(微软的 Visual Studio 和 .NET 系列开发工具)、Oracle-Sun 以及其他一些独立软件开发商,包括 Adobe 等。第 7 章将深入细致地探讨企业互联网平台。

5.2.7 咨询与系统集成服务

当今,即便是一家大型企业,也可能已没有专门的人员、技能、预算来部署和维护其整个 IT 基础设施。建立新的 IT 基础设施需要对业务流程、操作程序、培训教育以及软件集成等方面进行重大变革(见第 13、14 章)。领先的咨询企业能够提供这些方面的专业知识服务,如埃森哲(Accenture)、IBM Services、惠普、Infosys 和 Wipro 等。

软件集成是指将企业"老"的遗留下来的系统与新的基础设施相融合,确保基础设施的各个组成部分之间相互协调。**遗留系统**(legacy system)一般指为计算机主机建立的那些"老"的事务处理系统，企业为了避免因更换和重新设计而产生更高的成本而继续使用。如果这些"老"的系统可以和当前的基础设施整合，从成本上考虑就没必要更换。

5.3 计算机硬件平台的发展趋势

计算机硬件和网络技术急剧增长的能力极大地改变了企业组织其计算能力的方式，企业更加重视网络、移动便携设备方面的计算能力和以服务的形式获得更多的计算能力。以下分别介绍硬件的 8 个发展趋势。

5.3.1 移动数字平台

第 1 章指出，新型的移动数字计算平台正在兴起，它替代了个人计算机和大型计算机。iPhone 和安卓智能手机已经具有很多个人计算机的功能，包括数据传输、浏览网页、收发邮件、即时信息、显示数字内容以及与企业内部系统进行数据交换。新的移动平台还包括上网本、**平板电脑**（tablet computer）和电子书阅读器。上网本专门针对无线通信和互联网访问进行了优化设计，平板电脑如 iPad、电子书阅读器如亚马逊的 Kindle，具有访问网页的能力。

智能手机和平板电脑逐渐用于商用计算和个人应用。例如，通用汽车公司的高层管理者会使用智能手机应用软件对汽车销售、财务绩效、生产指标和项目管理状况等信息进行挖掘分析。

可穿戴计算设备是移动数字平台的新成员，包括智能手表、智能眼镜、智能身份证和运动跟踪器等。可穿戴计算技术具有广泛的商业用途，正在改变企业的工作方式，正如互动讨论：技术部分所讨论的。

互动讨论：技术

可穿戴计算机业务准备好了吗？

可穿戴计算正在迅速发展中。

智能手表、智能眼镜、智能身份证和运动跟踪器正在改变我们每天的工作方式。根据 Gartner 公司的数据，可穿戴设备的销售数量将从 2016 年的 2.75 亿增加到 2020 年的 4.77 亿个。诸如 Apple Watch 和 Fitness Tracker 这样的智能手表已经成为成功的消费类产品，可穿戴设备在商业方面的用途正在迅速发展中。Tractica 公司的报告预测，到 2021 年，企业可穿戴设备的全球销量将成倍增长至 6 640 万台。

医生和护士使用智能眼镜可以访问患者的病历。石油钻机工人戴着智能头盔，可以与陆地基站的专家连接，专家可以远程查看工作并传达相应的指令。仓库经理使用智能手表能够获取实时的业务数据，更好地管理配送和履行订单。可穿戴计算设备向工人传递信息而无需他们中断任务，从而使员工能够更快地作出更明智的决策，以提高生产力。

可穿戴设备正在帮助企业比以往更多地了解员工和日常工作场所的信息。当物联网传感器数据与实际人类行为相关联时，可以发现新的见解和信息。当一项任务持续时间的信息，或者一台设备与另一台设备接近的信息，与人口统计数据相结合使用时，可以揭示以前无法确定的工作流程效率低下的情况。技术先进的企业将了解从未了解过的有关工人和客户的信息，包括他们每天做什么、健康状况、去向，甚至感觉如何等。这显然对保护个人隐私产生影响，潜在的员工（和客户）担心企业正在收集有关他们的敏感数据。企业需要谨慎行事。

全球物流敦豪航空货运公司（DHL）与影像电子公司理光以及可穿戴计算服务和解决方案公司Ubimax开展合作，在其仓库运营中实施"视觉拣选"项目。货物的位置图形信息显示在智能眼镜上，可以引导员工加快查找物品的过程并减少错误。该企业表示，这项技术使效率提高了25%。"视觉拣选"为工人提供了有关他们需要检索的物品的位置信息，并允许他们自动扫描检索到的物品。未来的增强功能使该系统能够绘制出仓库内行走的最佳路线，提供要取回的物品图片（如果物品在仓库货架上放错了位置，这将是一个重要的帮助），并指导工人更有效地装载推车和货盘。

谷歌开发了用于企业业务的企业版智能眼镜，其开发合作伙伴为特定行业（如制造和医疗保健行业）开发了应用程序。企业版智能眼镜被吹捧为一种简化工作流程的工具，可以消除妨碍员工专注于工作的干扰因素。包括尊享医疗（Dignity Health）、波音公司和大众在内的50多家企业已经在使用企业版智能眼镜来更快、更高效地完成工作。

杜克能源（Duke Energy）一直在试行智能眼镜的使用，并发现了智能眼镜的多种用途。杜克能源新兴技术办公室的技术开发经理亚历山大·武科耶维奇（Aleksandar Vukojevic）表示，智能眼镜可以使在现场的员工能够访问培训或指导视频，以帮助维修或升级设备。智能眼镜还可以协助远程管理，管理人员可以看到变压器的线路或工人看到的内容，并在图像和视频中进行注释，然后将其发送回现场工人。杜克能源还在仓库中试用智能眼镜来管理库存。当工作人员查看物料代码时，它会自动记录到现有的数据库中去。

当然，可穿戴设备还存在着一些挑战。与企业中使用的其他移动设备一样，如何保护智能眼镜访问到的数据至关重要。当今的智能眼镜在设计时并未考虑安全性。智能眼镜中的传感器也不如其他产品准确。现场工作人员在查找故障设备时使用智能眼镜中的谷歌的GPS定位要偏离10～15英尺，而能源行业通常使用军事级别的解决方案，军事级别的解决方案可以将设备定位在1厘米以内。此外，智能眼镜不一定允许在上面佩戴安全眼镜。将来自智能眼镜的数据与杜克能源的内部数据库集成起来可能也会很困难。

智能眼镜就像智能手机一样，如果不与企业内部信息和应用程序集成的话，它们将不会那么有用。可穿戴计算设备的价值不在于从笔记本电脑或智能手机向智能手表或眼镜显示器传输相同的信息，而是要找到使用可穿戴设备来增强业务流程的方法。可穿戴计算的成功采纳不仅取决于成本效益，还取决于开发新的、更好的应用程序，以及与现有IT基础架构和用于管理和保护移动设备的组织工具的集成（请参阅本章末尾的案例研究）。

资料来源： George Thangadurai, "Wearables at Work: Why Enterprise Usage Is Outshining Consumer Usage," IoT Agenda, March 8,2018; Josh Garrett, "Wearables: The Next Wave of Enterprise IoT?" IoT Agenda, February 1, 2018; and Lucas Mearian, "Is Google Glass Really Ready for the Enterprise?" Computerworld,August 1, 2017.

案例分析题：

1. 可穿戴设备有可能改变组织和工作人员开展业务的方式。请讨论这句话的含义。

2. 如果一家企业考虑为其工人配备可穿戴计算设备，需要解决哪些管理、组织和技术方面的问题？

3. 什么样的企业最有可能受益于可穿戴设备的使用？请以某企业为例，描述可穿戴计算设备如何帮助该企业改进运营或决策。

5.3.2 信息技术和自带设备的消费化

智能手机和平板电脑的普及、易用以及大量可供使用的应用程序，极大地激发了员工在工作环境中使用自己的移动设备的兴趣，这种现象被通俗地称为"**自带设备**"（bring your own device，BYOD）。自带设备是信息技术消费化的一个方面。**信息技术的消费化**（consumerization of IT）是指新的信息技术首先出现在个人消费者市场，然后才扩散到组织的商业应用中。信息技术的消费化不仅包括移动个人设备，还包括起源于个人消费者市场软件服务的商业应用，如谷歌和雅虎的搜索引擎、Gmail、Google Apps、Dropbox，甚至是 Facebook 和 Twitter 等。

信息技术的消费化迫使企业重新思考获取和管理信息技术装备和服务的方式。历史上，至少在大型企业中，主要由信息技术部门负责选择和管理企业及员工使用的信息技术和应用，负责向员工提供能够安全访问企业信息系统的台式电脑或便携式电脑。信息技术部门负责整个组织的硬件和软件，确保组织业务得到保护，以及信息系统能够服务于组织的目标和管理。如今，员工和业务部门在信息技术的选择过程中发挥了更大的作用，在很多情况下，员工需要使用自己的电脑、智能手机和平板电脑来访问企业的网络。企业要管理和控制这些属于员工个人的技术设备，并保障它们能够服务于企业的需求，就显得更加困难。本章末的案例研究将探讨 BYOD 和信息技术消费化给管理带来的一些挑战。

5.3.3 量子计算

量子计算（quantum computing）使用量子物理学的原理来表示数据，并对这些数据进行操作。传统的计算机只能以 0 或 1 的形式处理数据比特，而不能同时处理，但量子计算可以同时处理 0、1 或两者的数据单元。量子计算机通过同时处于多个状态的能力获得巨大的处理能力，从而使其能够以比现在的方法快数百万倍的速度来解决一些科学和商业问题。IBM 通过 IBM Cloud 向大众提供了量子计算。谷歌的 Alphabet、微软、Intel 和 NASA 也在研究量子计算平台。量子计算目前仍然是一种新兴技术，但它的实际应用却在快速增长。

5.3.4 虚拟化

虚拟化（virtualization）是指提供一组不受物理配置或地理位置限制能够访问的计算资源（如计算能力或数据存储）。虚拟化能够使单一的物理资源（如服务器或存储设备）以多种逻辑资源的形式呈现给用户。例如，一台服务器或主机可以配置运行一种操作系统（或者不同的操作系统），使得它好像是很多不同的计算机。每个虚拟服务器对软件程序来说看上去都好像是真正的服务器，多个虚拟服务器也可以在同一台计算机上并行。VMware 公司是为 Windows 和 Linux 服务器提供虚拟化软件的主要供应商。

服务器虚拟化是通过在一台物理计算机上安装多个系统，从而降低技术成本的普遍方法。大多数服务器只发挥了 15%～20% 的性能，虚拟化可以将服务器的性能发挥到 70% 或更高。更高的运行效率意味着处理相同的工作所需要的计算机数量的减少，减少了存放机器的数据中心的地方，同时降低了能耗。虚拟化还能促进硬件管理的集中与合并。

虚拟化还可以使多个物理资源（如存储设备或服务器）能够整合为单个逻辑资源，如在**软件定义存储**（software-defined storage，SDS）中那样，将管理数据存储的软件与硬件分离。企业通过软件的使用就可以集中安排多个存储设备资源,并有效地分配以满足特定的应用需求。SDS 使企业能够以较低的成本购买计算机硬件和云存储硬件,从而大大减少存储资源利用率不足或过度利用的现象(Letschin,2016)。

5.3.5 云计算

现在,企业和个人都可以远程使用虚拟化 IT 基础架构,即云计算来执行所有的计算工作。云计算是一种计算模式,其中计算机处理、存储、软件和其他服务都通过网络由虚拟资源共享池提供。这些计算资源的"云"可以根据需要从任何连接的设备和位置进行访问。如图 5-11 所示说明了云计算的概念。

图 5-11 云计算

美国国家标准与技术研究所(The U.S. National Institute of Standards and Technology,NIST)定义云计算具有如下基本特征(Mell and Grance,2009):

- **按需自服务**:用户能够按需要自动获取如服务器时间或网络存储一类的计算能力。
- **泛网络接入**:通过标准的网络和互联网设备可以访问云计算资源,包括移动平台。
- **与位置无关的资源池**:计算资源集聚在一起为各类用户提供服务,根据用户需求,动态分配不同的虚拟资源,用户通常不用知道计算资源的位置在何处。
- **高度灵活性**:计算资源能够迅速组织、增加或减少,以满足用户需求的变化。
- **可测量的服务**:云资源的使用费用按照实际的资源使用量来计算。

在云计算中,硬件和软件能力构成了一个虚拟资源池,它通过网络(通常是互联网)来提供。企业和员工可以在任何地点、任何时间使用任何设备访问其应用和 IT 基础设施。云计算由 3 种不同类型的服务构成：

- **基础设施即服务**（infrastructure as a service，IaaS）：客户从云服务商处获取处理、存储、网络及其他计算资源来运行信息系统。例如，亚马逊利用其空余的 IT 基础设施能力来提供具有广泛用途的云环境，出售其 IT 基础设施服务。这些服务包括可供存储客户数据的**简单存储服务**（simple storage service，S3）和可供客户运行其应用的**弹性计算云服务**（elastic compute cloud，EC2）。客户仅需按其实际使用的计算和存储能力的使用量来付费（参见"互动讨论：组织"部分）。图 5-12 展示了亚马逊提供的 Web services 的服务范围。

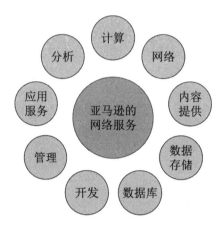

图 5-12　亚马逊的网络服务

注：亚马逊网络服务（Amazon Web Services，AWS）是亚马逊在它的云平台上提供给用户的一系列网络服务。AWS 是美国最大的云计算服务提供商。

- **软件即服务**（software as a service，SaaS）：客户通过网络使用供应商提供的安装在供应商云基础设施上的软件。谷歌的 App 是提供 SaaS 服务的领先者，它提供在线的通用商业应用。此外还有 Salesforce，它在互联网上提供 CRM 及相关的软件服务。它们都向客户按年收取订阅费，其中谷歌还有一个删减的免费版。用户通过 Web 浏览器访问这些应用，数据和软件保存在供应商的远程服务器上。
- **平台即服务**（platform as a service，PaaS）：客户使用云服务供应商提供的基础设施和编程工具来开发自己的应用。例如，微软为软件开发和测试提供了在 Azure 云服务上的 PaaS 工具和服务。另一个例子是 Salesforce 公司的 Salesforce 平台。

互动讨论：组织

展望云

如果要查看计算在哪里进行，请仰望云端。现在，云计算是增长最快的计算形式。思科公司认为，未来所有计算工作任务中的大多数将在某种形式的云环境中运行，包括公有云和私有云平台。专用的服务器将会越来越少。

云计算已成为各种规模的企业负担得起的选择，不管是小型的互联网初创企业，还是像 Netflix 和联邦快递这样的成熟企业。例如，AWS 为订阅的企业提供灵活的计算能力、数据存储以及数据管理、消息传递、支付和其他服务，这些服务可以根据业务需要一起或单独使用。任何拥有互联网连接且有一点钱的人，都可以利用与亚马逊自己用于运营零售业务相同的计算系统。只要客户提供有关所需的服务器空间、带宽、存储和其他任何服务的需求，AWS 就可以自动分配这些资源。你无须支付每月或每年的费用来使用亚马逊的计算资源，而是完全按照所需的资源进行付费即可。规模经济使成本低得惊人，AWS 一直在降低价格。为了保持竞争力，其他云计算供应商也不得不效仿。

云计算确实吸引了许多企业客户，因为云服务提供商会负责处理 IT 基础架构所有的维护和保养工作，从而使这些企业有更多的时间花费在更高价值的工作上。初创企业和较小的企业不再需要构建自己的数据中心。随着像亚马逊这样随时可用的云基础架构的出现，这些小企业也可以获取那些以前仅供大型企业使用的技术功能。Hi-Media 是 Fotolog 照片博客网站的互联网服务商，Hi-Media 对该网站进行了重新设计，并将其移至 AWS 上，可以轻松地扩展计算能力，满足了 Fotolog 3 200 万全球用户的需求，这些用户总共发布了 10 亿张照片和 100 亿条评论。

尽管云计算已被吹捧为一种购买和拥有信息技术的廉价且更灵活的选择，但并非总是如此。对于大型企业来说，向公有云提供商支付 10 000 名或更多员工的月服务费实际上可能比企业维护自己的 IT 基础架构和员工要贵得多。企业还担心使用按需付费模式会产生意外的"失控成本"。例如，将云服务与现有 IT 基础架构集成产生的错误、管理不善或异常，将会增加云服务用户的费用。

云计算被广泛采纳的主要障碍是对云的可靠性和安全性的担忧。2018 年 3 月 2 日上午，AWS 的 Direct Connect 服务出现了故障，导致几家大型网站瘫痪，其中包括企业软件工具提供商 Atalassian、美国第一资本金融公司（Capital One）和亚马逊自己的 Alexa 个人助理（混合云客户使用 AWS 的 Direct Connect 在 AWS 基础架构和客户的本地基础架构之间建立安全连接）等。2017 年 2 月 28 日，亚马逊的 S3 云存储服务发生了 4 个小时的停机，使数千个网站的互联网服务中断。在过去的 5 年中，亚马逊的云也发生过严重停机事件。随着云计算的不断成熟和主要云基础架构提供商拥有更多的经验，云服务的可靠性将稳步提高。专家建议那些可能会造成重大风险的企业，可以考虑使用另一种计算服务作为备份。

2016 年 2 月，Netflix 在完成了一个长达 10 年的项目后关闭了自己的数据中心，并专门使用亚马逊的云来运营其业务。管理层希望不用再提前几个月来估算企业所需的硬件、存储和网络需求了，AWS 会提供 Netflix 当下所需的一切。Netflix 还通过互联网服务提供商和其他第三方服务商来维护内容交付网络，这样加快了 Netflix 向用户提供电影和网络流量。然而，Netflix 在视频流业务方面与亚马逊产生了竞争，因此 Netflix 希望保留对自己的内容交付网络的控制权。

Dropbox 则恰恰相反，这家在线文件托管企业从 AWS 迁移云数据后的两年内，节省了近 7 500 万美元的基础架构成本。Dropbox 曾是 AWS 早期的成功应用案例，但从未在 AWS 上运行所有的系统。刚开始时 Dropbox 将其架构拆分为托管元数据（提供有关私有数据中心中数据的信息）和托管在 AWS S3 上的文件内容。随后，Dropbox 构建了更适合其需求的系统，自从 AWS 云迁移出数据后，Dropbox 节省了大量的资金。但是，这种迁移成本却很高。公司在 3 个托管设施中用于定制架构的支出超过 5 300 万美元，以能够容纳 EB 级的存储量。Dropbox 将其余 10% 的用户数据存储在 AWS 上，使用亚马逊的公有云帮助提供服务，部分是为了在美国和欧洲实现数据本地化。专家认为，Dropbox 在 AWS 方面的经验不能代表大多数企业。Dropbox 建立了全球最大的数据存储策略，主要原因在于它拥有计算资源。

许多大企业正在将更多的计算转移到云端，但无法完全迁移，因为传统系统最难切换。大多数中型和大型企业都倾向于采用混合云的方法。顶级的云服务提供商（如亚马逊、微软和 IBM）出于某些目的，使用自己的公有云服务，但它们继续在私有服务器上保留了某些功能。

对可靠性、安全性和变更风险的担忧使它们很难将关键的计算任务转移到公有云。

本田英国公司实施了混合云的模式，使它的 IT 基础架构能够应对其网站使用量的脉冲式增加的情形。由于带宽限制，公司经历过网络服务器突然崩溃的事件。本田英国公司已经主动迁移到私有云模式，这种模式是在推出雅阁旅行车（Accord Tourer）期间用于满足用户对网站的大量需求。后来，本田英国公司在本田 CR-Z 发布期间开始使用公有云。本田英国公司仅在企业使用云服务时付费。随用随付的模式有助于控制成本，同时确保最佳的可扩展性。

资料来源：Trevor Jones, "Dropbox Is Likely an Outlier with its Successful Cloud Data Migration off AWS," searchaws.com, February 28, 2018; Andy Patrizio, "Cisco Says Almost All Workloads Will Be Cloud-Based Within 3 Years," Network World, February 5, 2018; Tom Krazit, "Widespread Outage at Amazon Web Services' U.S. East Region Takes down Alexa, Atlassian Developer Tools," GeekWire, March 2, 2018; DasGupta, "A Case Study: How Hybrid Clouds Should Be Done," Cloudwards.net, January 21, 2018; Robert McMillan, "Amazon Grapples with Outage at AWS Cloud Service," Wall Street Journal, March 1, 2017; "AWS Case Study: Hi-Media," www.aws.amazon.com, accessed May 14, 2017; and Kelly Bit, "The $10 Hedge Fund Supercomputer That's Sweeping Wall Street," Bloomberg Business Week, May 20, 2015.

案例分析题：

1. 云计算服务给企业提供了什么样的好处？解决了哪些问题？
2. 云计算的缺点是什么？
3. 什么样的企业最有可能受益于使用云计算？为什么？

第 2 章介绍了 Google Docs、Mircosoft 365 和相关的软件服务，以实现桌面生产力和合作。这些是最受用户欢迎的软件服务，在企业中使用得越来越多。Salesforce.com 是一家领先的企业软件服务企业，通过互联网租赁软件服务为客户提供 CRM 和其他应用软件解决方案。其中，它的销售和服务云提供了改善销售和客户服务的应用，营销云能够使企业通过电子邮件、移动、社交、网络和相连的产品与客户进行数字化营销互动。Salesforce.com 还提供在线合作和参与的社区云平台，以及部署销售、服务、营销和自定义分析应用的分析云平台。

Salesforce.com 也是 PaaS 的领先企业。它的 Force.com 是一个应用程序开发平台，客户可以在更广泛的 Salesforce 网络中开发自己的应用程序。Force.com 提供了一组开发工具和 IT 服务，使用户能够自定义 Salesforce.com CRM 应用，或者构建全新的应用，并在 Salesforce.com 的数据中心基础设施云端运行。Salesforce 也向其他独立软件开发商开放 Force.com，并在 AppExchange 上列出它们的程序，AppExchange 是在 Force.com 平台上运行的第三方应用程序的在线市场。

云分为私有云和公有云。**公有云**（public cloud）由云服务供应商拥有和维护，可以供公众和行业机构使用，如亚马逊的 Web Services。公有云服务通常用于具有公共信息和产品描述的网站、一次性大型计算项目、开发和测试新的应用以及诸如数据、音乐和照片等在线存储等消费者服务。Google Drive、Dropbox 和 Apple iCloud 都是这种消费者公有云服务的主要案例。

私有云（private cloud）由某个组织运营，可以由组织自身或者第三方来管理，可以在组织的工作场所内也可以在工作场所外。同公有云一样，私有云也能够实现无缝分配存储、计算能力或其他资源，以按需提供的方式提供计算资源。需要柔性 IT 资源以及云服务模式的企业，在保留对自己的 IT 基础设施控制的同时，均在向私有云方面加速发展。

使用公有云的组织不拥有基础设施，不需要进行大量的硬件和软件投资。取而代之的是，它们从远程服务供应商那里购买计算服务，仅需为实际使用的计算资源付费，或按月或按年订购的方式付费。**按需计算**（on-demand computing）一词，就是指这类服务。

云计算也有一些不足。除非用户有特殊要求，数据存储和控制一般由供应商负责。有些企业担心把重要的数据和系统委托给供应商，而这些供应商与其他企业也有合作，这样会存在安全风险。企业希望它们的系统能够全天候工作，不希望因云基础设施故障给企业带来任何业务损失。然而，企业把更多的计算机处理和存储转移到某种形式的云基础设施，已是大势所趋。尤其是对初创企业、IT 资源和预算有限的小企业而言，公有云的服务特别有效。

大型企业可能采用**混合云**（hybrid cloud）计算模式，即用自己的基础设施处理最核心的业务，使用公有云计算运行次要的系统或在业务高峰期间提供额外的处理能力。表 5-2 比较了 3 种云计算的模式。云计算将使企业从拥有固定的基础设施转向更为灵活的基础设施，一些由企业自己拥有，一些向计算机硬件供应商拥有的大型计算机中心租用。在本章的学习跟踪模块，可以了解到更多关于云计算的知识。

表 5-2 云计算模式比较

云类型	描述	管理者	用户
公有云	为不同的用户提供计算、存储和软件服务的第三方服务，对公众开放	第三方服务提供商	不太关注隐私的企业、寻找 IT 服务按需付费的企业、缺少 IT 资源和专家的企业
私有云	只为某个企业运营的云基础设施，可以部署在企业内部，也可以在企业外部	内部的 IT 部门或专属的第三方运营商	对隐私和安全有特殊需求的企业、必须控制数据归属权的企业
混合云	公有云和私有云服务的组合，由不同的实体维护	IT 部门、专属托管第三方供应商运营	需要 IT 内部控制，同时又希望在公有云上租用一部分 IT 基础设施的企业

5.3.6 边缘计算

让连接到云计算系统中所有的笔记本电脑、智能手机、平板电脑、无线传感器网络和本地服务器与某个中央公有云数据中心交互处理所有的数据，这种效率是很低的，成本也是高昂的。**边缘计算**（edge computing）是一种优化云计算系统的方法，在网络边缘、靠近数据源的一组链接服务器上执行某些数据处理，目的在于减少本地计算机和其他设备与中央云数据中心之间来回传输的数据量。

当传感器或其他物联网设备不需要经常连接到中央云时，边缘计算的部署就非常有用。例如，大海中的石油钻井平台可能有数千个传感器产生大量的数据，这是为了确认系统是否正常工作。这些数据不需要一产生就通过网络发送出去，因此，本地边缘计算系统可以对数据进行编译，并将每日报告发送到中央数据中心或云端进行长期存储。这样，通过网络只发送重要的数据，边缘计算系统减少了网络传输的数据量。

边缘计算还可以减少数据传输和处理的延迟，因为数据不必通过网络传输到远程数据中心或云端进行处理。这对于那些毫秒级延迟都无法忍受的情况是非常理想的，如在金融服务业或制造业中就有这种情况。

5.3.7 绿色计算

为了抑制硬件的急剧增长和能源的消耗，虚拟化成为促进绿色计算的一种主要技术。**绿色计算**（green computing）或称为绿色 IT，是指以对环境影响最小化为目标的实践和技术，用来指导对计算机、服务器及其相关设备如显示器、打印机、存储设备及网络和通信系统等的设计、生产、使用和处置。

据 Green House Data 称，世界上数据中心使用的能源与 30 个核电站的产能一样多，占世界所有能源使用量的 1.5%。降低计算机能耗一直是"绿色"的重中之重。企业数据中心可以轻松地消耗超过标准办公大楼 100 倍以上的电力。所有这些额外的能耗对环境和企业运营成本都有负面影响。目前，考虑到能源效率问题，数据中心的设计采用先进的空气冷却技术、节能设备、虚拟化和其他节能措施。像微软、谷歌、Facebook 和苹果这样的大企业，正在广泛使用节电设备和风力/水力发电技术，以清洁能源的数据中心来减少碳排放。

5.3.8 高性能及节能处理器

降低能源需求和硬件增长的另一种途径是采用更有效、更节能的处理器。当代微处理器的特征是在一个芯片上有多个处理器核（处理器核执行读取指令和运行指令操作）。**多核处理器**（multicore processor）是指一个集成电路板上集成了两个或多个处理器核，以增强其性能，减少能源消耗，提高多任务并行处理的效率。这项技术使得两个或两个以上的处理器集成在一起，与资源匮乏的单核处理器芯片相比，能耗低、散热及处理速度快。如今的个人计算机一般已拥有了双核、四核、六核和八核的处理器，服务器一般具有 16 核和 32 核处理器。

Intel 及其他芯片生产商开发出了能耗最低的微处理器，这对延长小型移动数字设备中电池的供电时间非常关键。具有高效能的微处理器，像苹果 iPhone、iPad 使用的 A9、A10 和 A11 处理器，以及英特尔的 Atom 处理器，都能用在轻量的智能手机、平板电脑、智能汽车以及医疗设备中。

5.4 当前计算机软件平台及其趋势

5.4.1 Linux 和开源软件

开源软件（open source software）是由全世界成千上万的程序员共同编写的软件。根据开源软件专业协会权威机构 OpenSource.org 的定义，开源软件是免费使用并可以被用户修改的软件。由初始源代码衍生出来的软件也应该是免费的。严格来说，开源软件并不受任何操作系统或硬件技术的限制。

流行的开源软件包括 Linux 操作系统、Apache HTTP 网络服务器、Mozilla Firefox 网络浏览器以及 Apache OpenOffice 桌面软件包。Google 的安卓手机操作系统和 Chrome 网络浏览器都是基于开源工具。你可以从**开放源码促进会**（open source initiative，OSI）以及本章"学习跟踪"模块中关于开源软件的历史部分获得更多关于开放源码概念的知识。

最出名的开源软件应该是 Linux，一个与 Unix 相关的操作系统。Linux 操作系统最初由芬兰程序员林纳斯·本纳第克特·托瓦兹（Linus Torvalds）编写，并于1991年8月首次在互联网上发布。Linux应用程序可以嵌入移动电话、智能手机、平板电脑和其他个人电子设备中。用户可以从互联网上下载Linux的免费版本，也可以购买价格低廉的商业版本，并得到如Red Hat一类供应商的工具和支持。

尽管Linux并不用于多数桌面系统，但是它在服务器、主机电脑和超级计算机中是领先的操作系统。IBM、惠普、英特尔、戴尔和甲骨文都将Linux作为提供给企业的核心服务产品。Linux对企业软件平台具有深远的影响，包括更低的成本、更好的可靠性和适应性，这是因为Linux可以在各种主要的硬件平台上运行。

5.4.2 网络软件：Java、HTML和HTML5

Java是由Sun Microsystems创建的，是独立于操作系统和处理器的、面向对象的编程语言，已经成为网络领先的交互式编程环境。Java平台已嵌入移动电话、智能手机、汽车、音乐播放器、游戏机、服务交互式内容和按次付费服务的机顶电缆系统中。Java软件可以在任何计算机或计算设备上运行，不管设备使用什么特定的微处理器或操作系统。在使用Java的每个计算环境中，Java虚拟机提供了解释并可运行在该机器上的Java编程代码的环境。代码以这种方式只编写一次，就可以在有Java虚拟机的任何机器上使用。

Java开发者可以编写出小的**应用程序**（applet），这种应用程序可嵌入Web网页并下载到Web浏览器上运行。**网络浏览器**（Web browser）是一个有图形界面的、可以用来显示网页、访问网站和其他互联网资源的、简单易用的软件。微软的Internet Explorer、Mozilla的Firefox、谷歌的Chrome以及苹果的Safari都是具有代表性的浏览器。在更加复杂的企业电子商务应用中，Java往往用于开发与企业后台事务处理系统进行通信的程序。

HTML（Hypertext Markup Language）是一种网页描述语言，用来描述如何在一个网页中放置文本、图形、影像和声音等，并创建与其他网页和对象的动态链接。通过这些链接，用户只需要点击高亮的关键词或图形，就能够立刻使链接的文档传输过来。

HTML最初设计是用来创建和链接以文本内容为主的静态文档。然而，如今的Web网页更具社交性和交互性，很多网页具有多媒体元素——图像、音频和视频。第三方的插入式应用程序，如Flash、Silverlight和Java等，需要把这些丰富的媒体元素与Web网页相集成。但是，这种添加方式需要额外的编程，给计算机处理带来了限制。新一代技术HTML5解决了这一问题，它能够使图像、音频、视频及其他元素直接嵌入一个文档，且不需要与处理器相关的额外编程。HTML5还能够使网页在不同类型的显示设备中运行，包括移动设备和台式机，还支持在Web中运行的应用程序的数据可在本地存储。

其他流行的Web应用编程工具包括Ruby和Python。Ruby是一种面向对象的编程语言，以构建Web应用的速度和易用性而闻名，Python（因其清晰性而受到赞赏）被用于构建云计算的应用程序。

5.4.3 Web服务和面向服务的架构

Web服务（Web service）是指一组松耦合连接的软件，通过标准的Web通信标准和通信语言相互交换信息。无论系统使用什么样的操作系统或编程语言，Web服务使两个不同的Web服务器之间都可以交换信息。Web 服务可以用来构建基于 Web 开放标准的应用程序，连接两个不同组织的系统，也可以用来创建连接一个组织内不同系统的应用程序。不同的应用程序之间可以通过 Web 服务的标准来相互通信，而无须进行耗时的定制编程。

Web 服务的技术基础是 XML，即**可扩展标记语言**（extensible markup language）。XML 由万维网联盟（World Wide Web Consortium，W3C，负责监督 Web 推广的国际组织）在 1996 年开发，比用于标注 Web 网页的超文本标记语言 HTML 功能更强大、更灵活。HTML 只能描述怎样将数据显示在网页上，而 XML 则可以对数据进行描述、通信和储存。在 XML 中，一串数字不仅仅是一串简单的数字，通过 XML 标记，可以进一步描述这串数字代表的是价格、日期还是邮政编码等。表 5-3 为 XML 语句举例。

表 5-3　XML 语句举例

普通语句	XML 语句
Subcompact	<AUTOMOBILETYPE="Subcompact">
4 passenger	<PASSENGERUNIT="PASS">4</PASSENGER>
$16,800	<PRICE CURRENCY="USD">$16,800</PRICE>

通过给文档中的内容元素按其含义做标记，XML 使计算机可以自动操纵和解释数据，并对数据进行处理而无须人为干预。Web 浏览器和计算机程序，如订单处理、ERP 软件，可以根据 XML 设定的规则来应用和显示数据，使得 Web 服务可以在不同的处理之间传递数据。

Web 服务按照标准的 Web 协议，通过 XML 消息进行通信。基于 Web 网络协议，软件应用程序可以自由地连接到其他应用程序，而不需要对每个需要进行通信的应用程序进行定制编程。所有的通信共享同一标准。

所有用来构建企业软件系统的 Web 服务的集合构成了所谓的面向服务的架构。**面向服务的架构**（service-oriented architecture，SOA）是一系列**自包含服务**（self-contained service）的集合，它们之间相互通信，共同创建一个实际运行的应用软件。企业的工作任务通过执行一系列服务来完成。软件开发人员可以根据需要以不同的组合方式重用这些服务，把它们装配成不同的应用软件。

实际上，几乎所有的主要软件供应商都提供通过 Web 服务来构建和集成软件应用的工具及其完整的平台。例如，微软将 Web 服务工具加入 Microsoft.Net 平台。

Dollar 公司通过 Web 服务把自己的在线预订系统与美国西南航空公司（Southwest Airlines）的网站连接起来。虽然两家企业的系统基于不同的技术平台，但是客户可以在西南航空公司的网站上预订机票，同时也能预约 Dollar 公司的汽车。Dollar 公司使用了 Microsoft.NET 的 Web 服务技术作为中间件，将西南航空公司网站的订单翻译成 Web 服务协议，然后转变成 Dollar 计算机可识别的格式。

其他汽车租赁公司也曾经将它们的信息系统和航空公司的网站相连，但是它们没有用 Web 服务，因此需要逐个建立连接。Web 服务为 Dollar 公司的计算机与其他企业的信息系统之间的"对话"提供了一种标准途径，而无须与每一家企业都建立专门的链接。Dollar 公司现在止在利用 Web 服务将其应用系统直接与小型旅行社、大型旅行社的预订系统相连接，还建立了供移动电话和智能手机使用的无线 Web 网站。Web 服务使一家企业与其他合作伙伴的信息系统相连或者是支持新的无线设备都不需要编写新的软件代码（见图 5-13）。

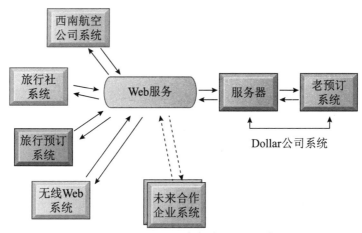

图 5-13 Dollar 公司如何使用 Web 服务

注：Dollar 公司使用了 Web 服务提供的标准化的中间件，与其他企业的信息系统之间"对话"。该企业使用这些 Web 服务与其他企业的信息系统连接，无须为每个合作企业的系统建立专门连接。

5.4.4 软件外包和云服务

如今，很多企业仍然在继续使用能够满足业务需求的遗留系统，因为替换这些系统的成本极高。企业需要的新的应用软件，大多数从外部购买或租用。图 5-14 显示了美国的企业通过外部渠道获得软件应用呈快速增长趋势的情况。

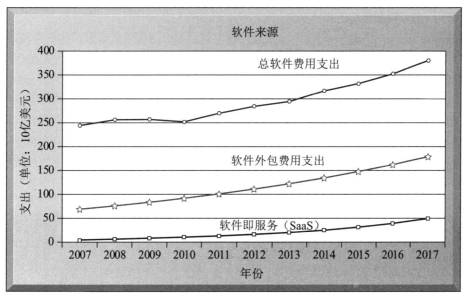

图 5-14 企业软件的资源变化

注：2017 年，美国企业在软件上的开支超过 3 800 亿美元。其中，4.7%（179 亿美元）的开支用于购买企业外部不同的供应商提供的软件。约 13% 的支出（490 亿美元）用于 SaaS 供应商提供的基于云的在线服务软件。

资料来源：BEA National Income and Product Accounts，2018.

企业从外部获得软件通常有 3 个来源：向商用软件供应商购买软件包、向外部供应商外包定制应用开发（离岸外包和在岸外包均可）和**基于云的软件服务和工具**（SaaS/PaaS）。

1. 软件包和企业软件

在前面已经述及，企业应用软件包是当前 IT 基础设施中的重要组成部分。**软件包**（software package）是一个已编写好的可以通过购买方式获得的一组软件程序，企业无须自主开发一些特定的功能，如支付薪酬或订单处理。

企业应用软件包的供应商，如 SAP、Oracle 等，开发出了功能强大的软件包，能够支持一个企业在全球的主要业务流程，包括仓储管理、CRM、供应链管理、财务管理和人力资源管理等。这些大型企业软件系统为企业提供了一体化集成的全球性应用软件系统，所需费用大大低于企业自行开发相关软件所需付出的成本。第 9 章将详细介绍企业系统。

2. 软件外包

软件**外包**（outsourcing）是指企业将软件定制开发或现有系统程序的维护以合同方式委托给外部公司，这类公司通常在劳动力成本比较低的地区以离岸方式来运作。例如，2013 年，宜家宣布与德国基础设施解决方案公司 Wincor Nixdorf 签订了为期六年的离岸 IT 外包协议。Wincor Nixdorf 在 25 个国家的宜家 300 家门店建立了 12 000 个 POS 系统。这些系统基于 Wincor Nixdorf 的 POSTP.net 软件，开发了用于管理每家商店的家具结账业务流程，并与整个零售集团的所有数据集成。Wincor Nixdorf 为宜家提供的服务包括系统的定制和运行，以及更新运行在这些系统上的软件和应用程序。拥有一家离岸软件外包服务的供应商帮助宜家减少了运营门店的工作量（Existek，2017）。尽管有很多提供复杂业务服务并且有经验的离岸外包服务公司，尤其是印度公司，它们为企业客户提供新程序的开发，但是离岸软件外包服务提供商主要还是提供底层维护、数据录入及呼叫中心的运营等服务。然而，随着离岸外包服务提供商员工工资的上涨，管理离岸项目的成本也倍增（参见第 13 章），一些已经交给离岸外包的工作又返回到美国国内公司。

3. 基于云的软件服务和工具

像 Microsoft Word 和 Adobe Illustrator 这样的软件产品过去通常以盒装形式在一台机器上运行。如今，我们更倾向于从供应商的网站上下载软件，或者通过互联网以云服务的方式使用软件，支付使用费。

基于云的软件及其数据驻留在功能强大的数据中心的服务器上，用户可以通过互联网连接和标准的 Web 浏览器来访问。除了谷歌或雅虎为个人或者小型企业提供的免费或廉价软件之外，企业软件和一些复杂的业务功能也可以以服务方式从一些主要的商品化软件供应商那里获得。不需要购买和安装软件程序，企业可以租用这些功能相同的服务，费用可以按固定的租赁费或按次使用的方式来支付。Salesforce 是**软件即服务**（Software as a Service，SaaS）的一个典型例子，它以按需软件服务的方式提供 CRM。

为了管理外包服务供应商或者技术服务供应商的关系，企业需要签订一份包括**服务等级协议**（service level agreement，SLA）的合约。SLA 是客户和服务供应商之间的正式合约，它对服务供应商的职责和客户要求的服务等级进行明确说明，包括要详细说明所提供服务的性质和等级、衡量服务质量的标准、支持的方式、安全保障和故障恢复、硬件和软件所有权及升级、客户支持、付款和合约终止条件等方面的条款。本章"学习跟踪"模块有这方面的介绍。

4. 混搭和应用

如今，用于处理个人事务或工作事务的软件可能由可互换的组件组成，可以与其他互联网上的应用程序自由集成。个人用户和企业可以自由组合和匹配这些软件组件，以创建自己的应用程序，并与他人共享信息。以这种方式来产生应用软件的方式叫作**混搭**（mashup），其核心就是利用不同的应用软件资源产生一个新产品，得到"整体大于部分之和"的效果。当你对你的 Facebook 进行个性化配置或者在你的博客中加入显示视频或幻灯片功能时，就是在做混搭。

Web 混搭将两个或多个在线应用整合，创造出一个能够提供比原来的资源更多用户价值的混合产品。例如，ZipRealty 使用谷歌地图和在线房产数据库提供的数据。**应用**（Apps）是在互联网、电脑、移动手机或平板电脑等设备上运行的、小的软件程序，这些程序一般在互联网上下载。谷歌把它的在线服务称为 Apps。但是当我们谈论现在的 Apps 时，主要是针对移动数字平台上开发的应用，正是这些 Apps 将智能手机和平板电脑转化为通用的计算工具。现在，iOS 和 Android 移动操作系统上均有数百万个 Apps。

某些下载的 Apps 不能访问 Web，但多数 Apps 可以访问 Web 内容，这比传统的 Web 浏览器提供了更快访问 Web 内容的能力。Apps 为用户提供了一个简化的、不用浏览器就能执行一系列操作的能力，从阅读报纸到购物、搜索、个人健康监测、玩游戏和购物等。管理人员也越来越多地把 Apps 作为企业系统的门户，因为现在很多人通过移动设备访问互联网，有人认为 Apps 是"新的浏览器"。随着消费者被 Apps 的外观和操作速度所吸引，Apps 也开始影响传统网站的设计和功能。

许多 Apps 是免费的或者收费很低，远低于传统软件，这进一步增加了它们的吸引力。移动平台的成功很大程度上取决于它们提供的 Apps 的数量和质量。实际上 Apps 将用户绑定到特定的硬件平台上：随着用户在自己的手机里添加越来越多的 Apps，切换到竞争对手的移动平台的成本也随之上升。

目前，最常下载的 Apps 是游戏、新闻、天气、地图/导航、社交网络、音乐和视频/电影等。而企业用户也可以使用一些重要的 Apps，如创建和编辑文档、连接到企业系统、安排和参与会议、跟踪出货和语音服务等（请参阅第 1 章中的"互动讨论：管理"部分）。大多数大型在线零售商都有消费者在线购买商品和服务的 Apps。

5.5 管理 IT 基础设施的挑战及其解决方案

建立和管理统一的 IT 基础设施有诸多方面的挑战，包括应对平台和技术的变化（包括云和移动计算）、管理和治理以及明智的基础设施投资决策等。

5.5.1 应对平台和基础设施的变化

企业成长时通常会迅速扩张其基础设施，企业收缩时则会固守那些在业务好的时候过多购买的基础设施。如果 IT 基础设施的投资是固定成本的采购或购买许可证，企业基础设施的可扩展性会如何呢？**可扩展性**（Scalability）是指计算机、产品或系统在不中断工作的前提下，能够向更多的用户提供服务的能力。新的应用需求、企业的兼并和收购、经营规模的变化等都会影响计算机的工作载荷量，在规划硬件能力时必须考虑上述因素。

使用移动计算或者云计算平台的企业需要采取新的政策、程序和工具来管理这些平台，需要记录用于工作事务的所有移动设备的使用情况，并制定和开发出相应的措施和工具来对这些设备进行跟踪、升级，并保证其安全性，对设备中运行和使用的数据和程序进行控制。

许多企业通常会利用移动设备管理软件（mIobile device management，MDM）来帮助监控、管理和保护那些运行于多个不同操作系统之上的、由不同运营商提供服务的各类移动设备。

MDM 的使用使 IT 部门可以监控移动设备的使用情况，可以安装或更新必要的软件，可以备份或恢复移动设备及其数据，当设备被盗或丢失时可以及时删除设备中的软件和数据。使用云计算和 SaaS 的企业需要与远程供应商更新合约安排，在需要时确保关键应用的硬件和软件能够正常运行，并且符合企业的信息安全标准。企业管理层的责任是要确定计算机响应的时间、关键任务系统的可用性等方面的可接受水平，以确保达到所期望的性能。

5.5.2 管理和治理

应该由谁来控制和管理企业的 IT 基础设施，是长期困扰信息系统管理层以及 CEO 的问题。第 2 章介绍了 IT 治理的概念，并讨论了一些相关的问题。关于 IT 治理还有一些重要的问题，包括由各个部门负责做自己的信息技术应用决策，还是应该集中控制和管理？信息系统的集中管理与部门管理之间的关系怎样？IT 基础设施的经费应该在各个业务部门之间如何分配？每个企业都需要根据自己的实际情况对上述问题作出回答。

5.5.3 作出明智的基础设施投资决策

IT 基础设施是企业的一项主要投资，如果在这方面投资过多，则会导致设备闲置浪费，并可能拖累企业的财务状况；如果在这方面投资过少，则会导致一些重要的业务功能难以实现，从而在竞争中落后于在这方面做得好的竞争对手（在 IT 投资方面做得好的企业）。企业究竟该在 IT 基础设施方面花多少钱呢？这是一个很难回答的问题。

与之相关的问题是，企业是应该购买并维护自己的 IT 基础设施，还是应该向外部供应商（包括提供云服务的供应商）租用？购买或租用是一个典型的所谓"**租用与购买**"决策问题（rent-versus-buy decision）。

云计算是提高可扩展性和灵活性的一种低成本途径，但是，企业在采纳前需要从安全性以及对业务流程和工作流的影响等方面进行仔细的评估。在某些情况下，租用软件的成本总和会比自己购买和维护软件的成本还要高，或者说企业在云服务方面过度花费了（Loten，2018）。然而，使用云服务还是有许多好处的，包括明显降低硬件、软件、人力资源和维护成本等。迁移到云计算可以使企业专注于核心业务，而不是技术问题。

1. 技术资产的总持有成本

拥有技术资源的实际成本包括采购和安装硬件和软件的初始成本，后续硬件和软件的升级、维护、技术支持、培训等管理成本，以及运行及安置这些技术的设施和房屋成本。**总持有成本**（total cost of ownership，TCO）模型可以用来分析这些直接成本和间接成本，帮助企业确定实施一项技术的实际成本。表 5-4 给出了在进行 TCO 分析时需要考量的最重要的因素。

当考虑以上所有成本要素时，一台个人计算机的总持有成本相当于其购买价格的三倍。为员工装备移动计算设备而提高的效率和效益，必须与把这些设备集成到企业的 IT 基础设施以及为其提供技术支持所产生的成本相平衡。其他成本要素包括无线通话费用、终端用户培训费用、求助支持费用，以及具体应用的软件费用等。如果移动设备需要运行许多不同的应用，或者需要与后台系统（如企业应用）集成，则持有的成本会更高。

硬件和软件的采购成本只占 TCO 的 20%，因此管理者需要格外注意管理成本，对企业的硬件和软件的全部成本有全面的了解。此外，企业通过良好的管理可以降低部分管理成本。很多大型企业拥有冗余的、不兼容的软件和硬件，往往是因为由职能部门负责技术采购决策而带来的后果。

除了转向云服务，企业还可以通过采用集中化和标准化的硬件和软件资源来降低总持有成本。如果企业能够使用最少数量的计算机型号种类和软件类型，那么就可以缩减 IT 基础设施保障人员的规模。在一个集中化的基础设施中，多管理和故障维修可以集中进行。

基础设施要素	成本要素
硬件采购	算机、终端、存储和打印机
软件	
安装	
培训	
技术支持	
维护	
基础设施	网络和专用设备（包括后备存储设备）
宕机时间	理带来的效率损失的成本
空间占用和能耗	

2. IT 基础设施投

图 5-15 给出的竞争 应该花多少钱用于 IT 基础设施的建设。

图 5-15 IT基础设施竞争力模型

（1）企业服务的市场需求。将企业目前向客户、供应商以及员工提供的服务列成一份服务清单。按服务对象分类进行调查，按照每类客户情况，了解目前企业提供的服务是否能满足其需求。例如，是否有客户抱怨查询价格和交付情况很难得到及时的回答？是否有员工抱怨难以找到工作中所需要的有用信息？是否有供应商抱怨难以了解企业的生产需求？

（2）企业的运营战略。分析企业的五年发展战略，评估一下哪些新的服务和能力对实现战略目标是必需的？

（3）企业的 IT 战略、基础设施及成本。根据企业的五年发展战略，审核信息技术规划，并对它与企业战略的匹配度进行评价。用 TCO 分析法确定 IT 基础设施总成本。如果企业没有 IT 战略规划，就需要制定能够充分考虑企业的五年发展战略规划要求的 IT 战略规划。

（4）信息技术评估。你的企业是否落后于技术曲线或信息技术的发展潮流？这两种情况都要避免。企业通常不需要去购买那些仍然处于实验阶段的、昂贵的、不可靠的先进技术。你应该把钱花在已经建立标准的技术上，以及那些 IT 厂商正在竞争的技术上，并且需要考察在哪里能够找到多个供应商。但是，你也不希望迟迟不对新技术进行投资，也不希望看到竞争对手在新技术的基础上开发新的商业模式和能力。

（5）竞争对手的服务。尝试评估竞争对手向客户、供应商和员工提供的技术服务。建立定量和定性的措施，将竞争对手的指标与自己进行对比。如果服务水平不足，企业就会处于竞争劣势，应该寻找一种能让企业在服务水平上卓越的方式。

（6）竞争企业 IT 基础设施投的资。将企业 IT 基础设施的投资与竞争对手进行比较。许多企业会公开 IT 创新的支出。如果竞争对手试图对 IT 支出保密，那么你可以在上市企业的年度报告 SEC Form 10-K 中找到 IT 投资信息，因为这些支出会影响企业的财务业绩。

企业对 IT 基础设施投资并不一定要与竞争对手花同样多或者更多的钱，也许可以找到更为经济的服务提供方式，这会带来成本优势。反之，如果在 IT 基础设施投资上比竞争对手低太多，则可能会导致企业绩效不佳或市场份额下降。

5.6 MIS 如何有助于我的职业发展

以下是第 5 章和本书可以帮助你找到 IT 咨询师初级工作的内容。

5.6.1 企业

总部设在亚特兰大的一家全国性技术咨询企业 A1 Tech IT Consulting 正在招聘一名初级 IT 顾问。该企业与技术供应商合作，创建并向中小型企业销售基于云、网络和托管 IT 服务的前沿技术解决方案。企业有 65 名员工，以出色的客户服务而闻名。

5.6.2 职位描述

初级 IT 顾问将与客户经理合作，与现有客户保持良好的关系，并帮助技术顾问为潜在客户制定解决方案和建议。企业将提供有关技术行业及其技术咨询流程的在职培训。工作职责包括：

- 对潜在客户和现有客户以及竞争格局进行研究。
- 管理数字营销活动。
- 协助识别潜在的商业机会。
- 编写关于筛选、跟踪和监测客户和潜在客户的定期报告。

5.6.3 岗位要求

- 学士学位或同等学力。

- 能够通过电话、电子邮件或面对面与客户进行良好的沟通。
- 较强的组织、表达和写作能力。
- 能够在快节奏的环境中工作，并作为成员有效参与团队协作。
- 熟练使用 Microsoft Office（Word、Excel 和 PowerPoint）。
- 较强的组织能力、表达能力、写作能力以及学习的意愿。

5.6.4 面试问题

1. 你对云计算和 IT 托管服务了解多少？你熟悉常见的操作系统、安全性和数据管理平台吗？你在工作中使用过这些系统和服务吗？你用它们做什么？

2. 你和客户有过多次面对面的接触吗？你能描述一下你和客户在一起时做了哪些工作吗？你曾经帮助过客户解决技术问题吗？

3. 你有数字化营销的经验吗？

4. 你能举一个你帮助解决的销售问题或其他业务问题的例子吗？你写过哪些分析或研究报告吗？你能举个例子吗？

5. 你对 Microsoft Office 的熟练程度如何？你用 Excel 电子表格做过什么工作？

5.6.5 作者提示

1. 认真学习本章以及本书的第 6 章和第 8 章，特别关注云计算、网络技术和托管技术服务。

2. 利用网络研究这家企业如何与其他技术企业合作提供 IT 服务的？了解这些合作伙伴以及它们提供的工具和服务。

3. 你如何使用 Microsoft Office？如果有可能，请提供使用这些工具解决课堂问题或工作分配的示例。带上你写作的例子来展示你的分析能力和项目经验。

4. 表示你对了解更多关于技术行业和企业使用的技术和服务非常感兴趣。

5. 查看企业的 LinkedIn 页面、Facebook 和 Twitter，了解与企业有关的战略趋势和重要问题。

复习总结

5-1 什么是 IT 基础设施？IT 基础设施演化的阶段和驱动力是什么？

IT 基础设施是共享的技术资源，它为企业特定的信息系统应用提供平台。IT 基础设施包括在整个企业中共享的硬件、软件和服务。

IT 基础设施演化的 5 个阶段：主机阶段、个人计算机阶段、客户机/服务器阶段、企业计算阶段、云和移动计算阶段。摩尔定律指出了计算机技术处理能力的指数型增长与成本下降之间的关系，即每 18 个月微处理器的能力翻一番，而计算的价格降低一半。大规模数字存储定律是关于数据存储成本指数级下降的规律，它表明花费 1 美元能在磁介质上存储的千字节（kilobytes）数据量大约每 15 个月翻一番。梅特卡夫定律表明网络对其使用者带来的价值随着网络成员的增加以指数级提升。通信成本的快速下降，以及在技术行业中日益增强的计算和通信标准应用的一致性，也促进了计算机使用的急剧增长。

5-2 IT 基础设施的组成部分有哪些？

主要的 IT 基础设施组件包括计算机硬件平台、操作系统平台、企业软件平台、网络和通信平台、数据库管理软件、互联网平台以及咨询服务和系统集成。

5-3 当前计算机硬件平台的发展趋势是什么？

计算逐渐转移到移动数字平台上进行。量子计算是一种新兴技术，它可以通过同时处于多个状态的能力来显著提升处理能力。信息技术的消费化是指源于消费者市场的信息技术有了商业用途。虚拟化是指不受物理配置或地理位置的限制来组织计算资源。在云计算中，企业和个人通过网络（包括互联网）获得计算能力和软件服务，而不是在自己的计算机上购买、安装硬件和软件。多核处理器是一种由两个或多个处理核连接在一起以提高性能的微处理器。绿色计算包括生产、使用和处置信息技术硬件的实践和技术，以尽量减少对环境的负面影响。

5-4 当前软件平台的发展趋势是什么？

开源软件由来自全球的程序员共同编制和维护，用户通常可以免费下载。Linux 是一种强大的、具有弹性的开源操作系统，它可以在不同的硬件平台上运行，被广泛用于 Web 服务器中。Java 是一种与操作系统和硬件无关的编程语言，是 Web 编程的一种主流的交互式编程环境。HTML5 能够在 Web 文档中直接嵌入图像、音频和视频，而无需额外进行编程。Web 服务是一组松耦合联接的软件，它以开放的 Web 标准为基础，可以与任何应用软件和操作系统兼容。它可以用于构建基于 Web 的应用软件，用来连接不同组织间的系统或者同一组织中的不同系统。企业可以从外部渠道购买其应用软件（包括软件包），或者把软件定制开发外包给外部供应商（可能是离岸供应商），或者租用在线软件服务（SaaS）。混搭是把两种不同的软件服务合并在一起，生成新的软件应用和服务。应用是在移动设备上运行、在互联网上获得的软件。

5-5 管理 IT 基础设施的挑战及其解决方案是什么？

主要挑战包括应对平台和基础设施的变化、基础设施管理和治理、基础设施投资决策等。解决方案的框架包括运用竞争力模型来分析 IT 基础设施的投资规模、战略性基础设施投资方向，以及确定信息技术资产的 TCO。技术资源的总持有成本不仅包括计算机硬件和软件的初始成本，还包括硬件和软件的升级、维护、技术支持和培训等方面的成本。许多企业正在转向云计算，以降低其 IT 平台成本。

关键术语

安卓（android)
应用服务器（application server）
应用（Apps）
自带设备（BYOD）

Chrome 操作系统（Chrome OS）
客户机（clients）
客户机/服务器计算（client/server computing）
云计算（cloud computing）

信息技术消费化（consumerization of IT）
可扩展标记语言（extensible markup language, XML）
绿色计算（green computing）
超文本标记语言（hypertext markup language, HTML）
混合云（hybrid cloud）
iOS
Java
遗留系统（legacy systems）
Linux
主机（mainframe）
混搭（mashup）
小型计算机（minicomputers）
摩尔定律（Moore's Law）
多核处理器（multicore processor）
多层（N层）客户机/服务器架构 [multitiered （N-tier） client/server architecture]
多重触控（multitouch）
纳米技术（nanotechnology）
按需计算（on-demand computing）
开放源代码软件，开源软件（open source software）
操作系统（operating system）

外包（outsourcing）
私有云（private cloud）
公有云（public cloud）
量子计算（quantum computing）
可扩展性（scalability）
服务等级协议（service level agreement, SLA）
服务器（server）
面向服务的架构（service-oriented architecture, SOA）
软件即服务（software as a service, SaaS）
软件包（software package）
软件定义存储（software-defined storage, SDS）
平板电脑（tablet computers）
技术标准（technology standards）
总持有成本（total cost of ownership, TCO）
Unix
虚拟化（virtualization）
网页浏览器，Web浏览器（Web browser）
网页托管服务（Web hosting service）
网页服务器，Web服务器（Web server）
网页服务，Web服务（Web services）
Windows
Windows 10
Wintel PC（Wintel PC）

复习题

5-1 什么是IT基础设施？IT基础设施演化的阶段和驱动力是什么？
- 从技术和服务的角度给出IT基础设施的定义。
- 列出IT基础设施演化的各个阶段，并简要说明其特征。
- 定义及描述以下术语：Web服务器、应用服务器、多层客户机/服务器架构。
- 简述摩尔定律及大规模数字存储定律。
- 简述网络经济、通信成本下降以及技术标准如何对IT基础设施产生影响。

5-2 IT基础设施的组件有哪些？
- 列出和描述企业需要管理的IT基础设施的组件。

5-3 当前计算机硬件平台的发展趋势是什么？
- 简述移动平台、IT 消费化和云计算的发展。
- 解释企业如何从虚拟化、绿色计算和多核处理器中受益。

5-4 当前软件平台的发展趋势是什么？
- 定义并简述开源软件和 Linux，并解释它们的商业价值。
- 给出 Java 和 HTMl5 的定义，并解释其重要性。
- 定义并简述 Web 服务以及 XML 的作用。
- 给出软件的 3 种外部来源的名称并作简要说明。
- 定义并简述软件的混搭和应用。

5-5 管理 IT 基础设施的挑战及其管理解决方案是什么？
- 列举并说明 IT 基础设施给管理带来的挑战。
- 解释如何使用竞争力模型和计算技术资产的 TCO 来帮助企业制定良好的基础设施投资策略。

讨论题

5-6 为什么组织选择计算机硬件和软件是重要的管理决策？在选择计算机硬件和软件时，需要考虑哪些管理、组织和技术方面的问题？

5-7 组织应该通过软件服务供应商来提供其所需的所有软件吗？为什么？在进行这方面决策时，需要考虑哪些管理、组织和技术方面的因素？

5-8 云计算的优点和缺点各是什么？

MIS 实践项目

本部分的项目给你提供了管理 IT 基础设施和 IT 外包的解决方案、利用电子制表软件对桌面系统的选择方案进行评价以及用 Web 搜索编制一个销售会议预算的实践机会。

管理决策问题

5-9 匹兹堡大学医疗中心（The University of Pittsburgh Medical Center，UPMC）依靠信息系统运营了 19 家医院以及一个包括数个医疗保健网站的网络和国际商业风险投资机构，每年新增服务器和存储技术的需求大约以 20% 的速度增长。UPMC 为每项应用配置一台独立的服务器，并且其服务器和计算机使用了不同的操作系统，包括 Unix 和 Windows 的几个版本。UPMC 需要管理来自不同供应商的技术，包括惠普、Sun、微软和 IBM。请评价这种状况对 UPMC 的运营绩效所产生的影响。在提出解决方案时，需要考虑哪些因素以及作出怎样的管理决策？

5-10　Qantas 航空是澳大利亚最大的航空公司，油价高涨和全球性航班乘坐率下降给该企业带来了很大的成本压力。为了保持竞争力，企业需要寻找一条出路，既降低成本又能保持高水平的客户服务。企业拥有一个 30 年历史的数据中心。现在管理层需要决定是采用新技术产品替换原有 IT 基础设施，还是把数据中心外包出去？在考虑是否外包时，Quntas 航空的管理层需要考虑哪些因素？如果决定外包，请列出需要在服务等级协议中注明的条款要点并作简要说明。

改善决策：利用网络搜索编制营销会议预算

　　软件技能：基于互联网的软件应用
　　业务技能：搜索交通和住宿费用

5-11　Foremost 合成材料公司计划在 10 月 19—20 日举办为期两天的营销会议，并于 18 日晚举行欢迎会。120 位销售代表和 16 名管理人员将全天参会。每位销售代表都安排单间，另外还需要两间会议室，一间可容纳全部销售代表和一些访客（200 人），另外一间可容纳一半的销售代表。管理层为销售代表的住宿费提供了 195 000 美元预算。企业希望把会议地点选在佛罗里达州的迈阿密（Miami）或马可岛（Marco Island），会议酒店选择希尔顿（Hilton）或者万豪（Marriott）。

　　搜索希尔顿和万豪两家酒店的主页，寻找上述城市中能够满足企业举办会议要求的酒店，费用要控制在预算内。然后查找会议前一天下午抵达的航班。参会者可能来自洛杉矶（51 人）、旧金山（30 人）、西雅图（22 人）、芝加哥（19 人）和匹兹堡（14 人）。查明这些城市飞往目的地的机票价。做完这些工作后，编制一个会议预算，包括机票费用、客房费用和每人每天 70 美元的餐费。

团队合作项目

评估服务器和移动操作系统

5-12　与 3～4 名同学组成一个小组，选择服务器或移动操作系统进行评估。你可以研究并比较 Linux 与 Unix 的功能和成本，也可以比较服务器的 Windows 操作系统的最新版本。或者，你也可以将 Android 移动操作系统与 iPhone 的 iOS 进行比较。如有可能，请使用 Google Docs、Google Drive 或 Google Sites，集思广益并制作演示文稿来报告你们的结果。

案例研究

BYOD：对企业有利吗？

　　大概每个有智能手机的人都希望带着手机工作，而且很多雇主也愿意员工这么做。Marketsand Markets 对 BYOD 趋势进行的一项调查发现，2018 年初，北美企业中这样做的比例接近 50%。Sapho 工作场所生产力专家的研究发现，工人在工作中使用个人设备平均每周可节省 81 分钟的工作时间。

BYOD 会成为新常态吗？没必要。许多研究表明，一半的企业认为 BYOD 对组织而言是一个日益严重的问题。尽管 BYOD 可以提高员工的工作满意度和生产率，但是如果管理不当，也可能会导致许多问题。支持使用个人设备比支持使用企业设备更加困难，因为管理移动设备的成本可能会增加，保护企业数据和网络的安全性也变得更加困难。

当每个员工都带上自己的设备工作时，IT 部门几乎失去了对硬件的所有控制权。它们无法控制安装了哪些应用程序，如何保护设备或下载了什么文件。过去，企业能够控制谁拥有什么技术，以防止私密信息泄露、黑客入侵和企业信息的未授权访问。企业无法控制硬件意味着存在更多的漏洞。BYOD 最大的困境是：为员工提供更大的灵活性还是让企业面临危险？

BYOD 的拥护者认为，BYOD 可以提高员工的生产率，但事实并非总是如此。当员工携带自己的设备工作时，他们可能会倾向于在工作中使用它们来娱乐或跟朋友聊天。员工非常容易陷入无尽的短信、观看 YouTube 视频或查看 Facebook 的更新，生产力将会受到影响（请参阅第 7 章"互动讨论：管理"部分）。

BYOD 需要大量的 IT 资源来管理和维护组织内大量的设备。过去，企业试图将企业智能手机的使用限制在一个平台上。由于所有员工都使用相同的设备，或者至少使用相同的操作系统，因此使得跟踪每个移动设备以及进行软件升级或修复变得更加容易。如今，移动数字环境变得更加复杂，市场上的各种设备和操作系统都没有完善的管理和安全工具。Android 占据了全球智能手机市场的 80% 以上，但与使用 iOS 操作系统的 Apple 移动设备相比，更难用于企业工作。iOS 被认为是一个封闭的系统，只能在有限数量的不同 Apple 移动设备上运行。相比之下，Android 的分散性使企业 IT 的管理更加困难，且成本更高。根据 OpenSignal 研究无线网络和设备的报告，全世界大约有 25 000 种不同的型号基于 Android 的设备。Android 巨大的消费市场吸引了许多黑客，Android 也很容易受到攻击，因为它是开源架构，并且有多个版本。

如果允许员工使用多种类型的移动设备和操作系统，则企业需要一种有效的方法来跟踪员工使用的所有设备。例如，当员工要访问企业信息时，必须将企业的网络配置为接受该员工设备的连接。当员工对个人电话进行更改（如更换电信运营商、更改电话号码或购买全新的移动设备）时，企业需要快速灵活地更新以确保员工能够保持工作效率。企业需要一个系统来跟踪员工正在使用哪些设备，该设备位于何处，是否正在使用设备以及配备了什么软件。对于没有准备的企业来说，跟踪谁可以访问哪些数据可能是一场噩梦。

有了各种各样的移动设备和操作系统后，可能很难为每位员工提供足够的技术支持。当员工无法访问关键数据或移动设备遇到其他问题时，他们需要得到信息系统部门的帮助。依赖台式计算机的企业往往拥有许多具有相同规格和操作系统的计算机，这样技术支持就很容易。但是，移动性为技术支持引入了新的多样性和复杂性，企业需要对此进行额外的考虑。

在保护通过移动设备访问企业信息方面，BYOD 也存在重大的问题。如果员工的设备被盗，企业需要采取措施确保其他人无法方便地获得敏感或机密信息。与信息仅存于企业内部和机器中相比，移动性使资产和数据面临更大的风险。Marble Security Labs 分析了 120 万个 Android 和 iOS 应用程序，发现移动设备上的消费者应用程序无法充分保护企业的信息。企业要允许员工使用远程删除或加密数据的技术，这样，如果设备被盗，其他人也无法使用这个设备。在第 8 章会找到有关移动安全问题的详细讨论。

英特尔是 BYOD 的先驱，并成功实施了覆盖 30 000 多名员工移动设备的企业级政策。公司 BYOD 政策的一个主要问题是，当管理层可以访问员工设备上的个人数据时，工作人员与管理层之间可能会缺乏信任。为解决这个问题，英特尔制定了明确的指导原则，告知员工确切的信息，即管理员在管理个人设备时可以看到哪些信息。英特尔会迅速回答员工有关 BYOD 的任何问题。企业还允许员工在不同级别的企业系统移动访问之间进行选择，每个级别都具有不同级别的安全性。

全球领先的企业软件供应商 SAP 是另一家成功实施 BYOD 的技术企业。该企业为各种与工作相关的应用程序开发了一个专门的移动平台，使员工能够使用移动设备在任何地方工作。SAP 还创建了一个安全系统，当智能手机或平板电脑丢失或被盗时，可以在一分钟内就停用移动设备。全球所有 SAP 的部门都报告说 BYOD 取得了某种程度的成功。SAP 澳大利亚/新西兰的报告说，该政策对于吸引连接到移动设备并不断使用应用程序的年轻人至关重要。

全球再保险巨头瑞士再保险公司相信，每位员工都应该能够按照自己的选择进行工作，并且越来越多的员工使用自己的智能手机和平板电脑访问互联网和个人信息管理（PIM）应用。瑞士再保险公司通过选择可以支持多个操作系统的安全、高度可扩展的企业移动性管理（EMM）系统以及本地合作伙伴来管理所有的技术和组织问题，成功地实施了 BYOD。

在过去的 6 年中，企业的系统添加了 4 500 名员工拥有的 iPhone 和 iPad，其中大约 1/3 的智能手机和平板电脑是企业所有，另外 2/3 是瑞士再保险公司的员工所有。瑞士再保险公司使用 MobileIron 的 EMM 系统管理这些设备，使全球企业可以在混合使用移动设备和台式机的世界中保护和管理现代运营系统。它结合了身份认证、上下文和隐私技术，设置了对企业数据和服务的不同访问级别的安全措施。

在本地合作伙伴 Nomasis AG 的帮助下，企业推出了多操作系统 EMM 解决方案。同样，未来有可能使用 Android 系统。如果满足企业的安全要求，希望使用 Android 设备的员工可以被允许使用自己的设备，这是瑞士再保险公司 BYOD 战略的一部分，当然是在 MobileIron 的框架内实行。

几乎可以支持所有现代移动操作系统，这对于瑞士再保险公司来说是一项巨大的技术和组织挑战，然而管理层认为这是值得的。移动设备帮助企业提高了员工的生产力，因为无论是在办公室还是在旅途中，员工都可以更快地访问文档。

黑石集团（Blackstone）也实施了 BYOD 政策，但对员工可以使用的设备类型加以限制。黑石集团的 BYOD 政策仅允许员工使用自己的苹果产品，如 iPad。对于企业而言，与其他移动工具相比，Apple 设备最易于支持，且几乎不需要维护，任何其他设备都会增加黑石集团 IT 部门的工作量，从而会减少 BYOD 带来的成本节省。

网络安全企业 Venafi 拥有完善的 BYOD 政策，员工可以有选择地使用自己的智能手机、平板电脑和笔记本电脑来工作，或者使用企业的设备。Venafi 的 IT 部门不支持员工的硬件设备，因为要处理消费者可用的所有不同移动设备和软件太困难了。这就意味着员工有责任对个人设备进行故障排除和维修。但是，Venafi 会确保每台设备能够安全地连接到企业网络。

Venafi 的 CISO 兼 CIO 塔米·莫斯基特（Tammy Moskites）表示，制定让所有人都满意的 BYOD 政策的最大挑战在于平衡风险与灵活性。尽管 Venafi 允许员工选择使用自己的移动设备，但企业还是需要签署合同，使用书面语言描述将自己的设备投入工作的条款和条件，包括在需要时从设备中删除数据的要求等。

许多企业的 BYOD 政策都有限制员工工作时间访问耗费时间的网站的规定，如 Facebook、YouTube 或 Twitter。但 Venafi 管理层认为，企业不应采取阻止 YouTube 或 Facebook、禁止使用手机等措施，而应更多地关注员工的绩效。只要员工有积极性和良好的表现，就不应受到不必要的限制。而员工通常不了解 BYOD 的含义，不理解松懈所带来的安全隐患。

Venafi 的 IT 部门试图教育员工了解有关 BYOD 的现实情况，并赋予他们以负责任的方式使用自己设备的权力。

多伦多切尔西酒店（Chelsea Hotel）的 IT 主管 Iftekhar Khan 对 BYOD 抱有不太乐观的态度。他相信 BYOD 可能会为他的企业工作，但还为时尚早。Khan 指出，酒店业和许多其他行业的企业一样，仍然希望员工用企业专有的设备来访问企业网络，包括企业的笔记本电脑、平板电脑或智能手机。他的企业拥有敏感的信息，需要这种控制政策。尽管酒店可以实施 BYOD 政策而节省资金，但最终还是要提高企业的生产率。

资料来源："Swiss Re Chooses MobileIron 'Bring Your Own Device' Technology," www.mobileiron.com, accessed March 9, 2018; "5 BYOD Management Case Studies," Sunviewsoftware.com, accessed March 9, 2018; Stasmayer Incorporated, "The 'Bring Your Own Device' Trend: Is It Worth It?" www.stasmayer.com, accessed March 10, 2018; Lisa Phifer, "The Challenges of a Bring Your Own Device (BYOD) Policy," Simple MDM, January 5, 2017; Jonathan Crowl, "The Latest BYOD Trends and Predictions, from Mobile Focus to Endpoint Management," Mobile Business Insights, August 14, 2017; Ryan Patrick, "Is a BYOD Strategy Best for Business?" IT World Canada, March 22, 2016; Linda Gimmeson, "3 Companies Showing Success With BYOD," Toolbox.com, July 9, 2015; Alan F., "Open Signal: 24,093 Unique and Different Android-Powered Devices Are Available," Phonearena.com, August 5, 2015.

案例分析题：

5-13 允许员工在工作中使用他们的个人智能手机工作，其优点和缺点是什么？

5-14 在决定是否允许员工在工作中使用他们的个人智能手机时，应该考虑哪些管理、组织和技术方面的因素？

5-15 请评估本案例中描述的企业是如何应对 BYOD 所带来的挑战的。

5-16 允许员工使用自己的智能手机进行工作，可以节省企业的开支。你同意这种观点吗？为什么？

参考文献

[1] 了 Amazon Web Services. "Overview of Amazon Web Services." (April 2017).

[2] Benitez, Jose, Gautam Ray, and Jörg Henseler. "Impact of Information Technology Infrastructure Flexibility on Mergers and Acquisitions." MIS Quarterly 42 No. 1 (March 2018).

[3] Butler, Brandon. "Battle of the Clouds: Amazon Web Services vs. Microsoft Azure vs. Google Cloud Platform." Network World (February 22, 2017).

[4] Carr, Nicholas. The Big Switch. New York: Norton (2008).

[5] Choi, Jae, Derek L. Nazareth, and Hemant K. Jain. "Implementing Service-Oriented Architecture in Organizations." Journal of Management Information Systems 26, No. 4 (Spring 2010).

[6] Cisco Systems. "Cisco Global Cloud Index: Forecast and Methodology, 2016—2021 White Paper." (February 1, 2018).

扫一扫，下载本章参考文献

[7] David, Julie Smith, David Schuff, and Robert St. Louis. "Managing Your IT Total Cost of Ownership." Communications of the ACM 45, No. 1 (January 2002).

[8] Elumalai, Arul, Kara Sprague, Sid Tandon, and Lareina Yee. "Ten Trends Redefining Enterprise IT Infrastructure." McKinsey & Company (November 2017).

[9] Existek. "Offshore Outsourcing: 3 Examples of Successful IT Outsourcing." (June 22, 2017).

[10] Flamm, Kenneth. "Measuring Moore's Law: Evidence from Price, Cost, and Quality Indexes." University of Texas at Austin Preliminary Draft (2017).

[11] Flinders, Karl. "Ofcom Outsources IT Management to Indian Services Supplier NIIT." Computer Weekly (January 12, 2016).

[12] Follow, Jaewon Kang. "IBM Bets on Next-Gen Technologies as it Tries to Stave Off Rivals." TheStreet.com (May 5, 2016). Gartner, Inc. "Gartner Forecasts

Worldwide Public Cloud Services Revenue to Reach $260 Billion in 2017." (October 12, 2017).

[13] _____. "Gartner Says Global IT Spending to Reach $3.7 Trillion in 2018." (January 18, 2018).

[14] Guo, Zhiling, and Dan Ma. "A Model of Competition Between Perpetual Software and Software as a Service." MIS Quarterly 42 No. 1 (March 2018).

[15] International Data Corporation. "Worldwide Public Cloud Services Spending Forecast to Double by 2019, According to IDC." (January 21, 2016).

[16] Internet World Stats. "World Internet Usage and Population Statistics." Internetworldstats.com, accessed March 15, 2018.

[17] Kauffman, Robert J., and Julianna Tsai. "The Unified Procurement Strategy for Enterprise Software: A Test of the 'Move to the Middle' Hypothesis." Journal of Management Information Systems 26, No. 2 (Fall 2009).

[18] Letschin, Michael. "Six Trends That Will Change How You Think About Data Storage." Information Management (February 8, 2016).

[19] Li, Shengli, Hsing Kenneth Cheng, Yang Duan, and Yu-Chen Yang. "A Study of Enterprise Software Licensing Models." Journal of Management Information Systems 34 No. 1 (2017).

[20] Loten, Angus. "Rush to the Cloud Creates Risk of Overspending." Wall Street Journal (July 25, 2018).

[21] Lyman, Peter, and Hal R. Varian. "How Much Information 2003?" University of California at Berkeley School of Information Management and Systems (2003).

[22] Markoff, John. "Moore's Law Running Out of Room, Tech Looks for a Successor." New York Times (May 4, 2016).

[23] Mearian, Lucas. "Data Storage Goes from $1M to 2 Cents Per Gigabyte." Computerworld (March 23, 2017).

[24] Mell, Peter, and Tim Grance. "The NIST Definition of Cloud Computing." Version 15. NIST (October 17, 2009).

[25] Metz, Cade. "Chips off the Old Block: Computers Are Taking Design Cues from Human Brains." New York Times (September 16, 2017).

[26] Moore, Gordon. "Cramming More Components Onto Integrated Circuits," Electronics 38, No. 8 (April 19, 1965).

[27] Netmarketshare. "Desktop Operating System Market Share." www.netmarketshare.com, accessed March 10, 2018.

[28] Retana, German F., Chris Forman, Sridhar Narasimhan, Marius Florin Niculescu, and D. J. Wu. "Technology Support and Post-Adoption IT Service Use: Evidence from the Cloud." MIS Quarterly 42, No. 3 (September 2018).

[29] Schuff, David, and Robert St. Louis. "Centralization vs. Decentralization of Application Software." Communications of the ACM 44, No. 6 (June 2001).

[30] Song, Peijian, Ling Xue, Arun Rai, and Cheng Zha. "The Ecosystem of Software Platform: A Study of Asymmetric Cross-Side Network Effects and Platform Governance." MIS Quarterly 42 No. 1 (March 2018).

[31] Stango, Victor. "The Economics of Standards Wars." Review of Network Economics 3, Issue 1 (March 2004).

[32] Susarla, Anjana, Anitesh Barua, and Andrew B. Whinston. "A Transaction Cost Perspective of the 'Software as a Service' Business Model." Journal of Management Information Systems 26, No. 2 (Fall 2009).

[33] Taft, Darryl K. "Application Development: Java Death Debunked: 10 Reasons Why It's Still Hot." eWeek (February 22, 2012).

[34] Uotila, Juha, Thomas Keil, and Markku Maula. "Supply-Side Network Effects and the Development of Information Technology Standards." MIS Quarterly 41 No. 4 (December 2017).

[35] Weitzel, Tim. Economics of Standards in Information Networks. Heidelberg, New York: Physica-Verlag (2004).

第 6 章

商务智能基础：数据库与信息管理

学习目标

通过阅读本章，你将能回答：

1. 在传统的文件环境下管理数据资源会遇到哪些问题？
2. 数据库管理系统（DBMS）的主要功能是什么？为什么关系型数据库管理系统会如此强大？
3. 为了提高企业绩效和决策能力，从数据库获取信息的主要工具和技术有哪些？
4. 为什么信息政策、数据管理和数据质量保证对管理公司的数据资源至关重要？
5. MIS 如何有助于我的职业发展？

本章案例

数据管理帮助夏洛特黄蜂队更多地了解球迷

卡夫亨氏公司找到了分析数据的新方法

没有数据的数据库

大数据可靠吗？

数据管理帮助夏洛特黄蜂队更多地了解球迷

NBA 的夏洛特黄蜂队（Charlotte Hornets）拥有数以百万计的球迷，但一直以来球队对球迷的了解很少。位于北卡罗来纳州夏洛特市的篮球队拥有数以百万计的球迷数据记录，包括在线购票和购买球队装备、在比赛中购买食品和饮料以及在社交媒体上评论球队的信息等。球迷的上述任何活动发生时，球队就会创建有关该球迷的相应记录。在黄蜂队的每次比赛中，产生了 300 万次的食品和饮料购买交易记录。杂乱无章的客户数据太多，决策者无法消化。

许多不同来源的数据积累下来，对球队的 Microsoft Dynamics 客户关系管理系统造成了很重的负担。关于黄蜂队球迷行为的数据有 12～15 个不同的数据源，它们被保存在无法相互通信的单独数据库中。黄蜂队越来越难以理解它们的球迷以及球迷与球队之间的互动方式。

5 年前，黄蜂队的管理层决定改进数据管理的方法。球队需要能够轻松地维护来自不同来源信息和 12 个不同供应商数据的技术，并且需要能够将每个球迷的 12 个不同来源的数据合并和集成到一个配置文件中。这样一来，黄蜂队就能更详细地了解每位球迷的行为，并为他们提供更加个性化的体验服务。

在黄蜂队商业智能高级总监克里斯·泽本菲尔德（Chris Zeppenfeld）的领导下，球队实施了一个数据仓库项目，将黄蜂队来自各种不同数据源的所有客户数据整合到一个数据仓库中，业务人员可以方便地访问和分析数据。该数据仓库基于 SAP HANA 的数据库，经过优化可以超高速地处理数据，包括使用 Phizzle Fan Tracker™软件来清理、简化和合并数百万个球迷的记录，从而为黄蜂队的每个球迷创建单个文件。Phizzle Fan Tracker 是一个球迷参与平台，旨在整合、分析多个数据源，并对数据采取相应的行动。该平台的数据汇总功能、创新的数据可视化工具和社交收听解决方案，为体育产业和品牌提供了收集和分析数据、社交活动和现实世界中球迷参与度的能力。球迷跟踪器（Fan Tracker）可与 SAP HANA 数据库一起使用，整合球迷资料、分析实时在线行为并采取行动，并将整合后的所有数据以唯一的方式标识球迷的记录。该解决方案提供了对每个球迷统一画像和深层的了解，使俱乐部能够为球迷提供更加个性化的体验。

通过使用球迷追踪器和统一的数据仓库，黄蜂队已经汇总了 2 500 万球迷和消费者的互动数据，节约了超过 150 万美元的咨询费用。现在，它们为 150 万球迷中的每位球迷提供了实时数据资料，其中包括来自第三方应用程序以及黄蜂队每位球迷的最新行为数据。每个球迷档案都揭示了球迷行为的详细解释，包括情感、购买历史、互动和球迷在多个接触点上的价值。Zeppenfeld 认为，更好的球迷数据管理每年能够帮助球队跻身新赛季 NBA 特许经营权票务销售的前 5 名。

资料来源： Jim O'Donnell, "Charlotte Hornets Use Phizzle Built on HANA to Analyze Fan Behavior," SearchSAPtechtarget.com, February 11, 2018; "NBA Team Charlotte Hornets/SAP Case Study," www.phizzle.com, accessed February 12, 2018; and Mark J. Burns, "Why The Charlotte Hornets Are Using Phizzle To Streamline Their Data Warehouse," Sport Techie, September 2016.

夏洛特黄蜂队的经验说明了数据管理的重要性，企业业绩取决于能不能利用已有的数据来做些什么。夏洛特黄蜂 NBA 篮球队是一个蓬勃发展的企业，但其运营效率和管理决策都受到存储在多个位置的碎片后数据的影响，这些数据难以访问和分析。企业如何存储、组织和管理它们的数据，对组织的有效性具有巨大的影响作用。

图 6-1 概述了本案例和本章的要点。尽管夏洛特黄蜂队在许多不同的地方收集了大量的球迷数据，但其营销活动和向球迷提供个性化服务的效果并不如预期，因为很难收集和理解每个球迷

详细信息所需的数据。解决方案是将黄蜂队所有来源的客户数据合并到一个数据仓库中，该数据仓库为报告和分析提供了单一的数据源，并使用球迷追踪器软件将完全不同的客户数据整合到单个客户画像文件中。黄蜂队必须将数据重新组织成企业范围内的标准格式，制定访问和使用数据的规则、职责和程序，并提供工具，使用户可以访问数据，以便查询和报告。

数据仓库将不同来源的数据集成到一个可以直接查询的单一综合数据库中，并对数据进行核对，以防止在同一客户身上出现多个配置文件。该解决方案改进了客户营销、销售和服务，同时降低了成本。通过使用 SAP HANA 高速数据库技术，黄蜂队增强了快速分析大量数据的能力。

数据仓库通过提供更全面和准确的客户数据和更容易访问每个客户的所有业务数据，提高了运营效率和决策制定能力。通过帮助黄蜂队更好地了解自己的客户，该解决方案增加了向客户销售产品的机会，以及市场营销和销售活动的有效性。

> 需要考虑：黄蜂队的数据管理问题对业务有何影响？如何更好地利用黄蜂队的客户数据，提高运营效率和管理决策？

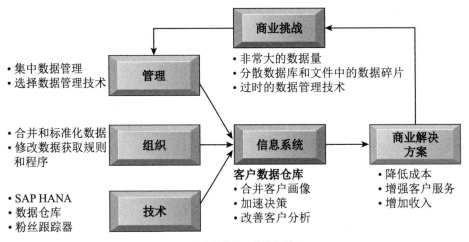

图6-1 夏洛特黄蜂队的数据管理

6.1 传统文件环境下管理数据资源的问题

一个有效的信息系统为用户提供准确、及时和相关的信息。准确的信息是指没有错误的信息；及时的信息是指当决策者需要这些信息时就可以获得；相关的信息是有用且为工作或决策所需要的信息。

你也许会惊奇地发现许多企业难以获得及时、准确或相关的信息，这是因为信息系统中的数据没有得到很好的管理和维护，由此可见数据管理的重要性。为了理解这个问题，先了解信息系统如何在计算机文件中管理数据，以及传统的文件管理方法。

6.1.1 文件组织术语和概念

计算机系统组织数据以层次结构的方式，从位和字节开始，进而到字段、记录、文件和数据库（见图 6-2）。**位**（bit）代表计算机可处理的最小单位数据。若干位组成一个**字节**（byte），表示某个字符，可以是字母、数字或其他符号。一组字符组成一个词、一组文字或一个完整的数字（如姓名或年龄），称之为一个**字段**（field）。若干相关字段，如学生姓名、选修的课程、日期以及成绩组成一条**记录**（record）。一组相同类型的记录称之为**文件**（file）。

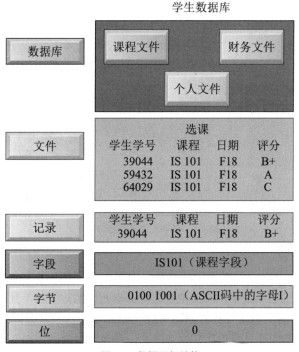

图6-2 数据层级结构

注：计算机系统以层级方式管理数据，从位开始也即0或者1。若干个位可组成字节，用来表示一个字符、数字或其他符号。多个字节可组成一个字段，相关字段可组成一个记录，相关记录组合起来可形成文件，相关文件可组成一个数据库。

例如，图 6-2 中的记录就构成了一个学生的课程文件。一组相关文件则组成一个数据库。图 6-2 中的学生课程文件可以和学生的个人历史文件以及财务文件组合在一起，形成一个学生数据库。

一条记录描述了一个实体。**实体**（entity）是指需要存储和维护信息的人、地点、事物或事件。用以描述某一特定实体的特征或性质称为**属性**（attribute）。例如，学生学号、课程、日期和成绩都是课程实体的属性。这些属性的值可从描述课程实体记录中的字段里找到。

6.1.2 传统文件环境的问题

在大多数组织里，由于缺少整个企业范围内的规划，各系统往往会由相应部门独自开发，会计、财务、生产制造、人力资源以及销售和营销等部门都开发了各自的系统和数据文件。图 6-3 显示了传统的信息处理方法。

每个应用系统都有其相应的数据文件和计算机程序。例如，人力资源部门可能存储着员工数据主文件、薪资文件、医疗保险文件、退休金文件和邮件列表文件等几十个甚至上百个文件和程序。从企业的角度来看，这个过程会导致不同部门创建、维护和运行多个主文件。由于这个过程可能持续 5 年或 10 年，企业就会被数以百计难以维护和管理的程序文件和应用系统所困扰。这将会导致系统数据冗余与不一致、程序-数据相互依赖、缺乏灵活性、数据安全性低以及在应用系统间难以分享数据等问题。

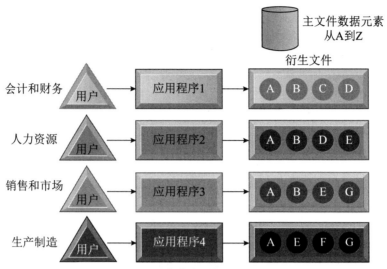

图6-3 传统的文件处理方式

1. 数据冗余与不一致

数据冗余（data redundancy）是指相同的数据出现在多个数据文件中，也就是多个地方重复存储相同的数据。当企业的不同部门独立地搜集并存储相同的数据时，数据冗余就会发生。数据冗余不仅会浪费存储空间，也会导致**数据不一致**（data inconsistency），即同样的实体属性可能会有不同的值。以图6-2中的"课程"实体为例，一些系统中的"日期"可能更新了，另一些系统中可能没有更新。又如，"学生学号"在不同的系统中可能有不同的名称，有些系统可能用的是"学生学号"，另一些系统可能用的是"学号"。

数据不一致还可能源自用不同的编码系统来表示同一个属性值。例如，一个服装零售商的销售、库存和生产系统可能使用不同的编码来表示衣服尺寸。一个系统可能用"extra large"来表示衣服的尺寸，而另一个系统可能用"XL"来表示同一尺寸。这种不一致将使企业很难建立基于整合不同数据来源的CRM系统、供应链管理系统或企业系统。

传统的文件处理方式是让企业的每个业务部门开发各自的应用程序，而每个应用程序都要求有独自的数据文件，而这些数据文件其实可能就是一个主文件的子集，这就导致了数据冗余与不一致、处理不灵活以及存储资源的浪费。

2. 程序-数据依赖

程序-数据依赖（program-data dependence）是指当文件和程序需要更新和维护时，存储在其中的数据也需要更新和维护。每个传统的计算机程序都必须包含描述其操作数据的位置与特性。在传统的文件环境中，任何程序的改变都需要程序所访问的数据作出相应的改变。例如，如果一个原始数据文件由5位邮政编码改为9位邮政编码，其他需要5位邮政编码的程序就不能正确运行了。这种改变可能会造成数百万美元的花费。

3. 缺乏灵活性

经过大量的编程工作后，传统文件系统可以生成例行报告，但是无法根据临时性要求生成报告或及时满足临时的信息需求。对于临时的信息需求，系统虽有相应的数据，但要从中提取却非常不易，这可能需要几个程序员花上几个星期才能将所需数据汇总成一个新的文件。

4. 安全性低

由于数据缺乏统一的控制和管理，信息的获取与发布难以控制，管理层可能无从得知谁正在使用甚至是修改系统中的数据。

5. 缺乏数据共享与可用性

由于存放在不同的文件和部门中的数据之间无法关联，要做到数据共享或及时获取信息几乎是不可能的，更谈不上数据在组织的不同职能部门或不同区域中自由流动。如果用户在两个不同的系统中发现同一信息有不同的值，他们就会怀疑数据的准确性，也许就不再想使用这些系统了。

6.2 数据库管理系统的主要功能以及关系型数据库管理系统如此强大的原因

数据库技术可以避免传统文件处理方式产生的许多问题。严格来讲，**数据库**（database）是指一系列数据的有序集合，通过数据的集中化，以及对冗余数据的控制，有效地为多个应用程序服务。对于每一个应用程序来说，数据似乎只存储在一个地方，而不是将每个应用程序的数据存储在单独的文件中。一个数据库可以服务于多个应用程序。例如，企业会建立一个统一共享的人力资源数据库，而不是将员工数据分散存储为人事、薪资和福利等服务的不同的信息系统和文件中（见图 6-4）。

6.2.1 数据库管理系统

数据库管理系统（database management system，DBMS）是指一个组织用来集中数据，并有效地管理数据，可由应用程序存取数据的软件。DBMS 是应用程序和物理数据文件之间的接口，当应用程序需要某个数据项（如工资总额）时，DBMS 就会从数据库中调出此项数据，并将其传输给应用系统。而使用传统数据文件时，程序设计员必须详细说明程序所需要的数据大小和格式，并指明计算机存取数据的位置。

DBMS 将数据的逻辑视图与物理视图进行了区分，由此可使程序员或终端用户无须了解数据实际存放的方式与位置。逻辑视图是指终端用户或业务专家需要了解的数据形式；而物理视图则显示数据在实际存储介质中的组织与构建方式。

数据库管理软件使得用户可以根据所需的不同逻辑视图访问物理数据库。如图 6-4 所示的人力资源数据库，福利管理人员可能需要由员工姓名、社会保险码和医疗保险覆盖范围等所组成的数据视图。薪资部门人员可能需要员工姓名、社会保险码、总薪金和净薪金等的数据视图。所有这些数据都存放在一个数据库中，企业可以非常容易地进行管理。

1. DBMS 解决传统数据文件环境中的问题

DBMS 通过最大限度地减少存放重复数据的单独文件，降低数据的冗余和不一致。DBMS 不能彻底消除数据冗余，但能使数据冗余得到控制。即使组织内存在一定程度的数据冗余，DBMS

可以确保重复出现的数据具有相同的值，因此消除了数据的不一致。DBMS 将程序和数据分开，确保数据可以独立存取。每次写入不同的程序时，不必详细说明程序使用的数据具体在哪里。由于用户和程序员都可以从数据库中查询数据，而无须编写复杂的程序，这就提升了信息的可获取性和可用性，降低了程序开发和维护的成本。DBMS 使任何一个组织集中管理数据、使用数据和保证数据安全成为可能。由于数据在一个地方存取，而不是分散在许多不同的系统和文件中，因此整个组织内部的数据共享变得更加容易。

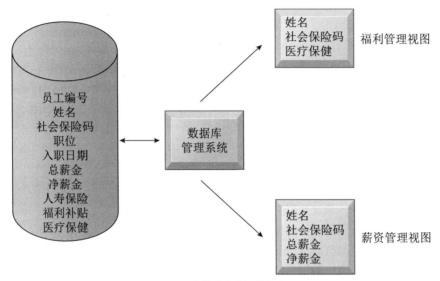

图6-4　多维人力资源数据库

注：根据用户的信息请求，一个统一的人力资源数据库可从多个视图查看数据。图 6-4 显示了两个可能的视图，一个是从福利管理人员感兴趣的视图；另一个则是从薪资部门人员感兴趣的视图。

2. 关系型 DBMS

现代 DBMS 使用不同的数据库模型来描述实体、属性与关系。**关系型 DBMS**（relational DBMS）是当今在个人计算机、大型计算机与大型主机上使用最广泛的一种 DBMS。关系型数据库用二维表（称之为"关系"）来表示数据，可以被称为一个文件。每个表都包含一个实体及其属性的数据。Microsoft Access 是适用于台式机系统的关系型 DBMS，而 DB2、Oracle Database 和 Microsoft SQLServer 是适用于大型主机和中型计算机的关系型 DBMS，MySQL 是非常受欢迎的开源 DBMS。

让我们来看看关系型数据库如何组织供应商和零件的数据（见图 6-5）。关系型数据库分别用一个单独的表来表示实体"供应商"和实体"零件"。每个表均包含数据的行和列，每个实体的数据单元存储为单独的字段，每个字段都代表这个实体的一个属性。在关系型数据库中，字段也被称为列。对于实体"供应商"，供应商识别代码、名称、街道、城市、州和邮政编码都作为独立的字段存储在供应商表中，每个字段都代表了实体"供应商"的一个属性。

某个供应商的真实信息存储在表中称为"行"。一行通常代表一条记录，或者用专业术语称为**元组**（tuples）。实体"零件"的数据也有自己独立的表。

在"供应商"表中，"供应商号码"是唯一识别每条记录的字段，这就使得每条记录都可以被检索、更新或分类，这样的字段称为**关键字段**（key field）。每个关系型数据表中都有一个字段被指定为**主键**（primary key）。关键字段是表中每行所有信息的唯一标识，并且主键不能重复。在"供应商"表中，"供应商号码"是主键，而"零件号码"是"零件"表中的主键。供应商表和零件表中都有"供应商号码"这一字段。在供应商表中，"供应商号码"是主键。当字段"供应商号码"出现在"零件"表中，则称为**外键**（foreign key），外键本质上是一个查找字段，用来查找特定零件所对应的供应商信息。

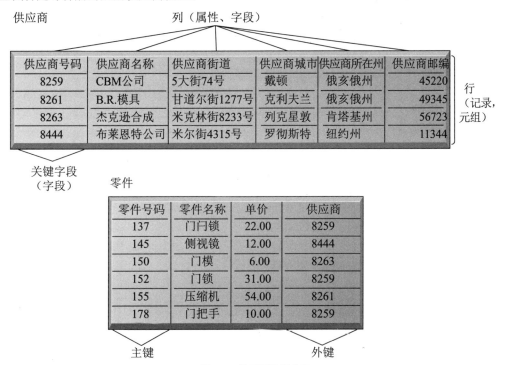

图6-5 关系型数据库表

注：关系型数据库以二维表格组织数据。图 6-5 中的实体为"供应商"和"零件"，展示了每个实体及其属性。供应商号码在供应商表中是主键，在零件表中是外键。

3. 关系型 DBMS 的操作

只要关系型 DBMS 中的任意两个表中有相同的数据元素，那么就可以很容易从数据库中的表为用户提供所需要的数据。假设需要从数据库中查询零件号为 137 和 150 的供应商名称，需要来自"供应商"表和"零件"表的信息。这两个文件中有共同的数据元素"供应商号码"。

在关系型 DBMS 中，可以使用三项基本操作获得有用的数据集，分别是选择（select）、连接（join）和投影（project），如图 6-6 所示。"select"操作可以建立一个子集，包含文件中所有符合所设定条件的记录，也就是说，"select"创建一个子集包含了符合特定条件的行。在本例中，我们从零件表中选择了零件号码等于 137 或 150 的记录（行）。"join"操作可以联合多个表给用户提供比单个表更多的信息。在本例中，我们把已经简化的零件表（只包含 137 号和 150 号零件信息）和供应商表合成了一个单独的新表。

"project"操作可以创建一个只有列组成的子集，它允许用户建立仅包含所需信息的新表。在本例中，我们从新表中提取以下列：零件号码、零件名称、供应商号码和供应商名称。

供应商

供应商号码	供应商名称	供应街街道	供应商城市	供应商所在州	供应商邮编
8259	CBM公司	5大街74号	戴顿	俄亥俄州	45220
8261	B.R.模具	甘道尔街1277号	克利夫兰	俄亥俄州	49345
8263	杰克逊特合成	米克林街j8233号	列克星敦	肯塔基州	56723
8444	布莱恩特公司	米尔街4315号	罗彻斯特	纽约州	11344

基于供应商号码的"jion"

供应商号码	供应名称
8259	CBM公司
8263	杰克逊特合成

零件号码	零件名称
137	门闩锁
150	门模

"project" 所选择的列

零件

零件号码	零件名称	单价	供应商号码
137	门闩锁	22.00	8259
145	侧视镜	12.00	8444
150	门模	6.00	8263
152	门锁	31.00	8259
155	压缩机	54.00	8261
178	门把锁	10.00	8259

"select" "零件号码" =137或150

图6-6 关系型DBMS的三个基本操作

注：通过"select""join""project"操作能把两个不同表中的数据联合生成新表，并只显示所选择的属性。

6.2.2 DBMS的功能

DBMS具有组织、管理和访问数据库中数据的功能与工具，其中最重要的是数据定义语言、数据字典和数据操纵语言。

DBMS具有**数据定义**（data definition）功能，能够说明数据库中的内容结构，可以用来创建数据库中的表，并定义表中字段的特性。数据库中关于数据的信息可以以文件形式存储在数据字典中。**数据字典**（data dictionary）是一个自动化或人工形成的文件，用以存储数据元素的定义与数据特性。

微软的Access具有基本的数据字典功能，可以显示表中每个字段的如下信息：名称、性质、大小、种类、格式和其他属性（见图6-7）。大型企业数据库的数据字典可能会保存更多的信息，如用法、管理权（组织中负责维护数据的岗位）、授权、安全性，以及使用每个数据元素的个人、业务部门、项目和报告等。

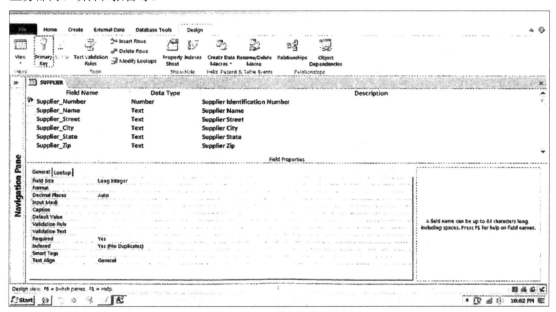

图6-7　Access数据字典的特征

注：微软Access具有基本的数据字典功能，可以展示数据库里每个字段的大小、格式和其他特性。图6-7所展示的是"供应商"表中的信息。供应商号码左边的小图标表示这是关键字段。

查询与报告

DBMS提供了访问和操作数据库中数据的工具。大多数DBMS都有专门的语言，称之为**数据操纵语言**（data manipulation language），用于增加、更改、删除和检索数据库中的数据。这种语言包含很多指令，终端用户和编程专家可以从数据库中提取数据，用以满足信息需求和开发应用系统。现今最流行的数据操纵语言是**结构化查询语言**（structured query language，SQL）。图6-8说明了SQL查询可以生成如图6-6所示的新组合成的表。在本章的拓展学习模块中，你可以学到更多的SQL查询方法。

DB2、Oracle或SQL Server等都属于大中型计算机的DBMS，用户在使用这些数据库时，都是利用SQL从数据库中检索所需信息。微软的Access也使用SQL，但它提供了自己的一套用户友好的工具，用来查询数据库，并能把数据库中的数据整理为更精练的报告。

微软Access的特性能够让用户通过标识他们想要的表和字段以及结果来创建所需要的查询，然后在数据库中选择符合特定条件的行。这些步骤最后都依次转化为SQL指令。图6-9介绍了如何利用Access查询工具构建与SQL相同的指令来选择零件和供应商。

```
SELECT PART.Part_Number, PART.Part_Name, SUPPLIER.Supplier_Number,
SUPPLIER.Supplier_Name
FROM PART, SUPPLIER
WHERE PART.Supplier_Number = SUPPLIER.Supplier_Number AND
Part_Number = 137 OR Part_Number = 150;
```

图6-8　SQL查询例子

注：图6-8显示的是用SQL查询零部件号码为137或150的供应商。这里产生的结果与图6-6中是一致的。

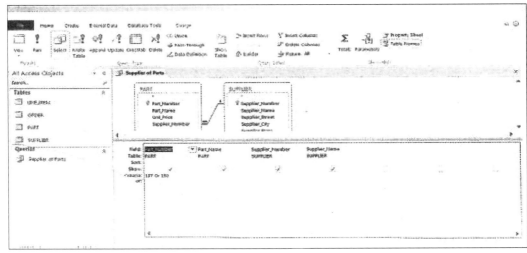

图6-9　Access查询

注：图6-9显示的是如何用微软的Access查询创建工具来创建与图6-8一致的查询，图中显示查询中用到的表、字段和选择条件。

微软的Access和其他DBMS都具有生成报表的功能，所需数据可以通过更结构化和更精练的格式表示出来，而不仅仅局限于查询。虽然Access也可以生成报表，但Crystal Reports是在大企业DBMS中应用十分广泛的报表生成器。Access还有开发桌面系统应用的功能，包括创建数据输入屏幕、报表和交易处理逻辑生成等工具。

6.2.3　数据库的设计

要创建一个数据库，首先要弄清楚数据之间的关系、数据库中要维护的数据类型、数据如何被使用，以及从企业角度管理数据需要做哪些改变。数据库的设计包括概念设计和物理设计，其中，概念设计是从业务角度来看的数据库的抽象模型，而物理设计要描述出数据库如何安装在直接存取的物理储存设备上。

规范化和实体关系图（ER图）

数据库的概念设计描述的是数据元素在数据库中是如何组合的。在概念设计中需要确定数据之间的关系，以及能满足业务信息需求最有效的数据组合方式，还需要确定冗余数据元素以及满足具体应用程序要求的数据元素的组合，最后对数据组合经过整理、细化和简化，直到数据库中所有数据呈现出整体合理的逻辑关系为止。

为了有效地使用关系型数据库模型,需要将复杂的数据组合进行简化,以达到冗余数据的最小化和棘手的多对多关系最小化。从复杂的数据组合中形成小型、稳定、灵活及适应性强的数据结构的过程称为**规范化**(normalization)。图 6-10 与图 6-11 显示了这个过程。

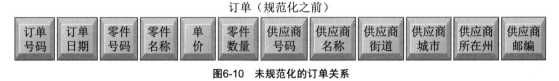

图6-10 未规范化的订单关系

注:一个未规范化的关系包含重复的组合,如一个订单可能会有很多零件和供应商,但是在"订单号码"和"订单日期"之间是一对一关系。

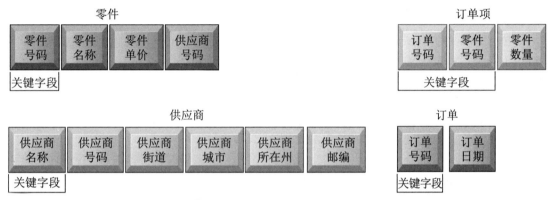

图6-11 订单关系中创建的规范化表

注:在规范化之后,原来的 ORDER 关系被分解成为 4 个小的关系表。"订单"表中只剩下 2 个属性,而订单项表中有一个由"订单号码"和"零件号码"组成的联合键或连接键。

在这个业务模型中,一个"订单"中可以包含多个"零部件",而一个"零部件"只能由一个"供应商"提供。如果我们要创建一个名为"订单"的关系,并且包含这里所说的所有字段,即使这个订单的零部件仅仅来自一个供应商,那么对于订单中的每一个零部件,也不得不重复供应商的名称和地址。这个关系就包含了我们所说的重复数据组合,因为对于某个供应商来说,一个订单中可能包含很多零部件。一个更有效的组织数据的方法就是把这个"订单"分解成更小的关系,每一个关系只描述单个实体。如果一步步地规范化"订单"关系,就可以得到图 6-11 所示的规范后表。在本章的"学习跟踪"模块中可以了解到更多关于规范化、实体-关系图和数据库设计的知识。

关系型 DBMS 要满足**参照完整性**(referential integrity)原则,使相连接的表保持关系的一致性。当一个表含有指向另一个表的外键时,如果指向的表没有相应的记录,含有外键的表是不能加入这条记录的。在本章之前提到的数据库中,外键"供应商号码"连接着"零件"表和"供应商"表。只有在"供应商"表中含有"供应商号码"8266 这条记录时,才能够在"零件"表中添加来自"供应商号码"8266 的零部件。如果在供应商表中删除了"供应商号码"8266 这个供应商,就必须在"零件"表中删除相应的记录。换句话说,不能存在无供应商的零部件。

数据库设计人员用**实体关系图**(entity-relationship diagram)来表示数据模型,如图 6-12 所示。图 6-12 表示了"供应商""零件""订单项"和"订单"这些实体之间的关系。其中,矩形框代表实体，连接矩形框的线代表关系，用两根短竖线结尾的连线表示实体之间存在一对一关系，用一条短线和一个箭头结尾的连接表示实体之间存在一对多关系。图 6-12 表示一个"订单"中可以包含很多"订单项"（因为在一个订单中，一个"零件"可以被多次订购和出现），每个"零件"只能由一个"供应商"提供，同一个"供应商"可以供应很多"零件"。

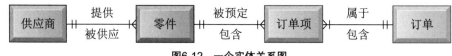

图6-12　一个实体关系图

注：图 6-12 展示了实体"供应商"零件"订单项"和"订单"之间的关系，在创建图 6-11 的数据库时可能会用到此模型。

需要特别强调是，如果企业业务没有适当的数据模型，系统则无法有效地支撑业务，而企业会缺乏效率，因为不得不处理那些可能不准确、不完整或者难以获取的数据。理解组织中的数据及其关系以及应该如何在数据库中表示这些数据，也许是读者学习这门课程的最大收获。

例如，Famous Footwear 是一家在 49 个州拥有 800 多家连锁店的鞋业公司，一直以来难以实现其"适当款式的鞋子在适当的商店以适当的价格出售"这一目标，是因为 Famous Footwear 的数据库无法实现快速调整存货的功能。这家企业虽然有一个在中型机上运行的 Oracle 关系型数据库，但这个数据库最初不是为应对市场变化，而是为管理层产生标准报表而设计的。管理人员不能获得每个商店库存的准确数据。后来，企业不得不围绕这个问题建立一个可以将销售和库存数据整合在一起的新的数据库，以便更好地进行库存分析和管理。

6.2.4　非关系型数据库、云数据库和区块链

在过去的 30 多年里，关系型数据库技术一直是主流技术。云计算、前所未有的数据量、Web 服务巨大的工作量以及存储新类型数据的需求都要求数据库不能只用表、行和列的形式来组织数据的传统关系型模型。为了达到这一目的，许多企业都转向使用"NoSQL"的非关系型数据库技术。**非关系型数据库管理系统**（no-relational database management system）使用更灵活的数据模型，可以利用许多分布式的计算机来管理大型数据集，而且可以方便地对数据进行扩展和收缩。非关系型数据库允许用户在大量的结构化和非结构化数据中可以快速简单查询，其中非结构后数据包括 Web、社会化媒体、图形和其他形式的数据，这些数据都很难用传统的基于 SQL 工具进行分析。

有几种不同的 NoSQL 数据库，每个数据库都有自己的技术特性和行为。Oracle NoSQL 数据库就是一个例子，就像亚马逊的 SimpleDB，它是运行在云端的亚马逊的一项 Web 服务。SimpleDB 提供了一个简单的 Web 服务界面，可以使用户方便地创建和存储多个数据集、查询数据和返回结果。它不需要提前定义一个正式的数据库结构，即使有新的数据加入，也不需要改变定义。

MetLife 的 MongoDB 是开源代码的 NoSQL 数据库，汇集了来自 70 多个独立管理系统、索赔系统和其他数据源的数据，包括半结构化和非结构化数据，如健康记录和死亡证明图像。NoSQL 数据库能够管理结构化、半结构化和非结构化的数据，而不需要按照关系数据库的要求，通过繁琐的、昂贵的和耗时的数据库映射，将所有的数据规范化为严格的模式。

1. 云数据库和分布式数据库

亚马逊和其他的云计算服务商提供了关系型数据库引擎服务。**亚马逊的关系型数据库服务**（Amazon RDS）提供 MySQL、Microsoft SQL Server、Oracle Database、PostgreSQL 或 Aurora DB 作为数据库引擎，其服务基于使用量定价。Oracle 拥有自己的数据库云服务，微软的 Azure SQ 数据库是一个基于微软的 SQL Server DBMS 的云关系型数据库服务。基于云的数据管理服务对一些初创企业或中小企业很有吸引力，它们可以花费比购买封装的数据库产品更低的价格获得数据库功能。

现在，谷歌将 Spanner 分布式数据库技术以云服务的方式提供。**分布式数据库**（distributed database）是指存储在多个物理位置的数据库，即据库的一部分或副本实际上存储在某个地方，而其他部分或副本保存在其他地方。Spanner 使我们能够在全球数百个数据中心的数百万台机器上存储数据，并使用特殊的计时工具精确同步所有位置的数据，确保数据始终一致。谷歌使用 Spanner 来支持各种云服务，包括谷歌照片、AdWords（谷歌的在线广告系统）和 Gmail 等，现在，谷歌正将这项技术提供给其他可能需要这种能力来经营全球业务的企业。

2. 区块链

区块链（blockchain）是一种分布式数据库技术，可以使某企业或组织能够在没有中央权威机构的情况下，在网络上几乎实时地创建和验证交易。区块链系统将交易数据作为分布式账本存储在计算机网络中，数据库中的数据由网络中的计算机不断地进行核对。

区块链维护着一个不断增长的记录列表，这些列表称为区块，每个区块都包含有一个时间戳和指向前一个区块的链接。一旦一个数据区块被记录在区块链账本上，它就不能被更改。当有人想要增加一项交易时，网络中的参与者（所有人都有现有区块链的副本）通过运行算法来评估和验证该项提议的交易。对区块链账本的任何合法更改在几秒钟或几分钟内就会被记录在整个区块链上，并且这些记录通过加密技术被保护起来。区块链系统对商业企业具有吸引力的是它对交易参与者的加密和身份认证，确保了只有合法的参与者才能输入信息，并且只接受经过验证的交易。一旦记录形成，交易就不能更改。图 6-13 说明了区块链如何完成一个订单的。

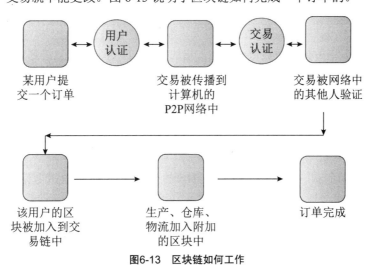

图6-13 区块链如何工作

注：一个区块链系统是一种分布式数据库，用于记录 P2P 计算机网络中交易。

使用区块链数据库的企业有很多好处。区块链网络从根本上降低了验证用户、验证交易的成本，以及存储和处理数千家企业交易信息的风险。区块链可以为参与的企业提供单一的、简单的、低成本的交易系统，而不是成千上万的企业分别建立自己的私有交易系统，然后与供应商、运输商和金融机构的系统进行集成。使用**智能合约**（smart contracts）有助于记录交易过程的标准化。智能合约是执行企业间交易规则的一套计算机程序，如产品的价格、如何运输、何时完成交易、谁来为交易融资、融资条款是什么等。

区块链的简单化和安全性对存储和保护金融交易、供应链交易、药物记录和其他类型的数据记录具有吸引力。区块链是比特币、以太坊和其他加密货币的基础技术。第 8 章将提供更多有关使用区块链保护交易的详细信息。

6.3 从数据库获取信息的主要工具和技术

企业使用数据库记录各类信息，如支付货款、处理订单、跟踪客户信息和支付员工工资等。但是，企业也需要数据库能够提供帮助企业更高效运作的信息，使得管理者和员工能制定更好的决策。如果企业想要知道哪个产品是最受欢迎的？谁是最有价值的客户？答案就蕴藏在数据中。

6.3.1 大数据的挑战

组织收集到的大多数数据是关于事务处理的数据，比较适合采用关系型 DBMS 来管理。但是现在，来自网络、电子邮件和社交媒体内容（tweets 和状态信息），以及从传感器获得的机器产生的数据（用于智能电表、制造传感器和电表）或电子交易系统产生的数据引发了数据量的爆发式增长。这些数据可能是非结构化或半结构化的，所以不适合用行和列的关系型数据库来表示。**大数据**（big data）是用来描述那些容量巨大且已经超出了传统 DBMS 所能够获取、存储和分析的数据集。

大数据通常以"3Vs"为特征：数据量极大，数据类型和数据源的多样性以及数据处理的速度极快。大数据并不特指具体的数量，但通常指的是从 PB（petabyte）级到 EB（exabyte）级范围的数据，换句话说就是来自不同数据源的从十亿条到千亿条的记录。与传统数据相比，大数据以更大的量级和更快的速度产生。例如，一台航空喷气式发动机仅在 30 分钟内就可以产生 10TB（terabyte）的数据，而每天有超过 25 000 次航班。Twitter 的使用者每天产生超过 8TB 的数据。根据国际数据中心（International Data Center，IDC）技术研究公司的研究，每两年数据量就会翻倍，因此，组织可用的数据量将呈指数级增长。

相比于小数据集而言，企业对大数据产生浓厚的兴趣是因为可以从大数据中发现更多的业务模式和有趣的关系，使企业可以洞察客户的行为、气象模式、金融市场活动或者其他现象。例如，全球在线图片市场公司 Shutterstock 存储了 2 400 万张图片，而且每天要增加超过 10 000 张。企业要找到优化用户购买体验的方法，就需要分析它的大数据，了解其网站访问者放置游标的位置，以及在购买之前停留在图像上的时间等。大数据在公共部门也有很多用途，如市政府一直在使用大数据来管理交通流量和打击犯罪。

然而，为了从这些数据中获得商业价值，企业需要利用新的技术和工具来管理和分析非传统数据及传统数据，还需要了解利用数据解决哪些问题以及大数据的局限性。获取、存储和分析大数据可能会非常费钱，而且来自大数据的信息并不一定有助于决策者作出决策。清楚地了解大数据将为企业解决什么样的问题是非常重要的。章末的案例分析探讨了这些问题。

6.3.2 商务智能基础设施

假设你想获得关于整个企业当前运营、未来趋势和变化的简洁可靠的信息。如果你在一个大型企业工作，这些数据可能要从相互分离的系统中获取，如销售、制造和财务系统，甚至还可能需要借助外部系统，如人口统计或竞争对手的数据。渐渐地，你可能需要使用大数据。现代商务智能的基础设施包括一系列的工具，这些工具用来从大量的、不同类型的半结构化和非结构化的商业数据中获取有用信息，其核心包括数据仓库和数据集市、Hadoop、内存计算和分析平台，其中一些能力可以从云服务中获取。

1. 数据仓库和数据集市

在过去的 20 年里，用于分析企业数据的传统工具是数据仓库。**数据仓库**（data warehouse）是一个数据库，存储着决策者认为有潜在价值的当前和以往的企业数据。这些数据产生于很多关键的业务系统，如销售系统、客户系统和生产系统，也可能来自网上的交易数据。数据仓库从企业内多个业务系统中提取出当前和历史的数据，这些数据与来自外部的数据相结合，经过纠正那些不准确和不完整的数据后进行转换，并重新根据管理报告和分析数据的要求进行组织，然后再加载到数据仓库中。

数据仓库可以让任何有需要的人访问数据，但是数据仓库中的数据不能被更改。数据仓库系统也提供一系列专门的、标准化的查询工具、分析工具和图形报告工具。

大多数企业除了创建服务于整个组织的企业级中央数据仓库外，还可以创建小规模的、分散的数据仓库，称作数据集市。**数据集市**（data mart）是数据仓库的一个子集，是为特定用户群建立的主题更加聚焦的企业数据或综合数据库。例如，一个企业可能会开发一个面向营销与销售主题的数据集市来处理消费者信息。图书销售商 Barnes & Noble 建立了一系列的数据集市，一个用于汇总**零售店 POS**（point of sales）机中的销售数据，另一个用于汇总学院书店销售数据，还有一个用于汇总在线销售数据。

2. Hadoop

关系型 DBMS 和数据仓库产品并不适合组织和分析大数据，也不适合那些在数据模型中不容易用行和列来表示的数据。为了处理那些非结构化、半结构化以及结构化的海量数据，很多组织使用一种**分布式系统基础架构**（hadoop）。Hadhoop 是由 Apache 软件基金会管理的一个开放源代码的软件框架，它使得组织在低廉的计算机硬件上进行分布式并行处理海量数据成为可行。它将大数据问题分解成许多子问题，并把它们分布在数千个计算机上作为处理节点，然后将这些结果整合成为一个容易分析的小数据集。你可能通过 Hadoop 在互联网上找到最便宜的机票、找到一家饭店的方位或者在 Facebook 上联系一个朋友。

Hadoop 由几个关键服务组成：用于数据存储**分布式文件系统**（Hadoop distributed file system，HDFS）和用于高效并行数据处理的 MapReduce（一种映射与归约编程模型）。HDFS 将 Hadoop 集群中无数个存储节点的文件系统连接成一个大的文件系统。Hadoop 上的 MapReduce 受谷歌的 MapReduce 系统启发，将大数据集分解，并将工作分配给集群中的多个节点。HBase 是 Hadoop 上的一个非关系型数据库，它提供了快速访问存储在 HDFS 中的数据，以及运行大规模实时应用的业务处理平台。

Hadoop 可以处理不同类型的海量数据，包括结构化的交易数据、Facebook 和 Twitter 上的半结构化数据、网络服务器日志文件中复杂的数据以及非结构化的音频与视频数据。Hadoop 在一组普通的服务器上运行，其处理器可以按需进行增加或移除。很多企业利用 Hadoop 来分析十分庞大的数据，也用于存储载入数据仓库之前的那些非结构化和半结构化的数据。雅虎利用 Hadoop 追踪分析用户行为，以根据用户的兴趣调整它的网站首页。生命科学研究公司 NextBio 利用 Hadoop 和 HBase 为制药企业的基因研究进行数据处理。像 IBM、惠普、Oracle 和微软这样的顶级数据库提供商都有自己的 Hadoop 软件产品。还有一些其他的提供商则提供从 Hadoop 移入或移出数据的工具，或者提供在 Hadoop 里分析数据的工具。

3. 内存计算

另一种协助大数据分析的方法就是利用**内存计算**（in-memory computing），这是一种主要依靠计算机的内存（RAM）来存储数据的方法（传统的 DBMS 利用磁盘存储器系统）。用户直接访问存储在内存中的数据，这样可以消除从传统的、基于磁盘的数据库中检索和读取数据的瓶颈，同时也能大大缩短查询时间。内存计算使得在整个内存内部处理大数据成为可能，数据规模能达到一个数据集市或小的数据仓库的水平。原来那些需要花费几个小时或者几天的复杂业务计算，现在几秒钟内就可以完成，甚至可以通过手持设备完成。

前面的章节提到过当代先进的计算机硬件技术使得内存处理成为可能，如强大的高速处理器、多核处理以及计算机存储器的价格下降。这些技术帮助企业以最优的方式使用存储器，以较低的成本提高处理能力。

在内存计算中处于领先地位的产品包括 SAP 的 HANA、Oracle 的内存数据库以及 Teradata 的 Intelligent Memory。本章开篇关于黄蜂队的案例以及"互动讨论"中关于卡夫公司的案例都说明了企业是如何从内存技术中获益的。

4. 分析平台

商业数据库提供商基于关系型和非关系型数据库技术已经开发了专门的高速**分析平台**（analytic platforms），用来分析大数据集。分析平台具有预配置的硬件—软件系统，专门为查询处理和分析而设计。例如，IBM 的 PureData System for Analytic 以紧密集成的数据库、服务器和存储器为特色，能够比传统系统处理复杂查询快 10～100 倍。分析平台还提供包括内存计算系统和 NoSQL 非关系型数据库管理系统，现在分析平台在云服务中也很常见。

图 6-14 显示了由一系列本书所描述的那些技术组成的一个现代商务智能基础设施。当前的和历史的数据是从多个运营系统中提取出来的，包括网页数据、社交媒体数据、物联网机器产生的数据、非结构化的音频/视频数据和其他外部来源数据。有些企业已开始将所有不同类型的数据放入一个数据湖中。**数据湖**（data lake）是指原始的非结构化数据或大部分尚未分析的结构化数据的存储库，可以通过多种方式访问这些数据。数据湖将这些数据以其原有的格式存储，直到需要使用它们的时候。**Hadoop 分布式文件系统**（Hadoop distributed file system，HDFS）通常用于在一连串的计算机节点上存储数据湖的内容，Hadoop 集群也可用于预处理其中的一些数据，以供数据仓库、数据集市或分析平台使用，也供高级用户直接查询，其输出包括报表和仪表板以及查询结果。第 12 章将更详细地讨论各种类型的 BI 用户和 BI 报告。

第 6 章 商务智能基础：数据库与信息管理

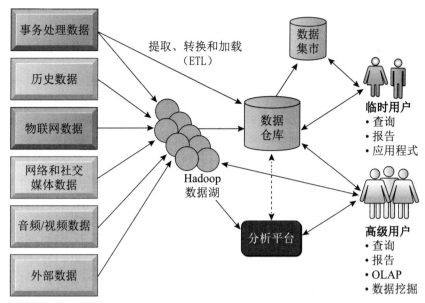

图6-14 现代商业智能基础设施

注：现代商务智能基础设施具有管理和分析来自多个数据源的、大规模的、不同类型数据的能力与工具，为一般企业用户设计了易用的查询和报表生成工具，也为高级用户设计了复杂的分析工具。

互动讨论：技术

卡夫亨氏公司找到了用于分析数据的新方法

2015 年 7 月，卡夫食品集团（Kraft Foods Group）和亨氏（Heinz）公司完成合并，新成立的卡夫亨氏公司成为全球第五大快消食品和饮料组织。合并后的企业拥有 200 多个全球品牌，收入 265 亿美元，拥有 40 000 多名员工，其中有 8 个品牌的年收入超过 10 亿美元，包括亨氏（Heinz）、麦克斯韦豪斯（Maxwell House）、卡夫午餐（Kraft Lunchables）、Planters、Velveeta、Philadelphia和Oscar Mayer。企业经营这些品牌需要来自这些品牌的大量的数据。显然，这是大数据的世界。

为了保持盈利，快速发展的消费品行业的企业非常需要精细化的运营。全球经济的不确定性抑制了消费者的支出，因此，像卡夫亨氏这样的企业必须不断寻找提高运营效率的机会，以保护其利润率。卡夫亨氏决定应对这一挑战，重点在于优化供应链，制造出每种产品的最佳数量，并在最佳时间和最低成本的情况下将它们交付给零售商，以满足消费者的需求。

要管理像卡夫亨氏公司这么大的供应链，通常需要多个来源的、及时的、准确的销售预测、制造计划和物流等数据。为了确保卡夫亨氏能够有效地使用所有的企业业务数据，管理层决定将数据划分为两个大型 SAP 的企业资源计划（ERP）系统，一个用于北美业务，另一个用于所有其他全球业务。合并后的企业还必须重新考虑数据仓库的建设。

合并之前，北美业务已在 SAP Business Warehouse 中保存了近 18TB 的数据，并且正在使用 SAP Business Warehouse Accelerator 工具来简化运营报告。SAP Business Warehouse 是 SAP 的数据仓库软件，用于合并组织数据并支持数据分析和报告。SAP Business Warehouse Accelerator 工具主要用于加速数据库查询。卡夫亨氏的管理层希望决策者获得更细颗粒度的数据视图，获得提高效率、自助报告和实时分析的新机会。

SAP BW Accelerator 不适合这些任务，它只能针对数据仓库中的特定数据子集来优化查询运行时间（查询程序运行的时间段），并且仅限于报告选定的数据范围。它也无法处理数据负载和计算性能问题，也无法在单独的加速器中复制 Business Warehouse 数据。合并后企业的销售、物流和制造方面的数据如雨后春笋般涌现，数据仓库太重了，无法为决策者及时提供报告。实际上，卡夫亨氏复杂的数据模型使得创建一个新报告非常耗时——最多可能需要6个月的时间才能完成。卡夫亨氏需要一种新的解决方案，可以更快地提供更详细的报告，而又不影响日常业务系统的运行。

卡夫亨氏的商户一直在使用 SAP Business Objects Analysis 的面向 MsOffice 版本工具构建自己的报表，并进行各种多维度的数据分析。该版本与 Microsoft Excel 和 PowerPoint 集成。这些商户需要的是能够从单一数据源构建自助服务报告，并找到一种有效的方法整理来自多个数据源的数据，以了解企业内正在发生的情况。

卡夫亨氏决定将数据仓库从旧的数据库迁移到由 SAP 内存数据库平台 HANA 提供支持的 SAP BW 上，目的在于极大地提高数据加载、处理、计算、查询以及报告运行的效率。新的数据仓库能够与现有的 SAP ERP 应用程序集成，从而推动日常业务的整合运营。企业与 IBM 全球服务咨询公司合作，清理和简化了现有数据库，清除了那些不再需要的数据或未使用的数据。IT 部门与业务专业人员紧密合作，共同确定重要的数据、仍在使用的数据以及未使用的移至其他职能部门的数据。清理和精简数据将数据库规模减少了近50%，降至9TB。

卡夫亨氏全球商业智能负责人桑达·迪塔卡维（Sundar Dittakavi）表示，除了提供更好的见解之外，新的数据仓库环境还使标准化报告的生成效率提高了98%，这是由于数据的加载时间比执行时间减少了83%，并且减少了完成分析所需的执行时间。SAP HANA 专门设置了卡夫业务方面的全球关键绩效指标。

卡夫亨氏现在可以轻松地处理巨量的数据和数据库查询，同时保持足够的处理能力来处理意外的问题。企业还能够更快地创建新报告，SAP HANA 系统的灵活性使其更容易更改企业的数据模型。现在，卡夫亨氏可以在几周内（而不是几个月内）为业务伙伴生成新报告，并为决策者提供如何提高效率和降低运营成本所需的洞察。

资料来源： Ken Murphy, "The Kraft-Heinz Company Unlocks Recipe for Strategic Business Insight," SAP Insider Profiles, January 25, 2017; "The Kraft Heinz Company Migrates SAP Business Warehouse to the Lightning-Fast SAP HANA Database," IBM Corp. and SAP SE 2016; and www.kraftheinzcompany.com, accessed February 15, 2018.

案例分析题：

1. 请指出卡夫亨氏公司遇到的问题。这些问题中哪些是技术问题？这些问题是否涉及管理和组织方面的因素？

2. 信息技术如何影响卡夫亨氏的经营业绩？

3. 新技术如何为这些问题提供解决方案？解决方案的效果如何？

4. 请分析卡夫亨氏公司在选择和实施新数据仓库解决方案时必须要解决的管理、组织和技术方面的问题。

6.3.3 分析工具：关系、模式与趋势

一旦企业具备了商务智能技术，就可以利用数据库查询和报告系统、多维数据分析（OLAP）及数据挖掘技术对数据进行深入挖掘和分析。本部分将介绍这些分析工具。关于商务智能分析及应用，我们将在第 12 章中详细介绍。

1. 联机分析处理

假设你的企业在东部、西部及中部地区销售螺母、螺栓、垫圈和螺丝 4 种不同的产品。如果你想要问一个相当简单的问题，如在过去的一个季度中销售了多少个垫圈？你可以通过查询销售数据库很容易得到答案。但是如果你想知道每一个区域垫圈的销量是多少，并对比实际销量和目标销量的情况时，那该怎么办？

为了得到答案，你可能需要使用**联机分析处理**（online analytical processing，OLAP）。OLAP 支持多维数据分析，可以让用户从多个维度、不同方式来分析同一数据。信息的每一个方面，如产品、价格、成本、区域或者时间，都代表一个不同的维度。所以，产品经理可以使用多维数据分析工具了解 6 月东区销售了多少个垫圈，与上个月的销量和去年同期销量进行对比，以及与预测的销量对比会怎么样。OLAP 能够使用户在相当快的时间里获得对突发问题的答案，即使这些数据存储在非常大的数据库中，如历年的销售数据库中，也可以快速找到。

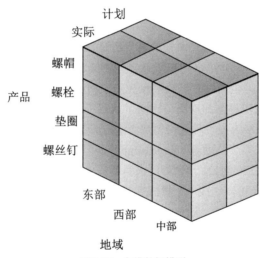

图6-15　多维数据模型

注： 图 6-15 显示了产品和区域两个维度的销售情况。如果你把这个立方体旋转 90°，展现的是产品的实际销量和计划销量的对比情况。如果你再转 90°，你将会看到不同区域的实际销量和目标销量的对比情况。通过转动，你也可以得到其他视图。

图 6-15 给出了用于表示产品、区域、实际销量和计划销量的多维数据模型。一个实际销量的矩阵可以放在计划销量矩阵之上，形成一个六面立方体。如果你按一个方向将立方体旋转 90°，将展现的是产品的实际销量和计划销量的对比；如果再转 90°，你将看到不同区域的实际销量和计划销量的对比。如果按原来的视角转 180°，就会看到产品的计划销量和区域的计划销量对比。立方体还可以嵌套在立方体中，建立更复杂的数据视图。企业既可以使用专门的多维数据库，也可以使用专门的工具在关系型数据库中创建数据多维视图。

2. 数据挖掘

传统的数据库查询只能解决类似"编号 403 的产品在 2016 年 2 月发了多少货"这样的问题。OLAP（或多维分析）能够支持更复杂的信息请求，如"按季度和销售区域对比过去两年 403 产品的销量"。有了 OLAP 和查询导向的数据分析，用户需要对自己想要查或了解的信息有一个清晰的认识。

数据挖掘（data mining）更多的是以探索驱动的。数据挖掘为企业提供了基于数据的洞察能力，通过在大型数据库中发现隐藏的业务模式和关系，推断出业务规则，预测未来的行为。这种深入洞察企业数据的方式是无法通过 OLAP 来实现的。这些业务模式和业务规则可以用来改善决策和预测效果。数据挖掘的类型包括关联、序列、分类、聚类和预测。

- **关联**（associations）是指与单个事件相连发生的事情。比如，关于超市购物模式的研究可能会发现，当人们购买了爆米花之后，有 65% 的概率会购买可乐。但当有促销活动时，可乐被购买的概率有 85%。这样的信息会帮助管理者作出更好的决策，因为他们已经了解到通过促销可以盈利多少的信息。

- **序列**（sequences）是指与时间相关的事件。例如，某人购买了一套新房，那么在 2 个星期之内，购房者购买一台新冰箱的可能性有 65%，在一个月之内购买烤箱的概率为 45%。

- **分类**（classification）是指在事先已经分好类目的基础上，依据一组相应的推断规则，来识别新项目所属某个类目的方法。例如，信用卡或电话企业十分担心失去稳定的用户，分类就可以帮助发现那些将要流失的客户特征，并通过建模分析帮助管理者推测出哪些客户将要流失，这样管理者就可以设计一些特殊的活动来挽留这些客户。

- **聚类**（clustering）是指当没有群组被预先定义时，完成与分类相似的工作。数据挖掘方法能够从数据中发现不同的群组。比如，从银行卡中消费行为发现多个不同的群组，也以人口统计信息和个人投资种类将消费者进行分类。

- 虽然上述这些方法都涉及**预测**（forecasting），但预测的方法不同。预测是指基于一系列现有值来预测将来值。例如，预测可用来帮助管理者估计连续变量的未来值，如销售数据。

这些数据挖掘方法不仅可以完成关于模式或趋势的高级分析，如有需要还可以深入挖掘更详细的信息。对于所有商务应用领域、政府和科研工作，市场上都已有相应的数据挖掘应用工具。最常见的数据挖掘应用工具是为一对一的市场营销战略或者为识别带来收入的客户提供详细的模式分析。

Caesars 是全世界最大的娱乐游戏公司，即之前著名的 Harrah 娱乐公司。这家公司能够持续地对来自玩老虎机或者进入娱乐场、宾馆时收集到的客户数据进行分析。Caesars 的营销部利用这些信息建立了一个详细的客户赌博档案，并基于客户对企业产生的价值来建立客户详细标签。例如，数据挖掘让 Caesars 知道一个老客户在它的游船赌场上最喜欢的游戏体验是什么？相应的住宿、用餐和其他娱乐活动的偏好是什么等。这些信息也可以指导企业的管理决策，如在如何培养高利润客户、如何促进客户更多消费以及如何吸引更多潜在的高利润客户等方面的决策。商务智能大大提高了 Caesars 的利润，成为整个企业商业战略的核心。

3. 文本挖掘与网络挖掘

在任何一个组织中，以文本格式存在的非结构化数据占据了 80% 以上有用的信息，这些数据也是企业想要分析的大数据的一个主要来源。电子邮件、备忘录、电话中心记录、调查反馈、法律案件、专利描述及服务报告等等都是一些高价值的数据，可以用于能够帮助员工制定更好决策。**文本挖掘**（text mining）工具可以用来帮助企业分析这些数据。这些工具能从这些非结构化大数据中提取关键信息、发现模式及关系，并对这些信息进行总结。

企业可以利用文本挖掘来分析客户服务中心的电话记录，在帮助分析主要的服务和维修问题的同时，还可以用来评估客户对企业的情感。**情感分析**（sentiment analysis）工具可以用来挖掘电子邮件、博客、社交媒体、调查表格中的文字信息，从而可以分析出客户（或舆情）对某个特定主题持同意或反对的意见。例如，卡夫食品公司利用社区智能门户（Community Intelligence Portal）工具和情绪分析工具，在众多社交网络、博客和其他网站上收集消费者对产品的评论，并进行分析，帮助公司更好地理解相关的评论，而不仅仅是品牌跟踪。当用户谈论他们如何烧烤以及使用什么酱料和香料时，卡夫公司能够识别出他们的情绪和感受。

网络是另一个揭示客户行为模式、趋势和见解的非结构化大数据的主要来源。从互联网中发现并分析有用的模式和信息的方法称为**网络数据挖掘**（web mining）。企业可利用网络数据挖掘工具来更好地理解客户行为、评估网站的有效性或者量化营销活动的效果。例如，营销人员使用Google Trends服务来了解人们对什么感兴趣以及哪些是他们想要购买的。Google Trends服务是谷歌搜索引擎中用来跟踪各种词汇和短语流行程度的工具。

网络数据挖掘通过网络内容挖掘、网络结构挖掘和网络使用挖掘来寻找数据中的模式。网络内容挖掘是指从网页内容（包括文本、图片、音频和视频数据）中提取知识的一个过程。网络结构挖掘分析的是与某网站结构相关的数据。例如，某文档的链接数说明了该文档被关注的程度，而出自某文档的链接数则说明了在该文档中主题的丰富性或多样性程度。网络使用挖掘分析的是用户与网站的互动数据，这些数据是网络服务器记录下来的所有对网站资源的服务请求。网络使用数据记录了用户在网站上的浏览或交易行为，并在服务器日志里收集这些数据。分析这些数据能够帮助企业决定特定客户的价值，制定跨产品的交叉营销战略，分析各类促销活动的效果。

本章章末的案例描述了一个组织使用这些分析工具和商务智能技术的经历。

6.3.4 数据库与网络

你是否曾经利用网络订购商品或者浏览产品目录？如果是的话，那么你很可能在使用链接到企业内部数据库的网站。现在很多企业通过网站让客户和合作伙伴获得内部数据库中的部分信息。

假设客户通过网络浏览器想要搜索某个网络零售商数据库中的价格信息。图6-16显示了客户通过互联网访问零售商内部数据库的过程。客户利用PC机或手机浏览器，通过互联网访问零售商网站，用户的网络浏览器软件通过HTML命令与Web服务器进行通信，这样就可以向企业的数据库发出数据请求。Apps有助于用户更快地访问企业数据库。

由于很多后端数据库不能够直接接受HTML的命令，所以Web服务器将数据请求传给HTML命令转换器，转换成SQL命令，此时，这些命令就可以被数据库管理系统处理了。在客户/服务器环境下，数据库管理系统安装在一台专用计算机里，该计算机叫作**数据库服务器**（database server）。DBMS接收SQL命令并提供所需的数据，再通过中间件将数据传输到网络服务器上，然后以网页的形式将其传递给用户。

图6-16中显示了工作在网络服务器和DBMS之间的中间件，它是运行在一个专用计算机上的应用服务器（见第5章）。应用服务器处理的是所有基于浏览器的计算机和企业后端应用系统或数据库之间的应用连接，包括交易处理和数据存取。应用服务器从网络服务器那里获得请求，按照业务逻辑来处理相应的业务，并负责与组织后端系统或者数据库的连接。有一种解决方案是，

执行业务处理的软件可以是自定义程序，也可以是**一般网关接口**（Common Gateway Interface，CGI）的脚本。CGI 脚本是一个小巧的程序，专门处理网络服务器中的数据。

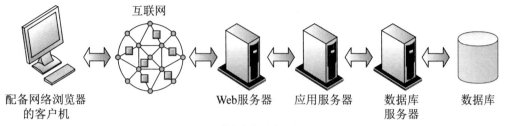

图6-16　内部数据库与网络连接

注：用户利用 PC 浏览器或移动 Apps 访问企业内部数据库。

用户通过网络访问企业内部数据库有很多优势。首先，网络浏览器比专属查询工具更容易使用。其次，对于内部数据库而言，网络接口几乎不需要或只需要很少的变动，且在原有系统中增加一个网络接口的费用比重新构建这个系统来提高用户访问的费用要少得多。

通过网络访问企业数据库正在创造新的效率、机遇和商业模式。ThomasNet.com 网站提供了超过 650 000 个工业产品供应商的在线目录，涵盖化学、金属、塑料、橡胶和汽车零部件等领域。这个网站就是之前的 Thomas Register 公司，之前它通过邮寄发出大量的纸质目录，而现在它只需要通过网站向在线用户提供这些信息就可以了，它成了一家更小巧更精细化的公司。

还有一些企业也已经创建了通过网络访问大型数据库的全新业务。一个典型案例就是 Facebook，它帮助用户互相保持联系和结识新朋友。Facebook 拥有超过 16 亿活跃用户的数据，包括他们的兴趣爱好、朋友、照片和相应的分组。Facebook 通过维护巨大的数据库存储和管理这些数据。公共部门也有很多**网页使能**（web-enabled）的数据库，帮助消费者或市民获得有用的信息。

6.4　为什么信息政策、数据管理、数据质量保证对管理公司的数据资源至关重要？

建立数据库只是开始。为了确保企业中的数据准确、可靠，并且在需要的时候可以随时被使用，企业需要制定专门的政策和程序来管理数据。

6.4.1　建立信息政策

不论规模大小，每家公司都需要信息政策。企业中的数据是很重要的资源，人们都不希望有人利用企业数据为所欲为。企业需要制定与整理和维护数据、设定访问者权限或者更改数据相关的规则。

信息政策（information policy）明确了一个组织对于分享、传播、获取、标准化、分类和盘点信息的规则，阐述了具体的程序和责任描述，确定哪些用户和组织单元才能分享信息、信息可以在何处发布以及谁来负责更新与维护信息等。例如，一个企业典型的信息政策会规定只有薪资或人力资源部门的特定岗位的员工才有权更改和查看敏感的员工数据（如员工的工资或社会保险号），相应地，这些部门也要负责确保这些员工数据的准确性。

如果你是在一家小企业中工作，信息政策会由企业所有者或高层管理者建立与实施。而在一个大型组织中，将信息作为企业资源进行管理和规划，往往需要一个正式的数据管理部门。**数据管理**（data administration）就是负责制定具体的政策和程序，确保数据可作为组织资源进行管理。这些部门的职责包括制定信息政策、制定数据规划、监督逻辑数据库设计和数据字典的开发，以及监控信息系统专家和终端用户使用数据的行为。

你可能听说过**数据治理**（data governance）这个术语。数据治理最早由 IBM 提出的，主要是关于制定相关的政策与流程以保证企业数据的可靠性、可用性、整体性以及安全性，特别强调重视隐私保护、数据安全、数据质量以及遵守政府的法律法规等。

在大企业的信息系统部门里通常也会有数据库设计和管理团队，具体负责设计和组织数据库的结构与内容，并维护数据库。通过与业务部门的密切合作，设计团队建立起物理数据库、数据间的逻辑关系，以及访问数据库的规则和安全管理程序。以上这些工作被称为**数据库管理**（database administration）。

6.4.2　保证数据质量

设计良好的数据库和信息政策，对确保企业得到它所需的信息大有帮助。但是，还需要实施额外的措施确保组织中数据库中的数据是准确的、可靠的。

如果客户的电话号码或者账户余额不准确，那该怎么办呢？如果数据库中销售的某种产品的价格是错误的，或者同一件商品在销售系统和仓储系统中价格不一致，又会有什么影响呢？不准确、更新不及时或与其他信息源不一致的数据会导致错误的决策、产品召回和财务损失。Gartner 公司报告称，美国《财富》1000 强企业的数据库中，有超过 25% 的关键信息不准确和不完整，包括错误的产品编码、产品描述、库存描述、财务数据、供货商信息和员工数据等。这些数据的质量问题部分是因为多个系统合并成一个数据仓库造成的数据冗余和不一致。例如，销售订单系统和存货管理系统都有产品数据信息。但是，销售订单系统可能会用 Item Number，而存货管理系统则可能会用 Product Number 来表示同一属性。一个服装零售商的销售、存货或生产系统可能用不同的编码代表衣服尺码这一属性值，一个系统可能用 medium 表示衣服尺码，而另一个系统可能用 M 表示同一尺码。在仓库数据库的设计过程中，数据描述的实体应该在所有使用数据库的地方采用一致的命名、定义，如客户、产品和订单等。

如果你在同一天内收到了几则同样的直邮广告，这很可能是因为你名字在数据库中被反复存储了几次。你的名字可能被拼错了，或者你曾经在一个场合中用到中间名字的首字母，而在其他场合中没有用，还有可能是信息一开始是写在纸上的，但没有被正确地输入到系统里。由于这些不一致数据的存在，数据库就会把你当成不同的人！于是，我们经常会收到寄给"Laudon""Lavdon""Lauden"或"Landon"的重复邮件。

如果一个数据库设计得很合理，并且建立了企业级的数据标准，就能极大地降低数据的重复或者不一致等错误的发生率。但是，大多数的数据质量问题都产生于数据的输入过程，如名字拼写错误、数字错位以及不正确或遗漏的编码。随着企业的业务转移到互联网，并允许客户和供应商在网站上输入数据，且直接更新内部系统，越来越多的这类错误将会出现。

在新的数据库运行之前，组织需要识别和纠正错误的数据。一旦数据库开始运行，就需要建立一套更好的数据质量管理的规则。数据质量分析一般从**数据质量审计**（data quality audit）开始，数据质量审计是对信息系统中数据的准确性和完整性的结构性审核，其实施可以是对整个数据文件的审核，也可以是对数据文件的抽样审核，还可以是对终端用户数据进行质量评估的调查。

数据清洗（data cleaning/ data scrubbing）是指检测和纠正数据库中不正确、不完整、格式不对或者冗余的数据的一系列活动。数据清洗不仅纠正错误，还可以增强来自不同信息系统的数据集的一致性。业界已有专门的数据清洗软件可以自动地检查数据文件、纠正数据中的错误，并将数据整合成企业要求的统一格式。

数据质量问题不仅是企业问题，也会给个人带来一系列问题，影响人们的财务状况，甚至是他们的工作。例如，信贷部门存储了不正确或者过时的客户信用历史的记录，会影响到符合信贷条件的人获得贷款，或者降低他们找到或维持工作的可能性。正如"互动讨论：组织"部分的案例，不完整或不准确的数据库也会给刑事司法和公共安全带来问题。

少数企业允许业务部门自己负责维护自己的数据质量。然而，最佳的数据管理实践表明，集中进行数据治理、组织数据标准化、数据质量维护，以及确保对数据资产的可访问性等，均是最佳的选择。

互动讨论：组织

没有数据的数据库

2017年11月5日，德文·帕特里克·凯利（Devin Patrick Kelley）走进得克萨斯州萨瑟兰斯普林斯的第一浸信会教堂（First Baptist Church），举着 Ruger AR-556 半自动步枪，一圈又一圈地向集会的朝圣者开枪射击。几分钟之内，他杀死了26人、炸伤了20人。凯利后来被发现在自己的SUV中吞枪自杀。这次袭击是得克萨斯州最致命的大规模个人枪击事件，是美国第5次最严重的大规模枪击事件，也是现代历史上美国教堂中最致命的枪击事件。

这次悲剧本可以避免。凯利在美国空军服役期间，由于2012年在军事法庭被判定犯有家庭暴力罪，因此他被法律禁止购买或拥有枪支弹药。美国空军未能在联邦调查局（FBI）的国家犯罪信息中心（NCIC）数据库中找到定罪记录，这个数据库被国家即时检查系统（NICS）用来标记禁止购买枪支的人员。这使凯利能够通过背景调查，顺利购买了4支枪，在过去的4年中每年购买一支。

联邦特许枪支经销商根据NICS系统检查每个枪支购买者的背景，该系统记录了数百万的犯罪历史记录和保护令，并对所有禁止购买枪支的各类潜在购买者进行标记，包括逃犯、重罪犯或在军队中有不光彩的人。

美国空军承认，它没有将定罪的家庭暴力行为告知联邦当局，这本应该可以阻止凯利购买枪支的。空军发言人安·斯特凡内克（Ann Stefanek）表示，空军将进行全面审查，确保正确地报告相关记录。国防部计划审查所有美国军事部门如何将此类案件报告到背景调查系统中。美国参议院议员呼吁立法，以提高NICS记录数据的完整性。

熟悉NICS运作的人士观察到，军方与司法部之间数据的严重不一致性在退伍军人背景调查中造成了盲点，使那些被禁止拥有武器的人得以通过。他们认为未能标记凯利更可能反映出系统性缺陷，而不是一次性失误。华盛顿隐私保护律师和FBI背景筛选系统专家罗伯特·贝莱尔（Robert Belair）表示，当犯罪行为不会导致不光彩的事件发生时，空军和其他军事部门很少向联邦调查局的筛选数据库提交军事记录的，因为这项工作从来都不是军队的优先事项。

根据美国政府问责局（GAO）2016年的一份报告指出，联邦调查局一直在努力收集有家庭暴力的记录，以便用于背景调查，部分原因是犯罪记录不完整或记录遗失使得很难确定是否应禁止某人获取枪支。GAO 有一份重点关注的州和地方当局的报告指出，2006—2015 年间大约有 6 700 支枪被错误地卖给了有家庭暴力记录的个人。

联邦法律规定，包括军事部门在内的联邦部门至少每季度要将表明某人不具备购买枪支资格的记录通知司法部。但是，在州一级，除非州法律或联邦有明确规定，否则遵守这项规定是自愿的。事实上有多少军事法庭记录提交给 FBI 是未知的，也就是说 FBI 无法得到这方面的信息。

数据库中的盲点还影响了执法的其他方面，如量刑和假释。2017 年 10 月决定假释 O.J. 辛普森（O.J. Simpson）就是一个例子。在投票是否释放在监狱服刑 9 年的辛普森前，内华达州假释委员会详细讨论了这起让他入狱的抢劫案。内华达州假释委员会委员说，2008 年，在拉斯维加斯抢劫了一家酒店而被定罪之前，辛普森没有犯罪记录。尽管辛普森在 1995 年谋杀其前妻妮可·布朗·辛普森（Nicole Brown Simpson）和罗纳德·戈德曼（Ronald Goldman）的案件中被判无罪，但 1989 年在洛杉矶，他没有对当时是他妻子的辛普森女士的殴打罪提出抗辩。内华达州假释委员会没有这个信息。当由 4 人组成的小组于 2017 年 10 月一致投票释放他时，并未考虑 1989 年的定罪。

当内华达州衡量囚犯的风险时，它们会定期查看州内的记录，并与 NCIC 进行核对。在 2008 年定罪后，内华达州官员在准备宣判前的报告时，辛普森先生 1989 年的定罪并未出现在 NCIC 的记录中。内华达州假释委员会的听证官大卫·史密斯（David M. Smith）说，假释专员在评估是否应该释放辛普森先生时，部分依赖了 2008 年报告中的信息。史密斯认为，无法判断对辛普森罪证的认定，是否会对内华达州假释委员会的裁决产生影响。

联邦系统对辛普森 1989 年定罪的遗漏再次凸显了联邦犯罪数据库中存在的重大问题，这个数据库主要依赖于地方和州机构的准确和完整的报告。例如，司法部报告说，各州未能将其正在执行的大部分逮捕证从自己的数据库传输到联邦系统中，而且常常忽略了对案件是否定罪的记录更新。一些州仍然依赖纸质文件，因此很有可能它们不会出现在联邦电子记录数据库中，这一问题在较早的记录中更为常见。

资 料 来 源：Kristina Peterson and Jacob Gershman, "Lapses in Gun Buyers' Records Come Under Scrutiny," Wall Street Journal, November 7, 2017; Melissa Jeltsen, "Air Force Failed to Enter Church Shooter's Domestic Violence Record In U.S. Database," Huffington Post, November 6, 2017; Richard Perez-Pena, "Nevada Parole Board Unaware of O.J. Simpson's Old Conviction," New York Times, August 11, 2017; and Eli Rosenberg, Mark Berman, and Wesley Lowery, "Texas Church Gunman Escaped Mental Health Facility in 2012 after Threatening Military Superiors," Washington Post, November 7, 2017.

案例分析题：
1. 请指出本案例中描述的问题，并说明该问题有多严重？
2. 哪些管理、组织和技术方面的因素导致了这个问题？
3. FBI 和国家情报中心保存的不完整的数据库会产生什么样的影响？

6.5 MIS 如何有助于我的职业发展

以下是第 6 章和本书可以帮助你找到数据分析师初级工作的内容。

6.5.1 企业

总部位于俄亥俄州克利夫兰的大型多元化能源公司 Mega Midwest Power，有一个初级数据分析师的空缺职位。该公司为中西部和大西洋中部地区的 500 万客户提供配电、输电和发电以及能源管理和其他能源相关的服务。

6.5.2 职位描述

- 维护多个数据库（包括 SAP）中变电站设备数据和相关数据的完整性。
- 在多个系统中的数据库根据需求查询数据。
- 不断完善现有的数据管理和程序控制制度。
- 根据发现的数据问题，提出相应的完善建议并实施流程变更。
- 开展具体的业务研究，收集数据，编写报告和总结。
- 拓展关于政策、实践和程序方面的知识。

6.5.3 岗位要求

- 商科、金融、会计、经济学、工程或相关学科专业的学士学位。
- 1～2 年专业工作经验。
- 熟悉 Microsoft Office 工具（Excel、PowerPoint、Access 和 Word）。
- 较强的分析能力，包括关注细节、解决问题和决策的能力。
- 较强的口头和书面沟通能力、团队合作能力。
- 熟悉变电站设备。

6.5.4 面试问题

1. 你对变电站设备了解多少？你是否用过 SAP for Utilities 软件系统？
2. 你对数据管理和数据库了解多少？你使用过数据管理软件吗？如果是，你用它做了哪些工作？
3. 告诉我们你用 Excel 和 Access 做了哪些工作？解决了哪些问题？你上过 Access 或 Excel 的课程吗？
4. 你在分析问题和制定具体解决方案方面有什么经验？你能举一个解决问题的例子吗？

6.5.5 作者提示

1. 学习一下电力行业设备维护和电力资产管理及预测性维护软件的内容。阅读 IBM、Deloitte 和 Intel 关于预测性维护的博客，并观看 GE 和 IBM 关于此主题的 YouTube 上的视频。
2. 复习一下本书第 6 章关于数据管理和数据库以及第 12 章关于商务智能的讨论。思考一下这个职位对你在数据库方面有什么要求。
3. 对 SAP for Utilities 系统的功能进行研究，并咨询你将如何使用此软件以及需要哪些技能，观看 SAP 的 YouTube 视频。

复习总结

6-1 在传统的文件环境下，管理数据资源会遇到哪些问题？

传统的文件管理技术使得组织很难系统地跟踪和整理所用到的数据，也难以灵活地访问数据。各职能部门和团队使用独立的文件，久而久之，这种传统的文件管理环境产生了一系列的问题，如数据冗余和不一致、程序-数据依赖、不灵活、安全性低以及缺乏数据共享和可用性等。DBMS 通过软件很好地解决了这些问题，通过软件可将数据和数据管理集中化，这样就保证企业所有需要的数据只有一个相同的数据来源。利用 DBMS 可使冗余和不一致的情况最少化。

6-2 DBMS 的主要功能是什么？为什么关系型 DBMS 如此强大？

DBMS 的主要功能包括数据定义、数据字典和数据操作语言。数据定义功能是建立数据库的结构和内容。数据字典是一个自动或手工形成的文件，存储了关于数据库中数据的信息，包括名称、定义、格式和数据元素的描述。数据操作语言是一种访问和操作数据库中数据的专业语言（如 SQL）。

由于关系型数据库的灵活性和易访问性，它已成为组织信息系统中数据并维护数据的主要方法。关系型数据库通过行与列关系的二维表来组织数据。每个表包含数据的实体及其属性。每一行代表一条记录，每一列代表一种属性或字段。为便于检索或操作，每个表中包含一个关键字段作为每条记录的唯一识别。只要关系型数据库中任意两个表有一个共同的数据元素，就很容易将它们合并，并提供给用户所需的数据。非关系型数据库因为能管理关系型数据模型不易处理的数据类型，已经变得越来越流行。关系型和非关系型数据库产品都可用于云计算服务。

设计数据库需要进行逻辑设计和物理设计。逻辑设计是从业务角度对数据库进行建模，数据模型应该反映其关键的业务流程和决策要求。当设计关系型数据库时，将复杂的数据群分解成小型的、稳定的、灵活的和自适应的数据结构的过程称之为规范化。精心设计的关系型数据库应该不具有多对多的关系，特定实体的所有属性仅适用于该实体。表的设计需要满足参照完整性的原则，确保表与表之间的关系保持一致。实体关系图以图形的方式描绘了关系型数据库中实体（表）之间的关系。

6-3 为了提高企业绩效和改善决策，可以用哪些主要的工具和技术来访问数据库中的信息？

现代数据管理技术拥有一系列从企业不同类型的数据中获取有用信息的技术和工具，包括半结构化和非结构化的大数据。这些技术和工具包括数据仓库和数据集市、Hadoop、内存计算以及分析平台。OLAP 以多维结构来表示数据的关系，可以用数据立方体的形式来可视化展现，并进行更复杂的数据分析。数据挖掘可以通过分析大规模的数据（包括数据仓库中的数据）来发现预测未来行为及指导决策的模式和规则。文本挖掘工具帮助企业分析大量的非结构化文本数据集合。网络挖掘工具帮助企业从互联网中分析并发现有用的模式和信息，包括分析网络结构挖掘、用户在网站上的使用行为挖掘以及网页内容挖掘。传统数据库可以通过中间件连接到网络或网络接口，以便用户可以访问组织内部的数据。

6-4　为什么信息政策、数据管理和数据质量保障对于管理企业数据资源至关重要？

开发数据库环境除了需要良好的数据模型和数据库技术以外，还需要管理数据的政策和程序。一个正规的信息政策管理着组织数据的维护、分配和使用。在大型企业中，数据管理职能部门负责企业的信息政策制定、数据规划、数据字典开发以及数据使用的监控。

不准确、不完整或不一致的数据可能导致企业在产品定价、客户账户管理和库存数据等方面的错误，还可能导致企业决策的失误，这将会给企业带来严重的运营和财务问题。企业必须要有相应的措施来保障数据的高质量，包括开发企业级的数据标准、不一致性和冗余最小化的数据库，以及规范的数据质量审计制度，使用数据清洗软件等。

关键术语

分析平台（analytic platform）
属性（attribute）
大数据（big data）
比特/位（bit）
区块链（blockchain）
字节（byte）
数据管理（data administration）
数据清洗（data cleansing）
数据定义（data definition）
数据字典（data dictionary）
数据治理（data governance）
数据不一致性（data inconsistency）
数据湖（data lake）
数据操作语言（data manipulation language）
数据集市（data mart）
数据挖掘（data mining）
数据质量审计（data quality audit）
数据冗余（data redundancy）
数据仓库（data warehouse）
数据库（database）
数据库管理（database administration）
数据库管理系统（database management system，DBMS）
数据库服务器（database server）
分布式数据库（distributed database）

实体（entity）
实体-关系图（entity-relationship diagram）
字段（field）
文件（file）
外键（foreign key）
内存计算（in-memory computing）
信息政策（information policy）
关键字段（key field）
非关系型数据库管理系统（non-relational database management system）
规范化（normalization）
联机分析处理（online analytical processing，OLAP）
主键（primary key）
程序-数据依赖（program-data dependence）
记录（record）
参照完整性（referential integrity）
关系型数据库管理系统（relational DBMS）
情感分析（sentiment analysis）
结构化查询语言（Structured Query Language，SQL）
文本挖掘（text mining）
元组（tuple）
网络数据挖掘（web mining）

复习题

6-1 传统文件环境下管理数据资源会遇到哪些问题?
- 列出并描述数据层级中的每个组成部分。
- 定义并解释实体、属性与关键字段的重要性。
- 列出并描述传统文件环境下存在的主要问题。

6-2 DBMS 的主要功能是什么?为什么关系型 DBMS 如此强大?
- 定义数据库和 DBMS。
- 简单描述 DBMS 的主要功能。
- 定义关系型 DBMS,并解释其如何组织数据。
- 阐述关系型 DBMS 的三种操作。
- 解释为什么非关系型数据库非常有用。
- 定义并描述规范化和参照完整性,并解释它们在设计关系型数据库中的作用。
- 定义和描述实体 - 关系图,并解释在数据库设计中的角色。

6-3 为了提高企业绩效和改善决策,从数据库中获取信息的主要工具和技术有哪些?
- 定义大数据,并描述管理大数据和分析大数据的技术。
- 列出并描述现代商务智能基础设施的组成部分。
- 描述 OLAP 的功能。
- 定义数据挖掘,并描述它与 OLAP 有何不同,以及数据挖掘常用的几类方法。
- 解释文本挖掘、网络数据挖掘与传统数据挖掘有什么不同。
- 描述用户如何通过互联网访问企业内部数据库中的信息。

6-4 为什么信息政策、数据管理和数据质量保证对于管理企业数据资源至关重要?
- 描述信息政策和数据管理在信息管理中的作用。
- 解释数据质量审计和数据清洗的重要性。

讨论题

6-5 有种说法说,没有糟糕的数据,只有糟糕的管理。请讨论这句话的含义。

6-6 终端用户应如何参与 DBMS 的选择和数据库设计?

6-7 如果一个组织没有信息政策,会导致什么样的后果?

MIS 实践项目

MIS 实践项目

本部分项目为你提供了分析数据库质量问题、建立整个企业的数据标准、创建库存管理数据库、通过互联网搜索在线数据库以获取海外商业资源的实践机会。

管理决策问题

6-8 Emerson Process Management 是一家提供测量、分析和监控仪器设备及服务的全球供应商,总部位于美国得克萨斯州奥斯汀市。该公司设计了一个新的数据仓库,通过分析客户行为来提升企业的服务和营销水平。然而,这个数据仓库中的数据来自欧洲、亚洲和其他地方的事务处理系统,其中充斥着不正确和冗余的数据。设计这个数据仓库的团队自认为这些区域所有的销售组织都采用同一种方式来录入客户姓名和地址,而实际上,这些不同国家的销售组织输入报价、账单、装运和其他数据时采用了多种方式。请评估这些数据质量问题带来的潜在商业影响。请讨论需要制定什么样的决策和采取什么样的措施才能解决这个问题?

改善决策:搜索在线数据库获取海外业务资源

软件技能:在线数据库
业务技能:研究针对海外运营的服务

6-9 本项目主要练习搜索在线数据库的技能,寻找偏远地区的产品和服务信息。

你的企业位于北卡罗来纳州的格林斯伯勒,生产各种办公家具。你正在考虑在澳大利亚开一家工厂,生产并销售产品。你需要为你的办公室和工厂提供相关服务的组织联系,包括律师、会计、进出口专家、通信设备和安装企业。请访问下列在线数据库以确定本次出差你希望会见的企业:Australian Business Directory Online、AustraliaTrade Now 和 Nationwide Business Directory of Australia。如果有必要,可用雅虎和谷歌搜索引擎,然后完成下列任务:

- 列出本次你出差应该联系的企业名称,并确定它们在你建立办公室的过程中能给你提供哪些重要帮助。
- 从名称的准确性、完整性、易用性和整体有效性方面评价你所使用过的数据库。

团队合作项目

6-10 请你与 3~4 名同学组成一个小组,选择一个在线数据库进行研究,如 AOL Music、iGo.com 或 Internet Movie Database。浏览其中一个网站,查看它提供的信息。列出企业运营这些网站中必须在数据库中跟踪的实体和属性,画出所列出的实体之间的关系图。如果可能,请使用 Google Docs、Google Drive 或 Google Sites,集思广益并制作演示文稿汇报结果。

案例研究

大数据可靠吗？

如今的企业要处理来自社交媒体、搜索引擎、传感器以及传统来源的"雪崩式"的数据。据估计，世界各地每天产生2.5万亿字节的数据。利用好"大数据"可以改善业务决策和绩效，已经成为各类组织的主要机会之一，但同时也面临巨大的挑战。

诸如YouTube和Spotify之类的企业，通过分析它们收集的有关客户兴趣和购买的大数据，创建了数百万个个性化的推荐，企业得以蓬勃发展。许多在线分析大数据的服务会帮助消费者寻找最低价格的服务，包括汽车、计算机、服装、机票、酒店客房以及许多其他类型的商品和服务。大数据还在体育（参见本章开篇的案例）、教育、科学、医疗保健和执法等领域带来益处。

通过分析收集到的数十亿的患者信息、医疗保健供应商以及处方和治疗的有效性信息，使英国国家卫生服务局（NHS）节省了约5.81亿英镑（约合7.84亿美元）。这些数据存储在Oracle Exadata数据库中，计算机可以快速地分析大量的数据（请参阅本章对分析平台的讨论）。NHS利用大数据分析创建了仪表板，用来识别一次服用10种或更多种药物的患者以及哪些患者服用过多的抗生素；收集有关癌症患者的药物和治疗的大量数据，并将该信息与患者的治疗结果相关联，有助于NHS识别出更有效的治疗方案。

纽约市政府分析收集到的所有与犯罪相关的数据，用来帮助降低犯罪率。CompStat犯罪映射计划项目构建一个全市范围的综合数据库，包含全市76个辖区中所报告的罪犯或投诉、逮捕和传票、每周辖区报告、巡逻区和全市范围内的犯罪投诉和逮捕活动等。CompStat数据可以在地图上显示罪犯和逮捕地点、犯罪热力图以及其他相关信息，帮助各区域指挥官快速识别模式和趋势，并在最需要的地方部署警务人员。有关犯罪活动的大数据也为纽约市犯罪策略部提供了强大的动力，该部门的任务是对那些罪大恶极的罪犯进行起诉。医疗保健企业正在基于大数据的分析来确定慢性病和常见疾病最有效、最经济的治疗方法，并为患者提供个性化的护理建议。

但是大数据的使用也存在局限性。许多企业急于开始大数据项目，而没有事先考虑好大数据项目的关键绩效指标，以及衡量项目成功的业务目标。遨游在数字的海洋中，并不一定意味着可以获得正确的信息，或者作出更明智的决策。大数据分析专家认为，太多的企业被大数据的前景所诱惑而草率地开展了大数据项目，最后什么也没得到。这些企业盲目收集和分析大量的数据，缺乏明确的目标，也不知道分析大数据会如何有助于实现它们的目标，或者希望大数据回答什么样的问题。如果缺乏对大数据进行适当的清洗、组织和管理（思考一下数据的质量），组织也将无法从中受益。

某件事可以被衡量并不意味着就应该衡量。例如，某家大公司希望根据Twitter上提及该公司的次数来衡量网站的流量，于是它构建了一个数字仪表板来连续跟踪这些结果。过去，该公司的大部分销售线索来自贸易展览会和会议，如今公司把销售来源切换到Twitter上，把Twitter上的提及量作为衡量的关键指标，这就改变了销售部门的工作重心。销售部门将大量的精力和资源投入到监视网站点击量和社交媒体流量中，从而产生许多不合格的、永远不会带来销售的线索。

尽管大数据非常擅长检测相关性，如果基于较小数据集的分析可能会漏掉细微的相关性，但大数据分析并不一定显示因果关系或哪些相关性有意义。例如，大数据分析可能表明，从

2006年到2011年，美国的谋杀率与IE浏览器（Internet Explorer）的市场份额高度相关，因为两者均急剧下降。但这样的结果并不一定意味着两种现象之间存在着有意义的联系。数据分析师需要具备一些业务知识，了解他们要使用大数据解决什么样的问题。

大数据预测模型不一定能使你更好地了解将来会发生什么。Meridian Energy是一家在新西兰和澳大利亚经营的发电机和配电器的公司，它们使用了预测设备维护系统，希望这个系统可以预测运营的所有大型设备的维护需求，包括发电机、风力涡轮机、变压器、断路器和工业电池等。但是，该系统使用了过时的建模技术，实际上无法预测设备的实际故障。该系统针对不同的场景建立了模拟系统，预测设备何时将发生故障。模拟预测给出的建议没有用，因为它们无法准确预测现实世界中哪些设备实际会发生故障。Meridian公司最终用IBM的Predictive Maintenance and Quality软件替换了旧系统，这个软件基于对设备的更多实时数据来进行预测。

所有数据集和数据驱动的预测模型，都或多或少反映了人们选择数据并执行分析的某些偏见。几年前，谷歌利用从网络搜索中收集到的数据开发出一种被认为是领先的算法，能够准预测定有多少人患有流感以及流感如何传播。它试图通过将人们的位置与谷歌上与流感相关的搜索关键相关联，来计算美国患流感的人数。与美国疾病控制中心（CDC）随后收集的常规数据相比，谷歌的预测结果一直高估了流感的发病率。几位科学家认为，谷歌被当年美国严重流感季节的广泛媒体报道"骗了"，后续又被社交媒体的报道进一步放大了。为预测流感趋势而开发的模型基于了一个错误的假设，即谷歌上与流感相关搜索的发生率是实际感染流感人数的精确指标。谷歌的算法错误在于仅查看了数字，而没有考虑用户搜索的背景。

对背景的关注不足和错误假设，可能是大多数政治学专家未能预测唐纳德·特朗普（Donald Trump）在2016年总统大选中战胜希拉里·克林顿（Hillary Clinton）这一情况的原因。特朗普的胜利几乎与所有的主要预测背道而驰，反而预测出希拉里获胜的概率在70%～99%。

政治学专家和候选人的竞选团队对大量的数据进行了分析。希拉里进行了压倒性的以数据为导向的竞选活动，大数据在2008年和2012年奥巴马的竞选胜利中发挥了重要作用。希拉里团队将奥巴马竞选活动建立的数据库添加到了自己的数据库中，该数据库来自传统来源的个人数据，包括民意测验和现场工作者的数据，以及来自社交媒体帖子和其他在线行为的数据，还有用于预测消费者行为的数据。希拉里竞选小组认为，支持奥巴马的选民也会参加选举，并重点关注选民投票率很高的地区。但是，支持奥巴马的主要群体是妇女、少数民族、大学毕业生和蓝领工人，他们对希拉里的支持率没有达到预期目标（特朗普也转向大数据，但更加注重针对目标选民群体量身定制竞选消息）。

政治学专家被误认为希拉里获胜是有保证的，因为某些预测模型缺乏解释潜在的大范围误差的背景，在分析和解释方面存在缺陷，分析人员没有花足够的时间来检查如何创建预测模型中使用的数据。选举预测中使用的许多民意测算低估了特朗普的支持率。州民意测算也是不准确的，也许没有抓住最初拒绝投票给特朗普而在最后一刻改变主意的共和党人。选举前不久，来自威斯康星州的民意调查显示，希拉里的支持率遥遥领先于特朗普。民意调查对选举预测也很重要，但它们只是可参考的众多数据来源之一。预测模型无法完全确定实际投票的人，而不是自认为会投票的人。分析师们忽略了特朗普在竞选战场上前进的迹象。英国也有类似的意外——民意调查错误地预测英国将在2016年6月投票决定留在欧盟的结果。

而且，别忘了大数据给信息安全和隐私带来了一些挑战。正如第4章所指出的，企业现在正在积极收集和挖掘有关人们的购物习惯、收入、爱好、住所以及（通过移动设备）移动规定等大量的数据集，并正在使用大数据来发现有关"人"的新事实，或基于微妙的模式对"人"

进行分类，或将其打上"风险"的标签（如贷款违约风险或健康风险），或预测人们的行为并操纵业务来获得最大的利润。

当你将某人的个人信息与来自不同来源的数据相结合时，你可以推断出这个人的新事实（如这个人有帕金森氏病的早期征兆，或者无意识地被吸引到蓝色或绿色的产品上）。如果在线下问这些人，大多数人可能不想透露此类信息，他们甚至可能不知道有这方面的信息。隐私保护专家担心，如果没有适当的制度安排，大众没有能力进行反击，甚至不知道他们被歧视，或被添加标签并遭受不利的后果。

资料来源： Linda Currey Post, "Big Data Helps UK National Health Service Lower Costs, Improve Treatments," Forbes, February 7, 2018; Michael Jude, "Data Preparation Is the Key to Big Data Success," InfoWorld, February 8, 2018; Rajkumar Venkatesan and Christina Black, "Using Big Data: 3 Reasons It Fails and 4 Ways to Make It Work," University of Virginia Darden School of Business Press Release, February 8, 2018; Ed Burns, "When Predictive Models Are Less Than Presidential," Business Information, February 2017; Aaron Timms, "Is Donald Trump's Surprise Win a Failure of Big Data? Not Really," Fortune, November 14, 2016; Steve Lohr and Natasha Singer, "The Data Said Clinton Would Win. Why You Shouldn't Have Believed It," New York Times, November 10, 2016; Nicole Laskowski and Niel Nikolaisen: "Seven Big Data Problems and How to Avoid Them," TechTarget Inc., 2016; Joseph Stromberg, "Why Google Flu Trends Can't Track the Flu (Yet)," smithsonianmag.com, March 13, 2014; and Gary Marcus and Ernest Davis, "Eight (No, Nine!) Problems With Big Data," New York Times, April 6, 2014.

案例分析题：

6-11 通过分析和使用大数据，一个公司或组织可获得哪些商业利益？

6-12 请列举在本案例中描述的使用大数据提升组织决策的两个例子，以及使用大数据没有提升组织决策的两个例子。

6-13 列出并描述使用大数据的局限性。

6-14 所有组织都应该要用大数据分析吗？为什么？在企业决定使用大数据之前，应该解决人、组织和技术方面的哪些问题？

参考文献

[1] Aiken, Peter, Mark Gillenson, Xihui Zhang, and David Rafner. "Data Management and Data Administration: Assessing 25 Years of Practice." Journal of Database Management (JulySeptember 2011).

[2] Beath, Cynthia, Irma Becerra-Fernandez, Jeanne Ross, and James Short. "Finding Value in the Information Explosion." MIT Sloan Management Review 53, No. 4 (Summer 2012).

[3] Bessens, Bart. "Improving Data Quality Using Data Governance." Big Data Quarterly (Spring 2018).

[4] Buff, Anne. "Adapting Governance to the Changing Data Landscape." Big Data Quarterly 3, No. 4 (Winter 2017).

[5] Bughin, Jacques, John Livingston, and Sam Marwaha. "Seizing the Potential for Big Data." McKinsey Quarterly (October 2011).

[6] Caserta, Joe, and Elliott Cordo. "Data Warehousing in the Era of Big Data." Big Data Quarterly (January 19, 2016).

[7] Chai, Sen, and Willy Shih. "Why Big Data Isn't Enough." MIT Sloan Management Review (Winter 2017).

[8] Clifford, James, Albert Croker, and Alex Tuzhilin. "On Data Representation and Use in a Temporal Relational DBMS." Information Systems Research 7, No. 3 (September 1996).

[9] DalleMule, Landro, and Thomas H. Davenport. "What's Your Data Strategy?" MIT Sloan Management Review (Winter 2017).

[10] Davenport, Thomas H. Big Data at Work: Dispelling the Myths, Uncovering the Opportunities. Boston, MA: Harvard Business School Press (2014).

[11] Devlin, Barry. "The EDW Lives On: The Beating Heart of the Data Lake." 9Sight Consulting (April 2017).

[12] Eckerson, Wayne W. "Analytics in the Era of Big Data: Exploring a Vast New Ecosystem." TechTarget (2012).

[13] Experian Information Solutions. "The 2017 Global Data Management Benchmark Report." (2017).

[14] Henschen, Doug. "MetLife Uses NoSQL for Customer Service Breakthrough." Information Week (May 13, 2013).

[15] Hoffer, Jeffrey A., Ramesh Venkataraman, and Heikki Toppi. Modern Database Management (12th ed.). Upper Saddle River, NJ: Pearson (2016).

[16] Imhoff, Claudia. "Data Warehouse Appliances and the New World Order of Analytics." Intelligent Solutions Inc. (August 2017).

[17] King, Elliot. "Has Data Quality Reached a Turning Point?" Big Data Quarterly 3 No. 4 (Winter 2017).

[18] Kroenke, David M., and David Auer. Database Processing: Fundamentals, Design, and Implementation (14th ed.). Upper Saddle River, NJ: Pearson (2016).

[19] Lee, Yang W., and Diane M. Strong. "Knowing-Why About Data Processes and Data Quality." Journal of Management Information Systems 20, No. 3 (Winter 2004).

[20] Loveman, Gary. "Diamonds in the Datamine." Harvard Business Review (May 2003).

[21] Marcus, Gary, and Ernest Davis. "Eight (No, Nine!) Problems with Big Data." New York Times (April 6, 2014).

[22] Martens, David, and Foster Provost. "Explaining Data-Driven Document Classifications." MIS Quarterly 38, No. 1 (March 2014).

[23] McAfee, Andrew, and Erik Brynjolfsson. "Big Data: The Management Revolution." Harvard Business Review (October 2012).

[24] McKendrick, Joe. "Building a Data Lake for the Enterprise." Big Data Quarterly (Spring 2018).

[25] McKinsey Global Institute. "Big Data: The Next Frontier for Innovation, Competition, and Productivity." McKinsey & Company (2011).

[26] Morrow, Rich. "Apache Hadoop: The Swiss Army Knife of IT." Global Knowledge (2013).

[27] Mulani, Narendra. "In-Memory Technology: Keeping Pace with Your Data." Information Management (February 27, 2013).

[28] O'Keefe, Kate. "Real Prize in Caesars Fight: Data on Players." Wall Street Journal (March 19, 2015).

[29] Redman, Thomas. Data Driven: Profiting from Your Most Important Business Asset. Boston: Harvard Business Press (2008).

[30] _____. "Data's Credibility Problem." Harvard Business Review (December 2013).

[31] Ross, Jeanne W., Cynthia M. Beath, and Anne Quaadgras. "You May Not Need Big Data After All." Harvard Business Review (December 2013).

[32] SAP. "Data Warehousing and the Future." (February 2017).

[33] Shi, Donghui, Jian Guan, Josef Zurada, and Andrew Manikas. "A Data-Mining Approach to Identification of Risk Factors in Safety Management Systems." Journal of Management Information Systems 34 No. 4 (2017).

[34] Wallace, David J. "How Caesar's Entertainment Sustains a DataDriven Culture." DataInformed (December 14, 2012).

[35] Zoumpoulis, Spyros, Duncan Simester, and Theos Evgeniou, "Run Field Experiments to Make Sense of Your Big Data." Harvard Business Review (November 12, 2015).

第 7 章

通信、互联网和无线技术

学习目标

通过阅读本章,你将能回答:

1. 通信网络的关键组成部分和关键网络技术是什么?
2. 网络有哪些不同类型?
3. 互联网和互联网技术是如何工作的?它们是如何支持沟通和电子商务的?
4. 无线网络、通信和互联网接入的主要技术和标准是什么?
5. MIS 如何有助于我的职业发展?

本章案例

环法自行车赛以无线技术获胜

网络中立:战斗在继续

网络监视员工:是正确的还是不道德的商业行为?

谷歌、苹果和 Facebook 的互联网体验之战

环法自行车赛以无线技术获胜

每年7月,约有200名自行车赛车手在法国长达3 540公里的最困难地形上比赛,包括比利牛斯山和阿尔卑斯山的陡峭道路。环法自行车赛被认为是世界上最伟大的自行车比赛。第一次环法自行车赛是1903年举行的,目的是促进L'Auto报纸的销售,主要吸引的是当地的参赛者和观众。多亏报纸、广播和电视的宣传,这一事件的报道和声誉得以扩大。与橄榄球、棒球、网球和足球等竞技性运动一样,如今的环法自行车赛车迷不只是想观看一项体育比赛,而是希望参与其中,并希望获得更多的信息和互动性,即数据增强的观看、流媒体直播、视频点播、移动Apps和社交媒体互动。数字技术对于吸引粉丝、运动员、赞助商和广播公司已经变得至关重要。

2014年之前环法自行车赛一直是技术的落后者。这项运动无法轻易生成实时的统计信息,唯一的实时信息是坐在自行车赛车手前面的摩托车上裁判员举着的黑板。电视观众可以从许多摄像机角度看到时间安排和比赛,但仅此而已。

如今,环法自行车赛的数据在两秒钟内就能传递给电视观众。小型轻巧的跟踪传感器固定在每个比赛选手的自行车鞍座下方的夹子上。这个传感器包含一个全球定位系统(GPS)芯片、一个射频(RF)芯片和一个可充电池。每个传感器每秒都会传输有关自行车GPS位置和速度的数据,在比赛的过程中会生成30亿个数据点,这些实时数据与其他数据融合在一起,如气象服务、道路坡度和过去几年的历史比赛数据等。使用环法自行车赛App的比赛组织者、广播者、团队、电视观众和粉丝,现在可以随时访问有关比赛进度和单个车手的详细统计信息。骑行者佩戴听筒收音机,当他们骑车时向他们发送实时数据。该系统不包含用于监控骑手身体表现的生物识别数据,参赛团队对这些数据是保密的。

总部位于南非的全球IT服务公司——Dimension Data公司建立并运营了环法自行车赛的数字基础设施。来自每辆赛车的传感器数据被中继传到在天空飞行的飞机和直升机上,为电视转播比赛提供信息。这些数据也被传输到Dimension Data的位于伦敦和阿姆斯特丹的远程数据中心中,自行车专家开发的强大算法可以分析这些数据(包括外部数据),从而把实时信息提供给广播公司、社交媒体和环法自行车赛App。将数据从自行车传输到查看输出端上仅需两秒钟。这个系统能够基于赛手和比赛当前和历史的数据,在比赛之前和比赛期间进行预测,还可以根据历史比赛结果和表现,生成骑手的画像,显示每个骑手在不同比赛条件下的优缺点等。

数字技术极大地增加了环法自行车赛车迷的参与度。粉丝可以在电视上观看比赛的实况,并在社交媒体上讨论结果。2014年,环法自行车赛组织播放的视频片段只有600万次观看,而到了2016年,这一数字飙升至5 500万,其中有1 700万人访问了实时跟踪网站。目标是把车迷拉进比赛,看来环法自行车赛已经成功了。

资料来源:www.letour.fr/en, accessed September 12, 2018; Bryan Glick, "Tour de France Pumps Tech," Computer Weekly, August 15–21, 2017; "Tour de France Behind the Scenes: How Dimension Data Rider Live Tracking Works," DCRainmaker, July 13, 2017; Dave Michels, "Adding an IoT Dimension to the Tour de France," Network World, May 23, 2017; and Scott Gibson, "5 Ways Tour de France Is Winning the Digital Race in 2017," Dimension Data, June 29, 2017.

环法自行车赛的案例说明了当代网络技术提供的一些强大的能力和应用机会。现在一年一度的环法自行车赛使用无线网络和无线传感器技术,密切跟踪自行车运动员的速度和位置,以及影响比赛结果的其他变量，并将比赛信息即时传送给车迷和转播商。

图7-1概述了上述案例和本章的重点内容。环法自行车赛在广阔的场地上进行，在那里很难跟踪车手，并生成实时的比赛统计数据。这场传奇的赛事拥有众多粉丝，但管理层意识到，利用无线网络技术和物联网（IoT）带来的机遇，可以扩大粉丝群，加深粉丝的参与度。因此，环法自行车赛能够提供实时的比赛统计数据、车手资料、比赛结果的预测以及电视广播和社交媒体的内容，提高了这项运动的受欢迎程度和车迷的兴趣。环法自行车赛选手和车队还可以利用这些信息来提高车队的业绩。

> 以下是需要思考的问题：为什么无线技术在环法自行车赛中发挥了如此关键的作用？请描述这项技术如何改变了环法自行车赛提供和使用比赛数据的方式。

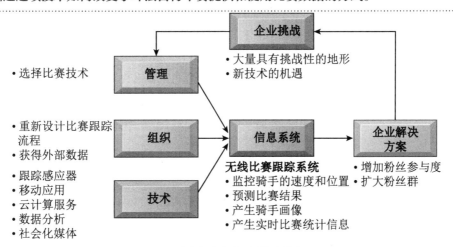

图7-1 环法自行车赛中无线技术的应用

7.1 通信网络的关键组成和关键网络技术是什么？

运营企业或在企业工作，你离不开网络，你需要快速地与客户、供应商和员工沟通。在1990年之前，企业一般使用邮政系统、语音电话或传真系统来沟通。然而现在的企业员工通过计算机、电子邮件、短信、互联网、移动电话和笔记本电脑连接到无线网络来开展沟通。如今的网络和互联网几乎已经是"做生意"的同义词。

7.1.1 网络和通信的趋势

在过去企业使用的是两种完全不同类型的网络：电话网络和计算机网络。电话网络处理语音通信，而计算机网络则处理数据通信。在整个20世纪，人们都使用语音传输技术（硬件和软件），由电信运营商建立电话网络，世界各地的电信运营商几乎都是垄断经营。计算机网络最初是由电脑公司为在不同地方的计算机之间传输数据而建立的。

由于对电信的管制不断放松和信息技术的持续创新，电话和计算机网络基于共享的网络标准与技术，已融合成一个统一的数字网络。今天的电信运营商，如美国的AT&T和Verizon等，提供数据传输、互联网接入、移动电话服务和电视节目,而不仅仅是语音服务。有线电视企业,如 Cablevision 和 Comcast 等,提供语音服务和互联网接入。计算机网络已经扩展到网络电话和视频服务。

语音和数据通信网络都在变得更强大(快)、更便携(小和移动)和更便宜。例如,在 2000 年,互联网的连接速度通常是每秒 56 千比特(bits),但如今在美国家庭用户中,超过 47% 的用户使用电信公司和有线电视公司提供的高速宽带,网络运行速度可达每秒 3～20 兆比特(每秒百万比特),服务成本也呈指数下降,从 2000 年的 50 美分/千比特到如今远低于 1 美分/千比特。

语音和数据通信以及互联网接入正逐渐被无线宽带平台所取代,如移动手机、移动手持设备和计算机无线网络。超过 70% 的美国互联网用户(2.32 亿人)使用智能手机、平板电脑以及 PC 机访问互联网。

7.1.2 计算机网络

如果在同一个办公室里连接两个或更多员工的计算机,那么你需要一个计算机网络。最简单的网络是由两台或两台以上的计算机相连而成。图 7-2 显示了一个简单的网络所包含的主要硬件、软件和传输部件:一台客户端计算机和一台专用服务器计算机、网络接口、一个传输介质、网络操作系统软件,和要么一台集线器、要么是一台交换机。

网络里的每台计算机均有一台用来连接计算机到网络的网络接口设备相连,用来连接网络部件的连接介质可以是电话线、同轴电缆,也可以是针对手机的无线信号和无线局域网络(WiFi 网络)。

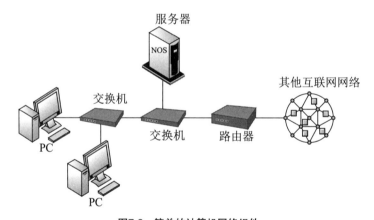

图7-2 简单的计算机网络组件

注:图 7-2 给出了一个简单的计算机网络,包括计算机、存于专用服务器计算机上的网络操作系统(NOS)、连接设备的电缆、交换机和一个路由器。

网络操作系统(network operating system,NOS)负责路由、管理网络通信和协调网络资源,它可以驻留在网络中的每台计算机上,也可以驻留在网络上的所有应用程序专用的服务器计算机上。服务器计算机是在计算机网络上对客户端计算机执行重要网络功能的计算机,如显示网页、存储数据和存储网络操作系统(因此能够控制网络)。微软的 Windows Server 和 Linux 是应用最广泛的网络操作系统。

大多数网络还包含交换机或集线器作为计算机之间的连接点。**集线器**(hubs)是连接网络部件、向其他连接设备发送数据包的简单设备。**交换机**(switch)比集线器更智能些,能过滤和转发数据到网络上指定的目的地。

如果想和另一个网络（如互联网）通信，该怎么办呢？你需要一个路由器。**路由器**（router）是在不同的网络中，将数据包按不同的路径传输，确保数据发送到正确地址的通信处理器。

网络交换机和路由器均有内置在硬件中的专用软件，用来指挥网络中数据的传输，这会带来网络瓶颈，使网络配置过程更复杂和耗时。**软件定义网络**（software-defined networking，SDN）是一种新的网络方法，其中许多控制功能由一个运行在独立于网络设备的廉价服务器上的核心程序来管理，这对于有许多不同硬件的云计算环境尤其有用，因为它允许网络管理员以一种更加灵活和有效的方式来管理通信负荷。

大企业里的网络

上面描述的网络可能适合于小企业，对于那些拥有许多分公司和成千上万员工的大企业而言，其网络是什么样的呢？随着企业的成长，小的网络可以构成企业范围内的网络基础设施的一部分。一家大企业的网络基础设施由大量相互连接的小型局域网和企业内部网组成。许多强大的服务器用于支持企业的网站、企业内联网以及外联网，还有一些服务器连接到其他大型计算机中用于支持后台系统。

图 7-3 描述了一个典型的比较复杂、大规模的企业网络，其中该网络支持使用手机/智能手机的销售团队、移动员工链接到企业网站、企业内部网络使用无线局域网络（WiFi 网络）等。除了这些计算机网络，企业的网络基础设施通常还包括一个独立的电话网络，用于处理大多数语音数据。许多企业正在摒弃传统的电话网络，而使用运行在现有数据网络上的网络电话（稍后对此进行介绍）。

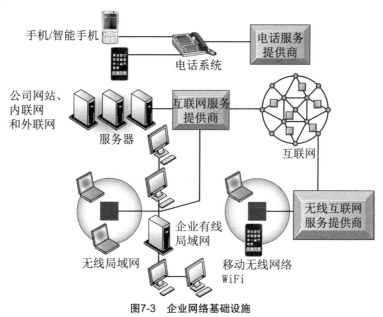

图7-3 企业网络基础设施

注：现代企业的网络基础设施是一个不同网络的集合，从公共交换电话网络到互联网，到连接企业工作团队、部门或办公楼的企业局域网。

从图 7-3 可以看到，大型企业的网络基础设施使用多种技术，从普通的电话服务和企业数据网络到互联网服务、无线互联网和移动电话等。如今的企业面临的主要问题之一，是如何将不同的通信网络整合成统一的顺畅的网络系统，能够使信息从企业的一处流动到另一处，从一个系统流动到另一个系统。

7.1.3 关键的数字网络技术

当代数字网络和互联网的3个关键技术是客户/服务器计算模式、分组交换技术和连接不同网络和计算机的通信标准（其中最重要的是传输控制协议/网际协议，TCP/IP）。

1. 客户/服务器模式

在第5章介绍的客户/服务器模式是一个分布式计算模式，其中部分处理能力由价格便宜的小型客户端计算机完成，如PC、笔记本电脑或手持设备等，这些强大的客户端计算机在网络服务器的控制下，通过网络相互联结。这个服务器的功能主要是设置网络通信规则，为每个客户端分配一个地址，这样其他计算机就可以在网络上找到它了。

客户/服务器计算模式已经在很大程度上取代了集中式主机处理技术，在集中式主机处理模式中，由一个大型中央主机来完成几乎所有的处理任务。客户/服务器已经广泛应用于部门、工作组、车间及其他无法由集中式构架提供服务的业务。这也使诸如PC、笔记本电脑和移动电话之类的个人计算设备可以连接到互联网上。互联网是最大的客户/服务器计算模式实现的典范。

2. 分组交换

分组交换（packet switching）是一种先将需传输的数字消息分割成数据包，沿着不同的可用通信路径发送数据包，然后在到达目的地后再组装数据包的方法（见图7-4）。在分组交换发展之前，计算机网络使用租用的专用电话线路与其他远程计算机通信。在电路交换网络中（如电话系统）先组建一个完整的点对点的电路，然后才能进行通信。这些专用的电路交换技术非常昂贵，并且会浪费可用的通信能力，因为无论是否有数据传输，电路都要维持在可用状态。

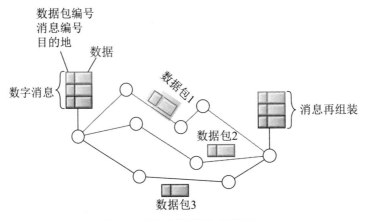

图7-4 分组交换网络和分组通信

注：需传输的消息被分为小的数据包，通过不同的通信渠道独立传输并在最终目的地重新组装。

分组交换能更有效地使用网络通信能力。在分组交换的网络中，消息首先被分解为小的、固定的数据包。数据包包括地址信息和检查数据传输是否错误的信息。数据包经由路由器在各种通信信道传输，每个数据包都是单独传输的。来自同一数据源的数据包被路由器分发到许多不同的路径和网络传输中，在到达目的地时重新组装成原始信息。

3. TCP/IP和互联

在典型的电信网络中，信息的传输需要由不同的硬件和软件组件共同来完成的。同一网络中的不同组件相互通信须采用一组通用的规则，称之为协议。**协议**（protocol）是一套规则和程序，用于管理网络中两点之间传输的信息。

过去，多个不同的专有和不兼容的协议常常迫使企业从单一供应商处购买计算和通信设备。但是如今，企业网络越来越多地使用单一通用的全球标准，即**传输控制协议/网络协议**（transmission control protocol/internet protocol，TCP/IP）。TCP/IP协议在20世纪70年代早期得以发展，被美国国防部高级研究计划局（DARPA）用于帮助科学家实现在不同类型的计算机之间远距离传输数据。

TCP/IP使用一系列的协议，主要是TCP和IP。TCP是指传输控制协议，处理数据在计算机之间的传输。TCP在计算机间建立连接，按序列传输数据包，确认发送数据包。IP是指互联网协议，负责交付数据包和在传输过程中拆分与重组数据包。图7-5描述了国防部TCP/IP参考模型的4个层次。

（1）应用层。应用层允许客户机应用程序访问其他层，并定义应用程序用来交换数据的协议。其中一个应用程序协议是超文本传输协议（HTTP），用来传输网页文件。

（2）传输层。传输层负责提供应用层通信和打包服务。这一层包括TCP和别的协议。

（3）网络层。网络层负责寻址、分发和打包IP数据包。网际协议是用于此层的协议之一。

（4）网络接口层。在参考模型的底层，网络接口层负责通过任何一种网络技术从中间网络层接收数据包。

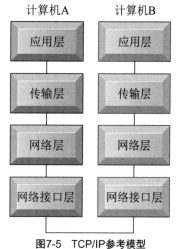

图7-5　TCP/IP参考模型

注：图7-5描述了TCP/IP通信协议参考模型的4个层次。

即使是基于不同的硬件和软件平台的两台计算机，都可通过TCP/IP协议进行通信。数据从一台计算机通过TCP/IP的4层发送到另一台计算机，从计算机的应用层开始发送，通过网络接口层传输。在数据到达接收计算机时，如果接收计算机收到一个损坏的包，那么它会要求发送数据的计算机重新发送。当接收计算机给予正确响应时，则进行反向过程。

7.2 网络有哪些不同类型？

让我们先来看看可供企业使用的网络技术。

7.2.1 信号：数字信号VS模拟信号

网络通信有两种信号：模拟信号或数字信号。**模拟信号**是由通过通信媒介产生的一种连续波形来表示的信号，用于语音通信。最常见的模拟设备有电话机、扬声器或iPod耳机，所有这些设备都会产生耳朵可以听得到的模拟波形信号。

数字信号则是由离散的二进制波形表示的信号，不是连续的波形。数字信号的通信有两个离散状态：1和0，分别表示电脉冲的开和关。计算机使用的是数字信号，所以需要一个调制解调器将这些数字信号转换成模拟信号，这样才可以通过电话线、有线电视线或使用模拟信号的无线介质来接收和发送信号（见图7-6）。**调制解调器**（modem）表示调制器和解调器的组成。电缆调制解调器通过有线网络将计算机连接到互联网。DSL调制解调器通过电信运营商的固定电话网络将计算机连接到互联网上。无线调制解调器和传统的调制解调器具有同样的功能,可将计算机连接到无线网络(可以是手机网络或 Wi-Fi 网络)。

图 7-6 调制解调器的功能

注:调制解调器是一种将数字信号转换成模拟信号(反之亦然)的装置,以便计算机可以通过模拟网络(如电话和有线网络)传输数据。

7.2.2 网络的类型

网络有许多不同的种类,并有多种分类方法,其中一种分类方法就是根据网络的地理范围来分类(见表 7-1)。

表 7-1 网 络 类 型

类　　型	范　　围
局域网(LAN)	可达 500 米;办公室或楼层
校园区域网(CAN)	可达 1 000 米;大学校园或企业设施
城域网(MAN)	城市或大都市区
广域网(WAN)	跨洲或全球性的地区

1. 局域网

如果你在一个使用网络办公的企业工作,你可能会通过 LAN 同其他员工和团队连接。**局域网**(local area network,LAN)可以连接周围半径 500 米之内的个人计算机和其他数字设备。局域网通常用来连接一个小办公室内的几台计算机、同一栋楼内的所有计算机或附近一些建筑物内的所有计算机。局域网也被用于连接到远距离的广域网络(广域网,将在本章后面介绍)和其他世界各地使用互联网的网络上。

如图 7-2 所示的一个简单的计算机网络可以作为小型局域网模型在办公室使用。计算机本身就可以作为一种专用网络文件服务器,为用户提供访问网络中的共享计算资源,包括软件程序和数据文件等。

服务器决定由谁访问什么内容,以及排队序列。路由器连接局域网和其他网络,可以是互联网,也可以是另一个企业网络,这样局域网就可以与外部网络进行信息交换。最常见的局域网操作系统是 Windows 和 Linux。

以太网是占主导地位的局域网标准,它规定了在一个具体的网络中,计算机之间的物理介质、访问的控制规则和系统中用于传输数据的一套标准化的字符串。最初,以太网支持的数据传输速率仅为 10Mbps。而现在较新的版本,如千兆以太网,可以支持的数据传输速率为 1Gbps。

图 7-2 所示的局域网采用了客户/服务器的体系结构,该网络的操作系统安装于一个简单的服务器中,服务器主要为网络提供控制能力和资源。另外,局域网也可以使用点对点(peer-to-peer,P2P)结构。点对点网络平等地对待所有的处理器,主要用于少于 10 个用户的小型网络中。P2P 网络上不同的计算机可以通过直接接入网络就能交换数据,并且不需要有专门的服务器就可以共

享外围设备。

较大的局域网有许多客户端和多个服务器，一个独立的服务器可用于特定的服务，如存储、管理文件和数据库（文件服务器或数据库服务器）、或管理打印机（打印服务器）、或存储和管理电子邮件（邮件服务器）、或存储和管理网页（Web 服务器）。

2. 城域网和广域网

广域网（wide area networks，WAN）可以跨越广泛的地理距离，如整个地区、国家、大洲甚至整个地球。最常见、最强大的广域网是互联网，计算机通过电话系统、专用电缆系统、租用线路或卫星等公共网络连接到广域网。**城域网**（metropolitan area network，MAN）则是跨越大都市的网络，通常覆盖中心城区和其主要郊区，其地理范围介于广域网和局域网之间。

7.2.3 传输媒介和传输速度

网络使用不同种类的物理传输介质，包括双绞线、同轴电缆、光纤和无线传输介质等，每种介质都有其优点和局限性。任何介质都可能有一个跨度很大的传输速度，这取决于软件和硬件的配置。表 7-2 列出了这些介质的不同特性。

表 7-2　物理传输介质

传输介质	说　　明	传 输 速 度
双绞线（CAT5）	由多股铜线绞合而成，用于语音和数据通信。CAT5 是最常见的 10 Mbps LAN 电缆，最大距离为 100 米	10～100+M 比特/秒
同轴电缆	厚绝缘铜线，高数据传输速度，比双绞线少受干扰。目前主要用于有线电视和较远的网络（超过 100 米）	可达 1 G 比特/秒
光纤电缆	透明的玻璃纤维，由激光器产生的光脉冲传输数据，用于高速传输数据，比其他的物理传输介质更昂贵，难以安装，通常用于骨干网	15M 比特/秒至 6+T 比特/秒
无线传输介质	基于各种频率的无线电信号，包括地面和卫星微波系统和蜂窝网络，用于长距离、无线通信和互联网接入	可达 600+ M 比特/秒

带宽：传输速度

通过通信介质发送的数字信息总量可以用**比特/秒**（bits per second，bps）来衡量，一个信号的变化或周期，需要发送一个或几个比特，因此，每种通信介质的传输能力是其频率的函数，每秒通过该介质发送的周期数以赫兹（hertz）为单位来测量，1 赫兹等于该介质的一个周期。

在一个特定的通信信道内可容纳的频率范围为信道**带宽**（bandwidth），即带宽是指在单个信道上的最高频率和最低频率之间的差值。频率的范围越大，带宽越大，则信道的传输容量也就越大。

7.3 互联网和互联网技术是如何工作？它们是如何支持沟通和电子商务？

互联网已经成为一种不可或缺的个人和商业工具。但是，互联网究竟是什么？它是如何工作的？互联网技术能对商业运行提供怎样的帮助？让我们来了解一下互联网最重要的一些特征。

7.3.1 什么是互联网？

互联网已经成为世界上应用最广泛的公共通信系统。它最大限度地实现了客户/服务器的计算技术和网络互联，可以同世界各地上百万的个人网络相连接。这种全球网络始于20世纪70年代初期，当时作为美国国防部的网络，主要用于连接世界各地的科学家和大学教授。

大多数家庭和小企业通过向互联网服务提供商订阅连接到互联网上。**互联网服务提供应商**（internet service provider，ISP）是一个拥有永久连接互联网权限的商业组织，它把临时连接权限销售给客户。EarthLink、NetZero 和 AT&T 都是互联网服务提供商。个人同样可以通过其所在企业、大学或者研究中心等拥有指定网络域名的组织连接到互联网。

ISP 的互联网连接有多种服务方式。通过传统的电话线和调制解调器连接（网络速度为 56.6Kbps）曾是世界上最常见的连接，但它现在基本上已被宽带连接取代了。数字用户线路（DSL）、电缆、卫星网络和 T 线路等都提供了这些宽带服务。

数字用户线路（digital subscriber line，DSL）技术运用现有电话线来传递声音、数据和视频，由于使用类型和距离的关系，传输速度在 385Kbps～3Mbps。虽然大部分家庭服务供应商提供 100Mbps 的宽带，但 Fios（Verizon 的光纤电缆服务商）可以提供 900Mbps 的宽带。**有线互联网连接**（cable internet connections）是由有线电视供应商利用数字有线电视同轴电缆线路向家庭和企业提供高速互联网接入。尽管大多数供应商提供的网络连接服务在 3Mbps～20Mbps 比特/秒，但是它们提供的高速互联网接口最高速度可达 50Mbps。在 DSL 和有线服务不可用的地区，我们可以通过卫星上网，尽管一些卫星网络连接的数据上传速度低于其他宽带服务。

T1 和 T3 是国际电话数字通信标准。它们是可被租用的专用线路，适用于需要保证高速通信服务水平的企业或政府机构。**T1 线路**（T1 lines）保证发送速度可达 1.54Mbps，而 T3 线路提供的传送可达 45Mbps。互联网本身不提供类似这种有保证的通信服务水平，而仅仅是"尽力而为"。

7.3.2 网络寻址和构架

如本章前面所述，互联网以 TCP/IP 网络协议为基础。每个连接到互联网（或另一个 TCP/IP 网络）上的设备都会被分配一个由数字串组成的唯一的**互联网协议**（internet protocol，IP）地址。

当一个用户在互联网（或其他 TCP/IP 网络）上向另一个用户发送消息时，这个消息首先被分解成数据包，每个数据包均包含目标地址。接着，这些数据包从客户端被发送到网络服务器，再从该网络服务器到其他必要的服务器，最后到目标地址的计算机上。到达目标地址时，这些数据包重新组装成原始消息。

1. 域名系统

由于用户要记住一串很长数字的字符串相当困难，用以代替 IP 地址的约定自然语言叫**域名**（domain name）。**域名系统**（domain name system，DNS）用域名代替 IP 地址，DNS 服务器上的数据库存放着 IP 地址到相应的域名之间映射关系。用户想要访问在互联网上的计算机，只需要知道域名即可，如 Expedia.com。

DNS 具有层次状的结构（见图 7-7），其最上层被称为根域，这个根的下层子域被称为顶级域名，顶级域名的子域被称为二级域名。顶级域名是上网者熟悉的具有 2～3 个特征的名字，如 .com、.edu、.gov，和其他各国的代码，如 .ca 代表加拿大；.it 代表意大利。二级域名分为两部分，一部分是相关的顶级名字，另一部分是一个二级名字，如 buy.com、nyu.edu 或

amazon.ca。在层次状结构的最底层域名指向是在互联网或专用网络中特定的计算机。

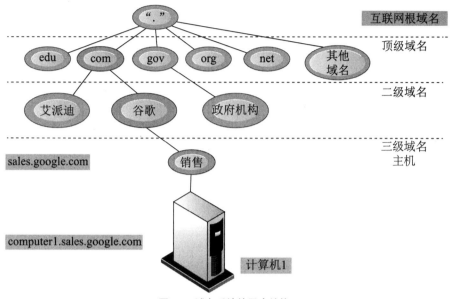

图7-7 域名系统的层次结构

注：域名系统是一个分层的系统，包括根域名、顶级域名、二级域名和在第三级上对应有专门服务器的域名。

目前最常见的、可用的、官方允许的域名扩展如下所示。每个国家均有自己的域名，如 .uk 和 .fr（分别对应英国和法国）。国际上的新的顶级域名使用非英文字符，未来这个列表会扩展到更多的组织和行业。

.com	commercial organization/businesses	商业组织/事业
.edu	educational institutions	教育机构
.gov	U.S. government agencies	美国政府机关
.mil	U.S. military	美国军事组织
.net	network computers	网络计算机组织
.org	nonprofit organizations and foundations	非营利组织和基金会
.biz	business firms	商业公司
.info	information providers	信息供应商

2. 网络架构和治理

洲际高速骨干网运输着互联网数据流，一般速率在 45Mbps ～ 2.5Gbps（见图 7-8）。这些主干线通常属于某个长途电话企业（称为网络服务供应商）或某个国家。本地的连接线路往往由区域性的电信运营商或有线电视公司所拥有，并将家庭和企业客户连接到互联网。这些区域网络服务商也将线路租给 ISP、私营企业和政府机构。

每个组织都要为自己的网络和本地网络连接服务付费，其中一部分是支付给远程中继线的所有者。个人互联网用户使用 ISP 服务也需要付费，无论他们使用频率如何，通常要付一笔固定的订阅费。目前的争论在于这样的模式是否要继续下去？那些下载大量视频和音乐文件的网络使用者是否应该为多占用的带宽付费？在"互动讨论：组织"部分通过分析网络中立的利弊来探讨这个话题。

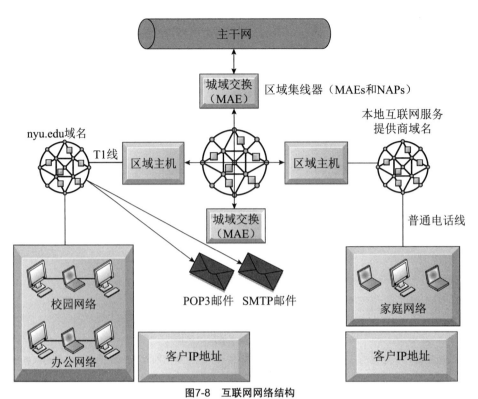

图7-8 互联网网络结构

注：互联网的主干网连接区域网，依次帮助接入互联网供应商、大企业和政府机构。网络接入点（NAPs）和城域交换（MAEs）是主干网交叉区域、本地网络和其他主干网拥有者连接处的中心。

互联网不属于任何人，也没有人对它正式地管理。然而，由许多专业组织和政府机构建立了全球互联网规则，包括帮助定义互联网总体结构的互联网架构委员会（Internet Architecture Board，IAB）；管理域名系统的互联网名称与数字地址分配机构（Internet Corporation for Assigned Names and Numbers，ICANN）；万维网联盟（World Wide Web Consortium，W3C）等。万维网联盟是提出超文本标记语言和其他的Web编程标准的机构。

这些组织影响着政府机关、网络所有者、ISPs和软件开发商，它们尽可能保持互联网有效率地运行。互联网的使用必须遵守所在的主权国家的法律，以及所在国家的技术基础设施。虽然早期的互联网和Web立法或行政干预很少，但是随着互联网在传播信息和知识（包括一些不当的内容）中发挥着越来越重要的作用，这种情况正在改变。

互动讨论：组织

网络中立：战斗在继续

你是哪类互联网使用者？你主要用网络发一些电子邮件和网上银行吗？还是你整天在线看YouTube视频、下载音乐或玩网络游戏？你是否把iPhone当作电视、电影的显示屏？如果你是资深的互联网用户或者智能手机用户，你正在消费大量的带宽。

为了管理互联网上所有流动的数据，有必要建立新的网络。互联网服务提供商（ISPs）声称，扩大它们的网络需要将大量的成本转嫁到消费者头上。它们还认为，差别定价方法（包括数据上限和基于带宽消耗量的使用量来收费）是为网络基础设施融资的最公平的方式。然而，由于网络中立的争论还在持续，以互联网使用量计价的方式并不被普遍接受。

网络中立性是指这样的一种观点：不管内容的来源和性质是什么，网络服务提供商必须允许客户平等地访问内容和应用。目前，互联网确实是中立的。因为互联网流量以先到先得的方式平等对待互联网骨干网的所有者。但是，这样会阻碍电信运营商和有线电视企业按照基于互联网传送内容所消费的带宽来进行差异化收费。

网络中立的倡导者包括电子前沿基金会（Electronic Frontier Foundation）、数据密集型网络企业（如 Netflix、亚马逊和谷歌）、主要消费群体和一大批博主和小企业。网络中立主张者认为，差异化的定价会对诸如 YouTube、Skype 等创新服务的大量带宽用户带来巨大的成本，从而阻止高带宽初创企业的发展。网络中立的支持者还认为，如果没有网络中立性，那么诸如有线电视企业（如 Comcast）等的 ISP 会阻止来自 Netflix 或 Hulu 的在线流媒体视频，迫使客户使用有线电视企业的点播电影租赁服务。

人们认为，网络中立问题已由美国奥巴马政府下属的联邦通信委员会（Federal Communications Commission，FCC）在 2015 年的裁决中已经彻底解决了，该裁决根据《通信法》第二条规定：将宽带互联网服务视为公用事业，将赋予 FCC 超越互联网提供商的广泛权力。只要内容合法，互联网服务提供商不能通过屏蔽网站或应用来歧视任何合法内容，不能根据内容的性质来减慢数据的传输速度，也不能为支付订阅费的企业和消费者创造一条互联网快车道，而为那些不支付费用的企业和消费者创造一条慢速通道。

在美国特朗普政府的管制下，一切都发生了变化。特朗普政府反对网络中立，因为它们推动政府范围内放松管制。2017 年 12 月，FCC 投票决定对互联网提供商取消网络中立的规则。特朗普时期的 FCC 主席 Ajit Pai 认为，在 2015 年网络中立规则生效之前，服务提供商尚未采取该规则禁止的任何做法。Pai 认为，结束网络中立可以帮助降低消费者的价格，因为互联网服务提供商可以通过与网站进行付费优先交易来抵消其成本，从而更快地交付其内容。

支持网络中立的团体立即提出反驳，他们预测取消网络中立规则会导致更快、更昂贵、更混乱的互联网。放松管制可能会创建一个"双层"的互联网，互联网服务提供商将在其中开始向网站和 Apps 收取费用，并放慢或屏蔽那些没有付费的网站。因此，用户只能访问互联网的一部分，而其余部分则无法访问或访问速度很慢。

消费者权益倡导者进一步主张，如果消除网络中立规则，宽带提供商将开始捆绑销售互联网服务，类似于今天销售有线电视的方式。例如，如果你想在捆绑模式下访问 Facebook 和 Twitter，则可能需要额外付费购买社交媒体套餐。消费者可能会受到按需付费业务的困扰。大型互联网企业和媒体企业以及富裕的家庭可能会占用快速通道，而其他人则将不得不被挤到慢速通道。

一些小企业担心废除网络中立会造成不公平的竞争环境，有利于行业巨头。电子商务初创企业的网站和服务的运行速度可能比 Netflix 或 Facebook 等大型互联网企业的运行速度慢，包括自由职业者和特许经营者在内的各种远程工作者，可能同样面临着更高的在家工作的成本。

反对网络中立的人反驳说，想要成为下一个 Facebook、Netflix 或亚马逊的最大障碍不是网络中立的问题，而是 Facebook，Netflix 和亚马逊本身。这些企业已经在花费巨资将其需要更高带宽的内容推向消费者。自新的 FCC 规则生效以来，已经提出了许多挑战 FCC 新的互联网政策的诉讼。网络中立的战斗尚未结束。

资料来源：Cecelia Kang, "Flurry of Lawsuits Filed to Fight Repeal of Net Neutrality," New York Times, January 16, 2018; Nick Piette, "Net Neutrality: Why It's Vital for Digital Transformation," Information Week, February 9, 2018; Aaron Byrd and

Natalia V. Osipova, "Why Net Neutrality Was Repealed and How It Affects You," *New York Times*, December 21, 2017; and "Christopher Mims, Get Ready for a Faster, Pricier, and More Confusing Internet," *Wall Street Journal*, December 18, 2017.

案例分析题：

1. 什么是网络中立性？哪些人支持网络中立？哪些人反对网络中立？为什么？
2. 如果互联网提供商使用分级服务模式，这对个人用户、企业和政府将会产生什么影响？
3. "网络中立是互联网发展中最重要的问题"，请讨论这句话的含义。
4. 你是否支持立法强制网络中立？为什么？

3. 未来互联网：IPv6 和 Internet2

互联网的最初设计并不是用来服务数十亿的用户和处理大量数据的传输。由于互联网用户的快速增长，全球使用旧地址协议的 IP 地址即将被用完。基于 32 位地址的旧的寻址系统将要被 IPv6（互联网协议第 6 版）的寻址模式所替代，这个模式含有 128 位地址（2^{128}），换句话说将有超过一千万亿个地址。IPv6 与当今销售的大多数调制解调器和路由器兼容，如果 IPv6 在本地网络中不可用，则 IPv6 将回到旧的寻址系统。随着旧设备的更新需要时间，过渡到 IPv6 将需要几年的时间。

Internet2 是一个先进的网络技术联盟，由 500 多所美国大学、私人企业和政府机关参与，并与全美的 94 000 家机构以及来自超过 100 多个国家的国际网络合作伙伴相连接。为了连接这些社区，Internet2 开发了一个高容量的 100Gbps 网络，作为可能最终迁移到公共互联网的尖端技术的测试平台，包括大型网络性能测量和管理工具、安全识别和访问管理工具，以及诸如高带宽、高性能线路调度的能力等。

7.3.3 互联网服务和通信工具

互联网基于客户机/服务器技术运行。个人用户通过诸如 Web 浏览器软件的客户端应用来使用互联网，完成他们在做的事情。互联网上的数据，包括电子邮件和网页等，都存储在服务器中。某个用户在互联网上从远程计算机向 Web 服务器发出一个请求信息，然后，服务器把请求信息通过互联网返还给用户。如今的客户端平台不仅包括 PC 和其他计算机，还包括智能手机和平板电脑。

1. 互联网服务

一台连接互联网的 PC 可以使用很多种类的服务，包括电子邮件、聊天和即时消息、电子讨论组、Telnet、**文本传输协议**（file transfer protocol，FTP）和 Web 等。表 7-3 是关于这些服务的简短描述。

表 7-3 主要的互联网服务

名　　称	支持的功能
电子邮件	人与人之间的消息传递；文件共享
聊天和即时通信	交互式会话
新闻组	在电子布告板上进行讨论
Telnet（远程登录）	登录一个计算机系统，在另外一台计算机上工作

续表

名　　称	支持的功能
文本传输协议（FTP）	在计算机和计算机之间传输文件
万维网	使用超文本链接检索、规定格式和显示信息（包括文本、音频、图形和视频）

互联网服务是由一个或多个软件程序实现的，所有的服务都可以在一台独立的服务器上运行，也可能是不同的服务被分配到不同的计算机上。图7-9描述了这些服务在一个多层客户机／服务器结构上的运行方式。

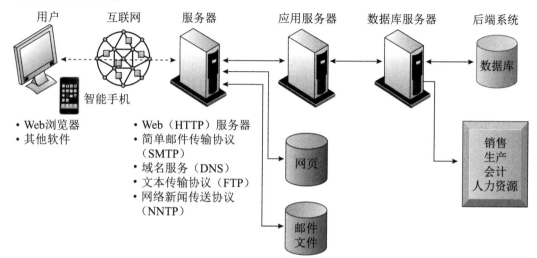

图7-9　互联网上客户机/服务器处理流程

注：运行 Web 浏览器和其他软件的客户机接入互联网上服务器里的一组服务，这些服务可能在一个或多个特定的服务器上运行。

电子邮件（E-mail）将消息从一台计算机传送到另一台计算机，也可以将消息发送到不同的接收者或转发消息，并在消息中附加文本内容或多媒体文件。如今，大多数电子邮件通过互联网传送。电子邮件的成本远远低于等效的语音或快递的成本，大多数的电子邮件只需几秒钟就可以到达世界的任何地方。

网上聊天可以使两个或两个以上的人同时连接到互联网，并进行交互式对话。现在聊天系统支持语音聊天、视频聊天，以及书面对话。很多网上零售商在它们的网站上提供聊天服务，以吸引访客、鼓励重复购买和改善消费者服务。

即时通信（instant messaging）是指能够使参与者创造自己的私人聊天渠道的一种聊天服务。即时通信系统可以提醒用户他的私人通讯录上某人上线了，这样用户就可以发起与他人的聊天会话。面向消费者的即时通信系统包括雅虎的 Messenger、美国在线的 Instant Messenger 和 Facebook 的 Chat 等。关注安全的企业会使用专用的通信系统，如 IBM 的 Sametime。

新闻组是全球范围内的讨论组，是在互联网电子公告板上分享信息和观点，如放射性物质或摇滚乐队的信息。任何人都可以将信息放到公告板上供他人阅读。

员工使用电子邮件、即时通信和互联网等工具应该能提高工作效率。但是在"互动讨论：管理"部分的案例表明，情况并非总是如此。现在，许多管理者认为他们需要监视甚至控制员工的在线活动。那么这样做道德吗？尽管有很多充分的商业原因解释为什么企业需要监视员工的电子邮件和网络活动，但这对员工隐私来说意味着什么呢？

2. IP语音

互联网已经成为受欢迎的语音传输和企业网络平台。**IP语音**（voice over IP，VoIP）技术用分组交换技术以数字形式传送语音信息，减少了本地和长途电话网络的通信费（见图7-10）。通常，通过公共电话网络传输的语音呼叫会通过互联网协议或公共互联网在企业网络中传送。使用配有麦克风和扬声器的计算机或者支持VoIP的电话就能进行语音通话。

像时代华纳和Cablevision这样的有线电视企业提供了与其高速互联网和有线电视产品捆绑在一起的IP语音服务。Skype使用点对点网络，在全球范围内提供免费的IP语音服务，而谷歌则拥有自己免费的IP语音服务。

虽然IP电话系统需要进行前期投资，但IP语音可以将通信和网络管理成本降低20%～30%。例如，IP语音每年为维珍娱乐集团（Virgin Entertainment Group）节省了70万美元的长途电话费用。除了降低长途电话成本和取消个人电话每月的费用外，IP网络还为电信和计算服务提供了一种简单的语音数据基础设施。企业不再需要维护独立的网络或者为每种类型的网络提供支持服务和人员。

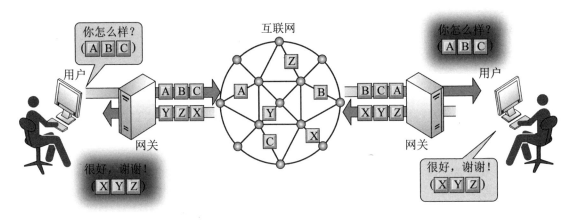

图7-10　IP语音是如何运行

注：IP语音电话可以数字化，将语音消息分成几个数据包。数据包沿着不同的路径传输，在最终目的地处被重新组合。离呼叫目的地最近的一个处理器被称为网关，用来安排数据包以适当的顺序和方向传送到对应电话号码的接收者或对应IP地址的接收计算机上。

互动讨论：管理

网络监控员工：是正确的还是不道德的商业行为？

互联网已经成为一个非常有价值的商业工具，但同时也给人们的工作带来了巨大干扰。员工在工作时间内浏览不合适的网站（脸书网、购物、体育等）、发送和接收个人电子邮件、与朋友聊天、下载视频和音乐等，浪费了宝贵的工作时间。根据国际数据企业的调研，30%～40%的互联网接入花在与工作无关的浏览，60%的网上购物发生在工作时间段。很多企业已经开始监控员工的电子邮件和互联网的活动，有些时候员工并不知情。现在有许多工具可以用来监控，如Veriao Investigator、OsMonitor、IMonitor、Work Examiner、Mobistealth和Spytech。这些工具能够让企业记录员工的在线搜索、监控文件下载和上传、记录键盘输入、追踪电子邮件和聊天记录，甚至对计算机屏幕上显示的某些屏幕进行截图。即时消息、短信和社交媒体的监控工具也在增加。微软提供了一种叫 MyAnalytics 的软件，可以组合 E-mail、日程表以及其他来源的数据，显示员工的时间消耗情况、接触键盘的频率以及是否过于分散注意力。这个软件也能把经理们的数据集成起来，看看他们的团队做得怎么样。

尽管美国企业可以监控员工在工作时的互联网和电子邮件活动，但这种监控道德吗？是一种正确的商业行为吗？

当员工在工作时间专注于个人事务时，管理者们会担心员工的工作效率。员工在个人事务上花太多的时间，就会给企业带来损失。有些员工甚至花时间在网上追求自己的兴趣爱好，而这段时间可能是需要客户付费的，这样会造成客户被过度收费的现象。

如果企业网络上的个人流量过高，也可能阻碍企业的网络，使企业无法开展正常的业务。为美国运输行业服务的 GMI 保险公司发现，员工下载了大量的音乐和流媒体视频，并将其存储在企业服务器上，造成 GMI 服务器的可用空间不断减少。

当员工在公司的设施或设备上使用电子邮件或网络（包括社交网络）时，他们所做的任何事情（包括任何非法行为）都带有企业名称。因此，公司还有可能被追究责任的风险。许多企业的管理层担心，员工访问或参与的带有种族歧视、色情的内容或其他潜在的冒犯性内容的网站时，可能导致对企业不利的影响，甚至会被提起诉讼。即使这家企业被认为不承担相应的责任，应对诉讼也可能招致巨额的法律费用。企业还担心通过电子邮件或社交网络泄露机密信息和商业机密。

美国企业有权在工作时间监控员工在企业设备上的行为。问题是电子监控是否是企业保持有效和积极的工作场所的恰当工具？有些企业试图禁止员工在企业网络上所有的个人活动——零容忍，还有一些企业阻止员工访问特定的网站或社交网站，密切监控电子邮件或限制员工在网上的时间。

位于佛罗里达州坦帕市的基础架构管理和支持公司 IT Authorities 正在使用 Veriato 360 这一员工监控软件，希望帮助提高员工的工作效率。2016 年，公司对软件进行了改进，减少了它认为的"效率低下的活动"。据首席执行官 Jason Caras 称，经理们可以看到员工是否在工作以及如何工作，这项措施极大地减少了浪费的活动。具体来说，对于 IT Authorities 来说，用 Veriato 360 来跟踪并记录员工正在访问的网站，他们正在发送哪些文档，他们通过电子邮件和即时消息发送了（以及向谁发送了）什么文件，甚至在任意时间段，员工离开了计算机多长时间等。借助 Veriato 360，IT Authorities 等企业能够识别个人工作的"正常"活动模式以及任何异常情况，因此可以迅速解决任何潜在的生产力损失，以免给企业造成数千甚至数百万美元的损失。

Proofpoint 的调查发现，在美国大约有 1/5 的大型企业开除过违反电子邮件政策的员工和管理人员，这些公司这么做的大部分原因是因为员工的电子邮件中包含了敏感的、机密的或尴尬的信息。

没有一个解决方案是完美无缺的。有专业人士认为，企业应该制定关于员工的电子邮件、社交媒体和网络使用的政策，许多员工根本就没有意识到公司有权监视和收集他们的数据。这些政策应该包括明确的基本规则，按职位或级别规定在什么情况下员工可以使用企业的设施进行个人电子邮件的收发、博客或网上冲浪。这些政策还应告知员工是否对这些活动进行了监控，并说明原因。

实施这些规则应该有特定的企业需求和组织文化。例如，投资企业应该允许员工访问其他的投资网站。一个依赖广泛信息共享、创新和独立的企业，可能会发现监控员工会产生比解决问题更多的问题。

参考资料："Technology Is Making It Possible for Employers to Monitor More Work Activity than Ever," Economist, April 3, 2018; www.privacyrights.org, accessed April 5, 2018; "Electronic Surveillance of Employees," www.thebalance.com, accessed April 5, 2018; "Office Slacker Stats," www.staffmonitoring.com, accessed May 3, 2017; "How Do Employers Monitor Internet Usage at Work?" wisegeek.org, accessed April 15, 2017; and Veriato, "Veriato 360 Helps IT Authorities Quickly Increase Employee Productivity," March 15, 2017.

案例分析题：
1. 管理人员是否应当监控员工的电子邮件和互联网的使用？为什么？
2. 请描述一家实施有效的电子邮件和网络使用政策的公司。
3. 管理者是否应当提醒员工，他们的网络行为会受到监控？还是管理者应该秘密监控？为什么？

3. 统一通信

过去，每家企业的有线网络无线数据的网络、语音通信系统和视频会议都是彼此独立，且由信息系统部门分开管理。如今，企业可以利用统一的通信技术将不同的通信模式合并成一个统一的通信服务。**统一通信**（unified communications）集成了语音通信、数据通信、即时信息、电子邮件和电子会议等不同的渠道，使用户可以在不同通信模式中无缝切换。

CenterPoint Properties 是芝加哥地区一家主要的工业房地产企业，利用统一通信技术为每一笔房地产交易建立了一个合作网站，提供一个单点访问结构化和非结构化数据的通道。集成的技术允许团队成员只需要轻轻一点，就可操作电子邮件、即时消息、电话或者视频会议。

4. 虚拟专用网络

如果你正在管理一个市场营销团队，负责企业新产品的开发和服务，而团队成员分布在美国各地，你会怎么办？你会希望能够在家同其他人进行电子邮件及其他方式的通信，且不受外界干扰。过去解决这个问题的方法是通过大型的专用网络公司提供的安全、私密和专用网络进行通信，但这种方法花费颇高。现在较为经济的方法是在公共互联网上建立虚拟专用网络。

虚拟专用网络（virtual private network，VPN）是一个安全的、加密的专用网络，是在一个公用网络中利用大网络（如互联网）的规模经济和管理设施进行配置而得以实现（见图7-11）的网络。VPN 提供安全的、加密的通信，且成本比由传统的非互联网供应商提供相同功能的安全通信专用网络要低得多。VPN 同样为集成的语音和数据网络提供网络基础设施。

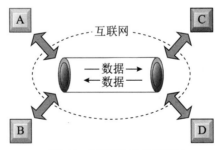

图7-11 在互联网上使用VPN

注：VPN 是一个通过互联网上的安全隧道连接的专用的、安全的计算机网络，通过对数据进行编码，并基于互联网协议进行打包来保护互联网上传输的数据。企业通过把网络消息打包来隐藏内容这种方式，可以创建一个公共互联网上的专有连接。

已有若干个协议用于保护数据在公共互联网上的传输，包括**点对点隧道协议**（point-to-point tunneling protocol，PPTP）。基于互联网安全隧道技术，数据包被加密和包装在 IP 数据包中。通过把一个网络信息打包的方式来隐藏内容，企业就可以建立起贯穿公共互联网的专有连接网络。

7.3.4 万维网

万维网（Web）是最流行的互联网服务。它是利用公认的标准来存储、检索、格式化和显示信息，基于客户机/服务器结构的系统。Web 页面通过超文本技术不仅可以把不同的文件链接起来，还可以链接到有声音、视频或动画文件的网页。如果你点击一个图像或一个短片播放，那么你就点击了一个超文本。一个典型的**网址**（Website）是链接各主页的网页集合。

1. 超文本

Web 页面以标准的**超文本标记语言**（hypertext markup language，HTML）为基础，该语言对文档进行格式化处理，并包含动态链接到存储在相同或远程计算机的其他文档和图片（见第 5 章）。Web 网页可以通过互联网访问，是因为基于**超文本传输协议**（hypertext transfer protocol，HTTP）。超文本传输协议是在 Web 上传送页面的通信标准。例如，当在浏览器中输入一个网址，如 http://www.sec.gov，浏览器会向 sec.gov 服务器发送一个 HTTP 请求来访问 sec.gov 主页。

HTTP 是每个 Web 地址开始的第一组字母，紧随其后的是存储文档的特定的服务器域名。大部分企业都有自己的域名，与企业的官方名字相同或相关。目录路径和文件名称是 Web 地址中两个重要的信息，可以帮助浏览器追踪请求页面。综上所述，这个地址被叫作**统一资源定位**(uniform resource locator，URL）。当在一个浏览器输入地址时，URL 可以准确地告诉浏览器软件去哪寻找信息。例如，在 http://www.megacorp.com/content/features/082610.html 中，http 是展示网页的协议名称；www.megacorp.com 是域名；content/features 是目录路径，用来标识页面在域名 Web 服务器中的存储位置；082610.html 是文件名和格式的名称（这是一个 HTML 页面）。

2. Web 服务器

Web 服务器是用来定位和管理存储网页的软件。它可以在存储网页的计算机里定位用户的网页请求，将这些网页发送到该用户的计算机中。服务器应用程序通常安装在专用的计算机上运行，甚至它们都可以被部署在小型组织中的单个计算机上。

如今，使用最多的 Web 服务器是微软的**互联网信息服务**（internet information services，IIS）和 Apache HTTP Server。Apache 是一个免费的开源产品，可以在网络上下载。

3. 网上信息搜索

没有人确切地知道世界上网页的真实数量。浅层网络是指 Web 中搜索引擎可以访问到的页面部分。举例来说，谷歌在 2017 年检索了大约 35 万亿个网页，这反映了能够公开访问的 Web 页面（估计有 60 万亿个）占据了大部分。但是，深层网络估计约有 1 万亿的页面，其中许多是专有的（如《在线华尔街日报》的页面，如没有订阅或访问密钥则不能访问，一般存储在受保护的数据库里）。在 Facebook 上的文字、图片和多媒体是一个封闭的网站，这里拥有超过 20 亿的会员，它的网页不能完全被谷歌或其他搜索引擎搜索到。深层网络中有一小部分页面是被故意隐藏在搜索引擎之外，使用了掩码 IP 地址，只能通过特殊的 Web 浏览器访问。

搜索引擎（search engines） 显然，要在如此多的网页中立刻找到有用的特定网页是一个重要问题。问题是你如何在成千上万的网页中找到一两个你真正想要的网页呢？搜索引擎就是试图解决在 Web 上立即找到有用信息的问题，可以证明，它们是互联网时代的"杀手级应用"。如今的搜索可以筛选 HTML 文件、微软 Office 应用文件、PDF 文件以及音频、视频和图片文件。世界上有上百种搜索引擎，但是绝大多数的搜索结果是由谷歌、雅虎和微软的必应等搜索引擎提供的（见图 7-12）。虽然我们通常认为亚马逊是一家网上商店，但它也是强大的搜索引擎提供商。

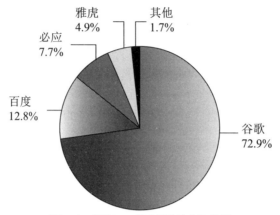

图7-12　最佳Web搜索引擎的市场份额

资料来源： 基于 2018 年 4 月 Net Market Share 的数据。

Web 搜索引擎始于 20 世纪 90 年代早期，开始时作为浏览新产生的 Web、访问页面和将每个页面的信息内容聚集起来的、相对简单的一个软件程序。第一代搜索引擎以简单关键字为页面索引，给用户提供的是那些可能与他们搜索并不真正相关的页面列表。

1994 年，斯坦福大学计算机科学专业的学生 David Filo 和杨致远创造了一个专门的网页列表，称之为 "Yet Another Hierarchical Officious Oracle"，称之为 Yahoo。Yahoo 开始时并不是一个搜索引擎，而是一个经过编辑选择的、编辑认为有用的信息分类目录。现在，雅虎主要依赖于微软必应的搜索结果来开展业务。

1998 年，另外两个斯坦福大学计算机科学专业的学生 Larry Page 和 Sergey Brin 发布了第一个版本的谷歌。这个搜索引擎与之前的不同，它不仅按每个网页的词进行索引，而且还根据每个页面的相关性将搜索结果进行排序。该页面排序系统（称为 PageRank 系统）是谷歌的专利，其本质是通过计算页面的被链接数量以及它链接的页面数量来衡量该网页的流行程度。这样做的前提假设是流行的 Web 页面与用户想要的 Web 页面更加相关。Brin 开发了一个独特的 Web 爬虫程序，即不仅仅是以页面中的关键字为索引，而且还包括文字组合（如作者和文章的标题）。这两个想法成了谷歌搜索引擎的基础。图 7-13 显示了谷歌是如何工作的。

移动搜索（mobile search）　来自智能手机和平板电脑的移动搜索占所有搜索的 50% 以上，并且在未来几年内迅还会速扩张。谷歌、亚马逊和雅虎开发了新的搜索界面，使智能手机的搜索和购物更加方便。谷歌修改了以前的搜索算法，支持用户在智能手机屏幕上方便地搜索。虽然智能手机被广泛用于购物，但用户实际购买时通常优先使用笔记本电脑或 PC，其次是使用平板电脑。

语义搜索（semantic search）　要使搜索引擎变得更个性化和更有帮助的另外一种方法，就是使搜索引擎能够理解我们真正想要的是什么。语义搜索的目标是建立一个能真正理解人类的语言和行为的搜索引擎。谷歌和其他搜索引擎企业一直在优化搜索引擎算法，以获得更多用户想要的内容和搜索的意义。谷歌的蜂鸟搜索算法是基于整个句子的意思，关注字词背后的含义，而不是基于每个独立的字词。例如，如果你搜索的是一个长句，如"2018 年谷歌年度报告的财务数据"，蜂鸟搜索算法得出你真正想要的是谷歌的母公司 Alphabet 2018 年 2 月向美国证券交易委员会提交的 SEC Form 10K 报告。

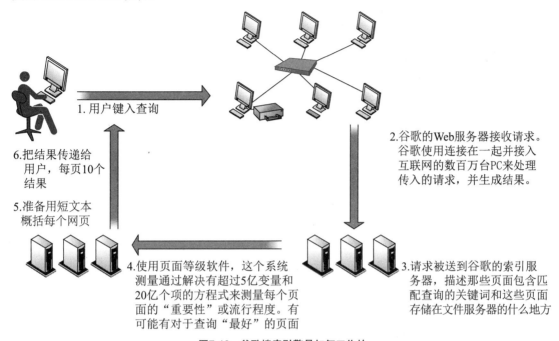

图7-13　谷歌搜索引擎是如何工作的

注：谷歌搜索引擎一直不间断地抓取 Web，对每个网页内容进行索引，计算每个网页的流行程度，并存储这些页面，以便可以快速回应用户的请求，看到页面。整个过程要花费约 1/2 秒。

谷歌搜索也利用知识图谱，即使用搜索算法预测你在搜索主题时可能想要了解的其他信息。基于知识图谱得到的结果显示在屏幕的右侧，包括你正在搜索的主题或人物的更多信息。例如，如果你搜索"Lake Tahoe"，搜索引擎将返回关于 Tahoe 的基本信息（海拔、平均气温和当地的鱼等）、地图和酒店住宿。谷歌已将**预测搜索**（predictive search）用于大多数搜索结果中，搜索算法在你输入搜索词时会猜测你正在寻找什么，并对相关的搜索关键词提出建议。

社交搜索（social search）　谷歌和其他机器搜索引擎共有的一个问题是它们的搜索结果太详尽了。如果你输入搜索词"ultra computers"，在 0.2 秒内就会收到超过 3 亿条搜索结果。社交搜索是基于一个人的社会交际网络，提供更相关的和值得信任的较少的搜索结果。与主流搜索引擎使用数学算法来查找页面不同，社交搜索将突出显示你的社交网络成员创建或接触的内容。

Facebook 搜索是社交网络搜索引擎的代表，它利用用户的社交网络信息来响应用户的搜索查询，基于 Facebook 上大量的与个人和组织相关联的数据。比如，你可以使用 Facebook 搜索你的朋友喜欢的波士顿餐厅或者他们在 2016 年之前的照片。

图像搜索和可视化网站　尽管搜索引擎最初是为了搜索文本文档而设计的，但是随着互联网上的照片和视频的爆炸式增长，对这些图片和视频搜索和分类的需求也随之增长。人脸识别软件可以创建某个人脸的数字版本，因此，Facebook 就有一个标签建议功能，可以帮助用户在照片中为好友添加标签，也可以在 Facebook 上通过使用数字图像来查找和识别好友。Facebook 现在正在使用人工智能技术来提高面部识别能力。

随着网络变得更加可视化，搜索照片、图像和视频变得越来越重要。**可视化网站**是指用图片代替文本文档的网站，在那些网站上用户可以搜索图片，产品图片取代了一般网站的产品展示广告。Pinterest 是一个社交网站，为用户（以及品牌）提供了一个有趣图片的在线画板，在 2018 年全球每月访问量达到 2 亿。Instagram 是可视化网站的另一个例子，是一个照片和视频的共享网站，允许用户拍摄、编辑照片，并与其他社交网站（如 Facebook、Twitter）的朋友分享。2018 年，Instagram 每月的活跃用户达 8 亿。

购物代理智能机器人（intelligent agent shopping bots） 第 11 章将描述内置的智能软件代理功能，即可以聚集或筛选信息和执行某些任务来帮助用户。**购物机器人**（shopping bots）利用智能代理软件在互联网上搜索购物信息。比如，像 MySimon 或 PriceGrabber 这样的购物机器人，以及 Trivago 这样的旅游搜索工具，可以帮助有兴趣购买或租赁度假房间的人，可以根据用户提供的标准过滤和检索信息，与供应商协商价格和交付条款等。

搜索引擎营销（search engine marketing） 搜索引擎营销已成为当前主要的广告平台和购物工具。搜索信息是网络上最受欢迎的功能之一。据估计，2019 年美国有 2.42 亿人使用搜索引擎，其中有 2.15 亿人使用移动搜索。有了这个庞大的用户群体，搜索引擎营销成为最赚钱的网络营销和广告渠道。当用户在谷歌、必应、雅虎或其他搜索引擎输入搜索关键字时，他们会收到两种类型的列表：赞助商链接，即广告客户已付费的链接（通常位于搜索结果页面），以及没有付费的自然搜索的结果。此外，广告客户可以购买在搜索结果页面边上的小文本框。付费的赞助广告是互联网广告增长最快的广告形式，是强大的新营销工具，可以在恰当的时刻将消费者的兴趣与广告信息精确匹配。搜索引擎营销通过用户的搜索过程来获利。2018 年，搜索引擎营销大约为 420 亿美元，占数字广告营收的 44.2%，几乎占所有在线广告（930 亿美元）的一半（eMarketer，2018）。2017 年，谷歌 1 100 亿美元的收入中，约 90% 来自在线广告，其中 90% 的广告收入来自搜索引擎营销（Alphabet，2018）。

由于搜索引擎营销非常有效（它拥有最高的点击率和最高的投资回报率），许多公司寻找对搜索引擎识别的网址优化方法。**搜索引擎优化**（search engine optimization，SEO）是指利用一系列技术提高网站的质量和网络流量的过程。当搜索字段中输入特定关键词和短语时，这些技术可以帮助相关公司的网站在主要的搜索引擎页面中取得更高的排名，其中的一项关键技术就是使公司网站的关键词同期望客户用于搜索的类似关键词相匹配。例如，如果网站用关键词"照明"而不是"灯"，而且大部分目标客户都搜索"照明"这一关键词，那么该网站很有可能会在搜索引擎页面的排名中占得头筹。如果该网站连接着尽可能多的其他网站，那么该网站也有优势，因为搜索引擎会根据这些链接来评估该网页的流行程度和它如何链接网络上的其他内容。

搜索引擎也可能会被骗子利用。他们通过建立上千个空壳虚假网站并将它们链接在一起，或把它们链接到某个零售商网址，以此上来欺骗谷歌搜索引擎。企业亦可以付钱给这些所谓的"链接农场"，使其链接到企业网址。2012 年谷歌改变了搜索算法，对链接的质量进行了更为严格的审查，以降低链接到谷歌网站上的可疑模式。

一般而言，搜索引擎对那些无力开展庞大的营销活动的中小企业而言是很有用的，这是因为消费者会通过搜索引擎寻找所需的产品或服务，而这些消费者被营销人员称之为"热门的潜客"——即那些经常搜寻信息并有购买冲动的人。此外，搜索引擎往往只收取点击费用，企业不必为不起作用的广告付费，只有当广告被点击之后付费。而消费者受惠于搜索引擎营销，是因为广告仅仅出现在当消费者搜寻特定产品的时候才会现。这样，搜索引擎营销为消费者节省了精力、减少了搜索成本（包括人工寻找产品的差旅成本）。最近的研究显示，对于商家和消费者而言，搜索带来的全球价值超过 8 000 亿美元，其中 65% 的收益是以更低的搜索成本和价格返回到消费者手中（McKinsey 和 Company，2011）。

4. 网上分享信息

如今的网站不仅让人们开展合作和分享信息，还能创建新的服务和在线内容，可以支持实时的用户互动、社交参与（共享）和用户产生内容。这些特性背后的技术和服务包括云计算、软件混搭和应用、博客、RSS、wiki 和社交网络等。我们已经在第 5 章描述了云计算、混搭和应用，并在第 2 章介绍了社交网络。

博客（blog）是网络日志的流行称呼，通常包含一系列按时间顺序的作者日志（从新到旧）和相关网站链接的个人网站，包括博客链接（其他博客的链接）和转发日志（从其他博客引用并且置顶的日志）。大多数博客允许读者在其日志下面写评论。创建一个博客的行为通常被称之为"写博客"。博客往往由第三方服务商来提供，如 Blogger.com、TypePad.com 和 Xanga.com。如今，博客的功能已经被加入到如 Facebook 这样的社交网络，和如 IBM Notes 这样的协同工作平台中。WordPress 是一款领先的开源博客工具和内容管理系统。**微博**（microblogging）是一类在 Twitter 或其他有空间或大小限制的平台上的一种应用，是一种以非常少的内容为特征的博客，如短句、个人图片或视频链接等。

博客页面通常因博客服务或软件所提供的模板不同而不同。因此，数百万没有 HTML 等技术的人可以在他们自己的网页上发博客，并且与其他人分享内容。博客网站上相关博客的整体通常被称之为**博客圈**（blogosphere）。尽管博客已成为个人发表意见的流行工具之一，但博客也有商业用途（见第 2 章和第 10 章）。

如果你是一个狂热的博客阅读者，你可以使用**简易信息聚合**（RSS）来收藏你喜欢的博客，不必经常检查它们是否更新。RSS 是 Really Simple Syndication 或 Rich Site Summary 的缩写，是将指定的内容从网站上抽取出来，然后自动地传送到用户的计算机上的一种应用。RSS 阅读软件把网站或博客上的材料聚在一起，你可以指定它从这些网站进行搜索，并把更新后的信息发给你。RSS 阅读器能在谷歌和雅虎的网站上使用，而且已经被嵌入主流的 Web 浏览器和电子邮件程序中。

博客允许访客为原始内容添加评论，但不允许访客编辑原始内容。与此相反，维基是一个访客可以添加、删除和修改其内容的合作网站，包括以前作者的成果。维基一词源于夏威夷语的"快速（quick）"。

维基软件通常提供为用户已经定义好的页面布局和内容模板，显示用户可编辑的软件程序代码，然后把内容呈现到基于 HTML 页面的 Web 浏览器上。某些维基软件只允许用户编辑文本格式内容，而另外一些则允许使用表格、图片或一些交互性的内容，如投票或游戏等。大多数维基都提供审查其他用户成果和纠正错误的功能。

维基百科使得信息共享变得很容易，所以它们有很多商业用途。美国国土安全部的国家计算机安全中心（National Cyber Security Center，NCSC）开发了一个维基软件，用于促进联邦机构在威胁、攻击和回应分享或作为技术和标准信息的方面合作。皮克斯维基（Pixar Wiki）是一个宣传皮克斯动画工作室工作成果的合作交流维基，允许任何人创建或编辑一篇关于皮克斯电影的文章。

社交网络（social network）的网站使用户能够建立与朋友和同事的社交圈。每个成员可以创建一个"近况"，即展示照片、视频、音频文件和文本的网页，然后将这些近况分享给那些标识为朋友或亲密关系的其他人。社交网络网站具有较高的交互性，提供实时的用户控制，依赖于用户生成的内容，并建立在广泛的社会参与、分享内容和观点的基础上。目前主要的社交网站包括 Facebook、Twitter 和 LinkedIn。

社交网站深刻地改变了人们在网上花费时间的方式、人们与其他人交流的方式，以及企业同客户、供应商和员工保持联系的方式、商品和服务提供商如何从客户那里学习以及广告主如何吸引潜在消费者的方式。大型的社交网站也正在变成应用开发平台,用户可以开发和销售软件应用给社区的其他成员。仅 Facebook 一家就有超过 700 万个应用和网站与之集成,包括游戏、视频分享以及与朋友和家人通信的应用。我们在第 2 章和第 10 章中详细地讨论社交网络的商业应用,你可以在本书的其他章节中找到有关社交网络的讨论。

5. 网络的未来

互联网的趋势已越来越清晰。它的主要功能是将为用户提供更多的工具,让人们能够更好地理解互联网上数万亿的页面,或者智能手机上数百万个应用,包括可视化的、甚至是三维的(3D)网络,也就是说你将来可以在 3D 环境中浏览页面(请回顾本章前面关于语义搜索和视觉搜索的讨论)。

即将来临的是一个无所不在的网络,它可控制万物,从城市的交通信号灯和用水量,到控制你的客厅的灯光和汽车的后视镜以及管理你的日历和约会等。这个网络称之为物联网,是基于物理世界的数十亿的互联网传感器,通过唯一的标识符来识别物体、动物和人,并且不需要人与人或人与机器之间进行交互就能通过网络传输数据。通用电气、IBM、惠普、甲骨文以及数百家小型创业企业正在探索如何通过广泛使用远程传感器和快速云计算来构建智能的机器、工厂和城市。后面将提供更详细的信息。

Apps 应用是未来网络中的另一个趋势。近几所移动平台中 Apps 应用的增长是惊人的。在美国超过 80% 的手机使用时间是花在 Apps 上而不是浏览器上。Apps 的优点是可以让用户直接访问内容,比加载浏览器和搜索内容要快得多。

伴随网络发展,相关的趋势包括更广泛地使用云计算、**软件即服务**(software as a service,SaaS)的商业模式、移动平台和互联网接入设备之间无所不在的连接、从分散孤立的应用和内容到一个无缝连接、交互操作的转变等。

7.4 无线网络、通信和互联网接入主要的技术和标准是什么?

智能手机、平板电脑和支持无线的 PC 已经变成了便携式工具和计算平台,除了让你可以像以前在桌面上执行很多计算任务一样,还有很多其他功能。在第 1 章和第 5 章有关移动数字平台的讨论中,已经介绍了智能手机,如 iPhone、安卓手机和黑莓手机等,能使手机的功能和移动笔记本电脑的 Wi-Fi 功能结合起来,把音乐、视频、互联网接入和电话服务都放在一个设备中。智能手机是增长最快的支持互联网接入的无线网络设备。大部分互联网正在变成移动的、可随处接入,并传送视频、音乐和网络搜索的宽带服务。

7.4.1 蜂窝系统

如今,81% 的美国成年人拥有手机,69% 的人拥有智能手机(eMarketer,2018 年)。现在,移动已经成为领先的数字平台,智能手机和平板电脑上的活动占数字媒体时间的 2/3,仅智能手机应用就占据了数字媒体时间的一半以上(Comscore,2017)。

数字蜂窝服务技术使用了若干个竞争性标准。在欧洲和美国以外的大部分国家,使用的标准是**全球移动通信系统**(global system for mobile communications,GSM)。GSM 的优势在于国际漫游功能。美国也有 GSM 手机系统,包括 T-mobile 和 AT&T 两家公司。

在美国，另一个与 GSM 竞争的标准是**码分多址**（code division multiple access，CDMA）技术，Verizon 和 Sprint 两家公司采用这种技术。CDMA 是在第二次世界大战中由军方开发的。它允许所有使用者同时使用全部频带，可以同时传输若干频率，并随时间变化随机分配给用户一段频率，这使得 CDMA 比 GSM 更有效率。

早期的蜂窝系统主要用于语音传输和有限的以简短的文本信息格式传输数据。今天的无线网络使用的是 3G 和 4G 网络。对移动中的用户（如在车里）来说，**3G 网络**（3G networks）的传输速度有 144Kbps，对静止的用户来说，3G 的传输速度可达 2Mbps，3G 能为电子邮件、浏览 Web 和在线购物等活动提供平稳的传输速度，但对于视频来说就显得太慢了。**4G 网络**（4G networks）拥有更快的速度：下载达到 100Mbps，上传达到 50Mbps，在智能手机上看高清视频也足够了。LTE（long term evolution）和 WiMax（world interoperability for microwave Access，见下一部分）是当前的 4G 标准。

5G 的无线技术了在开发使用中。5G 将支持千兆范围的海量数据传输，与现有的蜂窝系统相比，5G 具有更少的传输延迟，同时能连接更多的设备（如传感器和智能设备）。自动驾驶汽车、智能城市和物联网的广泛应用将需要 5G 技术。AT&T、Verizon 和其他运营商已经开始推出 5G 网络了。

7.4.2 无线网络和互联网接入

能让 PC 和移动设备接入互联网的高速无线网络有多种技术。这些新的高速服务拓展了互联网接入，使得传统的有线互联网服务无法覆盖的地方都能有网络，并且实现了无所不在的计算（任何地点、任何时间）。

1. 蓝牙

蓝牙（Bluetooth）是基于 802.15 无线网络标准的技术称呼，主要用于创建一个小型的**个人局域网络**（personal area networks，PANs）。它在 10 米以内的区域使用低功率、短波无线电通信，最多可连接 8 个设备，在 2.4GHz 带宽上的传送速度最高可达 722Kbps。

无线手机、呼叫器、计算机、打印机和计算设备使用蓝牙可互相通信，甚至不需要用户直接干预就能相互操作（见图 7-14）。例如，某个人可以使用一台笔记本电脑通过无线网发送一个文档文件到一台打印机上。蓝牙可以把无线键盘、鼠标连接到 PC 或将无线耳机连接到手机。蓝牙具有低功耗的特性，比较适合电池供电的笔记本电脑或手机。

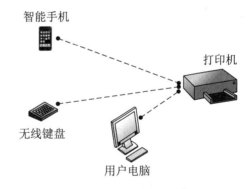

图7-14 蓝牙网络（PAN）

注：蓝牙使得一系列的设备，如手机、智能手机、无线键盘和鼠标、PC 和打印机等，通过无线网在 10 米的范围内相互连接在一起。除了连接功能外，蓝牙还可以用于相似的设备间传递数据，如从一台 PC 传送数据到另一台 PC。

尽管蓝牙一般适用于个人网络，但它在大企业也有用武之地。例如，联邦快递公司的司机用蓝牙将他们手持终端上获取的数据传输到蜂窝发送器中，然后再将数据传送到公司的电脑中，这样司机不再需要花时间手动将手持设备接入发射器。蓝牙为联邦快递公司每年节省 2 000 万美元。

2. WiFi 和无线互联网接入

无线局域网和无线互联网接入的 802.11 系列标准也被称为 Wi-Fi。这些标准中第一个被广泛采用的是 802.11b，在不需要许可证的 2.4G 的频带里，传输速度最高可达 11Mbps，有效距离为 30～50 米。802.11g 标准在 2.4G 的频带上传输速度最高可达 54Mbps。802.11n 传输速度可以超过 100Mbps。如今的 PC 和笔记本电脑都可以支持 Wi-Fi，iPhone、iPad 和其他智能手机均都支持 Wi-Fi。

在大多数 Wi-Fi 通信中，无线设备通过某个接入点与有线局域网进行通信，其中接入点是一个由无线电接收/发射器和连接有线网络、路由器或集线器的天线组成的盒子。

图 7-15 显示了一个 802.11 无线局域网的示意图，其中一些移动设备通过接入点连接到一个较大的有线局域网，然后连接到互联网，其中大多数无线设备是客户机，这些客户机连接的服务器往往被连接于有线网络中接入点控制了无线站，并作为主干有线局域网和无线局域网之间的桥梁。

如今，最受欢迎的 Wi-Fi 是高速无线互联网接入服务。在这种情况下，接入点接入某个网络连接中，该连接可能是有线电视网或 DSL 电话服务。在无线接入点信号范围内的计算机，可以通过无线连接接入互联网。

无线热点（hotspots）通常由一个或多个提供公共无线互联网接入的接入点组成。某些无线热点是免费的，不需要额外的软件就可以使用，而某些可能就需要通过提供信用卡卡号来注册和确认用户的账户才能上网。

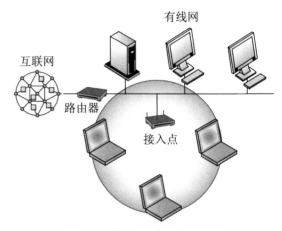

图7-15　802.11标准的无线局域网

注：装有网卡的笔记本电脑通过接入点连接到有线局域网。接入点将有线网络中的信号通过无线电波传送到客户端适配器，客户端适配器将信号转化成移动设备可以理解的数据。然后，客户端适配器从移动设备传送数据到接入点，再转发数据到有线网络中。

不同规模的企业都在使用 Wi-Fi 网络，以提供低成本的无线局域网和互联网接入。在旅馆、机场休息室、图书馆、咖啡厅和大学校园里都有 Wi-Fi 热点，提供移动接入互联网。

然而，Wi-Fi 技术也面临若干挑战，其中一个是 Wi-Fi 的安全问题，Wi-Fi 无线网络很容易受到入侵者的攻击。在第 8 章会提供更多关于 Wi-Fi 安全问题的内容。

Wi-Fi 的另一个缺点是容易受到附近相同频谱的系统干扰，如无线电话机、微波炉或其他无线局域网等。而基于 802.11n 标准的无线网络解决了这个问题，通过使用多个无线天线串联来传送和接收数据，采用**多输入多输出技术**（multiple input multiple output，MIMO）来协调多个同时发送的无线电信号。

3. 全球微波互联接入（WiMax）

在世界上有很多地区还没接入 Wi-Fi 或有线宽带连接。Wi-Fi 系统的有效范围一般不超过 100 米，这使得那些没有有线电视或 DSL 服务的群体很难利用无线接入来访问互联网。

电气和电子工程师协会（Institute of Electrical and Electronics Engineer，IEEE）开发了一个称为 WiMax 的新标准来解决这些问题。WiMax，即全球微波互联接入，是 IEEE 标准 802.16 的流行术语。它的无线接入范围可达 50 千米，传输速度可达 30～40Mbps（静止状态可达 1Gbps）。

WiMax 的天线足够强大，以致能支持高速互联网连接到千里之外的家庭和企业屋顶的天线。

带有 WiMax 功能的蜂窝手机和笔记本电脑已经在市场上出现了。移动 WiMax 是一项 4G 网络技术，本章前面对该技术已有过讨论。

7.4.3 RFID和无线传感器网络

移动技术创造了新的工作效率，改变整个企业的工作方式。除了刚刚已经描述过的无线网络系统以外，无线射频识别系统和无线传感器网络对企业也有重大的影响。

1. 无线射频识别系统和近场通信

无线射频识别（radio frequency identification，RFID）系统为供应链跟踪商品的活动提供了强大的技术支持。RFID 系统使用一种内嵌微型芯片的小电子标签，这种标签包含商品及其位置的数据信息，可以在很短的距离内发送无线电信号到 RFID 阅读器中。然后，RFID 阅读器将数据通过网络传送到计算机上进行处理。与条码不同，RFID 标签不需要直接视线接触就可以被读取。

RFID 标签是以电子方式编程，其中包含能唯一识别产品和相关的其他信息，如产品所在的位置、制造地点和时间、生产过程中的状态等。阅读器可以发射从 1 英寸到 100 英尺范围内的无线电波。当 RFID 标签在阅读器的范围内时，标签被激活，并开始发送数据。阅读器捕获这些数据，对它们进行解码，并通过有线或无线网络将其发送回主机进一步处理（见图 7-16）。RFID 标签和天线有不同的形状和尺寸。

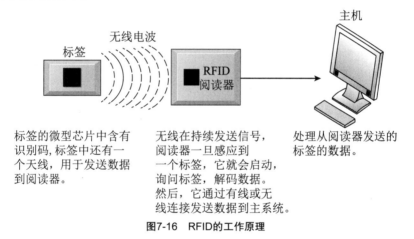

图7-16 RFID的工作原理

注：RFID 使用低功率无线电发射器读取存储在标签里的数据，有效距离范围从 1 英寸到 100 英尺不等。阅读器获得来自标签的数据后，将其通过网络发送到主机进行处理。

在库存控制和供应链管理中，RFID 系统比条形码系统能获得和管理仓库或生产过程中更详细的信息。当大量的产品同时运送时，RFID 系统可以跟踪到每个托盘，甚至是装载的每个产品。通过 RFID 系统，公司可以随时了解货物存放在仓库里还是在零售店的货架上，这项技术帮助像沃尔玛这样的企业改善货物的接收和仓储运营。梅西百货公司使用 RFID 技术可以跟踪货架上销售的每一件商品。

沃尔玛公司在商店的收货处安装了 RFID 阅读器，用来记录带有 RFID 标签的托盘和货物的运送情况。当装有货物的箱子从存储区域运到销售区域的时候，RFID 阅读器只需 1 秒钟就可以读取标签中的数据。应用软件将沃尔玛 POS 系统的销售数据和 RFID 的库存数据结合起来就可以确定货架上那些将要卖完的商品，并在商品卖完之前自动产生需要从仓库中补货的商品列表。这些信息帮助沃尔玛减少缺货的情况，增加销量，从而大大降低成本。

过去，RFID 标签的成本太高了，以至于难以被推广广泛应用，但是现在，在美国一个标签大约 7 美分。随着成本的降低，RFID 对于很多应用来说具有很高的性价比。

除了安装 RFID 阅读器和标签系统，企业可能还需要更新硬件和软件，以处理由 RFID 系统产生的大量数据，这些数据的总量可能高达数十甚至数百 TB。

需要有专门的应用软件用于过滤和整合 RFID 产生的数据，以防止 RFID 数据在商业网络和系统应用中过载。原有的应用系统通常需要被重新设计，以接收大量频繁产生的 RFID 数据，并与其他应用系统分享这些数据。目前大部分企业软件供应商都提供了嵌有 RFID 的供应链管理应用系统。

像 Apple Pay、Google Wallet 这样的点击式服务使用了与 RFID 相关的技术，称之为**近场通信**（near field communication，NFC）。NFC 是一种短距离无线连接标准，利用电磁无线电场使两个兼容设备能够在彼此相距几厘米的距离内交换数据。智能手机或其他 NFC 兼容设备发出射频信号，然后与兼容的阅读器或智能海报中的 NFC 标签进行交互。这种信号产生流过 NFC 标签的电流，允许设备和标签之间进行通信。在大多数情况下，标签是被动的，只发送信息，而其他设备（如智能手机）处于主动状态，可以发送和接收信息。（也有两个组件都是主动的 NFC 系统。）

NFC 已被广泛用于无线支付服务、检索信息，甚至可以用于随时随地与朋友交换视频或信息。你可以通过把手机放在朋友的手机上，就把网站链接从你的手机分享到朋友的手机上了，或者在博物馆或展览中在有 NFC 标签的海报前摇一下手机，你就可以显示你所看到的信息了。

2. 无线传感器网络

如果想采用先进的技术来监视建筑的安全或检测空气中的有害物质，可以使用无线传感器网络。**无线传感器网络**（wireless sensor networks，WSNs）是指在某个物理环境中，由互相连接的无线设备组成的网络，用于在大的空间内提供多点监测。这些设备都有内置的处理、储存、射频传感器和天线，都被连接到互联的网络中，将获取的数据传到计算机进行分析。这些网络通常有数百个到数千个节点。图 7-17 显示了无线传感器网络的一种类型，数据从各个节点流经网络到达有更强处理能力的服务器，该服务器可能还起到互联网网关的作用。

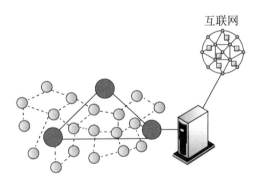

图7-17　无线传感器网络

注：小圈代表低层级节点，大圈代表高层级节点。低层级节点相互传送数据，或向高层级节点传送，这样传输数据更快而且有利于改善网络性能。

无线传感器网络可应用于很多领域，如监控环境变化、监控交通或军队活动、保护财产、有效地操作和管理机器和车辆、建立安全边界、监控供应链管理或者检测化学、生物或放射性物质等。

RFID 系统和无线网络的应用加速了本章前面介绍的 IoT 的发展，像喷气发动机、发电厂涡轮机、农业传感器之类的机器，可以不断地收集数据并通过互联网发送数据进行分析。基于这些数据的分析，企业可能需要采取行动，如更换接近磨损的部件、在商店货架上重新补货、启动大豆田的浇水系统或减缓涡轮机等。随着时间的推移，越来越多的日常物品将被连接到互联网，并能够被其他设备所识别，并且当数据变化时可以创建感知和响应的网络。开篇案例中描述的环法自行车赛跟踪系统就是 IoT 应用的一个例子。在第 2 章和第 12 章可以找到更多关于物联网的案例。

7.5 MIS 如何有助于我的职业发展

第 7 章和本书将帮助你找到一份汽车数字顾问的工作。

7.5.1 企业

A1 Western 汽车经销商是一家规模较大且发展迅速的南加州汽车经销商，正在寻找一位汽车数字顾问来执行其数字营销计划。该企业有 500 多辆待售车辆、170 名员工以及 3 个销售和维修新车、二手车的地点。

7.5.2 职位描述

汽车数字助理是团队的一分子，协助经销商团队进行在线营销，包括 SEO 和 SEM、社交媒体和声誉管理以及网站管理。工作职责包括协调经销商老板、经销商经理和市场经理，具体工作如下：

- 在线广告、SEO 和 SEM。
- 社交媒体管理，包括管理所有社交媒体、内容日历以及开发新内容。
- 在线声誉管理。
- 网站管理。
- 维护经销商的博客。

7.5.3 工作要求

- 市场营销专业大学毕业生。
- 掌握数字营销和社交媒体知识。
- 具备 Microsoft Office 技能。
- 了解汽车销售和内容管理系统。

7.5.4 面试问题

1. 你上过"数字营销"课程吗？
2. 你有没有数字营销活动经验？你用过 SEO 和 SEM 吗？你如何评估社交媒体活动和用户增长的效果？
3. 你有没有使用社交媒体管理软件的经验？
4. 你有没有在线声誉管理或在线库存管理的经验？
5. 你有没有开过博客？
6. 你对 Microsoft Office 软件的熟练程度如何？

7.5.5 作者提示

1. 复习一下本章关于搜索、SEM 和博客的内容，以及第 10 章关于电子商务营销和建立电子商务网站的内容。

2. 利用网络了解更多关于 SEO、SEM、社会化媒体管理、在线声誉管理内容及其相关的软件工具。研究如何利用标准化工具来生成评估报告，以及如何根据社交媒体数据来进行整合分析和建议。

3. 了解一下大城市的主要汽车经销商是如何使用社交媒体渠道的。它们在 YouTube、Instagram、Facebook 和 Twitter 上创建内容吗？哪些渠道能够提高观众的参与度？

4. 关于网站管理和所需的软件技能方面，咨询一下你到底需要做些什么？

5. 咨询一下这项工作所需的 Microsoft Office 技能。带上你用这个软件所做工作的案例。

复习总结

7-1 通信网络的主要组成部分和关键网络技术是什么？

一个简单的网络由两台及以上相互连接的计算机组成。基本的网络组件包括计算机、网络接口、连接介质、网络操作系统软件以及要么是集线器、要么是交换机等。大企业的网络基础设施包括传统电话系统、移动蜂窝通信、无线局域网、视频会议系统、企业网站、内联网、外联网，以及本地的局域网、广域网、包括互联网在内的组网。

现代网络的发展一直伴随着客户机/服务器计算模式的兴起、分组交换技术的使用、传输控制协议/网际协议（TCP/IP）作为连接不同的网络和计算机通信标准的采纳以及互联网的普及。网络协议提供了一系列通用的规则，确保通信网络中不同组件之间的通信。

7-2 不同类型的网络有哪些？

物理传输媒介主要有双绞电话线、同轴铜电缆、光纤电缆和无线传输介质。

局域网可以将 500 米以内的计算机和数字设备连接在一起，如今许多企业运用局域网来完成各类企业计算任务。广域网可以覆盖很广的地理范围，从数千米到跨越大陆，通常是独立管理的私人网络。城域网可以覆盖某个城市区域。

数字用户线路（DSL）技术、有线网络连接和 T1 线路通常用于高容量网络连接。

7-3 互联网和互联网技术是如何工作的？它们如何支持沟通和电子商务？

互联网是全球性的网络，它基于客户机/服务器计算模式和 TCP/IP 网络参考模型。互联网上的每一台计算机都有唯一的 IP 地址。DNS 将 IP 地址转变为易理解的域名。互联网架构委员会和世界互联网协会等组织和政府机构共同建立了全球互联网政策。

互联网的主要服务包括电子邮件、新闻、聊天、即时通信、远程登录、文本传输协议和网站。网页以超文本标记语言为基础，可以显示文本、图形、视频和音频等。网站目录、搜索引擎和 RSS 技术可以帮助用户在网络上找到需要的信息。RSS 技术、博客、社交网络和维基百科等是现代网络上信息分享能力的主要应用。未来的网络将会是更多的语义搜索、视觉搜索，Apps 应用会更加流行，许多不同设备（物联网）的互连性将更增强。

企业也开始通过 VoIP 技术来传输语音，使用低成本的 VPN 代替私人广域网。

7-4 无线网络、通信和互联网接入的主要技术和标准是什么？

蜂窝网络正在朝高速、高带宽和数字分组交换的传输方式发展。宽带 3G 网络可以以 144Kbps～2Mbps 的速度传输数据，4G 网络可以以 100Mbps 的速度传输数据，能够在千兆范围内传输的 5G 网络已经开始铺开。

蜂窝网络的主要技术标准包括 CDMA 以及 GSM。

无线计算机网络的标准包括应用于小型个人区域网络（PANs）的蓝牙（802.15）、局域网（LANs）的 Wi-Fi（802.11）以及城域网（MANs）的 WiMax（802.16）。

RFID 系统提供了一种强大的技术能力来跟踪货物的移动，它使用了带有物品信息及其位置数据的微型电子标签。RFID 阅读器读取这些标签传送的无线电信号，并通过网络将数据传送到计算机进行处理。**无线传感器网络**（wireless sensor networks，WSNs）是由相互连接的无线传感器和传输设备组成的网络，这些设备被安装在某个物理环境中，能提供对大范围空间中多个点的监测。

关键术语

3G 网络（3G networks）
4G 网络（4G networks）
5G 网络（5G networks）
带宽（bandwidth）
博客（blog）
博客圈（blogosphere）
蓝牙（bluetooth）
宽带（broadband）
有线互联网连接（cable internet connections）
聊天软件（chat）
数字用户线路（digital subscriber line，DSL）
域名（domain name）
域名系统（domain name system，DNS）
电子邮件（E-mail）
文本传输协议（file transfer protocol，FTP）
赫兹（hertz）
无线热点（hotspots）
集线器（hubs）
超文本传输协议（hypertext transfer protocol，HTTP）
即时消息（instant messaging）
物联网（internet of things）

互联网协议地址（internet protocol address）
互联网服务提供商（internet service provider，ISP）
互联网 2（internet 2）
局域网（local area network，LAN）
城域网（metropolitan area network，MAN）
微博（microblogging）
调制解调器（modem）
近场通信（near field communication，NFC）
网络操作系统（network operating system，NOS）
分组交换（packet switching）
对等网（peer-to-peer）
个人区域网络（personal area networks，PANs）
预测性搜索（predictive search）
协议（protocol）
无线射频识别（radio frequency identification，RFID）
路由器（router）
RSS
搜索引擎营销（search engine marketing，SEM）

搜索引擎优化（search engine optimization，SEO）
搜索引擎（search engine）
语义搜索（semantic search）
购物机器人（shopping bots）
智能手机（smartphones）
社交网络（social networking）
社交搜索（social search）
软件定义网络（software-defined networking，SDN）
交换机（switch）
T1 线路（T1 lines）
远程登录（telnet）

传输控制协议/网际协议（Transmission Control Protocol /Internet Proto col，TCP/IP）
统一通信（unified communications）
统一资源定位器（uniform resource locator，URL）
虚拟专网（virtual private network，VPN）
可视化网站（visual web）
IP 语音（voice over IP，VoIP）
网站（website）
广域网（wide area networks，WANs）
维基百科（wiki）
无线传感器网络（wireless sensor networks，WSNs）

复习题

7-1 通信网络的主要组件和关键网络技术是什么？
- 描述一个简单网络的特征和一家大企业的网络基础设施。
- 指出并描述主要技术和当代通信系统的发展趋势。

7-2 不同类型的网络有哪些？
- 定义模拟信号和数字信号。
- 区分 LAN、MAN 和 WAN。

7-3 互联网和互联网技术是如何工作的，它们如何支持沟通和电子商务？
- 定义互联网，说明它如何工作，并解释它如何实现商业价值。
- 解释域名系统（DNS）和 IP 寻址系统是如何工作的。
- 列出并说明主要的互联网服务。
- 定义和说明 VoIP 和 VPN，并解释它们如何实现商业价值。
- 列出并说明网络上查找信息的各种方法。
- 描述网络搜索技术如何用于营销。

7-4 无线网络、通信和互联网接入的主要技术和标准是什么？
- 定义蓝牙、Wi-Fi、WiMax 和 3G、4G、5G 网络。
- 描述每种网络的能力以及每种网络分别最适合的应用。
- 定义 RFID，解释它的工作原理，并描述它们如何实现商业价值。
- 定义 WSNs，解释它们的工作原理，并描述各种可能的应用场景。

讨论题

7-5 据说在不久的将来，智能手机将成为我们每个人拥有的最重要并且是唯一的数字设备。请讨论这句话的含义。

7-6 所有大型零售商和制造企业都应该应用 RFID 吗？为什么？

7-7 在确定互联网能否为企业带来竞争优势时，需要考虑哪些问题？

MIS 实践项目

本部分项目能让你亲身体验评估和进行通信技术选择的机会，请使用电子表格软件来完成通信服务的选择，使用网络搜索引擎来完成商业研究。

管理决策问题

7-8 你为 Home Depot 和其他家居建材商店供应陶瓷地砖。你已经被要求在每箱的瓷砖上使用 RFID 标签，来帮助客户改善对你和其他供应商的商品的仓储管理。利用网络来分析 RFID 系统的硬件、软件和网络组件的成本，并思考应该考虑哪些因素？关于贵公司是否应该采用这种技术的关键决策是什么？

7-9 BestMed 医疗用品公司销售医疗和外科产品及设备给 700 多个制造商、医院、诊所和医疗办公室。该公司在西部和中部各州的 7 处不同的地方雇佣了 500 人，包括客户经理、客户服务、支持代表以及仓库管理员。员工通过传统的电话语音服务、电子邮件、即时消息和手机来沟通。管理层正在咨询企业是否应该采用统一的通信系统。你认为应该考虑哪些因素？采用这类技术的关键决策是什么？如果有必要，可以使用网络来查找更多关于统一通信的信息和成本。

改善决策：使用电子表格软件评估无线服务

软件技能：电子表格公式、格式

业务技能：分析通信服务和成本

7-10 在这个项目中，你将使用网络来研究无线服务的选择问题，需要利用电子表格软件来计算一个销售团队的无线服务成本。

你想给位于密苏里州圣路易的 35 人销售团队配备具有语音、短信、互联网接入、照片拍摄和发送等功能的移动手机。请利用网络选择两个提供良好的全国性以及地方性的无线服务的提供商。研究每个供应商提供的移动手机的功能和无线计划。假设 35 人的销售团队中，每人每个工作日需要在上午 8 点到下午 5 点之间花 3 个小时进行移动语音通信，每个工作日发送 30 条短信，每月使用 1G 数据流量，每周发送 5 张照片。请使用电子表格软件分析每个用户两年内价格最划算的无线服务和手机。鉴于这个练习的目的，你不需要考虑公司折扣。

> **实现卓越运营管理：在商业研究中使用网络搜索引擎**
>
> 软件技能：网络搜索工具
>
> 业务技能：研究新科技
>
> 7-11 该项目将培养你在商业研究中使用网络搜索引擎的互联网技能。
>
> 使用谷歌和必应搜索引擎获取关于乙醇作为汽车燃料替代品的信息。如果你愿意，也可以试试别的搜索引擎。比较不同的搜索引擎获得的信息数量和质量。哪个工具最容易使用？哪个为你的研究提供最好的结果？为什么？

团队合作项目

> **评估智能手机**
>
> 7-12 请与 3～4 名同学组成一个小组，比较 iPhone 与另一个具有相似功能的智能手机的功能。你们的分析应该考虑每个设备的购买成本、可以运行的无线网络、计划和手机成本，以及可用的服务。你们还应考虑每个设备的其他功能，包括可用的软件、安全性能以及与现有企业或 PC 应用集成的能力。你会选择哪个设备？你们的选择是基于什么样的标准？如果可能，请使用 Google Docs、Google Drive 或 Google Sites，集思广益并制作演示文稿来报告结果。

案 例 研 究

谷歌、苹果和 Facebook 的互联网体验之战

互联网行业三大巨头——谷歌、苹果和 Facebook 在史诗般的竞争中主导了用户的互联网体验。它们的竞争主要集中在以下几个方面：搜索、音乐、视频和其他与做这些事情设备相连的媒体。具有先进功能且能随时随地接入互联网的移动设备，正在迅速超越传统的台式机，成为最受欢迎的工具。如今，人们花费超过一半的时间在网上使用移动设备来利用日益增长的云计算能力。毫无疑问，如今的科技巨头正在积极地争取掌控这个新网络世界。

由 PC 起家的苹果，迅速将业务拓展到软件和消费电子领域。随着 MP3 播放器、iPod 和 iTunes 数字音乐服务的发展，苹果以 iPhone、iPod Touch 和 iPad 为主要产品进入了移动计算领域。现在，苹果希望成为互联网的首选计算平台。

苹果的竞争优势不在于其硬件平台，而在于其卓越的用户界面和移动软件应用 Apps。苹果拥有超过 200 万个移动和平板设备的 Apps。Apps 极大地丰富了使用移动设备的体验，无论谁只要创建了最具吸引力的设备和应用程序，都会获得比竞争对手更大的竞争优势。Apps 成为传统浏览器的新替代品。

苹果在创新方面蓬勃发展。2011 年苹果发布了 Siri（语音解释和认知界面），这是一种集语音搜索、导航工具和个人助理服务为一体的工具。Siri 持续不断地提高个性化的能力，因为它可以从语音交流中提高对用户的熟悉程度。为此，谷歌通过快速发布自己的 AI 工具 Google Now 进行反击。Facebook 也开发了一个叫作 M 的智能助理。

苹果正面临着来自中国和韩国的智能手机的竞争，这些手机具有更大的屏幕和更低的价

格。iPhone 的销量开始放缓，但苹果并不仅仅依靠硬件产品来实现未来的发展，服务一直在苹果生态系统中占有很大的份额，已经成为主要的收入来源。苹果拥有超过 13 亿个活跃的手机用户，创造了一个庞大的愿意购买服务构成新的收入来源的用户基础。苹果的服务业务包括音乐（下载和订阅）、视频销售和租赁、书籍、应用（包括应用内购买、订阅和广告）、iCloud 存储和支付等，一直以两位数的速度增长。

随着苹果推出更多的硬件产品，如手表和 HomePod 等，它的服务收入也在继续扩大和多样化。根据 CEO 蒂姆·库克（Tim Cook）的说法，苹果已经成为全球最大的服务企业之一。然而这种以服务为导向的战略并非没有担忧，因为谷歌和 Facebook 在服务领域都在激烈的竞争。

谷歌一直是领先的搜索引擎公司。谷歌母公司 Alphabet 的收入中有 84% 来自广告，其中大多数来自谷歌的搜索引擎。但是，谷歌作为互联网门户的地位正在下降，新的搜索创业企业专注于操作和应用，而不是网页。Facebook 也正成为通往网络的重要门户。

2005 年，谷歌收购了安卓开源移动操作系统，在移动计算领域展开竞争。谷歌向智能手机制造商免费提供安卓系统，使许多手机制造商将安卓系统作为标准，而谷歌通过用户订阅 Apps 和广告间接产生收入。相比之下，苹果只允许自己的设备使用其专有的操作系统，所有销售的 Apps 也只能运行在苹果的产品上。安卓系统可以在全球 80% 的智能手机上部署，也是平板电脑最常见的操作系统，也可以在手表、汽车仪表板和电视机上运行——覆盖超过了 4 000 种不同种类的设备。谷歌的目标是将安卓系统扩展到尽可能多的设备上。

谷歌的安卓手机操作系统在未来几年可以获得更多的市场份额，这对于苹果来说可能是一个挑战，因为苹果一直试图保持客户忠诚度，并将软件应用的开发集中在 iOS 平台上。未来不管谁成为智能手机操作系统的主导，都将会通过 Apps 来控制智能手机用户的使用时间，并通过内置渠道在移动设备上投放广告。尽管谷歌搜索技术目前还无法轻松浏览用户的 Apps，但谷歌已开始对移动 Apps 中的内容进行索引，并在智能手机上提供指向谷歌搜索结果的链接。由于谷歌搜索目前一半以上来自移动手机，因此谷歌修改了搜索算法，除了考虑传统的搜索网站排名的 200 多个因素以外，还考虑了"移动友好性"，使得某些网站在手机上看起来很不错。移动广告的每次点击付费一直来低于桌面广告，但目前两者的差异正在缩小。谷歌也一直在完善设计，以便提供更简洁的移动搜索页面。

谷歌的移动产品和服务有七项，包括搜索、YouTube 和地图，每个产品的服务都有超过 10 亿的用户。安卓操作系统软件每月有超过 20 亿的活跃用户。谷歌的目标是将服务和设备结合在一起，这样用户就可以全天无缝地与谷歌互动。在未来几年里，谷歌希望通过在人工智能和机器学习方面的投资（见第 11 章），使其搜索和相关服务更加强大，与用户更加友好，其中某些技术已经在语音搜索、谷歌翻译和垃圾邮件过滤等得到了应用。谷歌希望将搜索发展成为一种更智能化的搜索，计算机可以理解人们在说什么，并在正确的时间用正确的信息响应搜索请求。Allo 是谷歌推出的一款适用于 iOS 和安卓的智能短信 App，它可以随着时间的推移学习你的短信文字模式，使你的对话更具表现力和效率。Allo 可以向你建议自动回复收到的短信，甚至可以在不离开聊天室的情况下帮你预订餐厅。另外，"谷歌助手"旨在提供用户和搜索引擎之间持续的对话。

Facebook 是世界上最大的社交网络服务平台，每月活跃用户有 20 亿之多。人们使用 Facebook 与朋友、家人保持联系，并表达一些重要的事情和看法。Facebook 的开发平台为开发人员提供了能够构建与 Facebook 集成的应用和网站，以共享全球的用户网络，并提供个性化的社交产品。目前 Facebook 已经成为用户访问互联网的主要门户。甚至对很多人来说，

Facebook 就是互联网，无论他们在互联网上要做什么，都是通过 Facebook 进行的。

Facebook 一直在寻求把用户流量和用户数据转化为广告收入的途径，期望越来越多的收入来自于智能手机和平板电脑。截至 2018 年初，全球超过 95% 的活跃用户账户通过智能手机接入社交网络。Facebook 的广告业务允许公司客户根据用户的真实身份和表达的兴趣来定位用户，而无须通过用户的网络浏览习惯和其他在线行为来进行猜测。

2018 年第一季度末，Facebook 全球收入的 98% 来自广告，其中 89% 的广告收入来自移动广告，其中大部分广告都是针对年龄、性别和其他人口统计数据的。Facebook 现在是谷歌在移动广告市场、甚至是新兴的移动业务领域最主要的竞争对手。Facebook 和谷歌共同主导着数字广告行业及其行业的增长。Facebook 对其网站主页进行了全面改革，为广告商提供了更多的机会和信息。Facebook 还正在扩大 Instagram feed、Stories、WhatsApp、Facebook Watch 和 Messenger 等产品的广告投放力度，尽管大部分广告收入仍来自其新闻的推送业务。Facebook 的个性化搜索工具也对谷歌的主导地位构成了挑战。Facebook 首席执行官马克·扎克伯格（Mark Zuckerberg）坚信，社交网络是人们使用网络最理想的方式，也是人们获得其他内容（包括新闻和视频）的最理想方式，因而也为将成为公司理想的营销平台。当然，马克也知道，仅仅依靠社交网络是无法实现长期增长和繁荣的。在过去的几年里，Facebook 已经进入了虚拟现实、信息、视频等领域。

Facebook 正在挑战 YouTube 作为个人视频的首选入口的地位开发了自己的电视频道，并通过部署聊天机器人使其信息更加"智能"。聊天机器人是一种简化的软件代理，运行在 Facebook Messenger 服务的后台，它可以理解你输入的内容或者你所说的话，并及时回答问题或执行任务。在 Facebook Messenger 中，你可以订 Uber 上的网约车、获取新闻更新、查看航班状态，或者通过增强现实技术在图片或视频上叠加运动鞋的三维模型，来想象新的运动鞋的外观。Facebook 有一款新的独立 App，允许用户通过苹果的 Apple TV、亚马逊网站的 Fire 电视以及三星互联网电视等机顶盒观看新闻推送中的视频。

Facebook 在新兴市场上推出了多项服务，期望吸引另一个 10 亿的网络用户，如 Free Basics 互联网服务可以让人们上网，以便他们浏览包括社交网络在内的网络应用。Facebook 希望通过使用无人机、卫星以及其他技术将互联网引入尚未联网的地区。扎克伯格认为，Facebook 最终将成为不发达地区的互联网服务供应商。

个人数据的货币化进一步推动了 Facebook 和谷歌的商业模式的变革。然而，这种商业模式也威胁到个人隐私。Facebook 和谷歌的消费者监控系统已经受到了来自大西洋两岸用户、监管机构和立法者的指责。人们要求限制 Facebook 和谷歌收集和使用个人数据的呼声越来越高，尤其是在最近爆出所谓的"俄罗斯特工试图利用 Facebook 左右美国选民"，以及 Facebook 不受控制地与第三方企业共享用户数据（见第 4 章末尾案例研究）的消息后。两家企业都必须接受欧盟的新隐私法，即通用数据保护条例（GDPR）的规定，该法要求企业在处理数据之前要获得用户的同意，美国可能也会有更严格的隐私立法。业界已经呼吁互联网公司减少对广告业务的依赖，而更多地依赖订阅的商业模式，尽管任何限制消费者数据使用的努力都会使以广告为业务收入的互联网公司（包括 Facebook 和谷歌）的商业模式面临风险。苹果强调其隐私保护功能，不与他人共享客户数据。

这些科技巨头也因其垄断行为而受到审查。在美国，谷歌占据了 89% 的互联网搜索业务，95% 的互联网年轻人使用 Facebook 产品，谷歌和苹果提供了 99% 的手机操作系统。有批评者呼吁解散这些大企业，或者像标准石油公司和美国电话电报公司那样监管它们。2018 年 7 月，欧洲监管机构对谷歌处以50亿美元的罚款,原因是谷歌强迫使用谷歌操作系统的手机制造商安装谷歌搜索和浏览器应用Apps。这些企业是否已经变得如此庞大,以至于压榨了消费者和扼杀了创新?政府对这一问题的回应,必将影响到苹果、谷歌和Facebook的业绩,以及它们能给用户提供什么样的互联网体验。

资料来源: Associated Press, "EU Fines Google a Record $5 Million over Mobile Practices," July 18, 2018; Christopher Mims, "How Apps, Music and More Can Buoy Apple Beyond the iPhone," Wall Street Journal, February 4, 2018; "Search Engine Market Share," www.netmarketshare.com, accessed April 16, 2018; "Facebook's Advertising Revenue Worldwide from 2009 to 2017 (in Million U.S. Dollars)," statista.com, accessed April 17, 2018; David Streitfeld, Natasha Singer, and Steven Erlanger, "How Calls for Privacy May Upend Business for Facebook and Google," New York Times, March 24, 2018; Natasha Singer, "Timeline: Facebook and Google Under Regulators'Glare," New York Times, March 24, 2018; David Streitfeld, "Google Wants to Be Everywhere with Everyone," New York Times, May 17, 2017; Tim Bajarin, "Learning This 1 Thing Helped Me Understand Apple's Strategy," Time, April 3, 2017; and Mathew Ingram, "How Google and Facebook Have Taken Over the Digital Ad Industry," Fortune, January 4, 2017.

案例分析题:

7-13 请比较苹果、谷歌和Facebook的商业模式及其核心竞争力。

7-14 为什么移动计算对这3家企业而言如此重要?请评价每家企业的移动战略。

7-15 你认为哪家企业及其商业模式最有可能赢得互联网竞争?为什么?

7-16 如果苹果、谷歌或Facebook主导了消费者的互联网体验,对其他公司和个人消费者产生什么不同的影响?请解释你的回答。

参考文献

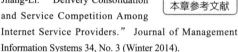
扫一扫,下载本章参考文献

[1] Alphabet, Inc. "Form 10K for the Fiscal Year Ending December 31, 2017." Securities and Exchange Commission, filed February 1, 2018.

[2] Chiang, I. Robert, and Jhih-Hua Jhang-Li. "Delivery Consolidation and Service Competition Among Internet Service Providers." Journal of Management Information Systems 34, No. 3 (Winter 2014).

[3] Comscore. "The 2017 Mobile App Report." (2017).

[4] Eliason, Andy. "23 Search Engine Facts and Stats You Oughta Know." SEO.com, accessed May 8, 2017.

[5] eMarketer. "US Ad Spending: The eMarketer Forecast for 2018." (2018).

[6] "Facebook Company Statistics." www.statisticbrain.com, accessed April 18, 2018.

[7] IBM Global Technology Services. "Software-Defined Networking in the New Business Frontier." (July 2015).

[8] Iyer, Bala. "To Project the Trajectory of the Internet of Things, Look to the Software Industry." Harvard Business Review (February 25, 2016).

[9] Manyika, James, Michael Chui, Peter Bisson, Jonathan Woetzel, Richard Dobbs, Jacques Bughin, and Dan Aharon. "Unlocking the Potential of the Internet of Things." McKinsey Global Institute (2015).

[10] McKinsey & Company. "The Impact of Internet Technologies: Search." (July 2011).

[11] Miller, Rich. "5G Wireless: A New Network to Enable the Data Deluge." Data Center Frontier (July 13, 2017).

[12] National Telecommunications and Information Agency. "NTIA Announces Intent to Transition Key Internet Domain Name Functions." (March 14, 2014).

[13] Panko, Raymond R., and Julia L. Panko. Business Data Networks and Security, 11th ed. (Upper Saddle River, NJ: Prentice-Hall, 2018).

[14] Pew Research Center. "Mobile Fact Sheet." (January 12, 2017).

[15] Segan, Sascha. "What Is 5G?" PC Magazine (May 1, 2017).

[16] Varian, Hal. "Executive Assistants for Everyone." MIT Sloan Management Review (Fall 2016).

[17] Wang, Weiquan, and Izak Benbasat. "Empirical Assessment of Alternative Designs for Enhancing Different Types of Trusting Beliefs in Online Recommendation Agents." Journal of Management Information Systems 33, No. 3 (2016).

第 8 章

信息系统安全

学习目标

通过阅读本章，你将能够回答如下问题：
1. 为什么信息系统容易受到破坏、容易出错和被滥用？
2. 安全与控制的商业价值是什么？
3. 安全与控制的组织框架有哪些组成要素？
4. 保护信息资源最重要的工具和技术有哪些？
5. MIS 如何有助于我的职业发展？

本章案例

黑客攻击美国总统选举：发生了什么？
崩溃幽灵困扰着全世界的计算机
云的安全性
Equifax 黑客事件是有史以来最糟糕的吗，为什么？

黑客瞄准美国总统选举：发生了什么？

2015年9月，FBI特工阿德里安·霍金斯（Adrian Hawkins）给民主党全国委员会（Democratic National Committee, DNC）打电话，传来了有关计算机网络令人不安的消息：至少有一个DNC的计算机系统已经被俄罗斯黑客入侵。接到电话的DNC技术支持服务商雅瑞德·塔曼（Yared Tamene）对DNC计算机系统日志进行了粗略搜索，查找黑客入侵的迹象。他说，尽管在接下来的几周内，霍金斯特工不断地打电话以及反复留言，他也没有特别在意这件事，因为他觉得这些电话可能是骗子的恶作剧。

DNC黑客事件是俄罗斯领导的旨在打乱2016年总统大选的网络战。DNC主席黛比·瓦瑟曼·舒尔茨（Debbie Wasserman Schultz）因此而被迫辞职，维基解密在竞选期间将DNC和克林顿·希拉里竞选活动的机密文件大量地发布给媒体。令人震惊的是唐纳德·特朗普（Donald Trump）赢得了这次总统大选，他的胜利可能与泄露的文件有关。

与俄罗斯情报部门有关的几个俄罗斯黑客团体被确定为网络攻击的来源。在俄罗斯黑客通过网络在DNC内部自由活动了将近7个月之后，DNC高层官员才得知了这些攻击，雇佣了网络安全公司CrowdStrike来加强系统的保护。它们更换了DNC的计算机系统，检查了所有的便携式计算机，并清理干净硬盘驱动器，清除受感染的信息。

同时，黑客获得了克林顿·希拉里竞选系统的访问权限。黑客部署网络钓鱼电子邮件，诱使合法的系统用户泄露用于访问系统的密码，这样，不必使用复杂的工具就轻易获得了访问的权限。克林顿竞选助手查尔斯·德拉万（Charles Delavan）合法点击了发给竞选主席约翰·波德斯塔（John Podesta）个人账户的电子邮件，这个举动为俄罗斯黑客打开了另一扇门。每当有人点击网络钓鱼消息时，俄罗斯黑客就会进入网络，"窃听"感兴趣的文档，并作为情报将其存储。到2016年夏天，民主党人的私人电子邮件和机密文件每天被发布在维基解密和其他网站上，并被媒体报道。

DNC认为自己可以很好地保护自己免受网络攻击，而它的安全预算只占同等规模企业的一小部分。实际上DNC只有一般的垃圾邮件过滤服务系统，用于阻止仿冒合法电子邮件的网络钓鱼攻击和恶意软件，但是它没有用于跟踪可疑流量的先进的系统。

2016年总统大选期间，黑客的攻击不仅限于DNC和克林顿竞选活动他们还渗透到至少21个州的选举系统，并删除或更改了伊利诺伊州的选民数据。（官方人士认为攻击者并没有改变任何结果。）

2018年7月13日，联邦大陪审团起诉了12名俄罗斯情报人员，作为起诉特别顾问罗伯特·穆勒（Robert Mueller）对2016年总统大选期间涉嫌俄罗斯干预调查的一部分。这些黑客被控持续入侵民主党国会竞选委员会、民主党全国委员会和希拉里·克林顿的竞选网络。越来越多的证据表明，俄罗斯黑客正在继续针对美国的州选举系统，寻找机会影响初选、2018年中期国会选举以及2020年总统竞选。俄罗斯黑客也一直在积极尝试影响欧洲的选举。

资料来源： Lucien Bruggeman and Mike Levine, "Mueller indicts 12 Russian Intel Officers for Hacking Democrats," Good Morning America, July 13, 2018; Joseph O'Sullivan, "With Russian Hacking Fresh in Mind, Washington State Beefs Up Elections Cybersecurity," Seattle Times, July 8, 2018; Erin Kelly, "Russia So Far Not Mounting Robust Hacking Effort Against U.S. Election, Official Says," USA Today, July 11, 2018; Harold Stark, "How Russia 'Hacked' Us in 2016 [And What We did Wrong]," Forbes, January 24, 2017; Sue Marquette Poremba, "Data Security Lessons from the DNC Hack," ITBusinessEdge, March 7, 2017; Mark Moore, "Russian Hackers Infiltrated Voter Databases in Dozens of States," New York Post, June 13, 2017;

and Eric Lipton, David E. Sanger, and Scott Shane, "The Perfect Weapon: How Russian Cyberpower Invaded the U.S.," New York Times, December 13, 2016.

破坏 2016 年美国总统大选和其他选举的行为，很好地说明了组织需要特别关注信息系统安全这一问题。信息安全漏洞使得俄罗斯黑客能够侵入民主党使用的信息系统，有可能改变选举进程，并有可能改变各国的命运。薄弱的 IT 安全也造成了企业和消费者数十亿美元的经济损失。

图 8-1 概述本案例和本章提出的要点。克林顿·希拉里竞选团队缺乏应对网络钓鱼攻击的专业知识，也缺乏防范网络钓鱼攻击的专业知识。此外，人类的无知、错误和粗心大意也是原因之一，DNC 不愿对 FBI 的黑客攻击警告作出快速反应，DNC 和克林顿·希拉里团队成员无法识别伪造的网络钓鱼电子邮件。尽管民主党全国委员会和克林顿·希拉里团队认为有足够的安全工具来抵御不受欢迎的入侵者，但这并不足以保护自身和总统竞选团队不受俄罗斯黑客的影响。最终，民主党聘请了外部安全专家加强系统保护。

我们可能永远无法真正知道，黑客所曝光的电子邮件究竟多大程度上影响了 2016 年的选举结果。但我们知道事情非常严重，很可能预示着世界各地未来的选举可能会遭遇同样的麻烦。同样令人不安的是，促成 DNC 和克林顿·希拉里团队被黑客攻击的安全漏洞在企业和其他组织中也司空见惯。

> 需要考虑：黑客能够利用哪些安全漏洞？管理、组织和技术方面的哪些因素对这些安全隐患造成了影响？能够阻止黑客吗？

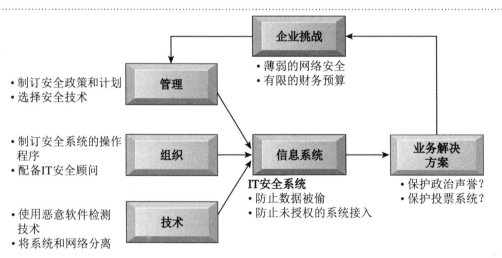

图8-1 信息系统安全

8.1 为什么信息系统容易受到破坏、容易出错和被滥用？

你能否想象你的计算机如果没有防火墙和反病毒软件就连上互联网会发生什么吗？你的计算机会在几秒钟内瘫痪，可能要花很多天才能修复！如果你使用计算机来支持业务运营，当计算机瘫痪时，你可能无法把货物卖给客户或向供应商下订单。你可能发现，一旦计算机被外来者入侵，你有价值的数据也许会盗窃或毁坏，包括机密的客户付款信息。如果太多的数据被毁坏或者泄露，交易可能再也无法进行。

简而言之，如果你经营一家企业，需要把确保数据或信息安全与控制设为最高优先级。**安全**（security）是指一系列用来防止对信息系统非授权的访问、更改、盗窃或者物理损害的政策、步骤和技术措施。**控制**（control）是指确保组织资产安全的方法、政策和组织流程，从而保证资产记录的准确性、可靠性，对其处置要符合管理标准。

8.1.1 为什么系统容易受到破坏？

当大量的数据以电子形式存储时，它们受到破坏的威胁要远高于手工文档记录的数据。通信网络使不同地区的信息系统相互连接在一起，而非法进入、滥用、欺诈的潜在威胁不只存在于某个区域，而是存在于网络中的任何连接点。图 8-2 列举了当前信息系统最常见的安全威胁，这些威胁来自技术、组织和环境等方面的因素，以及不当的管理决策。在图 8-2 的多层客户机/服务器计算环境中，每个层次和层次间的通信都有可能存在漏洞。客户机层可能会因用户引入错误或者未经授权的访问而对系统产生损害，也有可能在网络传输期间被人盗取有价值的数据，或未经授权篡改数据。同样，辐射也会在各个接入点扰乱网络。入侵者可以发动拒绝服务攻击，或者用恶意软件干扰网站运行，或想方设法侵入企业系统，毁坏或更改企业存储在数据库或文件中的数据。

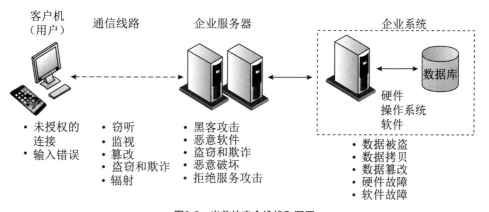

图8-2 当前的安全挑战和漏洞

注：一个基于 Web 的应用系统体系结构通常包括 Web 客户机、服务器和与数据库连接的企业信息系统，每个组成部分都有可能存在安全挑战和漏洞。另外，水灾、火灾、停电及其他电气问题也都会导致网络中任何连接点的中断。

系统故障如果不是因为配置不当引起的计算机硬件崩溃所致，那么就是因为使用不当或者犯罪行为所造成的。程序错误、安装不当，或未经授权的更改均有可能会导致计算机软件失灵，而停电、水灾、火灾或者其他自然灾害也会引发计算机系统的故障。

在与国内外其他企业合作时，如果有价值的信息存储在组织控制之外的网络或计算机上，那么也会使系统容易遭受破坏。没有强大的安全保障，有价值的数据可能会丢失、被毁坏或者错误地落入他人之手，从而泄露重要的商业秘密或者个人隐私信息。

手机、智能手机和平板电脑的便捷性也容易造成数据的丢失或被盗。智能手机具有与其他互联网设备相同的安全弱点，即易受恶意软件和外来者的入侵。企业员工使用的智能手机中通常存有一些敏感的数据，如销售数量、客户姓名、电话号码和电子邮件地址等，入侵者可以通过这些便携式设备进入企业的内部系统。

1. 互联网的弱点

互联网是属于大型公用网络，因为对所有人开放，因此会比内部网络更易受攻击。互联网如此巨大，一旦被滥用，其影响是非常深远的。当互联网成为企业网络的一部分时，组织的信息系统更易受到外来者的侵入。

电子邮件、**即时信息** IM（instant messaging）和 P2P（peer-to-peer）文件共享的广泛使用，也会增加网络的漏洞。电子邮件的附件有可能是恶意软件或未经授权访问企业内部系统的跳板。员工可能会使用电子邮件传送有价值的交易机密、财务数据或者客户的保密信息给未经授权的接收者。互联网上的即时信息在某些情况下可以被用做进入一些不太安全的网络的后门。通过 P2P 网络共享文件，如非法共享音乐文件，也可能向外界传播恶意软件，或者把个人和企业计算机上的信息向外界泄露。

2. 无线网络的安全挑战

蓝牙和 Wi-Fi 网络都容易受到非法入侵。使用 802.11 标准的 LAN 也可能被外部入侵者通过手提电脑、无线网卡、外置天线和黑客软件等轻易地侵入。黑客使用这些工具可以发现没有防护的网络，监视网络流量，在某些情况下还能够进入互联网或企业网络。

Wi-Fi 传输技术使得一个基站能够很容易找到并接听另一个基站。识别 WiFi 网络中接入点的**服务集标识**（service set identifier，SSID）可以多次广播，能够很容易地被入侵者的窃听程序窃取（见图 8-3）。很多地区的无线网络没有基本的保护来抵御**驾驶攻击**（war driving），窃听者开车经过某个建筑物或者在外面停车时，就拦截无线网络的流量。

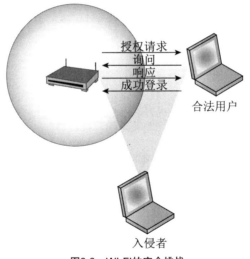

图8-3　WI-FI的安全挑战

注：许多 Wi-Fi 网络容易被入侵者渗透，它们利用窃听程序获得地址，未经授权便可以访问网络中的资源。

通过某个接入点联接的入侵者通过使用正确的 SSID 就能够访问网络上的其他资源。例如，入侵者可以使用 Windows 操作系统看到还有哪些用户连接到网络，然后进入他们的计算机硬盘驱动区，打开或复制其中的文件。

入侵者还会利用收集到的信息，在靠近用户物理位置的不同的无线频道上设置恶意接入点，这样强行使用户的**无线网络接口控制器**（network interface controller，NIC）与该恶意接入点关联起来。一旦关联成功，黑客就可以通过恶意接入点捕获毫无戒心的用户的用户名和密码。

8.1.2 恶意软件：病毒、蠕虫、特洛伊木马和间谍软件

含有恶意代码的软件称为**恶意软件**（malware）。恶意软件存在各种形式的威胁，如计算机病毒、蠕虫和特洛伊木马（见表 8-1）。**计算机病毒**（computer virus）是一种通常在用户不知情的情况下，附着在其他软件程序或数据文件上的欺诈性软件程序。绝大多数计算机病毒会产生**有效载荷**（payload）其中有些可能是无恶意的，例如发出显示消息或图片的命令，有些则是具有极强的破坏性，可以毁坏程序和数据，阻塞计算机内存，格式化计算机硬盘，甚至导致程序运行不当。当人们发送带有附件的电子邮件或者复制已感染病毒的文件这类操作时，病毒就会从一台计算机传到另一台计算机。

表 8-1 恶意软件例子

名 字	类 型	描 述
cryptolocker	勒索软件/木马病毒	劫持用户的照片、视频和文本文档，用几乎不可破坏的非对称加密技术来加密，要求用户支付赎金
conficker	蠕虫病毒	2008 年 11 月首次发现，至今仍然是一个问题。该病毒利用了 Windows 软件中的缺陷来控制计算机，并将它们连接到可以远程操纵的虚拟计算机中。全球有 500 多万台计算机在它的控制之下，很难去除
sasser.ftp	蠕虫病毒	该病毒首次出现在 2004 年 5 月，通过攻击随机 IP 地址在互联网上扩散，让计算机不断崩溃并重新启动，并会传染更多的受害者。全球受影响的计算机有数百万台，损失估计在 148 亿～ 186 亿美元
ILOVEYOU	病毒	该病毒首次出现在 2000 年 5 月 3 日，以 Visual Basic 脚本编写的脚本，以主题为 ILOVEYOU 电子邮件的附件发送，并用自己的副本覆盖音乐、图像和其他文件。估计损失在 100 亿～ 150 亿美元

蠕虫（worms）病毒是一种独立的计算机程序，可以在网络上将自己从一台计算机拷贝到另一台计算机上。与一般病毒不同，蠕虫不附着在其他计算机程序文件上，而是可以自己运行，在计算机之间扩散，对人的行为的依赖性不强。蠕虫会毁坏数据和程序，同样也会扰乱甚至中断计算机网络的运行。

蠕虫和病毒在互联网上通常是通过下载的软件文件、电子邮件传送的附件、电子邮件附加信息、在线广告或即时信息来扩散的。病毒同样从被感染的硬盘或者计算机入侵到计算机信息系统。尤其普遍的病毒是**下载驱动**（drive-by download）的恶意软件，它是在用户有意或无意下载的文件中含有的恶意软件。

黑客可以像入侵任一互联网设备那样入侵智能手机：在用户无干预情况下自动下载恶意文件、删除文件和传输文件，擅自在后台安装运行程序来监控用户操作，并有可能将智能手机转换成僵尸网中的机器人，向他人发送电子邮件和短信。据 IT 安全专家称，移动设备现在成了最大的安全隐患，其超过了大型计算机的安全风险。卡巴斯基实验室报告称，在 2017 年就检测出 570 万个移动恶意安装包（卡巴斯基实验室，2018 年）。

安卓是目前广泛采用的移动操作系统，也是大多数黑客攻击的平台。移动设备病毒对企业信息系统构成了严重的威胁，因为现在有许多无线设备与企业信息系统相连。

博客、维基以及像 Facebook、推特和 LinkedIn 这样的社交网站，已经成为恶意软件发挥作用的新渠道。因为在这些社交媒体中，即使一些沟通是不合情理的，网站的会员也会信任从朋友那里收到的信息。例如，2018 年，Facebook Messenger 内部就出现了一种名为 FacexWorm 的恶意

软件。用户一旦点击 Facebook Messenger 某个链接，便会进入一个假的 YouTube 页面，引导用户的 Chrome 浏览器安装 YouTube。安装完成后，恶意软件就可以窃取密码或比特币等加密货币。

物联网也带来了新的安全挑战，这些挑战主要来自互联网连接设备、平台和操作系统以及它们之间的通信，甚至是它们连接的系统。这就需要新的安全工具来保护物联网设备和平台免受信息攻击和物理破坏，需要新的工具来加密设备间的通信，新的方法来应对诸如电池耗尽之类的攻击。许多物联网设备（如传感器）自带的处理器和操作系统比较简单，可能不支持复杂的安全方法。

Panda Security 报告说，他们在 2017 年发现并废止了 7 500 多万个新的恶意软件，并且每天检测到 28.5 万个新的恶意软件样本（Panda Security，2017 年）。

特洛伊木马（Trojan horse）是一种软件程序，看似良性，实则不然。特洛伊木马本身并不是病毒，因为它不会自我复制，但通常是将病毒或其他恶意代码引入计算机系统的一种方式。特洛伊木马这个词来自于希腊人在特洛伊战争期间，用来欺骗特洛伊人打开大门的大木马。

现代特洛伊木马的一个例子是宙斯（Zbot）特洛伊木马，它在 2009 年感染了 360 多万台计算机，其威胁至今仍然存在。它在人们使用计算机时秘密捕捉人们的按键，从而用来窃取用户银行的登录信息。宙斯主要通过驱动下载和网络钓鱼传播，最近的变种很难根除。

SQL 注入攻击（SQL injection attacks）利用 Web 应用软件中的漏洞，将恶意程序代码引入系统和网络中。这些漏洞发生在 Web 应用程序无法正确验证用户在网页上输入的数据时，这种情况在网上订购时很有可能发生。这时攻击者利用输入验证错误，将流氓 SQL 查询发送到底层数据库来访问数据库，或植入恶意代码或访问网络上的其他系统。被称为勒索软件的恶意软件已在桌面设备和移动设备上疯狂增长。勒索软件试图通过控制计算机、阻止打开文件或显示恼人的弹出信息来敲诈用户。例如，2017 年 5 月袭击 150 多个国家计算机的一个名为 WannaCry 的勒索软件，加密了受感染的计算机文件，迫使每一个用户支付数百美元以后重新获得访问权限。你有可能会在下载受感染的附件、点击电子邮件中的链接或访问错误的网站时不幸获取了勒索软件。

某些类型的**间谍软件**（spyware）也是恶意软件。这些间谍软件在计算机上偷偷安装，监控用户浏览的网页，并投放广告。已经记录在册的间谍软件有数千种。许多用户发现这种间谍软件会侵犯用户的隐私，让人很烦心。某些形式的间谍软件特别可恶。**键盘记录器**（keyloggers）能够记录计算机上每个的每次按键，从而窃取软件的序列号、进行互联网攻击、访问电子邮件账户、获取受保护的计算机系统的密码或者获取个人信息，如信用卡或银行账号等。前面描述的宙斯木马就是使用键盘记录器的实例。还有的间谍软件能够重置 Web 浏览器主页，重新定向搜索请求，或占用过多的计算机资源，使计算机运行缓慢。

8.1.3 黑客与计算机犯罪

黑客（hacker）是指那些企图在未授权的情况下访问计算机系统的个人。在黑客团体内，"骇客"或"破袭者"（cracker）一词专门用来形容具有犯罪意图的黑客。而在公共舆论中，二者通常不加区分。黑客通过寻找网站和计算机系统安全防御的弱点来进行非授权的访问。黑客的活动不仅仅是系统入侵，而且还包括盗窃货物和信息、损坏系统和恶意破坏网络（cybervandalism）、故意、污染甚至破坏网站或企业信息系统。

1. 电子欺骗和嗅探器

黑客通常通过伪造的电子邮件地址或者假冒他人来伪装自己，以隐藏自己的真实身份。**电子欺骗**（spoofing）是指通过把欺骗网站伪装成目的网站，从而把网页链接误导入另一个与用户实际希望访问的网站不同的地址。例如，如果黑客把用户误导入一个伪装的、看似与真实网站无异的网站，他们就能收集和处理订单，从而有效地从真实网站中偷走业务及客户的敏感信息。在计算机犯罪部分，将对电子欺骗的形式进行更详细的讨论。

嗅探器（sniffer）是一种在网络中监控信息传输的窃听程序。在合法使用的情况下，嗅探器程序能帮助发现网络中潜在的问题或者网络犯罪活动。一旦用于犯罪目的它反而会具有伤害性并且十分难以发现。嗅探器程序使黑客能够从网络中盗取有价值的私有信息，包括电子邮件消息、企业文件和机密报告等。

2. 拒绝服务攻击

在**拒绝服务攻击**（denial-of-service attack，DoS）中，黑客向网络服务器或 Web 服务器发送成千上万个虚假通信或服务请求，网络服务器接收到太多的服务请求，以致连合法的请求也不能及时响应，造成网络崩溃。**分布式拒绝服务攻击**（distributed denial-of-service，DDoS）是指同时使用许多计算机，从众多的发射点来攻击网络的行为。

尽管 DoS 攻击不会破坏信息或者非法进入企业的信息系统，但它们通常会导致网站关闭，使合法用户不能访问网站。对于那些交易繁忙的电子商务网站而言，这种攻击所带来的损失是极为高昂的，在网站关闭期间用户不能进行交易。对于那些网络保护能力比大型企业更弱的中小企业来说，它们的网络更容易受到攻击。

DDoS 的攻击者经常在网络所有者不知情的情况下，利用成千上万感染了恶意软件的"僵尸"计算机，把它们组织成一个**僵尸网**（botnet）。黑客们通过用机器人恶意软件感染其他人的计算机来创建这些僵尸网络，然后打开一个后门，攻击者就可以通过这个后门发出指令。然后受感染的计算机便成为"奴隶或僵尸"，听命于属于其他人的主计算机。一旦黑客让足够多的计算机感染，就可以利用积累起来的僵尸网资源来发起 DDoS 攻击或网络钓鱼攻击或者发送"垃圾邮件"。

世界上 90% 的垃圾邮件和 80% 的恶意软件都是由僵尸网络发送的。最近的一个例子是关于 Mirai 僵尸网络，2016 年 10 月它感染了众多的物联网设备（如连接互联网的监控摄像头），然后利用这些设备对 Dyn（互联网流量的监控和路电服务器）发起了 DDoS 攻击。Mirai 僵尸网络压垮了 Dyn 服务器，摧毁了 Etsy、GitHub、Netflix、shoppify、SoundCloud、Spotify、Twitter 和其他一些主要网站。2018 年 1 月，Mirai 僵尸网络的变种攻击了金融企业。

3. 计算机犯罪

大多数的黑客活动都是犯罪行为，上述讨论的系统漏洞往往成为**计算机犯罪**（computer crime）的目标。计算机犯罪被美国司法部定义为"任何涉及利用计算机技术知识实施的刑事违法行为，可以对其调查和起诉"。表 8-2 给出了把计算机作为犯罪目标和工具的例子。

没有人知道计算机犯罪问题危害程度的严重性，有多少系统被入侵？有多少人参与了犯罪活动？或者带来了多大的经济损失？Ponemon Institute 2017 年关于网络犯罪的年度报告指出，7 个不同国家的头部企业每年的因网络犯罪活动所带来的损失平均达到 1 170 万美元（Ponemon Institute，2017a）。许多企业都不愿意报告它们发生的计算机犯罪所带来的损失，因为计算机犯罪可能涉及它们的员工，或担心公开计算机的易攻击性会使企业的声誉受损。在计算机犯罪中最廉价的攻击类型是 DoS 攻击、植入病毒和基于网络的攻击等。

表 8-2　计算机犯罪例子

以计算机为犯罪目标
攻破计算机保密数据的防护系统
未经授权进入计算机系统
蓄意进入受保护的计算机，然后实施讹诈诈骗
蓄意进入受保护的计算机，肆无忌惮地破坏
蓄意发送程序、程序代码或命令破坏受保护的计算机
恐吓要对受保护的计算机进行破坏
以计算机为犯罪工具
盗取商业秘密
非法拷贝软件、受版权保护的知识产权，如文章、书籍、音乐和影像等
谋划诈骗
使用电子邮件恐吓或骚扰他人
蓄意拦截电子通信
非法访问电子通信录，如电子邮件、语音邮件等
利用计算机制作和传播儿童色情作品

4. 身份盗用

随着互联网和电子商务的发展，身份盗用已经成为一个极为棘手的问题。**身份盗用**（identity theft）是指冒名获得他人关键信息，如社会保险号、驾照号、信用卡号等，以假冒他人名义实施的犯罪。作案者利用这些信息可能以受害者的名义获得信贷、商品或服务，或者给盗用者提供虚假证件。身份盗用在互联网上防不胜防，尤其是信用卡信息是网络黑客攻击的主要目标（参观本章末尾的案例）。根据贾夫林战略调查公司（Javelin Strategy & Research）2018 年的一份关于身份盗用的调查报告，2017 年，身份盗用影响了 1 670 万名美国消费者，造成了 170 亿美元的损失（Javelin，2016）。

网络钓鱼（phishing）也是一种越来越普遍的电子欺骗手段。网络钓鱼活动包括仿冒合法企业的虚假网站，或发送电子邮件来获取用户的个人隐私数据。这类邮件内容通常是要求接收者通过回复邮件或者进入一个虚假网站，填写信息或回拨某一电话号码来更新或确认某一记录，从而获取接收者的社保号、银行卡和信用卡信息以及其他保密数据。eBay、PayPal、沃尔玛和很多银行都极易被钓鱼网站盯上。有一种称为**鱼叉式网络钓鱼**（spear phishing）的欺骗方式更具有针对性和欺骗性，因为其信息的来源似乎很可信，如来自收件人的同事或者朋友。

被称为"邪恶双胞胎"和"嫁接"的网络钓鱼技术更难被发现。**邪恶双胞胎**（evil twin）是一种在机场休息室、酒店或咖啡店等场合，伪装成提供可信的 Wi-Fi 无线网络。这种欺骗网络看起来与合法的公共网络完全相同。当用户登录网络时，欺骗者试图在用户不知不觉中获取其密码或信用卡号码。

嫁接（pharming）技术能将用户引导到一个欺骗性的网页，尽管用户在使用的浏览器中输入了正确的网址。一旦嫁接欺骗者能够访问互联网服务供应商（ISP）存储的加速网页浏览的互联网地址信息，而 ISP 的服务器上运行的软件有缺陷，这时就有可能让欺诈者侵入系统并更改这些网址。

根据 Ponemon Institute 提供的关于 2017 年数据泄露损失的报告指出，在其调查的全球 419 家企业中，数据泄露所引起的平均损失高达 362 万美元（Ponemon，2017b）。此外，数据泄露事件对品牌的伤害也很大，而且难以量化。除了本章案例研究中描述的数据泄露事件以外，表 8-3 列出了一些关于数据泄露的主要事件。

美国国会在 1986 年的《计算机欺诈与滥用法案》（Computer Fraud and Abuse Act）中对计算机犯罪作出了司法解释，认定未经授权进入计算机系统的行为为非法行为。大多数州也有类似的法律，欧洲国家也有类似的立法。美国国会于 1996 年通过了《国家信息基础设施保护法案》（National Information Infrastructure Protection Act），该法案认定在全美联邦内传播恶意软件和黑客的网站攻击行为都为犯罪行为。

美国的相关法律，如《窃听法》《电信欺诈法》《经济间谍法》《电子通信隐私法》《电子邮件威胁和骚扰法》和《儿童色情法》等，涵盖了各种计算机犯罪行为，包括拦截电子通信、使用电子通信进行欺诈、窃取商业秘密、非法访问电子通信、使用电子邮件进行威胁或骚扰、传播或保存儿童色情作品等。拟议中的《联邦数据安全与泄露通知法案》将强制要求拥有个人信息的各种组织采取"适当"的安全措施保护数据安全，一旦发生数据泄露应及时通知受其影响者，但该法案尚未生效。

表 8-3 主要的数据泄露事件

数据泄露事件	简 况
雅虎	2016 年 9 月和 12 月，雅虎披露自己曾是有史以来两次最大数据泄露的目标，2013 年和 2014 年分别有超过 10 亿用户账户和 5 亿用户账户的敏感信息被盗。黑客找到了一种伪造凭证的方法，可以在没有密码的情况下登录一些用户的账户。这些数据泄露事件使雅虎在 2017 年 6 月被 Verizon 收购时，将售价降低了 3 亿美元。2017 年 10 月，Verizon 报告称，雅虎的每一个账户实际上都遭到了黑客攻击，涉及 30 亿个账户，包括 E-mail、Tumblr、Flickr 和 Fantasy
Anthem 健康保险公司	2015 年 2 月，黑客窃取 Anthem 健康保险公司 8 000 多万客户的个人信息，包括姓名、生日、医疗证件、社会保险号码和收入数据。这是迄今为止最大的医疗健康数据泄露事件
索尼公司	2014 年 11 月，黑客窃取超过 100TB 的企业数据，包括商业秘密、电子邮件、人事记录和尚未发布的电影副本等。恶意软件删除了索尼公司的系统数据，导致数亿美元的损失，也影响到了企业品牌形象。2011 年 4 月初，索尼系统被黑客入侵，入侵者从 PlayStation 网络和索尼在线娱乐网站获取了用户个人信息，包括信用卡、借记卡和银行账号等
Home Depot	2014 年被恶意软件程序入侵，窃取了商店的注册用户信息，同时伪装成防病毒软件。560 万张信用卡账户被盗用，5 300 万个客户电子邮件地址被盗
eBay	2014 年 2 月和 3 月期间，eBay 服务器受到网络攻击，有 1.45 亿人的客户名称、加密密码、电子邮件地址、物理地址、电话号码和出生日期等被盗

5. 点击欺诈

在搜索引擎中，当你点击一个显示出来的广告时，就意味着你可能是该产品的潜在买家，广告商通常就要为每次点击付费。**点击欺诈**（click fraud）是指在不了解广告商或购买意图的情况下，个人或计算机程序被欺骗性地点击了在线广告。在谷歌和其他网站按点击次数付费的在线广告中，点击欺诈是一个严重的问题。

有些企业雇了第三方（通常来自低收入国家）来欺骗性点击竞争对手的广告，通过抬高其营销成本来削弱竞争对手。点击欺诈也可以用软件程序进行点击，僵尸网常用于此目的。谷歌的搜索引擎试图监视点击欺诈，对抑制这一现象起到了一些作用。

6. 全球威胁：网络恐怖主义和网络战

上述提到的发布恶意软件、拒绝服务攻击、网络钓鱼等网络犯罪活动是无国界的。恶意软件攻击服务器在 200 多个国家和地区发生过。互联网的全球化使得网络犯罪可以在全世界任何地方实施，可以危及全世界的任何地方。

互联网漏洞使个人甚至整个国家极易成为以政治目的为动机的破坏和间谍活动的黑客攻击目标。**网络战**（cyberwarfare）是一种国家支持的活动，旨在通过入侵他国的计算机或网络来造成伤害和破坏，以削弱和击败该国。其中一个例子是俄罗斯黑客试图破坏美国大选，这在开篇案例中有所描述。

网络战争比传统战争更加复杂。虽然许多潜在的目标是军队，但一个国家的电网、金融系统、通信网络甚至投票系统也可能会遭到攻击。还有像恐怖分子或犯罪集团这样的非国家行动者，可能会发动袭击事件，这类事件往往难以判断谁应该为此负责。各国必须不断警惕新的恶意软件和其他可能被利用的技术，某些由技术黑客组织开发的技术，也会公开出售给感兴趣的人。

网络战争攻击已经变得越来越广泛、复杂，并且具有极强的潜在破坏性。2011—2015年，外国黑客窃取了美国石油管道、水管道和电网的源代码和设计图纸，并侵入能源部的网络150次。多年来，黑客们偷走了导弹跟踪系统、卫星导航装置、监视无人机以及领航喷气式战机的计划。

根据美国情报，有30多个国家正在发展攻击性网络攻击能力。它们的网络武器库包括用于渗透工业、军事和关键民用基础设施控制器的恶意软件，针对重要目标的网络钓鱼攻击的电子邮件列表和文本以及DoS攻击的算法。美国的网络战工作集中在美国网络司令部，该司令部负责协调和指导国防部信息网络的运作和防御，并为军事网络空间行动做好准备。网络战对现代社会的基础设施构成了严重的威胁，因为现代社会的金融、健康、政府和产业机构的日常运作都主要依赖于互联网。

8.1.4 内部威胁：员工

通常认为安全威胁主要来自组织外部。事实上，企业内部人员带来的安全问题也很严重。研究发现，网络安全的一个最主要原因是用户缺乏安全知识。许多员工会忘记访问计算机系统的密码，或者允许同事使用他的密码，这会对系统造成危害。恶意入侵者有时会假装成合法员工因需要信息而向他人骗取密码，这种做法被称为**社交工程**（social engineering）。本章的开篇案例显示了社交工程如何进入克林顿·希拉里的竞选系统。

8.1.5 软件漏洞

软件错误对信息系统来讲是一种常见的威胁，它会造成无法估量的损失，有时候会让那些使用或依赖系统的人处于危险之中。软件的复杂性日益增加，规模不断扩大，再加上需要对市场需求的及时响应，是造成软件缺陷或漏洞不断增加的原因。例如，2017年2月，一家帮助优化网站性能和安全性的服务提供商Cloudflare报告称，他们刚刚修复了一个泄露了几个月敏感数据的软件缺陷，遭泄露的数据包括用户密码、cookies和其他身份验证数据。尽管泄露的数据量似乎很小，但该漏洞可能会影响到Cloudflare 550万客户中的任何一个客户（McMillan，2017）。

软件的一个重大问题是存在着隐藏的bug或程序代码缺陷。研究表明，在大型程序中消除所有的bug几乎是不可能的。产生bug的主要原因是决策的复杂性。一个只有几百行代码、相对较小的程序可能会有数十个决策，会导致数百条甚至数千条不同的执行路径。大多数公司中的重要程序通常要大得多，有数万甚至数以百万行的程序代码，其中每一行代码都有数倍于小程序的决策选择和执行路径。

大规模的软件程序是无法实现零缺陷的，根本不可能对软件进行完整的测试。如果对包含数以千计的决策选择和数以百万计的执行路径的程序进行充分测试，耗时可能多达数千年。即使进行了严格测试的软件，也只有在该软件被长时间大量实际使用后，才能知道哪段程序代码是可靠的。

商业软件的缺陷不仅会降低其性能，也会造成安全漏洞，给网络入侵者有可乘之机。安全企业每年都会在互联网和 PC 软件中发现上千种软件漏洞。例如，Heartbleed bug 是 OpenSSL 的一个缺陷，OpenSSL 是一种大约有 2/3 的 Web 服务器使用的开源加密技术。黑客可以利用这个错误来访问用户的个人数据以及网站的加密密钥，用来收集更多受保护的数据。

特别麻烦的是**零日漏洞**（zero-day vulnerabilities），这是一个软件创建者都未知的漏洞。当供应商意识到这个问题并解决这个问题的时候，黑客可能已经利用了这个安全漏洞。这种类型的漏洞被称为零日，因为软件的作者在了解软件有漏洞并会被攻击之后，只有零天的时间来修补代码。有时候，安全研究人员会主动发现软件漏洞，但是更多的是在发生攻击之后，它们才被发现。

为了修复发现的软件缺陷，软件供应商会开发出称为**补丁**（patch）的修复小程序，而不会影响软件的正常运行。对这些漏洞的跟踪、测试和安装这些补丁程序则由用户自行处理，这一过程称之为补丁管理。

由于企业的 IT 基础设施通常承载了多个业务应用程序，操作系统的安装、其他系统的服务、对企业使用的所有设备和服务安装补丁等，通常不仅耗时而且成本高昂。恶意软件的入侵往往非常迅速，在发现漏洞和得到补丁程序之前，恶意软件可能就会利用漏洞发起攻击，企业难有充分的时间作出响应。

微处理器设计中新发现的漏洞

在"互动讨论：技术"部分描述了一种新发现的由计算机微处理器芯片设计缺陷引起的漏洞，这些漏洞使黑客能够通过恶意软件程序访问被认为完全受保护的数据。这些漏洞几乎影响了过去 20 年间制造的每一块计算机芯片。

8.2 安全与控制的商业价值是什么？

企业的信息资产非常宝贵，需要采取有效的安全措施进行保护。企业系统通常存储着机密信息，如个人税收、财务资产、医疗记录和工作绩效考核记录等，也可能存储着企业的业务信息，包括商业秘密、新产品开发计划和营销策略等。政府部门系统可能存储着武器系统、情报行动和军事目标的信息。这些信息具有巨大的价值，一旦丢失、毁坏或者被图谋不轨者利用，其影响是灾难性的。由于人为的安全侵害、天灾或不良技术导致的系统宕机，可能会对企业的财务状况产生持久性的影响。有些专家认为，如果在系统受损后三天内不能恢复其功能或者损失的数据，有 40% 的企业将难以恢复元气。

安全和监管上的不足还可能会导致企业要承担严厉的法律责任。企业不仅仅要保护其信息资产，还要保护客户、员工和合作伙伴的信息。做不到这一点，企业将会卷入因数据泄露和失窃导致的代价高昂的法律诉讼中，需要对因为没有采取适当的保护措施防止机密信息泄露、数据被毁坏或者隐私被侵害等不必要的风险和伤害承担法律责任。例如，Target 公司需要支付 3 900 万美元给美国万事达卡的几家银行，因为在 2013 年，黑客攻击了 Target 公司的支付系统，影响了 4 000 万人，这些银行被迫为 Target 客户的损失支付了数百万美元。Target 公司还向 Visa 因数据被攻击事件支付了 6 700 万美元，另有 1 000 万美元用于解决 Target 客户的集体诉讼。因此，开发一个规范的安全与控制系统以保护企业信息资产,对整个企业来说至关重要,这不仅仅是IT部门的事,也是高层管理者的责任(Rothrock等人,2018)。

8.2.1 电子档案管理的法律和监管要求

美国政府监管强制要求企业采取严格的安全与控制措施,保护数据不被滥用、不被泄露以及未经授权的访问。企业在采集和存储电子档案、隐私保护方面都面临着新的法律责任。

在美国,如果你在医疗行业工作,所在企业都必须遵守1996年颁布的《健康保险便利及责任法案》(Health Insurance Privacy and Portability Act,HIPAA)。HIPAA法案明确了医疗安全和隐私保护的规则和程序,简化了医疗账单管理程序,使医疗数据在医疗服务提供机构、结算中心和医疗方案制定机构之间自动流转。该法案要求医疗行业的成员单位必须保存病人信息档案6年,并确保这些记录的保密性,规定了医疗服务提供机构对病人信息的保密性、安全性和电子事务处理的标准;对违反医疗信息保密要求的电子邮件或者未经授权的网络访问,以及泄露病人记录的行为将给予处罚。

如果你在金融服务企业工作,所在企业都必须遵守1999年颁布的《金融服务现代化法案》,按其在国会倡议者来命名,该法案亦称作《格雷姆里奇-比利雷法案》。该法案规定金融机构要确保客户数据安全保密,数据必须保存在安全的存储介质中,并且必须采取特殊的安全措施加强数据在存储介质及其传输中的安全保护。

如果你在上市公司工作,所在企业都必须遵守2002年颁布的《公众公司会计改革和投资者保护法案》。该法案由美国马里兰州参议员保罗·萨班斯(Paul Sarbanes)和俄亥俄州众议员迈克尔·奥克斯利(Michael Oxley)提议立案,因此也称为《萨班斯-奥克斯利法案》(Sarbanes-Oxley Act)。在安然公司(Enron)、世界电信公司(WorldCom)及其他上市企业发生的财务丑闻事件之后,该法案的出台旨在保护投资者的利益。法案强制要求上市公司及其管理层要承担责任,确保内部使用和对外公开的财务信息的准确性和完整性。本章的学习跟踪模块中将详细讨论《萨班斯-奥克斯利法案》的内容。

《萨班斯-奥克斯利法案》试图从根本上保障内部控制在监督财务披露信息和文档保存中发挥作用。因为信息系统用来产生、存储和传输这些数据,法案要求企业必须增强信息系统的安全性,采取措施保证其数据的完整性、保密性和准确性,每个涉及重要财务报告数据的信息系统,均必须采取措施以保证数据的准确性。同样需要采取措施保证企业的网络安全,防止对系统和数据未经授权访问,尤其是在灾难事件或其他服务中断事件发生时,确保数据的完整性和可用性也是十分重要的。

互动讨论:技术

崩溃和幽灵困扰着全世界的计算机

2018年1月上旬,全世界的计算机用户都震惊地得知,过去20年制造的几乎所有计算机芯片都有安全漏洞,这些漏洞使攻击者有可能访问被认为受到完全保护的数据。安全研究人员于2017年末发现了来自芯片的内置功能的漏洞。该漏洞使恶意程序能够访问原本应该永远无法被看到的数据。

这些缺陷可能会造成两种特定的结果,称为崩溃(Meltdown)和幽灵(Spectre)。崩溃之所以如此命名，是因为它"熔化了"通常由硬件实施的安全边界。通过利用崩溃，攻击者可以使用计算机上运行的程序，访问这台机器上所有的数据，包括其他程序的数据和仅由管理员可访问的数据（系统管理员负责计算机系统的维护、配置和可靠性操作）。崩溃影响到1995年以来英特尔生产的某种芯片。

幽灵不是针对特定制造商的，但会影响几乎所有的现代处理器。幽灵这一名字意指推测性执行，在对受害者程序的内部运作有深入的了解以后，芯片能够根据对未来操作的推测来进行工作，以便更快地工作。在这种情况下，系统被诱使错误地预测了应用程序的行为。这个名字也暗示着幽灵将更难以被去除。毫无疑问，同一类的袭击事件终将会被发现，而幽灵也将困扰我们一段时间。

借助崩溃和幽灵，攻击者可以使程序泄露其本应保密的某些数据。例如，幽灵可以利用网站上的JavaScript代码，欺骗网页浏览器泄露用户和密码信息。攻击者可以利用崩溃查看其他用户的数据以及托管在同一硬件上的虚拟服务器，这对云计算主机而言尤其危险。总之，崩溃和幽灵最令人担忧的是：安全漏洞不是来自有缺陷的软件，而是来自运行软件背后的硬件平台的设计。

还没有足够证据表明崩溃和幽灵已被攻击者利用，但这很难检测，因为这些安全漏洞是如此之基本和广泛，一旦出事，后果不堪设想，尤其是对那些共享计算机的云计算服务的大量用户。据全球安全软件公司McAfee的研究人员所言，这些漏洞对恶意攻击者特别有吸引力，因为攻击面是如此空前，泄露高敏感数据的影响是如此之大。Forester认为，这些漏洞对笔记本电脑、台式机、平板电脑和智能手机性能的影响比较小。崩溃和幽灵背后的漏洞主要是来自硬件，因此无法直接修补。而软件供应商只能发布解决问题的软件修补程序。通过更改或禁用推测性执行的软件代码，或内置在硬件中的缓存功能的方式来缓解漏洞。（缓存是一种通过在CPU芯片，而不是从单独的RAM芯片上定位少量内存来加速计算机内存访问的技术。）由于这些功能原本是为了提高系统性能，因此缓解这些漏洞会降低系统的运行速度。专家们最初预测系统性能可能会降低30%，但实际上通常只会降低5%～10%。

一些软件供应商已经推出了变通的补丁。云供应商也已采取措施修补其基础架构，希望客户的操作系统和应用程序能够安装修补程序。微软也发布了适用于Windows 7和所有更高版本的操作系统补丁，这些补丁也适用于微软的Internet Explorer和Edge浏览器。苹果也发布了Safari浏览器和iOS、macOS和tvOS操作系统的补丁版本。谷歌提供了那些Chromebook型号需要或不需要补丁的列表，并为其Chrome浏览器发布了补丁。Windows XP等较旧的操作系统以及数百万台无法从谷歌获得安全更新的第三方低成本安卓手机很可能永远不会打补丁了。企业应该在获取补丁后立即修补其浏览器软件，另外，由于这些漏洞允许攻击者可以通过网页运行JavaScript，从用户设备内存中窃取密码，因此建议用户在不使用时关闭网络浏览器。Forester还建议企业应使用其他技术来保护数据，以免受到来自未使用此修复程序的用户和组织的侵害。

但是，真正修复崩溃和幽灵的唯一方法是更换受影响的处理器。重新设计和生产新的处理器和体系结构可能需要5～10年的时间。如果说崩溃和幽灵有什么好处的话，那就是它们将全球的注意力更多地集中在软件和硬件安全上，以及需要开发更强大的系统体系结构进行安全计算。

资料来源： Josh Fruhlinger, "Spectre and Meltdown Explained: What They Are, How They Work, What's at Risk," CSO, January 15, 2018; Warwick Ashford, "Meltdown and Spectre a Big Deal for Enterprises," Computer Weekly, January 9, 2018; Laura Hautala, "Spectre and Meltdown: Details You Need on Those Big Chip Flaws," CNET, January 8, 2018.

案例分析题：

1. 幽灵和崩溃的危险性有多大？请解释你的答案。
2. 比较幽灵和崩溃对云计算中心、企业数据中心、PC和智能手机用户的威胁。
3. 如果你负责运营一个公有云计算中心，你会如何保护免受幽灵和崩溃的侵袭？如果你负责运营一个企业数据中心或者你只是一个个人电脑使用者，你又会如何免受幽灵和崩溃的侵袭？

8.2.2 电子证据和计算机取证

在法律诉讼中，安全、控制和电子档案管理至关重要。今天很多涉及股票欺诈、贪污、盗窃企业商业秘密、计算机犯罪，以及很多民事案件的证据都是数字证据。除了打印的纸质资料以外，现在的法律诉讼越来越依靠存储在移动硬盘、CD和计算机硬盘上的电子数据，以及电子邮件、即时信息和互联网上电子商务交易记录等方面的数据。

在法律诉讼中，企业有义务对诉讼方提出的信息查询请求作出响应，这些数据可能被用作证据。法律要求企业必须提供这些数据。如果企业无法收集整理这些数据，或是数据受损甚至已经销毁，那么为满足这种数据查询要求，企业将会付出巨大的代价。法庭会对造成电子档案的不当损坏给予严厉的经济甚至刑事处罚。

有效的电子档案保存措施能够确保在适当的保存期限内对电子文件、电子邮件和其他文档记录的有效保存和方便使用。这也意味着企业要具有为可能发生的计算机取证保留好证据的意识。

计算机取证（computer forensics）是指对存储在计算机介质或从计算机介质中提取到的数据进行科学收集、审查、授权、保存和分析，使其可以在法律诉讼中作为证据使用。它涉及如下的问题：

- 在保护证据完整性的前提下从计算机中恢复数据。
- 安全地存储和处理恢复的电子数据。
- 在大量的电子数据中寻找重要信息。
- 向法庭提交信息。

电子证据可能以文件的形式或作为环境数据的形式留存在计算机存储介质中，其中环境数据对一般用户而言是不可见的数据。例如，计算机硬盘中删除的文件就属于环境数据。用户删除的计算机存储介质上的数据，可以通过一些技术手段来恢复。计算机取证专家可以尽可能恢复此类隐藏数据以作为证据。

计算机证据意识应该反映在企业应急处理预案之中。CIO、安全专家、信息系统维护人员和企业法律顾问应该共同合作，制定出在处理法律事务需要时开展相关工作的预案。读者在本章跟踪学习模块中可以找到有关计算机取证的更多资料。

8.3 安全与控制的组织框架有哪些组成要素

即使有最好的安全工具，除非你知道怎样、在哪里部署信息，否则信息系统也不可能做到安全可靠。你必须要知道企业在哪些方面可能存在着风险，要采取什么样的控制措施来保护企业信息系统的安全。企业需要建立一套安全措施和计划来确保企业业务的正常运行。

8.3.1 信息系统控制

信息系统控制可以是手工控制,也可以是自动化控制,它由总体控制和应用控制构成。**总体控制**(general control)是针对计算机程序的设计、安全和使用,以及遍布在组织IT基础设施中的一般数据文件的安全等方面的管控。总体来说,总体控制适用于所有与计算机应用相关的环境,以建立由硬件、软件以及手工程序等方面组成的总体控制环境为目的。

总体控制包括软件控制、物理硬件控制、计算机运行控制、数据安全控制、系统开发过程控制以及管理控制。表8-4描述了各类控制的作用。

表8-4 总体控制

总体控制的类型	说明
软件控制	监控系统软件的使用,防止未经授权对应用软件、系统软件及其他计算机程序的访问
硬件控制	确保计算机硬件的物理安全,并检查设备故障。高度依赖计算机系统的企业还必须制定系统备份和保障不间断服务的规定
计算机运行控制	监督计算机部门的工作,确保数据的存储和处理过程中所遵循的程序化措施的一致性和正确性。包括对计算机处理作业安装以及异常中断处理的备份和恢复过程的控制
数据安全控制	确保在磁盘或磁带上存储的有价值的商业数据文件的安全,无论是在使用中还是在存储介质上,都要免受未经许可的访问、更改或破坏
开发过程控制	对系统开发过程的各个环节进行审计,确保系统开发过程得到适当的控制和管理
管理控制	规范标准、规则、步骤和控制规则,确保组织的一般控制和应用控制得到正确的执行和强化

应用控制(application control)是针对每个计算机应用软件特有的专门控制,如薪酬计算和订单处理系统等。应用控制包括自动化手段和人为措施,以确保只有经过认可的数据才能被应用软件完全准确地处理。应用软件控制分为输入控制、过程控制和输出控制。

当数据输入时,输入控制就是要检查数据的准确性和完整性。有专门的输入控制负责处理输入权限、数据转换、数据编辑和出错处理等问题。过程控制是要保证数据在更新过程中的完整性和准确性。输出控制是要确保计算机处理结果的准确性、完整性及其使用去向的正确性。读者在学习跟踪模块中可以找到更多的关于应用控制和总体控制的详细内容。

信息系统控制不应该是事后控制。信息系统控制应该纳入系统的设计过程,不仅要考虑系统在所有可能条件下的运行情况,还要考虑使用系统的组织和人员的行为。

8.3.2 风险评估

在建立安全和信息系统控制之前,需要明确哪些资产需要保护以及这些资产容易受到损害的程度。风险评估有助于回答这些问题,并确保保护这些资产的最佳成本-效益方法。

如果一个活动或过程没有控制好,**风险评估**(risk assessment)可以确定由此将会给企业带来的风险程度。并非所有的风险都能够预测到并能够进行度量,但是,只要企业管理人员和信息系统专家通力合作,对信息资产的价值、容易出现问题的地方、问题可能发生的频率以及潜在的危害等作出判断,那么大部分企业能够对面临的风险有一定的了解。例如,如果某个事件一年发生的次数可能不会超过一次,对组织造成的损失最多不超过1 000美元,那么就没必要花 20 000 美元来防止该事件的发生。但是，如果同类事件每天至少会发生一次，一年造成的损失会在 300 000 美元以上，那么在控制上花费 100 000 美元就完全合理。

表 8-5 给出了对某个在线订单处理系统进行风险评估得到的结果。该系统每天处理 30 000 份订单。一年内发生的各种风险事件的可能性用百分比来表示。第三列表示各种风险事件每次发生时，预期可能带来的最高和最低损失，括号内是把最高和最低损失相加除以 2 得到的平均损失。最后一列是每种风险事件产生的年预期损失，可以用平均损失乘以发生的概率计算出来。

表 8-5　在线订单处理系统风险评估　　　　　　　　　　　　单位：美元

风 险 事 件	发生概率 /%	损失范围及平均值	年预期损失
电源故障	30	5 000 ～ 200 000 (102 500)	30 750
盗用	5	1 000 ～ 50 000 (25 500)	1 275
用户错误	98	200 ～ 40 000 (20 100)	19 698

这份风险评估表表明，一年内发生电力故障的概率为 30%，每次发生掉电时造成订单交易损失的范围在 5 000 ～ 200 000 美元（平均为 102 500 美元），掉电损失大小取决于处理电力故障的时间。一年内发生盗用事件的概率约为 5%，每次发生时潜在的损失范围在 1 000 ～ 50 000 美元（平均为 25 500 美元）。一年内发生用户错误的概率为 98%，每次发生造成的损失范围为 200 ～ 40 000 美元（平均为 20 100 美元）。

风险评估完成后，系统建设者会把精力放在最容易出现问题和潜在损失最大的控制点上。在上述例子中，必须采取控制措施使电源故障和用户错误的风险最小化，因为在这些方面每年预计造成的损失最大。

8.3.3　安全措施

一旦确认了信息系统的主要风险，就需要为保护企业财产建立安全措施。安全措施（security policy）由陈述信息风险、阐述可接受的安全目标以及达成这些目标的机制等构成。什么是企业最重要的信息资产？这些信息由谁产生和由谁控制？现有保护信息的安全措施有哪些？对于每种资产，管理层可以接受的风险等级是什么？例如，是否可以接受十年丢失一次客户信用数据？或者是否要为信用卡数据建立可以经受百年一遇灾难的安全系统？管理层必须对达到可接受的风险等级需要付出的代价作出估算。

安全措施能够促使企业制定相关措施，明确哪些使用企业信息资源的行为是可以接受的，以及哪些企业成员能够访问这些信息资源。**可接受使用策略**（acceptable use policy，AUP）规定使用企业的信息资源和计算机设施的可接受行为，包括对台式计算机、便携式电脑、无线设备、电话和互联网等的使用。一个良好的 AUP 需要对每个用户可接受和不可接受的行为作出界定，并对违反规定的行为后果给出说明。

图 8-4 是一个组织如何在人力资源模块中为不同级别的用户指定访问规则的例子。它根据执行人员工作所需的信息，指定每个用户可以访问人力资源数据库的哪些部分。该数据库包含敏感的个人信息，如员工的工资、福利和病史。

图 8-4 所示的访问规则针对两组用户。其中一组用户是处理办公室事务（例如将员工数据的录入系统的）的所有职员。拥有这类配置文件权限的所有人员可以对系统数据进行更新，但

无法读取和更改敏感数据,包括薪资、病史或者收入等。另一个配置文件用于部门经理,他不能更新系统数据,但可以读取其部门员工的所有字段的数据,包括病史和薪金。本章后续内容将会对用于用户身份认证的技术进行详细讨论。

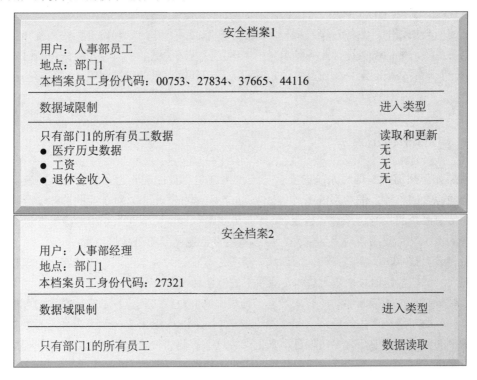

图8-4　人事系统的访问规则

注:这两个例子代表了在一个人事系统中可能使用到的两个安全配置文件或者数据安全模式样例。根据安全配置文件,用户会在要访问的系统、访问位置或者组织的数据等方面受到一定的限制。

8.3.4　故障恢复与业务持续规划

运营一家企业,就需要针对一些事件作出规划,如停电、洪灾、地震和恐怖袭击等,这些事件会妨碍企业信息系统和业务运作的正常运行。**故障恢复计划**(disaster recovery planning)是指制订出当计算和通信服务被破坏后,能够使其恢复工作的计划。故障恢复计划主要关注维持系统正常运行方面的技术性问题,如明确哪些文件需要备份以及后备计算机系统或故障恢复服务的维护等问题。

例如,万事达卡公司(MasterCard)在密苏里州堪萨斯市(Kansas City,Missouri)建立了一个同样的计算机中心,作为它位于圣路易斯(St. Louis)的主计算机中心的紧急备份系统。然而很多企业并没有建立自己的备份设施,而是与基于云的故障恢复企业(如 Sungard Availabitlity Service)签订合同。这些故障恢复企业在全国建立了装有空闲计算机的站点,这是一种商业灾难恢复服务,用于当计算机或设备突然瘫痪时通过恢复工作支持计算机和网络操作的正常运行,供需要订购服务的企业在紧急情况下运行其关键应用。

业务持续计划(business continuity planning)关注经过故障冲击后,企业怎样恢复其业务运行。

业务持续计划可以在系统因故障中断时，识别关键业务流程，并为与企业关键职能的制定行动方案。例如，总部位于田纳西州富兰克林的一家福利改善企业 Healthways，实施了一项业务连续计划，该计划确定了整个企业近 70 个部门的业务流程以及系统停机对这些流程的影响。Healthways 确定了最关键的流程，并与各部门合作制订了行动计划。

在上述两类规划中，业务管理人员和信息技术专家必须合作，一起确定哪些系统和业务流程对企业至关重要。他们需要进行业务影响分析来确定企业最关键的系统以及系统中断时对业务产生的影响。管理层必须确定企业在系统中断时业务处理能够承受的最高时限，以及哪些业务要最先恢复。

8.3.5 审计的作用

管理层如何知道哪些信息系统的安全与控制措施是有效的呢？为了回答这个问题，组织必须进行全面综合的审计。**信息系统审计**（infromation systems audit）对企业的总体安全环境以及针对单个信息系统的控制措施进行检查。审计人员要跟踪样本数据在系统中的流动并进行测试。在有条件的情况下可采用自动审计软件。信息系统审计也需要检查数据质量。

安全审计对技术、步骤、文档、培训和人事等进行检查。完全彻底的审计甚至会模拟攻击或灾难事件来测试技术、信息系统人员和企业员工的响应情况。

审计结果会把控制措施中的所有缺陷逐一列举出来并进行排列，评估它们发生的可能性，然后评价每种威胁对组织产生的经济上和组织上的影响。图 8-5 给出了一个借贷系统的控制措施缺陷样本清单的例子。其中，有专门栏目用来记录将这些缺陷告知管理层的通知以及管理层的处理回复。对有重大影响的缺陷，管理层需要作出应对措施使其在控制之中。

功能：贷款		准备者：J. Ericson		接收者：T. Benson	
地点：Peoria, IL		日期：2018年6月16日		复查日期：2018年6月28日	
缺陷和影响的本质	错误/滥用的机会		管理层通知		
	是/否	理由	报告日期	管理层反馈	
用户账户丢失密码	是	使系统暴露在非授权的外部使用者或攻击者面前	5/10/18	将没有密码的账号删除	
网络设置允许一些系统文件的分享	是	将重要的系统文件暴露给网络上有敌意的对手	5/10/18	确保只有需要分享的目录才分享，且文件有密码保护	
软件补丁可以更新生产程序，并不需要标准和控制委员会的最终同意	否	所有生产程序均需要管理层同意；标准和控制委员会同意这样的情况属于临时生产状态			

图8-5　控制措施缺陷审计清单样例

注： 图 8-5 是当地商业银行借贷系统中常见的控制缺陷审计清单例子。该表单帮助审计人员记录和评估控制措施的缺陷，将结果通知管理层，并记录下管理层采取的纠正措施。

8.4 保护信息资源最重要的工具和技术是什么？

企业采用一系列的技术来保护信息资源，包括管理用户身份、防止未授权的系统和数据访问、确保系统的有效性和软件质量等工具。

8.4.1 身份管理与认证

大中型企业拥有复杂的 IT 基础设施和很多不同的系统，每一个系统都有自己的用户群。**身份管理**（identity management）软件会自动保留用户的使用记录及其系统权限，并为每个用户访问每个系统分配一个唯一的数字标识。它还包括用户身份认证、用户身份保护以及系统资源的访问控制等工具。

要进入一个系统，用户必须得到授权和身份认证。**身份认证**（authentication）是指能够分辨一个人所声称的身份。身份认证通常通过只有授权用户才知道的**密码**（password）来确认。终端用户使用密码登录计算机系统，也可以使用密码访问特定的系统和文件。但是，用户经常会忘记密码、共享密码或者使用简单密码，这会削弱系统的安全性。过于严格的密码系统会降低员工的使用效率。如果员工必须频繁修改复杂的密码，他们常常会走捷径，如选择容易被猜到的密码或是干脆把密码以普通方式保存在工作计算机中。如果通过网络传输，密码还可能被"嗅探"出来，或是通过社交网络盗取。

一些新的认证技术，如令牌、智能卡和生物身份认证等，克服了身份认证中的一些问题。**令牌**（token）是一种类似于身份证的物理装置，专门设计用来证明用户的身份。令牌是一种特别适合挂在匙环扣上的小玩意，它显示的密码经常更改。**智能卡**（smart card）是与信用卡一样的一个小装置，它内置了一个访问许可和其他数据的芯片（智能卡还可用于电子支付系统）。读卡器读取智能卡上的数据，以判断是允许还是拒绝其访问。

生物身份认证（biometric authentication）系统读取和分析如指纹、虹膜和声音等个人身体特征，以对许可或拒绝对系统的访问作出判断。生物认证以测量每个人独一无二的身体和行为特征为基础。它把个人的独有特征，如指纹、面部、声音或者视网膜图像，与存储起来的特征资料相比对，以判断二者之间是否有差异。如果二者相匹配，则允许访问。指纹和面部识别技术在安全中的应用刚开始，很多笔记本电脑（以及智能手机）配备了指纹识别装置，有些型号的笔记本电脑安装了内置网络摄像机和人脸识别软件。像 Vanguard 和 Fidelity 这样的金融服务企业，已经为客户实施了语音认证系统。

黑客们能够进入传统密码的事件不断发生，这表明需要更加安全的认证方式。**双因素认证**（two-factor authentication）通过多个步骤验证用户，从而提高了安全性。要进行身份验证，用户必须提供两种识别方式，其中一种通常是物理标记，如智能卡或智能芯片银行卡，另一种通常是数据，如密码或**个人识别码**（personal identification number，PIN）。生物数据，如指纹、虹膜或语音数据也可以被用作一种认证机制。双因素认证的常见例子是银行卡；银行卡本身就是物理物品，而 PIN 是附属在卡上的数据。

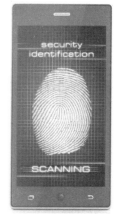

图8-6　生物指纹识别器

© Jochen Tack/Alamy

注：图 8-6 所示的智能手机有一个生物指纹识别器，可以快速安全地访问文件和网络。新型号的 PC 和智能手机开始使用生物认证技术对用户身份进行认证。

8.4.2 防火墙、入侵检测系统和反病毒软件

没有针对恶意软件和入侵者的保护就接入互联网是很危险的。防火墙、入侵检测系统和反恶意软件已成为企业必不可少的工具。

1. 防火墙

防火墙（firewall）不允许未经授权的用户访问私有网络。防火墙是一种软件和硬件的组合，用来控制传入和传出的网络流量。虽然防火墙也能用于企业内部网络来保护其中一部分与其余部分的连接，但是它通常放置在组织的私有内部网络与像互联网这样信任度不高的外部网络之间（见图8-7）。

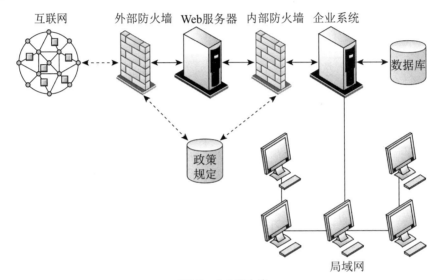

图8-7 企业防火墙

注：防火墙被放置在公司私有网络、公共互联网或其他信任度不高的网络之间，用来阻止未授权的通信。

防火墙就像一个守卫，在每个用户访问该网络前检查其身份。防火墙识别用户名、IP 地址、应用程序以及传入流量的其他特征。防火墙根据已经由网络管理员编入系统的访问规则来对这些信息进行检查。防火墙阻止未被授权的流入和流出的网络通信。

在大型组织中，防火墙通常放在一个特定的与网络其他部分分开的计算机上，因此没有任何传入的请求能够直接访问私有网络资源。目前存在许多防火墙屏蔽技术，包括静态包过滤、状态检测、网络地址转换和应用代理过滤。这些技术通常组合起来用作防火墙保护。

数据包过滤对在可信网络和互联网之间来回流动的数据包的数据头的特定字段进行检查，并对隔离的数据包进行检查。这种过滤技术可能会漏掉很多类型的攻击。

状态检测通过确定数据包是否是一个发送端和接收端之间正在进行会话的一部分来提供额外的安全保证。它建立状态表来跟踪多个数据包之间的信息。数据包的接受或拒绝基于它们是否是授权会话的一部分，或者是不是在尝试建立一个合法的链接以作出判断。

在使用静态数据包过滤和状态检测的时候，**网络地址转换**（network address translation, NAT）可以提供另一个保护层。NAT 通过将组织内部主机的 IP 地址隐藏起来，以防止防火墙外部的嗅探器程序确定这些主机的 IP 地址，并使用这些信息入侵内部系统。

应用代理过滤检查数据包的内容。代理服务器阻止来自组织外部的数据包，对其进行检查，

并把它们传送到防火墙另一端的代理服务器。如果企业外部的用户想要与内部的用户建立通信，外部用户先与代理应用程序"会话"，然后代理应用程序再与企业内部计算机建立通信。同样，内部的计算机用户通过代理服务器与外部计算机建立通信。

为了创建一个良好的防火墙，管理员必须维护详细的内部规则来识别用户、应用程序或者地址，哪些允许接受，哪些需要拒绝。防火墙可以阻止但不能完全阻断网络外来者的入侵，它应该被视为整体安全措施的一部分。

2. 入侵检测系统

除了防火墙，商用安全产品供应商现在还提供了入侵检测工具和服务，以防止可疑的网络流量对文件和数据库的试探性访问。**入侵检测系统**（intrusion detection systems）具有全天候监测工具的特点，被放置在最易受攻击的连接点或者企业网络的热点节点上，以检测和阻止入侵者的不断入侵。如果发现可疑或者异常事件，系统就会发出警报。检测软件寻找类似于错误密码这样已知的计算机攻击方式的模式特征，检查是否有重要文件被删除或者被修改，并且发出系统遭破坏或者系统管理出错之类的警告。入侵检测工具也可以定制为当接收到未经授权的流量时，关闭网络中特别敏感的部分。

3. 反恶意软件

个人和企业的防御技术规划中必须包括每台计算机都要有防恶意软件的保护措施。**反恶意软件**（anti-malware software）能防止、检测并删除恶意软件，包括计算机病毒、计算机蠕虫、特洛伊木马、间谍软件和广告插件。然而，大部分反恶意软件只针对编写程序时已知的恶意软件有效。为了保持反恶意软件的有效性，必须不断更新。即使这样，反恶意软件也不总是有效，因为有些恶意软件可以逃避防侵入检测。为了更好地保护计算机，企业需要使用额外的恶意软件检测工具。

4. 一体化威胁管理系统

为了帮助企业降低成本、提高可管理性，安全产品供应商把各种安全工具合并成一个单一的工具包。这些安全工具包括防火墙、虚拟专用网络、入侵检测系统、网页内容过滤和反垃圾邮件软件。这种集成的安全管理产品称为**一体化威胁管理**（unified threat management，UTM）系统。UTM 产品适用于各种规模的网络。主要的 UTM 厂商包括 Fortinent、Sophos 和 Check Point，并且如思科和瞻博网络这样的网络产品供应商在它们的产品中也提供一些 UTM 能力。

8.4.3 无线网络安全

最初为 WiFi 开发的安全标准并不很有效，这是由于它的加密密钥比较容易破解。该标准称为**有线等效保密**（wired equivalent privacy，WEP）。WEP 提供了某种程度的安全性，但是用户通常忘记启用它。当访问企业内部数据的时候，我们可以通过把 WEP 与虚拟专用网技术（VPN）联合起来使用，进一步提高 WiFi 网络的安全性。

2004 年 6 月，WiFi 联盟行业贸易组织最终完成了 802.11i 规范（也被称为 WiFi 保护访问 2 或 WPA2），并且用这个更强的安全标准替代了 WEP。它没有采用 WEP 使用的静态加密密钥，新标准使用了不断变化的、更长的密钥，使得它们更难以被破解。最新的规范是 WPA3，于 2018 年推出。

8.4.4 加密及公钥基础设施

很多企业利用密码系统保护其存储、物理传输或通过互联网发送的数字信息。**加密**（encryption）是一种将明码文本或数据变成暗码文本的过程，除了发送者和目标接收者以外，暗码文本不能被其他任何人阅读。数据通过秘密的数字代码来加密，这种将明码数据转换成暗码文本的秘密数字代码称为密钥。接收者必须将接收到的信息解密。

SSL 和 S-TPTP 是对网络中流量信息加密的两种方法。**安全套接层协议**（secure sockets layer，SSL）及后来的**传输层安全协议**（transport layer security，TLS），可以使客户机和服务器能够管理它们在安全的网络会话期间，相互之间通信的加密和解密活动。**安全超文本传输协议**（secure hypertext transfer protocol，S-HTTP）是另一种用来对在互联网上传输数据进行加密的协议，但是它仅限于对单个信息进行加密。而 SSL 和 TLS 则是为两台计算机之间建立安全连接而设计的。

互联网客户机浏览器软件和服务器中嵌入了生成安全会话的能力。客户机和服务器之间协商要使用什么样的密钥和什么层次的安全。一旦客户机和服务器之间建立起安全会话，会话期间的所有信息都会被加密。

有两种加密方法：对称密钥加密和公钥加密。在对称密钥加密中，发送者和接收者通过创建一个单一密钥，建立一个安全的网络会话，然后将密钥发送给接收者，发送者和接收者享有同样的密钥。密钥的加密能力以其位长来衡量。目前，根据所需的安全级别，典型的密钥长度是 56～256 位（从 56～256 个二进制数字的字符串）。密钥长度越长，破解密钥就越困难。这种方法的缺点是密钥长度越长，合法用户处理信息所需的计算能力就越强。

所有对称加密方案都存在一个问题：密钥本身必须能够被发送者和接收者共用，这使得密钥可能会被外来者拦截并破解。另一种更安全的加密方式称为**公钥加密**（public key encryption）。它使用两个密钥，其中一个为共享密钥（或公钥）；另外一个则完全私有，如图 8-8 所示。两个密钥在数学上相互关联，这样能够保证用一个密钥加密的数据只能用另一个密钥来解密。为了发送和接收信息，通信双方首先要独自创建一对私钥和公钥。公钥保存在一个目录中，而私钥则是被秘密保存起来。发送者利用接收者的公钥对信息加密。接收到信息后，接收者利用自己的私钥来解密。

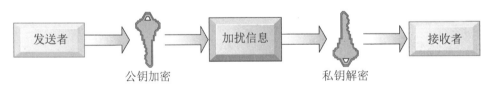

图8-8　公钥加密

注：公钥加密系统可看作是一系列的公钥和私钥，分别在数据传输时给数据加锁而在接收数据时给数据解锁。发送者在目录中找到接受者的公钥并用它给信息加密。信息以加密的形式通过互联网或者专用网络传输。当加密信息到达时，接收者就用自己的私钥解密数据并读出信息。

数字证书（digital certificate）是为了保护在线交易，用来辨别用户身份和电子资产的一种数据文件（见图 8-9）。数字证书系统利用可信赖的第三方机构，称为**认证中心**（certification authority，CA），验证用户身份的合法性。在美国和世界各地有许多认证中心，如赛门铁克、GoDaddy 和 Comodo 等。

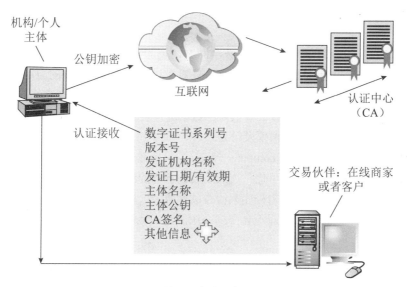

图8-9 数字证书

注：数字证书帮助证实用户和电子资产的身份，通过提供安全、加密的在线通信保护在线交易。

认证中心线下核查数字证书，以验证用户的身份。数字证书信息输入认证中心的服务器后，认证中心的服务器会产生一个加密的数字证书，其中包括证书持有者的身份信息和一份持有者的公钥备份。认证中心对此公钥是否属于所鉴定的持有者作出认证。认证中心的公钥以纸质形式或者在互联网上向社会公众公布。加密信息的接收者利用认证中心的公钥破解接收到的信息中的数字证书，并核实信息是否是由认证中心发出，然后获取发送者的公钥和包含在证书中的身份信息。利用这些信息，接收者就可以发送加密回复。例如，数字认证系统可以使信用卡用户和商家在交换数据前，验证的数字证书是否是由权威且可信的第三方机构所颁发。使用公钥加密技术与认证中心合作的**公钥加密基础设施**（public key infrastructure，PKI），目前在电子商务中得到广泛应用。

8.4.5 用区块链保护交易

我们在第6章中介绍了区块链，它作为一种确保交易安全和在多方之间建立信任的替代方法正在受到关注。区块链是包含交易记录的数字"块"链。每个块都连接到它之前和之后的所有块，并且区块链不断更新并保持同步，这使得篡改单个记录变得困难，因为人们必须更改包含该记录的块以及与之链接的块以避免检测。

区块链交易一旦被记录，就无法被更改。区块链中的记录是通过加密来保护的，所有的交易都是加密的。区块链网络参与者拥有自己的私钥，这些私钥分配给创建的交易，并充当个人数字签名。如果一个记录被更改，签名将失效，区块链网络将立即知道有什么问题。因为区块链不包含在一个中心位置，所以它们没有单一的故障点，也无法从一台计算机上进行更改。区块链尤其适用于安全性要求高、参与者相互未知的环境。

8.4.6 确保系统的可用性

随着企业的收入和运营越来越依赖于数字网络，企业需要采取额外的措施确保系统和应用程序随时可用。像民航和金融服务行业，这些企业对在线交易处理有重要的应用需求，多年来一直采用传统的容错计算机系统，以确保其在线交易处理能够完全可用。在**在线交易处理**（online transaction processing）中，计算机对在线输入的数据进行及时处理。数据库信息的批量更新、生成报告请求以及信息查询请求等都需要及时处理。

容错计算机系统（fault-tolerant computer system）包括冗余的硬件、软件和电源保障等组成部分，这些组成部分可以建立起一个可提供连续不间断服务的环境。容错计算机系统使用特殊的软件程序或者嵌入电路系统的自检逻辑程序来检查硬件故障，并能自动转换到备份系统。其中部分计算机还可以被移除或进行检修，而不会干扰系统的正常运行或宕机。**宕机**（downtime）是指系统不能运行的时间段。

1. 控制网络流量：深度包检测

你是否在使用校园网时发现它很慢？这可能是因为你的同学正在网上下载音乐或是观看在线电影。文件共享、网络电话以及在线电影等，这些都是耗费宽带的应用，它们能够使企业的网络拥堵、网速减慢，降低其性能。一项称为**深度包检测**（deep packet inspection，DPI）的技术有助于解决上述问题。DPI 技术检查数据文件，并将权限较低的在线文件分拣出来。同时对重要的业务文件赋予较高的优先权。根据网络操作员确定的优先权，企业就可以决定一个数据包是否能够继续向其目的地发送，或者当有更为重要的流量要通过时，它是应该被封堵或是延迟发送。

2. 安全性外包

许多企业，特别是小型企业，因为缺乏资源或专业技能，难以靠自身能力提供一个安全的、高可用性的计算环境。这些企业可以把很多安全职能外包给**安全管理服务供应商**（managed security service provider，MSSP）。安全管理服务供应商可以对网络活动进行监控，并进行漏洞检测和入侵检测。SecureWorks、AT&T、Verizon、IBM、Perimeter eSecurity 以及赛门铁克等是提供 MSSP 服务的主要企业。

8.4.7 云计算与移动数字平台的安全问题

尽管云计算和新兴移动数字平台具有能够产生巨大效益的潜力，但是它们给系统的安全性和可靠性带来了新的挑战。

1. 云计算的安全性

在云中处理数据时，保护敏感数据的责任和义务仍然由数据所有者承担。了解云计算供应商如何组织其服务和管理数据是非常重要的（见互动讨论：管理部分）。

云计算是高度分散的。云应用驻留在远程大型的数据中心和服务器群中，这些数据中心和服务器群为多家企业客户提供业务服务和数据管理。为了降低成本，云计算提供商通常在全球各地将处理任务分配到能够最为有效地完成该任务的数据中心。当使用云计算的时候，你可能不能准确知道你的数据被送到哪里处理。

几乎所有的云提供商都使用加密技术以确保它们处理的数据在传输时的安全性。但是，如果存储数据的设备也存放着其他企业的数据，那么对这些存储的数据进行加密也同样重要。DDoS 攻击是最为有害的，因为它们使得合法客户不能使用云服务。

企业通常期望它们的系统可以全天候运行。云供应商仍然经常会偶尔中断，但是其可靠性已经提高到一些大型企业为其部分 IT 基础架构使用云服务的水平。大多数企业的关键系统还是保留在企业内部或私有云上。

云计算用户必须要确认，无论它们的数据存储在哪里，对数据的保护必须达到企业要求的水平。它们必须约定云计算提供商对数据的存储和处理，必须符合法律规定的相关保密条款。云计算客户应该知道云计算提供商怎样将自己的数据与其他企业的数据隔离开，并要求提供有良好加密机制的证据。同样重要的是，需要知道在灾难事件发生时，云计算提供商将会作出怎样的响应、能否完全恢复你的数据以及需要多长时间等。云计算用户还必须要求云计算提供商进行外部审计和安全认证。在与云计算提供商签署协议之前，这些控制措施都应当写入服务等级协议 SLA。**云安全联盟**（cloud security alliance，CSA）已经制定了行业范围内的云安全标准，规定了保护云计算的最佳做法。

互动讨论：管理

云的安全性

在过去的几年中，许多企业改变了 IT 策略，将越来越多的应用和数据转移到公有云基础架构和平台上。但是，使用公有云破坏了许多企业多年来建立的传统网络安全模型。结果，随着企业使用公有云，它们需要修改网络安全实践，使用公有云服务，它们既可以保护关键数据，又可以充分利用这些服务的速度和敏捷性。

管理云服务的安全性和隐私，类似于管理传统的 IT 基础架构。但是，风险可能会有所不同，因为部分（但不是全部）职责转移给了云服务提供商。云服务的类别（IaaS、PaaS 或 SaaS）影响了这些职责的共享方式。对于 IaaS，服务提供商通常提供并负责保护基本的 IT 资源（如机器、存储系统和网络）的安全。云服务客户通常对放置在云计算环境中的操作系统、应用和企业数据负责。这意味着保护应用和企业数据的大部分责任在于客户。

云服务客户应与云服务提供商仔细阅读云服务协议，确保托管在云服务中的应用和数据与它们的安全性和合规性政策相一致，但这并不是全部。尽管许多组织都知道如何保证数据中心的安全性，但是它们完全不能确定将计算工作转移到云上时到底需要做什么。它们需要新的工具集和技能集来重新管理云安全性，以配置和启动云实例、管理身份和访问控制、更新安全性控制以匹配配置更改以及保护工作负载和数据。在许多 IT 部门中存在一个误解，即云中发生的一切都不是它们的责任。更新为企业数据中心开发的安全性要求是非常重要的，确保产生适合使用云服务的要求。使用云服务的组织通常需要在用户、应用和数据级别上应用其他控制。

云服务提供商在加强其职责范围的安全性方面取得了长足的进步。亚马逊的云服务安全性几乎没有漏洞。该企业对员工保持严格的约束，观察他们每天的工作，并指示服务团队通过工具和自动化来限制对数据的访问。亚马逊还轮换了安全凭证，以进行身份验证，并经常更改这些凭证，有时候仅仅过了几个小时就更改。

对于大多数企业而言，云数据的最大威胁在于缺乏软件补丁或配置错误。许多组织被攻击，因为它们忽视了应用软件补丁，这些补丁本应该在新发现安全漏洞时就应该使用，而这些组织却没有在安全补丁可用时或等待很久之后才应用（请参阅本章前面关于补丁管理的讨论）。企业还经历了安全漏洞，因为它们没有配置自己应该负责的云安全的内容。有些用户忘记设置 AWS Bucket 密码保护。（Bucket 是 Amazon Web Services 简单存储解决方案存储服务中的逻辑存储单元。Bucket 用于存储对象，该对象由数据和描述数据的元数据组成）。其他用户不了解亚马逊的基本安全功能，如基于资源的访问策略（访问控制列表）或 Bucket 权限检查等，不知不觉地将数据公开到公共网络。

财经出版社道·琼斯公司（Dow Jones & Co.）2017 年 7 月确认的报告显示，该企业可能公开暴露了 220 万客户的个人和财务信息，其中包括《华尔街日报》和《巴伦周刊》的订户。该泄漏可追溯到 AWS S3 安全性存储库中的配置错误。道·琼斯原本打算通过互联网向选定的客户提供半公开访问。但是，它最终授予了通过 URL 向"经过身份验证的用户"下载数据的访问权限，其中包括"免费"注册了 AWS 账户的任何人。埃森哲、Verizon、Viacom、特斯拉和 Uber 等是其他稳定增长企业中的知名企业，这些企业由于 AWS S3 安全性的错误配置也泄漏了一些敏感信息。这些错误配置一般是由于缺乏安全配置经验的员工执行相关工作，而这些工作本应该由熟练的 IT 专业人员进行处理。避免发生 AWS bucket 配置错误，可能还需要制定相关的政策来限制因粗心或未经培训的员工造成的破坏。

尽管客户可以选择云安全配置，但亚马逊一直采取自己的措施来防止配置错误。2017 年 11 月，企业更新了 AWS 仪表板，在 AWS S3 控制台上以亮橙色将公众包围起来，以便云客户可以轻松查看 bucket 及其对象的访问权限状态。当亚马逊 S3 bucket 向公众开放时，这可以帮助所有人更容易地看到。当对象存储在 AWS bucket 和用于跨区域复制的访问控制列表中时，亚马逊还为所有对象添加了默认加密。另一个名为 Zelkova 的新工具检查了 AWS S3 安全策略，帮助用户识别哪一个更宽松。Amazon Macie 是一项托管服务，使用机器学习来检测个人身份信息和知识产权，2017 年 8 月起已在 S3 上启用。

资料来源：Kathleen Richards, "New Cloud Threats as Attackers Embrace the Power of the Cloud," SearchCloudSecurity.com, April 3, 2018; "AWS S3 Security Falls Short at High-profile Companies," SearchCloudSecurity.com, April 2018; "Making a Secure Transition to the Public Cloud," McKinsey & Company, January 2018; and "Security for Cloud Computing: Ten Steps to Ensure Success," Cloud Standards Customer Council, December 2017.

案例分析题：
1. 云计算会带来什么样的安全问题？它们有多严重？请解释你的答案。
2. 哪些管理、组织和技术因素导致了云安全问题？云安全在多大程度上是一个管理问题？
3. 组织可以采取哪些步骤来提高基于云的系统安全性？
4. 企业是否应该使用公有云来运行其关键任务系统？为什么？

2. 移动平台安全

如果移动设备执行了计算机的许多功能，它们就需要像笔记本电脑和 PC 那样安全地保护起来，如预防恶意软件、盗用、意外损失、未经授权的访问和黑客攻击等。移动设备在访问企业系统和数据时需要特殊的保护措施。企业应确保将移动设备的使用纳入其安全措施计划，对如何支持、保护和使用移动设备作出详尽的规定。企业需要移动设备管理工具对所有使用的移动设备授权；维护所有移动设备、用户和应用中准确的库存记录；控制应用程序的更新；锁定或删除丢失或被盗的设备，使其不能对企业系统产生危害。数据丢失预防技术可以识别哪些关键数据被保存、谁在访问这些数据、数据如何离开企业，以及数据去向哪里。企业还应该制定指导原则，对允许使用的移动平台、应用软件，以及远程访问企业系统需要的软件和访问步骤等，作出明文规定。企业的移动安全政策应该禁止员工使用不安全的、基于消费者的应用程序来转移和存储企业的文档和文件，或者没有加密地通过电子邮件将这些文档和文件发送给自己。企业应该尽可能对通信加密，所有的移动设备用户都应该被要求使用智能手机中的密码功能。

8.4.8 确保软件质量

除了实施有效的安全与控制措施，组织还可以通过采用软件度量和严格的软件测试来改进系统的质量和可靠性。**软件度量**（software metrics）是一种以定量指标的形式对系统进行客观的评价。持续进行软件度量能够让信息系统部门和终端用户共同测量系统的性能，并及时发现所产生的问题。软件度量的例子包括在一个特定时间内能被处理的交易数量、在线响应时间、每小时打印的工资支票数量，以及每百行程序代码发现的 bug 数量等。要成功应用软件度量方法，对各项指标需要认真设计，做到规范、客观，而且保持前后使用的一致性。

企业尽早进行定期且全面的测试能够显著提高系统质量。很多观点认为测试是一种证明自己所做工作正确性的方法。事实上，众所周知，所有大型软件都充斥着错误，必须对其进行测试以发现这些错误。

良好的测试在软件程序写好之前就已经开始了，通过**走查法**（walkthrough）进行。这种方法针对具体测试目的，精心挑选出一组具有所需技能的人员，对系统开发说明书和设计文档进行演示审阅。当编程人员开始写软件代码时，走查法同样可以用来回顾程序代码。但是，代码必须通过计算机运行来测试。当发现错误时，通过**调试**（debugging）过程来发现并消除错误源。第 12 章将详细介绍信息系统由设计开发到投入实际使用所需经历的各个测试阶段。本章的学习跟踪模块也包含关于软件系统开发方法的介绍，这些方法同样有助于提高软件质量。

8.5 MIS 如何有助于我的职业发展

这是第 8 章和本书帮助你找到一份身份认证和管理支持专员的入门级工作的内容。

8.5.1 企业

总部位于得克萨斯州普莱诺的大型连锁第一价值超市正在寻找一个认证和管理支持专员的入门级职位。该企业在得克萨斯州的 23 个城市有 59 家零售店，员工超过 8 000 人，每周有近 100 万人到超市购物。

8.5.2 职位描述

身份认证和管理支持专员负责监控企业的身份管理系统，确保企业符合审计和合规控制要求。该职位向企业安全运营经理汇报。工作职责包括：
- 执行身份管理系统与业务应用程序集成的数据完整性测试。

- 与 Windows 身份管理系统集成。
- 维护有关系统用户角色和权限的信息。

8.5.3 工作要求

- 具备学士学位。
- 精通计算机。
- 能够多任务工作和独立工作。
- 注重细节。
- 较强的时间管理技能。
- 与技术和非技术人员沟通的能力。

8.5.4 面试问题

1. 你对身份验证和身份管理了解多少？你是否曾使用过身份管理或其他 IT 安全系统？你用这个软件做了什么？
2. 你曾经使用过 Windows Active Directory 吗？你用这个软件做了什么？
3. 你在确保数据完整性方面有哪些知识和经验？
4. 你能举出一个你不得不同时处理多任务和管理时间的例子吗？
5. 你能告诉我们你的计算机能力吗？你用过哪些软件工具？

8.5.5 作者提示

1. 复习本章的最后两个部分，特别是身份管理和身份验证部分。复习第 6 章关于数据完整性和数据质量的讨论。
2. 使用 Web 了解有关身份管理、数据完整性测试、领先的身份管理软件工具和 Windows Active Directory 的更多信息。
3. 利用网络了解企业的更多信息，包括使用系统的种类以及谁可能使用这些系统。

复习总结

8-1 为什么信息系统容易出现系统毁坏、出错和滥用现象？

数字数据容易出现毁坏、使用不当、出错、欺诈以及硬件和软件故障。互联网是开放系统，使得企业内部系统易受外来者侵入。黑客能够发动拒绝服务攻击（DoS）或渗透进企业网络，从而造成严重的系统瘫痪。入侵者利用嗅探器程序可以很容易地获得访问网络资源的地址，从而渗透进 WiFi 网络。恶意软件能使系统和网络瘫痪，移动设备是主要的目标对象。云计算的分散性特点使得对未经授权的活动难以跟踪或从远程对其控制。软件存在的问题是由于程序错误无法消除，并且软件漏洞能够被黑客和恶意软件所利用。

8-2 安全与控制的商业价值是什么？

依靠计算机系统开展其核心业务职能的企业，如果没有良好的安全与控制措施，将会丧失销售和生产能力。信息资产，如保密的员工记录、交易秘密、商业计划等，一旦外泄，将造成重大损失甚至使企业卷入法律纠纷。美国新出台的法律，如《健康保险携带和责任法案》《萨班斯-奥克斯利法案》《格雷姆-里奇-比利雷法案》等，要求企业对其电子档案实行严格的管理，使其符合关于安全、保密和控制的严格标准。涉及电子证据和计算机取证的法律行为同样要求企业加强安全和电子档案的管理。

8-3 安全与控制的组织框架的组成要素有哪些？

企业需要为自己的信息系统建立起一整套良好的总体控制及应用软件控制措施。风险评估对信息资产进行评价，识别控制点并发现控制缺陷，确定最佳成本—效益控制集。企业必须制定协调一致的企业安全措施和计划，以保证在灾难或系统中断事件发生时业务的持续性。安全措施包括使用权限规定和身份管理规定。全面系统的信息系统审计有助于企业认识信息系统安全与控制的有效性。

8-4 确保信息资源安全的重要工具和技术有哪些？

防火墙可以防止未授权的用户访问接入互联网的私有网络。侵入检测系统从可疑的网络流量和尝试访问企业系统的请求中监控私有网络。密码、令牌、智能卡和生物认证技术用来识别系统用户身份。反恶意软件检查计算机系统是否受到病毒和蠕虫的侵害，通常能够清除恶意软件。加密，即对信息的编码和保密，是一种广泛用在未保护的网络中保障电子传输安全的技术。区块链技术使企业能够在没有中央机构的网络上创建和验证防篡改交易。数字证书和公钥加密技术通过识别用户身份对电子传输安全提供了进一步的保护。企业可以使用容错计算机系统确保其信息系统持续可用。软件度量和严格的软件测试有助于提高软件质量和可靠性。

关键术语

可接受使用策略（acceptable use policy，AUP）
反病毒软件（antivirus software）
应用软件控制（application controls）
认证（authentication）
生物认证（biometric authentication）
僵尸网（botnet）
程序代码缺陷（bugs）
业务持续计划（business continuity planning）
点击欺诈（click fraud）
计算机犯罪（computer crime）
计算机取证（computer forensics）

计算机病毒（computer virus）
控制（controls）
恶意网络破坏行为（cybervandalism）
网络战（cyberwarfare）
深度包检测（deep packet inspection，DPI）
拒绝服务攻击 [denial-of-service（DoS）attack]
数字证书（digital certificates）
故障恢复计划（disaster recovery planning）
分布式拒绝服务攻击 [distributed denial-of-service（DDoS）attack]
宕机时间（downtime）

下载驱动（drive-by download）
加密（encryption）
邪恶双胞（evil twin）
容错计算机系统（fault-tolerant computer systems）
防火墙（firewall）
总体控制（general controls）
格雷姆-里奇-比利雷法案（Gramm-Leach-Bliley Act）
黑客（hacker）
健康保险便利及责任法案（HIPAA）
身份管理（identity management）
身份盗用（identity theft）
信息系统审计（information system audit）
入侵检测系统（intrusion detection systems）
按键记录器（keyloggers）
恶意软件（malware）
安全管理服务供应商（managed security service providers，MSSPs）
在线交易处理（online transaction processing）
密码（password）
程序补丁（patches）
嫁接（pharming）
网络钓鱼（phishing）
公钥加密（public key encryption）

公钥加密基础设施（public key infrastructure，PKI）
勒索软件（ransomware）
风险评估（risk assessment）
萨班斯-奥克斯利法案（Sarbanes-Oxley Act）
安全超文本传输协议（secure hypertext transfer protocol，S-HTTP）
安全套接层协议（secure sockets layer，SSL）
安全（security）
安全政策（security policy）
智能卡（smart card）
嗅探器（sniffer）
社交工程（social engineering）
电子欺骗（spoofing）
间谍软件（spyware）
SQL注入攻击（SQL injection attack）
令牌（token）
特洛伊木马（trojan horse）
双因素认证（two-factor authentication）
一体化威胁管理（unified threat management，UTM）
驾驶攻击（war driving）
蠕虫（worm）
零日漏洞（zero-day vulnerabilities）

复习题

8-1 为什么信息系统容易出现系统毁坏、出错和滥用现象？
- 列出并简述最常见的当前信息系统的几种威胁。
- 给出恶意软件的定义，并比较病毒、蠕虫、特洛伊木马之间的区别。
- 给出黑客的定义，解释黑客如何带来安全和系统危害问题。
- 给出计算机犯罪的定义。分别给出两个把计算机作为犯罪目标的例子和把计算机作为工具进行犯罪的例子。
- 给出身份盗用和网络钓鱼的定义，并解释身份盗用为什么会成为今天的一大问题。
- 简述员工产生的安全和系统可靠性问题。
- 解释软件缺陷如何影响系统的稳定性和安全性。

8-2 安全与控制的商业价值是什么？
- 解释安全与控制怎样创造商业价值。
- 简述安全和控制与美国政府最新出台的有关法律法规以及计算机取证之间的关系。

8-3 安全与控制的组织框架的组成要素有哪些？
- 给出一般控制的定义，并简述各种类型。
- 给出应用控制的定义，并简述各种类型。
- 简述风险评估的作用，说明如何对信息系统进行评估。
- 给出以下名词的定义并作简要说明：安全措施、可接受使用策略和身份管理。
- 解释信息系统审计如何强化安全与控制。

8-4 保护信息资源安全最重要的工具和技术有哪些？
- 列举并简述 3 种认证方法。
- 简述防火墙、侵入检测系统、反恶意软件在加强安全防御中的作用。
- 解释加密技术如何保护信息。
- 简述在公钥加密体系中加密和数字证书的作用。
- 区分故障恢复计划与业务持续计划。
- 简述由云计算引起的安全问题。
- 简述提高软件质量与可靠性的测量方法。

讨论题

8-5 安全不仅仅是技术问题，还是一个业务问题，请讨论之。

8-6 如果你为企业制订业务持续计划，第一步要做什么？计划中要解决的业务问题有哪些？

8-7 假设有一个电子商务网站用来销售商品并接受信用卡支付。请讨论该网站主要的安全威胁及潜在的影响，用什么措施可以降低这些威胁？

MIS 实践项目

本部分让你完成如下任务：分析安全漏洞，使用电子制表软件进行风险分析，用网络工具搜索安全外包服务。

管理决策问题

8-8 Zynga 是一家领先的在线游戏企业,提供网络和移动版本的游戏,如 Farmville、Zynga Poker、Hit it Rich！和 CSR 赛车。Zynga 的游戏可在全球多个平台上使用,包括苹果 iOS、谷歌 Android、Facebook 和 Zynga.com,并且已经有超过 10 亿人玩过它们的游戏。请为其准备一份安全分析报告。该企业应该预料到会有什么样的威胁？这些威胁会对业务产生什么样的影响？企业能采取什么措施来防止对其网站和持续经营造成损失？

提高决策能力：外包服务安全评估

软件技能：使用网页浏览器和展示软件

业务技能：评估业务外包服务

8-9 本项目有助于培养使用网站进行外包服务安全调查和评估的技能。

管理层需要决定是否将安全事务外包,还是把保障安全的相关职能保留在企业内部？可通过搜索网站获得的信息决定是否将安全事务外包,并查找能够获得的安全外包服务有哪些？

- 简要概述支持和反对将计算机安全外包的理由。
- 挑选两家提供安全外包服务的企业,对这两家企业及其提供的安全外包服务进行比较。
- 制作一份电子展示文档,向管理层报告你的结果。阐述的内容必须结合案例来说明企业应当或不应当将计算机安全工作外包。如果你认为应当外包,必须说明你选择什么样的安全外包服务,并证明你的选择是合理的。

团队合作项目

评估安全软件工具

8-10 与 3~4 名同学组成一个小组,使用网络来研究和评估自两个竞争厂商的安全产品,如防病毒软件、防火墙或反间谍软件。对于每个产品,描述其功能,最适合哪种类型的业务,以及购买和安装的成本。哪个是最好的产品？为什么？如有可能,请使用 Google Docs、Google Drive 或 Google Sites,集思广益并制作演示文稿报告结果。

案 例 研 究

Equifax 黑客事件是有史以来最坏的吗？

Equifax（以及 TransUnion 和 Experian）是美国三大信用局之一,当消费者申请信用卡、抵押或其他贷款时,信用局维护着庞大的个人和财务数据存储库,供贷方用来确定信用额度。该企业的网站宣称,企业在全球处理着超过 8.2 亿消费者和超过 9 100 万企业的数据,并管理着包含来自 7 100 多家雇主的员工信息的数据库。这些数据由银行和其他企业直接提供给 Equifax 和其他征信机构。消费者对于征信机构如何收集、存储个人和财务数据别无选择。

Equifax 提供给你的数据比其他任何人都要多。如果任何企业的信息系统需要完全的安全性,那么应该是信用报告局,如 Equifax。不幸的是,事实并非如此。

2017 年 9 月 7 日,Equifax 报告称,从 2017 年 5 月中旬到 7 月,黑客获得了某些系统的访问权限,并可能获得约 1.43 亿美国消费者的个人信息,包括社会保险号和驾照号码。209 000 名消费者的信用卡号和 182 000 人在纠纷中使用的个人信息也受到了损害。Equifax 将违规行为报告给了执法部门,并雇佣一家网络安全企业进行调查。这次破坏的规模、重要性和泄露的个人信息的数量被认为是史无前例的。

根据美国证券交易委员会的文件,在 Equifax 发现该违规行为后,包括首席财务官约翰·格兰伯(John Gamble)在内的 3 名高管立即出售了总价值为 180 万美元的股票。企业发言人称,这 3 位高管不知道他们在 8 月 1 日和 8 月 2 日出售股票时,系统曾发生过入侵事件。彭博社报道说,该股票出售没有事先计划。2017 年 10 月 4 日,Equifax 首席执行官理查德·史密斯(Richard Smith)在国会作证并就违规行为道歉。

Equifax 数据泄露的规模仅次于 2013 年的雅虎事件,后者影响了雅虎所有的 30 亿客户的数据。Equifax 的破坏尤其严重,因为 Equifax 存储的敏感的个人和财务数据被盗,并且这些数据在保护消费者的银行账户、病历和融资渠道方面发挥了作用。黑客一口气获得了一些基本的个人信息,可以帮助攻击者进行欺诈。根据 Gartner 咨询公司欺诈行为分析师阿维瓦·利坦(Avivah Litan)的说法,如果对消费者的风险等级分为 1 ~ 10,那么这次事件的风险等级是 10。

2005 年,Equifax 上市之后,CEO 史密斯将该企业从一家发展缓慢的信用报告企业(每年自然增长 1%~2%)转变为一家全球的数据中心。Equifax 收购了拥有数据库的企业,这些数据库包含消费者的就业历史、储蓄和薪水的信息,并且在国际范围内进行了扩张。该公司购买了一些数据,使贷方、房东和保险企业能够作出有关授予信贷、雇佣求职者和租用公寓的决定。Equifax 变成了一家利润丰厚的企业,包含 12 万亿美元的消费者财富数据。2016 年,该企业创造了 31 亿美元的收入。

竞争对手私下里发现,Equifax 并未升级其技术能力跟上激进的增长。Equifax 似乎更专注于可以商业化数据的增加。

黑客可以访问包含客户名称、社会保险号、出生日期和地址的 Equifax 系统。个人申请各种类型的消费者信贷(包括信用卡和个人贷款)通常需要这 4 个数据。有权访问此类数据的犯罪分子可以使用该数据获得使用他人姓名的信用批准。信贷专家兼 Equifax 前经理约翰·乌尔茨海默(John Ulzheimer)称这是一个"噩梦",因为用于身份盗窃的所有 4 个关键信息都集中在一个地方。

黑客攻击了涉及 Apache Struts 中的一个已知漏洞,该漏洞是 Equifax 和其他企业用于构建网站的一种开源软件。该软件漏洞已于 2017 年 3 月被公开发现,并于当时发布了修补程序。这意味着 Equifax 可以在漏洞发生前两个月消除这个漏洞的信息。但是它什么也没做。

Equifax 安全系统的弱点在资深黑客入侵之前就已经非常明显了。黑客能够在 2013 年 4 月至 2014 年 1 月之间访问信用报告数据。企业发现,由于 2015 年软件变更期间发生的"技术错误",它误认为暴露了消费者数据。2016 年和 2017 年的行为损坏了 Equifax 存储的消费者 W-2 表格的信息。此外,Equifax 在 2017 年 2 月披露,"技术问题"已经损害了一些使用 LifeLock 身份盗窃保护服务的消费者的信用信息。

2017 年早些时候,4 家安全评估企业根据公开信息 Equifax 进行了安全状况评估分析,结果显示 Equifax 在网站的基本维护方面处于落后地位,这些网站可能涉及传输敏感的消费者信息。网络风险分析企业 Cyence 估计,在未来 12 个月内 Equifax 发生数据泄露的风险为 50%。

它还发现该企业与其他金融服务企业相比表现不佳。其他的分析使 Equifax 的总体排名更高，但企业在整体网络服务安全性、应用程序安全性和软件修补方面表现不佳。

专注于信用评分服务的数据分析企业 Fair Isaac Corporation（FICO）进行的安全分析发现，到 7 月 14 日，Equifax 在运营方面面向公众的网站存在证书已过期、证书链错误或其他网络安全问题。证书是用于验证用户与网站的连接是否合法和安全的凭证。

外部安全分析的结果似乎与 Equifax 高管的公开声明不相符，Equifax 的高管宣称网络安全是重中之重。Equifax 的高管此前曾表示，网络安全是企业增长最快的支出领域之一。Equifax 的高管在发现攻击事件几周后的一次投资者介绍中，大肆宣传 Equifax 对安全的关注。

Equifax 尚未透露有关攻击的细节，但是，要么数据库未加密，要么黑客能够利用应用程序的漏洞提供未加密的数据访问。专家认为，黑客无法访问 Equifax 所有的加密数据库，以匹配为创建用于身份盗窃的完整数据配置文件所需的信息，如驾驶执照或社会保险号。

Equifax 管理层表示，尽管黑客可能访问了大约 1.43 亿美国消费者的数据，但没有证据表明，企业的核心信用报告数据库中发现未经授权的活动。黑客事件在消费者、金融组织、隐私权倡导者和媒体之间引起轩然大波。Equifax 的股票跌到了市值的 1/3。Equifax 首席执行官史密斯被迫辞职，首席安全官和首席信息官也离开了企业。银行不得不更换大约 209 000 张在泄露事件中被盗的信用卡，这是一项很大的开支。相关的诉讼正在进行中。

不幸的是，受到最严重影响的是消费者，因为盗窃具有唯一身份识别的个人信息（如社会安全号码、住址历史、债务历史和出生日期）可能会产生永久性的影响。这些重要的个人数据可能会被盗用很多年。此类信息帮助黑客在访问财务账户时，回答一系列安全问题。世界隐私论坛执行董事帕米拉·迪克森（Pamela Dixon）表示："这真是糟糕透了。"如果你有一份信用报告，至少有 50% 或更多的可能性在这次泄露事件中被黑客窃取了数据。

数据泄露使 Equifax 面临着法律和财务方面的挑战，尽管在当前总统执政期间，监管环境可能会变得更加宽松。这种环境已经太宽松了。Equifax 等信用报告局的监管非常严格。考虑到数据泄露的规模，几乎不存在对违规行为的惩罚。也没有关于数据存储的联邦认可的保险或审计系统，这是联邦存款保险企业在银行有损失后提供保险的方式。对于许多类型的数据来说，很少有许可要求存储个人身份信息。在许多情况下，服务条款文件使企业免于因违规而遭受法律后果。

专家表示，任何监管机构都不太可能因违反此规定而关闭 Equifax。该企业被认为对美国金融体系过于重要。联邦贸易委员会和消费者金融保护局这两个对 Equifax 拥有管辖权的监管机构，拒绝对因违反信用机构而可能受到的任何处罚发表评论。

即使在历史上最严重的数据泄露事件发生之后，也没有人真正能够阻止 Equifax 继续运营。问题的范围变得更加广泛。公共政策没有好的方法来严惩那些无法保护我们数据的企业。美国和其他国家/地区已允许建立庞大的、非常详细的数据库，其中包含可供金融企业、技术企业、医疗组织、广告商、保险企业、零售商和政府使用的个人信息。

Equifax 为消费者提供了非常微弱的补救措施。人们可以访问 Equifax 网站，查看其信息是否已被泄露。该网站要求客户提供姓氏和社会保险号的后 6 位数字。但是，即使人们这样做，也不一定了解他们是否会受到影响。相反，该网站提供了保护服务的注册日期。Equifax 为 2017 年 11 月之前注册的消费者提供了一年免费的信用保护服务。显然，所有这些措施都无济于事，因为被偷窃的个人数据将在未来几年内提供给暗网的黑客。参与州政府资助的网络战的政府机构能够使用这些数据填充详细的个人和医疗信息数据库，这些数据库可用于勒索或未来的攻击。具有讽刺意味的是，Equifax 提供的信用保护服务要求订户放弃其合法的权利，即放弃向 Equifax 要求赔偿损失的权利，才能使用该项服务，从而保证 Equifax 不受惩罚。2018年3月1日，Equifax 宣布该泄露事件进一步损害了另外 240 万美国人的姓名和驾驶证号码。

可怕的数据泄露事件不断发生。在几乎所有的案例中，即使数据涉及成千上万的人，被黑客入侵的 Equifax 和雅虎等企业依旧会继续运营。现在有黑客入侵，将来还会有更多的黑客入侵。企业需要更加努力地将安全性纳入其 IT 基础架构和系统开发活动的各个方面。据 Litan 称，为了防止诸如 Equifax 的数据泄露，组织需要多层的安全控制。他们需要假设预防方法失败该如何应对。

资料来源：Selena Larson, "Equifax Says Hackers Stole More than Previously Reported," CNN, March 1, 2018; AnnaMaria Andriotis and Michael Rapoport, "Equifax Upends CEO's Drive to Be a Data Powerhouse," Wall Street Journal, September 22, 2017; AnnaMaria Andriotis and Robert McMillan, "Equifax Security Showed Signs of Trouble Months Before Hack," Wall Street Journal, September 26, 2017; AnnaMaria Andriotis and Ezequiel Minaya, "Equifax Reports Data Breach Possibly Affecting 143 Million Consumers," Wall Street Journal, September 7, 2017; Tara Siegel Bernard and Stacy Cowley, "Equifax Hack Exposes Regulatory Gaps, Leaving Customers Vulnerable," New York Times, September 8, 2017; Farhad Manjoo, "Seriously, Equifax? This Is a Breach No One Should Get Away With," New York Times, September 8, 2017; Eileen Chang, "Why Equifax Breach of 143 Million Consumers Should Freak You Out," thestreet.com, September 8, 2017; Tara Siegel Bernard, Tiffany Hsu, Nicole Perlroth, and Ron Lieber, "Equifax Says Cyberattack May Have Affected 143 Million Customers," New York Times, September 7, 2017; and Nicole Perlroth and Cade Metz, "What We Know and Don't Know About the Equifax Hack," New York Times, September 14, 2017.

案例分析题：

8-11 列出并描述本案例中讨论的安全和控制的弱点。

8-12 这些问题是由哪些管理、组织和技术原因造成的？

8-13 请讨论 Equifax 被黑客入侵的影响。

8-14 如何避免未来像这样的数据泄露事件？请解释你的答案。

参考文献

[1] Anderson, Chad, Richard L. Baskerville, and Mala Kaul. "Information Security Control Theory: Achieving a Sustainable Reconciliation Between Sharing and Protecting the Privacy of Information." Journal of Management Information Systems 34 No. 4 (2017).

扫一扫，下载本章参考文献

[2] Bauer, Harald, Ondrej Burkacky, and Christian Knochenhauer. "Security in the Internet of Things." McKinsey and Company (May 2017).

[3] Carson, Brant, Giulio Romanelli, Patricia Walsh, and Askhat Zhumaev. "Blockchain Beyond the Hype: What Is the Strategic Business Value?" McKinsey and Company (June 2018).

[4] Cloud Standards Customer Council. "Security for Cloud Computing: Ten Steps to Ensure Success, Version 3.0" (December 2017).

[5] Esteves, Jose, Elisabete Ramalho, and Guillermo de Haro. "To Improve Cybersecurity, Think Like a Hacker." MIT Sloan Management Review (Spring 2017).

[6] Goode, Sigi, Hartmut Hoehle, Viswanath Venkatesh, and Susan A. Brown. "User Compensation as a Data Breach Recovery Action: An Investigation of the Sony PlayStation Network Breach." MIS Quarterly 41 No. 3 (September 2017).

[7] Gwebu, Kholekile L., Jing Wang, and Li Wang. "The Role of Corporate Reputation and Crisis Response Strategies in Data Breach Management." Journal of Management Information Systems 35 No. 2 (2018).

[8] Hui, Kai-Lung, Seung Hyun Kim, and Qiu-Hong Wang. "Cybercrime Deterrence and International Legislation: Evidence from Distributed Denial of Service Attacks." MIS Quarterly 41, No. 2 (June 2017).

[9] Iansiti, Marco, and Karim R. Lakhani. "The Truth About

[10] Javelin Strategy & Research. "2018 Identity Fraud Study." (February 6, 2018).

[11] Kaminski, Piotr, Chris Rezek, Wolf Richter, and Marc Sorel. "Protecting Your Digital Assets." McKinsey & Company (January 2017).

[12] Kaspersky Lab. "Mobile Malware Evolution 2017." (2018).

[13] McMillan, Robert. "Software Bug at Internet Service Provider Sparks Privacy Concerns." Wall Street Journal (February 24, 2017).

[14] Menard, Philip, Gregory J. Bott, and Robert E. Crossler. "User Motivations in Protecting Information Security: Protection Motivation Theory Versus Self-Determination Theory." Journal of Management Information Systems 34 No. 4 (2017).

[15] Moody, Gregory D., Mikko Siponen, and Seppo Pahnila. "Toward a Unified Model of Information Security Policy Compliance." MIS Quarterly 42 No. 1 (March 2018).

[16] Panda Security. "Cybersecurity Predictions 2018." (2017).

[17] Panko, Raymond R., and Julie L. Panko. Business Data Networks and Security, 11th ed. (Upper Saddle River, NJ: Pearson, 2019).

[18] Ponemon Institute. "2017 Cost of Cybercrime Study and the Risk of Business Innovation." (2017a).

[19] _____. "2017 Cost of Data Breach Study: Global Analysis." (2017b).

[20] Rothrock, Ray A., James Kaplan, and Friso Van der Oord. "The Board's Role in Managing Cybersecurity Risks." MIT Sloan Management Review (Winter 2018).

[21] Samtani, Sagar, Ryan Chinn, Hsinchun Chen, and Jay F. Nunamaker. "Exploring Emerging Hacker Assets and Key Hackers for Proactive Cyber Threat Intelligence." Journal of Management Information Systems 34 No. 4 (2017).

[22] Symantec Corporation. "Internet Security Threat Report." (2018). Tapscott, Don, and Alex Tapscott. "How Blockchain Will Change Organizations." MIT Sloan Management Review (Winter 2017).

[23] Verizon. "2018 Data Breach Investigations Report." (2018).

[24] Wang, Jingguo, Manish Gupta, and H. Raghav Rao. "Insider Threats in a Financial Institution: Analysis of Attack-Proneness of Information Systems Applications." MIS Quarterly 39, No. 1 (March 2015).

[25] Young, Carl S. "The Enemies of Data Security: Convenience and Collaboration." Harvard Business Review (February 11, 2015).

第三部分
数字化时代的关键系统应用

第 9 章　实现运营优化和客户亲密：企业应用
第 10 章　电子商务：数字化市场、数字化产品
第 11 章　管理知识和人工智能
第 12 章　增强决策能力

第三部分将探讨现代企业正在使用的主要信息系统应用，以帮助企业提高运营水平和增强决策能力。这些应用包括企业系统、供应链管理系统、客户关系管理系统、人工智能、知识管理系统、电子商务应用以及商业智能系统等。本部分将回答这样的问题：企业应用如何提升业务绩效？企业如何利用电子商务拓展业务范围？系统如何改善企业决策，并帮助企业从人工智能和知识管理中获益？

第 9 章

实现运营优化和客户亲密：企业应用

学习目标

通过阅读本章，你将能够回答如下问题：
1. 企业系统如何帮助企业实现业务运营的优化？
2. 供应链管理系统如何帮助与供应商协调计划、生产和物流配送的？
3. 客户关系管理系统如何帮助企业提升客户的亲密度？
4. 企业应用系统面临哪些挑战？如何把新技术应用于企业中？
5. MIS 如何有助于我的职业发展？

本章案例

雅芳"美化"其供应链

索马湾公司借助云中的 ERP 繁荣发展

CRM 助力肯尼亚航空公司"飞"得更高

Clemens 食品集团基于新的企业应用开展交付业务

雅芳"美化"其供应链

雅芳是美国历史最悠久的美容企业，已经有130多年的历史了。它制造和销售化妆品、香水、盥洗用品、装饰配件、服装和各种装饰家居品。雅芳也是全球著名的美容和相关产品的直销商，在143个国家/地区拥有600万独立的点到点销售代表，年收入超过80亿美元。雅芳还通过其他渠道进行销售，包括互联网、免费试用品和实体店等。

为了在竞争激烈、瞬息万变的行业中生存，激励销售代表，刺激销售额增长，雅芳每隔几周会进行一次新产品和促销的营销活动。为了取得好的业绩，雅芳必须要能够预测市场趋势和客户喜好，并迅速作出反应；雅芳每天处理50 000个订单，必须要做到近零差错的水平；雅芳的仓库必须要存储着客户想要的物品，并迅速将其运送到全球各地。

最近，雅芳的全球供应链无法胜任这些任务。雅芳拓展了在欧洲、中东和非洲的业务，但没有一个集中的部门负责整个企业的需求、库存和供应计划。雅芳在德国、英国和波兰的3个工厂的生产计划完全是靠手工来完成的，缺乏灵活性的，无法支持雅芳在新市场中的业务增长。

为了改善产品的可用性和库存，雅芳实施了JDA软件公司提供的制造和智能配送解决方案系统，集中管理全球企业的需求、库存和供应计划。该软件系统帮助雅芳在不同的环境中实现一致的预测准确性，以帮助解决因产品生命周期较短、季节性、多个销售渠道、频繁促销以及不断变化的本地购物者偏好等所带来的挑战。JDA的智能履约系统帮助企业制定明确的且有利可图的分销决策，有助于降低库存水平和成本、改善客户服务，并支持更敏捷、更有效的运营。该系统一旦实施即可满足不同类型的市场需求。

JDA帮助雅芳在不同市场收集有关库存、未来销售需求、运输时间表和销售历史的供应链数据，并将这些数据输入到JDA的高级计划模块中，创建战略性分销和制造计划，还为雅芳提供了库存不平衡、服务风险和运输要求的任务提示性列表。有了该系统，雅芳可以简化跨境订单的处理，可以更快地响应客户需求的变化。

JDA的高级计划和配送计划功能及其灵活性，使雅芳可以通过一个系统满足不同类型的市场需求。4个月内，雅芳在欧洲、中东和非洲（EMEA）的29个市场上实施了JDA软件，并以8种语言在整个EMEA地区提供了培训。自从雅芳实施JDA供应链解决方案以来，服务客户的成本降低了，客户服务评级提高到99.5%，在短短6个月内库存水平下降了17%，节省了2 000万美元。雅芳现在能够全面了解供应链的各个方面，并能更轻松地进入新的国家和市场。

资料来源：https://jda.com, accessed January 21, 2018; https://about.avon.com, accessed January 20, 2018; and "Avon Supply Chain Makeover," JDA Software Group, 2016.

雅芳在全球多渠道市场中的计划、库存和供应问题，说明了供应链管理系统在企业中的关键作用。雅芳的市场绩效受到影响，因为它无法平衡全球不同市场的产品对其供应和不断变化的需求。雅芳现有的系统都是完全靠人工来完成的，缺乏灵活性，无法支持雅芳在新市场的增长，甚至客户订购产品时也并非总能买到，有时还会导致企业太多无法销售的库存，或者在正确的时间或地点没有足够的库存来完成客户订单。

图9-1提出了本案例和本章需要关注的要点。雅芳在全球美容行业的竞争中，客户的喜好发生了变化，需求变得非常不稳定，企业希望能够迅速推出诱人的新产品。企业的供应链影响深远且复杂，要为全球不同地区的客户订购商品提供服务，而雅芳传统的系统无法协调全球企业的需

求、库存和供应计划。实施供应链管理系统，应用 JDA 公司的软件工具，使雅芳管理层能更容易地访问和分析预测、库存计划和需求实现的数据，大大提高了全球企业的决策和运营效率。

> 需要考虑：雅芳的经营模式如何受到供应链效率低下的影响？JDA 软件如何改善雅芳的经营方式？

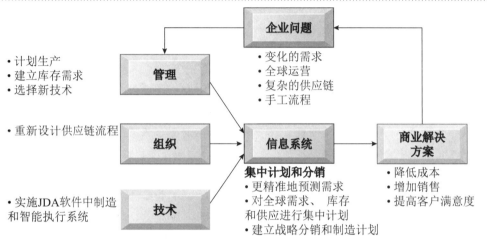

图9-1 雅芳的供应链

9.1 企业系统如何帮助企业实现运营卓越？

在全球范围内，许多企业正在增加自身内部和其他企业的连通性。当某个客户下了一笔大订单时，或者供应商的供货产生延迟时，企业的经营者一定希望能立即得到信息，了解这个事件对企业内各部门的影响，以及企业在此时此刻该如何进行应对。企业系统使之成为可能。让我们来看看它们是如何工作？以及能为企业做些什么？

9.1.1 什么是企业系统？

假设你正负责运营一家有几十、上百个数据库和系统的企业，而这些系统之间彼此互不相关。假设你的企业有 10 条不同的主要生产线，每条生产线在一个独立的工厂生产，每一个工厂由独立的、不兼容的系统控制生产、仓储和分配。

这样，你的决策往往是基于手工的硬抄本报告，而且经常是过时的信息，这将使你很难从整体上真正了解企业到底发生了什么。销售人员在签订单时可能不知道所订购产品是否有库存，生产人员不能轻易地根据销售数据制订生产计划。现在你应该知道为什么企业需要企业系统来集成信息了吧！

第 2 章已介绍了企业系统，它是由一套集成的软件模块和一个中央数据库组成，也被称之为企业资源计划（ERP）系统，其中，中央数据库从企业各个不同的部门及生产制造、财务会计、销售市场、人力资源等关键业务流程中收集数据，以此为所有企业内部的业务活动提供数据支持。一旦在某个流程中输入了新信息，其他业务流程就可立即使用它，如图9-2 所示。

例如，当一个销售代表签订了一个轮胎轮辋的订单时，系统就要验证该客户的信用额，同时还要调度运输计划、制订最佳配送路线，并在库存中预留该订单所需要的产品。如果现有库存无法满足该订单，系统就会将安排生产更多的轮辋，并从供应商那里订购所需的原材料和配件。此时，系统中的销售和生产预测会立即自动更新，企业总账与现金流也将根据订单收入和成本信息自动核算与更新。通过应用企业系统，用户可随时登录系统查询订单状态，企业管理人员也可随时获得业务运营的情况，系统还能根据系统生成的企业数据进行成本和利润的管理分析。

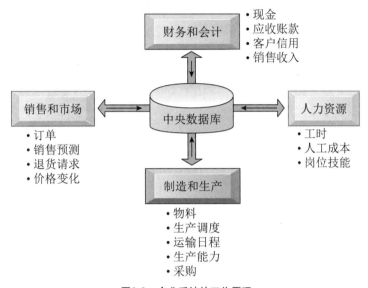

图9-2 企业系统的工作原理

注：企业系统是由一系列集成的软件模块和一个中央数据库组成，使数据能在企业不同的业务流程和职能领域中共享。

9.1.2 企业软件

企业软件（enterprise software）是围绕几千个被称之为最佳实践的业务流程而开发的，表 9-1 描述了企业系统支持的业务流程。

表 9-1 企业系统支持的业务流程

中文名称	英文名称	主要功能
财务和会计流程	financial and accounting process	包括总账、应付账款、应收账款、固定资产、现金管理和预测、产品成本会计、成本中心会计、资产会计、税收会计、信用管理和财务报表
人力资源流程	human resource process	包括人事管理、工时管理、工资、员工规划与发展、福利管理、应聘跟踪、时间管理、薪酬管理、人力规划、绩效管理和差旅花费报告
制造和生产流程	manufacturing and production process	包括采购、库存管理、采购运输、生产计划、生产调度、物料需求计划、质量控制、分销、运输执行、工厂和设备维护
销售和市场流程	sales and marketing process	包括订单处理、询价、合同、产品配置、定价、账单、信用审查、激励与佣金管理、销售计划

公司要实施企业软件，首先需要选择希望实施的系统功能，然后画出相应的业务流程，并与软件系统中预先定义好的业务流程相匹配（学习追踪模块中展示了 SAP 企业软件如何处理一个与新设备的采购有关的流程）。软件供应商提供的配置表使企业可以配置系统使之符合公司实际的业务运作方式。例如，企业可以用配置表选择是想要按照产品线、还是地理位置或分销渠道来跟踪收入。

如果企业软件不能支持运营方式，那么公司可以重写部分软件功能用以支持他们的业务流程。但是，企业软件一般非常复杂，过多的定制可能会降低系统的性能，影响信息和流程的集成，而这恰恰是企业软件最大的好处。因此，如果公司想要获取软件的最大效用，最好改变原有的业务流程，使之符合企业软件系统中预设的业务流程。

为了实施一个新的企业系统，Tasty Baking 公司识别了现有的业务流程，然后把这些业务流程与它所选择的 SAP ERP 软件中的业务流程相匹配。为了确保从企业软件中获得最大的收益，Tasty Baking 公司计划将系统的定制化控制在 5% 以内，只对 SAP 软件本身进行很少的修改，尽量使用 SAP 软件中已有的工具和功能。SAP 企业系统软件中通常包含了 3 000 多个功能设置表格。

目前主要的企业软件供应商有 SAP、甲骨文、IBM、Infor Global Solutions 和微软等。这些公司提供了不同版本的软件包，有专为中小企业而设计的，也有基于云计算的按需配置的定制版本（详见开篇案例和 9.4 节）。

9.1.3 企业系统的商业价值

企业系统的商业价值主要体现在：①提高业务运行效率。②提供全面的信息以帮助公司管理人员作出更好的决策。对于跨国、跨地区的大型企业来说，借助企业系统可把业务与数据进行标准化，使得世界各地的员工都可使用同样的方式进行工作。

以可口可乐为例，该公司利用 SAP 企业系统，实现了在 200 个国家的企业关键业务流程的标准化。如果缺少标准，该公司不仅会降低企业在全球范围内寻找低价原材料的能力，也会影响企业针对市场变化作出快速响应的机会。

企业系统可帮助公司快速响应客户的信息或产品需求。因为系统集成了订单、制造和运输数据，公司可实现按需生产和采购，将产品的库存量和库存时间降至最低。

Alcoa 是世界领先的铝产品生产商。该公司早期根据业务需求在 31 个国家设立了 200 多个运营点，每个运营点都有一套各自的信息系统。这些系统大多是重复且低效的，使 Alcoa 的支付和财务决策流程的成本高出同行很多，而且流程的处理周期也很长（处理周期指一个流程从开始到结束的整个耗时）。因此，该公司无法实现全球范围内的统一的运营模式。

自从实施了甲骨文的企业系统之后，Alcoa 减少了许多冗余的流程和系统。企业系统帮助Alcoa 完成验货和自动生成支付单据，减少了支付的处理周期，使 Alcoa 的应付账款流程的时间降低了 89%。Alcoa 能够将财务及其处理活动集中化，降低了全世界范围内近 20% 的成本。

企业系统为企业提供了对管理决策更有价值的信息，使公司总部能查询到最新一刻的销售、库存和生产数据，并用这些数据可以更加准确地预测产品销售和生产。企业软件一般包含分析工具，公司可以利用系统收集到的数据来评价整个企业的业绩情况。在企业系统中，数据按照通用标准和格式定义，保证了数据在企业内部的有效共享。公司业绩指标的定义与评价也是如此，借助企业系统，高层管理人员可随时了解各组织部门的运营情况，确定哪些产品的利润最多或最少，并计算企业整体的运营成本。例如，Alcoa 的企业系统具有全球人力资源管理的功能，能分析员工培训的投资和员工绩效之间的关联性；评估企业为员工提供服务所付出的成本；评估员工招聘、薪酬激励与培训的效果等。"互动讨论：管理"部分详细描述了更多的好处。

互动讨论：管理

索马湾公司借助云中的 ERP 繁荣发展

索马湾（Soma Bay）位于红海埃及海岸，拥有 2 590 万平方公里的度假景区，那是一流的度假天堂，这里的服务设施非常多，包括 5 家酒店、冠军高尔夫球场、水上运动设施、世界一流的水疗中心和豪华度假屋。索马湾发展公司（Soma Bay Development Company）总部位于埃及洪加达，拥有 2 000 多名员工。

不幸的是，政治动荡和经济状况使得度假区的入住率和盈利能力受到影响。在 2011 年埃及革命期间，穆巴拉克（Hosni Mubarak）总统被推翻时，埃及货币急剧贬值。在随后的几年中，政治状况趋于稳定，埃及经济得以复苏，但旅游业却因 2015 年底一架商业客机在西奈沙漠坠毁而损失了 13 亿美元。索马湾发展公司的酒店入住率从 2015 年的 50% 以上下降至 2016 年第一季度的 25%。

外汇波动和政治动荡是索马湾公司无法控制的外部因素，但是该公司管理层在经济低迷期间所能做的就是通过密切监控运营和成本情况作出明智的反应。该公司使用了 Oracle 的 JD Edwards Enterprise One ERP 系统，该系统的应用程序和数据驻留在 Oracle 的云基础设施服务（Oracle Cloud IaaS）中，因此公司可以实现这一点。

过去，索马湾发展公司曾尝试使用笨拙的基于 Excel 的系统来支持企业的大部分业务运营。管理人员必须手动操作电子表格，来了解盈利的情况及其来源，而且通常需要很长时间才能获得作出正确决策所需的信息。这些系统使索马湾难以实现其激进的增长计划，其中包括在 5 年内建造 1 000 套新房屋。

索马湾发展公司的首席财务官穆罕默德·塞里（Mohammed Serry）和他的团队选择 JD Edwards Enterprise One 作为解决方案，因为这个系统可以支持跨职能部门的标准化的业务流程，使用标准会计科目表并提供及时的报告，帮助公司了解每个业务部门的盈利能力。该软件系统还可以帮助公司分析企业的盈利来源和增长动力，并将总账和其他业务的财务系统的数据无缝地集成在一起。

索马湾发展公司的 Enterprise One 云平台可以轻松地产生整个索马湾分布式组织中的现金流量报告、项目管理报告、应收账款账龄报告、设施管理报告和关键绩效指标报告。公司管理层还非常赞赏 Oracle Cloud IaaS 的灾难恢复功能。几年前，大水淹没了索马湾发展公司在开罗的数据中心因为公司已将数据备份并存储在 Oracle 的云中，因此能够快速恢复数据并恢复企业运营。

JD Edwards Enterprise One 包含 80 多个独立的应用程序模块，旨在支持广泛的业务流程。该软件还具有支持 iOS 和安卓的移动应用程序，并且可以在智能手机和平板电脑上使用。索马湾发展公司使用 JD Edwards Enterprise One 系统进行财务、采购、库存管理、工作成本、房地产管理、房屋建筑商管理、资本资产维护、服务管理以及员工管理等。JD Edwards Enterprise One 中的房屋建造商管理模块支持索马湾发展公司协调各项活动，并帮助公司分析在整个房屋建造周期（直至地块层面）中的盈利能力。JD Edwards Enterprise One 中的房地产管理模块帮助公司简化了成品房产管理的财务、运营和设施管理流程，协调房产管理团队之间的任务，并提供给每个部门全面的管理视图。"工作成本"模块为公司提供房地产业务的持续性成本，帮助管理层做好物料费、人工费和其他需求的费用支出，并根据每个设施管理项目开始时确立的预算和预测来跟踪支出。管理人员可以使用代码来标识项目，并将其与财务账号合并，以确定预算支出与实际支出的差异。因此，他们可以来判别每一个复杂的项目是否正在按计划进行，并在各部门之间共享费用数据。

Enterprise One 软件系统提供了货币中性的财务报告，这有助于索马湾公司旅游部门（面向德国和欧洲其他地区）与房屋销售部门（主要针对埃及人）的收入处理，以抵消不同货币对财务业绩的影响。房屋建筑业务的收入约占企业收入的 25%。

具有两类业务的收入来源可以降低风险。如果旅游业务发展缓慢，索马湾发展公司仍将可以从房地产业务中获得收益，反之亦然。ERP 系统为公司提供了密切跟踪成本所需的数据。例如，2017 年索马湾发展公司在新建项目上花费了 1 亿埃及镑（约合 570 万美元）。Enterprise One 系统提供了有关现金管理和现金流量的实时信息，索马湾公司可以密切监控现金流量变动和向承包商付款情况，确保了新项目的顺利开展。

在 2016 年的低迷时期，索马湾发展公司利用 Enterprise One 的成本管理和获利能力分析模块提供的详细财务数据，帮助管理人员谨慎地控制固定运营费用，从而最大限度地减少损失。即使收入来自不同的货币和市场，Enterprise One 也能对成本和利润率有完善的处理，能够显示出酒店入住率下降对业务的影响（不包括外汇影响），使管理层可以按法人实体来评价整体绩效。软件系统提供的这些信息帮助索马湾发展公司度过了经济衰退，并实施了积极的资金周转计划。

如今，索马湾发展公司 95% 的员工以某种方式使用了 Enterprise One 软件。公司拥有了较为稳定的经营模式，5 家酒店的入住率正在上升，公司正在 6 个海滨景区建造 500 座度假屋。索马湾发展公司财务总监谢里夫·萨米尔（Cherif Samir）认为，能够追踪企业在一个项目上花费的每一分钱，就足以让公司业务彻底改变。

资料来源：www.searchoracle.com, accessed January 30, 2018; David Baum, "Destination: Cloud," Profit Magazine, Fall 2017; and www.somabay.com, accessed January 31, 2018.

案例分析题：

1. 请描述本案例中讨论的问题。管理、组织和技术方面的哪些因素导致了这个问题？
2. 为什么需要 ERP 系统？基于云的 ERP 系统对解决方案有何贡献？
3. 索马湾发展公司实施 ERP 系统带来了哪些商业利益？它是如何改变企业决策和运作方式的？

9.2 供应链管理系统是如何帮助与供应商协调计划、生产和物流配送的？

如果你管理一家小企业，只生产很少的产品，提供简单的服务，只有很少的供应商，那么你可以使用电话和传真机来协调供应商的订单和物流。但如果你管理的是一个大企业，要提供相对复杂的产品和服务，拥有几百个供应商，且每个供应商又有自己的一群供应商，那么当需要应对一个紧急的产品服务时，你可能需要协调几百个甚至几千个其他企业的活动，这时，该如何应对呢？我们在第 2 章中介绍的供应链管理（SCM）系统就是针对复杂的、大规模的供应链管理提出的解决方案。

9.2.1 供应链

一个公司的供应链是由若干个组织和业务流程组成的网络，涵盖了原材料采购、原材料向半成品和成品转换、成品分销至客户等的过程。它联结供应商、制造厂、分销中心、零售店和客户，涵盖了从源头到最终消费的产品供应和服务全过程。供应链中的物流、信息流和资金流都是双向的。

在供应链中，产品从原材料开始，先被转换为半成品（也被称为配件或零部件），最后成为成品；成品被运输至分销中心，再流向零售店和客户；退还的商品则沿着相反的方向，从买家返回卖家。

如图9-3所示是某知名品牌鞋供应链的一个简化示意图，描述了信息流和物流在供应商、品牌商、分销商、零售商和客户间的流动过程。该品牌商的签约供应商是它的直接供应商，鞋底、孔眼、鞋帮、鞋带等配件产品的供应商是二级供应商，配件产品原材料的供应商是三级供应商。

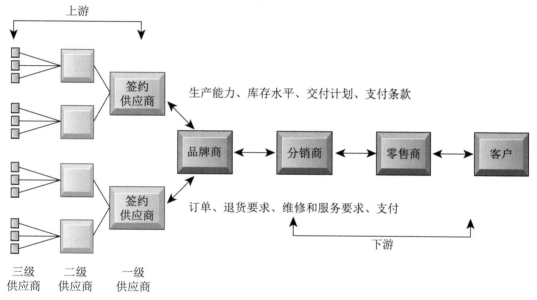

图9-3 某品牌鞋的供应链

注： 图9-3描述了某品牌鞋供应链中的主要实体机构，以及用以协调购买、生产和运输产品相关活动的上下游信息流。图9-3展示的是一个简化的供应链，上游部分仅关注了运动鞋和鞋底的供应商。

9.2.2 信息系统和供应链管理

不正确或不及时的信息会造成供应链的低效率，造成零件短缺、生产能力利用不足、过多的库存成品、过高的物流成本等现象，如生产制造商保存过多的零件是因为不知道供应商下一批次零件运到的准确时间。当然，由于没有准确的需求信息，供应商也可能订购偏少的原材料。这些供应链的低效可能浪费了企业高达25%的运营成本。

如果一个制造商能准确地知道客户需要多少产品、何时需要、何时进行生产，就可实现高效率的**准时制**（just-in-time）策略，即零部件在需要的时刻刚好到达，成品在刚下线时就被运走。

然而，在供应链中，由于许多事情无法准确预测，不确定性总是存在的，如不确定的产品需求、来自供应商的运输延误、有缺陷的原材料或零部件、生产过程中断等。为了使客户满意，制造商往往在其库存中保持比实际需求量更多一些的库存，以应对供应链中的不确定性和不可预测性。这种超额库存被称为安全库存，在供应链中起着重要的缓冲作用。尽管超额库存会带来高成本，然而因无法满足客户而造成订单取消所带来的损失也是非常高的。

供应链管理中一个普遍存在的问题是**牛鞭效应**（bullwhip effect），即需求信息在从供应链中的一个实体机构传递到另一个实体机构时被扭曲了，即一件商品需求量的微量上升，可能引起供应链中不同成员——分销商、制造商、供应商、二级供应商（供应商的供应商）和三级供应商（供应商的供应商的供应商）——存储大批库存，每一个成员均希望有足够的库存"以防万一"。这些变化经过供应链传递，最初计划订单的微小变化被无限放大，导致超额的库存、生产、仓储和运输成本（见图9-4）。

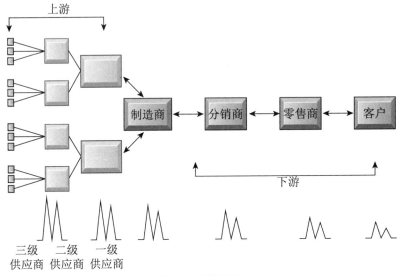

图9-4　牛鞭效应

注： 不准确的信息会造成产品需求量的小波动会随着供应链的传递被逐渐放大。产品零售中的小波动会造成分销商、制造商与供应商的大量库存。

例如，由于信息的扭曲，宝洁（P&G）供应链的各个环节都为一次性尿布存储了超额库存。虽然消费者在各商店的购买量是相对稳定的，但当 P&G 开展较大规模的价格促销活动时，分销商的订货数量将会达到高峰，超额成品和零部件沿着供应链在各方仓库中堆积，试图满足一个实际上可能并不存在的需求。为了解决这个问题，P&G 修改了市场营销、销售和供应链流程，以实现更为准确的需求预测。

当供应链中的所有成员都有准确且及时的信息时，可以通过减少需求与供应的不确定性来克服牛鞭效应。如果所有的供应链成员都可以共享库存水平、生产预测计划、运输动态信息，那它们将会有更精确的信息来调整相应的原料储备、制造计划与资源分配计划。SCM 系统提供的正是这样的信息共享支持，可以帮助供应链成员作出更好的原料采购和生产调度决策。

9.2.3　供应链管理系统软件

供应链管理系统软件可分为供应链计划系统和供应链执行系统。**供应链计划系统**（supply chain planning systems）使企业可以建立现有供应链的模型、生成产品的需求预测、优化供应源和生产计划等。这样的系统能帮助企业作出更好的决策，如在给定的时间生产多少某种产品，确定原材料、半成品、成品的库存水平，确定何处存放成品，并选择适于分销产品的物流模式等。

当一个大客户订购了一个比往常更大的订单或临时通知要修改订单时，可能对整个供应链都会造成严重的影响。例如，供应商可能要补订原材料或需要不同的原材料组合；制造商可能要修改生产计划或工作安排；运输单位可能要重新进行运输调度等。供应链计划系统可以支持公司完成这些必要的生产和分销计划的调整工作，并在相关的供应链成员间共享变化的信息，协调它们的工作。**需求计划**（demand planning）是 SCM 中最重要也是最复杂的功能模块，它确定企业应生产多少产品来满足所有客户的需求。JDA 软件、SAP 和甲骨文都提供供应链管理的解决方案。

供应链执行系统（supply chain execution systems）支持企业管理分销中心和仓库的物流，保证以最高效的方式将产品送到正确的地点，跟踪货品的物理状态、物料管理、仓储和运输管理以及所有参与单位的财务信息。Haworth 公司使用的**仓储管理系统**（warehouse management system，WMS）就是这方面的一个例子。Haworth 是一家全球领先的办公家具制造商和设计公司，在美国 4 个州设有分销中心。WMS 系统控制与跟踪产品成品从 Haworth 分销中心配送到客户的物流过程，根据地理位置、设备、库存和人员的即时情况，指导货品的搬运，制订客户订单的执行和运输计划。

9.2.4 全球供应链和互联网

在互联网出现之前，采购、物料管理、制造和物流等供应链内部系统都是独立的，系统间的信息集成与共享十分困难，无法实现供应链的协调配合。同样，由于供应商、分销商、物流提供商的系统基于不兼容的技术平台和标准，企业与外部供应链伙伴之间也难以共享信息。互联网技术的出现在一定程度上提升了企业供应链管理系统的集成性。

管理人员可以通过网络界面登录供应商的系统，判断库存和生产能力能否满足企业的需求。业务伙伴可以使用基于网络的 SCM 工具，在线合作并协同预测。销售代表可以访问供应商的生产调度和物流信息系统，跟踪客户订单的状态。

1. 全球供应链问题

随着越来越多的公司进入国际市场，将制造业务外包、在其他国家寻找供应商、销售产品到国外市场已成为商业活动的主要形态。企业的供应链也随之扩展到多个国家和区域，而管理一个全球化的供应链会带来更多的复杂性与挑战。

与国内供应链相比，全球供应链通常跨越更大的地理距离和时间差异，供应链成员来自多个不同的国家，绩效标准在各个国家和地区间可能存在差异，因此供应链管理需要考虑各国的法律法规以及文化差异。

互联网在多个方面可以支持企业管理全球供应链，包括采购、运输、沟通和国际财务等。例如，当今的服装业严重依赖中国和其他低生产成本国家的合同制造商，服装公司使用互联网来管理全球供应链与生产问题（请回顾第 3 章中对于 Li&Fung 的讨论）。

除了生产制造外，全球化还推动了仓库外包管理、运输管理、第三方物流提供商的发展，如 UPS 的供应链解决方案和 Schneider 的物流服务。这些物流服务企业提供基于互联网的软件系统，客户可以更好地了解和掌控全球供应链，还可以通过系统安全地跟踪库存和物流情况，更高效率地管理全球供应链。

2. 需求驱动供应链：从推到拉的生产和高效的客户响应

除了降低成本外，SCM 系统还能带来高效的客户响应能力，实现客户需求驱动的业务模式。（我们在第 3 章已经介绍了高效率的客户响应系统。）

早期的 SCM 系统由基于推式供应链的模式（也被称为基于库存的生产）。在**"推式模型"**中，基于预测或对产品需求的最佳猜测来制订主生产计划，生产出的产品被"推向"客户。有了互联网工具，信息集成成为可能，SCM 可以更容易地实现基于拉式供应链的模式。**"拉式模型"**也被称为需求驱动或按订单生产的模式，由实际的客户订单或采购行为触发供应链的运转。根据客户订单形成的生产和运输交付计划逆供应链而上，从零售商到分销商、制造商，最终到达供应商；生产出来的产品顺着供应链回到零售商。制造商根据实际订单的需求信息，驱动生产计划和原材料采购，安排生产活动，该过程详见图 9-5。在第 3 章中，沃尔玛的持续补货系统就是基于拉式模型的例子。

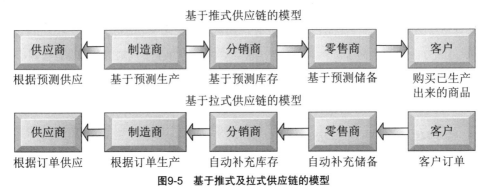

图9-5 基于推式及拉式供应链的模型

注：基于推式和基于拉式供应链模型的区别可以总结为一句话，"生产我们所卖的，不卖我们生产的"。

互联网和互联网技术使得串行供应链向并行供应链转变成为可能，即在串行供应链中，信息流和物流依次从一个企业流到另一个企业；在并行供应链中，信息可在供应链网络各成员间实现同时多向流动，由制造商、物流提供商、外包制造商、零售商、分销商组成的复杂供应网络可以根据计划或订单的变化及时进行调整。最终，互联网可以创造一个贯穿整个供应链的"数字物流神经系统"（详见图 9-6）。

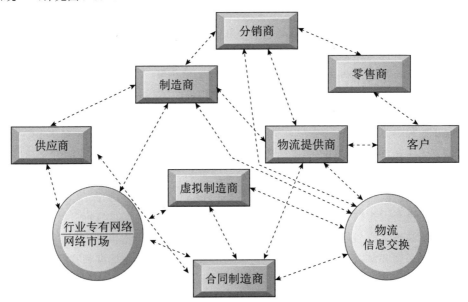

图9-6 新兴的互联网驱动的供应链

注：新兴的互联网驱动的供应链像一个数字物流神经系统一样运行，它为公司、公司经营网络、电子市场之间提供了多向的交流，供应链中的业务伙伴能够及时调整库存、订单和生产能力。

9.2.5 供应链管理系统的商业价值

你刚才已经看到了供应链管理系统如何贯通企业的内部和外部供应链的过程，并为管理层提供了准确的生产、库存、运输信息。通过实施一个网络化的集成供应链管理系统，企业可以实现供应与需求的匹配、降低库存水平、改善物流服务、加快产品上市时间，并能更有效地利用公司资产。

供应链成本占据了企业运营成本的大部分，在某些行业中甚至达到了总运营成本的 75%，因此降低供应链的成本对企业的收益率有着巨大的影响。

除了降低成本以外，供应链管理系统还可以帮助企业增加销量。当客户需要的产品出现缺货时，客户往往会选择到别处购买，因此，更加精准地控制供应链就等于提高了企业让客户在合适的时间买到合适产品的能力。

9.3 客户关系管理系统如何帮助企业提升客户的亲密度？

你或许听到过这样的话，"客户总是对的"或者"客户第一"。如今这些话比以往显得更加正确，因为创新产品或服务所带来的竞争优势持续时间可能很短，唯一能长久保持的竞争优势来自企业和客户之间的关系。竞争的基础已由谁能销售最多的产品和服务，转到谁能"拥有"最多的客户，因此客户关系代表了公司最有价值的资产。

9.3.1 什么是客户关系管理（CRM）？

你需要什么样的信息才能与客户建立并维持长久的关系？你希望准确地知道谁是你的客户、如何与他们联络、服务或销售产品给他们的成本是否很高、他们感兴趣的产品和服务是什么样的、他们在你的企业花了多少钱等。如果你在一个小镇上经营一家商店，你一定很想充分地了解你的每一个客户，让你的客户感觉到他们是特别的。

小镇上的小店老板可以通过面对面交流的方式去真正了解客户，但是对于经营范围在大城市、跨地区、国家，甚至全球层面的大企业来说，就不可能以这种亲密的方式"了解客户"。大企业拥有更多的客户，客户和企业间又有各种联系途径（如通过网络、电话、电子邮件、博客和当面交流等）。从所有这些联系渠道集成信息、与大量的客户打交道是极其困难的工作。

对大企业来说，销售、客户服务和市场营销的部门往往高度条块分割，不太能共享客户的许多重要信息。某个客户的信息可能以个人账户的形式在公司中储存和组织，而关于这个客户的其他信息则可能保留在产品销售系统中。在传统的企业中，一直没有很好的方法能将这些信息集成起来，在公司层面形成关于该客户统一的视图。

这正是 CRM 系统体现价值的地方。在第 2 章中已经介绍了 CRM 系统，CRM 系统从公司各处收集和集成客户的数据，整合数据和分析数据，并将结果传递到企业各个系统以及与客户有接触的地方。**接触点**（touch point，也被称为联系点）是指与客户交互的一种方法，如电话、电子邮件、服务台、传统信件、Facebook、Twitter、网络、无线设备或零售商店等。设计良好的 CRM 系统能为企业提供统一、完整的客户信息，这对改进销售和客户服务这两个方面的业务都很有帮助（详见图 9-7）。

一个好的 CRM 系统能提供数据和分析工具,并能回答如下问题:在企业服务客户的过程中,某类客户对企业的价值体现在哪里?谁是最忠诚的客户?谁是贡献利润最多的客户?这些高价值的客户想买什么?企业利用这些答案可以去寻找新客户,为现有客户提供更好的服务和支持,提供符合客户偏好的、有针对性的服务,为维护优质客户持续提供价值。

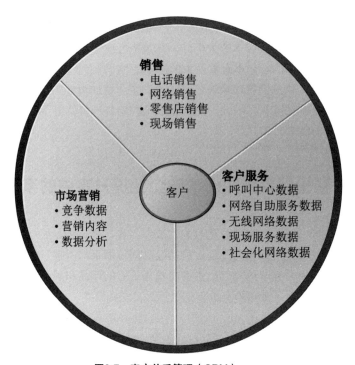

图9-7 客户关系管理(CRM)

注:CRM 系统从多维度来分析客户,利用一系列集成的应用来处理客户管理的各个方面,包括客户服务、销售和市场营销。

9.3.2 客户关系管理软件

商用 CRM 软件的范围很广,有针对某些特定功能的专用工具,如为特殊客户建立个性化网站;也有大企业的应用系统,收集与客户的交互数据,用复杂的报表工具来分析数据,并和其他的企业应用系统集成共享,如 SCM 系统和企业系统。比较复杂的 CRM 软件还包含**合作伙伴关系管理**(partner relationship management,PRM)和**员工关系管理**(employee relationship management,ERM)模块。

与大多数 CRM 软件一样,PRM 使用相同的数据、工具和系统来加强企业和销售伙伴间的合作。如果不直接销售给终端客户,而是通过分销商或零售商来零售的话,PRM 软件可以帮助这些销售伙伴更好地向客户销售。PRM 为企业和销售伙伴提供了业务信息、关于客户的配送信息和数据等,整合了潜在客户、定价、促销、订单设置和产品可用性的信息。同时,PRM 还为企业提供了评价合作伙伴业绩的工具,从而保证最佳合作伙伴能获得它们需要的支持,抓住更多的商机。

ERM 软件关注于 CRM 系统中的员工问题,如员工目标设定、员工绩效管理、绩效佣金管理和员工培训等。主要的 CRM 应用软件提供商包括甲骨文、SAP、Saleforce.com 和微软 Dynamics

CRM 等。

CRM 系统主要为销售、客户服务和市场营销活动提供软件支持与在线工具，其主要功能有以下几项。

1. 销售自动化

CRM 系统中的**销售自动化**（sales force automation，SFA）模块能够帮助销售人员提高效率，让销售人员主要精力集中于最赚钱的客户，识别哪些客户是开展销售和服务的最合适对象。SFA 模块提供了销售预测和联络信息、产品信息、产品配置能力、销售额预测能力，可以汇总某客户过去所有的购买经历，帮助销售人员作出个性化推荐。SFA 模块便于在销售、市场和运输等业务部门间的共享客户和潜在客户的信息。SFA 通过减少销售成本来提高销售人员效率，同时降低寻找新客户和留住老客户的成本。此外，SFA 模块还提供了销售预测、区域管理和团队销售等功能。

2. 客户服务

CRM 系统中的**客户服务**（customer service）模块是提供客户信息和帮助呼叫中心、咨询台和客户支持人员提高效率的工具，能够有效分配和管理客户服务请求。

客户服务模块中一种能力就是预约或建议的电话联系。当一个客户呼叫客户服务电话号码时，系统能够将电话分配给一个合适的服务人员，服务人员可以在系统内输入该客户的信息。一旦客户的数据进入了系统，任何客服代表都可以处理客户关系，从而使公司获得一致、准确的客户信息，不仅帮助呼叫中心每天处理更多的呼叫，还减少了每一通电话的持续时间。这样，呼叫中心和客户服务小组的工作效率得到提升，减少了处理时间，实现了较低成本下服务质量的提升。同时，客户不用每次都对客服代表重复讲述问题，可以花费较少的时间来解决问题，客户体验也更好。

CRM 系统还提供了基于网络的自服务能力，即企业网站可以提供客户个性化查询的信息支持功能，为电话客服人员提供额外的服务选项等。

3. 市场营销

CRM 系统全面支持企业的市场营销活动，包括把握市场前景，提供潜在客户的数据，提供产品和服务信息、目标市场的合格对象、直邮或电邮销售的安排和跟踪（见图 9-8）等。市场营销模块还提供了分析工具，包括分析市场和客户数据、识别赢利和非赢利客户、为特殊客户定制产品和服务、识别交叉销售机会等。

图 9-8 CRM 系统支持市场营销

注：CRM 软件为用户提供了单一接触点，帮助公司管理和评估多渠道的市场营销方案，包括电子邮件、直邮、电话、网站和社会化媒体等。

交叉销售（cross-selling）是指将互补产品推销给客户的一种营销策略。例如，金融服务公司可以向拥有支票账户的客户推销货币市场理财账户或家庭贷款服务。CRM 工具还能帮助企业管理和执行市场营销活动的各个阶段，从计划执行到每个营销活动成功率的评估。

图 9-9 展示了常见 CRM 软件产品中具备的销售、客户服务和营销功能。和企业软件一样，这些软件也是业务流程驱动的，嵌入了几百个代表该领域最佳实践的业务流程。为实现收益最大化，企业需要对业务流程进行修改和建模，以保持与 CRM 软件中最佳实践业务流程的一致性。

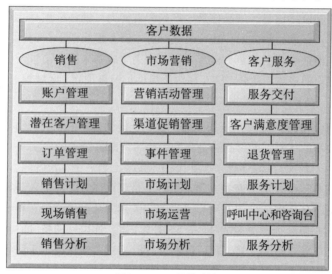

图9-9　CRM软件功能

注：主流的 CRM 软件产品均支持销售、客户服务和市场营销流程，集成多个来源的客户信息，同时支持运营与分析两个层面。

图 9-10 描述了 CRM 软件为客户提供服务、提升客户忠诚度的最佳实践流程。直接服务客户意味着增加了企业留住客户的机会，企业应为那些长期赚钱的客户提供优质服务。CRM 软件基于客户对企业的价值和忠诚度的评价标准，给每个客户进行评分，并提供给呼叫中心，将客户安排给最合适的客服。系统自动为客服人员提供客户的详细情况，包括对客户的价值度和忠诚度进行评分。客服根据这些信息，为客户提供有针对性的优惠或附加服务，鼓励客户继续和本企业做生意。你将能在学习跟踪部分找到更多关于 CRM 系统中的最佳实践业务流程的信息。

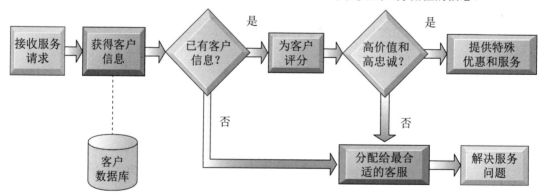

图9-10　客户忠诚度管理

注：图 9-10 描述了 CRM 如何为客户提供服务以提升忠诚度的最佳实践流程。CRM 软件可以帮助企业识别高价值的客户，并为他们提供优质服务。

9.3.3 运营型CRM和分析型CRM

上述提到的 CRM 系统可以分为运营型 CRM 和分析型 CRM。**运营型 CRM**（operational CRM）主要是指面向客户的应用，如销售业务自动化、呼叫中心和客户服务支持、市场营销自动化等工具。**分析型 CRM**（analytical CRM）主要是对运营型 CRM 系统中产生的客户数据进行分析，为改善企业绩效提供信息支持。

分析型 CRM 系统的数据来源于运营型 CRM 系统、与客户的直接接触或其他来源，通过数据仓库和分析平台进行在线分析处理（OLAP）、数据挖掘和其他数据分析技术处理（详见第 6 章）。企业收集的客户数据可与其他来源的数据集成，如从其他企业购买的人口统计数据和客户数据等。分析这些数据可以用来帮助企业识别客户的购买模式，构建目标细分市场，识别可赢利与非赢利客户（见图 9-11）。

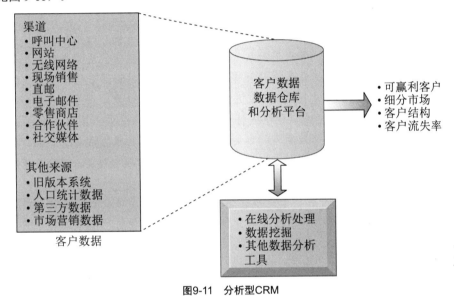

图9-11 分析型CRM

注：分析型 CRM 利用客户数据仓库与数据分析平台工具，分析企业直接获得或从其他来源处收集到的客户数据。

分析型 CRM 另一个重要的输出是企业的客户生命周期价值。**客户生命周期价值**（customer lifetime value，CLTV）是基于与客户的关系，包括客户产生的收入、联系和服务该客户所产生的费用以及客户与企业保持合作关系的时间等因素来衡量的价值。

9.3.4 CRM系统的商业价值

有效的 CRM 系统将为企业带来许多的收益，包括提高客户满意度、减少直接市场成本、开展更有效的市场营销、较低的客户搜寻和保留成本。来自 CRM 系统的信息分析可帮助企业识别最获利的客户，并找到最适合开展针对性营销与交叉销售的细分市场，从而增加销售收入（见"互动讨论：组织"部分）。

如果企业的销售、客户服务和市场营销活动更好地响应了客户需求，那么客户流失就会减少。**客户流失率**（churn rate）是指停止使用和购买企业产品或服务的客户数，这是标示企业客户群增长或减少的重要指标。

互动讨论：组织

CRM 助力肯尼亚航空公司"飞"得更高

肯尼亚航空（Kenya Airways）公司是肯尼亚的旗舰航空企业，就座位容量而言，它位列非洲十大航空企业之列，拥有 33 架飞机的机队，穿梭于国内外 53 个飞机场，是天合联盟唯一的非洲航空企业。天合联盟有 20 个成员包括达美航空、法国航空、意大利航空、墨西哥航空、中华航空和大韩航空等，正在努力建立非常高的全球标准。

肯尼亚航空需要改进的业务领域之一是公司与客户的关系。非洲目前有 10 亿人口，有望在未来 10 年内达到 15 亿，其中许多国家的中产阶级正在迅速增长。但是，肯尼亚航空公司一直无法充分利用这一市场机会，因为它对客户的了解非常有限。尽管该航空公司增加了更多的飞机，但旅客人数却仍在下降，部分原因是客户担心埃博拉病毒暴发、区域恐怖主义，以及波斯湾航空企业的竞争加剧，盈利能力受到重大影响。

肯尼亚航空不知道是哪些客户点击了电子邮件广告，在广告牌、报纸和传单上的广告，也都无法衡量这些活动的效果。管理层无从知晓不同办公室的销售代表在做什么。有关客户的数据存储在不同的数据库中，诸如企业及合作伙伴旅行社处的电子表格和文件、预订系统和机场登机等这些数据均没有被集成起来。没有统一的客户数据库，肯尼亚航空公司就无法确定"客人"的喜好、特殊需求或其他个人特征，其中包括是否是商务旅客、还是企业高管、政府官员、学生、宣教士和医疗游客等。市场营销、销售和客户服务活动犹如在"黑暗"中进行。例如，尽管许多收件人不是母亲，但航空公司每年 5 月都会向各个数据库中的每个客户发送母亲节问候。

2014 年，肯尼亚航空公司启动了一项持续多年计划，实施 Oracle 的营销、销售、数据和服务云系统，计划将所有的客户数据自动化和集成起来，以便进行有效的客户关系管理。Oracle 的营销云模块提供了一个基于云的平台，帮助公司管理企业的营销数据，集中协调跨渠道客户互动，吸引合适的受众，并进行绩效分析。营销云模块的功能包括管理营销自动化的活动，提供跨渠道客户的体验，创建和管理引人入胜的传播内容，"倾听"客户关于产品、品牌或服务的声音，提供消息传递（社交营销）的工具。

实施 Oracle 营销云几周后，航空公司进行了首次自动化营销活动，该活动向在迪拜的肯尼亚移民发送了有关特殊节日优惠票价的电子邮件、短消息和社交媒体帖子。肯尼亚航空公司随后发起了推广通往河内和桑给巴尔的新航线的促销活动。随着时间的流逝，航空公司的营销团队变得更加熟练，可以追踪这些广告所产生的收入流，可以有效地分析新的客户数据，并确定促销活动的目标对象。肯尼亚航空市场营销自动化负责人哈里特·路亚（Harriet Luyai）在 2015 年初的报告中说，"可联系的客户"比例从 40% 上升到 89%，营销电子邮件的打开率从 40% 上升到 65%，航空公司的"获客率"（选择参加促销活动的响应者比例）高达 20%。航空公司可以评估营销活动对机票销售的影响，以前需要代理商 3 天才能完成的促销活动现在只需 30 分钟，而且投入成本少了很多。

实施 Oracle 营销云后，肯亚航空开始使用 Oracle 销售云模块将销售活动自动化，使用 Oracle RightNow 云服务模块支持客户服务活动，同时把 3 个云产生的数据集成到同一个中央数据库中。现在营销、销售和服务 3 个职能部门可以将客户数据集成起来，并协调业务流程。航空公司收集了关于消费者年龄、收入、教育程度、工作职能、工作水平、给公司带来的收入、地理位置、状态、偏好、兴趣领域、服务电话、电子邮件活动、表单提交和购买历史等信息，建立了非常详细的客户资料,从而为提供个性化的产品服务奠定基础。

为了帮助肯尼亚航空的营销团队将销售线索转换为机票销售、增加网站流量、增加社交粉丝,以此来增加收入,该航空公司实施了 Oracle 社交云,模块帮助肯尼亚航空的客户服务团队关注社交媒体上关于企业服务的帖子和讨论,并在 30 分钟内回答相应的问题,还可以帮助代理机构优化后续的帖子,并管理相应的客户请求审批和处理的业务流程。

尽管肯尼亚航空公司制订了客户忠诚计划,但以前无法确定哪些是高价值客户,而现在肯尼亚航空可以追踪所有的高价值客户,并显示每个客户产生了多少收入。它还可以在整个客户生命周期中细分客户,从而可以将新客户与长期的高价值客户区分开来。现在,肯尼亚航空公司可以对每个客户进行 360 度全方位评估。

实施基于云的 OracleCRM 系统花的时间比肯尼亚航空最初估计的时间要多得多,不是预计的 6 个月,而是花费了一年多的时间。因为需要清洗原本存储在不同应用系统中的数据,确保这些数据具有正确的格式,然后才能将它们传到新的数据库中,这项工作大部分是手工完成的。航空公司员工必须接受使用数字 CRM 工具的培训,因为以前很多工作都是手工完成的。肯尼亚航空管理层认为,航空公司为此得到了丰厚的回报。

资料来源: "Company View of Kenya Airways PLC," www.bloomberg.com, accessed January 31, 2018; Rob Preston, "First-Class Flight," Profit Magazine, August 2016; www.kenya-airways.com, accessed January 31, 2018; "Kenya Airways Turns to McKinsey for Turnaround Strategy," Consultancy.uk, February 8, 2016; and Tilde Herrera, "Kenya Airways Fuels with Data to Lift Marketing," October 29, 2015.

案例分析题:

1. 本案例中描述的肯尼亚航空公司存在的问题是什么?管理、组织和技术方面的哪些因素导致了这个问题?
2. 客户关系管理做得好坏,与肯尼亚航空公司的经营业绩和经营战略有什么关系?
3. 请描述肯尼亚航空公司的解决方案,为了实施该解决方案,需要解决管理、组织和技术方面的哪些问题?
4. 这个解决方案的效果如何?这对肯尼亚航空公司的经营方式和经营业绩又有何影响?

9.4 企业应用的挑战是什么?企业如何利用新技术?

许多企业已经实施了企业系统和支持供应链、客户关系管理的信息系统,帮助企业获得了运营最优和改善了决策水平。但同时,这些系统也改变了企业原有的工作方式,因此也给系统的实施带来了挑战。我们简单地介绍其中的某些挑战,并寻找从这些系统中获得价值的新方式。

9.4.1 企业应用的挑战

由于可以极大地降低库存成本,缩短订单交货时间,带来更高效的客户响应和更高的产品获利性,企业系统和支持供应链管理、客户关系管理的信息系统非常重要。但是要获得这些价值,你必须清楚地了解应该如何进行组织变革才能有效地实施与应用这些系统。

企业应用是一个复杂的软件,购买和实施这些应用系统非常昂贵。一家世界 500 强企业也可能要花费几年的时间来实施一个大规模的企业系统、SCM 系统或 CRM 系统。2018 年，根据 Panorama Consulting Solutions 对 237 家实施 ERP 的企业进行的调查显示，ERP 项目平均花费 17.4 个月完成，44% 的项目交付后的收益是预期的 50% 或更少，约 64% 的项目超出了成本预算，79% 的项目出现了超时（Panorama Consulting Solutions，2018）项目实施中，项目范围的改变和额外的定制工作增加了实施的期限和成本。

ERP 系统的实施不仅要求有重大的技术变革，还要求企业运作方式作出根本性改变，公司必须对业务流程进行全面的变革以适配应用软件系统的运作。员工必须接受新的岗位职能和责任，必须学习如何完成一系列新的工作流程，并了解输入系统的信息将会如何影响企业其他部门的工作。这些都要求开展新的组织学习工作，并纳入 ERP 实施成本的考虑范畴。

SCM 系统要求多个组织共享信息和业务流程。系统中的每一个参与者可能都需要改变一部分流程和使用信息的方式，从而创建一个服务整体供应链的最佳系统。

某些企业在开始实施企业应用系统时均会面临大量的运营问题，这是由于它们没有意识到系统实施带来的组织变革。例如，Kmart 超市公司刚开始实施 i2 公司的（现在是 JDA 软件）SCM 软件时，在商品上货架时遇到了麻烦，因为 i2 软件不能很好地处理 Kmart 的促销活动所导致的商品需求大起大落的情形。澳大利亚超市巨头 Woolworth 公司在将原有的本土 ERP 系统切换到 SAP 解决方案时，就遇到了数据方面的问题，原本为个别商店定制的盈亏周报过了 18 个月都还未能提供。为此该公司不得修改其数据收集的程序，但同时也未能弄明白是否准确地记录了这些业务流程。

企业应用还会带来转换成本。一旦选用一个供应商，如 SAP、甲骨文或其他软件供应商，要想再更换供应商的成本就很高，公司只能依赖该供应商更新产品和维护系统。

企业应用是基于组织范围内对数据的定义。需要准确理解企业如何利用这些数据的逻辑，这些数据是如何在 CRM、SCM 和 ERP 系统中组织并使用的。CRM 系统通常还需要一些数据清洗工作。

企业软件供应商通过简化软件，为中小企业提供"快速实施"的方法，为大型企业提供最佳实践指导方法，来帮助它们解决实施中的问题。在企业应用软件中没有的一些功能，公司通过云计算的应用功能来补充，这样企业就获得了更大的灵活性，不会受到单一的应用软件系统的限制。

公司选择应用软件包来实施时要尽量减少定制化功能，以节约时间和成本。例如，Kennametal 公司是一家位于宾夕法尼亚州的金属加工工具企业，市值 2 亿美元。在过去 13 年间，公司在 ERP 系统的运维上花费了 1 000 万美元，进行了 6 400 多次的定制化开发。如今公司选用了无定制化的 SAP 企业软件替代了原来的系统，并通过调整自身业务流程来适应这个软件。Office Depot 这家零售公司在实施基于云计算的 Oracle ERP 系统时几乎没有定制开发，在实施基于云计算的 Oracle 的供应链管理系统人力资本管理（HCM）和企业绩效管理（EPM）系统时采纳了最佳实践。通过非定制的 Oracle ERP 应用软件，Office Depot 简化了信息系统，并降低了维护和管理这些系统的成本（Thibodeau，2018）。

9.4.2　下一代企业应用

如今，企业应用系统的供应商提供了更灵活的、用户友好的、基于网络的、与其他系统集成能力更强的、更有价值的系统。独立的 ERP 系统、CRM 系统、SCM 系统或将成为过去。主流的企业软件供应商已开发了"企业解决方案""企业套装软件"或"电子商务套装软件"，实现

CRM、SCM 和 ERP 系统相互更紧密的工作体系，并与企业的客户、供应商的系统连接在一起。

下一代企业应用系统也包括云解决方案，以及在移动平台上提供更多的功能。大型企业软件供应商（如 SAP、Oracle、Microsoft 和 Epicor）现在均提供了 ERP 系统的云版本，以及面向中小企业的基于云的软件产品（如前"互动讨论：管理"部分所述）。例如，SAP 为大企业提供 SAP S/4HANA 云服务系统，为中小企业提供 SAP Business ByDesign 和 SAP Business One 企业软件。微软提供 ERP 和 CRM 软件的 Dynamics 365 云服务系统。基于云的企业系统也由像 NetSuite 等较小的供应商提供。

在基于云的 CRM 系统方面，无可争议的全球市场领导者是 Salesforce（在第 5 章中描述过）。Salesforce 通过联网计算机或移动设备提供服务，并被中小企业和大企业广泛采纳。随着基于云的软件产品的成熟，越来越多的企业，包括非常庞大的《财富》500 强企业，也都选择在云中运行全部或部分企业应用系统。

1. 社交型 CRM

CRM 软件提供商利用社交网络技术来改进软件产品，帮助企业更快地识别新想法、改进团队生产力、加深与客户间的互动（见第 10 章）。通过使用**社交型 CRM**（social CRM）系统，企业可以更好地与客户进行交流，如分析他们对产品和服务的看法。

社交型 CRM 系统使企业将社交网络中的客户评论、社交关系与 CRM 流程结合在一起。主要的 CRM 供应商现在都提供了将社交网络数据载入 CRM 软件的工具。现在，SAP、Salesforce 和 Oracle 的 CRM 产品都采用了技术来监控、跟踪和分析 Facebook、LinkedIn、Twitter、YouTube 和其他网站上的社交媒体活动。像 SAS 这样的商业智能和分析软件供应商还提供了社交媒体分析功能（通过客户在各种社交网络参与度的评价），以及用于测试和优化社交和传统基于 Web 方式的活动的管理工具。

Salesforce 公司把社交媒体和社交媒体营销工具连接其系统中，以跟踪企业销售过程中的销售线索，使用户能够针对核心客户开展精准营销，并观察由此而产生的结果。如果一家广告企业希望在 Facebook 和 Twitter 上投放一个有针对性的广告，那么就可以在 CRM 系统中跟踪这些目标客户，把广告投放在专门针对这些客户的渠道上。这些潜在客户能够实时查看公司的推文，并可能发现新的信息。公司还可以管理多个广告渠道并进行比较，找出哪些广告产生更高的点击率和每次点击费用。

2. 企业应用中的商业智能

企业应用系统供应商已经在系统中增加了商业智能的功能，以帮助公司的管理人员从这些系统产生的海量数据中获得更有意义的信息，包括从物联网中获得的数据。现在，SAP 使用 HANA 内在计算技术，可以进行更快、更复杂的数据分析，包括灵活的报告、即时分析、交互式仪表盘、假设情景分析、数据可视化等，以及用于分析海量的大数据，建立优化、预测的机器学习模型等。例如，SAP 创建了一个机器学习和神经网络建模应用工具（见第 11 章），可以识别出石油和天然气行业中与机器性能相关的模式。该软件工具自动生成潜在的机器故障通知，并将其发送给 SAP 的工厂维护模块系统中，计划人员可以使用这些通知来安排机器的维修和更换工作（Franken，2018）。

主流的企业应用供应商也提供在移动设备上工作的部分产品。在学习跟踪部分的客户关系管理、SCM 和医疗保健的无线应用中找到与此主题相关的更多信息。

9.5 MIS 如何有助于我的职业发展

以下是第 9 章和本书如何帮助你找到一份制造管理培训生工作的内容。

9.5.1 公司

XYZ 全球工业配件公司是一家总部位于密歇根州的大型企业,在全球拥有 40 家制造工厂和 4 000 多名员工,目前有一个制造管理项目面向新毕业大学生的空缺职位。该公司生产紧固件、工程部件、连杆和悬挂部件,适用于全球汽车、重型卡车、航空航天、电力设施、电信和其他行业。

9.5.2 岗位描述

制造管理项目是一个为期两年的轮换项目,旨在培养和培训未来的管理者,使应届大学毕业生能够在工厂、技术和企业环境中获得关键技能和行业经验。工作职责包括:

- 与业务部门和项目团队合作实施系统,包括实施 ERP 和 JDA 制造系统。
- 了解每个业务部门的业务流程和数据需求。
- 熟练地支持和完成业务需求分析。
- 跟踪和记录系统功能和业务规范的变更。
- 编写用户文档、使用说明和操作程序。
- 监测和记录实施后的问题,提出修改请求。

9.5.3 工作要求

- IT、MIS、工程或相关专业的学士学位或同等学力毕业生,GPA 高于 3.0。
- 熟练使用 Microsoft Office 套件。
- 具备较强的书面和口头沟通能力。
- 在校内外都有出色的成果证明。
- 具备团队领导经历。

9.5.4 面试问题

- 请描述你在某个团队中所做的项目。你扮演过领导角色吗?你做了哪些工作帮助团队实现目标?这些项目中有没有 IT 项目?
- 你对 ERP 或 JDA 制造系统了解多少?你有应用这些系统的经验吗?具体做了些什么?
- 你可以使用 Microsoft Office 软件做什么?你用过哪些计算机工具?你具备 Access 和 Excel 方面的技能吗?你用这些工具解决了哪些问题?你上过 Access 或 Excel 的课程吗?

9.5.5 作者提示

1. 对公司、行业以及面临的各种挑战进行研究。浏览公司的 LinkedIn 页面，阅读过去 12 个月的帖子。这家企业的 LinkedIn 帖子有什么主要趋势吗？
2. 复习本书第 9 章、第 13 章、第 14 章的内容。
3. 观看主要的 IT 咨询企业制作的 YouTube 视频，研究制造技术和企业系统的最新趋势。
4. 咨询相关人员在工作中将如何使用 Microsoft Office 工具？你需要具备哪些 Excel 和 Access 技能？带上你用这些软件完成工作的案例。如果你对这些工具要完成的工作任务不清楚，那么你就表现出渴望学习的欲望。
5. 带上你的写作范例，展示你的分析能力和项目经验。

复习总结

9-1 企业系统（ERP）如何帮助企业实现最优化运营？

企业系统是由一系列集成的软件模块和中央数据库组成。数据库从大量的应用中收集数据并向这些应用提供数据，支持组织内部几乎所有的业务活动。当一个流程产生新的信息时，其他业务流程能够立刻使用这个信息。

借助数据标准化、覆盖企业所有业务流程以及独立统一的技术平台，企业系统可以实现企业的集中化管理。由企业系统产生的涵盖整个企业范围的数据可以帮助管理者评估整个组织的绩效。

9-2 供应链管理系统（SCM）系统如何与供应商协调计划、生产和物流业务？

SCM 系统使供应链成员间的信息流实现自动化，支持各成员更好地决策什么时候采购、生产、运输，以及采购、生产、运输的数量。SCM 系统提供了精确的信息，能减少企业运营的不确定性，并降低牛鞭效应的影响。

SCM 软件系统包括供应链计划和供应链执行模块。互联网技术有助于实现全球的供应链管理，为处于不同国家和地区的组织提供连接支持，共享供应链信息。借助供应链管理系统，企业可以极大地改善供应链成员间的信息沟通，实现更有效的客户响应和向"需求驱动"模式的转变。

9-3 客户关系管理系统（CRM）系统如何帮助企业提升客户亲密度？

CRM 系统集成了销售、市场营销和客户服务的流程，使这些业务实现自动化，并从企业层面全面分析客户。与客户交互时，企业可使用这些客户知识，为客户提供更好的服务，销售新的产品和服务。这些系统还能识别客户价值（可获利或不可获利），帮助企业减少客户流失率。

主流的 CRM 软件包同时提供运营型 CRM 和分析型 CRM 两方面的功能模块，通常还包括销售伙伴关系管理模块和员工关系管理模块。

9-4 企业应用可能带来哪些挑战？企业应用如何利用新技术？

实施企业应用系统是很困难的，既要求大范围的组织变革、大量的软硬件投资，还需要仔细评估系统将如何帮助企业提高组织绩效。如果系统应用在不科学的流程上，或者企业不知道如何利用这些系统来评估绩效的改进，企业应用将不能带来价值。员工需要通过培训来为新的工作程序和角色做准备。此外，数据管理工作也需要得到特别关注。

如今，基于网络服务和面向服务的架构（SOA）使得企业应用系统变得更加柔性化、更容易与其他系统集成。企业应用系统也能在云计算技术架构或移动平台上运行。CRM软件增加了社交网络功能，从而增强内部协同、加深与客户的交互、有效利用来自社交网络的数据资源。企业应用系统中已嵌入了商业智能的功能，用来帮助分析企业应用产生的大量数据。

关键术语

分析型 CRM（analytical CRM）
牛鞭效应（bullwhip effect）
流失率（churn rate）
客户生命周期价值（customer lifetime value，CLTV）
需求计划（demand planning）
员工关系管理（employee relationship management，ERM）
企业软件（enterprise software）
准时制策略（just-in-time strategy）
运营型 CRM（operational CRM）
合作伙伴关系管理（partner relationship management，PRM）

基于拉式的供应链模型（pull-based model）
基于推式的供应链模型（push-based model）
销售自动化（sales force automation，SFA）
社交型 CRM（social CRM）
供应链（supply chain）
供应链执行系统（supply chain execution systems）
供应链计划系统（supply chain planning systems）
接触点（touch point）

复习题

9-1 企业系统如何帮助企业实现最优化运营？
- 定义企业系统并阐述企业软件如何工作。
- 描述企业系统如何为企业提供价值。

9-2 供应链管理系统如何与供应商协调计划、生产和物流业务？
- 定义一个供应链及其组成部分。
- 解释 SCM 系统如何帮助减少牛鞭效应，如何为企业创造价值。
- 定义和比较供应链计划系统和供应链执行系统。

- 描述全球供应链带来的挑战，互联网技术如何能帮助企业更好地管理全球供应链。
- 比较基于推式和拉式模型的 SCM，解释当代的 SCM 系统如何促进基于拉式模型的实现。

9-3 客户关系管理系统如何帮助企业提升客户亲密度？
- 定义 CRM，解释当今客户关系为何如此重要。
- 描述合作伙伴关系管理（PRM）、员工关系管理（ERM）与 CRM 之间的关系。
- 描述 CRM 软件在销售、市场营销及客户服务方面的工具和能力。
- 比较运营型 CRM 和分析型 CRM。

9-4 企业应用可能带来哪些挑战？企业应用如何利用新技术？
- 列举并描述企业应用带来的挑战。
- 解释如何应对这些挑战。
- 描述企业应用如何利用 SOA、云计算和开放源代码软件。
- 定义社交型 CRM，解释 CRM 系统如何利用社交网络创造价值。

讨论题

9-5 供应链管理系统较少管理实物产品的物理流动，更多的是管理信息。请讨论和解释这个观点。

9-6 如果企业计划实施企业系统，最好先做好功课。请讨论和解释这个观点。

9-7 企业应先实施哪个企业应用？是 ERP、SCM 还是 CRM？请解释你的观点。

MIS 实践项目

本部分的项目练习将为你提供有关企业系统的实践经验，包括分析业务流程的方法、实施 SCM 和 CRM 的建议、利用数据库软件管理客户服务请求、评价 SCM 的服务效果等。

管理决策问题

9-8 总部位于加拿大多伦多的梅赛德斯奔驰公司拥有 55 个经销商的经销网络，但对其客户的了解程度远远不够。经销商不定期为公司提供客户数据，而奔驰公司并没有明确规定要求经销商上报这些信息。对于经销商来说，和公司共享这些数据也没有实际的好处。在这种情况下，CRM 和 PRM 系统能如何来帮助奔驰公司解决这个问题？

9-9 Office Depot 公司在美国和全球范围提供各种办公产品和服务。公司试图通过实施及时补货与准时制库存控制系统，供应比其他供应商更低成本的办公用品，依靠需求预测系统的信息和销售网点数据为其 1 600 家零售店及时补充库存。请解释这些系统如何帮助 Office Depot 公司实现最小化成本并带来其他效益。给出其他能为 Office Depot 公司带来帮助的 SCM 应用。

实现最优化运营：评价供应链管理服务

软件技能：网络浏览器和演讲软件

业务技能：评价供应链管理服务

9-10 除了将货品从一个地方运到另一个地方外，某些汽车货运公司还提供供应链管理服务，帮助它们的客户管理信息。在这个练习中，你将利用网络来研究和评价其中两种业务服务。研究 UPS 和施耐德这两家物流企业的网站，分析如何将两家企业的服务用于公司的供应链管理活动中，并回答下列问题：

- 这两家企业能为客户提供哪些供应链流程的支持？
- 客户如何利用这两家企业的网站来帮助它们进行供应链管理？
- 比较这两家企业提供的供应链管理服务，你会选择哪家企业来帮助你的企业管理供应链？为什么？

团队合作项目

分析企业应用的供应商

9-11 与 3～4 名同学组成一个小组，使用网络来研究和评估两家企业应用软件供应商的产品。例如，可以比较 SAP 和 Oracle 的企业系统，JDA 和 SAP 的 SCM 系统或 Oracle 和 Salesforce 的 CRM 系统。使用这些企业网站的信息，比较所选择的软件产品在支持的业务功能、技术平台、成本和易用性等方面的内容。你会选择哪个厂商？为什么？你会为一家小企业（50～300 名雇员）和一家大企业选择同一个供应商吗？如果可能，请使用 Google Docs、Google Drive 或 Google Sites，集思广益并制作演示文稿来报告结果。

案例研究

Clemens 食品集团基于新的企业应用开展交付业务

Clemens 食品集团以帮助客户将培根和其他产品送到家而闻名。Clemens 食品集团总部位于宾夕法尼亚州的哈特菲尔德，是一家纵向一体化的企业，业务范围包括无抗生素的养猪场、食品生产、物流服务和运输。公司立了一套快速响应的猪肉生产系统，致力于为合作伙伴提供最优质的产品以及简化合作伙伴运营的先进解决方案。

Clemens 食品集团的服务和品牌系列包括猪肉产品生产商 Hatfield 优质肉制品公司和 Nick 香肠公司、物流和运输公司（PV 运输公司）、CFC Logistics Country View Family Farms。CFC 是一家管理着 100 多个家庭农场的生猪采购和生产企业。Clemens 食品集团的产品由美国东北部和中大西洋地区的食品杂货商和食品服务运营商销售。Clemens 食品集团每年饲养和加工约 500 万头生猪，管理从出生到成品的采购、生产和物流服务。Clemens 食品集团有 3 350 名员工。

像 Clemens 食品集团这样经营易腐商品的企业要盈利，必须牢牢把握订单的及时性和准确性,并在整个农场和生产设施网络中掌握有关产品状态和仓库活动的准确信息。在剧烈变化的市场中,准确的产量、成本和价格的信息可能会产生数百万美元的差异。不幸的是,Clemens食品集团的旧系统不能跟上产量的需求,并支持未来的增长。管理层意识到,公司需要一个新的平台提供更加可视化的生产、更有效的计划以及对流程的更严格控制,并为客户提供订单查询、产品可用数量和交货截止日期等信息。Clemens食品集团还希望获得关于工厂获利能力的实时信息,包括按订单统计的每日获利能力。

2010年,Clemens食品集团制订了一个5年计划,使用集成的平台实现IT基础架构的现代化,以优化供应网络,并改善多个业务运营的计划、优化和利润。2014年,Clemens食品集团宣布将在密歇根州冷水镇建造第三家猪肉加工厂,占地约5.1万平方米,该计划获得了成功。如果有更现代的IT平台的支持,则该工厂可以显著增加产量,并使收入翻倍。Clemens食品集团现有的ERP系统需要更新为可以处理不断增加的产量和多工厂复杂性的系统。

Clemens食品集团高级副总裁约书亚·雷纳尔斯(Joshua Rennells)及其团队对新技术进行了广泛的研究,其中一个关键的技术是对易腐食品行业的管理行之有效的最佳技术。易腐产品的市场存在波动和内在风险,因此关于产量和成本的准确信息就尤为重要。Clemens食品集团认为,SAP软件最新的系统可以帮助公司实现增长目标,并提供跨组织共享数据的最佳解决方案。雷纳尔斯还认为,SAP S/4HANA平台可以在15年内不需要进行重大升级。

SAP S/4HANA是基于内存计算平台的业务套装软件。它含有企业资源计划软件的功能,不仅可以覆盖企业的所有日常流程,而且还集成了SAP产品的某些用于客户关系管理、供应商关系管理和供应链管理的某些功能。SAP S/4HANA可在本地、云和混合计算平台中使用。

Clemens食品集团并没有采用渐进式方式实施新系统,而是选择在整个企业范围内采用:"大爆炸"的方法实施SAP S/4HANA财务管理模块、物料管理和生产计划模块。在启用冷水镇新工厂时就需要使用新系统。根据雷纳尔斯的说法,Clemens食品集团在15年前在其先前的ERP实施中采用了分阶段的方法,最终花费了数年时间,并导致大量的定制化。当Clemens食品集团迁移到SAP S/4HANA时,其原有的ERP系统已链接到70多个应用程序,采取大爆炸式的方法确保是在冷水镇工厂投产之前启动和运行新系统的唯一选择。

Clemens食品集团必须在新系统上线时建设好主数据库,否则会影响生产和运输业务(主数据在核心业务运营中起着关键作用,包括有关客户、员工、库存或供应商的数据,并且通常在组织中的多个用户和业务团队共享)。Clemens食品集团在原有系统中的主数据在测试中发现了很多缺陷,需要进行严格的主数据清理工作。

Clemens食品集团选择了itelligence集团的实施顾问来帮助解决主数据和其他数据迁移的问题。itelligence集团是全球SAP的白金合作伙伴,有超过25年的实施经验,为客户提供从实施咨询到托管服务的全方位服务。Clemens食品集团认为itelligence集团是有着深厚的SAP食品行业实施知识和经验(包括新鲜和加工肉类)的合作伙伴。

itelligence集团为Clemens提供了适合于生猪采购的解决方案,帮助公司按时完成了预算内的项目,而对业务的影响最小。itelligence集团的丰富经验还指导了其他肉类加工企业进行类似的大规模实施。雷纳尔斯希望itelligence集团扮演业务流程专家的角色,帮助Clemens食品集团重新审视做事的方式。Clemens食品集团也采纳了itelligence集团关于流程修改、预算管理、系统测试以及实施理念的建议。

itelligence集团提供的一个特别有价值的指导是:鼓励项目成员将项目实施视作由业务部

门推动,而不单纯只是一个 IT 项目。Clemens 食品集团最初的项目是由 IT 部门领导的项目,但是 5 个月后,企业指派了业务部门的负责人来担任项目负责人。这种转变使项目团队在不同的业务测试阶段都变得更加客观。在每个业务测试之后,它们会从团队负责人那里获得客观的评价,并以此作为业务流程改进的方向。这种方法使项目团队更快地达到实施目标,而不是等到上线之后才发现它有问题。在制定更新流程时,有业务部门的合作参与,有助于减少软件的定制开发。

2017 年 5 月,距离冷水镇工厂开始运营还有 3 个月,两家 Clemens 食品集团的生产工厂已在 SAP S/4HANA 上投入运行,并没有发生业务中断的情况。为了避免生产或运输业务的中断,公司特地安排了一些计划内的生产停机时间,以便解决与冷水镇工厂的主要分销系统相关的运输或采购问题。计划内的停机时间还确保了通过测试发现的所有主数据问题的解决,确保了在系统实际运行前就可以使用主数据。管理层预计,要稳定新系统大约需要 6 个月的时间,事实证明这是正确的。

肉类加工行业的销售预测有着独特的挑战,因为易腐产品、原材料副产品和季节性因素等方面存在许多变数。在以前每个星期四,Clemens 食品集团都会在原有系统上生成一份显示上一周销量的报告,而有关实际盈利情况的信息被推迟。现在,公司可以逐个应收发票来计算盈利情况,即刻就知道每个订单的获利能力。在易腐食品行业价格每天都在变化,因此实时了解盈利情况的信息是非常重要的。

新系统提供的深入洞察和信息可见性有助于改善客户服务。基于 SAP S/4HANA 系统提供的"库存承诺"功能程以及与该仓库管理系统的集成,Clemens 食品集团可以确认客户下达的电话订单是否有可用的库存。在猪肉行业中,这可能是一项极其复杂的任务,因为单只生猪可以分解成数百种副产品。在实施 SAP S/4HANA 之前,Clemens 食品集团仅在准备好发货时才能提供库存可用的保证。

新系统运行稳定后,Clemens 食品集团计划使用 SAP HANA Live 实时数据视窗功能及现有 SAP Business Objects 商业智能套件对报告系统进行升级。公司现在只有一个"事实来源",所有数据是集成的,而在过去,公司不得不处理分布在多个系统上的数据。Clemens 食品集团基于统一的事实来源和信息触手可及的系统功能,可以方便地创建数据仪表板,并使报告比以往任何时候都更加简单。

资料来源:Ken Murphy, "Clemens Food Group Corrals the Power of the Digital Core," SAP Insider, January 24, 2018; www.itelligencegroup.com, accessed March 27, 2018; "Clemens Food Group LLC," www.vault.com, accessed March 27, 2018; and www.clemensfoodgroup.com, accessed March 27, 2018.

案例分析题:

9-12 为什么供应链管理对 Clemens 食品集团如此重要?

9-13 公司面临什么样的问题?管理、组织和技术方面的哪些因素导致了这些问题?

9-14 SAP S/4HANA 是 Clemens 食品集团一个好的解决方案吗?请解释你的答案。

9-15 在 Clemens 食品集团实施 SAP S/4HANA 需要解决哪些管理、组织和技术方面的问题?

参考文献

[1] Bowers, Melissa R., Adam G. Petrie, and Mary C. Holcomb. "Unleashing the Potential of Supply Chain Analytics." MIT Sloan Management Review (Fall 2017).

[2] Bozarth, Cecil, and Robert B. Handfield. Introduction to Operations and Supply Chain Management (4th ed.). (Upper Saddle River, NJ: Prentice-Hall, 2016.)

[3] D'Avanzo, Robert, Hans von Lewinski, and Luk N. Van Wassenhove. "The Link Between Supply Chain and Financial Performance." Supply Chain Management Review (November 1, 2003).

[4] Davenport, Thomas H. Mission Critical: Realizing the Promise of Enterprise Systems. (Boston: Harvard Business School Press, 2000.)

[5] Franken, Govert. "SAP AI: Machine Learning in Oil and Gas." blogs.sap.com, accessed April 11, 2018.

[6] Fruhlinger, Josh, and Thomas Wailgum. "15 Famous ERP Disasters, Dustups and Disappointments." CIO (July 10, 2017).

[7] Hitt, Lorin, D. J. Wu, and Xiaoge Zhou. "Investment in Enterprise Resource Planning: Business Impact and Productivity Measures." Journal of Management Information Systems 19, No. 1 (Summer 2002).

[8] Hu, Michael and Sean T. Monahan. "Sharing Supply Chain Data in the Digital Era." MIT Sloan Management Review (Fall 2015).

[9] Kitchens, Brent, David, Dobolyi, Jingjing Li, and Ahmed Abbasi. "Advanced Customer Analytics: Strategic Value Through Integration of Relationship-Oriented Big Data." Journal of Management Information Systems 35, No. 2 (2018).

[10] Klein, Richard, and Arun Rai. "Interfirm Strategic Information Flows in Logistics Supply Chain Relationships." MIS Quarterly 33, No. 4 (December 2009).

[11] Laudon, Kenneth C. "The Promise and Potential of Enterprise Systems and Industrial Networks." Working paper, The Concours Group. Copyright Kenneth C. Laudon (1999).

[12] Lee, Hau, L., V. Padmanabhan, and Seugin Whang. "The Bullwhip Effect in Supply Chains." Sloan Management Review (Spring 1997).

[13] Liang, Huigang, Zeyu Peng, Yajiong Xue, Xitong Guo, and Nengmin Wang. "Employees' Exploration of Complex Systems: An Integrative View." Journal of Management Information Systems 32, No. 1 (2015).

[14] Maklan, Stan, Simon Knox, and Joe Peppard. "When CRM Fails." MIT Sloan Management Review 52, No. 4 (Summer 2011).

[15] Malik, Yogesh, Alex Niemeyer, and Brian Ruwadi. "Building the Supply Chain of the Future." McKinsey Quarterly (January 2011).

[16] Nadeau, Michael. "ERP Heads for the Cloud." CIO (September 20 2016).

[17] _____. "Hybrid ERP Matures as Companies Develop Better Strategies." CIO (February 22, 2017).

[18] Oracle Corporation. "Alcoa Implements Oracle Solution 20% Below Projected Cost, Eliminates 43 Legacy Systems." www.oracle.com, accessed August 21, 2005.

[19] Panorama Consulting Solutions. "2018 ERP Report." (2018).

[20] Rai, Arun, Paul A. Pavlou, Ghiyoung Im, and Steve Du. "Interfirm IT Capability Profiles and Communications for Cocreating Relational Value: Evidence from the Logistics Industry." MIS Quarterly 36, No. 1 (March 2012).

[21] Ranganathan, C., and Carol V. Brown. "ERP Investments and the Market Value of Firms: Toward an Understanding of Influential ERP Project Variables." Information Systems Research 17, No. 2 (June 2006).

[22] Sarker, Supreteek, Saonee Sarker, Arvin Sahaym, and Bjørn Andersen. "Exploring Value Cocreation in Relationships Between an ERP Vendor and its Partners: A Revelatory Case Study." MIS Quarterly 36, No. 1 (March 2012).

[23] Seldon, Peter B., Cheryl Calvert, and Song Yang. "A Multi-Project Model of Key Factors Affecting Organizational Benefits from Enterprise Systems." MIS Quarterly 34, No. 2 (June 2010).

[24] Sodhi, ManMohan S., and Christopher S. Tang. "Supply Chains Built for Speed and Customization." MIT Sloan Management Review (Summer 2017).

[25] Strong, Diane M., and Olga Volkoff. "Understanding Organization Enterprise System Fit: A Path to Theorizing the Information Technology Artifact." MIS Quarterly 34, No. 4 (December 2010).

[26] Sykes, Tracy Ann, Viswanath Venkatesh, and Jonathan L. Johnson. "Enterprise System Implementation and Employee Job Performance: Understanding the Role of Advice Networks." MIS Quarterly 38, No. 1 (March 2014).

[27] Tate, Wendy L., Diane Mollenkopf, Theodore Stank, and Andrea Lago da Silva. "Integrating Supply and Demand." MIT Sloan Management Review (Summer 2015).

[28] Thibodeau, Patrick. "Office Depot Says 'No' to Oracle ERP Cloud Customizations." TechTarget (February 1, 2018).

[29] Tate, Wendy L., Diane Mollenkopf, Theodore Stank, and Andrea Lago da Silva. "Integrating Supply and Demand." MIT Sloan Management Review (Summer 2015).

[30] Tian, Feng, and Sean Xin Xu. "How Do Enterprise

Resource Planning Systems Affect Firm Risk? Post-Implementation Impact." MIS Quarterly 39, No. 1 (March 2015).

[31] "Top 5 Reasons ERP Implementations Fail and What You Can Do About It." Ziff Davis (2013).

[32] Van Caeneghem, Alexander and Jean-Marie Becquevort. "Turning on ERP Systems Can Turn Off People." CFO (February 5, 2016).

[33] Wailgum, Thomas. "What Is ERP? A Guide to Enterprise Resource Planning Systems." CIO (July 27, 2017).

[34] Wong, Christina W.Y., Lai, Kee-Hung, and Cheng, T.C.E. "Value of Information Integration to Supply Chain Management: Roles of Internal and External Contingencies." Journal of Management Information Systems 28, No. 3 (Winter 2012).

[35] Zhang, Jonathan Z., George F. Watson IV, and Robert W. Palmatier. "Customer Relationships Evolve—So Must Your CRM Strategy." MIT Sloan Management Review (May 1, 2018).

第 10 章
电子商务：数字市场、数字产品

学习目标

通过学习本章，你将能回答：
1. 电子商务、数字市场和数字产品有哪些独特的特征？
2. 电子商务有哪些主要的商业模式和收益模式？
3. 电子商务是如何改变传统市场营销的？
4. 电子商务如何影响 B2B 的交易？
5. 移动商务在商务活动中的在用是什么？最重要的移动商务应用有哪些？
6. 企业构建电子商务时需要考虑哪些问题？
7. MIS 如何有助于我的职业发展？

本章案例

YouTube 改变了媒体格局

优步：数字破坏者

与客户"社交"

Nasty Gal 的坏结局

YouTube 改变了媒体格局

2005 年，YouTube 上发布的第一段视频是企业的一位创始人站在圣地亚哥动物园象笼前的 19 秒钟剪辑视频。当时有谁会想到 YouTube 在线视频共享服务会迅速发展成为全球第二大最受欢迎的网站，每月用户超过 18 亿？现在全世界的 YouTube 用户每天能看到超过 50 亿个视频，每分钟有 300 个小时的视频被上传到 YouTube。

YouTube 允许用户查看、评分、共享、添加到收藏夹、报告和评论视频以及订阅其他用户的视频频道。尽管有成千上万的人喜欢发布关于他们的孩子、狗和猫的视频，但 YouTube 提供了更多的功能：电影和电视节目的剪辑、音乐视频、体育视频、推广品牌的企业的视频以及众多有关上门维修、园艺和计算机故障排除的"操作方法"等视频。大多数 YouTube 内容都是由个人上传的，但是 CBS、BBC、Vevo 和 Hulu 等媒体企业通过 YouTube 合作伙伴计划，也会提供某些资料。

YouTube 维护着非常庞大的数据库，用于存储视频内容，并跟踪用户行为。它会深入地挖掘数据，为每个用户提供个性化的视频推荐，吸引用户观看更长时间的视频。YouTube 上的内容越来越丰富有很多吸引眼球的地方——这是营销人员的金矿。YouTube 观看次数中有一半以上浏览量来自移动设备。

2006 年，YouTube 被谷歌收购。YouTube 的收入来自于网站内容和受众相关的视频广告、高级频道、电影租赁以及一项称为 YouTube Red 的订阅服务费，其中 Red 服务可以没有广告访问网站和某些独家的内容。目前尚不清楚 YouTube 是否真的盈利。有专家认为，运行和维护 YouTube 的年度费用预计超过 60 亿美元。

YouTube 曾一度被认为是盗版视频的集聚地，然而，好莱坞和娱乐界已经接纳了 YouTube，几乎每个电影预告片或音乐视频都会发布到 YouTube 上；几乎所有主要的体育联盟都在 YouTube 上发布新闻；传统电视节目在网上发布可共享的视频，如脱口秀节目主持人詹姆斯·科登（James Corden）的"拼车卡拉 OK"系列节目等。YouTube 已成为主要的娱乐网站，它也将进一步改变媒体格局。

YouTube 为那些有意放弃有线电视或卫星电视而又想要看直播电视的消费者提供了电视服务。2017 年初，YouTube 宣布了一项名为 YouTube TV 的订阅服务，每月收费 40 美元，可提供 60 多个频道，包括主要的网络、FX、ESPN 和迪士尼频道。每个用户还可以在基于云的数字视频录像机上为多达 6 个账目存储无限量的节目，可以在任何平台上观看内容，包括 PC、平板电脑、智能手机和大屏幕电视。

获得所有这些电视内容需要投入大量的资金，谷歌可能不会在 YouTube TV 的订阅业务方面马上能赚到钱。但这不是问题，因为谷歌正在使用 YouTube TV 打入电视广告市场，在有线电视运营商的广告位中开展定向广告业务。从长远来看，这对 YouTube 来讲可能是重要的，因为美国每年电视广告的市场大约为 700 亿美元。

资料来源：David Pierce, "Why You Should Cut Cable—and What You'll Miss," Wall Street Journal, February 14, 2018; Douglas MacMillan, "Investors Want More Transparency about YouTube's Sales, Profit," Wall Street Journal, April 10, 2018; "37 Mind Blowing YouTube Facts, Figures and Statistics—2018," MerchDope, August 4, 2018; www.tv.youtube.com, accessed July 30, 2018; Jack Nicas, "YouTube Tops 1 Billion Hours of Video a Day, on Pace to Eclipse TV," Wall Street Journal, February 27, 2017; Jack Nicas and Shalini Ramachandran, "Google's YouTube to Launch $35-a-Month Web-TV Service," Wall Street Journal, February 28, 2017; and Peter Kafka and Rani Molla, "2017 Was the Year Digital Ad Spending Finally Beat TV," Recode, December 4, 2017.

YouTube 案例向我们展示了当今电子商务的一些主要趋势，即不销售产品，而是销售创新的服务，就像很多电子商务企业努力希望做到的那样。YouTube 为用户提供流媒体服务可以是免费的（由广告支持），也可以订阅服务，用户还可以上传和存储自己的视频。YouTube 利用先进的数据挖掘和搜索技术从广告中获得收入。YouTube 是一个"社交"网站，人们通过共同的兴趣爱好和对视频的迷恋联系在一起，YouTube 也是一个移动网站，用户可以在智能手机、平板电脑以及传统计算机和电视屏幕上观看，超过一半的 YouTube 浏览量都在移动设备上。图 10-1 概述了这个案例中需要关注的要点。YouTube 的业务挑战主要是如何利用互联网、搜索以及数据挖掘技术的新发展带来的机遇，从向用户提供的数十亿视频中获取利润。显然，YouTube 必须在支持视频上传和下载的技术、庞大的视频和用户数据库、标记图像和社交网络工具等方面进行重大投资。YouTube 的收入主要来自面向视频观众的广告和对流媒体内容服务的订阅。目前尚不清楚 YouTubeTV 业务是否实现了长期盈利，但作为一个广告渠道，它对谷歌来说是非常有价值的。

> 需要思考：YouTube 是如何为用户提供价值的？为什么 YouTube 的运营成本很高？这是一种可行的商业模式吗？为什么？

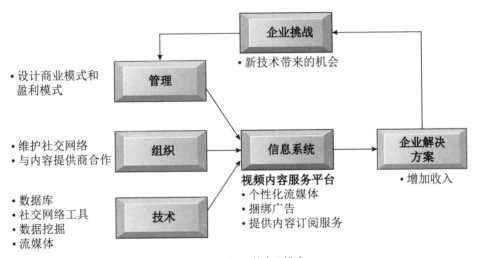

图10-1　YouTube的商业模式

10.1 电子商务、数字市场和数字产品有哪些独特的特征

2019 年，通过智能手机、平板电脑和台式计算机在线购买商品和服务已无处不在，估计有 2.24 亿美国人（大约占互联网人数的 92%）在网上浏览购物，其中 1.95 亿美国人在网上下单购买，在全球其他地方也有数亿人通过网上购物。虽然仍有部分消费者依然采用传统的渠道购物，但电子商务已得到快速发展，并改变了许多企业的业务方式（eMarketer，2018h）。电子商务的业务类型主要有 3 类，即零售商品、旅游和服务以及在线内容。2019 年，美国电子商务商品销售（5 980 亿美元）、旅游和服务（2 130 亿美元）、在线内容（230 亿美元）共约为 8 300 亿美元。

仅零售商品的销售约占美国 59 万亿总零售额的 11%，而且每年以 12% 的速度在增长（相比之下，传统零售商只占 3.3% 的零售额）(eMarketer，2018e，2018c)。在更大的零售市场中，与实体店相比，电子商务依然只是很小的一部分。但是，电子商务已经从桌面计算机和家用计算机扩展到移动设备，从个体单独的活动扩展到新的社交商业，从拥有全国市场的《财富》1 000 强的商家扩展到移动设备能够感知到的本地的商家和消费者。在排名前 100 位的电子商务零售网站中，超过一半的网上购物来自智能手机，目前，48% 的电子商务销售来自移动设备，52% 的销售来自计算机。2019 年电子商务的关键词将是"社交化、移动化和本地化"(eMarketer，2018d)。

10.1.1 电子商务的现状

电子商务是指利用互联网和网站进行的商业交易。更正式的表述是：电子商务是组织和个人之间以数字化形式进行的商业交易。通常而言，这意味着商业交易是通过互联网和网站发生的，是在组织或个人之间用价值（如金钱）换取产品和服务的过程。

电子商务始于 1995 年，当时最早的互联网门户网站之一网景（Netscape.com）接到了某个大企业的第一单广告业务，这向全社会展现了这样一个事实，即网站可以当作广告和销售领域的新型媒介。当时没有人预见到电子商务的销售额会成倍增长，以及后来发生的指数型增长的趋势。在 2008—2009 年全球经济衰退之前，电子商务一直以两位数的年增长率增长。2008—2009 年，电子商务销售收入增长停滞（见图 10-2），但相比传统零售额每年缩水 5% 的情况要好得多。实际上，电子商务是经济衰退过程中零售业唯一保持平稳的部分。

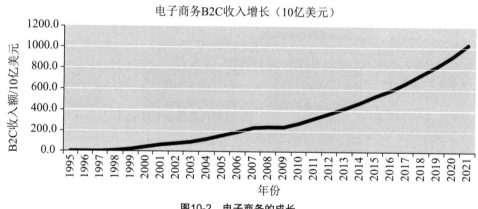

图10-2 电子商务的成长

注：在 2008—2009 年经济衰退之前，电子商务零售额以 15%～25% 的年增长发展，到经济衰退时明显放缓。2018 年，电子商务零售额年增长率为 12%。

资料来源：eMarketer, "US Retail Ecommerce Sales, 2018–2022," 2018c; eMarketer, "US Digital Travel Sales, 2018—2022," 2018a; and eMarketer chart, "US Mobile Downloads and In-App Revenues, 2013–2017," 2017a.

电子商务初期的高速增长使电子商务公司股票产生市场泡沫，如同其他市场泡沫一样，互联网泡沫的破裂造成了大量的电子商务企业的消失（2001 年 3 月）。然而对于某些公司而言，如亚马逊、eBay、Expedia 和谷歌等，结果却是正向的，即不断增加的收入、商业模式的改善获得了大量利润，以及节节攀升的股价。到 2006 年，电子商务重新恢复了稳定增长，并且在美国、欧洲和亚洲一直是增长最为迅猛的零售商业模式。

- 在美国，在线消费品零售总额（包括旅游服务和数字产品）2019 年预计将增长到 8 300 亿美元，比 2018 年增长 12% 以上，有 1.95 亿人在线购买了商品，此外还有 2.24 亿人在网上逛商店和收集信息，但没有最终购买商品（eMarketer，2017b）。互联网影响了超过 2 万亿美元在实体店购买的零售额，约占 40% 的零售额。
- 美国各年龄层的上网人数从 2004 年的 1.47 亿增长为 2018 年的 2.79 亿。在全球范围内，超过 37 亿人能够连接在互联网上。互联网用户数的增加刺激了电子商务的增长（Internet World Stats，2018）。
- 2018 年，约 1.06 亿美国家庭通过宽带连接访问互联网，约占家庭总数的 82%。
- 2019 年，约有 2.32 亿美国人通过智能手机访问互联网。Apps、铃声、娱乐下载和基于位置服务的移动电子商务已经开始快速增长。2019 年，移动电子商务约为 2 670 亿美元，占所有电子商务的 44%。移动手机和平板电脑是最普遍的互联网接入设备。如今，超过 80% 的移动手机用户通过手机接入互联网，虽然他们也用桌面计算机（eMarketer，2018b）。
- B2B 电子商务（利用互联网在合作伙伴之间进行的企业与企业之间的商务和合作）收入扩大到 7.7 万亿美元以上。表 10-1 给出了这些新的电子商务的发展。

表 10-1 电子商务的发展

商业转型
● 相比实体零售商店、服务和娱乐行业，电子商务仍然是增长最快的商业模式。社交、移动和本地商务已经成为发展最快的电子商务形式。
● 电子商务产品的广度不断扩大，尤其在社交网络、旅游、娱乐、零售服饰、珠宝、家电和家具的服务行业中。
● 在线购物者的人口统计数字与普通消费者的数量相当。
● 纯电子商务模式进一步完善，实现更高的盈利水平，而像沃尔玛、JCPenney、L.L.Bean 和梅西百货这样的传统零售品牌，正在开发多渠道商业模式，加强线下零售资产的主导地位。世界上最大的零售商沃尔玛决定投资超过 10 亿美元在电子商务上，和亚马逊竞争。
● 小企业和创业者在电子商务市场中不断涌现，他们依赖于亚马逊、苹果和谷歌等行业巨头提供的基础设施，并越来越多地利用云计算资源。
● 移动电子商务已经在美国脱颖而出，包括基于位置的服务和娱乐下载（包括电子书、电影、音乐和电视节目等）。2019 年，美国移动电子商务产生了超过 2 670 亿美元的收入
技术基础
● 无线互联网连接（WiFi、WiMax 和 4G 智能手机）持续增长。
● 功能强大的智能手机和平板电脑提供了音乐、网上冲浪、娱乐以及语音通信。播客和流媒体作为媒体传播视频、广播和用户生成的内容。
● 移动设备终端扩展到包括 Apple Watch 和 Fitbit 跟踪器等可穿戴设备。
● 随着通信价格下降，互联网宽带在家庭和企业中变得更加强大。
● 社交网络 Apps 和网站，如 Facebook、Twitter、领英、Instagram 等已成为电子商务、市场营销和广告领域重要的新平台。Facebook 在全球拥有 22 亿用户，在美国拥有 2.14 亿用户（Facebook，2018）。
● 基于互联网的计算模式，如智能手机 Apps、云计算、SaaS 和数据库软件大大降低了电子商务网站的成本

续表

新商业模式的产生
• 超过 70% 的互联网用户加入了在线社交网络，创建了博客，分享了照片和音乐。这些网站共同创造了一个像电视那样吸引营销者的在线观众。2018 年，社交网络估计占用户在线时间的 15%，已成为新闻、音乐和越来越多产品和服务的主要互联网门户（eMarketer，2018f）。 • 网络广告的增长速度是电视和平面广告的两倍，传统的广告业被颠覆，谷歌、雅虎和 Facebook 每年有近 1 万亿个广告。 • 优步、Lyft 和 Airbnb 等按需服务的电子商务将市场创造者这类的商业模式（按需模式）延伸到新的经济领域。 • 报纸和其他传统媒体也采用了在线互动模式，尽管它们获得了网上阅读者，但还是在不断失去广告收入。《纽约时报》成功获得了超过 280 万的订阅用户，每年增长 25%，其中 2018 年增加了 40 万新的电子订阅用户。图书出版业继续以 5% 的速度缓慢增长，这是由于电子书的增长和传统书籍的吸引力仍然存在。 • 提供电视、电影、音乐和游戏的在线娱乐业务的公司，与好莱坞和纽约的主要版权所有者，以及苹果、亚马逊、谷歌、YouTube 和 Facebook 等互联网分销商开展合作。而在线分销商越来越多地转向电影和电视制作。有线电视的市场占比有所下降，一些用户停止或减少了有线电视的订阅，主要采纳基于互联网的电视，如 Roku 和 YouTube TV 等

10.1.2 新电子商务：社交化、移动化、本地化

最大的变化就是电子商务在很大程度上变得更社交化、移动化和本地化。在线营销的手段主要包括创建企业网站、在雅虎上购买展示广告、在谷歌上购买基于搜索的广告以及发送电子邮件等，其中企业在线营销的主力还是展示广告，但它正逐渐被视频广告取代，因为视频广告更加有效。在互联网初始阶段，展示广告就犹如电视广告，品牌信息在数百万用户眼前闪现，而用户不可能即时反馈、提问或发表评论。如果广告不起作用，解决方案通常是不断地播放广告。衡量广告效果的指标是一个网站吸收了多少眼球（独立访问者），一个营销活动产生了多少印象（印象是指向一个人展示的一个广告）。这些指标都是从电视领域继承而来的，以观众数量和广告点击率来衡量营销的效果。

1. 从眼球到对话：对话商务

2007 年以后，随着 Facebook 等社交网站的快速增长，以 iPhone 为代表的智能手机呈现爆炸性增长，广告商对本地营销的兴趣也日益浓厚，这一切都在慢慢发生变化。新的社交—移动—本地化的电子商务世界的不同之处在于它是双向的主题对话和参与。用通俗的话来说，这被称之为对话商务。这个时期的在线营销是基于公司与客户、潜在客户甚至批评者进行的多重在线对话，在网络和社交媒体上谈论公司的品牌（这是对话部分），公司要在线建立或重构品牌，必须要定位、识别和参与这些对话。社交营销意味着所有的工作都是社交性的：倾听、讨论、互动、共情和参与等。网络营销的重点已经从注重眼球转向关注参与客户导向的对话。从这个意义上说，社交营销不只是一个简单的新的广告渠道，而是一系列与消费者沟通的技术工具。领先的社交商务平台有 Facebook、Instagram、Twitter 和 Pinterest 等。

过去企业可以严格控制自己的品牌信息传播，并引导消费者进行购买但是公司的社交营销并非如此。消费者的购买决策越来越多地受到所在社交网络的对话、选择、口味和观点的影响，企业的社交营销是企业全程和引导社交的过程。

2. 从台式机到智能手机

传统的在线营销（基于浏览器、搜索、展示广告、视频广告、电子邮件和游戏）仍占所有在

线营销的大部分（58%，1 070亿美元），但它的增长速度远比社交—移动—本地化营销要慢得多。现在，移动营销占整个网络营销的70%。企业的营销投入正跟随消费者从PC端转向移动终端。

社交化、移动化和本地化的电子商务是相互相连的。随着移动终端的功能变得越来越强大，用户访问Facebook和其他社交网站变得越来越有用。随着移动设备被广泛采用，客户可以利用这些设备找到当地的商家，商家可以利用这些设备来提醒客户附近的特价商品。

10.1.3 为什么电子商务与众不同？

为什么电子商务发展得如此快速？答案在于互联网和网站的独特性。简单来说，和以前的收音机、电视和电话等技术革新相比，互联网和电子商务技术更加丰富和强大。表10-2描述了互联网和网站作为商业媒介的独特特征。接下来我们将详细地逐一探究这些特性。

表10-2 电子商务技术的独特特征

电子商务技术	商业意义
无所不在（ubiquity）：互联网技术随处可得，工作场所、家里以及具有PC和移动设备的任何地方。移动设备拓展了服务的区域和商家	市场拓展超越了传统的时间和空间边界，产生了无时无刻不在的"市场空间"，购物可在任何地方进行，提高了消费者购物的便利性，节约了消费者购物成本
全球化（global reach）：技术可以超越国界，覆盖全球	商业无缝地跨越文化和国界，且无须修饰。潜在的市场空间包括了世界范围数以亿计的消费者和数以百万计的企业
统一标准（universal standards）：有一组技术标准，称为互联网标准	在互联网技术标准的支持下，不同的计算机系统之间能够互相通信
丰富性（richness）：影像、声音和文本信息均可被传递	将影视、声音和文本等营销信息可集成为统一的营销传播内容和客户体验
交互性（interactivity）：该技术赋能企业可以和用户进行交互	消费者参与到与商家的对话中，带来动态的体验，成为产品向市场传播过程中的联合参与者
信息密度（information density）：该技术帮助企业降低了信息成本，提高了信息质量	信息的处理、存储、通信成本显著降低，而流通性、准确性和及时性得到极大地改善。信息变得丰富、便宜，同时更为准确
个性化（personalization）/客户化（customization）：该技术可以帮助企业将个性化的信息传递给消费者个体和群体	企业可以基于个体特征提供个性化营销信息和定制化、客户化的产品和服务
社交技术（social technology）：该技术支持内容的产生和社交网络	新的社交网络和商业模式使用户可以创建和传播内容，并维护社交网络

1. 无所不在

在传统商务中，市场是一个具有实体商品的地方，比如，你可以去某个零售店进行商品交易。而电子商务具有无所不在的特性，即电子商务可以随时随地进行，这使得你在家或在工作场所，甚至坐在自己的车里，都可以使用智能手机进行购物。无所不在的电子商务造就了一个**市场空间**（marketspace），一个超越了传统意义上时间和地理界限的市场。

从消费者的角度来看，无所不在的特性降低了**交易成本**（transaction costs），即参与市场交易的成本。你不再需要花费时间或金钱跑到某个市场去完成交易，选购商品所耗费的精力也更少了。

2. 全球化

相比于传统商业，电子商务技术使跨文化和国界的商业交易变得更加便利和经济。因此，对从事电子商务的商家而言，潜在的市场规模大约等于全世界的上网人数（据估算已经超过30亿）。

相比之下，绝大多数的传统商业是地方性或区域性的，包括本地商家和拥有全国网店的商家。诸如电视、电台和报纸等基本上也都是地方性或区域性的，即使拥有强大的全国性网络可以吸引来自全国的受众，但很难超越国界吸引全球性的受众。

3. 统一标准

电子商务技术具有一项显著的特性，那就是互联网的技术标准，即开展电子商务的技术标准是全球通用的。这一标准被各国共享，使得任何两台计算机之间能够互联而不必考虑各自使用的技术平台。相比之下，绝大多数的传统商业技术从一个国家到另一国家总有不尽相同之处，如各国电视和电台的广播标准有很大的差异，手机技术也是如此。

互联网和电子商务全球通用的技术标准极大地降低了**市场进入成本**（market entry costs）。市场进入成本是指商家将商品带入市场时必须付出的成本。同时，对消费者而言，通用标准降低了**搜索成本**（search costs），即消费者寻找称心产品所花费的精力。

4. 丰富性

信息**丰富性**（richness）指的是信息内容的复杂性和多样化。在传统的市场中，不论是全国性的销售活动还是小型的零售商店，都具有信息丰富性的特点，他们在销售产品时都利用到了听觉和视觉信息为消费者提供个性化的、面对面的服务。传统市场丰富多彩的表达方式使其成为强有力的销售手段和销售场景。在网站充分发展之前，信息的丰富性和可达范围是成反比的，即信息的受众群体范围越广，其丰富性往往越低。网站的发展使得同时向大量的人群传递内容丰富的文字、声音和视频信息成为可能。

5. 交互性

与20世纪任何一种商业技术（或许电话除外）相比，电子商务技术的不同之处在于具有交互性，即意味着在电子商务中，商家和消费者之间可以进行双向交流，朋友之间也能双向沟通。以传统电视为例，电视无法向观众提问或与观众进行直接交流，也无法要求消费者将反馈信息直接填写到表格中，而这些活动在电子商务网站上都可以实现。电子商务的交互性使得商家可以通过网络与全球的消费者进行类似面对面的交流。

6. 信息密度

互联网和网站极大地提高了**信息密度**（information density），信息密度是指所有市场的参与者（如消费者和商家）能够获得的信息数量和信息质量。电子商务技术降低了信息的收集、储存、处理和通信的成本，并极大地提高了信息的流通性、准确性和及时性。

电子商务市场中的信息密度使得价格和成本更加透明化。**价格透明**（price transparency）是指消费者可以轻松地在市场上找到某款商品的各种不同的价格。**成本透明**（cost transparency）是指消费者发现商家产品实际成本的能力。

信息密度的增加也可以使商家受益。相比从前，商家现在通过网络可以更多地了解消费者，可以把市场细分为具有不同价格偏好的消费群体，并对其实施**价格歧视**（price discrimination），即以不同的价格将相同或基本相同的商品销售给不同的目标群体。例如，某位网络商家发现某位消费者正在搜寻昂贵的国外度假游，便以较高的价格向该消费者提供高档次的旅行计划，因为商家知道这位消费者愿意为这样的旅行支付额外的费用。同时，该商家还可以以较低的价格，将同样的旅行计划提供给对价格更敏感的消费者。信息密度的提升还可以帮助商家根据成本、品牌和质量对其产品进行差异化处理。

7. 个性化/客户化

电子商务技术可以提供**个性化**（personalization）的服务，即根据消费者的点击行为、姓名、兴趣爱好和购物记录，商家可以调整信息，将特定的推荐信息传递给特定的消费者个体。电子商务技术同样可以提供**定制化**（customization）的服务，即根据消费者的偏好和行为记录，为消费者提供不同的产品或服务。由于电子商务技术具有交互性，很多关于消费者个人的信息可以在消费者购物的那一刻被收集到。随着信息密度的增加，网络商家可以储存并利用消费者以往购物行为的大量信息。

电子商务的这些特性造就了传统商务技术无法实现的个性化和客户化服务能力。例如，你也许可以通过切换频道来选择电视上看到的内容，但你无法改变频道播放的内容。相比之下，在《华尔街日报》在线（Wall Street Journal Online）网站上，你可以选择先看哪一类新闻，你还可以让网站在某一类事件发生时及时提醒你。

8. 社交技术，用户产生内容和社交网络

与以往的技术相比，互联网和电子商务技术变得更具社会性，允许用户创建文本、视频、音乐和照片等形式的内容，并且将这些内容与他们的朋友以及世界范围内更大的社交圈共享。通过这些形式的交流活动，用户可以创建新的社交网络，也可以巩固现有的社交网络。

现代历史上所有的大众媒体，包括印刷出版物等，采用的都是广播式的传播模式，即一对多的广播模式。在这种模式中，内容由职业作家、编辑、导演和制片人等处于核心位置的专家们创造，大量的观众或受众则在一起消费这些标准化的产品。全新的互联网和电子商务赋予普通用户大规模创建和传播内容的能力，允许用户选择属于自己的内容消费方式。互联网提供了一种独特的、多对多模式的大众交流方式。

10.1.4 电子商务中的重要概念：全球市场中的数字市场和数字产品

商业活动的地点、时间和营收模式在某种程度上取决于信息的成本和传播方式。互联网创建了一个数字市场，在这个市场中，全世界数以百万计的人可以直接实时地、免费地交换大量的信息。这一变化不仅改变了企业开展业务的方式，还拓展了企业在全球的市场范围。

互联网大大降低了**信息不对称**（information asymmetry）。信息不对称指的是当参与交易的其中一方比另一方拥有更多对交易有用的信息时，就产生了信息不对称的现象。这些不对称的信息影响了交易双方的议价能力。在数字市场中，消费者和供应商可以"看到"商品的价格，从这个意义上讲，数字市场可以说比传统市场更为"透明"。

例如，在出现汽车销售网站之前，在汽车经销商和消费者之间存在着明显的信息不对称。只有汽车经销商才知道生产商的出厂价，而消费者则很难通过货比三家来获取最优惠的价格。汽车经销商的利润依赖于这种不对称的信息。现在消费者可以访问大量提供竞争性价格信息的网站，并且有 3/4 的美国汽车购买者通过互联网比价来寻找最划算的价格。由此可见，网站的出现降低了购买汽车过程中的信息不对称现象。互联网同样还可以帮助企业在采购过程中降低信息不对称，并获得更有利的价格和合同条款。

数字市场十分灵活和高效，这是因为数字市场的运行具有较低的搜寻成本、交易成本和**菜单成本**（menu costs，即商家调整价格的成本），具有更高程度的价格歧视（price discrimination），

以及根据市场情况动态调整价格的能力。在**动态定价**（dynamic pricing）中，产品价格随着消费者的需求特征和供应商的供货情况不断变化。例如，在线零售商沃尔玛会根据不同的时段产品的需求情况以及消费者之前在网站上对商品的浏览情况，调整成千上万商品的价格。利用大数据分析，一些在线企业可以基于行为目标参数调整面向消费者个人的价格，如消费者是一个喜欢砍价的人（获得更低的报价），或是一个接受报价并不去搜索较低价格的人，提供的价格可能会不同。价格也可以根据邮政编码而有所不同，例如，优步等网约车公司根据市场需求的大小，通过加价来调整价格（在暴风雨和重大会议期间，部分线路的价格总会上涨）。

新的数字市场可以降低或提高商品的转移成本，这取决于所卖商品或服务的性质，对某些实物商品而言，由于运输会造成消费者的满足感延迟。和实体市场不同，你无法立即消费从网上购买到的产品，如衣服等（虽然对数字音乐下载或其他数字产品来说即时消费是可能的）。

数字市场提供了越过中间商（如分销商和零售店铺），向消费者直接销售商品的机会。去除分销渠道中的中间商可以显著地降低购物过程中的交易成本。一般情况下，为支付传统分销渠道中所有环节的费用，商品售价可能要比出厂价格高出135%。

图10-3描述了减少分销渠道中的每一个环节可以节省的成本情况。通过直销或减少中间渠道商，制造商可以在降低销售价格的同时获得更高的利润。这种去除价值链上那些中间环节的组织和业务流程的做法称为**去中介化**（disintermediation）。电子商务还造就了一些全新的中间商，如eBay、PayPal和Blue Nile等。因此，不同行业的去中介化是不同的。

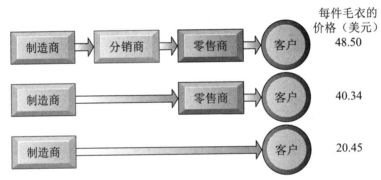

图10-3 去中介化为消费者带来的收益

注：在一个典型的分销渠道中常常具有多个中间环节，每一个环节都增加了毛衣的成本。去除中间环节能够降低消费者需要付出的最终成本。

去中介化正在改变服务业市场。例如，由于去除了中间的旅行代理商，那些使用自有在线预订网站的航空企业和宾馆获取了更高的单位利润。表10-3总结了数字市场和传统市场之间的差异。

表10-3 数字市场和传统市场的比较

项 目	数 字 市 场	传 统 市 场
信息不对称（information asymmetry）	不对称性低	不对称性高
搜索成本（search costs）	低	高
交易成本（transaction costs）	低（有时没有）	高（时间，旅行）
延迟满足（delayed gratification）	高（当商品为数字产品时低）	较低：现货购买
菜单成本（menu costs）	低	高
动态定价（dynamic pricing）	低成本，即时	高成本，延迟

续表

项　　目	数 字 市 场	传 统 市 场
价格歧视（price discrimination）	低成本，即时	高成本，延迟
市场细分（market segmentation）	低成本，精确性中等	高成本，精确性较低
转移成本（switching costs）	高／低，取决于产品特性	高
网络效应（network profits）	强	较弱
去中介化（disintermediation）	可行性较高	可行性较低

数字产品

互联网数字市场极大地拓展了数字产品的销售。**数字产品**（digital product）是指可以通过数字化网络交付的产品，如流行音乐、视频、好莱坞电影、软件、报纸、杂志和图书等都能够以纯数字的形式进行展示、储存、递送和销售。数字产品大部分是知识产权产品，被定义为"心灵的作品"。知识产权受版权、专利、商标和商业秘密等法律的保护（见第 4 章）。今天，所有这些商品以数字流或下载的方式交付，同时与之对应的实体产品的销售量则下降了。

一般而言，生产一件数字产品的边际成本几乎为零（复制一首音乐基本不需要任何花费），而创作原始的第一份数字产品的成本相对较高——事实上，由于几乎没有什么储存和运输成本，创作第一份数字产品的成本基本上等于生产该产品的总成本。数字产品通过互联网交付的成本非常低，市场营销的成本和非数字产品差不多，而定价的自由度很大。在互联网上，由于菜单成本很低，商家可以经常性地根据需要来改变价格。

互联网对数字产品市场的影响毫无疑问是革命性的，而且每天都可以看到这种影响造成的结果。比如，传统书店、音乐商店、图书出版商、唱片发行公司和电影制片厂等原本以销售实体产品为主要收益来源，如今都可能遭遇销售量下滑甚至业务毁灭的结局。报纸和杂志的订阅者正在减少，同时在线读者和订阅者却在不断增加。

整个唱片发行行业的销售收入已经从 1999 年的 140 亿美元减少到 2016 年的约 77 亿美元，减少了 50%，减少的主要原因是唱片销售量的下滑以及数字音乐业务的增长（包括合法的复制和非法的音乐盗版行为）。但是，唱片行业 2017 年收入增长了 16%，达到 87 亿美元，主要是因为付费订阅业务的增长（RIAA.com 网站，2018 年）。苹果的 iTunes 商店自 2003 年开业以来以每首歌 99 美分的价格销售了 500 多亿首歌曲，为唱片发行行业带来了数字发行的模式，找回了部分因数字音乐渠道造成的行业损失。然而，随着流媒体成为主流的音乐消费渠道，苹果的下载业务正在迅速衰落，近年来下降了 25% 以上。因为 iTunes 的存在，非法的下载行为已经减少了一半，合法的在线音乐销售额（包括下载和流媒体）在 2017 年达到了 57 亿美元。随着**云流媒体服务**（cloud streaming services）的普及，非法下载将进一步减少。当前数字音乐销售（包括下载和流媒体）占所有音乐收入的 80% 以上。唱片公司从单曲下载中只赚 32 美分，而流媒体音乐只赚 0.5 美分。在流媒体产业中，唱片公司可以从歌曲的版权（包括歌词和音乐）中获得收入，但是，音乐演奏家实际上从流媒体音乐中几乎没有任何收益，而歌手们在像 Spotify 这样的广告支持平台上获得的流媒体歌曲收入也只有百几分之几。

非法数字发行平台对好莱坞的冲击不如音乐产业那么严重，因为要下载高质量的盗版电影很难，而要获得低成本、高质量的合法电影也已很容易了。好莱坞已经与 Netflix、谷歌、Hulu、亚马逊和苹果等公司达成了利润丰厚的分销协议，方便消费者下载和支付高质量的电影和电视剧。

但是，这些努力还是不够的，还不足以完全弥补 DVD 销售的损失，从 2006 年到 2017 年间 DVD 销售收入下降了 60%，而在 2017 年数字流媒体及其下载量增长了 20%，消费者观看的下载电影数量首次超过 DVD 或相关实体产品。与电视连续剧一样，对好莱坞电影的需求似乎在扩大，其中部分原因是智能手机、平板电脑和智能电视机的普及，使得人们随时随地观看电影变得更加容易了。

在 2019 年约 2.58 亿网民观看了电影，约占成人互联网人口的 82%。毫无疑问，互联网正在成为一个主要的电影发行和电视频道，可以与有线电视抗衡，有朝一日有可能完全取代有线电视（见开篇案例）。

表 10-4 描述了数字产品与传统实物产品的区别。

表 10-4 互联网对数字产品市场的影响

项 目	数 字 产 品	传 统 产 品
边际成本/单位（marginal cost/unit）	0	大于 0，高
生产成本（cost of production）	高（占总成本的绝大部分）	可变
复制成本（copying cost）	接近 0	大于 0，高
分销交付成本（distributed delivery cost）	低	高
库存成本（inventory cost）	低	高
营销成本（marketing cost）	可变	可变
定价 (pricing)	可变性较高（绑定，随机定价）	固定，基于单位成本

10.2 电子商务的原则和收入模式是什么？

电子商务是商业模式和新兴信息技术的巧妙结合。首先，让我们先来了解一下电子商务的基本类型，然后再对电子商务的商业模式和盈利模式进行描述。

10.2.1 电子商务的类型

电子商务类型的划分方法有很多种，其中一种是根据电子商务交易参与者的性质来划分的。这种方法主要将电子商务分为三类：B2C 电子商务、B2B 电子商务和 C2C 电子商务。

- B2C 电子商务是指企业向个人购物者销售产品及服务。亚马逊、沃尔玛和 iTunes 等是 B2C 的典型例子。又比如，向个人消费者出售书籍、软件和音乐的 BarnesandNoble.com 也是 B2C 电子商务的典型例子。
- B2B 电子商务是指企业之间销售产品和服务。比如购买和销售化工产品和能源的网站 Elemica 就是 B2B 电子商务的一个例子。
- C2C 电子商务是指消费者个体相互之间直接的买卖。例如，作为大型网上拍卖网站，eBay 使得人们可以通过拍卖的方式把商品销售给那些出价最高的竞买者，或者以固定的价格销售商品。eBay 通过创建一个数字化平台，在消费者个体买卖之间充当了中间商的角色。Craigslist 网站也是消费者买卖商品广泛使用的网络平台。

电子商务类型划分的另一种方法是根据参与者进行交易时使用的平台类型来划分的。一直以来，大部分电子商务的交易都是基于 PC 通过有线网络进行的。如今，智能手机和平板电脑等无线移动终端得以普及。这种使用便携式无线设备随处购买商品或服务的方式被称为**移动商务**（mobile commerce 或 m-commerce）。上述提到的 3 种类型的电子商务交易都可以使用移动商务技术来进行，在 10.3 节会详细讨论。

10.2.2 电子商务的商业模式

如前所述，信息经济的变化为全新商业模式的出现创造了条件，同时也给许多传统的商业模式则带来了毁灭性的打击。表 10-5 描述了迄今为止出现的最主要的互联网商业模式，所有这些商业模式都以某种方式利用互联网（包括移动设备上的应用程序）为现有产品或服务带来额外的价值，或为新的产品或服务提供基础。

表 10-5　互联网商业模式

类　别	描　述	例　子
网络零售商（E-tailer）	直接销售实物产品给消费者或个体商家	亚马逊、Blue Nile
交易代理商（transaction broker）	提供在线交易服务，且在每次交易发生时收取一定的服务费，为用户节省成本和时间	Etrade.com、Expedia
市场创造者（market creator）	提供一个数字环境，在这个环境中买卖双方可会晤、搜寻产品、展示产品、为产品定价等。可服务于消费者或 B2B 电子商务，通过收取交易费获取收益	eBay、Priceline.com、Exostar、Elemica
内容提供商（content provider）	通过在网站上提供新闻、音乐、图片和视频等数字内容获取收益。客户可能需要为访问的内容付费，或通过收取广告投放费产生收益	WSJ.com、GettyImages.com、iTunes.com、Games.com
社区服务提供商（community provider）	提供在线交流的场所，使具有相似兴趣的人可以相互交流，获得有用的信息	Facebook、Twitter
门户网站（portal）	提供进入网站的初始接入点以及有特色的内容和服务	Yahoo、MSN、AOL
服务提供商（service provider）	提供如照片分享、视频分享、用户原创内容等应用服务，并提供在线数据存储和备份等其他服务	Google Apps、Photobucket.com、Dropbox

1. 门户网站

门户网站（portal）是指某个网站的入口，通常是指被用户设置为网站的主页，也包括 Google、Bing 等很少被用户设为主页的搜索引擎。雅虎、Facebook、MSN 和美国在线（AOL）等门户网站也提供了网站搜索工具，还提供了新闻、邮箱、即时信息、地图、日历、购物、音乐下载和视频流等内容和服务，它们所有的内容和服务都被整合在一个页面中。现在的门户网站为用户提供了一个综合性网站，用户可以在门户网站上搜索网页、随时随地阅读新闻、寻找娱乐、与其他人见面等，当然还会接触到广告，广告是这些门户网站的收入来源。Facebook 是一个与众不同的基于社交网络的门户，在 2018 年美国人有一半以上的在线时间花在 Facebook 上，大约每天两小时。门户网站主要通过吸引大量的受众，向广告商收取展示广告位置（类似于传统报纸）的费用，收取转介客户到其他网站的转介费以及提供优质服务来获取收益。2019 年，门户网站（不包括谷歌、Facebook 和 Bing）产生了约 100 亿美元的展示广告收入。虽然有数百个门户 / 搜索引擎网站，但顶尖的门户网站（雅虎、MSN 和 AOL）占据了超过 80% 的互联网门户网站流量，因为这些网站品牌知名度非常高。

2. 网络零售商

在线零售商店通常也被称为网络零售商（E-tailer）。从2017年收入超过1 780亿美元的亚马逊到拥有各自网站的小型地方性商店，网络零售商具有各种不同的规模。除了为消费者提供在线查询和在线下单外，网络零售商和典型的传统实体商店十分类似。2017年美国的网络零售收入达到4 570亿美元。网络零售商的价值在于为客户提供方便的、低成本的、全天不间断（24/7）的购物服务及更多的消费选择。一些网络零售商，如Walmart.com或者Staples.com等，属于传统商业模式与互联网商业模式结合的"水泥加鼠标"的产业（bricks-and-clicks），它们出售与已有的实体店相同的产品，是已有实体店的分支。然而，还有一些网络零售商只在虚拟世界中运作，与实体场所没有任何联系。比如，Ashford和eVitamins网站都属于这类电商零售商的例子。当然还有其他不同形式的网络零售商，如在线邮购目录、在线商城和厂商在线直销等形式。

3. 内容提供商

电子商务日益成为一个全球性的内容渠道。内容的定义很广泛，包括各种类别的知识产权等。**知识产权**（intellectual property）是指创造者拥有产权的有形和无形产品。**内容提供商**（content provider）在网络上发布信息内容，如数字视频、音乐、图片、文本和艺术品等其价值在于使消费者通过各种计算机设备或智能手机，可在线便捷地找到大量的内容并廉价地购买这些内容，而达到娱乐和观赏的目的。

内容提供商不一定是内容的原创者（虽然有时候它们也是内容原创者，如Disney.com），它更像基于互联网传播创作内容的发行人。例如，苹果在iTunes商店里出售音乐作品，但它并不负责创作或制作音乐。

iPhone、iPod和iPad等与互联网相连的移动设备的大量普及，使得从播客到移动流媒体的数字内容交付成为可能。**播客**（podcasting）是通过互联网发布音频或视频广播的一种方式，允许订阅用户将音频或视频文件下载到计算机或是便携音乐播放器上。**流媒体**（streaming）也是一种音乐和视频文件的发布方式，通过不间断的媒体流将内容传输到用户的设备上而无须本地保存。

尽管各种预测的数据有所不同，但是，预计2019年在线内容的总收入约230亿美元，是电子商务中增长最快的业态，预计年增长率达到18%。

4. 交易代理商

通过电话或电子邮件帮助消费者处理交易事宜的网站通常被称为**交易代理商**（transaction broker）。这种模式应用最多的产业是金融服务和旅游服务。在线交易代理商的价值主张主要帮用户节省金钱和时间，为用户提供各种各样的金融产品和旅游套餐。在线股票代理商和旅游预订服务代理商收取的费用要比传统的服务商低得多。富达金融服务和艾派迪公司分别是基于交易代理商模式的最大的在线金融服务企业和旅游服务企业。

5. 市场创造者

市场创造者（market creator）是通过建立一个数字环境，让买家和卖家能在此会晤、展示商品、搜寻商品以及设定价格等。在线市场创造者的价值定位在于提供一个卖家可以轻松展示产品、买家可以直接购买商品的平台，如eBay和Priceline等在线拍卖平台是市场创造者最好的例子。再如亚马逊的平台（和eBay的类似项目）帮助商家可以在其网站上建立自己的商店，设置价格销售卖商品。像优步（在"互动讨论：组织"部分描述的）和Airbnb等这类所谓的按需经济（错误地被称为共享经济）平台，其本质是市场创造者创建了数字平台，为需方和供方提供交易匹配服务。例如，这些平台帮助有闲置汽车或房间出租的人找到需要交通或住宿的人。像 Kickstarter.com 这样的融资市场将私募股权投资者和企业家聚集在一起。

6. 服务提供商

网络零售商在线销售产品，**服务提供商**（service provider）在线提供服务。照片共享、在线提供数据备份和存储等服务的网站采用的都是服务提供商的商业模式。软件不再是一张放在 CD 盒子里的实体产品，它逐渐地成为一种软件即服务（SaaS），用户可以在线订阅，而不是从零售商（如 Office 365）那里购买的产品。谷歌公司在开发在线软件方面处于领先地位，提供了如 GSuite、Google Sites、Gmail 和在线数据存储服务等 SaaS 服务软件。Salesforce 公司是一家基于云的客户管理软件的主要提供商（参见第 5 章）。

7. 社区提供者（社会化网络）

社区提供者（community provider）提供的是一个数字化的网络环境，使那些具有相似兴趣爱好的人们可以交易（买卖商品），可以分享兴趣、图片、视频，可以与志同道合的人沟通，可以接收感兴趣的信息，甚至可以通过定义在线的人物形象将自己置身于虚幻的想象中。像 Facebook、Tumblr、Instagram、LinkedIn 和 Twitter 等这样的社交网络网站以及几百个小型的专营网站，都为用户提供了建立社区的工具和服务。社交网站已成为近几年成长最快的网站，用户规模通常一年就能翻倍。

互动讨论：组织

优步：数字破坏者

当你在纽约、巴黎、芝加哥或其他主要城市需要搭车时，你不会想到要叫出租车，而是拿出智能手机，点击优步 App。这时，手机上会弹出 Google 地图，显示周围的情况，你在屏幕上选择某位驾驶员，App 会保证你的坐车过程，显示到达需要多长时间、花多少钱等。一旦到达目的地，费用将自动从你的信用卡中扣除。

乘车价格由时间和距离两大因素组成，同时也考虑乘客需求。优步的软件可以预测一天中不同时间需求高的地区，并显示在司机的智能手机上，以便司机决策等候地点，在理想的情况下几分钟之内可以接到发出乘车需求的客人。优步还为企业高管提供高价位的城市汽车服务，并提供共享车服务。在某些情况下，如果需求量很大，优步可能比出租车贵，尽管如此，它提供的可靠、快速、方便、能够替代传统出租车的服务吸引了许多乘客。

优步的运营比传统的出租车企业要精简得多。优步不拥有自己的出租车，没有车辆维护和融资成本。据优步所言，优步没有雇员，司机是独立承包商，优步只是从每个司机的收入中抽成而已，没有驾驶员的成本，包括驾驶员报酬、最低工资要求、驾驶员背景调查、驾驶员培训、健康保险和商业许可费用等。优步已经把出租车服务的成本完全转移到司机和使用手机的客户身上。驾驶员自己支付车辆费、油费和保险等。优步所做的只是提供一个基于智能手机的平台，使那些想要出租车服务的人找到能够满足这种需求的供应商。

优步依靠驾驶员服务的用户评论和乘坐体验来识别有问题的驾驶员和有问题的乘客。优步也设定相关的车辆清洁标准，使用评论训练司机，但优步不会公开报告系统中有多少差评的司机或乘客。优步还使用监控驾驶员智能手机中传感器的软件来监控驾驶行为。

优步总部位于旧金山，由 Travis Kalanick 和 Garrett Camp 于 2009 年创立。2018 年，在全

球 600 多个城市中有 300 万名司机为其工作，2018 年第一季度收入达到 26 亿美元，在支付给司机、营销和其他营业费用后，优步还是亏损的。全球超过 7 500 万人使用优步，而优步也给出租车行业带来了一系列挑战。

优步通过数字化颠覆了一个传统且受到高度监管的行业，引发了美国乃至全球出租车服务行业的反对。当出租车需求低的时候，谁能以 40% 的价格折扣来和一家新创企业竞争呢？（当需求旺盛时，优步的价格就大幅上涨。）哪些城市或国家想要放弃对乘客安全、防止犯罪分子、驾驶员培训的监管以及向出租车企业收取稳定的出租车执照费用呢？

优步是新型按需经济模式的代表，这种新型商业模式给现代化会带来了冲突。优步被指责通过把员工当作承包商，剥夺了司机作为员工的利益，违反了美国乃至世界的公共交通法律法规，滥用收集到的个人信息，加剧了交通堵塞，破坏了公共交通，拒绝对司机进行刑事、医疗和财务背景调查而未能确保公共安全。优步公司的企业文化咄咄逼人、不受约束，再加上优步的 CEO 卡兰尼克（Kalanick）行为的负面宣传使优步的品牌形象进一步受损。

优步为此也采取了一些补救措施，完善了 App，使司机更容易在工作时休息。现在，司机也可以在订单完成后即刻获得报酬，而不是每周结算一次，并且可以在司机 App 的仪表板上看到赚了多少钱。优步在 App 中还增加了一个选项，方便乘客向司机支付小费，而卡兰尼克也于 2017 年 6 月辞去了优步总裁一职（他被 Dara Khoscrowshahi 取代）。

有人担心，优步和其他按需经济模式的企业可能创造了一类兼职的、低薪的、临时的社会工作，从而取代了传统的、全职的、有保障的工作——这就是所谓的工作优步化（uberization of work）。根据某项研究，一半的优步司机的收入低于所在州的最低工资。对此优步作出了回应，称它正在降低运输成本、扩大对乘车服务的需求，并增加司机的工作机会，使他们的收入与其他出租车司机薪酬相当。

优步的商业模式可持续吗？企业依然没有盈利，并仍在继续补贴乘客的费用。优步也有竞争对手，包括美国的 Lyft 以及亚洲和欧洲的本土企业。新的、更小型的竞争公司提供基于 App 的叫车服务企业不断涌现，如 Sidecar 和 Via 等。在纽约和其他城市的出租车企业也在推出自己的 App，并宣布采用固定费率的价格。

优步正在紧锣密鼓地推出新的服务，比如当日送货、商务旅行服务等，并在自动驾驶汽车方面进行大量的投资，管理层认为这是降低劳动力成本和确保长期盈利的关键。2018 年 3 月，在亚利桑那州的坦佩，一辆自动驾驶的优步汽车撞死了一名妇女，亚利桑那州暂停了该州的自动驾驶汽车测试，优步也停止了在加利福尼亚州、匹兹堡和多伦多测试自动驾驶汽车。实际上在事故发生之前，优步的自动驾驶汽车在通过建筑区域、靠近大型卡车和钻机等高的车辆时就遇到过麻烦，几乎每走 1.6 千米，试车手都得接管这辆车。现在判断优步和其他按需服务的模式是否会成功还为时过早。

资料来源：Steven Hill, "New Leadership Has Not Changed Uber," New York Times, March 26, 2018; Bloomberg, "Uber Revenue Spiked 70% Last Quarter, But It Still Lost Tons of Money," May 24, 2018; Daisuke Wakabashai, "Uber's Self-Driving Cars Were Struggling Before Arizona Crash," New York Times, March 23, 2018; Craig Smith, "100 Amazing Uber Statistics, Demographics and Facts (July 2018)," DMR, July 29, 2018; "Rob Berger, "Uber Settlement Takes Customers for a Ride," Forbes, April 22, 2016; and Mike Isaac and Noam Scheiber, "Uber Settles Cases with Concessions, But Drivers Stay Freelancers," New York Times, April 21, 2016.

案例分析题：
1. 请利用波特的竞争力模型和价值链模型来分析优步公司。优步的竞争优势是什么？
2. 信息技术与优步的商业模式有什么关系？请解释你的答案。
3. 优步公司对行业破坏性体现在哪些方面？
4. 优步的业务模式可持续吗？请解释你的答案。

10.2.3　电子商务的收益模式

收益模式（revenue model）描述了一个企业如何获得收入、赚取利润，并获取较高的投资回报。尽管目前已经出现了很多种不同的电子商务收益模式，但总体来说，许多企业都依赖于以下 6 种收益模式中的一种，或者是某几种的组合，包括广告、销售、订阅、免费/免费增值、交易费和合作模式。

1. 广告收益模式

在**广告收益模式**（advertising revenue model）中，一个互联网站的收益方式是通过吸引大量的访问者，并使他们能够阅读到广告信息。在电子商务中，广告模式是使用最为广泛的收益模式，可以说，若网站没有广告收益，访问者的互联网体验将会与现在大大不同，因为访问者获得内容就可能都要支付费用。互联网上的内容——从新闻到视频和评论的所有内容——都是免费提供给访问者的，因为广告客户为了获得向访问者播放广告的机会而支付了内容的生产和发布成本。2019 年，企业投入在互联网广告的花费已达到约 1 250 亿美元（以网站上付费消息、付费搜索列表、视频、应用、游戏或其他网上媒介如即时消息的形式），其中大约 900 亿美元用于移动广告，可见，移动广告占所有数字广告的 72%。在过去的 5 年中，广告商大大增加了在线支出，减少了广播和报纸等传统渠道的广告支出。2019 年，在线广告增长了 18%，约占美国所有广告的 53%（eMarketer，2018g）。

一个网站若拥有大量的访问者，或能吸引到一大批高度专业化、具有区别于一般访问群体的网站，就能够保持用户的黏性，也能收取较高的广告费。例如，雅虎所有的收益几乎都来自于陈列式广告（banner ads）、视频广告以及少量搜索引擎文本广告；谷歌和 Facebook 90% 以上的收入来自广告，包括销售关键词（AdWords）、销售广告空间（AdSense）以及向广告商出售显示广告空间等。2019 年，在所有网站上多达万亿条的显示广告中，仅 Facebook 一家就占据了 1/3 的份额。

2. 销售收益模式

在**销售收益模式**（sales revenue model）中，企业通过向消费者销售产品、提供信息或者服务来获取收益。例如，亚马逊（销售书籍、音乐和其他产品）、LLBean.com 和 Gap.com 等这些企业采用的都是销售收益模式。内容提供商通过收取下载音乐唱片（如 iTunes 商店）或书籍等完整文件的费用，或者通过收取音乐和视频流量（如 Hulu.com TV shows）来获得收益。苹果率先开展了小额支付业务。**小额支付系统**（micropayment systems）向内容提供商提供了一种具有经济有效的方法来进行大量的小额现金交易（每笔交易从 0.25 美元到 5 美元不等）。互联网上最大的小额支付系统是苹果的 iTunes 商店，它在全球拥有超过 10 亿客户，他们在商店中以 99 美分的价格购买音乐单曲，以及以不同的价格购买一定时长的电影。

3. 订阅收益模式

在**订阅收益模式**（subscription revenue model）中，网站对它所提供的内容和服务收取订阅费用，用户支付费用后才可以访问某些或所有该网站提供的原创内容或服务。内容提供商通常使用这种盈利模式。例如，在线版的 Consumer Reports 向订阅者收取每年 35 美元的年费，为订阅者提供优质内容的访问，如详细的评级、评论和推荐等。Netflix 是最成功的订阅模式的网站之一，2018 年在全球已拥有超过 1 亿的订阅者。为了获得成功，订阅收益模式要求提供的内容有很高的附加价值，这些内容区别于普通信息，是不能随处可得也不能轻易复制的。提供在线内容和服务订阅模式成功的企业包括 Match.com（约会服务）、Ancetry.com（家谱研究）和 Microsoft Xbox Live 等。

4. 免费/免费增值收益模式

在**免费/免费增值收益模式**（free/freemium revenue model）中，企业对基础服务或内容免费，但对那些高级的或特殊的服务收费。例如，谷歌提供免费的一般性的应用但增值服务需要收费。Pandora 是提供订阅广播服务的电台，对有限的点播和广告服务是免费的，而增值服务提供无限的点播是要收费的。通过免费服务吸引大量的观众，然后将一些观众转换为支付高级服务费用的用户，这种模式的主要问题是如何将人们从免费用户转换为付费客户。"免费"可能会导致亏损。迄今为止，免费音乐流媒体网站都还没有获利。然而，这些网站公司认为通过广告盈利的免费服务比付费用户的业务更加有利可图。

5. 交易费收益模式

在**交易费收益模式**（transaction fee model）中，企业对支持或完成一次交易收取费用。例如，eBay 提供了一个在线拍卖市场，对那些成功销售出物品的卖家收取小额的交易费；在线的股票代理商 E*Trade 每次代理消费者进行一次股票交易后都会收取一定的交易费用。交易费收益模式之所以被广泛接受，部分原因是使用这些平台的真实成本对用户来说并不是很明显。

从银行到支付系统的在线金融服务都依赖于交易费模式。虽然提供网上银行和服务主要是拥有数百万客户的大型银行，但新兴金融技术企业（又称金融科技企业）发展迅速，在点对点（P2P）金融服务、账单支付、转账、贷款、众包、金融咨询和账户服务等领域与银行展开竞争。金融科技企业最大的增长点是 P2P 支付服务，如 Venmo 和 Square 是数百家金融科技企业中的两家较大的企业，它们与银行和 PayPal 等在线支付巨头展开竞争（PayPal 于 2013 年收购了 Venmo）。金融科技企业本身往往是不盈利的，通常由于它们的技术和客户群而最终被大型金融服务企业收购。

6. 合作收益模式

在**合作收益模式**（affiliate revenue model）中，网站（称为"加盟网站"）将访问者引导到其他网站，同时通过收取转介费（referral fee）或是按比例收取销售收益来获得回报。转介费也被称为潜客引荐费。例如，MyPoints 通过向会员提供特价商品将潜在的消费者和提供商品的企业链接起来以获得收益。当会员利用优惠购买了商品，他们将赢得"积分"，可以用来兑换免费的产品和服务，而与此同时 MyPoints 将获得相应的转介费。Epinions 和 Yelp 等社区网站也是通过引导潜在消费者到购物网站上购买商品来获得收益的。亚马逊通过合作的方式将亚马逊的商标放在合作伙伴的博客上，从而为亚马逊带来业务。一些生产商也会支付给个人博客来直接放置广告，或提供免费产品，这些博主通常写软文来赞赏某些产品，并提供销售链接。

10.3 电子商务如何改变市场营销？

尽管电子商务和互联网已经改变了许多行业，创造了新的商业模式，但没有一个行业受到比市场营销和营销传播更深刻的影响。

互联网为市场营销人员识别数百万计的潜在客户提供了新的方法，包括搜索引擎营销、数据挖掘、推荐系统和有针对性的电子邮件），其成本远低于传统媒体。互联网使**长尾营销**（long tail marketing）成为可能。在互联网之前，接触到大量的观众是非常昂贵的，营销人员不得不通过音乐、好莱坞电影、书籍或汽车等热门产品来吸引大量的消费者。如今互联网使营销人员能够以较低的成本找到潜在客户。例如，互联网可以将独特的音乐销售给非常小众的市场，从而获利。现在可以说几乎任何产品都有一定的需求。把一系列长尾产品销售放在一起，你或许就可以有一项有利可图的业务。

互联网也提供了从客户那里获取信息、调整产品供应、提高客户价值的新方法。表 10-6 描述了电子商务中常用的营销和广告格式。

表 10-6　在线营销和广告形式　　　　　　　　　　单位：10 亿美元

营销方式	2018 年收入	描　　述
搜索引擎（search engine）	53.3	能在消费者搜索购物商品提供精确匹配的文本广告，可用于销售活动
展示广告（display ads）	67.1	带有互动功能的横幅广告（弹出窗口和留言），多用于针对个人网上行为的广告。用于品牌推广和销售，包括社交媒体和博客展示广告
视频（video）	21.2	增长最快的广告形式，能够吸引眼球，具有娱乐性、行为定向交互性；可用于品牌传播和销售
分类广告（classified）	2.1	求职、地产和服务广告等；具有互动性、富媒体、个性化的用户搜索；销售和品牌导向
富媒体（rich media）	18.3	动画、游戏和智力谜题等；具有互动性、目标定向和娱乐性；用于品牌传播
潜在客户挖掘（lead generation）	2.3	市场营销公司搜集在线销售和营销线索，并把这些信息销售给营广告业主用以组织各种促销活动；用于销售或品牌传播
赞助商（sponsorships）	2.1	企业通过赞助在线游戏、智力谜题、竞赛和折扣券网站等进行产品促销；用于销售导向
电子邮件（E-mail）	0.47	高效的、针对目标客户的营销工具，具有互动性、富媒体的特性；用于销售导向

数据来源：eMarketer，"Digital Ad Spending by Format, 2018" eMarketer, March 2018.

10.3.1　行为定向

许多电子商务营销企业使用**行为定向**（behavioral targeting）技术来增加条幅广告、富媒体和视频广告的有效性。行为定向是指追踪成千上万个网站上个人的点击流（点击行为的历史），了解他们的兴趣和意图，并推送适合在线行为的广告。大多数营销人员和研究人员认为，准确地了解客户会带来增强营销（企业只向那些对自己的产品感兴趣的消费者支付广告费用）的有效性，提高销售额和销售收入。但是不幸的是，数百万网络用户的行为定向因为未经用户同意而侵犯了个人隐私。当消费者失去对网络的信任时，他们往往不会购买任何东西。随着消费者越来越关注安全的采购和消息传递空间，反对使用个人信息的呼声也日益增加。Snapchat 提供了"读后即消失的消息"服务，而 Facebook 甚至将"仅朋友可见"（for friends only）设置为默认选项。

行为定向发生在两个层面：追踪用户在单个网站上的行为以及追踪由用户浏览过的大量网站组成的广告网络。所有的互联网站都会搜集用户浏览的轨迹数据并把它们存储在数据库中。这些网站有工具可以记录用户访问该网页前所浏览过的网页、用户离开这个网页之后所到的网页、用户使用的操作系统、浏览器信息，甚至一些与位置相关的数据等。他们还会记录用户在特定网站上访问的具体页面、在每个页面停留的时间、访问页面的类型以及访问者购买的产品（见图10-4）等。企业通过分析这些与消费者兴趣和行为有关的信息，对现有消费者和潜在消费者进行精确的画像。此外，大多数网站在主页上都设置了大量的跟踪程序，跟踪消费者从一个网页到另一个网页的点击行为，然后通过在不同的网站上展示相同的广告，以此来不断地优化定位广告。位居前列的在线广告网络是谷歌的 DoubleClick。

点击 1	购物者点击进入网站的主页。商店可以了解到购物者是在下午2:30从雅虎门户网站进入的（这可能有助于企业确定客户服务中心人员的安排）以及她在主页上逗留了多长时间（这可能暗示主页上的导航设置有问题）。跟踪信标（tracking beacons）将信息记录程序（cookies）加载到购物者的浏览器上，随时跟踪购物者的浏览轨迹。
点击 2	
点击 3	购物者点击"衬衫"，点击选择一款女式的白色衬衫，然后再点击查看同一款粉红色的衬衫。购物者选择了该款粉红色的衬衫，尺寸为10号，并将它放进购物车。这些信息可以帮助商店确定什么尺寸和颜色最受欢迎。如果购物者访问到其他网站，页面上将会出现来自相同或不同商家与粉色衬衫有关的广告。
点击 4	
点击 5	在购物车页面，购物者关闭了浏览器，离开了这个网站，没有购买衬衫。购物者的这一动作可能表示购物者改变了主意，或者她可能在网站的结账和支付过程中遇到了问题。这种情况说明可能是网站设计得不够好的信号。
点击 6	

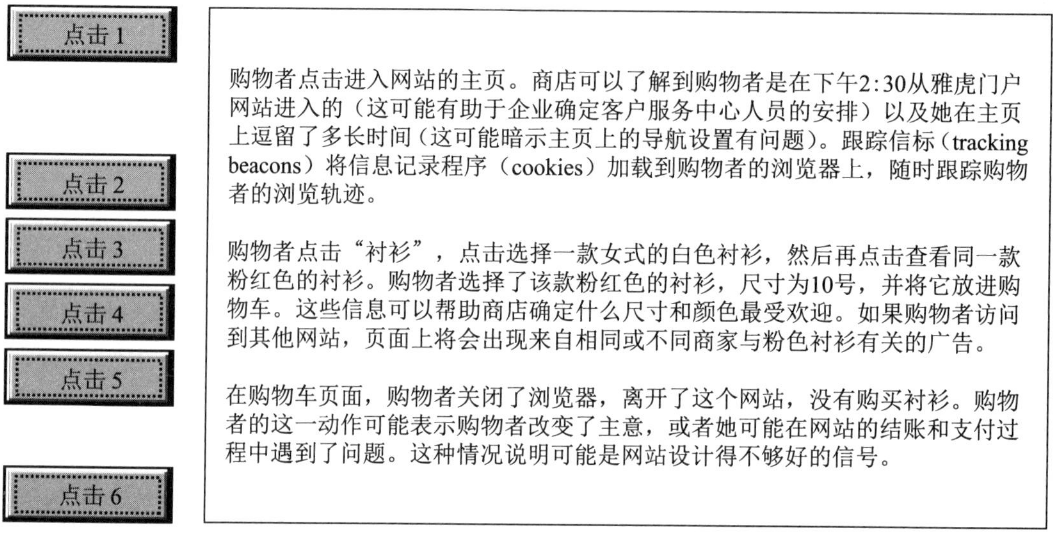

图10-4 网站访问者跟踪

注：类似谷歌 DoubleClick 这样的电子商务网站和广告平台，拥有工具能够跟踪购物者在一个网络商店中的每一个行为，并跟随购物者在网站之间穿梭。图 10-4 是对消费者在一家销售女式服装网站上行为的详细分析，展示了商店在购物者每一步行为中能够了解到的信息，以及采取相应的措施以增加销量。

这类信息使企业能够了解网站运行的情况，可以针对每一个用户的特殊兴趣爱好来创建个性化的网页，展示特定产品与服务广告内容，提升用户体验，通过更好地了解购物者来创造更多的附加价值（见图10-5）。通过使用个性化技术调整显示给每个消费者的页面，营销者在销售环节节省了大量的成本而获益。例如，通用汽车的雪佛兰汽车条幅广告，在向女性展示时会突出该车的安全性和实用性，在向男性展示时则会强调速度和坚固性。

从广告网络到程序化广告购买，这只需要一小步。广告网络创建了实时竞价平台（RTB），营销人员可以在自动化的环境中，为网页发布商提供针对性极强的广告位投标。其中，广告平台可以预测将会有多少目标用户可以看到该广告，而广告位购买者也可以估计该广告曝光对他们来说将会有多大价值。

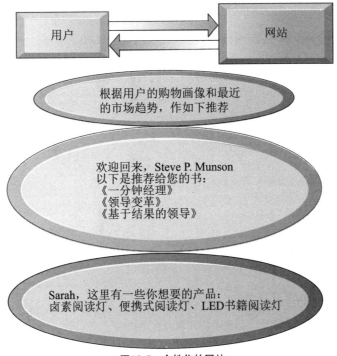

图10-5　个性化的网站

注：企业可以针对每个用户的特殊兴趣爱好来创建个性化的网页，展示特定产品和服务的广告内容，改善消费者体验并创造附加价值。

如果你是一家大型的全国性广告企业或全球制造商，正试图与大量的客户建立联系，该怎么办呢？由于存在着数以万计的网站，与每一个网站建立联系是不可能实现的。广告网络的解决办法是通过将几千个访问量高达数百万的主流网站组成一个网络，跟踪数百万用户在整个网络中的行为，为每一个用户建立反映其行为特征的画像，然后再将这些用户画像出售给广告商。参与广告网络的这些主流网站则会加载几十种网页追踪程序（cookies）、窃听器及信标来收集用户网络行为数据，并将这些数据报告给远程服务器，而用户对整个过程毫不知情。你是否在寻找住在东北部，年龄在 18～34 岁，拥有大学学历，对购买欧洲轿车感兴趣的年轻的、单身的消费者？广告网络可以辨别和发现大量符合这些条件的人，并在他们从一个网站转向下一个网站的过程中向他们展示某款欧洲轿车的广告。虽然估计值略有不同，但行为定向广告对消费者的响应大致来说比随机的条幅或视频广告要高 10 倍左右（见图 10-6）。**广告交易**（advertising exchanges）就是用这样的技术在用户搜集信息的几毫秒内生成用户的画像拍卖给广告商。2016 年，约 50% 的在线陈列式广告都是定向投放的，剩余的则与购物者访问的网页内容有关，或者是所谓的"**爆炸式分发**（blast and scatter）"广告，随机地在任何一个可见的页面上投放广告，只是在不同的时间段或季节性略加调整而已。

原生广告（native advertising）又是另外的一类广告。原生广告是将广告放置在社交网络新闻传播或传统编辑内容（如报纸文章）中，也被称为自然广告，即内容和广告非常接近或整合在一起。

大约 2/3（68%）的互联网用户不赞成搜索引擎和网站跟踪他们的在线行为，将针对性的广告投放给他们。受访者中有 28% 的人赞成行为定向，因为他们相信这会产生更多与他们相关的广告和信息。大多数美国人希望在浏览器中选择"**不追踪**"（do not track）的选项，以阻止网站收集他们的在线行为的信息。超过 50% 的人非常关心个人在线数据的资产；86% 的人已经采取措施保护他们的在线行为；25%的网络用户使用广告拦截软件（Rainie，2016）。

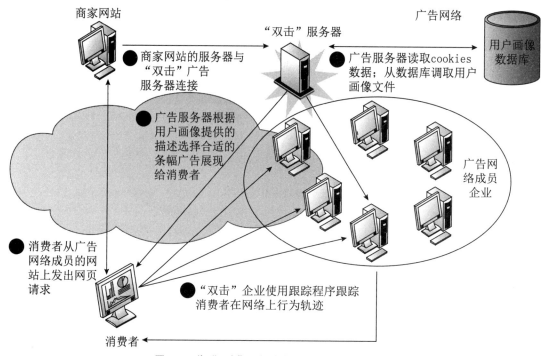

图10-6 像"双击"这样的广告网络是如何运行的

注：随着隐私保护运动的兴起，广告网络和它们使用的跟踪程序引起了争议，因为这些跟踪程序能够在整个互联网上跟踪消费者个人的行为。

10.3.2 社交商务和社交网络营销

2019年，品牌推广和营销增长最快的媒体之一是社交媒体。2019年，很多企业使用Facebook、Instagram、Twitter和LinkedIn等社交网络，为那些每天在社交网站上花费数小时的数以百万计的消费者提供服务。与电视、杂志甚至报纸相比，社交媒体营销的支出要少得多，但这种情况在未来会有所改变。线下的社交网络往往是人们经过很长一段时间积累的自愿交流的人群组合。诸如Facebook、Instagram、Pinterest、LinkedIn、Twitter和Tumblr等，以及其他带有社交属性的网站所形成的在线社交网络，允许用户彼此交流，形成群体和个人关系，以及分享兴趣、价值观和想法。

社交电子商务（social e-commerce）是指基于数字**社交图谱**（social graph）的一种商务模式，数字社交图谱描述的是所有重要的在线社交关系。社交图谱类似于线下的"社会关系网络"。你可以绘制你与你认识的10个最亲密的人之间的连线，形成属于你自己的社交图（网络）。如果这10个人之间也相互认识，在认识的人之间画上连线，还可以让这10位朋友也列出与他们最亲密的10个人的名字，并画出这些人之间的联系。这样就形成了你的社交网络的最初级图谱。现在，想象一下如果互联网上每一位用户都进行同样的操作，并把结果上传到同一个网站上的某个大型的数据库中。最终，你将获得一个类似于Facebook的社交网站。

根据**小世界理论**（small world theory，又称为六度分割理论），你和任何一个陌生人之间间隔的人不会超过6个。如果你打开你自己的通讯录，假设上面一共有100个你的朋友，你将其发送给你的这 100 个朋友，请他们每个人给你的通讯录上增加 50 个新朋友的名字，这样以此类推，只要经过 5 次，网络中包含的人就将超过 310 亿人！因此，可以说社交图谱是数百万个个人社交图的汇总（所有的人都在其中）。

如果你看清了人们之间的相互联系，你会发现这对电子商务具有多么重要的意义：你购买的产品和服务会对朋友的购买决策产生影响，同时他们的决策也会反过来影响你。如果你是一个负责品牌传播的营销人员，你可以利用人们的社交网络，让大家来分享兴趣和看法，相互交流和影响。作为一个营销人员，你的目标不是 100 万个观看电视节目的孤立的观众个体，而是观看节目的观众组成的社交网络，以及每个观众的个人网络。况且，在线社交网络目前是互联网用户最多的地方。表 10-7 描述了推动社交商务发展的要素。

表 10-7 推动社交商务发展的要素

社交商务要素	描　　述
消息来源（news feed）	社交用户在主页上找到来自朋友和广告商的通知消息
时间轴（time lines）	为用户创建的个人历史照片和事件流，可以与朋友分享
社交组群登录（social sign-on）	网站允许用户通过 Facebook 或其他社交网站的网络页面登录。使这些网站可以从 Facebook 等网站获得大量的社交用户信息，并将这些信息用于营销
协同购物（collaborative shopping）	通过展示产品、聊天或短信创建消费者之间可以彼此分享自身购物经验的环境。朋友之间可以在线谈论品牌、产品和服务
网络通知（network notification）	消费者可以分享对产品、服务、内容的认可（或反对），或者通知朋友自己所处的地理位置（如一家餐厅或俱乐部）的一种环境。众所周知的 Facebook "点赞" 按钮是一个例子，Twitter 的推文"（tweets）和"关注"是另一个例子
社交搜索（推荐） [social search（recommendations）]	消费者可以向朋友咨询与想购买产品、服务或内容有关的建议的环境。谷歌可以帮你找到想要的商品，但社交搜索可以通过听取来自朋友（或朋友的朋友）的评价帮你了解商品的质量。例如，亚马逊的社交推荐系统可以根据你在 Facebook 上的社交画像为你推荐产品

2018 年，Facebook 占据美国所有社交营销中 74% 的份额，和美国每月 2.08 亿人的访问量，可以说获得了大多数公众的关注。其他四大社交网站也在增长，尽管增长速度远低于过去。2018 年，LinkedIn 每月的访问量是 9 300 万，而 Twitter 的活跃用户增长到 1.46 亿，海外的增长比美国更强劲。Pinterest 以 1.1 亿用户跻身前 50 名网站，较 2017 年增长 25%。据分析人士称，在美国，25% 的用户上网时间花在社交网站上（每天约 56 分钟），社交网络成为人们最普及的在线活动。智能手机应用增长最快的是社交网络应用，近一半的智能手机用户每天会访问社交网站。2018 年，Facebook 访问量的 70% 以上来自智能手机。

在 Pinterest 这样的社交购物网站上，你可以与朋友交换购物想法。Facebook 提供了"点赞"按钮，让你的朋友知道你所欣赏的产品、服务或内容，并在某些情况下还可以在网上购物。Facebook 在全球每天要处理约 50 亿次"点赞"。在线社区也是使用病毒式营销技术的理想场所。在线病毒式营销就像传统的口碑营销，只不过它能够以光的速度在网上社区传播，在传播地域上远比小的朋友圈要广得多。

群体智慧

数千人甚至数万人可以一起在网站上互动，为商业企业提供了新的营销和广告渠道，并帮助企业发现哪些人喜欢、哪些人讨厌他们的产品。某些人认为，当面对多种多样的主题或商品时，一大群人可以比一个人、甚至一小群专家作出更恰当的决策。这种现象被称为**群体智慧**（wisdom of croows）。

当然群体智慧并不适用于所有情况，但这种现象很有趣。在营销领域，根据群体智慧的理念，企业应该首先要与大量的客户建立联系，然后更好地了解它们的产品和服务是如何被使用和赞赏（或拒绝）的。企业通过积极地向客户征求建议，反而能够获得客户的信任，并向客户传递这样的信息：企业很在乎他们的想法，也需要他们的建议。

除了征求建议之外，企业还可以运用**众包**（crowdsourcing）的方式来获得公众积极的帮助，从而解决一些商业问题。例如，宝马启动了众包项目，目的在于帮助客户设计一个 2025 年的城市车辆。Kickstarter.com 可以说是最著名的电子商务众筹（Crowdfunding）网站之一，访问者可以在该网站上参与投资一些初创企业。其他的例子还有：Caterpillar 与客户合作设计更好的机器，宜家与客户合作设计家具，百事可乐与 Super Bowl 的观众联合制作在线视频。

通过社交媒体进行营销仍处于早期阶段，各企业正在积极地寻找成功的模式。社交互动和客户情绪的管理比较复杂，这对那些急于保护品牌的企业提出了新的挑战。在"互动讨论：管理"部分提供了使用 Facebook 和 Twitter 的社交营销工作的具体例子。

互动讨论：管理

与客户"社交"

全球有超过 30 亿人在使用社交媒体，对于那些希望吸引消费者、扩大产品销售、发现趋势和影响因素、树立品牌知名度，并根据客户要求和建议采取行动的企业而言，社交媒体是一个首选的平台。已有 8 000 多万家企业拥有 Facebook 品牌页面，让用户可以通过博客、评论页面、讨论区、公司页面上的内容与品牌进行交互。"点赞"按钮使用户有机会分享他们对正在查看的内容和正在访问的网站的感受。通过在数百万个网站上使用类似"点赞"的按钮，Facebook 可以跟踪网络上的用户行为，然后将这些信息出售给营销公司。Facebook 在用户首页和 Facebook 中大多数页面（如照片和应用程序）向企业出售广告位。Twitter 的"推文"和"趋势"等功能使广告商可以在 Twitter 用户搜索某些关键字时，更显眼地显示出来。

美国领先的卡车制造商 Mack Trucks 在推出新的 Anthem 卡车时，通过社交营销活动吸引了客户、驾驶员和经销商。以前 Mack 在推出新产品时一般用传统的方式将印刷广告发布在卡车出版物、小册子和行业展览中。但是，这种方式无法使 Mack 为不同的客户量身定制，并传递不同的信息。例如，某个大型机队的经理可能对燃油效率最感兴趣，而一般小业主可能对设计风格更感兴趣。Mack 的营销团队在继续使用传统渠道进行广泛宣传的同时，也开始通过社交营销关注细分市场及其关注指标。

从 2017 年 7 月开始，Mack 推出了每两周一次的 YouTube 视频系列，激发用户对 Anthem 车型的激情，随后于当年 9 月在 YouTube 和 Facebook 上进行了 Anthem 车型展示的实时直播。Mack 从这些活动中获得了 7 000 多个电子邮件地址，有 3 700 人观看了发布活动的实时视频。对于一款价格超过 100 000 美元的产品而言，这些数字被认为是非常重要的数字。Mack 的营销团队还发起了一项全面的社交媒体宣传活动，与企业的 174 000 位 Facebook 粉丝、24 000 位 Twitter 粉丝、15 000 位 LinkedIn 粉丝、15 000 位 YouTube 订阅者和其他社交社区进行互动，以照片、视频、文字摘要以及描述各个方面的内容来宣传新的 Anthem 系列车型。这些活动吸引了 40 000 多个新的 Mack 品牌的关注者。

　　Mack 使用了 Oracle Eloqua 营销云和 Oracle 社交云服务，将社交活动与 Oracle Eloqua 客户和潜在客户数据库中的 17.5 万个个人资料链接起来。这样数字营销团队就会知道数据库中的某个人是否点击了 Facebook 的帖子，是否查看了与 Anthem 相关的视频，或者是否在企业的网站上查找了其他信息。引人注目的个性化内容有助于吸引潜在客户，并持续互动，直到潜在客户要求与 Mack 经销商进行交谈为止。到那时，潜在客户被认为是合格的潜在客户。当各种社交网站上提到 Mack Anthem 时，Oracle 社交云会提醒 Mack 团队成员，他们可以在适当的时候作出回应。

　　Mack 还为 Anthem 的推广活动招募了有影响力的名人加入。乡村音乐艺术家 Steve Moakler 为 Anthem 录制了一段专门献给驾驶员的名为《生来就好》（Born Ready）的视频。超过 55 000 的人在 YouTube 上观看了 Moakler 的表演。营销团队还与奥克兰突袭者队（Oakland Raiders）的 Khalil Mack 一起制作了 YouTube 视频，名为"制作麦克"，吸引了 75 000 名观众。Mack 开发了一项更具广泛影响力的计划，专门用于识别首次查看新产品并活跃在社交媒体上的客户和驾驶员。

　　9 300 多人参加了 Mack Anthem 的活动，产生了约 1 700 个有效的销售线索。Anthem 的页面吸引了 14.6 万多名访客，他们可以观看 Moakler 的视频，了解有关新卡车生产线各个方面的信息。Mack 的高级管理层对数字营销的结果以及细节和准确性感到非常满意。市场营销副总裁 John Walsh 说，可以看到 Mack 花费的每一美元都会发生什么。

　　大约有 90% 的客户受到在线评论的影响，近一半的美国社交媒体用户通过社交媒体积极地寻找客户服务。因此，现在的企业营销更加重视客户满意度和服务。社交媒体监控可以帮助营销人员和企业更多地了解买家喜欢或不喜欢某件产品、或抱怨、或希望修改等信息，以及人们关于品牌的看法（正面或负面的情绪）。

　　在社交媒体对烤牛肉以外的肉的评论提示下，连锁店 Arby 推出了"肉山"的活动海报，展示了烤牛肉以外的各种肉。Arby 的客户把这个海报上的"肉山"误认为是一个新的三明治，并通过社交媒体表示他们急于希望尝试。然后，Arby 真的推出了一个新的 10 美元的肉山三明治。

　　然而，社交媒体活动很难精心安排，而且结果并非总是可预测的。当唐纳德·特朗普（Donald Trump）的社会追随者呼吁反对 Nordstrom 在其商店里将伊万卡·特朗普（Ivanka Trump）的服装撤下时，Nordstrom 的股价反而上涨了，在随后的几个月中，该企业的业绩优于许多其他的零售业竞争对手，Nordstrom 的客户仍然忠于品牌。而特朗普先前的推文提到了 Lockheed Martin 等其他品牌，该推文使这些品牌公司股价下挫。2016 年 9 月，总部位于圣安东尼奥的奇迹床垫（Miracle Mattress）发布了 Facebook 视频，宣传"双子塔销售"广告，这激起了社交媒体的强烈反对。该视频鼓励客户"记住 9·11"，并"以双人床价格购买任何尺寸的床垫"。后来，奇迹床垫将这段视频从 Facebook 上删除，老板 Mike Bonanno 发布了道歉信。

资料来源： Rob Preston, "Open Road," Profit Magazine, Spring 2018; Melody Hahm, "26-Year-Old Launches Instagram-Fueled Fast Fashion Brand," Yahoo Finance, July 25, 2018; Craig Smith, "844 Amazing Facebook Statistics (July 2018) by the Numbers," Dmr, July 30, 2018; www.Macktrucks.com, accessed July 29, 2018; Janet Morrissey, "Brands Heed Social Media. They're Advised Not to Forget Word of Mouth," New York Times, November 26, 2017; Farhad Manjoo "How Battling Brands Online Has Gained Urgency, and Impact," New York Times, June 21, 2017; and Lindsay Friedman, "The 12 Worst Social-Media Fails of 2016," www.entrepreneur.com, September 22, 2016.

案例分析题：
1. 请分析一家公司使用社交媒体与客户互动时将会遇到的管理、组织和技术方面的问题。
2. 公司使用社交媒体进行广告、品牌建设、市场调查和客户服务，有什么优势和劣势？
3. 列举这个案例中通过利用社交媒体与客户互动促进商业决策的例子。
4. 是否所有的企业都应该使用社交媒体进行客户服务和营销？为什么？什么样的企业最适合使用这些平台？

10.4 电子商务如何影响 B2B 交易？

B2B 交易是一个巨大的市场。全美 2019 年 B2B 贸易总量达到约 13.5 万亿美元，其中 B2B 电子商务（在线 B2B）贡献了其中的 6.2 万亿美元（美国统计局，2018；作者的估计）。到 2020 年，B2B 电子商务在美国应该能达到 6.9 万亿美元的规模。

企业之间进行交易的过程是十分复杂的，需要大量的人员参与，因此也需要耗费大量的资源。根据某些企业的估计，为支持企业采购所需要的产品，平均每一份订单至少需要支付 100 美元的间接管理费，包括处理纸张、审批购买决策、用电话和传真寻找产品、安排采购所花费的时间、安排运输、接收商品等。在整个经济运行过程中，每年各种间接管理费用总计可达上万亿美元，而这些在采购过程中需花费的活动其实是可以通过自动化完成的。如果即使只有一小部分企业之间的交易实现自动化，整个采购过程中的一部分在互联网上实现自动化，那么数万亿美元的管理成本就可以被释放，被更有效地利用，消费者的价格将会下降，生产力将会上升，国家的经济财富也将会扩大。这就是 B2B 电子商务的前景。B2B 电子商务的挑战在于如何改变现有的管理模式和采购系统，设计和实施基于互联网和云的新 B2B 解决方案。

10.4.1 电子数据交换（EDI）

B2B 电子商务是指公司之间开展的商业交易。B2B 电子商务正在越来越多地通过基于互联网的机制来实现。大约 80% 的在线 B2B 电子商务仍然通过**电子数据交换**（electronic data interchange，EDI）专用系统进行。EDI 能使两个组织之间的交易数据，如发票、提单、货运时间表和订单等标准化数据通过计算机对计算机来实现数据交换。交易数据通过网络自动从一家公司的信息系统传输到交易方信息系统，这样避免了交易方的文件打印、单据处理和重复的数据输入。国际上很多行业都有 EDI 标准，这些标准定义了各个行业电子文档的结构和数据字段。

EDI 最初的作用是实现一些文档（如订单、发票和运货通知）的自动交换。目前很多企业仍然在使用 EDI 来实现文档的自动交换，那些追求零库存补存管理和进行流水生产的企业则把 EDI 当做持续补货系统来使用。通过预先设定权限，供货商可以在线访问部分客户企业的生产和物流时间表，从而在不需要客户企业采购员的参与的情况下可以自动配送物料和产品，以满足客户企业生产的需求，如图 10-7 所示。

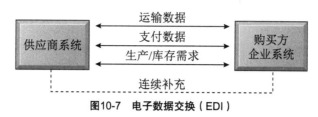

图10-7 电子数据交换（EDI）

注： 企业使用 EDI 进行自动化的 B2B 电子商务和不间断的库存补充。供应商可以自动地将货运数据发给购买货物的企业。购买货物的企业也可以使用 EDI 将生产和库存的需求以及付款数据提供给供应商。

尽管许多组织仍然在使用私有的 EDI 专用网络，但更多的企业开始使用互联网，这是因为互联网技术为企业之间的数据交换提供了更为灵活和更低成本的平台。企业能够将数字技术应用到更多的业务活动中，同时企业的交易伙伴范围也得到了拓展。

以采购业务为例。采购业务不仅包括商品和原材料的购买，也包括商品寻源、与供货商洽谈、付款以及安排运输等。今天，企业可以通过互联网找到供货成本最低的供货商、搜索供应商产品的在线目录、与供应商洽谈、下订单、支付货款和组织运输。总之通过互联网企业可以再不局限于与传统 EDI 网络中的合作伙伴打交道。

10.4.2 B2B购买和销售的新方法

互联网和网站技术使得企业可以犹如 B2C 商务一样创建自己的网上商店，并将产品卖给采用同样技术的企业客户。此外，企业还可以使用互联网技术创建企业的外联网或电子市场，与其他企业连接开展采购和销售等业务。

典型的**专有行业网络**（private industrial network）通常由一家大型企业创建，通过安全的网络连接它的供应商和主要业务伙伴（见图 10-8）。网络由买家企业创建，并允许指定的供应商、分销商和其他业务伙伴一起分享产品的设计、开发、营销、生产进度安排、库存管理等，以及以图像和邮件等形式进行的非结构化沟通交流。专有行业网络的另一种表述为**专有集市**（private exchange）。

VW Group Supply 是专有行业网络的一个典型例子，它连接了大众汽车和其供应商。VW Group Supply 为大众汽车集团处理了全球 90% 的采购业务，包括采购所有的汽车零部件。

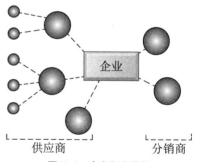

图10-8 专有行业网络

企业通过专有行业网络（或专有集市）连接企业的供应商、分销商以及其他的关键业务伙伴，开展有效的供应链管理和其他协同商务活动。

网络集市（net marketplaces）有时也被称之为**电子集市**（e-hubs），为数量众多的买家和卖家提供一个建立在互联网技术上的数字市场（见图 10-9）。这些网络集市市场是行业性的，或者由独立于买家和卖家的中间商运营，通过买卖交易以及向客户提供其他服务来获取收益。网络集市上的参与者可以通过在线谈判、拍卖、询价等方式确定价格，或者设定固定的价格。

网络集市有很多不同的种类和划分方式。有些网络集市销售直接商品，另一些则销售间接商品。所谓**直接商品**（direct goods）是指生产过程中使用的商品，如用于制造车身的钢板。**间接商**

品（indirect goods）是指不直接参与生产过程的商品，如办公用品以及用于保养和维护的配件等。有些网络集市支持按合同从指定的供货商那里长期采购，而另一些网络集市则可能支持短期现货采购，即根据即时需求采购商品，而且经常向不同的供货商购买。

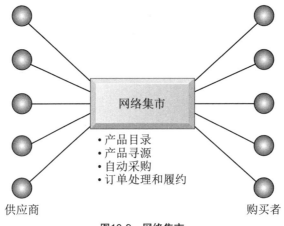

图10-9 网络集市

注：网络集市是一个在线市场，众多卖家可以和众多的买家进行市场交易。

有些网络集市服务于特定行业的垂直市场，如汽车业、电信业、机械工具等。另外一些网络集市则服务于横向市场，在集市上可以找到很多来自不同行业的商品和服务，如办公设备和运输工具等。

Exostar 是一个行业网络集市的例子，侧重于长期合同的采购服务，并致力于通过提供通用的网络和计算机平台来改善供应链的效率。Exostar 是航天和国防产业资助的网络集市，由英国 BAE 系统、波音、Lockheed Martin、Raytheon 和 Rolls-Royce 联合组建，企业通过这个网络集市可以和它们的供货商以及合作者相互联系。来自商业领域、军事领域和政府部门的 12.5 万多个的贸易伙伴使用 Exostar 提供的产品寻源、电子采购和合作工具来购买直接和间接商品。

交易市场（exchanges）是独立的、由第三方运营的网络集市，成千上万的供应商和采购者在此进行现货采购交易。许多交易市场是特定行业的垂直市场，如食品、电器和工业设备等，在这些市场上主要销售直接商品。例如，Go2Paper 为来自超过 75 个国家的纸制品行业中的买家和卖家，提供纸张、纸板和牛皮纸等现货交易。

交易市场在电子商务的早期曾蓬勃发展，但现在很多已经关闭了。供应商们不愿意加入交易市场，因为在交易市场上价格竞争太激励，这使得交易价格不断下降，却难以与买家建立长期的关系。许多必需品的直接采购并不是现货采购，需要通过采购合同来约定送货时间、定制化以及产品质量等条款。

10.5 移动商务在商务活动中的作用是什么？最重要的移动商务应用有哪些？

随意走在一个大都市的街头，数一数多少人在低头摆弄他们的手机。在搭乘火车、飞机时，你会看到同行的旅客正在手机上阅读网络报纸、观看视频，或者在 Kindle（Amazon 推出的电子阅读器）上阅读小说。随着移动用户的飞速增长，移动广告和移动商务也开始蓬勃发展。

2019年，移动商务约占所有电子商务的48%，零售商品和服务、Apps、广告、音乐、视频、铃声、电影、电视以及基于位置的服务（如当地餐馆的定位和交通更新）产生的年收入约为2 700亿美元。移动商务是电子商务增长最快的形式，每年以30%以上的速度增长，预计到2022年将增长到5 000亿美元（见图10-10）（eMarketer，2018d）。

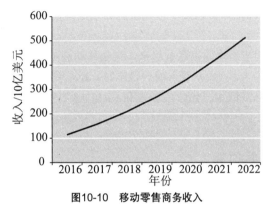

图10-10　移动零售商务收入

注：移动商务是B2C电子商务中发展最快的类型，2018年占所有电子商务的34%。
资料来源："Retail Mcommerce Sales, US, (billions) 2018–2022," eMarketer, 2018d.

移动商务增长的主要领域是大众市场零售，如亚马逊销售音乐、电视节目、电影和电子书等数字内容以及移动设备应用内的销售。像优步（在本章前面部分有所描述）和Airbnb这样按需服务的企业都是基于位置的服务，它们当然也是移动商务的例子。较大的移动屏幕和便捷的支付工具也对移动商务的扩张起到了作用。

10.5.1　基于位置的服务和应用

基于位置的服务（Location-based service）包括**基于位置的社交**（geosocial）服务、**基于位置的广告**（geoadvertising）服务和**基于位置的信息**（geoinformation）服务。74%的智能手机用户使用基于位置的服务。将这些活动联系起来并作为移动商务基础的是全球定位系统（global positioning system，GPS），通过GPS可以在智能手机上使用地图服务。**基于位置的社交服务**（geosocial service）可以告诉你在哪里与朋友们见面。**基于位置的广告服务**（geoadvertising service）可以帮助你找到最近的中餐馆。**基于位置的信息服务**（geoinformation service）可以告诉你正在关注的楼盘的价格，或者告诉你路过的博物馆里正在进行哪些特展。2019年，增长最快和最受欢迎的基于位置的服务是提供按需服务的企业，如优步、Lyft、Airbnb和数百家为本地用户提供服务的企业，它们都是基于用户的位置（或像Airbnb是用户想要去的旅行位置）来提供相应的服务。

Waze是流行的社交地理信息服务的一个应用，是智能手机基于GPS地图和导航的一种应用程序，目前被谷歌收购。Waze使用GPS将用户的汽车定位在数字地图上，并像其他导航程序一样持续收集用户的速度和方向信息。Waze与众不同之处在于它收集了事故报告、速度陷阱、地标、街头集市、抗议活动，甚至是某个地址的用户交通信息。Waze将这些信息提供给用户，并向用户提供的替代路线、旅行时间和警告，甚至提供加油站的建议。优步和Lyft的司机以及美国超过5 000万的司机都使用Waze应用程序。

Foursquare、Facebook和谷歌提供了基于位置社交的新服务，帮助你找到朋友或帮助你的朋友找到你。一旦登录这项服务，告诉他人你在餐厅或某个地方，你的朋友会立即得到通知。约 20% 的智能手机用户使用基于位置的社交服务。

Foursquare 为 6 000 万注册用户提供了基于位置的社交服务，这些用户可以与朋友联系，更新他们的位置，并提供在这个地方享受的评论和提示。当你在某个位置登录后，就会有积分奖励。用户可以选择在 Twitter 和 Facebook 账户中公开位置登录的信息，还可以在具有特定标签的地点登录，以获得徽章奖励。

基于位置的广告将人们与当地商家联系起来，这是移动商务的经济基础。基于位置的广告是根据 GPS 位置向用户发送广告。当用户进入商户范围时，智能手机将位置报告给谷歌和苹果公司，商家可以购买这些用户信息。例如，化妆品零售商 Kiehl 向店内 100 米范围内的客户发送特别优惠券和公告。

10.5.2 其他移动商务服务

银行和信用卡企业均推出了能使客户通过移动设备管理银行账户的服务。例如，JPMorgan Chase 和 Bank of American 的客户可以使用手机来查询账户余额、转账和支付账单，针对 iPhone 和 Apple Watch 的 Apple Pay，以及其他 Android 和 Windows 智能手机型号，允许用户通过扫描手机向他们的信用卡账户收费（请参阅学习跟踪部分的移动支付系统）。

移动广告市场是发展最快的在线广告平台，2019 年广告收入达到 900 亿美元，年均增长 20%。广告最终会转移到眼球所及的位置，即越来越多的移动手机以及平板电脑。谷歌是全球最大的移动广告市场，总共投放了大约 230 亿美元的移动广告，占谷歌广告总收入的 60%，而 Facebook 排名第二，达到 194 亿美元的移动广告收入（占其总体数字化广告业务的 90%）。谷歌把移动广告嵌入到手机移动搜索引擎中，嵌入在游戏、视频和其他移动应用程序中。

Shopkick 是一款移动 App，让客户在进入百思买、Sports Authority 和梅西百货等零售商店时，为客户提供折扣券。当使用者进入与 Shopkick 有合约商户的零售商店时，能够被自动识别，并给予一定数量的"kickbuck"虚拟货币，这种虚拟货币可以用来兑换商店的礼品卡。

如今，大约有 55% 的在线零售商拥有移动商务网站——通常是可以使购物者通过手机下订单的互联网站的简化版。几乎所有的大型传统零售商和在线零售商，如丝芙兰、家得宝、亚马逊和沃尔玛等都有移动商务销售的 App。2019 年，超过 66% 的移动商务销售发生在 App 中，而不是移动网络浏览器。对于移动用户来说，浏览器商务已经成为 App 商务（App commerce）。

10.6 企业构建电子商务时需要考虑哪些问题？

构建一个成功的电子商务需要对业务、技术、社会问题以及系统方法有深入的理解。如今，电子商务网站不仅仅是一个可以让客户访问的企业官网，还包括在 Facebook 上的社交网络站点、Twitter 上的推主以及智能手机 App 等。开发并协调所有这些不同的客户接触点是十分困难的。这个话题超出了本书的范围，有兴趣的同学可以阅读专门介绍该话题的书籍材料（Laudon and Traver, 2019）。构建一个成功的电子商务有两个最重要的管理挑战，即清晰地理解你的业务目标；知道如何选择正确的技术来实现这些目标。

10.6.1 开发电子商务的展示地图

电子商务已经从以 PC 为基础的商务活动，转变为基于手机和平板电脑的活动。目前，美国的大多数互联网用户使用智能手机和平板电脑查看商品、服务、价格、或进行娱乐、访问社交网站等，已不仅仅是购物的活动了。你公司的潜在客户在一天中的不同的时间，可能使用不同的设备并参与不同的对话，具体取决于他们正在做什么，如与朋友联系、发微博或阅读博客等。其中每一个都可能是客户与你公司的接触点，你必须考虑如何在这些不同的虚拟场所开展业务。图 10-11 提供了开发电子商务时需要考虑的平台和相关活动的路线图。

图 10-11 展示了 4 种电子商务：网站、电子邮件、社交媒体和离线媒体。你必须针对每种类型选择不同的平台。例如，在网站的情况下需要有 3 个平台：传统桌面、智能手机和平板电脑，每个平台都具有不同的功能。此外，每种类型的电子商务都有相关的活动需要考虑。例如，在网站的情况下，你需要参与搜索、展示、合作和赞助广告等活动。离线媒体是第 4 种类型的电子商务，因为许多企业使用多平台或整合营销，通过平面广告将客户引向网站。

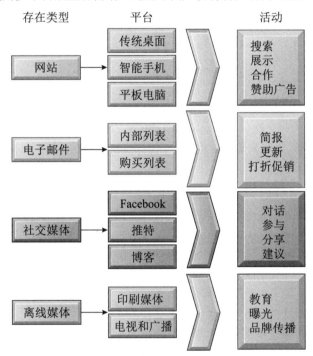

图10-11 电子商务展示地图

注：电子商务需要考虑 4 种展示类型以及各自相应的平台和活动。

10.6.2 制定时间表：里程碑

你想从哪一年开始？当你启动建设电子商务时，有一个大概的时间框架是非常有帮助的。你应该把项目分成几个阶段，并在规定的时间内完成。表 10-8 给出了一家致力于青少年时尚的创业企业开发电子商务的一年时间表。你还可以在本章的学习跟踪部分找到有关开发电子商务网站更多的详细信息。

表 10-8 电子商务开发时间表

阶 段	活 动	里 程 碑
阶段 1：规划	构建网站愿景；确定人员	网站使命陈述
阶段 2：网站开发	获取内容；开发网站设计；安排网站运作	网站计划书
阶段 3：网站实施	设计关键字和元标记；关注搜索引擎优化；识别潜在的赞助商	功能性网站
阶段 4：社交媒体规划	为你的产品和服务确定合适的社交平台和内容	社交媒体规划书
阶段 5：社交媒体实施	在 Facebook、推特和 Pinterest 等网站建立公司的主页	功能性社交媒体
阶段 6：移动规划	开发移动规划书；在智能手机上的各种应用	移动媒体规划书

10.7 MIS 如何有助于我的职业发展

这是第 10 章和本书帮助你如何找到一份初级电子商务数据分析师工作的内容。

10.7.1 企业

SportsFantasy Empire 是一家专为创建数字化体育竞赛的技术型企业，正在招聘刚毕业的大学生来担任初级电子商务数据分析的职位。SportsFantasy Empire 为电竞游戏玩家提供了通过网络和移动设备在梦幻电竞中竞争现金奖品的机会。该企业成立于 2012 年，总部位于洛杉矶，在旧金山和纽约设有办事处。

10.7.2 职位描述

这个初级电子商务数据分析师将与 SportsFantasy Empire 的分析团队一起合作，分析大量的数据，获得有关竞赛项目和客户的商业洞察，从而为公司带来增加收入的机会。工作职责包括：

- 设置竞赛规模，定义用户体验和业务效率。
- 优化采购支出和营销战略，推动业务增长。
- 分析游戏现场的哪些修改可以改善用户的游戏玩法。
- 分析游戏新功能或站点变化如何影响客户行为的变化。
- 为公司创建标准化的业务报告，包括竞赛结果报告、玩家活动、细分市场业绩报告以及关键玩家的绩效报告。

10.7.3 岗位要求

- 具有工程、数学、商业或相关领域的学士学位。
- 具备电子商务数据分析的经验。
- 具备相关的统计知识。
- 曾经有过独立分析数据，并从中获得新见解的经历。
- 具有建模、SQL、SAS 或其他编程语言的经验。

- 具有较强的沟通和组织能力。
- 优先考虑 Avid 梦幻电竞玩家。

10.7.4 面试问题

1. 你玩过梦幻电竞吗？多久玩一次？有没有研究过关于梦幻电竞的数据？为什么你认为你适合这份工作？
2. 你的统计学背景是什么？你上过哪些相关课程？你有没有使用统计软件的工作经验？
3. 你有没有分析过有关网站表现或在线客户行为的数据？
4. 你对通过社交媒体渠道获得客户的成本了解多少（即衡量社交网络上的平均客户获取成本、获取成本与保留成本）？
5. 你将如何与我们的非技术团队合作，讲述关于客户数据洞察的故事，以便他们能够更有效地开展工作，提高客户参与度和忠诚度？
6. 你在 SQL 或 SAS 以及网站分析方面的熟练程度如何？你在过去的工作中用过这些工具吗？你用它们做了什么？
7. 你能举一个你用数据分析解决问题的例子吗？你写过分析报告吗？你能举个例子吗？

10.7.5 作者提示

1. 复习本章以及第 7 章中关于搜索和搜索引擎营销的内容。要想胜任这份工作，你还应该学习统计学、SQL 和 SAS 的课程，在职培训也会很有帮助。
2. 利用网络对该企业做些研究。试着了解更多关于该公司战略、竞争对手和业务挑战的信息。此外，看一下该企业过去 12 个月的社交媒体报道。你可以发现什么趋势或社交媒体报道中关注的某些主题吗？
3. 准备好谈论 SportsFantasy Empire 的游戏以及竞争对手提供的游戏的资料，表明你对这个行业很熟悉。询问该企业完善在线状态的策略。准备好一个例子，说明你认为如何做才能提高一款梦幻电竞游戏的在线表现。
4. 使用网络找到梦幻电竞企业使用的数据分析的例子。

复习总结

10-1 电子商务、数字市场和数字商品有什么独特的特征？

电子商务使组织和个人之间的数字化商业交易成为可能。电子商务技术的独特之处包括无处不在、全球化、统一标准、丰富性、互动性、信息密集、个性化和定制化的能力以及社交技术。电子商务越来越呈现出社交化的、移动化的和本地化的特征。

数字市场比传统市场更加透明，降低了信息不对称、搜索成本、交易成本和菜单成本，同时还具有基于市场情况大幅度动态调整价格的能力。数字产品，如音乐、影像、软件和书籍，能在数字网络中传递。数字商品一旦生产出来后，数字化交付产品的成本就变得很低很低。

10-2 电子商务主要的商业模式和收益模式是什么?

电子商务商业模式包括电子零售商、交易代理商、市场创造者、内容提供商、社区提供者、服务提供商和门户。电子商务盈利模式主要包括广告、销售、订阅费、免费/免费增值、交易费和合作费。

10-3 电子商务如何改变市场营销?

互联网为营销人员提供了识别潜在客户,并可以与上百万的潜在客户进行沟通的新方式,且成本远低于传统媒体。利用群体智慧的众包模式可以帮助企业从客户那里学习改进产品的知识和增加客户价值的机会。行为定向技术帮助企业提高最了横幅、富媒体和视频广告的有效性。社交商务利用社交网络和社交网站有助于改善产品和服务的细分市场。

10-4 电子商务如何影响 B2B 交易?

B2B 电子商务有助于企业提高供应商的选择、招投标、下达订单、跟踪运输过程中的货物等工作的效率。网络集市为很多的买家和卖家提供了统一的数字市场。专有行业网络将企业与供应商和其他战略伙伴紧密相连,从而建设高效、快速响应的供应链。

10-5 移动商务在商务中的作用是什么?最重要的移动商务应用有哪些?

移动商务特别适合于基于位置的应用,如寻找本地旅馆和餐厅、跟踪本地交通和天气状况、提供个性化的基于位置的市场营销。手机和手持设备被用来支付费用、银行业务处理、证券交易、运输计划更新以及数字内容下载(如音乐、游戏和视频)等。移动商务需要无线接入设备和能处理小额支付的数字支付系统。智能手机的 GPS 功能有助于开展基于位置的广告、社交和信息服务等。

10-6 构建电子商务时需要考虑哪些问题?

构建一个成功的电子商务需要对业务目标有清晰的理解,并选择正确的平台、活动和时间表来实现这些目标。电子商务的建设不仅仅是建设企业的官网,还包括在 Facebook、Twitter 和其他社交网络站点上开设网页,以及智能手机上开发 App 等。

关键术语

广告收益模式(advertising revenue model)
合作收益模式(affiliate revenue model)
行为定向(behavioral targeting)
企业对企业(busines-to-business,B2B)
企业对消费者(business-to-consumer,B2C)
社区服务提供商(community providers)
消费者对消费者(consumer-to-consumer,C2C)

成本透明(cost transparency)
众包(crowdsourcing)
定制化(customization)
数字产品(digital goods)
直接商品(direct goods)
去中介化(disintermediation)
动态定价(dynamic pricing)

电子数据交换（electronic data interchange，EDI）	移动商务（mobile commerce，m-commerce）
网络零售商（e-tailer）	原生广告（native advertising）
交易市场（exchanges）	网络市场/网络集市（net marketplace）
金融科技（FinTech）	个性化（personalization）
免费/免费增值收益模式（free/freemium revenue model）	播客（podcasting）
	价格歧视（price discrimination）
基于位置的广告服务（geoadvertising services）	价格透明（price transparency）
基于位置的信息服务（geoinformation services）	专有集市（private exchange）
基于位置的社交服务（geosocial srevices）	专有行业网络（private industrial networks）
间接商品（indirect goods）	收益模式（revenue model）
信息不对称（information asymmetry）	丰富性（richness）
信息密度（information density）	销售收益模式（sales revenue model）
知识产权（intellectual property）	搜索成本（search costs）
基于位置的服务（location-based services）	社交图谱（social graph）
长尾营销（long tail marketing）	社交购物（social shopping）
市场创建者（market creator）	流媒体（streaming）
市场准入成本（market entry costs）	订阅收益模式（subscription revenue model）
市场空间（marketspace）	交易成本（transaction costs）
菜单成本（menu costs）	交易费收益模式（transaction fee revenue model）
小额支付系统（micropayment systems）	群体智慧（wisdom of crowds）

复习题

10-1　电子商务、数字市场和数字商品有什么独特的特征？
- 描述形成电子商务的 4 种商业趋势和 3 种技术趋势。
- 列举并描述 8 种电子商务的独特的特征。
- 定义数字市场和数字商品，并描述它们的特点。

10-2　电子商务主要的商业模式和收益模式是什么？
- 定义和描述主要的电子商务商业模式。
- 定义和描述电子商务收益模式。

10-3　电子商务如何改变市场营销？
- 解释社交网络和群体智慧如何帮助企业改进市场营销。
- 定义行为定向，并解释行为定向如何在个人网络和广告网络发挥作用的。
- 定义社交图谱，并解释社交图谱如何被用于电子商务营销中。

10-4 电子商务如何影响 B2B 交易？
- 解释信息技术如何支持 B2B 电子商务。
- 定义并描述网络集市，并解释与专有行业网络（专有集市）的区别。

10-5 移动商务在商务中的作用是什么？最重要的移动商务应用有哪些？
- 列举并描述移动商务服务和应用的主要类型。

10-6 企业构建电子商务时需要考虑哪些问题？
- 列举并描述构建电子商务的 4 种方式。

讨论题

10-7 互联网如何改变消费者和供应商之间的关系？
10-8 互联网可能不会使企业淘汰，但企业必须改变商业模式，你同意吗？为什么？
10-9 社交技术如何改变电子商务？

MIS 实践项目

MIS 实践项目

本部分的项目实践为你提供了开发电子商务战略的机会，请你利用电子表格软件研究一家电子商务企业的盈利能力，利用网络工具研究并评估电子商务运维服务的实践经验。

管理决策问题

10-10 哥伦比亚纳（Columbiana）是加勒比海（Caribbean）中一个独立的小岛，拥有很多历史悠久的建筑、城堡和其他景点，还有雨林和出众的山脉。沿着岛上美丽的白沙滩，坐落着几家顶级酒店和数十家价位适中的旅馆。几家大型航空公司和一些小型航空公司都有飞往哥伦比亚纳的常规航班。哥伦比亚纳政府希望促进旅游业发展并为本国的热带农作物产品开拓新的市场。该政府应该构建什么样的电子商务？什么样的互联网商业模型比较合适？电子商务平台应该有些什么功能？

10-11 请浏览下列企业的网站：Swatch、Lowe's 和 Priceline。判断上述哪个网站可以从企业赞助的博客业务中获得的收益最多？请列出这个博客业务能给企业带来的商业利益，以及这个博客的目标受众，请分析企业中该由谁来撰写这个博客，并为博客选择一些主题。

改善决策：用电子表格软件分析 ".com" 业务

软件技能：电子表格下载、设计格式和使用公式

业务技能：财务报表分析

10-12 在互联网上选择一家电子商务网站，如 Ashford、Yahoo 或者 Priceline 等研究一下该公司的官网，描述该公司的目标和组织结构。请通过网络找到评价该公司的一些文章。然后到证券交易委员会（Securities and Exchange Commission）的网站 www.sec.gov 上寻找该公司的 10-K（年报）表，包括损益表/利润表和资产负债表。选择 10-K 表中你将要分析的财务报表部分内容，并下载到电子表格中，建立该公司过去 3 年利润表和资产负债表的简化版电子表格。

- 你认为该公司是 ".com" 行业的成功案例、普通案例还是失败案例？你的判断基于哪些信息？为什么？在回答这些问题时，请特别注意该公司 3 年来的收入、销售成本、毛利润、运营成本和净利润等方面的变化趋势。
- 准备一个演讲 PPT（至少 5 页幻灯片），包括合适的电子表格或图表，并把你的研究成果向教授和同学展示。

卓越运营：评价电子商务的托管服务

软件技能：网页浏览软件

业务技能：评估电子商务的托管服务

10-13 这个项目有助于培养你的互联网技能，对那些给小型创业企业提供电子商务网站托管服务的公司业务进行评估。

你想建立一个网站来销售毛巾、家庭日用品、陶器和来自葡萄牙的餐具，为此你要考察为小型企业提供互联网商店的托管服务。你的网站应该能够安全地使用信用卡支付，并且能计算运费和税费。一开始，你想展示大约 40 种不同产品的照片及其描述。请访问 Wix、GoDaddy 和 iPage 公司的网站，比较这些公司提供的针对小企业的托管服务范围、网站的能力以及费用，并考察这些公司提供的用来建立电子商务网站的工具。比较这些服务，然后决定如果你想建立一个网店，你会选择哪一家？写一份简要的报告说明你的选择，并解释每家公司的优势和不足。

团队合作项目

请完成一项电子商务网站的竞争分析

10-14 请与 3～4 名同学组成一组，选择某个行业中的两家竞争对手公司，并体验一下这两家公司的电子商务网站，例如，可以比较潘多拉和 Spotify、亚马逊和 BarnesandNoble，或者 E*Trade 和 TD Ameritrade 等网站。根据网站的功能、用户友好性和支持公司战略的能力，对每个公司的网站进行评估。哪个网站做得更好？为什么？你能否提出一些改进的建议？如果可能的话，请使用 Google Docs、Google Drive 或 Google Sites，集思广益并制作演示 PPT 来报告结果。

案例研究

Nasty Gal 的坏结局

2006年，Sophia Amoruso是一位22岁的社区大学的辍学者，她有很多的空闲时间。在读了一本《为傻瓜开办eBay业务》的书之后，她开设了一家名为Nasty Gal Vintage的eBay商店，该商店以爵士乐歌手Betty Davis的一首歌和1975年专辑的名字命名，Betty Davis是Miles Davis的第二任妻子。

Nasty Gal的风格前卫清新、有点摇滚、有点迪斯科、有点现代，但绝不时髦。自成立8年来，Nasty Gal售出了价值超过1亿美元的新旧服装和配饰，雇佣了350多名员工，在Facebook和Instagram上拥有超过100万的粉丝，并且成为一个全球性品牌。它看起来有点像一个电子商务的成功案例，或者曾经是一个成功的案例。

Amoruso在旧金山的一间小公寓里开始创业，刚开始她亲自做所有的事情，包括商品销售、摄影、文案写作和运输安排等。她每天6点起床开始销售，与旧货店讨价还价，花几个小时编辑带有她自己风格的照片，并用自己招募的模特拍摄产品照片，还要确保包装是高品质的。

她会去检查商品，确保它们的形状足够好，可以出售。她拉上拉链、扣上纽扣、扣上钩子、折叠每件衣服，然后将其装入一个透明的塑料袋中，并用贴纸密封。然后，她将物品装箱并在上面贴上货运标签。她认为自己的客户像她一样特别，像她一样关注美学。

Amoruso在社区大学里学过摄影课，理解轮廓和构图的重要性。她曾购买了具有戏剧性轮廓的复古作品———一件带大漏斗领的外套，购买过一件20世纪50年代带喇叭裙的连衣裙、一件带蓬松袖子的维多利亚式夹克。通过拍摄照片的不同角度，放大剪影的内容，Amoruso为每件产品制作了微型缩略图，吸引eBay上那些认真的竞标者。她能够为每一件物品提取出最好的东西，然后夸大这些品质，哪怕是细微的特点，也能让观众看到它们。当缩略图被放大时，上面的商品看起来很棒。

Amoruso一直大量使用社交工具来推广自己的业务。刚起步时，她就使用MySpace，在那里吸引了6万多名粉丝，凭借Nasty Gal的美学（既高又低、既前卫又光彩的审美风格）在社交媒体上赢得了关注。

Amoruso非常重视客户反馈，并相信客户是Nasty Gal所做的一切工作的核心。当她在eBay上出售商品时，她做到了回应每一位客户的评论，这有助于她准确地了解谁在购买商品，以及他们想要什么。Amoruso说，Nasty Gal客户创造的内容一直是该品牌的重要组成部分，了解客户如何穿着Nasty Gal的作品以及他们拍摄的照片是非常重要的。这些确实是很鼓舞着人心。

社交媒体是建立在共享信息基础上的，Nasty Gal为其粉丝提供了令人信服的图像、文字和内容，以便每天共享和讨论这些内容，可能是疯狂的复古作品、报价或幕后照片。在大多数公司里，负责Twitter和Facebook账户的员工一般不是高级管理人员。Amoruso并不总是写每篇Nasty Gal的推文，但她仍然阅读每条评论。如果客户对某件事情不满意，她想立即听到，而不像在其他企业可能需要花费数月的时间才能将客户的意见或建议反馈给CEO。在Nasty Gal刚加入Snapchat时，Amoruso就用了一些快照进行了测试，Nasty Gal的粉丝马上作出了有效的回应。

2008年6月，Amoruso将Nasty Gal Vintage从eBay转移到了自己的网站www.nastygal.com。2012年，Nasty Gal开始以自己的品牌出售服装，投资1 800万美元在肯塔基州谢泼斯维尔建立了一个 5.3 万平方米建立了全国配送中心，用于处理自己的运输和物流。风险投资家 Index Ventures 提供了至少 4 000 万美元的资金。Nasty Gal 于 2014 年在洛杉矶开设了第一家实体店，并于 2015 年在圣莫尼卡开设了另一家实体店。

随着 toC 的需求不断增长，以及新店开业带来的更高的库存补充需求，Nasty Gal 投资了新的仓库管理系统。仓库管理系统（WMS）的建设旨在提高仓库的生产率，缩短订单周期时间，从而使 Nasty Gal 的供应链可以更好地服务迅速发展的销售业务（订单周期时间是指一个订单与下一个订单之间的时间间隔）。公司选择了 HighJump 的 WMS，以提高业务可见度和公司总体生产率，同时使产品满足率保持在 99% 以上（满足率是从现有库存中满足的订单的百分比）。

HighJump 的实施团队定制了 WMS 软件，除了直接面向消费者的订单外，还要考虑处理零售补货的可扩张性和能力，并以最适合电子商务零售商的要求来优化业务流程，使得大部分商品能直接运送给消费者，而一小部分则进入零售商店。WMS 软件有效支持了公司不断增长而扩展的业务流程。随着订单量的攀升，公司的拣选效率和满足率也迅速提高，满足率超过了 99%。

Nasty Gal 公司的早期经历了非常快速的增长，在 2012 年被 INC 杂志评为增长最快的零售商，并在 2016 年《互联网零售商》的 500 强指南中排名第一。到 2011 年，年销售额达到了 2 400 万美元，2012 年达到近 1 亿美元，但是，销售额在 2014 年开始下降到 8 500 万美元，然后在 2015 年下降到 7 700 万美元。Nasty Gal 的快速扩张得益于公司在广告和营销方面的巨额支出。这是许多初创企业通常使用的策略，但从长远来看，只有当购买者成为忠实的购买者才能获得回报，否则，太多的钱花在了诸如横幅广告和影响者付费等在线营销上就得不偿失了。如果一家企业支付 70 美元的营销费用来获取客户，而该客户只购买了一次的话，那么该企业就不会赚钱。一家花费了 2 亿美元的营销费，而只实现 1 亿美元收入的企业并非是可持续发展的企业。Nasty Gal 出现了"漏水桶"的情况，即一旦它削减了营销，销售额就持续下降。

Nasty Gal 无法抓住客户。有些消费者对产品质量不满意，还有许多消费者更喜欢诸如 Zara 之类的时尚快消品，这些公司通过在线和实体店以较低的价格提供种类繁多的时尚服装，并不断推出新产品。Nasty Gal 品牌的实际市场很快就饱和了。Nasty Gal 吸引的女性消费者人数是有限的：在加利福尼亚州有着酷酷外观的年轻女孩。目前尚不清楚公司在美国其他地区和世界各地是否有吸引力。

Nasty Gal 还浪费了大笔支出。根据行业专家的说法，公司于 2013 年搬入了洛杉矶市中心 4 673 平方米的办公场所，将总部的规模扩大了 3 倍，远远超出了企业所需的空间。公司还在肯塔基州开设了一个 46 452 平方米的配送中心，处理自己的分销和物流，以及在洛杉矶和圣莫尼卡的两家实体商店。即使在时尚潮流旺盛的时尚行业中，公司也必须密切监视生产、分销和运营费用，以确保产品的销售规模足够实现获利。Nasty Gal 的员工大多是年轻人，他们过多地专注于业务的创意。

随着业务的发展，Nasty Gal 建立了自己的管理团队，从奥特莱斯（outlets）等零售店聘用了一批年轻的初级人才，但是，这些员工的传统零售背景与公司创业心态发生了冲突。随着 Nasty Gal 的扩张，Amoruso 的名气也随之增长，她把精力投入到其他事情上。她写了两本书，第一本书名为《女老板》，描述了 Nasty Gal 和 Amoruso 的经营理念，并由 Netflix 改编为由 Amoruso 作为执行制片人的节目（该连续剧在播出一季后于 2017 年 6 月被取消）。员工开始抱怨 Amoruso 的管理风格，缺乏对公司业务的专注。

Amoruso 在 2015 年辞去 CEO 一职，但一直留在 Nasty Gal 的董事会中，直到公司于 2016 年 11 月 9 日申请破产为止。在 2015—2016 年间，Nasty Gal 从 Stamos Capital Partners LP 和 Hercules Technology Growth Capital Inc. 两家风投企业筹集了 2 400 万美元的股权和债务融资。尽管这笔资金帮助 Nasty Gal 维持了生计，但公司仍然难以支付新的库存、租金和其他运营费用。

在申请破产保护的几周内，Nasty Gal 于 2017 年 2 月 28 日以 2 000 万美元的价格将其品牌名称和其他知识产权出售给了竞争对手——英国的在线时尚网站 Boohoo.com。Boohoo 正在将 Nasty Gal 作为独立的网站运营，但 Nasty Gal 的线下商店已经关闭。Boohoo 相信 Nasty Gal 吸引人的风格和忠实的客户群可以给 Boohoo 带来扩大全球增长的机会。当然，仍有许多消费者在抱怨面料的质量和客户服务问题。

随后，Amoruso 转向发展女老板（Girlboss）这一媒体企业，拥有一个网站、一个播客和两个年会，被称之为女老板集会（Girlboss Rally）。她还成立了女老板基金会，该基金会向女性创业的小型企业捐款了 13 万美元。

资料来源：Cady Drell，"Sophia Amoruso on the Strange and Difficult Upside of Making Big Mistakes." Elle, July 24, 2018; Aundrea Cline-Thomas, "How Girlboss's Sophia Amoruso Continues to Chart Her Career Course," www.nbcnews.com, July 26, 2018; Sarah Chaney, "How Nasty Gal Went from an $85 Million Company to Bankruptcy," Wall Street Journal, February 24, 2017; Shan Li, "Nasty Gal, Once a Fashion World Darling, Went Bankrupt: What Went Wrong?", Los Angeles Times, February 24, 2017; "Case Study Nasty Gal," HighJump, 2016; and Yelena Shuster, "NastyGal Founder Sophia Amoruso on How to Become a #GirlBoss," Elle, May 15, 2014.

案例分析题：

10-15　社交媒体与 Nasty Gal 的商业模式之间存在着怎样的关系？Nasty Gal 在多大程度上可以称之为是"社交商务"？

10-16　在管理、组织和技术方面的哪些问题导致了 Nasty Gal 的失败？

10-17　Nasty Gal 有可能避免破产吗？请解释你的答案。

参考文献

扫一扫，下载本章参考文献

[1] Almquist, Eric, Jamie Cleghorn, and Lori Sherer. "The B2B Elements of Value." Harvard Business Review (March–April 2018).

[2] Bapna, Ravi, Jui Ramaprasad, and Akmed Umyarov. "Monetizing Freemium Comunities: Does Paying for Premium Increase Social Engagement?" MIS Quarterly 42, No. 3 (September 2018).

[3] Bell, David R., Santiago Gallino, and Antonio Moreno. "The Store Is Dead - Long Live the Store." MIT Sloan Management Review (Spring 2018).

[4] Brynjolfsson, Erik, Tomer Geva, and Shachar Reichman. "CrowdSquared: Amplifying the Predictive Power of Search Trend Data." MIS Quarterly 40, No. 4 (December 2016).

[5] "Do Search Ads Really Work?" Harvard Business Review (March–April 2017).

[6] eMarketer. "US Mobile Downloads and In-App Revenue." (November, 2017a).

[7] ＿＿＿＿＿. "US Time Spent with Media." eMarketer Chart (April 2017b).

[8] ＿＿＿＿＿. "Digital Travel Sales 2018–2022." eMarketer (June 2018a).

[9] ＿＿＿＿＿. "Internet Users by Device, 2016–2022." eMarketer (February 2018b).

[10] ＿＿＿＿＿. "Retail Ecommerce Sales 2018–2022." eMarketer (May 2018c).

[11] ＿＿＿＿＿. "Retail Mcommerce Sales 2018–2022." eMarketer (July 2018d).

[12] ＿＿＿＿＿. "Retail Sales North America 2018–2022." eMarketer (May 2018e).

[13] _____. "Social Network Share of Average Time Spent Per Day with Digital Media by Platform." 2015–2020, eMarketer (April 2018f).

[14] _____. "US Ad Spending." eMarketer (April 2018g).

[15] _____. "US Digital Users Estimates for 2018." eMarketer (March 2018h).

[16] _____. "US Digital Video Viewers and Penetration, 2016–2022." eMarketer (February 2018i).

[17] Facebook. "Stats." https://newsroom.fb.com, accessed July 20, 2018.

[18] Fang, Xiao, and Paul Jen-Hwa Hu. "Top Persuader Prediction for Social Networks." MIS Quarterly 42 No. 1 (March 2018).

[19] Gomber, Peter, Robert J. Kauffman, Chris Parker, and Bruce W. Weber. "On the Fintech Revolution: Interpreting the Forces of Innovation, Disruption, and Transformation in Financial Services." Journal of Management Information Systems 35 No. 1 (2018).

[20] Gosline, Renee Richardson, Jeffrey Lee, and Glen Urban. "The Power of Customer Stories in Digital Marketing." MIT Sloan Management Review (Summer 2017).

[21] Gunarathne, Priyanga, Huaxia Rui, and Abraham Seidmann. "When Social Media Delivers Customer Service: Differential Customer Treatment in the Airline Industry." MIS Quarterly 42 No. 2 (June 2018).

[22] Hoang, Ai-Phuong, and Robert J. Kauffman. "Content Sampling, Household Informedness, and the Consumption of Digital Information Goods." Journal of Management Information Systems 35 No. 2 (2018).

[23] Hong, Yili, Paul A. Pavlou, Nan Shi, and Kanliang Wang. "On the Role of Fairness and Social Distance in Designing Effective Social Referral Systems." MIS Quarterly 41 No. 3 (September 2017).

[24] Hu, Nan, Paul A. Pavlou, and Jie Zhang. "On Self-Selection Biases in Online Product Reviews." MIS Quarterly 41, No. 2 (June 2017).

[25] Huang, Ni, Yili Hong, and Gordon Burtch. "Social Network Integration and User Content Generation: Evidence from Natural Experiments." MIS Quarterly 41 No. 4 (December 2017).

[26] Internet World Stats. "Internet Users in the World." Internetworldstats.com (2018).

[27] John, Leslie K., Daniel Mochon, Oliver Emrich, and Janet Schwartz. "What's the Value of a 'Like'?" Harvard Business Review (March–April 2017).

[28] Kwark, Young, Jianqing Chen, and Srinivasan Raghunathan. "Platform or Wholesale? A Strategic Tool for Online Retailers to Benefit from Third-Party Information." MIS Quarterly 41 No. 3 (September 2017).

[29] Laudon, Kenneth C., and Carol Guercio Traver. E-commerce: Business, Technology, Society, 15th ed. (Upper Saddle River, NJ: Prentice-Hall, 2019).

[30] Lin Zhije, Khim-Yong Goh, and Cheng-Suang Heng. "The Demand Effects of Product Recommendation Networks: An Empirical Analysis of Network Diversity and Stability." MIS Quarterly 41, No. 2 (June 2017).

[31] Liu, Qianqian Ben, and Elena Karahanna. "The Dark Side of Reviews: The Swaying Effects of Online Product Reviews on Attribute Preference Construction." MIS Quarterly 41, No. 2 (June 2017).

[32] Luo, Xueming, Bin Gu, Jie Zhang, and Chee Wei Phang. "Expert Blogs and Consumer Perceptions of Competing Brands." MIS Quarterly 41, No. 2 (June 2017).

[33] Mo, Jiahui, Sumit Sarkar, and Syam Menon. "Know When to Run: Recommendations in Crowdsourcing Contests." MIS Quarterly 42, No. 3 (September 2018).

[34] Oh, Hyelim, Animesh Animesh, and Alain Pinsonneault. "Free Versus For-a-Fee: The Impact of a Paywall on the Pattern and Effectiveness of Word-of-Mouth via Social Media." MIS Quarterly 40, No. 1 (March 2016).

[35] Orlikowski, Wanda, and Susan V. Scott. "The Algorithm and the Crowd: Considering the Materiality of Service Innovation." MIS Quarterly 39, No. 1 (March 2015).

[36] Rainie, Lee. "Americans' Complicated Feelings about Social Media in an Era of Privacy Concerns." Pew Research Center (May 2018).

[37] _____. "The State of Privacy in Post-Snowden America." Pew Research Center (September 21, 2016).

[38] RIAA.com, accessed July 30, 2018.

[39] Schlager, Tobias, Christian Hildebrand, Gerald Häubl, Nikolaus Franke, and Andreas Herrmann. "Social Product Customization Systems: Peer Input, Conformity, and Consumers' Evaluation of Customized Products." Journal of Management Information Systems 35 No.1 (2018).

[40] Shuk, Ying Ho, and Kai H. Lim. "Nudging Moods to Induce Unplanned Purchases in Imperfect Mobile Personalization Conexts." MIS Quarterly 42, No. 3 (September 2018).

[41] U.S. Bureau of the Census. "E-Stats." www.census.gov, accessed July 8, 2018.

[42] Ye, Shun, Siva Viswanathan, and Il-Horn Hann. "The Value of Reciprocity in Online Barter Markets: An Empirical Investigation." MIS Quarterly 42 No. 2 (June 2018).

第 11 章

管理知识和人工智能

学习目标

通过学习本章，你将能回答：
1. 知识管理系统在企业中起到怎样的作用？
2. 什么是人工智能（AI）和机器学习？企业如何利用人工智能？
3. 企业级知识管理系统主要有哪些类型？它们如何为企业创造价值？
4. 知识工作系统有哪些主要类型？它们如何为企业创造价值？
5. MIS 如何有助于我的职业发展？

本章案例

机器学习帮助 Akershus 大学医院作出更好的治疗决策
Sargent&Lundy 学习管理员工知识
虚拟现实的现实
汽车可以自动驾驶吗？它们应该自动驾驶吗？

机器学习帮助 Akershus 大学医院作出更好的治疗决策

医疗健康行业的大数据包括患者病史、临床记录、图表和检验结果等。医疗大数据规模前几年是每 3 年翻一番，到 2020 年将会每 73 天就翻一番。在大数据可以被分析和被利用的年代，医疗保健专业人员如何跟上他们自己领域的知识，他们如何利用这些知识对治疗方案作出更明智的决策，如何管理医疗费用？

Akershus 大学医院（Ahus）是一家挪威公立大学医院，为挪威奥斯陆附近的约 50 万居民提供服务，有 9 500 名员工。Ahus 积累了大量的有关患者和治疗的数据，但是其中大部分数据都是非结构化的文本报告，因此提取有意义的信息极为困难，而且耗时。梳理成千上万的复杂临床文档是不可能手动完成的。

Ahus 与凯捷咨询公司（Capgemini）合作，基于 IBM Watson Explorer 系统开发 AI 技术来解决上述问题。IBM Watson Explorer 是一个认知计算平台，可以分析结构化和非结构化的数据，发现人类难以辨认甚至是不可能判断出的趋势和模式。它使用自然语言处理技术来搜索那些以日常语言和语音表示的数据，使用机器学习算法来改善搜索结果。自然语言处理技术使机器能够理解、分析并从人类语言中获取含义。机器学习算法通过大量的人工训练后可以从大量数据中进行模式识别，而无须进行编程。IBM Watson Explorer 能够快速挖掘大量的数据、解释语音和文本、了解含义和情景的细微差别、回答问题、得出结论、从实践中总结规律等。它可以对所读取的内容进行推断，并建立关联，对潜在的响应需求进行排序，供用户选择。

医院的影像诊断部门希望改进 CT 检查在急诊部的使用。Ahus 使用 IBM Watson Explorer 览器分析了对小儿患者进行的 CT 扫描是否在医学允许范围内。在关键时刻，CT 扫描可以挽救生命，但过多的辐射也可能存在潜在危害，因此不应过度使用 CT 扫描。Ahus 的大量 CT 扫描数据均为文本格式。Ahus 使用 Watson Explore 从 5 000 多个匿名的 CT 检查报告中收集了大量非结构化的数据，并利用机器学习和自然语言处理技术来分析某病患 CT 扫描的频率以及这些扫描的诊断结果。

2016 年夏季，Ahus 和凯捷咨询团队利用 7 个星期的时间实施了该项目。Watson 系统不仅要学习医学中专业的术语，还要学习该术语的使用背景。凯捷团队把 Watson 系统翻译成了挪威语。这个项目还创建了一个分类算法，让 Watson 学会了区分检查报告是良性的还是恶性的诊断结果，并对历史数据进行了相应的分类。

经过多次测试，Watson Esxplorer 的诊断报告分类准确率达到了 99%。最终分析证实，Ahus 对病患 CT 扫描的频率处于可接受的水平，医院在自身的收益和病患潜在有害影响之间取得了适当的平衡。以往一个团队需要花费数月甚至数年的时间来完成的数据分析任务，现在 Watson 可以在几分钟内就完成了。

资料来源：IBM Corporation. "Akershus University Hospital," and "IBM Watson Explorer," www.ibm.com, accessed May 17, 2018; and "Akershus University Hospital Optimizes the Use of CT Examinations," www.capgemini.com, accessed May 18, 2018.

Akershus 大学医院使用机器学习和自然语言处理等 AI 技术，帮助分析 CT 扫描频率是否在医学允许范围内，表明了技术的使用可以促进知识的获取和应用，有助于改善组织绩效。促进获取知识、利用知识工具来创造和使用新知识、利用知识来改进业务流程，这对所有企业和公共组织的成功和生存均至关重要。图11-1概述了本案例和本章需要关注的要点。与其他医疗机构一样，Akershus大学医院被称为"数据丰富但知识贫乏"的专业机构。它尽管有大量的患者和治疗数据，但这些数据大部分是非结构化的，很难通过简单的数据分析来获得信息和洞察。机器学习和自然语言处理等AI技术帮助ARershus从成千上万的CT扫描记录中获得新的见解和知识，从而优化治疗，确保医生和员工遵循最佳实践来工作。

> **需要考虑** 使用IBM Watson Explorer如何帮助Akershus大学医院提高知识水平？对医院的业务流程有什么影响？

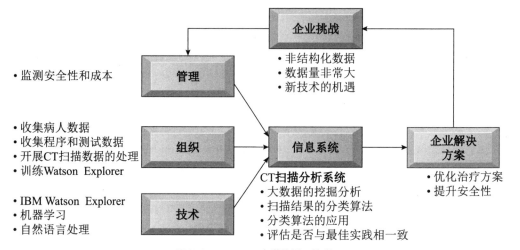

图11-1　Akershus大学使用AI技术

11.1　知识管理系统在企业中起到怎样的作用？

知识管理和合作系统的建设是企业与政府在软件投资方面增长最快的领域。在过去10余年间，关于经济、管理和信息系统领域的知识及知识管理的研究呈爆炸式增长。

知识管理与合作紧密相关。不能和他人沟通和分享的知识几乎是无用的，只有当知识在整个企业内被广泛地分享，知识的价值才能得以体现。在第2章中，我们已经描述过一些与支持协作有关的系统应用，特别是关于社会化商务合作的主要工具。本章将重点关注知识管理系统，希望读者能认识到：沟通和分享知识正变得越来越重要。

我们生活在一个信息经济的时代，社会中的主要财富和成功都来源于信息和知识的创造及分享。美国的总经济产出中，至少有20%来自信息和知识部门的产出，这些部门的就业人数估计至少为3 000万（美国劳工部，2017年；经济分析局，2018年）。

知识管理在许多大企业中已经成为重要议题，管理人员相信企业的价值依赖于企业创造和管理知识的能力。有研究表明，企业的股票市值主要依赖于无形资产，而知识与企业品牌、声誉、独特的业务流程结合在一起，成为公司最重要的无形资产。尽管基于知识的投资回报难以衡量，但是良好的知识管理会产生超额的投资回报，已是众所周知的事实（Gu和Lev，2001）。

11.1.1 知识的重要特性

数据、信息、知识和智慧之间有着重要的区别。正如在第 1 章中所阐述的，**数据**（data）被认为是信息系统获取的一系列事件或交易事实，其本身对业务处理是有用的，但对其他方面的影响很小。要把数据转换成有用的**信息**（information），企业必须投入资源把数据按能理解的方式进行处理，如月、日、区域或以店面为基础的销售额报告等。若要把信息转化为**知识**（knowledge），企业必须再投入额外的资源，发现知识工作的模式、规则、脉络等。最后，**智慧**（wisdom）被认为是集体和个人应用知识去解决实际问题的经验，包括何地、何时和如何应用知识的相关内容。

知识既具有个人的个体属性，又具有企业的集体属性。知识是驻留在人的头脑中的包含了认知和生理方面的事件。知识可以存储在图书中和档案中，可以在课堂上被分享，也可以被企业以业务流程的形式或员工经验的形式保存下来。保存在员工头脑中、没有被文档记录下来的知识叫**隐性知识**（tacit knowledge），被文档记录下来的知识叫**显性知识**（explicit knowledge）。知识可以存在于电子邮件、声音邮件、图形以及非结构化文件或结构化文件中。一般情况下，知识应当被保存在某个具体位置，如人的大脑中或特定的业务流程中。知识具有"黏性"，不能被轻易地转移。最后，知识具有情境依赖和语境依赖的特性，比如，你必须知道在什么时候、如何完成某项规程。表 11-1 总结了知识的重要维度。

表 11-1 知识的重要特性

知识是一种资产
知识是一种无形资产。
数据转换成为有用的信息和知识需要组织资源的投入。
知识不像实物资产一样收益递减，而是遵循分享人越多，价值越大的网络外部性效应。
知识有不同的形式
知识可以是隐性的，也可以是显性的（编码的）。
知识包括实际经验、技艺和技巧。
知识包括知道如何遵守规程。
知识包括知道为什么，而不仅是简单地知道事情何时发生（偶然性）。
知识具有位置依赖性
知识是一种认知的结果，融入了个人的思维模式和认知图谱。
知识有个人知识和社会知识。
知识是有"黏性的"（难于转移）、基于情景的（内嵌于企业文化中）、有前提条件的（只在一定的情况下能发生作用）。
知识与情境相关
知识是与条件相关的：知道何时应用这个规程和知道这个规程一样重要（有条件的）。
知识是基于上下文情景的：你必须清楚在什么情况下怎么使用某些工具。

我们可以把知识视为一种和固定资产、财务资产同等重要的资产，但是如何管理知识是一个复杂的课题，涉及诸多方面。我们也可以认为基于知识的核心竞争力（两三项企业最佳实践）是企业的关键资产。拥有其他企业不能复制的、高效的业务处理最佳实践是企业赢利和竞争优势的源泉，竞争者也很难在市场上购买到这些最佳实践。

例如，建立一个独特的、按订单制造的系统，就包含了某种形式的知识，这种知识是一种独特的、不易被竞争者复制的资源。有了知识，企业能更有效益和效率地使用稀缺资源。没有知识，企业只能低效益和低效率地使用资源，最终不可避免地会陷入失败的境地。

组织学习和知识管理

和人类一样,组织利用各种组织学习机制创造和收集知识。通过数据收集、有计划的测评活动、试错试验、客户和环境反馈,组织获得了经验。通过学习,组织不断调整自己的行为,创新业务流程和改变管理决策模式。这个变革的过程被称为**组织学习**(organizational learning)。我们有理由相信,能够迅速感知和响应环境变化的组织才能基业长青。

11.1.2 知识管理价值链

知识管理(knowledge management)是指组织为创建、存储、转换和应用知识而开发的业务过程的集合。知识管理提高了组织从环境中学习并把学习的知识融入业务过程中的能力。图 11-2 显示了在知识管理价值链中产生价值的 5 个步骤。在把原始数据和信息转化为有用的知识的过程中,知识管理价值链中的每一个步骤都发挥了相应的作用。

图 11-2 涵盖了信息系统活动、相关管理和组织活动,其中信息系统活动在图的上半部分,管理和组织活动在图的下半部分。这张图也体现了知识管理领域中的一句流行说法:"有效的知识管理活动,80% 是管理和组织,20% 是技术。"

在第 1 章中,我们把**组织和管理资本**(organizational and management capital)定义为了确保从信息系统投资中获得价值所需的一组业务流程、文化和行为。在知识管理中,和信息系统的投资一样,必须有相配套的企业价值、结构和行为模式,才能确保知识管理项目的投资回报最大化。在图 11-2 中,下半部分的"管理和组织活动"一栏列示了为从信息技术投资和系统中(图中上半部分所示)获得实质性回报所需的组织资本。

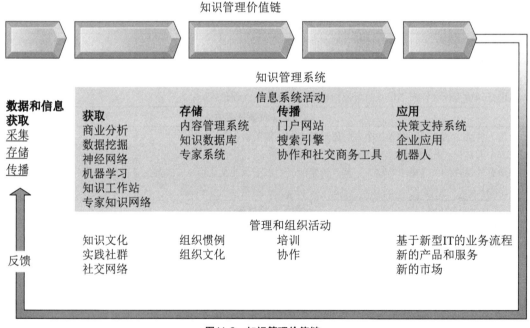

图11-2 知识管理价值链

注:当今的知识管理既涉及信息系统活动,也涉及许多管理和组织支持的活动。

1. 知识获取

组织获取知识的方式有许多种,采用哪种方式取决于组织需要获取的知识类型。早期开发的知识管理系统的目的是要建立一个企业资料库，用以保存各类文档、报告、演示稿和最佳实践的总结等。当前，知识管理系统的内容已经扩展到存储非结构化文档（如电子邮件）。此外，许多组织通过建立在线专家网络的形式来获取知识，这样员工可以找到组织内部掌握相关知识的领域专家。

此外，企业还可以通过机器学习（包括神经网络、基因算法、自然语言处理和其他 AI 技术）的方式来分析企业内部的数据，发现新模式、新知识，工程师可以采用知识工作站的方式来发现新知识。本章将描述这些不同的方式。一个整合的、完善的知识系统需要全面地获取企业内部业务系统的数据，包括销售数据、支付数据、库存数据、与客户相关的数据和其他重要数据，甚至包括一些外部数据源的数据，如新闻动态、行业报告、法律意见书、科研资料和政府统计数据等。

2. 知识存储

我们一旦发现文件、模式和专家规则等这些新知识，就必须将它们存储起来，以便员工能检索和使用。知识存储通常需要创建一个数据库。文件管理系统主要是用来存储和管理各类文档的大型数据库，其中每个文档是带有标签、可被索引的数字文档。专家系统主要是用来帮助企业保存专家知识的系统，其中也融入了组织的流程和文化。对于这里讨论的知识，在本章及下一章还要详细阐述。

企业的高层管理者必须支持并有计划地开发知识储存系统，包括文献检索系统，鼓励建立全企业范围内的制度，并奖励那些投入精力更新和储存文件的员工。例如，奖励那些向企业的客户数据库中提交潜在客户名单的销售人员，这样企业里的所有人员都可以及时了解这些潜在客户及其相应的信息和知识。

3. 知识传播

门户网站、电子邮件、即时信息、维基网站、社会化商务工具和搜索引擎技术等已经成为知识传播中的新工具，这些工具可以用于分享日程、文件、数据表等（见第 2 章）。当前，信息技术已经引发了信息和知识的爆发式增长，管理者和员工如何在信息和知识的海洋中发现对他们的决策与工作真正有用的内容？培训计划、非正式的网络沟通和可共享的管理经验能帮助管理者将其精力专注于重要的事情上。

4. 知识应用

不管知识管理系统是什么类型的，如果它不能共享知识，不能支持企业和管理者应用知识解决面对的实际问题，那么它就不能增加企业价值。为实现投资回报，组织的知识必须成为管理决策过程的重要组成部分且内嵌入决策系统中（见第 12 章）。并最终使新知识及时嵌入企业的业务流程和关键应用系统中，包括内部关键业务流程和客户、供应商关系管理的企业应用系统中。企业通过新的知识可以创造新的业务实践、新产品和服务以及新市场。

5. 创造组织和管理资本：合作、实践社群和办公环境

除了前面叙述的活动，管理者还可通过设立新的组织岗位和责任来促进组织获取知识，包括设立**首席知识官**（chief knowledge officer，CKO）、专职知识管理的人员（知识经理）和实践社群。**实践社群**（communities of practice，COPs）是由企业内外具有相似工作任务和兴趣的专家、员工组成的非正式社交网络。实践社群的功能包括自主学习和群体教育、专业讨论会、在线消息、常规经验和技术分享等，这些功能有助于解决在工作中碰到的特殊问题。IBM、美国联邦高速公路管理局和世界银行等许多组织基于合作和沟通软件系统，创建了数以千计的在线实践社群。

实践社群使知识的再利用变得更容易，它可以帮助社区成员获得有用的文档、存储文件和为

用户提供需要的信息，每一个社区成员均贡献内容，参与讨论，是社区的推动者。对新加入的员工而言，实践社群可以提供相关主题的专家信息，访问社群已存储的关于方法和工具的相关资料，以缩短学习历程。最后，实践社群可作为一个孵化新思想、新技术和新决策行为的基地。

11.1.3 知识管理系统的类型

知识管理系统的主要类型有：企业级知识管理系统、知识工作系统和智能技术系统。图11-3显示了这三类主要的知识管理系统的应用情况。

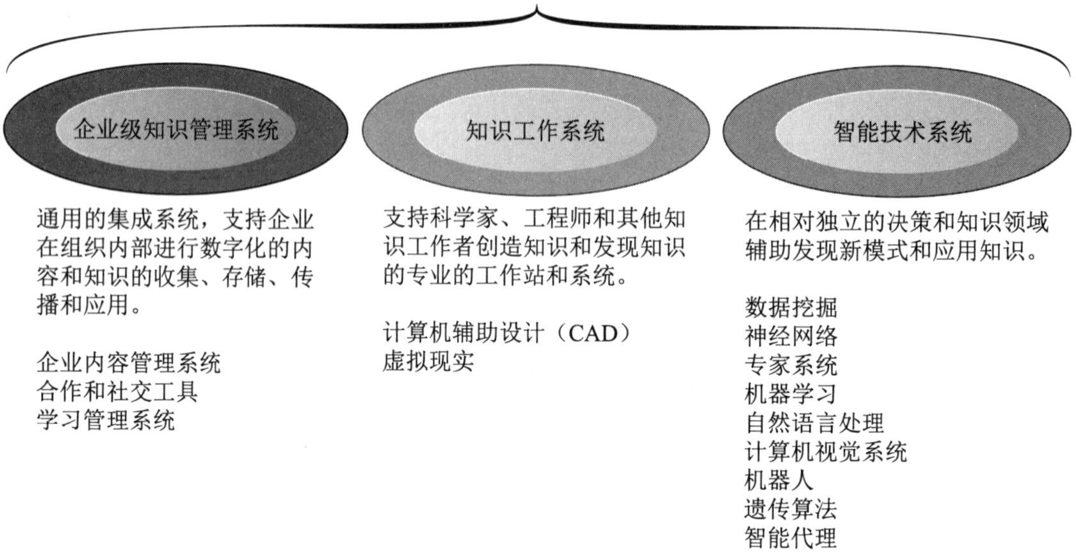

```
企业级知识管理系统          知识工作系统              智能技术系统

通用的集成系统，支持企业    支持科学家、工程师和其他知   在相对独立的决策和知识领域
在组织内部进行数字化的内    识工作者创造知识和发现知识   辅助发现新模式和应用知识。
容和知识的收集、存储、传    的专业的工作站和系统。
播和应用。                                           数据挖掘
                           计算机辅助设计（CAD）       神经网络
企业内容管理系统            虚拟现实                    专家系统
合作和社交工具                                         机器学习
学习管理系统                                           自然语言处理
                                                      计算机视觉系统
                                                      机器人
                                                      遗传算法
                                                      智能代理
```

图11-3 知识管理系统的主要类型

注：上述三类知识管理系统还可再被细分为更多专业性的知识管理系统。

企业级知识管理系统（enterprise-wide knowledge management systems）是一种通用的、应用在企业范围内的知识管理系统，能够帮助收集、储存、传播和使用数字化的内容和知识。通过这类系统能够查询结构化和非结构化的信息，帮助企业识别内部拥有特定领域知识的员工与专家。企业级知识管理系统也包括相关的技术系统，如门户网站、搜索引擎、合作和社会化的商业工具、学习管理系统等。

知识工作系统（knowledge work systems，KWS）是辅助工程师和科学家发现新知识而开发的一种强大的、网络化的工作站与软件，如**计算机辅助设计**（computer-aided design，CAD）、**可视化系统**（visualization）、**仿真系统**（simulation）和**虚拟现实系统**（virtual reality systems）。知识工作系统是为工程师、科学家和其他知识工作者发现和创造新知识而建设的专业系统。我们将在11.4进行详细论述。

知识管理还包括各种**智能技术**（intelligent techniques），如**数据挖掘**（data mining）、**专家系统**（expert systems）、**机器学习**（machine learning）、**神经网络**（neural networks）、**自然语言处理**（natrual language processing）、**计算机视觉系统**（computer vision systems）、**机器人**（robotics）、**遗传算法**（genetic algorithms）和**智能代理技术**（intelligent agents）等。这些技术有各不相同的应用目的，如发现知识（数据挖掘和神经网络）、用计算机程序提取表达成规则的知识（专家系统）、求解问题的最优解法（遗传算法）等。我们将在11.2做详细论述。

11.2 什么是 AI 和机器学习？企业如何利用 AI？

"智能"技术通常被描述为**人工智能**（artificial intelligence，AI）。AI 有很多定义，其中最具雄略眼光的是：AI 是建立像人类一样思考和行动的计算机系统，包括像人类能看到、听到并用自然语言交流、作出决定、为未来计划、实现目标、感知环境中的模式以及学习等，甚至包括像人类有爱和恨，可以选择想要追求的目标等。这些都是所谓"人类智能""常识"或广义智能的基础。

到目前为止，AI 的"宏伟愿景"仍然是一个遥远的梦想：没有一个计算机程序能够证实人类的普遍智慧或常识。人类智能远比最复杂的计算机程序要复杂得多，它涵盖的活动范围比目前"智能"计算机系统和设备所能达到的范围更广。

对 AI 的狭义定义会更现实、也会更有用。除去所有夸张的内容，AI 程序就像所有的计算机程序一样，从环境中获取数据输入，处理这些数据，并产生输出。AI 程序不同于传统的软件程序之处在于它们使用输入和处理数据的技能和技术不同。如今的 AI 系统可以完成许多人类不可能完成的任务，可以在诸如诊断 CT 扫描结果、识别人脸和声音、下围棋之类的游戏或在某些定义明确的任务中击败人类专家，在这些方面可以与人类相媲美或接近。而在许多行业中，AI 也正在改变企业的经营方式、员工的就业地点和工作方式。

11.2.1 AI 的演化

在过去的 10 年里，AI 在某些领域内取得了重大的进展。推动 AI 快速发展的首要力量是互联网、电子商务、物联网和社交媒体产生的大数据；其次也包括计算机处理成本的大幅降低和处理器能力的提升；最后 AI 的发展依赖于数以万计的人工智能软件工程师和大学 AI 研究中心对算法的改进，以及企业和政府的大量投资。而在这一时期，AI 在概念上几乎没有突破，也没有在理解人类如何思考方面取得突破。许多算法和统计技术早在几十年前就已经开发出来了，但仍无法在目前可能的范围内进行大规模地实现和改进。

尽管如此，AI 已取得了重大进展：2018 年，图像识别程序的错误率从 25% 下降到小于 3%；自然语言语音识别错误率从 15% 下降到 6%；在通用语言之间的翻译方面，与人类相比，谷歌的翻译程序实现了约 85% 的准确率（Technology Quarterly, 2017；Hirschberg 和 Manning，2016）。这些进步使得 Siri（苹果）、Alexa（亚马逊）、Cortana（微软）和 Now（谷歌）等个人助理成为可能，也可以用于汽车内的语音激活系统。

在 1950 年的一篇著名论文中，计算机科学家艾伦·图灵（Alan Turing）将人工智能计算机程序定义为一个人类可以与之交谈而无法辨别它是计算机的程序（Turing，1950）。至今我们仍然无法与计算机人工智能系统进行真正的对话，因为它对世界还没有真正的理解，也没有常识，也没有真正了解人类。然而，人工智能系统对今天的人类和商业企业都有很大的帮助。

11.2.2 AI 的主要类型

从本质上讲，AI 是一系列编程的技巧和技术，每一种技术在特定应用领域具有优势。表 11-2 描述了 AI 的主要类型：专家系统、机器学习、神经网络、深度学习、遗传算法、自然语言处理、计算机视觉系统、机器人和智能代理等。下面详细介绍每种类型的 AI，了解它是如何被企业和其他组织使用的。

表 11-2 AI 技术的主要类型

专家系统	将专家的知识表示为一组可以程序化的规则，以便计算机可以帮助决策者
机器学习	不需要计算机软件编程，可以在大型数据库中识别模式的软件，但需要大量的人工训练
神经网络和深度学习	神经网络是基于人类神经元行为特征，根据输入的数据将对象分类为已知的类别的算法。深度学习使用多层神经网络来揭示数据中的潜在模式的算法，在某些情况下，无需人工训练就可识别模式
遗传算法	遗传算法是基于自然选择和变异进化过程的计算方案，通常用于优化和搜索问题的高质量解决方案
自然语言处理	使计算机能够理解和分析人类自然语言的算法
计算机视觉系统	可以从真实图像中提取信息并识别图像的系统
机器人	使用可以代替人类活动的机器以及计算机系统来控制和处理信息
智能代理	使用内置或已有的知识为执行特定任务或服务的软件代理

11.2.3 专家系统

专家系统（expert systems）的开发始于 20 世纪 70 年代，是人工智能在商业和其他组织中的第一次大规模应用。据估计，专家系统在今天所有 AI 系统中大约占 20%。通过深入访谈获取组织中某些专家的知识，专家系统是指将这些知识表示为一组规则，以 IF-THEN 规则的形式转换成计算机代码的系统。专家系统通常应用于 App，以引导用户完成决策过程。

专家系统提供的好处包括：改进决策、减少错误、降低成本、缩短培训时间、提高质量和服务等。它们已经被用于申请贷款决策和诊断设备问题，以及医疗诊断、法律研究、土木工程、建筑维护、建筑规划和教育技术（个性化学习和响应测试）等（Maor, 2003; Mishra, 2016）。例如，如果你是一栋 14 层办公楼的项目经理，负责大楼空调系统的配置任务，这个系统有数百个零部件和配件，专家系统可以通过询问一系列的问题，引导你完成整个过程，向供应商发出订单，并提供一个项目的总体成本估算，所有这些只需在几个小时而不是几个星期内完成。信贷发放的专家系统中的规划如图 11-4 所示。

专家系统如何工作

专家系统将人类知识描述为一组规则，这些规则统称为知识库。根据决策问题的复杂性，一个专家系统可以有几条到数千条的规则。用于搜索规则并得出结论的策略称之为推理机（inference engine）。推理机的工作原理是搜索规则，并根据用户收集和输入的事实来触发相应的规则。

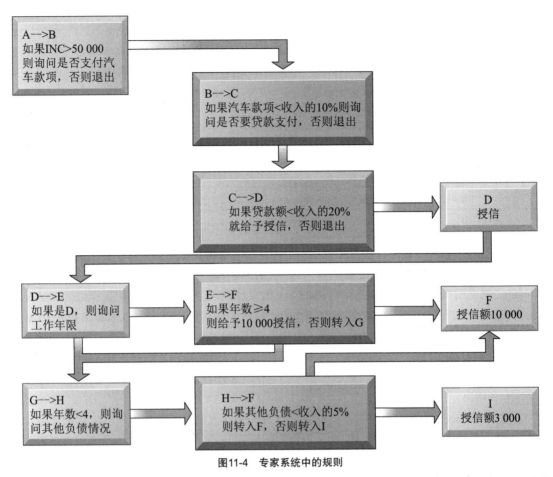

图11-4 专家系统中的规则

注：专家系统包含许多需要遵循的规则。规则是相互关联的，数量是预先知道的，并且是有限的，同一个结果有多个路径，系统可以一次考虑多个规则。图11-4给出了一个简单的信贷专家系统的规则。

专家系统有许多局限性，其中最重要的是，即使是专家也无法表述清楚他们是如何作出决定的；也就是说专家们知道的比他们说的还要多。例如，人们会开车，但无法说清楚他们是怎么做到的。当规则数量达到数千条时，专家系统的知识库会变得混乱。在快速变化的环境中，比如医学诊断，其规则会发生变化，需要不断更新。专家系统在处理管理者和员工通常遇到的非结构化问题时不起作用，也无法使用实时数据来指导他们的决策。专家系统还不能很好地适应由互联网和物联网产生的非常大的数据集的情况，而且这类专家系统的开发成本很高。由于这些原因，在过去的10年里，专家系统的发展已经放缓，仅限于专家知识的某个小领域，如汽车故障诊断。

11.2.4 机器学习

如今，超过75%的AI开发涉及某种**机器学习**（machine learning，ML），包括神经网络、遗传算法和深度学习网络等，主要集中在隐含于数据中的模式识别和分类。机器学习是一种完全不同于专家系统的AI范式，其中没有专家，也不需要反映专家理解的规则来编写计算机代码。相反，机器学习从数千万到数亿条数据记录的非常大的数据集中学习，并通过分析大量的训练集和进行统计推断来自动查找模式和关系。表11-3提供了一些领先的商业企业如何使用各种类型的机器学习的例子。

表 11-3 机器学习的例子

WellsFargo	Aiera 系统每天读取和分析 1 600 只股票的 50 万份文档，然后生成 550 只股票的买入和卖出指令，供财富管理部门处理
Allstate 保险	Amelia 系统利用深度学习和自然语言处理帮助呼叫中心的员工处理客户咨询。它接受过 40 个保险业务领域的训练，能理解上下文背景，并从实践中学习
Netflix	使用统计和机器学习基于视频相似性算法的推荐系统，为其全球 1.25 亿用户提供个性化的视频推荐
亚马逊	使用机器学习和语音识别作为其智能语音控制的个人助理
迅达集团	使用通用电气的 Predix 操作系统和机器学习监控超过 100 万部电梯和走道，并预测所需的维护
Paypal	使用机器学习算法识别 1.7 亿客户每年产生的 40 亿笔交易中的欺诈模式

在美国，Facebook 每月有超过 2 亿用户，他们平均每天在网站上花 35 分钟。Facebook 每月向这些观众展示大约 10 亿条广告，并在不到一秒钟的时间内决定向某个用户展示哪些广告。对于每个用户来说，Facebook 的决定都是基于用户之前的行为，包括用户共享的信息（帖子、评论和点赞）、社交网络朋友的活动、提供给 Facebook 的背景信息（年龄、性别、位置和使用的设备）、广告商提供的信息（电子邮件地址和先前购买的产品），以及 Facebook 可以追踪到的 Apps 和其他网站上的用户活动。Facebook 使用机器学习来识别用户的行为模式，并根据识别出的用户行为模式来估计用户点击特定广告的概率。分析人士估计，Facebook 至少使用了 10 万台服务器，这些服务器位于几个非常大规模的"超级数据中心"中。上述过程的最后才是一个简单的展示/不展示广告的结果。

目前，Facebook 广告的响应率（点击率）约为 0.1%，大约是无目标性展示广告的 4 倍，尽管不如有针对性的电子邮件广告（约 3%）或谷歌搜索广告（约 2%）那么高。所有的大型消费互联网企业，包括亚马逊、谷歌、微软、阿里巴巴、腾讯、Netflix 和百度，都使用类似的机器学习的算法。显然，如此庞大的数据库规模、事务处理的速度或实时工作的复杂性，若没有机器学习，没有人或一群人能够实现这些结果。再举个简单的例子来说明机器学习的好处：它可以在几秒钟内识别数百万人的模式，并将某个人分类到某个类别中。

有监督和无监督学习

如今，几乎所有的机器学习都是**有监督学习**（supervised learning），在这种学习中，系统接受人们预先确定的输入，然后输出的特定的结果来"训练"。首先需要有一个非常大的数据库，如在互联网上采集到的一千万张照片，然后分成两个部分，一部分是用于机器学习的训练集，另一部分是用于测试训练结果的测试集。人们选择一个目标，比如说识别汽车图片。人们将大量经过验证的图片输入到神经网络（如下所述）的系统中，神经网络系统基于训练集进行数百万个周期的迭代，直到系统最终能够识别出汽车的照片。然后使用测试数据库，对机器学习系统进行测试，确保算法在不同的图片上都能获得相同的结果。在很多情况下，机器学习可以接近或等于人类的努力，但处理规模却要大得多。随着时间的推移，随着系统及参数的调整、训练集数据库变得更大，使用越来越大的计算系统，系统会提高性能。监督学习是一种用于开发自动驾驶车辆的技术，这种车辆需要能够识别周围的物体，如人、其他汽车、建筑物和人行道上的线路等（见篇尾"案例研究"部分）。

在**无监督学习**（unsupervised learning）中，人们不会给系统提供训练集相反，系统基于某个程序，对数据集进行处理，并报告它发现的任何模式。例如，在一项经常被称为"猫论文"的开创性研究工作中,研究人员从视频中收集了1 000万张YouTube照片,并构建了一个机器学习系统,该系统可以检测人脸,而无须为机器添加标签,也无须使用经过验证的人脸照片对机器进行"教学"(Le等人,2011)。研究人员开发了一个由谷歌提供的1 000台机器和16 000个核心处理器组成的强大的神经网络计算机系统,这些系统处理器之间总共有10亿个连接,形成了一个非常大的网络,构建了一个模仿人脑的神经元和突触(连接)的系统。该系统可以检测照片中的人脸、猫脸和人的身体,在ImageNet(一个大型的在线视觉数据库)上对22 000幅物体图像进行测试,获得了16%的准确率。从原理上讲,创造机器学习系统是可能的,这种系统可以在没有人为干预的情况下"自学"关于世界的知识。但是,这还有很长的路要走:我们不想使用准确率只有16%的自动驾驶汽车,尽管自动驾驶研究还是比以前的研究提高了75%的准确率。

一个一岁大的婴儿可以识别出脸、猫、桌子、门、窗和其他数百个接触过的物体,并不断地将找到的新经验进行分类,以备将来进行识别。但是比起我们最大的机器学习研究系统,婴儿仍有着巨大的优势。据估计,成人大脑有840亿个神经元,每个神经元与其他神经元(突触)的连接超过10 000个,一个大脑的连接总数超过1万亿。现代智人(按自然规律)已经进化了大约30万年,而他们的前辈也有250万年的历史。由此可见,当今的机器学习适用情况仍非常有限,还需要非常大的数据库和计算设施,需要大量的由人类来定义的训练集,并且需要由大量的软件和系统工程师解决这个问题。

11.2.5 神经网络

神经网络是由被称为神经元的、相互连接的单元组成。系统中的每一个神经元从其他神经元那里获得数据,经过处理后将数据传送给其他神经元。人工神经元不是人脑中的生物物理实体,而是模仿神经元输入输出功能的软件程序和数学模型。研究人员可以使用某种学习规则来控制神经元之间连接的强度(权重),以产生最终期望的输出,如识别癌症肿瘤的图片、欺诈性信用卡交易或者可疑的电话通话模式等。

神经网络(neural networks)可以在大量的数据中发现模式和关系,这些数据对于人脑处理来说是非常复杂和困难的,但是可以使用机器学习的算法和计算模型,这些算法和模型是基于人类的生物大脑是如何运作的模式开发的。神经网络是一种**模式检测程序**(pattern detection programs),通过学习模式从大量的数据中筛选数据,并通过成千上万个神经元网络找到学习的路径。有些路径在识别汽车、动物、面孔和声音等物体的能力上比其他路径成功率更高。然后通过某种算法(上面提到的学习规则)识别这些成功的路径,并加强这些路径中神经元之间的联系。这个过程要重复数千或数百万次,直到最成功的途径被识别出来为止。学习规则通过数据确定最佳的或可选的路径。在某种程度上,对数百万条路径进行分析后,当模式识别达到可接受的水平时,这个过程就停止了,就如像人一样成功地识别出癌症肿瘤,甚至比人类识别得更好。

图11-5是一种神经网络的简化示例,包括输入层、处理层和输出层。人类通过给网络输入一组希望机器学习的结果来训练。例如,如果目标是要建立一个能够识别欺诈性信用卡购买模式的系统,那么系统将使用欺诈交易的实际例子进行训练,数据集可能由100万个欺诈交易的案例组成,分为两部分:训练数据集和测试数据集。训练数据集用于训练系统,经过数百万次的运行后,系统有望找到识别欺诈交易的最佳路径。为了验证系统的准确性,将用测试数据集来测试系统,测试数据集是系统之前没有用过的。如果系统测试成功,系统还将在新的数据集上进行测试。图11-5中所示的神经网络表明了如何识别可能的欺诈性信用卡购买行为的概貌。

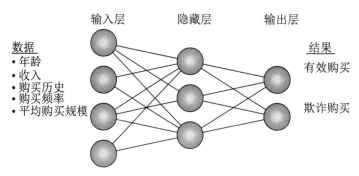

图11-5 神经网络如何工作

注：神经网络使用它从数据模式中"学习"的规则来构造逻辑的隐藏层。隐藏层处理输入，根据模型的经验进行分类。在这个例子中，神经网络被训练来区分有效的购买和欺诈的信用卡购买。

神经网络在医学、科学和商业中的应用主要是用来解决模式分类、预测、控制和优化方面的问题。在医学上，神经网络被用来筛选冠心病患者，诊断癫痫和阿尔茨海默病，以及对病理图像（包括某些癌症）进行模式识别等。金融业使用神经网络来识别大量数据中的模式，这些数据可能用于预测投资企业的股票表现、债券评级或破产等。Visa 国际信用卡公司使用一个神经网络来监控所有的 Visa 交易，包括发现持卡人购买模式的突然变化，帮助检测信用卡欺诈行为等。表 11-4 提供了神经网络的应用例子。

表 11-4 神经网络的应用例子

功 能	输 入	处 理	输出 / 应用场景
计算机视觉	几百万张数字照片、视频或感应器	识别照片和物体的模式	照片标签、人脸识别和自动驾驶
语音识别	数字声音	识别声音和演讲中的模式和语义	数字化助理、聊天机器人和帮助中心
机器控制、诊断	物联网：数千个传感器	识别操作状态、失败模式	预测性维修、质量控制
语言翻译	不同语言的大量句子	识别不同语言的模式	将句子从一种语言翻译成另一种语言
交易分析	大量的贷款申请、股票交易和电话录音	识别金融和其他交易中的模式	欺诈控制、偷盗服务和股票市场预测
定位在线广告	大量的浏览历史	识别消费者和偏好的线索	程序化广告

1. "深度学习"神经网络

"深度学习"神经网络更为复杂，通过对输入数据的多层转换产生目标输出。神经元的集合称为节点或层。深度学习网络目前还处于初级阶段，在几乎完全基于未标记的数据集，在不被告知具体要识别什么的情况下，仅仅让系统自己去发现数据中的模式。这个系统是自学的，如图11-6 所示。

例如，在之前的无监督学习示例中有一个机器学习系统，该系统无须训练即可识别猫（"猫论文"）和其他对象，使用的系统就是一个深度学习网络。它由三层神经网络组成（第1层、第2层和第3层），每一层都有两个级别的模式检测（第1级和第2级）。每一层的开发都是为了识别照片的某个低级特征：第一层识别出照片中的线条，第二层识别出圆圈。第一层的结果可能是斑点和模糊边缘，第二层和第三层对从第一层出现的图像进行细化，直到系统可以区分出猫、狗和人类为止，尽管目前这种识别的结果还不是太好，准确率仅为16%。

许多专家认为，深度学习网络更接近AI的"宏伟愿景"，即机器学习系统能够像人类一样学习。但是，在机器学习和深度学习领域工作的人更为关键（Marcus，2018；Pearl 2016）。

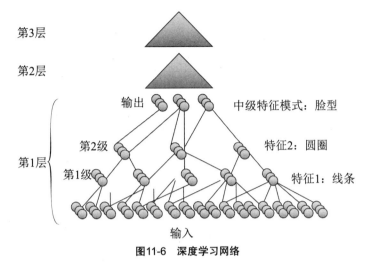

图11-6 深度学习网络

注：深度学习网络由多层神经网络组成，以分层的方式检测模式。这里显示的是第1层的放大视图，其他层具有相同的结构。

2. 神经网络和机器学习的局限

目前，神经网络有许多局限性，它们需要非常大的数据集来识别模式。很多情况下，某个庞大数据集中隐含的许多模式是没有意义的，需要人来选择哪些模式是"有意义"的。有些大数据集隐含的很多模式可能是短暂的，如股票市场与专业运动队的表现可能存在某种相关性，但不会持续太久。而在很多重大的决策情况下是没有大数据集可用的，如你是应该申请A学院还是B学院？我们应该和另一家企业合并吗？

神经网络、机器学习系统以及使用它们的人无法解释系统是如何得出结果的。例如，在IBM的Watson计算机玩Jeopardy游戏的案例中，研究人员无法确切地说出Watson为什么会选择这样的答案，只知道这个答案是对还是错。在许多商业领域机器学习应用都把对象简单当作二元变量来处理（是或否；0或1），但是管理者、企业和组织面临的许多重大问题并不是二元解决方案。如果神经网络训练的数据太少或太多，它们的性能都可能不好。而且，AI系统没有道德感，也就是说它们可能会推荐非法或不道德的行为。因此在当前大多数的应用中，AI系统最好被用作较低层次决策的工具，帮助管理者而不是代替管理者。

11.2.6 遗传算法

遗传算法（genetic algorithms）是机器学习的另一种形式。遗传算法用于某个问题存在大量可行解的场景，帮助找到这个问题的最优解。该技术灵感来源于生物演进过程，如遗传、变异、选择和转化（重组）。

遗传算法的工作原理是搜索随机生成的二进制数字串，发现问题最佳可能解的正确字符串；随着解的改变和组合，最坏的解被丢弃，较好的解保存下来，从而产生最优的解。

在图11-7中，每个字符串代表问题中的一个变量。先用一个拟合度测试，将这组字符串根据其作为可行解的可信程度进行排序。在初步的拟合评价完成后，算法产生下一代拟合度较好的字符串，匹配之前变异产生的新串，然后再测试新字符串的拟合度，直至达到最优解。

遗传算法用来解决具有高度动态性和复杂性的问题，这类问题可能包含成百上千个变量或程式，通常有这样的特征：可行解的范围可用基因方式来表示，并且评价拟合度的标准是可以建立的。这样，遗传算法就能加速求解，因为它们能很快地评估许多不同的解去找到最优的那个解。例如，通用电气的工程师们利用遗传算法来帮助优化喷气涡轮飞机发动机的设计，每个设计修改可达 100 个变量。JDA 公司的 SCM 软件用遗传算法产生最优的生产调度模型，组合了成百上千个客户订单的细节、材料和资源的可用性、制造和分销的能力以及配送日期等。

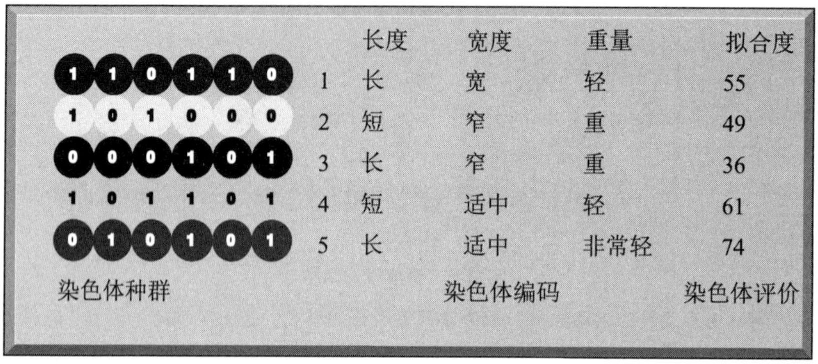

		长度	宽度	重量	拟合度
110110	1	长	宽	轻	55
101000	2	短	窄	重	49
000001	3	长	窄	重	36
101101	4	短	适中	轻	61
010101	5	长	适中	非常轻	74
染色体种群		染色体编码			染色体评价

图11-7　遗传算法的组成

注：这个例子说明了一个初始"染色体"种群，每一个字符串代表了不同的解。遗传算法使用一套迭代过程来改善最初解，从而获得更好的解，那些具有更高拟合度的，更有可能产生最优解。

11.2.7　自然语言处理、计算机视觉系统和机器人

其他重要的 AI 技术包括自然语言处理、计算机视觉系统和机器人。

1. 自然语言处理

人类的语言并不总是精确的，通常是模糊的，其词义可能依赖于复杂的情景，如俚语、方言和社会背景等。**自然语言处理**（natural language processing，NLP）是指使计算机能够理解和分析人类使用的自然语言，而不是专门的计算机能理解的语言。NLP 算法通常基于机器学习，包括深度学习，它可以从许多案例中学习如何识别说话人的意图。开篇案例中描述的 Akershus 大学医院，使用 NLP 和 IBM Watson 浏览器筛选数千份医疗记录，其中包含用日常语言（如自然语言）表达的非结构化文本数据。这些算法可以读取病历上的文本并解释其含义。你还可以看到自然语言处理在领先的搜索引擎中的应用，如谷歌、垃圾邮件过滤系统、文本挖掘情感分析等（见第 6 章）。

东京瑞穗银行采用先进的语音识别技术、IBM Watson 内容分析软件和云服务基础设施，来改善客服中心的客服人员与客户之间的互动。在将客户的语音转换为文本数据后，该解决方案应用基于机器学习的自然语言处理算法，分析与数千个客户的交互过程，并从每一次客户交互中学习到越来越多的信息，最终在对话的每一点上推断出客户的具体需求或目标。在此基础上，该系统制定出最佳响应方案，并在客服人员的屏幕上实时传递提示。该系统通过帮助客服中心的客服人员可以更有效地感知和响应客户需求，将客户交互的平均持续时间缩短了 6% 以上（IBM，2018 年）。

2. 计算机视觉系统

计算机视觉系统（computer vision systems）研究的是计算机如何模拟人类视觉系统，从真实世界的图像中查看和提取信息。这种系统包括图像处理、模式识别和图像理解。Facebook 的面部识别工具 DeepFace 就是一个例子，它在识别人脸时几乎和人脑一样准确。DeepFace 帮助 Facebook 提高了现有面部识别能力的准确性，确保 Facebook 用户的每张照片都与该用户的账户相连接。计算机视觉系统也用于无人驾驶飞机和自动驾驶汽车（见章尾案例）、工业机器视觉系统（如检查瓶子）、军事应用和机器人工具等场景。

2017 年，美国国家篮球协会（NBA）决定允许赞助商在球员制服上贴上代表自己品牌的小标志。这项广告投资的结果证明，数百万美元的成本是值得的。据专注于计算机视觉技术的 AI 公司 GumGum 称，固特异轮胎橡胶公司（Goodyear Tire&Rubber Co.）在克利夫兰骑士队（Cleveland Cavaliers）队服上的形象，仅在棒球赛季上半段时间通过社交媒体曝光，就创造了 340 万美元的价值。GumGum 开发了一些算法，使计算机能够识别图像中发生的事情。GumGum 利用计算机视觉技术对广播和社交媒体内容进行全面分析，包括在线或电视转播 NBA 内容中出现的固特异图像的位置、曝光和持续时间。GumGum 的视觉技术追踪并报告这些数据，而不是人们在监测屏幕上出现标志的次数（Albertson，2018）。

3. 机器人

机器人（robotics）研究的是可移动机器的设计、构造、操作和使用，这些机器可以代替人类以及计算机系统进行控制、感官反馈和信息处理。机器人不能完全代替人，而是通过计算机程序自动执行一系列所需的动作。它们通常用于危险环境（如炸弹检测和解除激活）、制造过程、军事行动（无人机）和医疗程序（外科机器人）等。如今，许多员工担心机器人是否会取代人们并夺走他们的工作（见第 4 章"互动讨论：组织"部分）。

机器人应用最广泛的是制造业。例如，汽车装配线使用机器人来完成重物搬运、焊接、涂胶和喷漆等工作，当然，大多数汽车装配的工作仍需要人来完成，尤其是安装一些小的部件，或者需要引导到确定位置的电线等。法国克莱恩的雷诺汽车公司（Renault SA）的一家工厂，现在使用丹麦 Universal Robots AS 的机器人将螺丝拧入发动机，尤其是那些进到人们难以接近的地方。机器人会验证零件是否正确紧固，并检查确保使用正确的零件。雷诺的机器人还能够在接近人时方减速或停车以避免伤害人类。

11.2.8 智能代理

智能代理（intelligent agents）是指没有人工干预的软件程序，一般为个人用户、业务流程或软件应用执行特定的任务。智能代理基于一些知识库去代用户完成某些任务或作出决策，如删除垃圾邮件、日程安排或浏览互联网找到去加州最便宜的机票等。

现今的操作系统、应用软件、电子邮件、移动计算软件和网络工具中已经有许多智能代理应用。其中，企业最感兴趣的是可以在互联网上搜索信息的智能代理机器人。第 7 章描述了智能代理采购机器人帮助客户找到他们需要的产品，并帮助他们比较价格和其他属性。

尽管某些智能代理被设定成遵循一套简单的规则，而更多的智能代理利用机器学习和自然语言处理技术能够从经验中学习，不断自动调整他们的行为。Siri 是苹果 iPhone 和 iPad 上推出的一个助理应用。Siri 利用自然语言处理回答问题、提供建议和执行操作。通过一段时间的训练，这个软件能够适应用户的个人喜好，并给出个性化的结果，能够执行诸如导航、日程安排和发送消息等任务。谷歌的 Now、微软的 Cortana 以及亚马逊的 Alexa 等，都是具有类似功能的产品。

聊天机器人（chatbots）是模拟与一个或多个人类用户，通过文本或听觉方式进行对话的软件。它往往是通过回答问题或执行某些任务来理解你所输入或说出的答案。聊天机器人提供了自动对话功能，允许用户做一些诸如询问天气、管理个人财务、网上购物以及其他帮助等。跨国电信企业沃达丰（Vodafone）每月用聊天机器人回答客户 80 000 个问题，减少了 75% 的客户呼叫量。沃达丰员工使用聊天机器人来获取准确的、最新的产品和服务信息。Facebook 已将聊天机器人集成到 Messenger 信息应用中，以便拥有 Facebook 品牌页面的外部企业可以通过聊天程序与 Facebook 用户进行互动。今天的聊天机器人执行非常基本的功能，但未来会变得更加先进。

宝洁（P&G）使用智能代理技术使供应链更加高效（见图 11-8）。它将一个复杂的供应链设置为由一组半自治的代理，组成的系统，每一个代理代表供应链上某个组件，如生产设施、分销商和零售店。每个代理的行为被编程为遵循实际行为的规则，如"若个产品缺货时就下订单"。企业使用代理技术可以应用于库存水平、店内缺货水平和运输成本进行 what-if 分析。

通过使用智能代理模型，宝洁发现卡车不一定非要装满才发车，虽然由于少装货运成本会更高，但模拟显示零售商店缺货的情况会减少，从而减少销售的损失，这一收入足以弥补部分分销成本。基于代理的建模分析每年为宝洁可节省 3 亿美元，投资建立智能代理的费用却不到节省额的 1%。

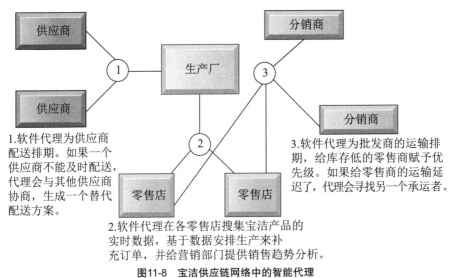

图11-8 宝洁供应链网络中的智能代理

注：智能代理帮助宝洁产品（如汰渍洗衣粉）缩短补货周期。

11.3 企业级知识管理系统有哪些类型？它们如何为企业创造价值？

企业内部至少存在 3 种类型的知识。有些知识存在于企业的结构化文本文件中，如报告和演示稿等。决策者在作出决策时还需要半结构化的知识，如电子邮件、语音邮件、聊天室的交流信息、视频、数字化的图片、宣传手册以及公告栏公布的信息等。此外，还有一种类型的知识是没有任何正式存储的形式和数字载体，只是驻留在员工的头脑中，这种知识称之为隐性知识，很难被记录下来。总体而言，企业级的知识管理系统主要包括了以上论述的 3 种类型的知识。

11.3.1 企业内容管理系统

今天，企业需要组织并管理结构化和半结构化两种知识资产。**结构化知识**（structured knowledge）是显性知识，存在于正式的文件以及组织通过观察专家和他们的决策行为而推断出的正式规则中。但是，根据专家估算，一个组织中至少有 80% 的业务知识内容是以半结构化和非结构化的形式创建的，并被保存在不同形式的载体中，包括文档、信息、消息、备忘录、建议书、电子邮件、图表、电子演示稿，甚至是视频等。

企业内容管理系统（enterprise content management systems）帮助企业管理半结构化信息和非结构化信息。企业内容管理系统的功能就是获取、存储、检索、传播和保存这些信息，帮助企业改进业务流程和决策过程。这种类型的系统能够存储文件、报告、电子演示稿和企业的最佳实践，也具备收集与组织半结构化知识（如电子邮件）的能力，如图 11-9 所示。主流的企业内容管理系统也支持用户访问企业外部的信息资源，如支持订阅新闻和推送研究报告，以及通过电子邮件、聊天、即时信息、讨论组和视频会议等方式进行沟通。企业也开始综合运用博客、维基百科和其他社会化网络工具进行交流和沟通。Open Text、EMC（Documentum）、IBM 和 Oracle 都是全球领先的企业内容管理软件提供商。

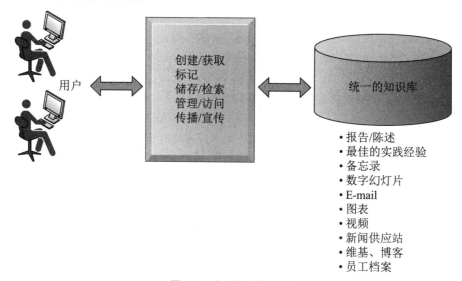

图11-9　企业内容管理系统

注：企业内容管理系统具有分类组织、管理结构化和半结构化知识，并使其在整个企业中使用的功能。

知识管理的关键在于如何创建一个合适的分类模式或**类目**（taxonomy），以便把组织中的信息划分到有意义的类目中，从而容易被访问。一旦建立了知识类目，每一个知识都需要用标签"标记"，或者被分类，这样知识就易于被检索。企业内容管理系统具有"标记"功能，能和企业存储文件的数据库建立接口，支持企业创建统一的知识门户网站，以便员工能够一站式访问企业的信息资源。

某些特殊行业的企业，如出版业、广告业、广播和娱乐行业的企业对存储非结构化数字资料，包括相片、图像、录影和录音内容等有特殊要求。例如，可口可乐必须保存所有可口可乐品牌形象的影像，包括过去在世界各地的企业办公室创建的品牌形象，以防止工作重复和品牌形象的变异。**数字资产管理系统**（digital asset management systems）可以帮助企业对这些数字资源进行分类、存储和传播。

11.3.2 定位和分享专业知识

某些企业需要的知识不是数字化文件的形式，而是存在个别专家的头脑中。企业内容管理系统以及第 2 章介绍的合作和社交商务系统具有识别专家知识和挖掘知识的能力。这些系统提供了企业专家的在线目录及个人档案，详细介绍他们的工作经验、所参与的项目、出版物和教育程度，以及专家产生的内容的存储库。这些系统还提供了专门的搜索工具，使员工更容易找到合适的专家。对于企业以外的知识资源，社交网络和社交商务工具使用户能够为感兴趣的网页添加书签，用关键字标记这些书签，并与其他人共享这些标签和网页链接。

11.3.3 学习管理系统

企业需要掌握和管理员工学习的方法，并将其更全面地整合到知识管理和其他企业系统中。**学习管理系统**（learning management system，LMS）提供了各种类型员工学习和培训的管理、交付、跟踪和评估工具。

当代学习管理系统支持多种学习模式，包括 CD-ROM、可下载视频、网络课程、在教室或网上的现场教学以及在线论坛和讨论课程的小组学习等。学习管理系统整合了多媒体培训，实现了课程选择和管理的自动化，整合并发布学习内容，评估学员学习的有效性等。在"互动讨论：管理"部分描述了 Sargent&Lundy 公司如何使用学习管理系统和企业合作系统来加强员工专业知识和学习的分享。

企业可以自己运营学习管理系统，也可通过向公众开放的**大型开放式在线课程**（massive open online courses，MOOC）来培训员工。MOOC 是通过网络向参与者提供的在线课程。公司可以将 MOOC 作为一种提供在线学习的新方式，让学习者相互合作，观看短视频，并参与在线讨论组。微软、AT&T 和 Tenaris 等企业已经开发了自己的 MOOC 课程，而美国银行和高通等其他企业正在采纳与其能力培养相匹配的公开 MOOC 课程。

11.4 知识工作系统有哪些主要类型？它们如何为企业创造价值

前面介绍的企业级知识管理系统可以供企业中绝大部分员工和工作小组使用。企业也有专门为知识工作者提供支持的系统，帮助他们为企业创造新知识，并辅助员工把这些知识与企业的业务有机融合起来。

11.4.1 知识工作者和知识工作

知识工作者（knowledge workers）在第 1 章已经介绍过，知识工作者包括研发人员、设计人员、架构师、科学家和工程师等，他们的主要工作任务就是为组织创造知识。知识工作者通常具有很高的学历，一般都是某些专业领域组织的成员，他们的日常任务就是依据自己的专业知识对某些情况进行独立研判。例如，知识工作者可以创造发明产品，或找到一种方法改进现有产品。知识工作者主要扮演 3 个角色，这些角色对组织和组织的管理者而言非常重要。

- 使组织知识的更新与外界的发展趋势保持一致，具体体现在技术、科学、社会思想和艺术等方面。

- 扮演专业知识领域的顾问，分析正在发生的变革和机遇。
- 充当变革的代理人，评估、发起和推进变革类项目。

11.4.2 知识工作系统的需求

大多数知识工作者的工作非常依赖于办公软件及办公自动化系统，如文字处理软件、电子邮件、视频会议、合作和日程表系统，这些软件可以提高知识工作者的办公效率。然而，知识工作者也需要一些高度定制化的专用知识工作系统，包括具有强大的图形处理、分析工具、沟通和文档管理功能的软件。

这些系统需要足够的计算能力来处理科学研究人员、工程师和产品设计师等知识工作者所需的复杂图形处理或复杂计算。因为知识型员工需要来自外部世界的知识，这些系统还必须使员工能够快速方便地访问外部数据库。它们通常具有友好的用户界面，使用户无须花费大量的时间学习如何使用系统即可执行所需任务。知识型员工的薪水往往很高，浪费知识型员工的时间实在是太贵了。图11-10总结了知识工作系统的需求。

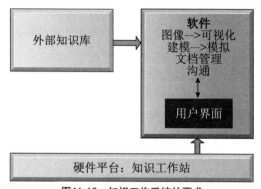

图11-10 知识工作系统的要求

注：知识工作系统需要和外部数据库有紧密的连接，并配置专门的硬件和软件。

互动讨论：管理

Sargent&Lundy 学习如何管理员工知识

Sargent & Lundy 是一家拥有120余年历史，为复杂的发电和输电项目提供全面的工程、项目管理和咨询服务的企业。在其120余年的历史中，该企业在全球范围内设计了958座发电厂。总部位于芝加哥，在加拿大和阿拉伯联合酋长国设有全球办事处。Sargent & Lundy 以其行业知识、工程专业知识和高质量的工作而著称。在2 500名员工中，约有87％是工程师和设计师。

企业以其专家的专业知识和对企业的忠诚度而感到自豪。平均而言，员工的工作年限为15年，许多员工通常会更长。Sargent & Lundy 试图在各种类型的工作中交叉利用员工，因为公司认为员工是最适合这份工作的人。Sargent & Lundy 的学习与发展高级经理迪安娜·迈尔斯（Deanna Myers）的工作致力于确保员工拥有在其整个职业生涯中实现卓越所需的技能、工具和资源。

Sargent & Lundy 的管理层在2010年12月获悉，企业约有一半最有经验的员工(包括工程师、设计师和电源专家)将在2015年退休。当他们离开企业后，他们掌握的重要业务知识也将离开。尽管工程师可以访问企业记录的流程和程序的知识数据库，但专家的隐性知识很难被捕获。

企业很快聘用了一大批新员工来替代退休人员。但是，随着业务拓展至全球，公司制订了雄心勃勃的扩张计划，企业需要找到更好的方法，将经验丰富员工的专业知识（包括隐性知识）转移到无论身在何处的新员工。这就需要对企业的培训学习设施进行集中和更新，以使专家更容易共享行业经验、技能以及隐性知识。

过去，Sargent & Lundy 开发了由教师主导的无固定时间表的课程，这些课程通常与现有培训重叠。通常教师的课程刚结束后，企业可能又聘用了两三个需要接受该课程培训的员工。这意味着确实需要某些指导的一部分员工没有得到及时的指导，也没有针对新员工的内部培训。

企业决定转变学习模式，并基于 SAP SuccessFactors 学习管理系统实施了新的人才管理平台。SAP SuccessFactors 是基于云的人力资本管理（HCM）软件套件。它集成了用于定向和培训新员工的软件、社交业务和合作工具、学习管理系统（learning management system, LMS）、绩效管理、招聘软件、申请人跟踪软件、继任计划、人才管理和人力资源分析等功能，使企业能够管理员工，并更有策略性地提高他们的绩效。SAP SuccessFactors 提供了用于报告和跟踪每个员工发展的详细功能。

Sargent & Lundy 的技术培训团队与企业专家合作，使用 SuccessFactors 开发了针对特定技术的一般培训计划和学习计划，视频和在线课程添加到企业的培训库中，并为特定学科和技术的人员提供个性化的学习计划。例如，从事输电项目的电气工程师的课程和目标与从事核电站的电气工程师的课程和目标并不相同。

Sargent & Lundy 的新员工希望就他们的日常表现进行更多的讨论和反馈，因此企业还实施了 SAP Jam（基于云的社交合作计划）。员工使用 SAP Jam，能够更方便地实时共享知识。

面对面会议仍然是员工交流行业趋势、最佳实践和创新解决方案的主要方式。但是 Sargent & Lundy 员工的地理位置分散，不可能经常见面。因此，企业的知识共享模式必须改变，必须提供更多的知识共享和员工在线对话的新模式。

Sargent & Lundy 的新社交平台设有在线讨论论坛，涵盖了从地震分析到某种类型阀门的所有领域的知识内容。有问题的新员工只需单击几下鼠标，便可以通过 SAP Jam 与专家建立联系。内部专家在线回答新员工的问题并分享经验。在实施 SAP Jam 之前，只有在小部分地区工作的人员可以参加针对实践社区的讨论。Sargent & Lundy 的实践社区（Communitiy of Practice，CoP）旨在使员工专家可以围绕特定主题与新手进行合作（请参阅本章前面的 CoP 讨论）。

SAP Jam 的重点是讨论组。用户登录后，系统将向他们显示他们所订阅的讨论组中的事件列表。他们可以进入到某个特定的页面或浏览所有 CoP 小组以找到感兴趣的主题。对于谁可以发布问题、讨论什么主题或文章没有任何限制。传播小组的设计师可以通过回顾这些小组在上次 CoP 会议上讨论的内容、参考文献和视觉效果，以及哪些专家或解决方案可能有帮助，来研究其他小组的设计师如何解决类似问题。

SAP Jam 于 2015 年末推出，在随后的一年中，参与实践社区人数增加了 125%。现在许多 CoP 小组都在使用 SAP Jam，包括针对特定技术主题的小组（如热力液压技术），以及非技术小组（如针对女性领导的小组）。各个级别的员工都可以使用 Jam 来讨论感兴趣的话题，找到问题的答案或确认事实。除了改善员工学习外，这个系统还提高了员工的敬业度。通过 SAP Jam 中的交流已经确定了需要改进的流程和需要技术人员立即关注的问题。

资料来源：www.sargentlundy.com, accessed May 28, 2018; Lauren Bonneau, "Creating a Culture of Collaboration at Sargent & Lundy," SAP Insider Profiles, March 24, 2017; SAP SE, "Sargent & Lundy: Powering the Next Generation on Blended Learning with SAP SuccessFactors Solutions," 2016.

案例分析题：

1. 知识管理与 Sargent&Lundy 的商业模式有什么关系？
2. 请识别 Sargent&Lundy 面临的知识管理问题。在管理、组织和技术方面的哪些因素导致了这个问题？
3. 你认为解决这个问题的解决方案有效吗？为什么？它在多大程度上改变了企业的经营和决策？
4. 在选择和实施解决方案时，公司必须要解决哪些管理、组织和技术方面的问题？

11.4.3 知识工作系统的应用实例

知识工作应用系统主要包括**计算机辅助设计**（computer-aided design，CAD）系统、模拟和建模的虚拟现实系统等。CAD 就是应用计算机和复杂的图形处理软件自动地创建和修正设计的软件。在传统的实物设计方法中，需要依据每一次修改的设计方案制造一个物理原型。通常，设计过程必然会经历多次修改，每次修改都需要制造出相应的物理原型，这是一个费工费时的过程。有了 CAD 工作站，设计人员只需要在定型后再制造物理原型，过程中的测试和修改工作可以在计算机上轻而易举地完成。CAD 软件提供了关于标准工艺和制造过程的设计说明书，遵循设计说明书的标准化工艺和制造流程也为企业节省了大量的时间和金钱，同时，也让企业建立了一套更完备的生产制造流程。

例如，福特汽车公司（Ford Motor Company）使用计算机模拟建立一个发动机气缸模型，并提出了最有效的设计方案。考虑到制造上的限制，工程师们一旦修改了这种设计，就可以使用几十年积累起来的材料性能和发动机性能数据的模型，来测试修改后的设计。然后，福特汽车公司再建造模具，做出可以用螺栓固定在引擎上进行下一步测试的真正实物部件。整个过程只需要几天，而不是几个月，只花费几千美元而不是几百万美元。

CAD 系统能够为 3D 打印提供数据，3D 打印也被称为增材制造，它使用机器根据数字文件中的规格逐层制造出实物体。与传统的技术不同，传统技术通过从模具上切割或钻出物体，会导致材料的浪费，而 3D 打印让工作人员在计算机上模拟物体，并用塑料、金属或复合材料打印出来。如今，3D 打印用于原型制作、定制生产和小批量生产。如今的 3D 打印机可以处理包括塑料、钛和人类软骨在内的材料，并生产包括电池、晶体管、修复设备、LED 和其他复杂机制在内的全功能组件，现在 3D 打印服务可以在云端运行，如 Staples 提供的服务。

虚拟现实系统（virtual reality systems）具有远超传统 CAD 系统的可视化、描绘和模拟的能力。它们应用交互式图形软件建立计算机生成的和现实非常相似的虚拟场景，以致让用户认为他们正身处在真实的场景中。依据不同的目的，虚拟现实系统需要用户身着不同的特制衣物，头戴不同的帽盔，配备不同的设备。这些特制的衣物内部安装有传感器，可记录用户的运动，并实时将信息传输给计算机。例如，你在虚拟现实（VR）的模拟场景中走过一栋房屋，系统通过传感器来捕获你的脚部、手部和头部的运动，通过包含影像扫描和音频连接的目镜和感知手套来扫描你的眼球移动和手部触觉，通过这些信息，能够让你沉浸在计算机虚构的互动场景中。

在美国纽约大学兰贡（Langone）医学中心，学员戴上 3D 眼镜能观察投射在屏幕上的虚拟解剖尸体。在计算机的帮助下，他们能穿过虚拟身体组织，仔细观察肌肉的分层，或者观察有着红色动脉和青筋跳动的心脏特写。3D 虚拟尸体无疑是一种非常有价值的教学补充工具。在"互动讨论：技术"部分描述了应用 VR 技术带来的一些问题。

增强现实（augmented reality，AR）是一种将数据和图像叠加到现实物理中来增强可视化的技术。数字技术提供了额外的信息来增强用户对现实的感知，使用户与周围的现实世界产生更多的互动，感知更加丰富的含义。在足球比赛的电视转播中显示的黄色首攻标记就是一个 AR 的例子，同样，在医疗行业也应用了增强现实技术，比如图像引导手术系统就是把**计算机断层扫描**（computerized tomography，CT）、**磁共振成像**（magnetic resonance imaging，MRI）扫描或者超声成像获得的多源数据叠加，辅助医生开展手术。其他应用 AR 技术的行业包括军事训练、工程设计、机器人产业和消费者设计等领域。例如，设计和建造美国海军航空母舰的纽波特新闻造船公司（Newport News Shipbuilding）在制造过程接近尾声时使用 AR 来检查新造的船，通过将最终设计叠加在船上，工程师们的将检查时间从 36 小时减少到 90 分钟，减少了 96% 的时间（Porter 和 Heppelmann，2017）。

互动讨论：技术

VR 的现实

过去体验 VR 的最佳体验是观看好莱坞电影，如今这项技术已经变得更加复杂和沉浸感，并且正在发现更多的商业用途。

除了娱乐以外，目前最受欢迎的 VR 应用在于零售和制造业，沉浸式体验可以帮助客户可视化产品或教会工人如何使用复杂的设备。奥迪在其"公文包交易"计划中使用了 VR 技术。通过佩戴 Oculus Rift 虚拟现实头盔，潜在的购买者会感觉他们好像坐在汽车的转向盘后面或打开后备箱。如果你正在观看真实的奥迪，VR 头显将以 3D 形式显示车辆，Bang & Olufsen 耳机模拟了正在关闭的车门的声音，以及正在浏览的汽车的立体声系统中的音乐。这种 VR 体验适用于所有，奥迪车型和自定义选项。

大众汽车也在试验 VR，以加快车辆设计和开发的速度，并在开发周期的早期发现潜在的、昂贵的设计问题。在设计中大众汽车已经不需要费钱去造实物原型了，可以使用 VR HTC Vive 头戴式头盔以沉浸式 360° 视角对数字化构造的车辆内外部组件来取代实物。在设计过程中，只需几行软件代码就可以轻松地切换或替换汽车的虚拟组件，包括按钮、灯或控制台等内外部部件。

VR 的主要缺点是：由于人们沉浸在头盔所包围的虚拟世界中，将人们与他人以及现实环境隔离开来。Facebook 希望通过使用 VR 创建一种新型的共享社交体验来改变这种状况。Facebook 设想了一个虚拟的世界和一个虚构的社交空间，其中看起来像真实人物的化身与代表朋友和家人的其他化身可一起"闲逛"。首席执行官马克·扎克伯格（Mark Zuckerberg）相信 VR 为企业的发展提供了一种新的、强大的方式，并期望有 10 亿人使用这种媒介。

2014 年 3 月，Facebook 以 20 亿美元的价格收购了 Oculus VR，开始使用 VR 技术。Oculus 生产 Rift 高端 VR 头盔，也生产 Oculus Go，这是一款售价仅为 199 美元的独立头盔，它比 Rift 更容易使用。Facebook 的 Oculus Rift VR 应用程序 Spaces 的测试版于 2018 年 4 月发布。Spaces 旨在作为一个虚拟视频群聊，最多可以与 4 个朋友互动，每个朋友都由自己创建的数字化身代表。在 Spaces 中，你还可以通过 Facebook Messenger 与朋友进行视频聊天、进行 Facebook Live 广播，或通过 VR 的"自拍照"与 Facebook 朋友共享。

在 Oculus Go 的 Oculus Rooms 中，人们可以在虚拟世界中度过时光、聊天、看电影或玩纸牌。

Oculus Go 拥有一个名为 Oculus TV 的 VR 电视观看 App，用户可以在其中通过大屏幕在 3D 环境中"坐着"并与朋友一起观看视频，可以在里面看到 Netflix、Hulu Showtime、Redbull、Pluto TV、Facebook 视频和 ESPN 的内容。Oculus Venues 使用户可以在 VR 中与朋友或其他人一起观看体育比赛或现场音乐会。

  Facebook 正在尝试创建具有照片般逼真的头像，并通过技术帮助用户使用更逼真的功能和手势来个性化他们的头像，从而使其与所代表的真实人物更加相似。目前 Facebook 的头像仍然非常卡通化。为了提高虚拟现实体验，Facebook 希望在未来 10 年内投资约 30 亿美元。现在说 Facebook 是否在使用 VR 方面取得突破还为时过早。

  并非所有组织都会从 VR 中受益。数据通信和电信设备提供商摩托罗拉公司的 CIO Greg Meyers 认为，VR 可以帮助推动企业的发展，但还没有任何实质性的应用。VR 用于召开会议可能很有用，但是 Meyers 认为，通过使用 AI 技术会帮助企业作出更好、更快的决策，企业将从中获得更多的收益。

  在 VR 可以真正为企业做什么的宣传与现实之间存在差距。管理层需要的是确保企业将获得具体的投资回报。Forrester Research 分析师 J. P. Gownder 表示，不应将 VR 视为每个人都将使用的下一个平台，因为目前尚不清楚未来的情况是否会如此。企业需要能够证明 VR 将解决哪些非常具体的业务问题，必须确定 VR 技术如何改善其运营，或吸引客户购买高度可配置的商品还是提供新的消费者体验。

  目前，沉浸式技术在许多企业的应用仍处于试验阶段。当今的 VR 技术还缺乏适合在企业中部署的强大安全性和管理功能，因为企业使用 VR 可能需要将 VR 应用程序链接到组织的数据库和主要的企业系统中。

  根据研究分析师 Ian Hughes 的说法，对于大多数工作场所的应用而言，将人们与其他人和现实世界隔离开来进行虚拟体验并不适合人们的行为方式。对于大多数任务来说，Hughes 建议不要将其完全模拟为工作环境，而是将真实世界和虚拟世界融合在一起。技术最好是延展现实世界，而不是取代现实世界。

资料来源：Kurt Wagner,"Oculus Go, the Virtual Reality Headset Facebook Hopes Will Bring VR to the Mainstream, Is Finally Here," Recode, May 1, 2018; Sara Castellanos,"Volkswagen Brings Sense of Touch to Virtual Reality," Wall Street Journal, April 25, 2018; Chuong Nguyen,"Facebook Wants to Make Your Virtual Self Appear as Real as Possible in VR," Digital Trends, May 3, 2018;"Virtual and Augmented Reality—Reshaping Business Futures," ETCIO.com, March 12, 2018; Matt Kapko,"Making Waves with Immersive Technologies," CIO, May–June 2017; and Lisa Eadiccio, "Inside Facebook's Plan to Take Virtual Reality Mainstream," Time, August 2, 2017.

案例分析题：

  1. 如果你的企业想要实现一个 VR 应用，它应该考虑管理、组织和技术方面的哪些因素？

  2. 所有企业都应该使用 VR 吗？为什么？什么样的组织将从这项技术中受益最大？

  3. 你认为 Facebook 的 VR 战略会成功吗？请解释你的答案。

11.5 MIS 如何有助于我的职业发展

  这是第 11 章和本书如何帮助你找到一份在 AI 企业做销售助理的入门级工作的内容。

11.5.1 企业

位于加利福尼亚州圣何塞的 AI 企业 RazzleDazzle 技术公司正在招聘一名初级销售助理。RazzleDazzle 公司专注于计算机视觉技术,技术人员每天分析不同数据集,挖掘视觉内容的价值,帮助诸如广告和职业体育行业解决各种问题。

11.5.2 职位描述

销售助理将与销售团队密切合作,计划和筹备各类活动、进行数据库管理、完成日常性任务,和客户调查,以支持销售和营销的目标。工作职责包括:

- 使用 Salesforce 网站,分析并整理销售线索、数据输入和维护销售线索。
- 使用 Excel 更新销售团队的资源。
- 安排会议和记录会议内容。
- 协助研究市场客户,并策划新的活动。
- 协助销售人员做好客户会议的准备。
- 收集宣传材料。

11.5.3 岗位资格要求

- 大学应届毕业生。
- 市场营销、MIS、金融或文科学士学位。
- 对商业和行业研究有浓厚的兴趣。
- 具备 Microsoft Office 的基本知识。
- 注重细节,具备良好的沟通能力和热情的态度,以及在快节奏环境中适应成长的能力。

11.5.4 面试问题

1. 你对我们公司和计算机视觉系统了解多少?你做过 AI 技术的工作吗?
2. 你曾经用过 Salesforce 吗?你是怎么用这个软件的?
3. 你对 Microsoft Office 工具的熟练程度如何?你用 Excel 电子表格做过哪些工作?
4. 你能否提供一份书面材料以展示你的沟通能力和对细节的理解吗?

11.5.5 作者提示

1. 回顾本章关于 AI 的内容,并通过网络了解更多关于计算机视觉系统的信息。
2. 使用网络和 LinkedIn 可以了解更多关于这家企业、产品、服务、竞争对手以及运营方式等方面的信息。考虑一下它需要什么来支持它的销售团队,以及你可以如何作出具体的贡献。
3. 学习一下你在 Salesforce 网站上能做什么以及如何生成和处理潜在客户数据。
4. 想一想你在这份工作中将如何使用 Excel。整理一下你利用 Excel 所做的工作,带上一些这方面的案例去面试。

复习总结

11-1 知识管理系统在企业的角色是什么?

知识管理是指在组织中获取、存储、传播和应用知识的过程。企业的价值取决于它创造和管理知识的能力。知识管理通过增强组织向周围环境学习的能力和将知识应用到业务流程中的能力来提升组织学习。知识管理系统有3种主要类型：企业级知识管理系统、知识工作系统和智能技术。

11-2 什么是AI和机器学习？企业如何利用AI？

AI是指建立像人类一样思考和行动的计算机系统。目前，AI缺乏人类智能的灵活性、广度和通用性，但它可以用来帮助获取知识、编纂和扩展组织知识。

专家系统从人类专业知识领域中获取隐性知识，并以规则的形式表达这些知识。机器学习软件可以从以前的数据和案例中学习，基于大量的人工训练，无须编写程序就可以在非常大的数据库中识别模式。

神经网络是指模拟人脑思维过程的硬件和软件组成的系统。神经网络以其自身学习能力和识别人类难以识别的模式而闻名。深度学习神经网络使用多层神经网络来揭示数据中的潜在模式，在某些情况下，不需要人工训练就可以识别模式。

遗传算法是基于生物遗传的过程，如适应性、交叉和变异等特性来开发特定场景问题的解决方案。遗传算法在解决涉及优化的问题时非常有用，在这些问题中，需要对许多备选方案或变量进行评估以生成最优解。

智能代理是指具有内置或已学习的知识库的软件程序，可以为用户个体、业务流程或软件应用执行某些特定任务。智能代理可以用于在大量数据帮助搜索，找到有用的信息，在某些情况下可以代替用户对这些信息进行操作。聊天机器人是一种软件代理，旨在通过文本或语音处理来完成与一个或多个用户进行对话。

自然语言处理技术使机器能够理解人类语言含义并处理这些信息。计算机视觉系统研究的是计算机如何模拟人类视觉系统，从真实世界的图像中查看和提取信息。机器人研究的是可移动机器的设计、构造、操作和使用，这些机器可以代替一些人类的行为。

11-3 用于企业级知识管理系统的类型是什么？它们如何为企业提供价值？

企业级知识管理系统是在企业范围内收集、存储、传播和应用数字内容和知识的工作系统。企业内容管理系统是指组织并存储结构化文件的数据库和工具系统，也提供组织并存储半结构化知识内容的工具，如电子邮件或富媒体等。通常这些系统包含群组合作工具、简化信息读取的门户、搜索工具、查找专家的工具和基于适合该组织内容和信息分类的工具。学习管理系统是指在一个组织中为不同类型的员工的学习和培训提供管理、交付、跟踪和评估的工具。

11-4 知识工作系统的主要类型是什么？它们如何为企业提供价值？

知识工作系统（KWS）支持新知识的创建以及将知识融合到组织中去的系统。KWS 为用户提供方便地访问外部知识库、支持实现综合图形、分析、文件管理和通信能力的强大的计算机硬件和软件功能。CAD 系统、AR 应用以及 AI 系统，等可以基于人机交互的方式实现犹如现实世界的虚拟环境，这类系统均需要有强大的图形和建模能力。

关键术语

3D 打印（3D printing）
人工智能（artificial intelligence，AI）
增强现实（augmented reality，AR）
聊天机器人（chatbot）
实践社区（communities of practice，COPs）
计算机视觉系统（computer vision systems）
数据（data）
深度学习（deep learning）
数字资产管理系统（digital asset management systems）
企业内容管理系统（enterprise content management systems，ECM）
企业级知识管理系统（enterprise-wide knowledge management systems）
专家系统（expert systems）
显性知识（explicit knowledge）
遗传算法（genetic algorithms）
推理引擎（inference engine）
智能代理（intelligent agent）
智能技术（intelligent techniques）
知识（knowledge）
知识库（knowledge base）

知识管理（knowledge management）
知识工作系统（knowledge work systems，KWS）
学习管理系统（learning management systems，LMS）
机器学习（machine learning）
大型开放式在线课程（massive open online course，MOOC）
自然语言处理（natural language processing，NLP）
神经网络（neural networks）
组织学习（organizational learning）
模式识别编程（pattern detection program）
机器人（robotics）
结构化知识（structured knowledge）
监督学习（supervised learning）
隐性知识（tacit knowledge）
分类学（taxonomy）
非监督学习（unsupervised learning）
虚拟现实（virtual reality）
智慧（wisdom）

复习题

11-1 知识管理系统在企业中的作用是什么？
- 定义知识管理并阐述它对企业的价值。
- 描述知识的重要特征。
- 区分数据、知识和智慧；区分隐性知识和显性知识。
- 描述知识管理价值链的各个阶段。

11-2 什么是 AI 和机器学习？企业如何利用 AI？

- 定义 AI 和主要的 AI 技术。
- 定义专家系统，描述专家系统的工作原理，解释其对企业的价值。
- 定义机器学习，解释机器学习的工作原理，给出机器学习可以解决的问题的案例。
- 定义神经网络和深度学习神经网络，描述它们的工作原理以及如何使企业受益。
- 定义和描述遗传算法和智能代理。解释它们各自的工作原理以及适用的问题类型。
- 定义和描述计算机视觉系统、自然语言处理系统和机器人，给出在组织中应用的案例。

11-3 企业级知识管理的系统有哪些类型？请阐述它们如何给企业提供价值。

- 定义和描述企业级知识管理系统的各种类型，阐述它们如何为企业提供价值。
- 阐述下列各项在知识管理中的角色：分类、MOOC 和学习管理系统。

11-4 知识工作系统的主要类型是什么？它们如何为企业提供价值？

- 定义知识工作系统，描述知识工作系统的通用需求。
- 描述以下系统是如何支持知识工作的：CAD、AI 和增强现实。

讨论题

11-5 知识管理是一个业务过程而不是一项技术，请讨论。

11-6 请描述知识管理系统在帮助企业市场营销或制造和生产管理方面的各种方法。

11-7 请将人工智能与人类智能进行比较。今天的人工智能有多"智能"？

MIS 实践项目

本部分的项目是请你结合实际设计一个知识门户，识别知识管理的机会，创建一个简单的专家系统，并利用智能代理去研究网上销售产品的情况。

管理决策问题

11-8 U S Pharma 公司总部位于美国新泽西州，其研究机构分布在德国、法国、英国、瑞典和澳大利亚。新药品的研究和开发是企业盈利的关键所在。为了研究和测试几千种新的试验药品，企业的研究员需要和企业内外部人员共享信息，包括和美国食品和药品管理局、世界卫生组织、药品制造商和协会的国际联盟；还需要访问健康信息网站，如美国药品国家实验室、行业会议和专业期刊。请你试着为 U S Pharma 的研究员设计一个知识门户。你的设计内容应包括相关的内部系统和数据库、外部信息资源、内部的交流和协同工具。除此以外，你还需要设计门户网站的首页。

11-9 Canadian Tire 是加拿大最大的企业之一，拥有 50 000 多名员工、1 100 个店铺和加油站，在加拿大销售运动、休闲、家居用品、服装、金融服务以及汽车和石油产品。每个零售店铺都是独立运营的。Canadian Tire 过去一直使用邮件和厚厚的产品目录来向经销商宣传新产品、展示产品信息、最佳实践、产品订单和问题解决方案，而现在它正在寻找一种更好的途径来更好的实现对企业人力资源和业务文件的管理。请描述该企业原有的业务处理方式中存在哪些问题？知识管理系统可以如何帮助 Canadian Tire？

改进决策：为退休计划构建一个简单的专家系统

软件技能：电子表格（Excel）的公式、IF 功能，或专家系统工具

商业技能：退休金合理规划

11-10 专家系统通常包含大量的规则。本项目提供已经简化了的规则及其表达，也减少了规则的数量，但请你使用这些规则开发一个专家系统应用。

员工退休时，他们将得到现金分红。现金分红的主要依据是该员工的工作年限和退休年龄。如果该员工想得到分红，退休年龄必须在 50 岁以上，并且退休前在本企业的工作时间超过 5 年。表 11-5 给出了计算员工现金分红的标准。

表 11-5 计算员工现金分红的标准

在本企业的工作年数	分　　红
少于 5 年	无分红
5～10 年	现在年薪的 20%
11～15 年	现在年薪的 30%
16～20 年	现在年薪的 40%
21～25 年	现在年薪的 50%
多于 25 年	现在年薪的 100%

请用以上提供的信息开发一个简单的专家系统。在网站上找到一个可以下载的专家系统软件工具演示版本，或者应用电子报表软件构建一个专家系统（如果应用电子报表软件，建议你用 IF 函数，这样可看清规则是如何建立的）。

改进决策：用智能代理实现采购方案的比较

软件技能：网络浏览器和商品搜索引擎软件

商业技能：产品评价和选择

11-11 这个项目将让你使用购物机器人在线搜索产品，找到产品信息，并找到最好的价格和供应商。请选择一款你想要购买的数码相机（如佳能 PowerShot SX540）。访问 MySimon（www.mysimon.com）、BizRate.com（www.bizrate.com）和谷歌购物等网站，请你做价格比较，并从易用性、产品数量、获取信息的速度、产品和卖家信息的完整性以及价格选择等方面对这些购物网站进行评估。你会使用哪个网站？为什么？你会选哪台相机？为什么？这些网站对你的决策有多大帮助？

团队合作项目

评价企业内容管理系统

11-12 找几个同学组成一个小组，选择两种企业内容管理（ECM）产品系统，如来自 Oracle、OpenText 和 IBM 的产品，比较它们的功能和能力。请使用专业期刊和 ECM 软件供应商网站查找相关的文章，并作分析。如果可能的话，请使用 Google Docs、Google Drive 或 Google Sites，集思广益并制作演示文稿报告结果。

案例研究

汽车可以自动驾驶吗？它们应该自动驾驶吗？

汽车真的可以自动驾驶吗？它们是好的商业投资吗？每个人都在寻找答案。

无人驾驶汽车技术已经成为任何汽车制造商都无法忽视的技术，每个主流汽车制造商都在争相开发和完善自动驾驶汽车，它们认为自动驾驶汽车的市场总有一天有可能达到数万亿美元的规模。福特、通用、日产、梅赛德斯等企业已经在自主技术研发方面投入了数十亿美元。福特向 AI 企业 Argo AI 投资了 10 亿美元，通用收购了一家名为 Cruise 的自动驾驶汽车初创企业。福特已经设定了到 2021 年生产无踏板自动驾驶汽车的目标。优步和 Lyft 等打车软件企业认为，消除劳动力成本的无人驾驶汽车是其长期盈利能力的关键。在加利福尼亚州、亚利桑那州、密歇根州、巴黎、伦敦、新加坡和北京的特定区域，自动驾驶汽车一直在行驶。来自谷歌的自动驾驶汽车项目企业 Waymo 预测，到 2020 年，自动驾驶美洲虎车队每天将运送多达 100 万人次的出行。

一辆要代替人类驾驶的汽车需要功能非常强大的计算机系统，该系统必须处理和分析由无数传感器、摄像头和其他设备生成的大量数据，控制和调整转向、加速和实时响应的制动等。其中的关键技术包括：

传感器：自动驾驶汽车装有许多不同类型的传感器。车轮上的传感器可测量汽车在行驶和穿过车流时的速度；超声波传感器可测量和跟踪路缘石、人行道和非常靠近汽车的物体位置。

摄像头：需要摄像头来能发现高速公路上的车道线、速度标志和交通信号灯等物体。安装在挡风玻璃上的摄像机可创建前方道路的 3D 图像；后视镜后面的摄像机聚焦在车道标记上；红外摄像头会提取从前大灯发出的红外光束，扩大夜间驾驶的视野。

激光雷达：激光雷达是光检测和测距设备，位于大多数自动驾驶汽车的顶部。激光雷达每秒发射数百万条激光束，测量它们反弹所需的时间。激光雷达可以 360°全方位查看汽车周围的环境，识别附近物体的精度高达 2 厘米。但是，激光雷达非常昂贵，并且不够坚固，无法长期在坑洼、极端温度、下雨或下雪的情况下使用。

GPS：精确定位汽车的宏观位置，并且精确到 1.9 米。结合转速表、陀螺仪和测高仪的读数，可提供初始定位。

雷达：雷达会从物体上反射无线电波，帮助查看汽车周围的环境，包括盲点。雷达对于发现大型金属物体（如其他车辆）特别有用。

计算机：上述技术设备产生的所有数据都需要组合、分析并转变为机器可识别的现实图景，并提供如何移动的指示，这几乎需要类似于超级计算机的处理能力。它的软件需要有避障算法、预测建模和"智能"物体识别（如了解自行车和摩托车之间的区别）的功能，帮助车辆遵守交通规则，并指示避开障碍物。

机器学习、深度学习和计算机视觉技术：必须通过使用机器智能和深度学习对汽车的计算机系统进行"训练"，通过数以百万计的实例来检测车道和骑自行车的行人的准确性，因为世界太复杂了，无法为每种可能的情况编写规则，所以汽车必须能够从经验中"学习"并找出如何自动驾驶的方法。

地图：在自动驾驶汽车上街之前，开发人员使用摄像头和激光雷达精准地绘制汽车所处位置的极其详细的地图。地图信息可帮助汽车验证传感器数据，对于任何车辆来说，知道自己的确切位置都是关键。

无人驾驶汽车企业因过度宣传自己的进步而臭名昭著。我们应该相信它们吗？在这一点上，它们的前景乌云密布。

2018年3月，在自动驾驶模式下运行的自动驾驶汽车 Uber Volvo XC90 在亚利桑那州的坦佩撞死了一名妇女。自此事故以来，亚利桑那州已暂停自动驾驶汽车测试，优步并未获得在加州继续测试自动驾驶汽车的续签许可。该企业在匹兹堡和多伦多的自动驾驶汽车测试也被停止了，目前尚不清楚何时恢复。在事故发生之前，优步的自动驾驶汽车在穿越建筑区域以及大型卡车等高架车辆旁边行驶时都遇到过麻烦。与其他自动驾驶汽车项目的驾驶员相比，优步的驾驶员不得不进行频繁的干预。

优步的事故引发了一个疑问，即自动驾驶汽车是否已准备好在公共道路上进行测试以及监管机构应如何应对？自动驾驶技术的捍卫者认为，每年在美国的道路上有近4万人丧生，人为失误造成了90%以上的车祸。但是，无论自动驾驶的速度有多快，机器人都要花很长一段时间来证明其影响，并说服普通人相信让汽车来驾驶是最好的选择。

Pew研究中心的一项调查发现，大多数人都不想乘坐自动驾驶汽车，并且不确定是否会使道路更加危险或更安全。87%的人希望有一个总是在方向盘后面的人，随时准备接管出现问题的情况。

在自动驾驶汽车可以安全上路之前，还有很多地方需要改进。比如，自动驾驶汽车还不能在所有的天气条件下安全运行，大雨或大雪可能会使当前的汽车雷达和激光雷达系统受到干扰，自动驾驶汽车无法自行操作。又比如，当树枝垂得太低或桥梁和道路上有模糊的车道标记时，这些车辆也会遇到麻烦。在某些道路上，需要有明显的标记来引导无人驾驶汽车，而不能仅靠使用白线或在道路边缘画线，包括 Botts' Dots（定义车道的小塑料标记）在内的标记，人们并不认为是对自动驾驶汽车有效的车道标记。

计算机视觉系统能够可靠地识别物体，但仍然具有挑战性的是"场景理解"，如确定道路上的袋子是空的还是在里面隐藏着砖块或重物？即使自动驾驶视觉系统现在能够可靠地识别交通信号灯，但是如果交通信号灯不工作，它们也还不能够作出正确的判断，因为这需要经验、直觉和知道如何在多个车辆之间进行行驶的规则。自动驾驶汽车还必须能够识别沿着道路行驶的行人，确定行人是否正在骑自行车以及行人可能会作出什么样的反应和表现。对于自动驾驶汽车来说，克服目前所有这些挑战仍然很难。更何况当自动驾驶汽车无法驾驶时，在混乱的环境（如拥挤的街道上挤满了汽车、行人和骑自行车的人）下尤其困难。

驾驶汽车驶入快速流动的行车道是一项复杂的任务，通常需要与迎面而来的驾驶员进行目光接触。自动驾驶汽车如何与人和其他机器通信,使它们知道自己想做什么?研究人员正在研究电子信号和汽车对汽车的通信系统,不知是否可以解决这个问题。还有一个所谓的"电车难题":在不可避免要发生撞车的情况下,机器人如何确定撞到谁或撞到什么?它应该撞左边的汽车还是路边的树?

市场上已经出现了初级版的自动驾驶技术。凯迪拉克超级巡航、日产 ProPilot Assist 和特斯拉自动驾驶仪能够将汽车保持在车道内行驶,并与其他汽车保持安全距离,只要"驾驶员"始终保持关注并保持安全,就可以使真的驾驶员离开方向盘。当不太先进的汽车系统看不到停着的消防车或交通信号灯之类的东西时,驾驶员要准备在需要的时候随时采取控制措施。但是人类也并不是很好的驾驶替补者,因为他们的注意力往往会走神。美国至少有两名特斯拉司机已死于该系统(一个在 2016 年撞上卡车,另一个在 2018 年撞上高速公路障碍)。这就是所谓的"切换问题"。半自动汽车需要能够确定人类"驾驶员"在做什么,以及在需要时如何使人类接管方向盘。

最重要的是别忘了安全性。无人驾驶汽车本质上是无线连接到外界的网联计算机和传感器的集合,它并不比其他网联系统更安全。要确保系统的安全,使其免受想要撞车或武器化入侵者的侵害,可能会成为未来自动驾驶汽车面临的最大挑战。

无人驾驶汽车需要新的生态系统来支持它们,就像当今的汽车依赖于车库、加油站和高速公路系统一样。无人驾驶汽车必须重新建造新的道路、高速公路和汽车供应链。每年生产数百万辆汽车的大型汽车制造商依赖于数百家企业之间复杂而精确的互动,其中包括汽车零部件供应商和保持汽车运转的服务提供商。它们需要经销商出售汽车、加油泵或充电站来为其加油,需要车身修理厂以及用于停放汽车的停车场。自动驾驶汽车制造商需要重新思考一个多世纪以来的与多方的各种协调和努力。公路基础设施需要随着时间而变化去支持自动驾驶汽车。Waymo 已经与 Avis 进行合作,帮助管理其在亚利桑那州的无人驾驶小型货车车队,并与一家名为 Trov 的初创企业合作,确保乘客的安全。通用汽车正在对其中一家工厂进行改造,生产无方向盘或踏板的雪佛兰螺栓汽车。

一辆计算机驱动的汽车,在任何情况下都能像人类一样处理任何情况,这个过程恐怕需要几十年的努力。许多分析人士预计,自动驾驶技术的首个应用将是在有限的条件和区域内运行的机器人出租车服务,这样汽车的操作员可以避免特别棘手的交叉路口,并确保所有的环节都经过精心安排。波士顿咨询集团预测,在美国行驶的所有里程中,美国 25% 的行驶里程可能会来自共享自动驾驶汽车。为了搭车,你可能必须预先确定接送点,这样你的车就可以安全合法地靠边停车。无人驾驶汽车的制造商将计算出车费,以便它们可以收回研发成本,但又不至于吓退潜在的乘客。它们将与监管机构和保险公司协商应对不可避免的事件的措施。

有专家预测,在未来的几十年中,无人驾驶技术将为全球经济增加 7 万亿美元,并挽救数十万人的生命。同时,它可能颠覆汽车行业以及加油站、出租车司机和卡车司机的工作。人们可能会停止购买汽车,因为像优步这样的自动驾驶汽车服务会更便宜,当然这可能会导致出租车司机大量失业,并大幅减少汽车销量;还将减少对许多停车场和停车位的需求,从而腾出宝贵的地产用于其他目的。越来越多的人可能会决定居住到远离工作场所的地方,因为与交通系统链接的自动驾驶车辆将使交通更加顺畅,并让通勤者自由上班、打盹或观看视频。有些人会成功,大多数人可能会受益,但许多人将被淘汰。据估计,在美国无人驾驶技术将改变 9 个职业中的 1 个职业,尽管它也会创造新的工作。另一个需考虑的因素是:每年对自动驾驶汽车的巨额投资(估计约为 320 亿美元),如果用于改善火车和地铁等公共交通系统可能会更好。在高速公路堵塞不堪的繁华城市中,美国是否需要更多的汽车呢?

迄今为止,无人驾驶汽车发生的事故表明,需要建立一套可靠的标准来衡量可靠性和安全性。2018年,有29个州颁布了管制无人驾驶车辆的立法,有几个州要求安全驾驶员始终在车上随时准备接管汽车。联邦监管机构推迟了制定一套全面的自动驾驶汽车标准,这给各州留下了空白去探索。联邦政府现已在准备制定第一部自动驾驶交通法规。这项法律与亚利桑那州类似,将允许数十万辆无人驾驶汽车在几年内部署完毕,并将限制各州为汽车业设置障碍。

资料来源: Christopher Mims, "Driverless Hype Collides with Merciless Reality," Wall Street Journal, September 13, 2018; National Conference of State Legislatures, "Autonomous Vehicles—Self Driving Vehicles Enacted Legislation," June 25, 2018; Jack Karsten and Darrell West, "The State of Self-Driving Car Laws Across the U.S.," Brookings Institute, May 1, 2018; Alex Davies, "The WIRED Guide to Self-Driving Cars," WIRED, May 17, 2018; Daisuke Wakabashai, "Uber's Self-Driving Cars Were Struggling Before Arizona Crash," New York Times, March 23, 2018; Kevin Roose, "The Self-Driving Car Industry's Biggest Turning Point Yet," New York Times, March 29, 2018; Tim Higgins, "VW, Hyundai Turn to Driverless-Car Startup in Silicon Valley," Wall Street Journal, January 4, 2018; John Markoff, "A Guide to Challenges Facing Self Driving Car Technologists," New York Times, June 7, 2017; and The Editorial Board, "Would You Buy a Self-Driving Future from These Guys?" New York Times, October 14, 2017.

案例分析题:

11-13 自动驾驶汽车技术给管理、组织和技术带来了哪些挑战?

11-14 自动驾驶汽车是不错的商业投资吗?解释你的答案。

11-15 自动驾驶汽车技术引发了哪些伦理和社会问题?

11-16 汽车真的能在无人驾驶的情况下自动驾驶吗?它们应该自动驾驶吗?

参考文献

[1] Agrawal, Ajay, Joshua S. Gans, and Avi Goldfarb. "What to Expect from Artificial Intelligence." MIT Sloan Management Review (February 7, 2017).

[2] Albertson, Mark. "NBA Advertisers Chew on Data from GumGum's Comqputer Vision Tool." Silicon Angle (March 22, 2018).

[3] Althuizen, Niek, and Astrid Reichel. "The Effects of IT-Enabled Cognitive Stimulation Tools on Creative Problem Solving: A Dual Pathway to Creativity." Journal of Management Information Systems 33, No. 1 (2016).

[4] Bureau of Economic Analysis. "Gross Output by Industry." (April 19, 2018).

[5] Burtka, Michael. "Generic Algorithms." The Stern Information Systems Review 1, No. 1 (Spring 1993).

[6] Chui, Michael, James Manyika, and Mehdi Miremadi. "What AI Can and Can't Do (Yet) for Your Business." McKinsey Quarterly (January 2018).

[7] D'Aveni, Richard A. "The 3-D Printing Playbook." Harvard Business Review (July–August 2018).

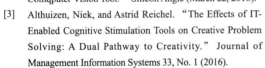

扫一扫,下载本章参考文献

[8] Davenport, Thomas H., and Vikram Mahidhar. "What's Your Cognitive Strategy?" MIT Sloan Management Review 59, No. 4 (Summer 2018).

[9] Davenport, Thomas H., and Julia Kirby. "Just How Smart Are Smart Machines?" MIT Sloan Management Review 57, No. 3 (Spring 2016).

[10] Davenport, Thomas H., and Lawrence Prusak. Working Knowledge: How Organizations Manage What They Know. Boston, MA: Harvard Business School Press (1997).

[11] Davenport, Thomas H., Laurence Prusak, and Bruce Strong. "Putting Ideas to Work." Wall Street Journal (March 10, 2008).

[12] Davenport, Thomas H., and Rajeev Ronaki. "Artificial Intelligence for the Real World." Harvard Business Review (January– February 2018).

[13] Dawar, Niraj. "Marketing in the Age of Alexa." Harvard Business Review (May–June 2018).

[14] Dhar, Vasant, and Roger Stein. Intelligent Decision Support Methods: The Science of Knowledge Work. Upper Saddle River, NJ: Prentice Hall (1997).

[15] eMarketer. "Artificial Intelligence: What's Now, What's

[16] Gelernter, David. "Machines That Will Think and Feel." Wall Street Journal (March 18, 2016).

[17] Gu, Feng, and Baruch Lev. "Intangible Assets: Measurements, Drivers, Usefulness." (2001). http://pages.stern.nyu.edu/~blev/.

[18] Hamori, Monoika. "Can MOOCs Solve Your Training Problem?" Harvard Business Review (January–February 2018).

[19] Havakhor, Taha, and Rajiv Sabherwal. "Team Processes in Virtual Knowledge Teams: The Effects of Reputation Signals and Network Density." Journal of Management Information Systems 35, No. 1 (2018).

[20] Hirschberg, Julia, and Christopher D. Manning. "Advances in Natural Language Processing." Science (May 12, 2016).

[21] Holland, John H. "Genetic Algorithms." Scientific American (July 1992).

[22] Huang, Peng, Ali Tafti, and Sunil Mithas. "Platform Sponsor Investments and User Contributions in Knowledge Communities: The Role of Knowledge Seeding." MIS Quarterly 42, No. 1 (March 2018).

[23] IBM Corporation. "Mizuho Bank." www.ibm.com, accessed May 17, 2018.

[24] Kim, Seung Hyun, Tridas Mukhopadhyay, and Robert E. Kraut. "When Does Repository KMS Use Lift Performance? The Role of Alternative Knowledge Sources and Task Environments." MIS Quarterly 40, No. 1 (March 2016).

[25] Kuang, Cliff. "Can AI Be Taught to Explain Itself?" New York Times (November 21, 2017).

[26] Kyriakou, Harris, Jeffrey V. Nickerson, and Gaurav Sabnis. "Knowledge Reuse for Customization: Metamodels in an Open Design Community for 3D Printing." MIS Quarterly 41, No. 1 (2017).

[27] Le, Quoc V., et al. "Building High-level Features Using Large Scale Unsupervised Learning." arXiv.org:1112.6209, Machine Learning, Cornell University Library (November 2011).

[28] Lev, Baruch. "Sharpening the Intangibles Edge." Harvard Business Review (June 1, 2004).

[29] Lohr, Steve. "Is There a Smarter Path to Artificial Intelligence? Some Experts Hope So." New York Times (June 20, 2018).

[30] Malone, Thomas W. "How Human-Computer 'Superminds' Are Redefining the Future of Work." MIT Sloan Management Review 59, No. 4 (Summer 2018).

[31] Maor, Itzakh., and T. A. Reddy. "Literature Review of Artificial Intelligence and Knowledge-based Expert Systems in Buildings and HVAC&R System Design," in M. Geshwiler, E. Howard, and C. Helms (Eds.), ASHRAE Transactions (2003).

[32] Marcus, Gary. "Deep Learning: A Critical Appraisal." (January 2, 2018).

[33] Markoff, John. "How Many Computers to Identify a Cat? 16,000." New York Times (June 26, 2012).

[34] McCarthy, John. "Generality in Artificial Intelligence." Communications of the ACM (December 1987).

[35] Mims, Christopher. "Without Humans, Artificial Intelligence Is Still Pretty Stupid." Wall Street Journal (November 12, 2017).

[36] Mishra, Divya, et. al. "Rule Based Expert System for Medical Diagnosis—A Review." International Journal of Engineering Technology, Management and Applied Sciences (December 2016).

[37] Nurmohamed, Zafred, Nabeel Gillani, and Michael Lenox. "New Use for MOOCs: Real-World Problem-Solving." Harvard Business Review (July 2013).

[38] Pearl, Judea. "Theoretical Impediments to Machine Learning." (November 2016).

[39] Porter, Michael E., and James Heppelmann. "Why Every Organization Needs an Augmented Reality Strategy." Harvard Business Review (November–December 2017).

[40] Pyle, Dorian, and Cristina San Jose. "An Executive's Guide to Machine Learning." McKinsey Quarterly (June 2015).

[41] Ross, Jeanne. "The Fundamental Flaw in AI Implementation." MIT Sloan Management Review 59, No. 2 (Winter 2018).

[42] Rouse, Margaret. "Natural Language Processing." Searchbusinessanalytics.com (September 27, 2017).

[43] Samuelson, Douglas A., and Charles M. Macal. "Agent-Based Simulation." OR/MS Today (August 2006).

[44] Technology Quarterly. "Language: Finding a Voice." The Economist (May 1, 2017).

[45] Trantopoulos, Konstantinos, Georg von Krogh, Martin W. Wallin, and Martin Woerter. "External Knowledge and Information Technology: Implications for Process Innovation Performance." MIS Quarterly 41, No. 1 (March 2017).

[46] Turing, A. M. "Computing Machinery and Intelligence." Mind 49 (1950).

[47] U.S. Department of Labor. "Table 2.1. Employment by Major Industry Sector, 2006, 2016, and Projected 2026." Bureau of Labor Statistics (2017).

[48] Wakabayashi, Daisuke, and Nick Wingfield. "Alexa, We're Still Trying to Figure Out What to Do with You." New York Times (January 15, 2018).

[49] Wilson, H. James, and Paul R. Daugherty. "Collaborative Intelligence: Humans and AI Are Joining Forces." Harvard Business Review (July–August 2018).

[50] Zhang, Xiaojun, and Viswanath Venkatesh. "A Nomological Network of Knowledge Management System Use: Antecedents and Consequences." MIS Quarterly 41, No. 4 (December 2017).

第 12 章

增强决策能力

学习目标

通过阅读本章,你将能回答:

1. 决策的类型有哪些?决策过程是如何开展的?
2. 信息系统是如何支持管理者的活动和管理层的决策的?
3. 商务智能和商业分析是如何支持企业制定决策的?
4. 组织中不同的决策群体如何使用商业智能?信息系统如何帮助团队更有效地决策?
5. MIS 如何有助于我的职业发展?

本章案例

大数据和物联网推动精准农业
西门子让业务流程更加可视化
Anthem 受益于更多的商务智能
Predix 是通用电气的未来吗?

大数据和物联网推动精准农业

到 2050 年，全世界预计将有 90 亿人，为了养活所有人，农业产量需要增加一倍。信息技术——物联网（IoT）、无线和移动技术以及自动数据收集和分析技术——很可能会为这个问题提供部分解决方案。

普渡大学农业学院是引领众多数据驱动型农业的组织之一。该学院开发了一个以农业为导向的网络，该网络具有先进的 IoT 传感器和设备，使研究人员能够研究并改善植物生长和食品生产过程。印第安纳州西拉斐特市 Purdue 农业 IT 主管 Pat Smoker 表示，从农场到餐桌的每个过程都可以通过利用信息技术进行更好地改进。

普渡大学农业学院与惠普企业（HPE）合作开展了一项数字农业计划。2016 年秋天，普渡大学开始在 570 万平方米的研究性农场（农学研究与教育中心（ACRE））上安装 IoT 网络。该系统每天从传感器、摄像机和人工输入中捕获 TB 级数据。为了收集、汇总、处理和传输如此大量的数据到普渡大学的 HPE 超级计算机，该大学部署了无线和边缘计算技术的组合（请参阅第 5 章和第 7 章），其中包括太阳能移动 WiFi 热点、可在整个 ACRE 设施之间提供高速连接的自适应气象塔，以及 PhenoRover——一种半自动移动车辆。这种车辆可在整个 ACRE 研究区域行驶，基于传感器捕获来自工厂的实时数据。普渡大学还正在尝试使用无人机收集植物生长数据。ACRE 研究人员可以在现场将数据输入到移动设备中，然后通过无线网络将其传输到 HPE 数据中心进行分析。

此前，普渡大学的研究人员必须弄清楚如何将数据从传感器传输回实验室，并指派人员编写用于分析数据的软件。目前的新系统运作速度会更快，响应速度也更快。例如，在现场使用移动设备的研究人员可以将有关种子生长的数据传输回 ACRE 实验室，用来分析水位、肥料数量和土壤类型的影响。然后，实验室可以将分析结果传回现场，以进行快速调整。计算机指令控制着播种机和喷雾机如何将种子和养分施用到田间。

普渡大学的该项目是"精确农业"的一个示例，通过使用数字工具去收集和分析的数据可决定小块田地或单个植物的肥料水平、种植深度、灌溉需求等，自动化设备对于特定的杂草可以采用理想的处理方法。

孟山都公司和杜邦公司等大型农业公司都是精准农业的重要参与者，它们为使用种子、肥料和除草剂的农民提供计算机化数据分析和种植建议。农民向这些企业或其他农业数据分析公司提供有关田地边界、历史农作物产量和土壤状况的数据，这些企业对这些数据以及它收集的有关种子性能、天气状况和不同地区的土壤类型进行分析。然后，企业将带有建议的计算机文件发送给农民，农民将数据上传到计算机化的种植设备中，并在种植田地时遵循建议。例如，这些建议可能会告诉艾奥瓦州的玉米种植者减少每平方米播种的种子数量，或者在能够种植更多玉米的特定田地中种植更多的种子。农民可能还会收到在不同地区种植不同种子类型以及应该施用多少肥料的建议。除了提高农作物产量外，通过控制设备来更精确地使用肥料、水和能源，可以帮助农民减少浪费，这也促进了地球的健康。

资料来源： "Envision: The Big Idea," https://ag.purdue.edu, accessed April 26, 2018; "Precision Agriculture," www.farms.com, accessed April 26, 2018; www.monsanto.com, accessed May 1, 2018; and Eileen McCooey, "Purdue Uses IoT to Reinvent Farming, Boost Output," Baseline, December 6, 2017.

精准农业是信息系统如何显著提高决策能力的有力例证。在过去，种植什么、如何种植、在哪里种植以及何时种植等决策是基于农民对土地的历史经验或猜测来决定的。无线网络、现场无数的传感器、移动设备、功能强大的计算机和大数据分析工具已经创造出更快、更准确地作出决策的系统。图12-1提出了本案例和本章重要论点。全世界都需要增加粮食产量，既要养活迅速增长的全球人口，又要使农场更加有利可图。无线技术和大数据分析为几乎逐株管理农作物创造了新的机会。以这种计算机化的精确程度管理田地，意味着农民每单位土地需要使用更少的肥料和种子，在提高作物产量的同时，可能为农民节省数万美元。精准农业也有助于解决世界粮食危机。

> 这里有一些问题需要思考：信息技术如何改变农民的经营方式？精准农业如何改变决策？举例说明两个可以通过使用精确农业改进的决策。

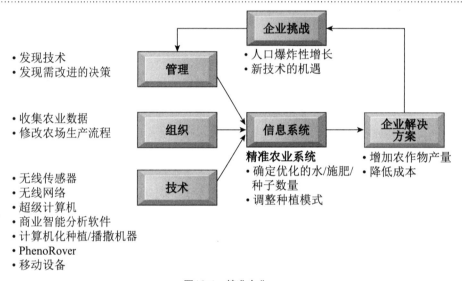

图12-1 精准农业

12.1 决策的类型有哪些？决策过程是如何开展的？

企业决策以往常常被限于管理层。但在今天，随着信息系统的应用，处于企业较低层次的员工也可以获得信息，并且可以负责决策中的一些任务。那么，改善决策指的是什么意思？企业和其他组织中的决策是如何进行的？下面让我们做进一步了解。

12.1.1 改善决策的商业价值

作出更好的决策对企业意味着什么？改善决策的商业价值是什么？表12-1试图对一家小型美国制造企业改善决策所带来的商业价值进行总结。该企业有140名员工，年收入达2.8亿美元。该企业明确了一些关键的决策任务，针对这些决策任务投资了新的系统，期望能改善决策质量。该表列出了在所选定的业务领域里改善决策带来的年度收益的估计值（包括成本的减少或收入的增加）。

表 12-1　改善决策的商业价值

决 策 举 例	决 策 者	年决策次数	每次改善决策给企业带来的价值估计 / 美元	年价值 / 美元
为最有价值的客户提供支持	会计经理	12	100 000	1 200 000
预测呼叫中心每天的需求量	呼叫中心管理人员	4	150 000	600 000
决定每日零部件库存水平	库存经理	365	5 000	1 825 000
识别来自主要供应商的竞争性投标	高层管理人员	1	2 000 000	2 000 000
调度生产满足订货	制造经理	150	10 000	1 500 000
分配员工完成任务	生产车间经理	100	4 000	400 000

由表 12-1 可以看出，该企业每个组织层次的员工都在做决策，其中某些决策是常见的、日常性的，并且大量的。虽然改善任何单一决策产生的价值可能很小，但改善成百上千个"小"决策将会给企业带来很大的商业价值。

12.1.2　决策的类型

第 1 章和第 2 章指出任何一个组织均有不同的组织层次。每个层次的决策有不同的信息需求，对其他不同类型的决策有不同的责任（见图 12-2）。决策可分为结构化、半结构化和非结构化 3 种类型。

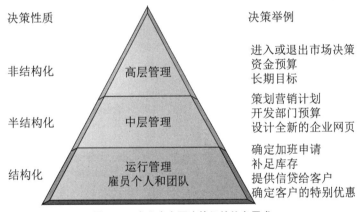

图12-2　企业中主要决策组的信息需求

高层管理者、中层管理者、一线管理者和员工有不同类型的决策和信息需求。

非结构化决策（unstructured decisions）是决策者必须对问题进行判断、评价和洞察，从而解决问题的一类决策。每一个非结构化决策都是新颖的、重要的且非常规性的。在进行这类决策时，没有一个能很好理解的或能达成共识的程序。

相比之下，**结构化决策**（structured decisions）是重复的、常规性的决策，决策者遵循一个明确的程序进行，而不必每次采用新程序进行处理。有很多决策同时具备这两种决策类型中的要素，即**半结构化决策**（semi-structured decisions），其中只有一部分问题能由确定的程序给出明确的答案。总之，结构化决策普遍存在于较低的组织层次中，而非结构化问题通常在企业的高层。

高层管理者面临许多非结构化决策的情形，如确定企业 5～10 年的目标，或决定是否进入新市场。在回答诸如"是否应当进入新市场"的问题时，他们需要了解新闻、政府报告、行业评论信息，以及有关企业业绩的综合性报告等信息。同时，这要求高层管理者作出自己的最佳判断，并需征询其他管理人员的意见。

中层管理者面临着更结构化的决策情形，但他们的决策也可能包含非结构化决策。一个典型的中层管理者所面临决策可能是："为什么Minneapolis配送中心提交的订单完成情况报告显示近6个月呈下降趋势？"这个中层经理将会从企业系统或分销管理系统中获取有关Minneapolis分销中心订单活动和运行效率的报告，这是决策的结构化部分。但在得到真正的答案之前，这个中层经理还必须访谈员工，并从外部收集更多关于当地经济状况或销售趋势的非结构化信息。

基层运营管理人员和普通员工通常做的是结构化决策，如装配线上的主管要决定计时工人是否能获得加班工资。如果员工在某一天工作超过8个小时，主管就要按常规标准给予8个小时之外的加班工资。

销售客户代表通常要查询含有客户信用信息的数据库，决定是否延长客户的信贷。只有客户符合企业预先设定的授信标准，客户代表才可以给客户相应的购买信贷。在这些场景中，决策是高度结构化且常规性的，大多数大型企业每天要做几千次这样的决策，答案已经预先编入企业的支付及应收账款的系统中。

12.1.3 决策过程

决策是一个包含多个步骤的过程。西蒙（Simon，1960）描述了决策过程的4个不同阶段：情报、设计、选择和执行（见图12-3）。

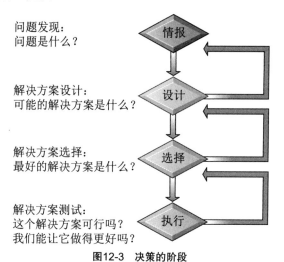

图12-3 决策的阶段

决策过程可分为4个阶段。

情报（intelligence）指的是发现、识别和理解组织中存在的问题：为什么存在问题？问题在哪里？它对企业有什么影响？

设计（design）包括识别和探寻问题的各种可能的解决方案。

选择（choice）包括在各种可能的解决方案中作出选择。

执行（implementation）包括将所选择的方案付诸实践，并持续监测方案执行的情况。

如果选择的解决方案不起作用怎么办？如图12-3所示，可以返回到决策过程的前序阶段，并在必要时重复这些阶段的工作。例如，面对销售下滑时，销售管理团队可能作出提高销售人员佣金的决策，以刺激销售人员投入更大的努力带动销售。如果较高的销售佣金并未带来销售的增加，那么管理人员需要调查，弄清问题产生的原因是产品设计差强人意？还是客户服务不足？还是其他影响因素？

12.2 信息系统是如何支持管理者活动和管理层决策的？

本书的基本观点是，决策支持系统帮助管理者和员工作出更好的决策，有助于提高企业的平均收益，并最终提高企业的盈利能力。然而，信息系统并不能改善组织中的每一个决策。让我们看看管理者和决策在组织中的角色和作用，看看为什么会出现这种情况。

12.2.1 管理者的角色

管理者在组织中起着关键作用，他们的职责包括做决策、写报告、参加会议以及组织生日派对等。通过学习经典和现代的管理者行为模型，我们能更好地理解管理的职能和角色。

经典的管理模型（classical model of management）描述了管理者的职能，从 20 世纪 20 年代起，该模型基本上没有受到过质疑。亨利·法约尔（Henri Fayol）和其他早期学者首次提出了管理者的 5 个典型职能，即计划、组织、协调、决策和控制。这种对管理活动的描述长期主导着管理思想，至今仍然很流行。经典模型描述了管理者的正式职能，但没有明确说明当管理者计划、决策和控制他人工作时该干些什么。为此，我们必须学习一下当代行为科学家的思想，因为他们研究了管理者的日常活动。**行为模型**（behavioral models）认为，管理者的实际行为似乎不像传统模型所认为的那样具有系统性，多是非正式的、缺乏思考的、被动的、没有条理性的。

有观察者发现，管理者的行为确实在 5 个方面与经典模型有很大的不同：①管理者完成的大多数工作是在不宽松的环境中进行的。研究发现，管理者平均每天从事 600 个不同的活动，中间没有停歇，没有足够的时间去做 CEO 负责的每件事（Porter 和 Nohria，2018）。②管理活动是碎片化的，大多数活动持续不超过 9 分钟，只有 10% 的活动持续时间超过 1 个小时。③管理者喜欢眼前的、具体的工作和特别的信息（书面信息往往太迟、太旧）。④相对于书面形式，他们更偏爱口头沟通方式，因为口头沟通更灵活、不费劲、响应快。⑤管理者高度重视维护一个复杂多样的联络网，这个网络可以起到非正式信息系统的作用，并可以帮助管理者完成日程安排，实现短期和长期目标。

亨利·明茨伯格分析了管理者的日常行为，发现可以把这些行为划分为 10 个管理者角色（Mintzberg，1971）。**管理者角色**（managerial roles）是指管理者在组织中应该具备的行为活动的期望。明茨伯格把这些管理者角色分为 3 类：人际关系角色、信息角色和决策角色。

1. 人际关系角色

当管理者代表企业对外展示自己的企业，并履行象征性的职责时，如给员工颁发奖励，这时管理者扮演的是**人际关系角色**（interpersonal role）。当管理者激励、引导和支持下属时，扮演的是领导者的角色。管理者也可以扮演不同组织层次之间的联络员，以及同一组织层次中不同管理团队成员之间的联络员的角色。管理者付出时间和心血，并期望得到回报。

2. 信息角色

在**信息角色**(informational role)上,管理者扮演着一个组织的神经中枢的角色,接收最具体的、最新的信息,并再分发给最需要这些信息的人。因此,管理者是一个组织中的信息传播者和发言人。

3. 决策角色

管理者作决策,在其**决策角色**(decisional role)里,他们扮演着企业家的角色,包括发起新的活动、排除组织中的干扰,把资源分配给需要的员工,协商、解决冲突,在冲突的群体之间进行调解等。

根据明茨伯格的角色分类,表12-2列出了系统在哪些层面能够帮助管理者,在哪些层面不能帮助管理者。从表12-2中可以看出,信息系统现在能够支持大多数管理领域,但不是所有的管理领域。

表12-2 管理角色和相应的信息支持系统

角色	行为	支持系统
人际关系角色		
企业形象		网真系统
领导者		网真系统、社交网络、Twitter
联络者	人际	智能手机、社交网络
信息角色		
神经中枢		MIS、经理支持系统(ESS)
信息传播者	信息	短信、电子邮件、社交网络
发言人	处理	网络研讨会、网真系统
决策角色		
企业家		不存在
干扰处理者	决策	不存在
资源分配者	处理	商务智能、决策支持系统(DSS)
协商者		不存在

资料来源:作者和Mintzberg,1971。

12.2.2 现实世界中的决策

我们现在看到信息系统并不是对所有的管理角色都有帮助。在信息系统可能帮助改善决策的那些管理者角色中,信息技术投资并不总是产生正面的效果,这里主要有三个原因:信息质量、管理过滤器和组织文化(见第3章)。

1. 信息质量

高质量的决策需要高质量的信息。表12-3描述了影响决策质量的信息质量维度。

表12-3 信息质量维度

质量维度	描述
正确性(accuracy)	数据是否真实
完整性(integrity)	数据结构与实体和属性之间的关系一致吗
一致性(consistency)	数据元素的定义是否一致
完备性(completeness)	所有需要的数据都有了吗
有效性(validity)	数据取值是否在定义的范围里
及时性(timeliness)	当需要数据时是否能够获得
可获取性(accessibility)	数据是否可访问、可理解、可使用

如果信息系统的输出不符合这些质量标准，决策将会受到影响。本书第 6 章已经描述了如果公司数据库和文件出现不同程度的不准确、不完整现象，那么将会降低决策的质量。

2. 管理过滤器

即使有准确、及时的信息，有些管理人员也会做出错误的决策。管理人员（像所有人一样）通过一系列过滤器"吸收"信息来了解他们周围的世界。认知科学家、行为经济学家和最近的神经经济学家已经发现，管理者和其他人一样不擅长评估风险，喜欢规避风险，没有一定的认知模式，同时往往根据直觉、感受和问题框架而不是实证数据做决策（Kahneman，2011；Tversky 和 Kahneman，1986）。

例如，像贝尔斯登和雷曼兄弟这样的华尔街公司之所以在 2008 年宣布破产，是因为它们低估了复杂的抵押贷款证券的投资风险，其中许多是有可能违约的次级贷款。它们和其他金融机构一样，用来管理风险的计算机模型是基于过于乐观的假设和过于简单的可能是错误的数据。管理层希望确保他们公司的资本不被高风险违约的投资所束缚，阻碍他们的投资创造利润。因此，这些风险管理系统的设计者被鼓励以最小化风险的方式评估风险。

3. 组织惯性和政治

组织是一个具有层级架构的官僚机构，在采取果断行动方面的能力是有限的。当环境变化，企业需要采用新的商业模式以便生存下去时，组织内就会有强大的力量反对进行重要变革的决策。企业所做的决策往往是基于企业内部各种利益团体平衡的结果，而不是基于问题的最好解决方案。

关于企业重构方面的研究发现，企业在受到外部收购的威胁之前，往往不重视差强人意的绩效表现，它们还经常把糟糕的业绩归因于无法控制的外部因素，如经济条件（宏观经济）、外国竞争者的竞争和价格上涨等，而不是去追究高层或中层管理者差劲的商业判断。当外部商业环境比较好、企业绩效提高时，管理者通常会认为绩效好是他们的功劳，而不是好的环境所促成的。

12.2.3　高速自动化决策

如今，组织的许多决策既不是由管理人员或什么人作出的。例如，当你在谷歌搜索引擎中输入一个词查询时，谷歌平均在半秒内（500 毫秒）就已经决定显示哪些链接。高频交易员通过电子证券交易系统完成一笔交易的时间低于 30 毫秒。

在高速决策环境中，决策过程中的情报、设计、选择和执行部分都由软件算法来完成的。一旦编写软件的人员、发现了问题，就设计一种寻找解决方案的方法，定义一系列可接受的解决方案，并实现这个解决方案。显然，由于人类已经脱离了决策循环过程，因此需要非常小心地确保这些系统正常运行，以防止出现重大危害。这些领域的组织正在作出比管理者可以监督或控制的决策更快的决策。在过去几年中，计算机交易系统出现了一系列的故障，其中包括 2012 年 8 月 1 日发生的一起软件故障，导致 Knight Capital 在不到一个小时内进行了数百万有问题的交易，交易故障导致近 150 只股票狂泻、暴跌，造成了 4.4 亿美元的亏损。

12.3　商务智能和商业分析是如何支持企业制定决策的？

第 2 章介绍了不同类型的、用于支持管理决策的系统。所有这些决策支持系统的基础是商务智能和商业分析的基础架构，提供支持决策的数据及其分析工具。

12.3.1 商务智能

商务智能（business intelligence，BI）是软硬件供应商和信息技术顾问经常使用的一个术语，用来描述存储、集成、报告和分析来自商业环境中的数据（包括大数据）的基础架构。该基础架构收集、储存、清洗数据，并向管理人员提供相关信息。我们可以回想第 6 章所介绍的数据库、数据仓库、数据集市、Hadoop 和分析平台。**商业分析**（business analytics，BA）也是一个供应商定义的术语，更侧重于分析与理解数据的工具和技术。我们再回想第 6 章中介绍的 OLAP、数据统计、建模和数据挖掘的概念。

商务智能和商业分析的核心是把企业的所有信息流整合成一个统一的、内容一致的企业数据集，然后通过建模和统计分析工具以及数据挖掘工具帮助人们理解这些数据，以便管理人员可以作出更好的决策和计划。开篇案例中描述的普渡农学院就是利用 BI 和 BA 技术，帮助农民对肥料水平、种植深度以及小块农田或单个植物的灌溉要求作出一些非常精细的决策。

需要提醒的是，BI 和 BA 是由技术供应商和咨询公司定义的产品。这些产品的主要提供商包括 Oracle、SAP、IBM、Microsoft 和 SAS。许多 BI 和 BA 产品现在均有云计算版本和移动版本。

12.3.2 商务智能环境

图 12-4 概述了 BI 环境，重点介绍了由各大厂商提供且不断更新的各种硬件、软件和管理能力的种类。BI 环境中有以下 6 个要素：

- **来自企业环境的数据**：企业需要处理多个来源的结构化或非结构化的数据，包括大数据。这些数据需要被整合和组织，以便能被决策人员分析和运用。
- **BI 基础架构**：BI 的基础是需要一个功能强大的数据库系统，以便能收集所有与企业运营相关的数据。这些数据可以存储在业务数据库中，合并、集成到企业级数据仓库中，或一系列相互关联的数据集市中。
- **BA 工具集**：一套用于分析数据并形成报告的软件工具，可以及时响应管理人员提出的问题，通过计算相关关键绩效指标帮助管理人员跟踪业务进展。
- **管理者用户和方法**：BI 的硬件和软件不会比使用者更有智慧。管理人员利用各种管理方法分析数据，包括确定企业业务战略目标的方法，确定如何评估业务发展情况的方法。其中包括业务绩效管理方法、关注关键绩效指标的平衡计分卡方法，以及关注整体商业环境变化，尤其关注竞争对手动向的行业战略分析方法。如果没有高级管理人员强有力的监控，BA 工具所生成的大量信息、报表和在线屏幕信息，很有可能会集中于错误的事情上，进而可能会转移管理人员对实际问题的关注。
- **输出平台——MIS、决策支持系统（DSS）、经理支持系统（ESS）**：BI 和 BA 分析的结果可通过各种方式传递给管理者和员工，这取决于他们完成工作所需的信息。在第 2 章介绍的 MIS、DSS 和 ESS 能够给企业不同层次的员工，包括一线员工、中层管理人员和高层管理人员提供信息与知识。过去，这些系统都是独立运行的，相互之间不能共享数据。如今，以 BI 和 BA 系统形式出现的硬件和软件工具包，能够整合所有这些信息，并把它们推送到管理者的计算机或移动平台上。
- **用户界面**：相对于阅读以行和列形式提供信息的枯燥报表，管理人员往往从可视化数据呈现中能更快地获取信息。如今的 BA 软件套件强调**数据可视化**（data visualization）工具，如富图形化、表格、仪表板和地图。它们还能把报表及时推送到移动手机、平板电脑以及企业的门户网站上。例如，Tableau 软件使非技术用户能够轻松地创建和共享定制的交互式仪表盘，从广泛的数据（包括来自电子表格、企业数据库和网页的数据）中提供业务洞察。另一个例子是西门子公司用于可视化和分析业务流程的流程挖掘软件（请参阅"互动讨论：技术"部分）。BA 软件还增加了在 Twitter、Facebook 或内部社交媒体上发布信息的功能，以支持在线群体进行决策，无须面对面开会进行决策。

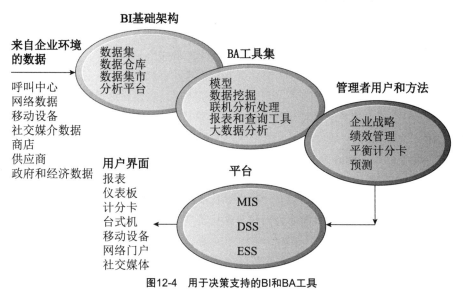

图12-4　用于决策支持的BI和BA工具

注：BI 和 BA 需要一个强大的数据库基础、一套分析工具以及一个可以提出有价值问题并分析数据的管理团队。

互动讨论：技术

西门子让业务流程更加可视化

西门子 AG 是一家德国制造集团，为工业自动化、医疗保健、能源、建筑和运输市场提供系统和零部件。企业总部位于慕尼黑和柏林，在全球拥有 372 000 名员工，2017 财年全球收入为 830 亿欧元（约合 990 亿美元）。西门子是欧洲最大的工业制造企业，在海外设有分支机构。显然，这是一家非常注重创新、业务流程效率和质量持续改进的公司。

西门子有数千个业务流程，其中有一些非常复杂。管理层正在寻求更好的方法来提高业务效率，并转向业务流程挖掘技术。2014 年，公司成立了一个名为 Process DAsh 的部门（代表数据分析和智能处理），积极支持西门子所有部门的全球流程优化。为此，它开始使用 Celonis 流程挖掘分析和可视化软件收集和分析 ERP 数据，识别企业在生产、交付和付款流程中的瓶颈。Celonis 与 SAP 合作，它的软件可以在 SAP HANA 内存数据库平台上运行。

流程挖掘软件分析企业应用日志中的数据，确定业务流程的实际运行方式，识别流程中的瓶颈和其他效率低下的因素，以便对流程进行改进。这项技术可以分析数百万笔交易记录，并发现与正常工作流程之间的偏差。按下按钮即可生成整个业务流程的快照。Process DAsh 使用

Celonis 软件将大量的信息系统中的单个数据收集起来，并用来构建现有业务流程的逻辑模型，自动对流程进行可视化。随着事件序列的发生，软件可以实时记录实际过程。

当使用流程挖掘软件分析 ERP 或 CRM 系统的日志时，软件中的数据可视化功能可以向用户显示在任何给定时间正在运行哪些流程。企业可以使用流程挖掘软件通过检查 ERP 系统中应付账款模块的日志来查找发票处理意外延迟的原因。用户可以一目了然地看到流程中的瓶颈、不必要的活动和手动干预导致效率低下的地方，或者可能出现合规性问题的地方。Celonis 的某些流程挖掘软件能够使用户向下钻取查看与流程关联的某个文档。Celonis 具有将用户的目标运营模型与流程现状进行比较的功能，从而提供自动的差距分析；可以分析偏差和性能损失的根本原因，着重提出对流程绩效影响最大的问题。只需按一下按钮，用户就可以看到目标过程与实际过程之间的比较，还可以看到延迟和额外支出的主要原因。

如果企业还没有流程模型，则软件会尝试自动创建一个流程模型，有时会使用诸如机器学习之类的 AI 技术（请参阅第 11 章）。如果流程模型可用，则流程挖掘软件将模型与日志进行比较，识别它们之间的差异及其可能的原因。在流程建模中，西门子使用的 Celonis Pi 工具可以让西门子从已有的绩效中不断学习算法，预测哪些客户订单可能会延迟。

西门子开始使用 Celonis 分析和可视化工具了解它向供应商付款的速度，并分析哪些供应商可以提供提早付款的折扣。一般情况下，西门子无法利用这些折扣，因为企业无法快速付款。企业使用流程挖掘分析了来自 ERP、会计和付款批准系统的数据，了解不能快速付款的原因。西门子还利用流程挖掘研究效率低下的流程，即从客户那里接受订单并付款的方式（从订单到现金的流程）。

在实施 Celonis 软件之前，西门子必须手动管理业务流程。各个主管只负责特定的流程中某些环节。当情况没有按照计划进行时（如由于机器故障或零件运送迟到），没有一个简单的方法可以准确地预测对企业的整体运营会产生什么样的影响。

一些在西门子做管理层时间比较长的经理对流程挖掘有一些抵触，他们认为他们已经知道如何有效地处理不同的流程。西门子全球流程挖掘服务负责人 Lars Reinkemeyer 通过识别愿意接受流程挖掘的人员，并招募他们推广新技术，从而促进采纳流程分析的结果。自从西门子实施流程挖掘以来，为企业识别出了许多问题，避免了数百万美元的零件采购、后期产品交付和开单效率低下的损失。目前，西门子在全球拥有 2 500 多名 Process DAsh 用户。

资料来源：Lindsay Clark, "Siemens Success Sets the Scene for Growth in Process Mining," Computer Weekly, April 12, 2018; Julian Baumann, "Siemens Is the World's Biggest User of Process Mining," www.celonis.com, accessed April 22, 2018; "Success Story Siemens," www.celonis.com, accessed April 22, 2018; Margaret Rouse, "Process Mining Software," searchERP.com, Jun 30, 2017; and Ed Burns, "Siemens Uses Process Mining Software to Improve Manufacturing Visibility," SearchBusinessAnalytics.com, December 15, 2016.

案例讨论题：
1. 请识别出本案例中的问题，在管理、组织和技术方面的哪些因素导致了这些问题？
2. 请描述流程挖掘软件的能力。这是一个有效的解决方案吗？请解释你的答案。
3. 流程挖掘系统的应用如何改变西门子的决策方式？
4. 在实施流程挖掘系统时，需要解决哪些管理、组织和技术方面的问题？

12.3.3 商务智能和分析能力

商务智能和分析工具能为决策者提供准确且接近实时的信息，同时帮助决策者快速理解这些信息并采取行动。BI 系统提供了 6 种分析功能以实现这些目标。

- **生产报表**：这些报表都是根据行业具体要求预先定义好的（见表 12-4）。
- **参数化报表**：用户在数据透视表中输入若干个参数，以过滤数据和隔离某些参数的影响。例如，你可能想输入区域和时间，以了解在不同区域和时间里产品销售额的变化情况。比如你在星巴克，你可能会发现，东部的客户大部分早上会买咖啡，而西北部的客户则全天均会购买咖啡。这一发现可能会使公司在不同的地区采取不同的营销和广告活动（参见 12.4 中关于数据透视表的讨论）。
- **仪表板/计分卡**：这些都是可视化工具，用于展示由用户定义的绩效指标数据。
- **即席查询/检索/报表创建**：这些工具允许用户根据查询和检索的结果创建自己的报表。
- **向下钻取分析**：这是一种分析能力，允许管理者从汇总数据入手深入到底层细节数据进行观察。
- **预测、情景和建模**：这些功能包括线性预测功能、what-if 情景假设分析功能，以及使用标准统计工具分析数据的功能。

表 12-4　BI 预定义的生产报表示例

业务职能领域	生产报表
销售	预测销售量；销售团队绩效；交叉销售；销售周期
服务/呼叫中心	客户满意度；服务成本；问题解决率；客户流失率
市场营销	营销活动成效；忠诚度和流失率；市场购物篮分析
采购和支持	直接和间接开支；订单采购；供应商表现
供应链	积压；完成情况；订货周期；物料清单分析
财务	总账；应收及应付账款；现金流；盈利能力
人力资源	员工生产率；报酬；劳动力的人口分布；员工挽留

1. 预测分析

BI 分析的一个重要功能是对未来的事件和行为进行预测建模，如对客户所要购买产品的报价作出相应的概率预测。**预测分析**（predictive analytics）是指使用统计分析、数据挖掘技术、历史数据，以及有关未来情况的假设预测未来的发展趋势和行为模式的一类方法。预测分析首先需要明确可以预测未来行为且可以被测量的变量有哪些。举例来说，一家保险公司在制定汽车保险政策时，使用诸如年龄、性别和驾驶记录作为预测驾驶员安全性的变量。这些预测变量组合成预测模型，在可接受的置信度水平下预测未来发生的概率。

联邦快递公司（FedEx）一直在使用预测分析模型，预测客户可能如何回应价格变动和新的服务，哪些客户最容易转到竞争对手那里，以及新的快递网点或在网上下单将产生多少收入等。联邦快递公司预测分析系统的准确率在 65%～90%。

预测分析正逐渐被纳入许多 BI 应用系统中，如在销售、营销、财务、欺诈识别和医疗上的应用系统，其中最知名的是整个金融服务行业都在使用的信用评分系统。当你申请一张新的信用卡时，信用评分模型就会处理你的信用记录、贷款申请和购买数据，预测你的信用卡未来按时还款的可能性。医疗保险企业多年来一直在进行数据分析，预测哪些患者最有可能产生高昂的医疗费用。

许多企业通过使用预测分析模型预测客户对直接营销活动的响应情况。它们能够通过将资源集中在被认为更有希望的客户身上，从而降低营销成本和销售成本。例如，Slack Technologies 公司为 680 万活跃用户提供基于云的团队合作工具和服务，并使用预测分析识别最有可能频繁使用产品并升级到付费服务的客户（McDonough，2017）。

2. 大数据分析

预测分析模型正在开始利用来自私营企业和公共部门的大数据，包括来自社交媒体、客户交易以及传感器和其他机器输出的数据。在电子商务领域中，许多在线零售商有能力向网站访问者提供个性化的在线产品推荐，刺激访客购买，并指导访客选择购买的商品。尽管如此，大部分产品推荐算法都是基于相似客户群体的行为分析，诸如收入低于 5 万美元，或年龄在 18～25 岁的客户群体。目前，有些零售商开始收集大量线上和线下门店的客户数据，以及社交媒体数据，并对这些数据进行分析，从而使得产品推荐更加个性化。零售商的这些努力提高了客户的销售额和忠诚度。表 12-5 描述了企业使用大数据分析的例子。

表 12-5 大数据分析可以做什么

企 业 名 称	大数据分析的作用
美国银行	能够一次分析所有 5 000 万个客户，了解每个客户的所有渠道和互动情况，并提供一致的、精心定制的服务。可以帮助确定哪些客户有信用卡或抵押贷款，可以从竞争对手的再融资中受益。当客户在线访问美国银行、拨打呼叫中心或访问分行时，在线应用程序或销售助理可以获取该信息，给客户呈现美国银行有竞争力的服务
Vestas 风力系统公司	使用 IBM BigInsights 软件和 IBM "Firestorm" 超级计算机，基于对 2.8PB 的结构化和非结构化数据进行分析，诸如天气预报、潮汐阶段、地理空间和传感器数据、卫星图像、森林砍伐地图和天气模型研究等数据分析，对风力发电机的布局进行改进。过去需要几个星期时间的分析，现在可以在不到一个小时内完成
Hunch.com 网站	通过对来自客户购物、社交网络的海量数据的分析，和来自网络周围的信号，产生能够预测用户喜欢的产品、服务和网站的"品味图谱"。该品味图谱涵盖了 5 亿人、2 亿个物品（视频、小工具和书籍）以及人与物之间 300 亿个连接的预测分析。它帮助 eBay 开发了更精细化的、个性化的产品推荐建议
德国世界杯足球队	基于对大量关于球员个人、在球队平时表现以及比赛表现的视频和数据的分析，利用所学到的知识以及竞争对手的优劣势来改进比赛的部署。大数据分析应用帮助球队赢得了 2014 年世界杯

在公共事务领域，大数据分析正推动着"智慧城市"的建设，通过广泛、深入地使用数字技术，帮助城市管理者在管理运行城市、为市民服务等方面作出更好的决策。大量公共数据库记录了包括财产转移、税务记录、企业罚单、环境合规性审计、餐馆检查、建筑维护报告、公共交通评估、犯罪数据、卫生部门统计、公共教育记录、公用事业评估等数据。市政部门正在通过传感器、手机定位数据和智能手机应用采集更多的数据。目前预测分析模型系统可以为公用事业管理、交通运输、医疗服务和公共安全等方面的公共政策提供决策支持。更为重要的是，预测分析模型系统能够评估一项服务的变化如何影响其他服务的运营和交付，如何能够帮助解决整体性问题，而这一切是以前一代人的梦想。

3. 运营智能和分析

许多决策涉及如何在日常运行的基础上管理好这些城市业务。这些决策主要是运营决策，而这种类型的业务活动监控被称为**运营智能**（operational intelligence）。物联网正在从网络活动、智能手机、传感器、仪表和监控设备中创建大量的数据流，这些数据流可用于组织内外活动的运营智能。运营智能和分析软件使企业能够分析这些实时生成的大数据流。开篇案例中描述的数据驱动的农业系统就是运营智能的一个例子。运营智能的另一个例子是施耐德物流公司，它是北美最大的卡车、物流和多式联运服务提供商之一。该企业使用卡车、拖车和联运集装箱上的传感器生成的数据为企业运营提供服务。传感器能采集到车辆位置、驾驶行为、燃料存储量，以及拖车或集装箱是否装载或空载的数据。利用来自燃油箱传感器的数据，以及油箱内剩余油量、卡车的目的地和沿途燃油价格数据，施耐德物流公司可以确定驾驶员最佳的停车加油点。本章结尾的案例研究描述了 GE 如何利用运营智能来监控和分析发电机、喷气发动机、机车和炼油设备的性能，并将这些设备连接到云端。

4. 地理位置分析和地理信息系统

数据和决策同样需要基于位置数据。BI 分析功能中也包括地理位置分析功能，是对基于地理位置的数据进行分析以获取业务洞察的一种能力，该数据包括来自移动电话的地理位置数据、传感器或扫描设备的数据以及地图的数据等。例如，地理位置分析可以帮助营销人员确定哪些人适合推送与附近餐馆和商店有关的移动广告，或者分析移动广告对实体店访问的影响。地理位置分析还可以帮助公用事业设施企业查看和评估与客户位置相关的设备停机时间及相关成本，以帮助营销、系统升级和客户服务优先级选择工作。第 1 章介绍的 UPS 包裹跟踪和递送路线系统使用了地理位置分析功能，在"互动讨论：管理"部分中，星巴克也用地理位置分析功能决定在哪里开设新店铺。星巴克系统分析了大量的基于地理位置的数据和人口统计数据，确定在不影响其他星巴克门店销售的情况下，开设新门店的最佳地点。用户可以在地图上看到本地贸易区、零售集群、人口统计、交通和运输节点，以及可能成为重要客户来源的新的办公室的位置。

星巴克是**地理信息系统**（geographic information system，GIS）的一个应用案例。GIS 提供的工具可以帮助星巴克决策者将问题图形化，并从地图中受到启发。GIS 软件可以将有关人员或其他资源分布的地理位置数据与地图上的点、线和区域联系起来。有些 GIS 系统还具有修正数据和自动修正业务场景的建模功能。

GIS 可以用来帮助州政府和地方政府计算自然灾害与其他紧急事件的响应时间，帮助银行确定新的分支机构或 ATM 的最佳位置，或帮助警方确定犯罪率最高的地点。

12.4 组织中不同决策群体是如何使用 BI 的？信息系统如何支持团队更有效地决策？

在本书前面和本章中，我们已经描述了企业高层管理人员、中层管理人员、分析人员和操作人员需要不同的信息。当然 BI 和 BA 系统也是如此（见图 12-5）。在 BI 的用户中，80% 以上的用户是比较随意的，他们主要依赖于生产情况报告。高层管理人员喜欢使用 BI 系统中的仪表板和计分卡等可视化界面来监视业务活动。中层管理人员和分析人员更喜欢 BI 系统中的数据和软件功能，喜欢从不同层面输入查询和切分数据。操作人员和客户、供应商一样，主要关注事先定义好的报表。

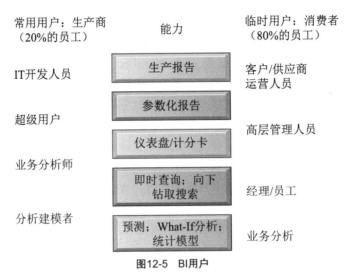

图 12-5 BI 用户

注：临时用户是 BI 输出的消费者，常用用户是报告、新的分析、模型和预测的生产者。

12.4.1 对运营管理和中层管理的决策支持

运营管理和中层管理人员一般负责监控业务关键方面的绩效表现，从工厂车间机器的停机时间，到每天甚至每小时连锁食品店的销售情况，以及企业网站每天的访问流量。他们所做的大多数决策是结构化的。中层管理人员通常使用 MIS 支持这类决策，这已经在第 2 章中已介绍过。目前越来越多的中层管理人员在线获取这些报表，并能够以交互方式查询数据，以找出事件发生的原因。这个层级的管理人员往往更加关注异常报告，这些报告仅强调突出的例外情况，如某个特定区域的销售额跌破了预期水平，或某个员工已经超过其牙科保健计划的消费限制等。表 12-6 提供了一些商业智能 MIS 的例子。

表 12-6 MIS 应用示例

企业名称	MIS 应用示例
California Pizza Kitchen	库存快速补货应用程序"记住"每家餐厅的订货模式，将每个菜品用的配料量与预先由管理者设定的标准进行比较。该系统可以识别出超出标准线的餐厅，并通知它们采取行动予以纠正
Black & Veatch	MIS 的内联网跟踪全美各类项目的建筑成本
Taco Bell	公司运营全自动化系统（TACO）为每家餐厅提供食品、劳动力和单位时间内的成本信息

支持半结构化决策

有些管理人员属于"超级用户"和热心的业务分析师，他们希望创建自己的报表，并使用更复杂的分析工具和模型发现数据中隐含的模式，模拟不同的业务场景，或测试某个假设。DSS 就是这类用户的 BI 平台，具有支持半结构化决策的功能。

DSS 比 MIS 更多地依赖建模，用数学或分析模型来进行假设分析或其他类型的分析。情景假设分析是指在已知的或假设的条件下，允许使用者改变某些数值去测试结果，从而可以预测这些数值发生变化后的输出结果。例如，如果我们将产品价格提高 5%或增加 100 万美元广告预算，将会发生什么情况？**灵敏度分析**（sensitivity analysis）模型是指提出一系列 what-if 的假设问题，通过多次改变一个或多个变量值，反复预测得出一系列的结果（见图 12-6）。**反灵敏度分析**（backward sensitivity analysis）可以帮助决策者进行目标搜寻：如果我想在明年卖出 100 万件产品，那么我必须把产品价格降低多少？

				单位可变成本		
总固定成本	19 000					
单位可变成本	3					
平均销售价格	17					
边际毛利	14					
盈亏平衡点	1 357					
销售量	1 357	2	3	4	5	6
价格	14	1 583	1 727	1 900	2 111	2 375
	15	1 462	1 583	1 727	1 900	2 111
	16	1 357	1 462	1 583	1 727	1 900
	17	1 267	1 357	1 462	1 583	1 727
	18	1 188	1 267	1 357	1 462	1 583

图12-6　灵敏度分析

注：图 12-6 显示了对领带销售价格变化和单位成本对产品盈亏平衡点的影响进行灵敏度分析的结果。它回答如下问题："如果单位销售价格和成本增加或减少，盈亏平衡点会如何变化？"

第 6 章已经阐述过多维数据分析和 OLAP，这是 BI 的关键技术。电子表格中也有类似的多维分析功能，称为**数据透视表**（pivot table）。作为"超级用户"的管理者和分析师会利用数据透视表识别和理解业务信息的模式，可能会有助于半结构化决策的制定。

图 12-7 展示了 Microsoft Excel 的数据透视表示例，该数据透视表用于分析一家网上销售管理培训视频和书籍的企业所进行的大量订单交易情况。该表显示了两个维度之间的关系，即每个客户订单的销售区域和产品信息接触渠道（网页横幅广告或电子邮件）。该表能回答诸如排除区域因素的前提下，客户来源是否还有什么不同等问题。从图 12-7 可以看出，绝大多数客户来自西部区域，如果不考虑区域因素，横幅广告带来了绝大多数客户。

本章 MIS 实践项目部分要求你使用数据透视表，利用我们讨论中提到的同一张在线培训企业的交易数据表，从中找到其他一系列问题的答案。

过去像这类建模分析都是通过电子表格和小型单机数据库完成的，而现在这些功能都被整合到大型企业级 BI 系统中了，能够分析来自大型企业数据库的数据。BI 分析功能还包括了复杂的建模工具，其中一些之前已经提到过。这种功能帮助 Progressive 保险公司为其保险产品识别出最好的客户。通过采集保险行业大量的数据并加以分析，该企业可以细分最小的客户群组，或称为"细胞组"，比如有一组客户可以是 30 岁或以上、受过大学教育、信用评分超过某一水平，且没有发生过意外事故的摩托车车手。对于每一个"细胞组"，该企业进行回归分析，找出与这一客户群体主要的保险损失最密切相关的因素。然后，为每个客户群组设定价格，并采用仿真软件测试这个定价是否能使企业获得利润。该企业利用这些分析技术，可以从那些被其他保险企业拒绝的高风险客户群体中获得收益。

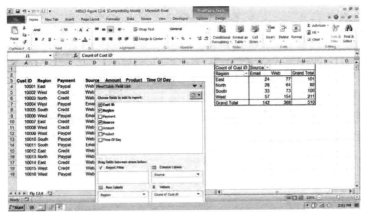

图12-7　用于分析客户区域分布和广告源的数据透视表

注：在本数据透视表中，我们能根据区域和广告源的维度，了解网络培训企业的客户情况。

12.4.2　高层管理人员的决策支持：平衡计分卡与企业绩效管理法

正如第2章中所介绍的，**经理支持系统**（executive support system，ESS）的目的是帮助高层管理人员专注于那些真正能影响企业整体盈利能力和成功的重要的绩效信息。开发ESS需要注意两点：①你需要一种方法论，以准确理解到底什么是高管所需的"真正重要的绩效信息"。②你需要开发这个系统，并及时把这些信息提供给正确的人。

目前，用来理解企业高管所需的真正重要的绩效信息的主要方法被称为**平衡计分卡方法**（balanced scorecard method）（Kaplan和Norton，1992，2004）。平衡计分卡是企业用来衡量战略计划实施情况的一个框架，关注企业4个维度上的可衡量绩效结果，即财务、业务流程、学习与成长、客户（见图12-8）维度。

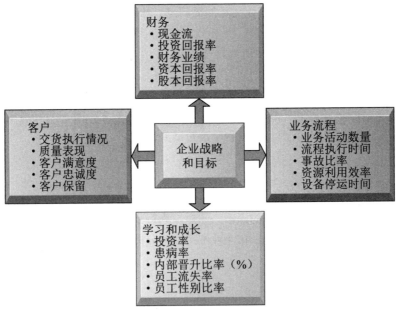

图12-8　平衡计分卡框架

注：在平衡计分卡框架中，企业的战略目标实施情况围绕4个维度进行衡量，每个维度使用若干个KPI来衡量。

每个维度的绩效是通过**关键绩效指标**（key performance indicators，KPI）来衡量的，高层管理人员用这些指标来了解企业在某一维度上的绩效完成情况。例如，一家在线零售企业衡量客户绩效目标完成情况的一个关键指标是递送包裹到消费者手中的平均时长。如果你在银行工作，那么你的业务流程维度绩效的其中一个 KPI 是完成某项基本业务需要的时长，如开办一个新客户银行账户的时长。

平衡计分卡框架被认为是"平衡"的，因为它能使管理人员不仅仅关注财务绩效。有观点认为，财务绩效是过去的历史，即过去行为的结果，管理人员应着眼于他们今天能够影响的事情，如业务流程效率、客户满意度和员工培训等。一旦计分卡由企业顾问和高级管理人员开发出来，下一步就是把每个 KPI 的信息自动地推送给高层管理者和其他管理人员。有数百家咨询和软件企业提供这些功能（参见"互动讨论：管理"部分）。一旦这些系统被实施，它们通常被称为 ESS。

另一个密切相关的、常用的管理方法是**企业绩效管理**（business performance management，BPM）。BPM 的概念最初由一个产业群在 2004 年提出（该产业群是由那些销售企业系统和数据库系统的主流企业组成的，如 Oracle、SAP 和 IBM 等）。BPM 试图把一家企业的战略（如差异化、低成本的生产商、市场份额的增加以及运营范围等）系统地转化为经营目标。一旦战略和目标确定后，一套衡量战略与目标进展的 KPI 就可以开发出来了。然后可以从企业数据库系统中抽取信息来衡量企业的绩效。虽然 BPM 采用与平衡计分卡相同的理念，但相比之下更具战略特色。

现代 ESS 系统中的数据主要来自公司现有的应用系统（企业资源计划、供应链管理和 CRM）。此外，ESS 还能收集新闻、金融市场数据库、经济信息，以及高层管理人员所需的其他外部数据。如果管理者需要更详细的数据视图，ESS 也能提供强大的向下钻取功能。

一个良好的 ESS 系统可以帮助高层管理人员有效地监控组织绩效，跟踪竞争对手的活动，识别市场条件的变化，以及确定问题、发现机遇。位于组织较低层级的员工也能使用这些系统监控和衡量各自负责领域的业务绩效。为使以上这些系统和其他的 BI 系统真正发挥作用，信息必须是"可操作的"，即需要决策时必须方便获取、使用。如果用户收到的报告中有难以理解的关键指标，那么员工生产率和企业绩效将受到影响。

互 动 讨 论：管 理

Anthem 受益于更多的商务智能

Anthem 是美国最大的健康服务企业之一。1/8 的美国人通过 Anthem 的附属计划获得医疗护理。Anthem 还提供广泛的医疗保险和特殊产品，如人寿和伤残保险金、牙齿、眼睛、心理健康服务，以及长期护理保险、灵活的支取账户。Anthem 总部位于印第安纳州印第安纳波利斯，2017 年的收入超过 900 亿美元。

Anthem 在数据分析方面一直处于行业领先地位，通过分析数据可以减少大量的欺诈和浪费、培养客户、调整产品并保持较低的医疗成本。例如，企业分析收集到的保险索赔、临床数据、电子健康记录、实验室结果和呼叫中心的数据，分析每个人去急诊室或中风的风险。这些信息可帮助企业找到改进机会，并帮助个人从它的服务或健康指导中受益。

现在，Anthem 正在内部运用数据分析能力完善如何将员工变为战略性资源的决策。Anthem 拥有 56 000 名员工，它希望能更好地回答以下问题：在科罗拉多州斯普林斯或美国各地，呼叫中心员工的流动率是多少？单位营业额的成本是多少？是否为表现最好的人发放奖励？在未来的几年内，将有多少护士退休？员工的雇佣时间指标与全国失业率之间是什么关系？

Anthem 创建了一个基于云的人员数据中心（PDC）门户，该门户的交互式"劳动力智能"

仪表盘使 HR 和 Anthem 员工可以使用内部数据和第三方数据，并提出诸如此类的问题。该门户网站为 56 000 名员工提供服务，并以仪表板、图形、报告和其他易于理解、操作的高度可视化格式显示数据。

高级"执行计分卡"功能展示了人力资源指标与企业绩效之间的关系，可用于短期和长期计划。这份计分卡报告显示了客户的增长情况、净雇佣率以及与内部和外部人工相关的总成本之间的关系。PDC 总共提供了 7 个关于"聘用到退休"的人力资源操作仪表板、50 个摘要视图，用户可从中深入查看详细报告，并链接到其他相关数据和培训资源。

企业还组建了**人才洞察**（talent insights）团队，成员包括工商管理硕士、博士和注册会计师，开发更加复杂的数据分析并帮助用户处理数据。例如，人才洞察团队与 Anthem 的 Wellness 团队合作，检查有关利用企业健康积分的员工数据，确定这是否与旷工率和员工流失率的降低相关。每个月团队都会使用各种指标（如企业绩效、员工参与健康计划或减少缺勤）查看不同的数据。例如，团队按年龄段划分每个月 Anthem 的员工队伍，并检查对企业绩效的潜在影响，并在门户网站的"洞察力"部分突出显示了分析结果。

PDC 使用 Oracle 的人力资本管理（HCM）云和 BI 云服务。Oracle HCM 云是用于人力资本管理（人力资源管理）的工具，包括用于人才管理和劳动力管理的工具。Oracle 的 BI 云服务提供了强大的数据分析工具，可供企业中的任何人使用。该服务包括用于临时查询、分析工具、交互式仪表盘和报告等。不过 Anthem 基于 Oracle 的云平台的部署还不到 6 个月。

Anthem 的内部人力资源和外部人才数据过去分散在不同的系统和电子表格中，很难进行汇总和比较。不同的问题会得到不同的答案，如我们的周转率是多少、现在有几个空缺职位等，即使在同一地点或同一工作组中，也会得到不同的答案。为了改善人力资源部门招聘、聘用、晋升和员工发展计划，Anthem 需要更好的分析工具和统一的企业范围数据视图。

PDC 还能够执行情感分析（请参阅第 6 章）。该门户为员工提供了一个窗口，员工可以使用表情符号和有限的文本输入，私密地表达对工作经历的看法。系统分析这些情绪，创建"团队活力"报告，帮助管理层识别和解决潜在的生产力风险。企业通常会找到可以立即采取行动的信息，如改善流程或重新分配资源优先级。

Anthem 的人才洞察团队还帮助人力资源部门以外的业务部门更好地利用数据。这些来自其他业务职能领域的员工通常原先只能访问本业务部门的数据。人才洞察团队帮助他们将业务数据与 HR 数据相结合，从而可以回答诸如职业发展中高潜力的员工与其他部门员工的差距等问题。该团队开发了一个模型，可以准确预测第一年人员流失率并确定员工离职的原因。Anthem 的管理层正在使用这类信息加强员工的保留率，并为未来的员工创建更好的环境。

资料来源：Rob Preston, "People Data Central," Profit Magazine, Winter 2018; Michael Singer, "Anthem Prescribes Oracle Analytics for Talent Lifecycle," blogs.oracle.com, February 26, 2018; www.antheminc.com, accessed April 24, 2018; and Jennifer Bresnick, "Borrowed from Retail, Anthem's Big Data Analytics Boost Member Engagement," HealthIT Analytics, August 4, 2017.

案例分析题：

1. 为什么 Anthem 需要更好的人力资源数据和分析工具？在管理、组织和技术方面的哪些因素促成了 Anthem 需要更好的人力资源数据和分析？

2. 请描述 PDC 门户的 BI 系统功能。

3. 企业的哪些团队从 Anthem 新的分析工具中受益？请解释你的答案。

4. Anthem 的新数据分析功能如何改变企业的人力资源职能？

12.4.3 群体决策支持系统

我们刚刚描述的决策支持系统主要支持个体决策的情形。但是，如果你是某团队的一分子，需要作为一个团队作出决策时，该怎么办呢？**群体决策支持系统**（group decision-support systems，GDSS）就是为这一目的而设计的系统。第 2 章所描述的合作环境，可以帮助决策者们在同一个或不同的地方都能组成一个群体，解决非结构化问题。起初，GDSS 需要专门的会议室，配备特殊的硬件和软件才能支持群体决策。但是，今天的 GDSS 功能随着 PC 的强大功能、移动计算的爆炸式增长，以及 WiFi 和蜂窝网络带宽的快速扩展而不断发展。原先的专用会议室现在可以用更便宜、更灵活的虚拟合作室取代，这些虚拟合作室可以把移动办公的员工与办公室的同事连接到一个高质量的视频和音频环境中。

例如，思科公司提供的**合作式混合会议室**（collaboration meeting rooms hybrid，CMR）系统允许一组员工通过 WebEx 视频软件，使用任何设备在一起召开线上会议，而不需要任何特殊的网络连接、显示器或复杂的软件。CMR 软件系统可以安装在企业的服务器上或云端。员工可以在任何需要时安排会议。CMR 系统可以处理多达 500 名与会者参与的会议，当然这种情况非常少见。Skype 也开始部署类似的、基于云的合作环境，它与 Microsoft Office 集成，称为 Skype for Business，支持在线会议、文档、音频和视频的共享。

12.5 MIS 如何有助于我的职业发展

这是第 12 章和本书如何帮助你找到一份数据分析师的入门级工作的内容。

12.5.1 公司

Western Well Health 是科罗拉多州丹佛市主要的医疗保健服务提供商，正在寻找一名初级数据分析师，为运营/临床部门执行数据分析和报告。该公司的医疗网络包括科罗拉多州和堪萨斯州西部的 18 家医院、6 个老年生活社区、紧急护理诊所、合作医院以及家庭护理和临终关怀服务等。

12.5.2 职位描述

数据分析员将负责协调各种质量和绩效衡量计划，包括满意度调查计划、基准和跟踪护理质量、临床结果绩效和资产利用率。工作职责包括：

- 根据 SAS 数据集、微软 Access 数据库、外部网站和 BI 平台收集的数据进行数据分析，为关键利益相关群体和决策者提供报告。
- 通过访谈、文件分析、需求研讨会、现场访问、用例、数据分析和工作流程分析获取数据和报告需求。
- 与工作人员合作设计、维护和分发报告，并将报告纳入平衡计分卡。
- 根据需要分析、测试和修改数据库和报告，满足最终用户规范和质量保证程序的需求。
- 协助增强 BI 报告工具、仪表盘和移动 BI，提高报告的可用性、增加用户采用率并简化支持。

12.5.3 岗位资格要求

- 信息系统或统计学学士学位。
- 了解 Microsoft Access、SQL 和 BI 工具，如 business Objects、SAS BI 或 Tableau。
- 信息和系统分析经验。
- 对医疗保健业务和电子病历系统有一定的了解。
- 项目管理技能或经验。

12.5.4 面试问题

1. 你使用过 BI 软件吗？使用过哪些工具？熟练程度怎么样？能举例说明使用这些工具所做的数据分析工作和报告吗？
2. 根据你在数据分析和 BI 方面的经验，是否曾经使用过不那么友好的工具？有什么建议可以为用户改进该工具？
3. 你有没有过从零开始为用户开发分析报告的经历？你使用过哪些 BI 工具或数据集？能谈谈你是如何与用户合作获取报告的信息需求吗？
4. 你知道医疗健康行业和电子病历记录系统吗？你曾经使用过电子病历记录系统和软件吗？你做了些什么工作？
5. 你曾经在项目组工作过吗？你的职责是什么？你扮演过领导的角色吗？

12.5.5 作者提示

1. 复习本章前两节关于决策、第 6 章关于数据管理和第 13 章关于建筑系统构建和信息需求的内容。
2. 利用网络对公司做更多的研究。试着了解更多关于企业战略、竞争对手和业务挑战的信息。另外，浏览公司过去 12 个月的社交媒体频道，你能发现企业有哪些发展趋势或关注哪些社交媒体主题吗？
3. 如果你对所需的 BI 软件工具没有经验，请通过网络了解这些工具以及其他医疗保健企业是如何使用这些工具的。访问麦肯锡公司、波士顿咨询集团、贝恩公司和埃森哲等大型咨询公司的网站，阅读关于技术如何改变医疗服务业的研究文章。
4. 带上你在课程中完成的查询、报告工作以及你对 Microsoft Access 的熟练程度的案例。

复习总结

12-1 决策有哪些类型？决策过程是如何开展的？

组织中不同的层级（战略、管理和运营）会有不同的决策需求。决策可以是结构化、半结构化或非结构化的。结构化决策集中在组织运营层级，非结构化决策则集中在战略层级。决策可以由个人或团体来完成，包括员工、一线管理人员、中层管理人员和高层管理人员。制定决策包括 4 个阶段，即情报、设计、选择和执行。

12-2 信息系统如何支持管理者活动和管理层决策？

早期经典的管理活动模型强调计划、组织、协调、决策和控制功能。当代研究通过观察管理者的实际行为发现，管理者在现实中的活动是高度分散的、多样化的，持续时间较短，且避免作出大而全的决策。

信息技术为管理者提供了新的工具，既发挥他们的传统角色也兼顾新角色，使他们能够比以往任何时候都更加精确和快速地监控、计划和预测，并能更迅速地对不断变化的商业环境作出反应。信息系统最有助于支持管理者履行信息传播角色、组织各层级之间的联络角色和分配资源的角色。然而，信息系统支持非结构化的成功例子很少。信息系统在支持决策方面可以发挥作用，但信息质量、管理过滤器和组织文化可能会降低决策质量。

12-3 BI 和 BA 分析如何支持决策？

BI 和 BA 可以给决策者提供正确且几乎实时的信息，分析工具可以帮助决策者迅速理解信息，并采取行动。BI 系统包括来自商业环境中的数据、BI 数据基础架构、业务分析工具集、管理者用户和方法、BI 输出平台（MIS、DSS 或 ESS）和用户界面。BI 系统提供 6 种满足最终用户需要的分析功能，包括预先定义的生产报表、参数化报告、仪表盘/计分卡、即席查询/搜索报表创建、向下钻取分析以及预测、情景化和建模等。

12-4 组织中的不同决策群体如何使用 BI？信息系统如何帮助决策团队更有效地决策？

一线管理人员和中层管理人员一般负责监控企业运营绩效，他们所做的大多数决策是结构化程度较高的。生成日常生产报表的 MIS 通常用于支持这种类型的决策。中层管理人员和分析人员使用 DSS 辅助制定非结构化决策。DSS 一般具有较强的分析和建模工具，包括电子表格和数据透视表。高层管理人员通过显示关键绩效指标信息的仪表盘和可视化界面辅助制定非结构化的决策，这些 KPI 信息反映了公司的盈利情况、成功和战略执行情况。平衡计分卡与企业绩效管理是用于指导 ESS 设计的两种方法论。GDSS 帮助团队工作的人们更有效地做出决策。

关键术语

平衡计分卡方法（balanced scorecard method）

行为模型（behavioral model）

业务绩效管理（business performance management，BPM）

选择（choice）

经典管理模型（classical model of management）

数据可视化（data visualization）

决策角色（decisional role）

设计（design）

向下钻取（drill down）

地理信息系统（geographic information systems，GIS）

群体决策支持系统（group decision-support systems，GDSS）

实施（implementation）
信息角色（informational role）
情报（intelligence）
人际关系角色（interpersonal role）
关键绩效指标（key performance indicators, KPI）
位置分析（location analytics）
管理角色（managerial role）

运营智能（operational intelligence）
透视表（pivot table）
预测分析（predictive analytics）
半结构化决策（semi-structured decisions）
灵敏度分析（sensitivity analytics）
结构化决策（structured decisions）
非结构化决策（unstructured decisions）

复习题

12-1 决策的类型有哪些？决策过程是如何开展的？
- 列出并描述组织中不同的决策层次和决策参与者。解释他们的决策需求有哪些不同。
- 区分非结构化、半结构化和结构化的决策。
- 列出并描述决策的各个阶段。

12-2 信息系统怎样支持管理者活动和管理层决策？
- 比较经典管理模型和行为模型。
- 确定可以由信息系统支持的具体管理角色。

12-3 BI 和 BA 如何支持决策？
- 定义和描述 BI 和 BA。
- 列出并描述 BI 系统中的组成要素。
- 列出并描述 BI 系统提供的分析功能。
- 比较两种不同的开发 BI 和 BA 功能的管理策略。

12-4 组织中的不同决策群体如何使用 BI？信息系统如何帮助决策团队有效地决策？
- 列出组织中主要的决策者，并描述其所做的决策类型。
- 描述 MIS、DSS 或 ESS 如何为每一类决策者提供决策支持。
- 定义和描述平衡计分卡方法和企业绩效管理方法。
- 定义 GDSS，并说明它与 DSS 的不同之处。

讨论题

12-5 作为信息系统的管理者或使用者，要参与 DSS 或 ESS 的设计和使用，你需要了解什么？为什么？

12-6 如果企业更广泛地使用 DSS、GDSS 和 ESS，管理者和员工将能作出更好的决策吗？为什么？

12-7 BI 和 BA 能在多大程度上帮助企业完善经营策略？请解释你的答案。

MIS 实践项目

本部分将为你提供分析 DSS 实践项目的机会，请你使用电子表格和透视表分析销售数据，并使用在线退休计划工具进行财务计划的编制。

管理决策问题

12-8 斯巴鲁（Subaru）和其他汽车制造商的经销商保存着销售和服务汽车里程的记录。里程数据用于提醒客户何时需要预约保养服务，但也用于其他目的。在当地经销商层面和企业层面，这种数据可以支持哪些决策？如果这些数据是错误的，将会发生什么？例如，里程本应是 30 000 却显示为 130 000，它将如何影响决策？评估其对业务的影响。

12-9 Applebee's 是世界上最大的休闲餐饮连锁店，在美国和其他 20 个国家拥有超过 1 800 个分店。其菜单包括牛肉、鸡肉和猪肉食物，以及汉堡、面食和海鲜。该公司的 CEO 希望研发更美味的、更多客户想要的，并且在汽油和农产品成本上升的情况下客户仍然愿意支付的餐品，从而提高餐厅的盈利能力。BI 如何帮助管理人员实施这一战略？该公司需要收集哪些方面的数据？什么样的报告有助于管理层制定改善菜单和提高盈利能力的决策？

改善决策：使用基于 Web 的 DSS 规划退休生活

软件技能：基于互联网的软件

商业技能：财务规划

12-10 该项目有助于你提高利用基于 Web 的决策支持系统进行财务规划的技能。

美国有线新闻网络财经频道（CNN Money）和基普林格（Kiplinger）集团网站的主要功能是使用基于 Web 的决策支持系统进行财务规划和决策。这两个网站都可以用来规划退休生活。请你选择并使用某个网站，确定需要为退休生活存多少钱？假设你现在 50 岁，计划在 17 年后退休。你现在有 10 万美元的存款。当前你的年收入是 85 000 美元。你的目标是年退休收入能够达到 60 000 美元，其中包括社会保险金。

使用你所选择的网站，确定你需要存多少钱才能实现你的退休目标。要计算预估的社会保险金，你可以使用在社会保障局网站上的快速计算器。

请评价该网站，包括它的易用度、清晰度、所得到的计算结果的价值，以及在多大程度上该网站可以帮助投资者了解他们的财务需求和金融市场情况。

团队合作项目

调查数据驱动的体育分析

12-11 与 3～4 个同学一起，选择一项运动，如橄榄球、棒球、篮球或足球。使用网络研究如何使用数据和分析提高团队绩效或门票销售量。如果可能，请使用 Google Docs、Google Drive 或 Google Sites，集思广益并制作演示文稿来报告你们的结果。

案例研究

Predix 是通用电气的未来吗？

通用电气（GE）是全球最大的工业企业之一，产品范围从涡轮机到喷气发动机到医疗设备，企业已经转变成以技术为中心的业务战略和商业模式。2000—2017 年，GE 首席执行官 Jeffrey Immelt 希望到 2020 年将 GE 变成十大软件企业之一。2015 年，GE 为此成立了 GE Digital 事业部，并将其作为工业集团中的一个业务板块。

GE 一直专注于发电机、喷气发动机、机车和炼油设备，以及将这些设备连接到云端的软件。企业使用来自工业机器传感器生成的数据，帮助客户监视设备性能，预防故障并评估机器的总体运行状况。这项新兴技术为 GE 的客户提供了分析物联网数据的新机会，同时还帮助 GE 从传统制造商转变为现代数字化企业。

在许多行业中，仅仅将现有资产的生产率提高一个百分点，就可以产生巨大的收益。石油和天然气行业也是如此。油井的平均采收率为 35%，意味着一口井 65% 的潜力留在地球上，因为目前可用技术的开采成本太高了。如果技术可以帮助石油开采企业将采收率从 35% 提高到 36%，那么世界石油产量将增加 800 亿桶，相当于 3 年全球的供应量。

当设备由于故障无法运行时，计划之外的停机时间也会对石油和天然气行业造成深远的影响。一个平台上一天的生产效率并不高，一个液化天然气设施的成本高达 2 500 万美元，而一个中型液化天然气设施平均每年要经历 5 天故障，即要损失 1.25 亿～1.5 亿美元。在能源价格降低导致收入降低的情况下，最大限度地减少停机时间是至关重要的。GE 认为物联网软件将带来 10 亿美元的商机。

GE 所有的工业互联网应用的基础是 Predix，这个软件平台于 2015 年推出，用于收集来自工业传感器的数据，并分析云中的信息。Predix 可以在任何云基础架构上运行。该平台具有开放的标准和协议，可以让客户更轻松、快速地将机器连接到工业互联网上。该平台可以适应每个客户的工业数据当前使用水平下的规模，而且还可以根据需求的增长进行扩展。Predix 可以提供其他企业和 GE 开发的应用程序，用于本地部署或基于云的部署，并且可以由客户使用自己的数据源、算法和代码进行扩展。客户可以为 Predix 平台开发自己的自定义应用程序。GE 还建立了一个开发人员社区，创建可以在 Predix 上托管的应用程序。Predix 不仅仅限于工业应用。例如，它可用于分析医疗保健系统中的数据。现在，GE 在 Predix 上运行了**健康云**（health cloud）。数据安全地嵌入所有平台应用层中，这对于企业将其运营链接到互联网是非常重要的。

GE 当前使用 Predix 监控和运维自己的工业产品，如风力涡轮机、喷气发动机和水力涡轮机系统。Predix 可以为 GE 客户的机器操作员和运维工程师提供实时信息，以安排维护检查，提高机器效率并减少停机时间。GE 主动帮助客户收集和使用运营数据，降低服务成本。当 GE 同意为客户的机器提供服务时，通常会提供性能保证。主动识别潜在问题，这也可以减少工厂的成本，对客户和 GE 来说都是有帮助的。

2013 年初，GE 开始使用 Predix 分析所有机器中的数据。通过确定一台机器比另一台机器更高效或更容易停机的因素，就可以更严格地管理机器的运营。例如，通过使用高性能分析，GE 得知某些喷气式飞机的发动机何时需要更频繁的计划外的维护。通过收集大量的数据并分析整个机群的数据，GE 能够按操作环境对发动机进行聚类。GE 发现，中东和中国的酷热和恶劣环境容易导致发动机阻塞、发热，并降低了运行效率，因此需要更多的维护。GE 还发现，如果频繁地清洗发动机，那么这些问题就会少很多。机器组群的分析帮助 GE 延长了发动机的寿命，减少了发动机的维护。GE 认为，由于提高了发动机效率，每年可以为客户平均节省 700 万美元的喷气飞机燃料。

Predix 开始为 GE 客户提供解决方案。美国最大的国有公用事业企业纽约电力管理局一直在与 GE Digital 合作，开发可提高发电和配电网络效率的应用。GE 的试点项目已为该公用事业企业节省了 300 万美元的成本。该企业的目标是在未来 10 年内节约 5 亿美元。英国石油和天然气公司（BP）从自己的软件切换到 Predix，监视油井中的状况。截至 2015 年底，BP 已在数千个油井中的 650 口井中安装了与 Predix 相连的 GE 传感器，每口井配备 20～30 个传感器，用来测量压力和温度，每 15 秒钟将 500 000 个数据点传输到 Predix 云上。BP 希望使用这些数据预测油井流量和每口井的使用寿命，并最终获得企业对油田性能的完整了解。

GE 认为，管道风险管理是石油和天然气行业的主要挑战。全球范围内有 322 万千米的传输管道，将液态石油或天然气从提取点运送到精炼、加工或市场的地方。管道泄漏并不会经常发生，但是一旦发生，就会造成严重的经济损失和环境破坏，并给管道运营商和能源企业造成不良的品牌影响。管道运营商总是渴望知道下一次泄漏的位置，但是以前缺乏测量管道适应性的数据。因运营商无法将多个数据源集成，也无法看到并了解管道中的风险。

GE 开发了一种管道管理软件套件，用于访问、管理和集成关键数据，以安全地管理管道，其中包括用于监控老化的基础设施风险评估工具。GE 的风险评估解决方案结合了内部因素和外部因素（如洪水），可以准确、实时地显示管道中存在风险的位置。该风险评估工具使管道运营商能够了解最近发生的事件如何影响风险，并能识别沿着管道部署的现场服务人员的位置，作出实时决策。风险评估工具的可视化和分析功能可在 Predix 上运行。

GE 还从气象系统和挖掘报告服务中提取数据，更全面地了解管道网络。在容易发生地震、水路和冲刷的地区，天气对管道的影响很大。整理数千米管道的降雨或洪水泛滥区的天气模式，并将这些数据与其他复杂的管道数据集集成起来是非常困难的。但是，通过将所有的相关数据集中在一起，GE 帮助管道运营商容易地获得信息，帮助他们解决具有潜在影响的隐患。

除了能够检查所有当前的风险外，管道运营商还受益于用"假设"计算工具对假设情景进行建模，如评估调整工作压力或解决腐蚀性管道特定区域的影响。GE 将为它们提供工具，以彩色的方式显示这些操作将如何影响管道的风险。

尽管很少有企业有足够的资金或基础设施运营用于集成和分析物联网数据的平台，但 GE 面临着来自多方位的竞争，包括亚马逊、微软和谷歌等巨型云服务供应商，Oracle、SAP、IBM 和 SAS Institute 等主要的商业软件企业，西门子、霍尼韦尔和 ABB 等工业集团以及 C3 物联网、Uptake 和 FogHorn Systems 等初创企业。GE 的优势在于与客户之间的长期合作关系。

到目前为止，GE 只有 8% 的工业客户使用 Predix 产品组合产品。

2017 年 11 月，接替 Immelt 出任 GE 首席执行官的 Jeff Flannery 宣布，把 GE Digital 和 Predix 的支出削减 25% 以上，即 4 亿美元。尽管如此，数字化举措对企业仍然至关重要，Flannery 希望 Predix 的年收入达到 10 亿美元。但是，Flannery 希望通过"更专注"的战略来实现这一目标。2018 年 7 月，企业宣布正在为其 Digitat 事业部的某些业务寻求买家。

GE 极大地低估了创建分析物联网数据所需的所有软件以改善各行业的业务流程所面临的挑战。GE 的技术专长在于设计和制造动力喷射发动机、工厂涡轮机和医学成像设备等机器，以及专用于控制工厂运营中的机器的专用软件。对于 GE Digital 来说，要快速迁移到基于云的软件以处理整个工业互联网的各种传感器、机器数据以及大数据分析是一项艰巨的任务。GE 在为 Predix 调整其原有应用程序方面也遇到困难。GE 有许多用于监视其机器的算法，但它们大多是用不同的编码语言编写的，并驻留在 GE 业务的其他系统上。这使得将软件转换为在 Predix 平台上运行既费时又昂贵。Predix 已被缩减为主要用于帮助编写应用程序的一组软件工具，而不是连接到代码层以自动进行数据分析。GE Digital 现在专注于销售针对 GE 现有工业客户量身定制的特定工业应用产品，而不是面向更广泛的工业领域的通用软件。

资料来源： Dana Cimilucca, Dana Mattioli, and Thomas Gryta, "GE Puts Digital Assets on the Block," Wall Street Journal, July 30, 2018; Steve Lohr, "GE Makes a Sharp 'Pivot' on Digital," New York Times, April 19, 2018; www.ge.com, accessed May 3, 2018; Courtney Biorlin, "GE Predix Platform's Focus Narrows as Flannery Cuts Digital Spending," Internet of Things Institute, November 15, 2017; Alwyn Scott, "GE Is Shifting the strategy for Its $12 Billion Digital Business," Reuters, August 28, 2017; Laura Winig, "GE's Big Bet on Data and Analytics," MIT Sloan Management Review, February 2016; Devin Leonard and Rick Clough, "How GE Exorcised the Ghost of Jack Welch to Become a 124-Year-Old Startup," Bloomberg Businessweek, March 21, 2016; and Holly Lugassy, "GE Leverages Pivotal Cloud Foundry to Build Predix, First Cloud for Industry," CloudFoundry.org, May 11, 2016.

案例分析题：

12-12 GE 是如何改变其企业战略和商业模式的？信息技术在 GE 战略中的作用是什么？

12-13 GE 关注什么样的业务职能和决策水平？

12-14 请描述使用 Predix 可以支持的 3 种决策。每个决策对公司的价值是什么？请说明。

12-15 GE 将在多大程度上将成为一家软件企业？请解释你的答案。

参考文献

[1] Breuker, Dominic, Martin Matzner, Patrick Delfmann, and Jörg Becker. "Comprehensible Predictive Models for Business Processes." MIS Quarterly 40, No. 4 (September 2016).

[2] Brynjolfsson, Erik, Tomer Geva, and Shachar Reichman. "CrowdSquared: Amplifying the Predictive Power of Search Trend Data." MIS Quarterly 40, No. 4 (December 2016).

[3] Chen, Daniel Q., David S. Preston, and Morgan Swink. "How the Use of Big Data Analytics Affects Value Creation in Supply Chain Management." Journal of Management Information Systems 32, No. 4 (2015).

[4] Davenport, Thomas H. "Analytics 3.0." Harvard Business Review (December 2013).

[5] Davenport, Thomas H., and Jill Dyche. "Big Data in Big Companies." International Institute of Analytics (May 2013).

[6] Davenport, Thomas H., and Jeanne G. Harris. Competing on Analytics: The New Science of Winning: Updated, with a New Introduction. Boston: Harvard Business Review Press (2017).

[7] De la Merced, Michael J., and Ben Protess. "A Fast-Paced

[8] Dennis, Alan R., Jay E. Aronson, William G. Henriger, and Edward D. Walker III. "Structuring Time and Task in Electronic Brainstorming." MIS Quarterly 23, No. 1 (March 1999).

[9] Dietvorst, Berkeley J. "When People Don't Trust Algorithms." MIT Sloan Management Review (July 5, 2017).

[10] Grau, Jeffrey. "How Retailers Are Leveraging 'Big Data' to Personalize Ecommerce." eMarketer (2012).

[11] Hardin, Andrew, Clayton A. Looney, and Gregory D. Moody. "Assessing the Credibility of Decisional Guidance Delivered by Information Systems." Journal of Management Information Systems 34, No. 4 (2017).

[12] Kahneman, Daniel. Thinking, Fast and Slow. New York: Farrar, Straus and Giroux (2011).

[13] Kaplan, Robert S., and David P. Norton. "The Balanced Scorecard: Measures That Drive Performance." Harvard Business Review (January–February 1992).

[14] _____. Strategy Maps: Converting Intangible Assets into Tangible Outcomes. Boston: Harvard Business School Press (2004).

[15] Leidner, Dorothy E., and Joyce Elam. "The Impact of Executive Information Systems on Organizational Design, Intelligence, and Decision Making." Organization Science 6, No. 6 (November–December 1995).

[16] Luca, Michael, Jon Kleinberg, and Sendhil Mullainathan. "Algorithms Need Managers, Too." Harvard Business Review (January–February 2016).

[17] Marchand, Donald A., and Joe Peppard. "Why IT Fumbles Analytics." Harvard Business Review (January–February 2013).

[18] Martens, David, Foster Provost, Jessica Clark, and Enric Junqué de Fortuny. "Mining Massive Fine-Grained Behavior Data to Improve Predictive Analytics." MIS Quarterly 40, No. 4 (December 2016).

[19] McDonough, Brian. "How Slack Uses Big Data to Grow Its Business." Information Management (May 3, 2017).

[20] McKinsey Global Institute. "The Age of Analytics: Competing in a Data-Driven World" (December 2016).

[21] Mintzberg, Henry. "Managerial Work: Analysis from Observation." Management Science 18 (October 1971).

[22] Porter, Michael E., and Nitin Nohria. "How CEOs Manage Time." Harvard Business Review (July–August 2018).

[23] Ransbotham, Sam, David Kiron, and Pamela Kirk Prentice. "Minding the Analytics Gap." MIT Sloan Management Review (Spring 2015).

[24] Sharda, Ramesh, Dursan Delen, and Efraim Turban. Business Intelligence, Analytics, and Data Science: A Managerial Perspective, 4/e. New York: Pearson (2018).

[25] Shi, Donghui, Jian Guan, Jozef Zurada, and Andrew Manikas. "A Data-Mining Approach to Identification of Risk Factors in Safety Management Systems." Journal of Management Information Systems 34, No. 4 (2017).

[26] Simchi-Levi, David. "The New Frontier of Price Optimization." MIT Sloan Management Review (Fall 2017).

[27] Simon, H. A. The New Science of Management Decision. New York: Harper & Row (1960).

[28] Tversky, Amos, and Daniel Kahneman. "Rational Choice and the Framing of Decisions." Journal of Business (1986).

第四部分
建设和管理系统

第 13 章　建设信息系统

第 14 章　管理项目

第 15 章　管理全球系统

第四部分阐述了如何使用前述章节获得的知识，分析和设计解决企业问题所需的信息系统解决方案。本部分回答了以下这些问题：如何从商业利益的角度开发信息系统的解决方案？企业如何适应新的系统解决方案带来的变化？有没有替代方法可用于构建系统的解决方案？

第 13 章

建设信息系统

学习目标

通过阅读本章,你将能回答:
1. 新系统的建设如何引发组织变革?
2. 信息系统开发过程中的核心活动有哪些?
3. 信息系统建模和设计的主要方法有哪些?
4. 建设信息系统有哪些可选方法?
5. 在数字企业时代信息系统建设有哪些新方法?
6. MIS 如何有助于我的职业发展?

本章案例

Cameron 建立一个新的财务报告系统
Carter's 重新设计业务流程
移动应用 App 的开发与系统开发是不同的
日立咨询将人力资源转移到云端

Cameron 建立一个新的财务报告系统

Cameron 是斯伦贝谢控股公司的子公司，为石油天然气和加工行业提供压力控制、加工、流量控制、压缩系统以及项目管理和售后服务。Cameron 总部位于得克萨斯州的休斯敦，拥有约 23 000 名员工，具有横跨五大洲的销售和服务网络。

2010 年，Cameron 启动了一个集团内的标准化项目，以简化信息技术平台和财务报告流程。企业合并为 5 个利润中心的 5 个业务单元，采用了新的报告结构。制造工厂将把它们的财务数据汇总到利润中心，以便报告损益表等信息。这种合并使高层管理人员能够使用利润中心数据的汇总视图，并更好地评估企业的整体财务状况。然而，Cameron 的系统无法提供制造工厂层面的数据视图。想要查阅制造工厂报告的管理者必须将数据输入某个系统，然后在另一个系统中查看。

Cameron 需要一个解决方案，在一个集中的合并应用中包含制造工厂的财务数据。企业评估了几种规划和整合软件工具，并选择了 SAP 业务计划和整合（SAP business planning and consolidation，BPC）7.5 版本软件。BPC 软件在单个应用中提供计划、预算、预测和财务整合功能。SAP BPC 确实提供了制造工厂的报告，并且可以与 Cameron 已经在使用的 SAP ERP 系统集成。每个工厂都可以看到自己的损益表和任何差额，以及利润中心汇总的数据。

Cameron 分阶段实施了新的 SAP 计划和整合系统，从美国的办事处开始，并在某个时间段内与旧系统并行。并行期间，Cameron 匹配了两个系统的数据，确保财务数据是正确的。在成功并行了两个月后，新系统在整个企业投入使用，原来的系统也就被淘汰了。

Cameron 的财务报告系统需要定制 SAP 软件。Cameron 对 SAP 软件进行了修改，以满足美国企业间交易冲销的业务规则。它还使用插件来校正数据加载期间的时间差（插件是一种软件模块，可以很容易地安装，用来在现有的计算机程序中添加特定的功能或服务）。

占项目组 2/3 的最终用户积极参与了新系统的开发和实施。财务部门的业务人员向系统开发人员提供有关财务报告需求的详细信息。最终用户在系统投入生产之前帮助审查了系统的报告能力和输出文档，以改进报告。这也有助于用户慢慢熟悉新系统。管理层很高兴地看到，新系统很快生成了财务报表，这正是管理层所希望的。新系统的实施进展非常顺利，按时并按预算有序执行。新系统更加方便用户使用，它提供的工具可以帮助用户在没有 IT 人员帮助的情况下可独立完成更多的工作。

在 SAP BPC 顾问的帮助下，Cameron 已经从手动拉数据方式转向无缝的自动连接。新系统用户只需双击利润中心，就可以看到详细的数据，可以看到有多少工厂和每个工厂的数据。这在原有的系统中需要一整天的手动工作才能确保正确地完成整合。业务人员 90% 的时间用于收集数据，只有 10% 的时间用于分析信息。新系统的自动化程度使 Cameron 的业务人员可以花 90% 的时间来分析报告结果。

资料来源：www.sap.com, accessed January 5, 2018; Lauren Bonneau, "Cameron Achieves Complete Plant-Level Visibility with SAP Business Planning and Consolidation," SAP Insider Profiles, October 30, 2017; and www.cameron.slb.com, accessed January 5, 2018.

Cameron 的经验说明了设计和构建新的信息系统所需的步骤。建立一个新的财务合并系统，需要分析企业现有系统存在的问题、评估信息需求、选择适当的技术以及重新设计业务流程和工作；管理层必须监督系统建设工作，并评估效益和成本；信息需求被纳入新系统的设计中。这是一个有计划的组织变革过程。

图 13-1 提出了本案例和本章的重点。Cameron 重组了 5 个利润中心。由于原有过时的系统和低效的人工流程，公司很难从制造工厂和利润中心两个层面来分析财务数据的，增加了成本，降低了工作效率，并限制了企业快速及整体分析财务数据的能力。

解决方案是实施一个新的业务计划和整合系统，可以在制造工厂和利润中心两个层面提供报告。Cameron 的信息需求被纳入新系统的设计中，并要求这个系统更加人性化。该解决方案不仅包括新技术的应用，还包括企业文化、业务流程和工作职能的改变。Cameron 的财务职能部门能够花更多的时间进行计划和分析。

> 需要考虑：Cameron 新的 SAP BPC 系统是如何满足信息需求的？新系统在多大程度上改变了 Cameron 的业务运作方式？

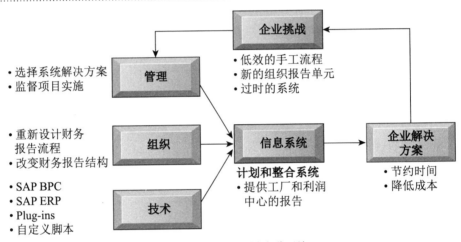

图13-1　Cameron的财务报告系统

13.1 新系统的建设如何引发组织变革？

建设新的信息系统是一种有计划的组织变革。建设一个新系统不仅仅是对硬件和软件的投资，更重要的是包括职能岗位、技能、管理和组织的变化。当设计一个新的信息系统时，我们要重新设计组织，系统建设者必须懂得系统如何影响具体的业务流程和整个组织。

13.1.1 系统开发和组织变革

信息技术能促进从渐进式到变化巨大的不同程度的组织变革。图 13-2 显示了 4 种信息技术使能的组织变革式：自动化、程序合理化、业务流程再造和范式转移。每种变革都会带来不同的风险和回报。

最常见的 IT 使能的组织变革是**自动化**（automation）。信息技术最早被用于协助员工更高效地完成工作。例如，计算薪水和工资表、让银行职员能及时访问用户存款记录、为航空服务代理商开发一个全国范围的订票网络等，都是早期自动化的例子。

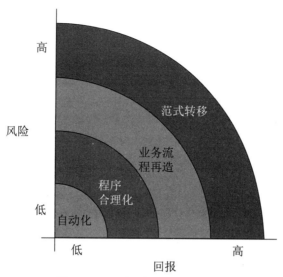

图13-2 组织变革带来的风险和回报

注：最常见的组织变革形式是自动化和程序合理化。这种缓慢渐进式变革策略带来的是低风险和较低的回报。业务流程再造和范式转移是一类更快、更综合性的变革，带来的是高回报，但失败的风险也很高。

紧随自动化之后、更深层次的组织变革形式是**程序合理化**（rationalization of procedures）。自动化后，我们很容易发现生产过程中新的瓶颈，以及现有程序和结构的烦琐。程序合理化是精简标准操作程序。例如，Cameron 新的财务报告系统是有效的，不仅因为它使用了计算机技术，而且因为简化了这一职能的业务流程，减少了手动步骤。

程序合理化经常被用在对产品、服务和运营质量进行持续提升的项目中，如全面质量管理和六西格玛。**全面质量管理**（total quality management，TQM）以追求品质为目标，并明确组织中所有员工和部门相应的职责。TQM 是从美国质量专家 W. Edwards Deming 和 Joseph Juran 提出的概念引申而来，却由日本人进行了普及。**六西格玛**（six sigma）是对质量水平的具体衡量方法，它代表每百万次的检测中只出现 3.4 个"废品"的概率。大多数企业很难真正地实现六西格玛，只是将其作为一个促进质量提升的目标。

更有力的组织变革是**业务流程再造**（business process redesign，BPR）。在这个过程中，业务流程将被分析、简化和重新设计。业务流程再造会重组工作流程，合并一些工作步骤，减少浪费和消除重复的、纸质密集型的任务（有时这种改变会减少工作岗位）。这是一种比程序合理化更激进的组织变革，需要从新的视角看待如何重组流程。在"互动讨论：组织"部分给出了一个案例。

程序合理化和业务流程再造均局限于企业的某些特定部分。新的信息系统通过转变企业的商业模式，甚至改变企业性质，可以从根本上影响整个组织的设计。例如，长途卡车和运输企业施耐德物流公司，使用新的信息系统改变了它的公司模式。施耐德公司为其他企业创造了一个新的物流业务管理模式。这种更彻底的变革形式叫**范式转移**（paradigm shift），这种变革需要对企业业务和组织性质的再思考。

由于大范围的企业变革很难协调，范式转移和业务流程再造很容易失败（见第 14 章）。那么，为什么还有这么多的企业会考虑这种激进的变革呢？这是因为企业获得的相应回报也很高（见图 13-2）。在很多实例中，企业追求范式转移和业务流程再造战略带来的投资回报会井喷式增长。本书将介绍这些成功和失败的案例。

互动讨论：组织

Carter's 重新设计业务流程

Carter's 已经建立了一个大的服装业务，它提供从婴儿到青少年成长过程中的服装产品。这家企业是美国最大的婴幼儿服装品牌销售商，包括 OshKosh B'gosh 品牌。Carter's 的商品在网上销售，在美国和加拿大有 1 000 多家商店，以及在 18 000 多家百货企业和专卖店设有柜台。企业的年收入超过 30 亿美元，总部设在佐治亚州的亚特兰大市。Carter's 的财务系统每天处理数十万笔交易。

直到最近，Carter's 用来处理这些交易的系统都是大量的手工和纸质的，已经无法跟上企业的发展和日益数字化的商业环境。多年来，这家企业一直依赖 20 多个陈旧的财务系统，其中一些是自己开发的，并且已经过时。如果这些系统没有相互集成，Carter's 只好使用手动过程保持所有数据的一致性。这就造成了工作的瓶颈，减慢了处理速度，也增加了人为错误的概率。例如，处理退款需要大量的人工输入数据，并跟踪来自不同系统的电子表格、电子邮件、文件夹和传真，以便将特定的计费与相应的分类账进行核对（退款是指在买方对购买提出异议的情况下，向买方返还用于购买的资金的过程）。

Carter's 的管理层希望将财务职能的角色从专注于交易处理转变为更注重分析财务数据和指导决策。为了实现这一目标，企业需要在财务流程和技术方面进行流程改进。这意味着需要精简财务流程，以便财务部门有更多的时间进行分析和报告工作。2015 年，Carter's 发起了一项"从愿景到价值"的倡议，以实现这一目标。

除了用更先进的技术，包括集中的 ERP 系统取代过时的系统外，该项目还提供了一个使财务流程现代化的机会。Carter's 为此选择了 SAP Business Suite 4 SAP HANA（也称为 SAP S/4HANA）软件，并与德勤咨询公司合作，协助系统的集成和实施。SAP S/4HANA 是基于 SAP 专有的 HANA 超高速数据管理和计算平台的业务软件套件，旨在支持企业的所有日常流程。新的软件解决方案必须与财务以外的其他相关系统（如订单管理系统和 POS 系统）进行良好的交互。SAP S/4HANA 提供了与来自其他 SAP 和非 SAP 应用系统（财务和其他）的多个数据源的集成。

业务流程重新设计与新技术一样，对项目的成功至关重要。实施 SAP 软件为 Carter's 提供了从旧的、低效的流程转变为现代流程的机会，从而反映出企业的业务线与行业的最佳实践看齐。Carter's 不得不将财务流程与这些最佳实践进行对比，许多最佳实践都被纳入 SAP 软件中。彻底的对标要求对每个核心财务流程背后的基本原理提出质疑。对于基于现有技术的每一个流程，实施新系统都必须要确定是否可以在新的技术平台上重新设计，提高效率。Carter's 还研究了是否需要将流程保留在原有的系统上，而不是迁移到 SAP S/4HANA，Carter's 决定在现有系统上保留一个流程，除非迁移到 SAP S/4HANA 会有明显的益处。对于运行核心财务流程的系统，SAP S/4HANA 更有优势。

2016 年 7 月，Carter's 开始使用 SAP S/4HANA 财务系统，新系统支持采购到付款、发票到现金、固定资产和记录到报告的流程。将"采购到付款"流程转移到 SAP S/4HANA，消除了手动数据输入，并提高了交易在系统中流动时的可见性，提高了效率（采购到付款是购买商品的过程，包括最初的购买决定、选择商品以及为购买商品付款的交易）。该软件不需要各种电话、电子邮件和证明文件的纸质副本，而是通过软件指导完成这一过程。SAP 发票管理应用通过光学字符识别（OCR）扫描、读取和归档发票，从而实现集中化的发票开具流程，该流程通过预设的开票员和审批员列表，启动发票工作流，直至最终发票付款。一旦输入了发票信息，就可以在流程生命周期的任何地方自动访问它，并且用户可以在自己的屏幕上查看与发票交易相关的所有信息。例如，在批准发票时，系统可以让 Carter's 的员工看到流向应付账款的发票数据，从而启动付款流程。

系统生成的退款流程跟踪以及对退款状态监控能力的改进，大大节省了付款和收款的时间和效率。所有的信息都在 SAP 系统中，因此批准退款的人都可以在同一个地方看到所有的历史记录。除退款的历史记录外，一旦批准退款，系统会将特定的退款信息发送到特定的总账。通过消除手工操作和工作表依赖，系统也使得固定资产流程更有效率。

资料来源："Transforming a Retail Brand Leader with SAP S/4HANA Finance," events.sap.com, accessed February 24, 2018; Ken Murphy, "A Next-Generation Finance Platform at Carter's," SAP Insider Profiles, December 19, 2016; and www.corporate.carters.com, accessed February 26, 2018.

案例分析题：

1. Carter's 之前的业务流程如何影响公司的业务绩效的？
2. 哪些管理、组织和技术因素导致了 Carter's 的业务流程问题？
3. 请绘制 Carter's 原来的和重新设计的发票支付流程图。
4. 描述技术在 Carter's 的业务流程变革中所起的作用。
5. Carter's 重新设计的业务流程如何改变了企业的运作方式？相应的业务影响是什么？请解释。

13.1.2 业务流程再造

像本章开篇案例中提到的 Cameron 的案例一样，现在很多企业都想用信息技术改进业务流程。有一些系统需要进行渐进式流程变革；另一些系统则需要更深层次的业务流程再造。为了应对这些变革，企业需要业务流程管理。**业务流程管理**（business process management，BPM）提供了一系列的工具和方法来分析现有流程，设计和优化新流程。因为流程改进是一种持续的过程，所以业务流程管理不会结束。企业要进行业务流程管理需要经历以下步骤。

（1）确定变革流程。企业最重要的战略决策不是决定如何使用 IT 技术改进业务流程，而是明白哪些业务流程需要被改进。企业在使用信息系统优化错误的商业模式或业务流程时，会在不应该做的事情上浪费时间。因此，企业在与已发现合适的商业模式的对手竞争时，其竞争力会降低。考虑到企业可能会花费大量的时间和成本投入在对企业效益影响很小的业务流程上，管理者需要决定哪些业务流程是最重要的，以及如何改进这些流程可以提高企业绩效。

（2）分析现有流程。现有业务流程应该被固化、文档化，注明输入、输出、资源和活动之间的顺序。流程设计团队应识别出冗余步骤、纸张密集型任务、瓶颈和其他低效率的环节。

（3）重新设计新流程。一旦现有流程被绘制出来，且从时间和成本进行衡量，流程设计小组将尝试设计一个新流程，以达到改进的目的。新的简化流程将被记录和建模，以便与旧的业务流程进行比较。

（4）实施新流程。一旦新流程建模和分析完成后，企业便可采用一系列新的程序和工作规则。为了支持重新设计的流程，企业需要新的信息系统或者提升现有系统。新的业务流程及其支持系统将在企业中推广。当企业开始使用这个新流程时，流程中存在的一些问题会被发现，并被处理。那些使用新流程的员工可能提出相应的改进意见。

（5）持续评估。一旦流程得以实施和优化，企业需要对流程持续进行评估。为什么？当员工退回使用旧的工作方法时，新流程可能会随着时间的推移而不适用，甚至当企业业务经历其他变革时，新流程可能会失效。

图 13-3 显示了从实体书店购书的原有流程。想象一下客户在一家实体书店的书架间找书的情形。如果客户找到了想要的书，他会拿着那本书到收银台用信用卡、现金或支票付款。如果找不到书，便会向店员求助，店员通过查看书架和书店的存货清单来确认是否有货。如果店员查找到了那本书，客户即可购买并离开。如果书店里没有此书，店员会询问是否需要为其订书。店员可以从仓库、经销商或者出版商处订书，书到达后，店员可以通知客户到书店取书。如果店员不能订到书，或者客户不需要店员为其订书，那么客户可以尝试前往另一家书店购书。这个过程有很多步骤，而且客户有可能要去书店好几次。

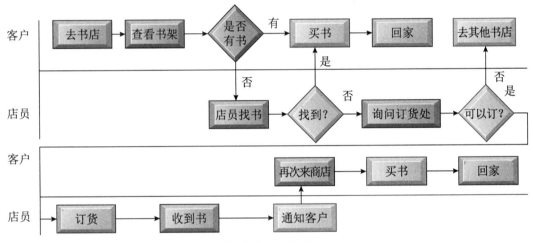

图13-3　实体书店购书的流程

注：从实体店购书的过程需要客户和店员经过多个步骤才能完成。

图 13-4 描述了利用网络优势重新对图书购买流程进行了设计。客户在计算机上通过网络访问在线书店，通过书店目录查找想要的图书。如果书店有库存，客户便可以在线订书、付款和填写收货地址，接下来书店会将书寄给客户。如果书店无此书，客户便可以选择另一家在线书店查找图书。这一新流程比在实体店减少了不少步骤，对客户而言，节省了时间和体力，对书店来说，只需要较少的销售人员就可以完成工作。因此，新流程更高效、更节省时间。

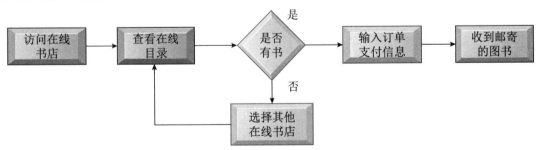

图13-4　重新设计的在线购书流程

注：互联网技术使对购书流程的重新设计成为可能，并且只需要少数几个步骤和客户更少的精力。

新流程设计需要通过衡量所节约的时间与成本，或者是否提升客户服务与价值来证明其合理性。管理者先要衡量现有流程的时间和成本，并以此为基准。在实体店购书花的时间从 15 分钟（立刻找到想买的书）到 30 分钟（店里有书，但需要店员找出）不等。如果需要从其他地方预定，对客户而言，这个过程也许需要花一两个星期，而且还要再去一次书店。书店需要支付维持实体书店、存储图书、雇佣店员等费用，如果图书需要从其他地方获得，还需要支付运费。

尽管客户可能要等上几天或者一个星期才能收到书，而且可能还要支付运费。但是，在线购书流程可能只需花几分钟就可以完成。由于不需要去实体书店，或者再次去书店取书，客户节省了时间。由于不需要支付实体书店或仓储的费用，在线售书也降低了书店的成本。

尽管很多业务流程的改进是持续的和渐进的，但是有时候也需要进行彻底的变革。前面提到的实体书店重新设计图书购买流程，使得图书购买可以在线进行，这是一个带来彻底和深远变革的例子。在正确实施后，重新设计的业务流程将带来生产率和效率上的快速增长，有时甚至会改变业务运行方式。在许多情况下，流程重组带来的可能是"范式转移"，可能会转变企业自身业务的本质。

亚马逊用其在线图书零售模式和 Kindle 电子阅读器挑战了传统的实体书店。通过彻底地重新思考书籍的出版、购买和销售方式，亚马逊和其他在线书店取得了显著的效率提升、成本降低和全新的经营方式。

BPM 也带来了挑战。管理者提到阻碍业务流程变革取得成功的最大障碍是企业文化。员工不喜欢新的工作规定，经常企图拒绝改变。在组织进行彻底的全面变革时，这种现象尤其显著。管理变革不是通过直觉就能做好的简单事情。如果企业致力于大范围内的流程改进，则需要一个好的变革管理策略（见第 14 章）。

业务流程管理工具

包括 IBM、Oracle 和 TIBCO 在内，许多软件企业提供 BPM 相关的工具。这些工具能帮助企业识别并记录需要改进的流程，为已改进的流程创建模型，确保现行流程执行业务规则，以及整合现有系统以支持新的或重新设计的流程。BPM 提供的分析方法，用于验证流程绩效得到了提高，并衡量流程改进对关键业务绩效指标的影响。

例如，美国国家保险公司（American National Insurance Company）提供人寿保险、医疗保险、财产保险和投资服务等 4 项服务，它利用 BPM 工作流程软件，使得跨越 4 个部门的客户服务整合为一个流程。这款软件通过建立规则，将存储在多个系统中的客户信息以同一种方式展现给客户服务代表，指导他们工作。改进后的业务流程消除了需要同时兼顾多个应用程序来处理客户和代理人请求的情况，使得客户服务代表的工作效率提高了 192%。

13.2 信息系统开发过程的核心活动有哪些？

新的信息系统是企业用于解决问题的解决方案。当企业察觉到正面临某种问题时，建立一个新的信息系统将是解决问题的途径。这类问题可能是管理者和员工认为组织绩效低于预期，也可能是组织应该抓住新机遇实现更加优异的业绩。

系统开发（systems development）是指为应对机遇和解决组织问题而构建信息系统解决方案的活动。系统开发是通过一系列不同的活动来解决一个结构化的问题，活动包括系统分析、系统设计、编程、测试、转换、运行与维护。

图13-5显示了系统开发流程。系统开发活动通常按顺序进行，但是某些活动可能需要重复或同时进行，这取决于所用的系统建设方法（见13.4节）。

13.2.1 系统分析

系统分析（systems analysis）是指企业试图用信息系统解决问题的分析过程。系统分析包括定义问题、识别原因、确认解决方案以及识别满足系统解决方案的信息需求。

图13-5 系统开发流程

注：构建一个系统的过程可以分解为6个核心活动。

系统分析师会创建现有组织和系统的路径图，确定信息、硬件、软件的主要所有者和使用者。然后，系统分析师会详细分析现有系统中存在的问题。通过检查文档、工作文件与程序步骤，观察系统运营和访问系统的关键用户，系统分析师就可以识别存在的问题，确定解决方案可实现的目标。解决方案通常是构建新信息系统或者改进现有系统。

系统分析应包含**可行性研究**（feasibility study），它从财务、技术、组织角度分析系统解决方案是否可行或者是否能够完成。可行性研究将评估所提出的系统是否是一个好的投资，构建系统时需要使用的技术是否可用，企业的信息系统专家是否能够实现，以及企业能否应对新系统带来的改变。

通常，在系统分析过程中会确定一些备选方案，然后评估每一个方案的可行性，并用书面报告的形式描述每一个方案的成本、收益、优点和缺点。最后，管理层综合判断成本、收益、技术特征和影响，以选择最优方案。

建立信息需求

对系统分析师而言，最有挑战的任务是确定满足系统解决方案的信息需求。一个新系统的**信息需求**（information requirements）涉及确定谁在何时、何地以及用何种方法使用哪些信息。需求分析定义新系统或改进后的系统的目标，并且详细描述新系统必须具有的功能。错误的需求分析将导致系统故障或高昂的系统开发费用（见第14章）。在错误的需求分析的基础上设计的系统，要么因为表现不佳而被淘汰，要么需要大幅修改。13.4介绍获取需求的各种方法，以使这些错误最小化。

有一些问题，企业不需要构建新的信息系统来解决，可能需要的是调整管理层、增加培训或对现有的业务流程进行改进。如果企业遇到的问题是和信息相关的，那么它仍需采用系统分析来识别问题，得到合适的解决方案。

13.2.2 系统设计

系统分析描述了系统应具备哪些功能来满足信息需求，**系统设计**（systems design）展示的是怎样设计系统可以达到目标。信息系统设计是对系统进行整体规划和建模的过程。就像建筑的设计蓝图一样，它包括对系统组织结构的详细描述。

在系统分析的过程中，确定的系统功能可由系统规范来表示，系统设计者会详细描述这些规范。规范应当阐明系统解决方案中与管理、组织、技术相关的组成部分。表13-1列出了系统设计过程中涉及的所有类型的规格说明。

表 13-1 系统设计规范

输 出	程 序	文 档
介质	计算	操作文档
内容	程序模块	系统文档
时间	需求报告	用户文档
输入	输出时机	**转变**
来源	**手动操作程序**	转换文件
流	何种活动	启动新程序
数据输入	谁操作	选择测试方法
用户界面	何时操作	转换到新系统
简洁	如何操作	**培训**
高效	在哪操作	选择培训技术
逻辑性	**控制**	开发培训模块
反馈	输入控制（特性、限制、合理）	确定培训设施
差错	程序控制（一致性、记录计数）	**结构变革**
数据库设计	输出控制（总量、输出实例）	任务设计
逻辑数据模型	过程控制（密码、特殊形式）	工作设计
容量及数据要求	**安全**	流程设计
文件结构及设计	存取控制	组织结构设计
记录规格参数	灾备计划	报告关系
	审计跟踪	

像建筑房屋一样，信息系统可能有很多种设计构想。每一种设计都代表一次技术和组织结构的融合。系统的易用性和效率决定了一个设计能否脱颖而出，优良的设计能满足用户在技术、组织、财务和时间方面的一整套具体的要求。

终端用户的角色

用户的信息需求驱动整个系统的构建。用户必须有足够的能力控制设计过程，确保系统反映业务优先级和信息需求，而不是仅听从开发技术人员的想法。参与系统设计过程可以增强用户对系统的了解，并且提高用户对系统的接受度。就像在第 14 章所提到的，用户在设计过程中参与度不足是很多系统开发失败的主要原因。有些系统对用户在设计过程中的参与度有更高的要求，13.4 将介绍系统开发方法是如何解决用户参与的问题的。

13.2.3 完成系统开发过程

系统开发流程剩余的步骤是将系统分析和设计后的方案规范化，转换成能够运行的信息系统。这些步骤包括编程、测试、转换、运行与维护。

1. 编程

在**编程**（programming）阶段，设计阶段形成的系统规范将转变为软件代码。如今，很多企业都不再自主开发系统，而是从外部购买符合新系统要求的软件，如可能来自商业软件供应商的软件包、应用服务供应商的软件服务或者为客户开发定制应用软件的外包企业（见 13.4）。

2. 测试

系统必须进行详尽、彻底地**测试**（testing），以检测系统是否能产生预期效果。测试时，开发者要回答："系统是否产生了在已知条件下要求的结果？"很多企业开始采用云计算进行测试。

在系统项目安排中，开发者往往低估测试阶段需要的时间（见第 14 章）。测试是很费时的，必须精心准备测试数据，重点关注核查结果和系统修改过的地方。在某些情况下，开发者可能需要重新设计系统的某些部分，忽视这个步骤所引起的风险会很大。

信息系统的测试可以分为单元测试、系统测试和验收测试。**单元测试**（unit testing）或者说程序测试，包括测试系统中分散的各个程序单元。一般情况下，这种类型的测试被用于确保程序是无缺陷的，但实际上这个目标是不太可能实现的。所以，单元测试应该是一种在程序中找出错误、发现缺陷的方法。一旦发现了错误和缺陷，程序中相应的问题就可以被解决。

系统测试（system testing）是指测试信息系统整体功能，目的是确定各模块按原计划共同运作，并确定系统设计和实际运行之间是否存在矛盾。这种测试包括：运行时间、文件存储容量、系统峰值负载量、恢复和重启的能力、手工操作程序。

验收测试（acceptance testing）是对系统能否用于生产进行最后确认。验收测试结果由用户评估，并由管理层复审。当有关各方均认为新系统符合标准时，便可安装。

系统开发团队和用户一起提出"系统测试计划"。**测试计划**（test plan）包括前面提到的一系列测试的所有准备工作。

图 13-6 显示了一个测试计划的示例。测试的一般条件是记录的变化，该文档包括一系列对数据库维护的测试计划，是适合这类测试的应用程序。

程序	处理并维护 "记录变更系列"		测试系列 2		
制表人：		时间：		版本：	
测试参考	测试条件	特殊需求	预期结果	输出在	下一屏
2.0	变更记录				
2.1	变更现有记录	关键字段	不允许		
2.2	变更不存在的记录	其他字段	"无效键"		
2.3	变更删除了的记录	删除必有记录	"已删除"		
2.4	做第二记录	改变 2.1	若有效		
			则可实现	事务文件	V45
2.5	插入记录	若有效			
			则可实现	事务文件	V45
2.6	中止改变	中止 2.5	没有改变		
				事务文件	V45

图13-6　记录变更的测试计划样本

注：当设计测试计划时，以下内容是必需的：不同的测试环境、不同环境下的需求和预期结果。测试计划必须由最终用户和信息系统专家共同参与。

3. 转换

系统转换(conversion)是指从旧系统转换到新系统的过程,主要有:并行策略、直接转换策略、引导策略、分阶段策略。

在**并行策略**(parallel strategy)中,旧系统和新系统将同时运行,直到所有人确认新系统可以正确运行为止。这是最保险的转换策略,因为当新系统出现差错或程序中断时,旧系统仍然可作为备用方案进行工作。但是,这种方法的成本很高,多运行一个系统需要更多的人员或资源。

在**直接转换策略**(direct cutover strategy)中,指定某一天直接用新系统完全替代旧系统。这是一种风险很高的策略,如果新系统发生了严重的问题,造成的成本将比运行新旧两个系统的成本还要高。此外,这时候还不能求助于旧系统。因此,产生的差错、混乱及修改带来的成本可能是巨大的。

引导策略(pilot study strategy)是指引入的新系统仅用于局部,如单个部门或操作单元。如果试用版本运行很顺利,则可以在其他部门安装,可以同时或分阶段进行安装。

分阶段策略(phased approach strategy)是指按照职能或组织单元,分阶段引入新系统。例如,如果按职能引入一个新的工资系统,系统首先会引入按周支付工资的小时工部分。6个月后,系统再引入按月支付工资的部分。如果系统是以组织单元引入,则总部可能首先要进行系统转换。4个月后,其他运营部门进行转换。

当旧系统向新系统的转换时,企业需要培训终端用户使用新系统。转变阶段会制定一份详细的**文件**(documentation)用于培训和日常运营,此文件从技术和终端用户的角度,介绍系统是如何使用与运行的。培训和文件的缺乏都可能导致系统运营的失败,所以这部分在系统开发过程中非常重要。

4. 运行与维护

新系统安装和转换完成后,系统就可以**投入运行**(production)。在这个阶段,用户和技术专家会检查系统,确定系统在多大程度上达到了初始目标,从而决定是否安排修改。有时,企业还需要准备一份正式的**安装后审计**(post-implementation audit)文档。在完成调整后,运行过程中系统需要被维护,以纠正错误、满足需求或提高效率。改进一个运行系统的硬件、软件、文件或程序,以纠正错误、满足新需求和提高运营效率的一系列活动就是**维护**(maintenance)。

维护中约20%的时间被用来调试或者解决突发的产品问题。20%的时间被用来改进数据、文件、报告、硬件或软件。剩余60%的时间被用来增强用户满意度、改进文档、记录系统各组件的工作以提高运营效率。企业可以通过更好的系统分析和设计实践,显著减少第三类维护所花的时间。表13-2总结了系统开发活动。

表13-2 系统开发

主要活动	描述
系统分析	识别问题
	说明解决方案
	列出信息需求
系统设计	建立设计明细
编程	将设计明细转换为程序代码

续表

主要活动	描述
测试	单元测试
	系统测试
	验收测试
转换	制订转换计划
	准备文档
	培训用户和技术人员
运行与维护	操作系统
	评估系统
	改进系统

13.3 信息系统建模和设计的主要方法有哪些？

13.3.1 结构化方法

自20世纪70年代以来，结构化方法被用来记录、分析和设计信息系统。**结构化**（structured）指的是这些技术是逐步实施的，每一步的工作建立在上一步工作的基础之上。结构化方法是自上而下的，从最高、最抽象的层次依次到最低的细节层次，即从一般到具体。

结构化方法是面向过程的，主要关注对流程进行建模，或者当数据流经系统时，进行收集、存储、加工和分配数据。这些方法将数据从流程中独立出来。每当有特殊数据需要处理时，我们必须编写一段单独的程序。这个过程就是对系统程序传递过来的数据进行处理。

描绘系统各组件之间的流程及流程间数据流的主要工具是**数据流图**（data flow diagram，DFD）。DFD提供了信息流的逻辑图形模型，将系统划分为可实现细节管理程度的模块，并严格规定每个模块内以及不同模块间接口处发生的数据处理和转换。

图13-7显示了一种用邮件方式简单注册大学课程的系统DFD。圆角矩形代表处理程序，描绘了数据的转化。直角矩形代表外部实体，即某些信息的发送者或接受者，这些信息在模型系统包含的范围之外。开放的矩形代表数据存储，存储的是手动或自动产生的数据目录。箭头代表数据流，显示的是处理程序、外部实体和数据仓库之间的数据流动。DFD包括含数据包，并且每个数据流的名称或内容列在箭头旁。

这个DFD显示了学生提交申请登记的表格，表格中包含姓名、身份证号和想要参加的课程代码。在处理程序1.0中，系统通过引用学校的课程文件，核实所选择的课程是否开放。课程文件将开放的课程与已取消或已经满额的课程区分开来。处理程序1.0可以确认学生的选课请求哪些可以接受，哪些需要拒绝。处理程序2.0将学生在被接受的课程中进行注册。程序对学校的课程文件进行更新，加入注册学生的姓名和身份证号信息，并且重新计算人数。如果达到注册人数上限，此课程将被标记并关闭。处理程序2.0也将更新学校的学生主文件，主要是新学生信息和地址的更新。处理程序3.0给每一位学生发送注册信息确认信件，信件中会列出学生已经注册的课程，以及不能满足学生注册申请的课程。

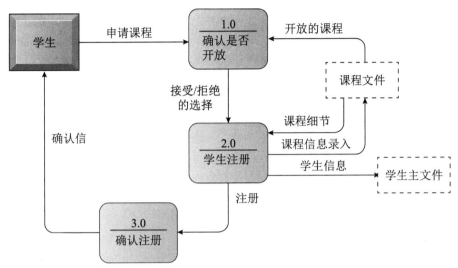

图13-7 用邮件方式注册大学课程的系统DFD

注：该系统有3个处理系统：确认课程是否开放（1.0）、学生注册（2.0）和确认注册（3.0）。每个数据流的名称和内容列在相应的箭头旁。该系统有一个外部实体——学生，有两个数据存储——学生主文件和课程文件。

DFD可以用来描述更高层的流程，也可以用来描述底层细节。通过不同层次的DFD，一个复杂的系统流程可以分解为一系列不同层面的细节。一个系统可以分解为一系列子系统（高层次的DFD）。每一个子系统又可以分解成一系列次子系统（第二层次的DFD）。次子系统又可以进一步分解，直至分解到显示出尽可能详细的细节。

另外一种结构化分析的工具是数据字典，数据字典中包含系统各自独立的数据和数据集（见第6章）。数据字典中定义了数据流的内容和数据存储，这样系统构建者就能清楚地了解系统中包含了哪些信息。**流程规范**（process specification）描述了DFD最低层次结构中出现的转变。流程规范表示了每一个流程中的逻辑。

在结构化方法中，软件设计可用层次结构图来建模。**结构图**（structure chart）是一种自上而下的层次图，显示了每一层的设计、每一层和其他层次的关系，以及每一层在整个设计结构中的位置。设计首先考虑的是系统的主要功能，然后将主要功能分解为各个子功能，再将子功能继续分解，直至到达最底层的细节。图13-8显示了一个工资管理系统的高层结构图。如果一个设计中有太多的层次，设计者可以考虑将每层进一步分解，再用结构图表示。结构图可以用来记录程序、系统（即程序集）或者程序的一部分。

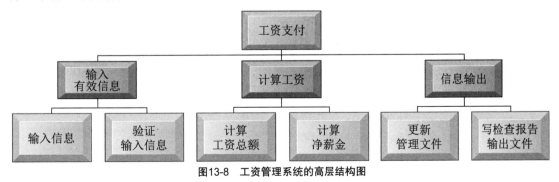

图13-8 工资管理系统的高层结构图

注：本结构图描述了一个工资管理系统的最高层次或最抽象的设计，提供了整个系统的概貌。

13.3.2 面向对象的开发

结构化方法对于程序建模很有效，但对数据建模的效果不佳。在结构化方法中，数据和处理程序被当作逻辑上分离的实体，但在现实世界中，两者往往是联系在一起的。分析和设计往往需要采用不同的建模规则：分析采用DFD，设计采用结构图。

面向对象的开发（object-oriented development）可解决这些问题。面向对象的开发中将对象作为系统分析和设计的基本单元。对象包含数据以及运营这些数据的具体流程。封装在对象中的数据只能被与对象相关的操作或方法来获取和修改。不同于直接将数据传输到作业程序，程序会向对象发送消息，对象中已嵌入的方法和程序将会进行一系列的操作。建模后的系统类似于对象和对象之间关系组成的集合。因为信息处理是在对象内，而不是在分散的程序间完成，所以对象之间还需要进行配合才能使系统运行。

面向对象建模基于"类"和"继承"的概念上。对象属于一个特定的类或有着所属类特征的相同类。类也可以继承上一级更一般类的所有结构和行为，还可以在每个对象中加入特有的变量和行为。建立新的类对象时，我们可以先选择一个现有类，然后分析新类和现有类有哪些不同，再作出改进，而不用每次都重新设计。

通过图13-9，我们可以了解类及其如何继承工作的。图13-9显示了与员工及其支付薪资相关的类之间的关系。对于其他种类来说，"员工"是常见的原型或超类。"正式工""小时工""临时工"是"员工"的子类。类名在方框的顶部，属性在方框的中部，操作则列在底部的每一个方框内。所有雇员都有的属性（雇员编号、姓名、地址、入职时间、职位和工资）被储存在"员工"超类中，这样每一个子类只需储存其特有的属性。例如，对"小时工"类而言，是子类每小时工资和加班工资。子类到超类之间的实线表示"正式工""小时工""临时工"等子类共同的特性，并且一般可以化为"员工"超类。

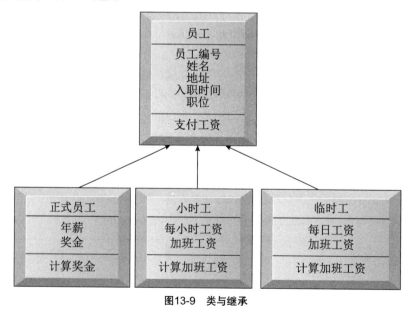

图13-9　类与继承

注：图13-9显示类是如何从超类中继承共同属性的。

面向对象的开发比传统结构化开发更具迭代性和增量性。在分析的过程中，系统构建者记录系统需求，并列出系统中最重要的功能和系统必须满足的要求。系统和用户之间的交互作用被分析来识别类，类中包含了数据和程序的对象。面向对象开发的设计阶段将描述对象的作用，以及对象之间是如何交互的。相似的对象归为一类，多个类划分成组，形成层次，子类继承了超类的特性。

通过将设计转化为程序代码，重新使用在可重复使用软件对象库汇总已有的类，并添加面向对象设计阶段中新创建的类，信息系统得以实施。信息系统的实施过程还包括新创建一个面向对象的数据库，最终系统必须经过完整的测试和评估。

由于对象可以重复使用，有一些已经创建了的软件对象，会以模块的形式存在以供使用，所以面向对象的开发可以显著减少软件编写的时间和成本。创建新系统时，设计者可以使用和改进已经存在的对象，并加入一些新对象。面向对象的框架一旦开发出来，就可以用于提供可重复使用的和半完整的应用程序，组织可以把它们进一步定制成为完整的应用系统。

13.3.3 计算机辅助软件工程

计算机辅助软件工程（computer-aided software engineering，CASE）有时也被称为**计算机辅助系统工程**（computer aided systems engineering），它是给前面描述的方法提供软件工具进行自动化，减少系统开发中重复的工作量。CASE 工具提供用于生成图表、屏幕和报告生成器、数据字典、广泛的报告工具、分析和检查工具、代码生成器和文档生成器等自动化图形工具。CASE 工具还具有验证设计图样和规范的功能。团队成员可以通过访问彼此的文件查看或修改已完成的工作，从而轻松地共享他们的工作。如果工具使用得当，也可以获得适度的生产力收益，这需要组织的纪律。

13.4 建设信息系统有哪些可选方法？

每个系统在规模、技术复杂度以及针对解决的问题上都是不同的。对于这些差异，有一系列通用的系统构建方法。本部分将描述这些方法：传统的系统生命周期法，原型法，终端用户开发法，应用软件包、云软件服务和外包法。

13.4.1 传统的系统生命周期法

系统生命周期法（systems life cycle）是构建信息系统最传统的方法。生命周期法是将系统开发过程分为若干阶段，从而逐步构建系统的过程（见图 13-10）。系统开发专家们对于如何划分系统构建阶段虽然有着不同的看法，但是和图 13-10 阶段划分大致相符。

系统生命周期法将系统开发过程划分为几个主要阶段，上一阶段的工作完成以后才可以开始下一阶段的工作。

系统生命周期法在最终用户和信息系统专家之间有着正式的分工。技术专家，如系统分析师和程序员，负责系统分析、设计和实施工作。最终用户负责提供系统信息需求和检查技术人员的工作。系统生命周期法强调正式的说明书和文档，所以一个软件系统项目开发过程中会产生很多文件。

系统生命周期法也用于构建大型复杂的系统，这些系统往往会需要严格且正式的系统需求分析和预定义说明，而且在系统构建过程中有严格的控制。系统生命周期法成本高、费时且不灵活。

尽管系统构建者可以在生命周期的不同阶段转换,但是它仍然以"瀑布"开发方式为主,也就是在下一阶段开始前,本阶段的任务必须完成。活动可以重复,但是在需求和规范要修改时,要重新进行之前的步骤和产生大量的新文件。这就要求在系统开发的早期阶段就保存规范说明书。系统生命周期法不适用于小型的桌面系统,因为其通常欠缺结构性,更强调个性化。

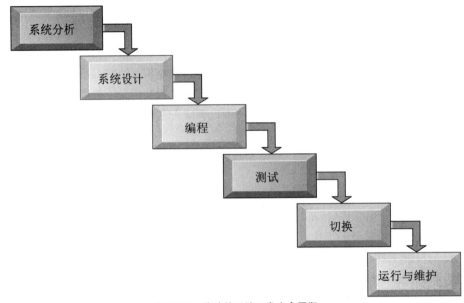

图13-10 传统的系统开发生命周期

注:系统生命周期法将系统开发过程划分为几个主要的阶段,上一阶段的工作完成以后才能开始下一阶段的工作。

13.4.2 原型法

原型法(prototyping)会快速构建一个低成本的原型实验系统,供最终用户评估。通过和原型系统交互,用户可以更好地厘清信息需求。原型系统可作为建立最终系统过程中的一个临时版本。

原型(prototype)是信息系统的一个工作版本,但只是一个初步模型。一旦投入运行,原型将会被持续精练,直至能精确满足用户需求。一旦确定了最终设计,原型就被转化为一个可正常操作的系统。

构建初步设计、尝试、精练和重新设计的过程是系统开发的**迭代**(iterative)过程,这些构建系统的步骤可以重复。原型法比传统的生命周期法更容易迭代,更易支持系统设计的改变。原型法用有计划的迭代,取代了无规划的重复设计,使每个版本都能更准确地反映用户需求。

1. 原型法的步骤

图 13-11 显示了原型法的 4 个步骤。

步骤1:确定用户的基本需求。系统设计者(通常是信息系统专家)从用户处获得用户的基本信息需求。

步骤2:开发初步原型。系统设计者使用快速生成软件的工具,快速建立一个工作原型。

步骤3:使用原型。系统设计者鼓励用户多使用原型系统,确定系统能在多大程度上满足用户需求,并提出系统改进建议。

步骤4:修订并增强原型。系统设计者考虑用户提出的建议,并在此基础上改进系统。在系统经过改进后,返回步骤3,重复步骤3和步骤4,直至满足用户需求。

当不再需要迭代时,原型就成了能满足最终应用需求的业务原型。原型可能被采纳为系统的最终产品方案。

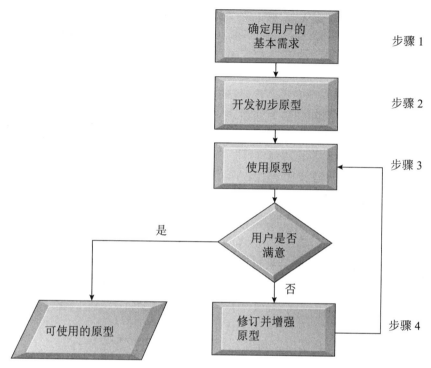

图13-11 原型法开发过程

注:开发一个原型的过程可以分为四个步骤。由于开发一个原型的速度很快、费用低,系统开发者可以进行多次迭代循环,重复步骤3和步骤4,不断修正和增强原型系统,直至系统满足需求为止。

2. 原型法的优缺点

当我们对需求和设计方法不是明确时,原型法很有效。因此,原型法常用来设计信息系统的**终端用户界面**(end-user interface)(系统中需要和终端用户交互的部分,如在线显示界面、数据输入界面、报告或网页)。因为在系统开发的生命周期中,原型法很支持最终用户的参与,所以用此法开发的系统能更好地符合用户需求。

但是,快速原型法容易忽略系统开发过程中的一些关键步骤。在最终的原型能运行良好时,管理层可能会忽略系统开发过程中重新编程、重新设计、存有完整文档或测试的必要性。像这样一些快速构建的系统,可能很难适应有大量数据和用户的开发环境。

13.4.3 终端用户开发法

终端用户开发(end-user development)允许终端用户在很少或根本没有技术专家正式帮助的情况下,创建简单的信息系统,从而减少生成最终应用所需的时间和步骤。终端用户使用用户友好的查询语言和报告、网站开发、图形和PC软件工具,可以在专业系统分析员或程序员很少或不提供帮助的情况下，自行访问数据、创建报告和开发简单的应用程序。**查询语言**（query languages）是一种软件工具，可以对未预先定义的问题提供即时的在线回答，如"谁是业绩最佳的销售代表"。查询语言通常与数据管理软件相连（见第 6 章）。例如，建筑行业产品的国际供应商 CEMEX，使用 Information Builders Web FOCUS 软件创建了一个自助报告门户，用于可视化财务和运营数据。

基本上，用终端用户开发法比传统生命周期法开发系统速度更快。用户能详细说明业务需求，提高收集的信息质量，在提高用户参与度的同时，增加了用户对最终系统的满意度。然而，在某些应用方面，终端用户软件工具仍不能代替传统的工具，因为终端用户软件工具不易进行大量业务的处理，也难以应付带有大量过程逻辑和更新需求的应用程序。

由于终端用户开发处于传统信息系统管理和控制机制范畴之外，所以容易造成组织风险。当快速创建系统时，由于没有正规的开发方法指导，测试和文档可能不够充分。传统信息系统范畴之外的系统，在对数据进行控制时可能容易失控。为了帮助组织实现终端用户应用开发的收益最大化，管理层应该对终端用户信息系统项目进行成本评估，并为最终用户开发应用程序建立硬件、软件和质量标准，从而实现对终端用户应用程序开发的控制。

13.4.4 应用软件包、云软件服务和外包法

第 5 章指出现在多数软件都不是企业自行开发，而是从外部购买的。企业可以从软件服务供应商处租用软件，从商业供应商处购买软件包，或是使用外包企业的定制应用软件。

1. 应用软件包和云软件服务

如今，许多系统都以商业应用软件包或云软件即服务为基础。例如，企业可以选择在企业内部实施 Oracle 企业资源计划、供应链管理或人力资本管理软件，或者在 Oracle 云平台上付费使用这些软件。微软 Office 桌面软件包括桌面版本和云版本（Office 365）。许多应用程序对于所有业务部门都是通用的，如工资单、应收账款、总账或库存控制。标准流程的通用功能不会随着时间的推移而改变，更通用的系统将满足许多组织的要求。

如果商业软件包或云软件服务能够满足组织的大部分要求，企业就不必编写自己的软件。企业可以通过使用软件供应商提供的软件程序来节省时间和金钱。软件包和 SaaS 供应商为系统提供大量的持续维护和支持工作，包括增强系统使系统与持续的技术和业务发展保持一致。当采用软件包或 SaaS 解决方案时，最终用户将负责提供系统的业务信息需求，信息系统专家将提供技术需求。

如果一个组织有特殊需求，现有的软件包无法满足需求，这些工具包括定制功能。**定制**（customization）这一特性使得软件包可以满足独特的需求，同时也不会破坏软件包的完整性（参见开篇案例中 Cameron 和章尾东芝咨询的案例）。但是如果定制需求很多，增加的编程以及其他工作可能会因为成本和耗时问题，抵消软件包所带来的好处。

当企业使用应用软件包或云软件服务开发系统时，系统分析中包括对软件包或服务的评估。在评估时，终端用户和信息系统专家会参与其中。最重要的评价标准包括软件提供的功能、灵活性、用户友好性、硬件需求、数据库需求、安装和维护工作、文档、供应商品质以及成本等。软件包或软件服务的评价过程往往基于**需求清单**（request for proposal，RFP）。RFP 是提交给软件供应商的一份详细问题列表。

当确定选择某个外部资源软件后，企业也就失去了对系统设计的全面控制。系统设计工作将不再是修改系统设计以满足用户需求，而是影响用户需求适应软件包或软件服务的功能特色。如果企业的需求和软件包或软件服务工作的内容发生冲突，使得软件包不能被定制，那么企业不得不改进流程以适应软件包或软件服务的功能要求。

2. 外包

如果一个企业不想使用内部资源去构建或者运营信息系统，可以将这些工作外包给擅长这方面并提供此类服务的企业。第 5 章提到的云计算和 SaaS 便是外包的一种形式，订购企业使用了服务中提供的软件、硬件资源作为系统的技术平台。另外一种外包服务形式是，企业请一家外部供应商为自己设计和构建软件系统，该企业会在自己的计算机上运用系统。外包服务供应商可以是国内的企业，也可以是国外的企业。

选择国内的外包服务首要的驱动力是外包服务企业拥有客户所没有的技术、资源与资产。在一家大型企业内安装新的 SCM 系统，可能需要新聘请 30～50 个在 SCM 方面有专业知识和经验的员工，而且需要对大部分新聘员工进行全面培训，等到系统构建好以后再解雇他们，这个过程比一个为期 12 个月的外包服务成本更高。

离岸外包（offshore）的行为更是由成本驱动的。在印度或俄罗斯，一个技术娴熟程序员每年的工资在 10 000～20 000 美元。而在美国，类似程序员的工资是每年 73 000 美元。互联网和低成本的通信技术大大降低了与海外合作者的合作成本及难度。除了节约成本，很多海外外包企业还会提供世界级的技术和条件。最近，美国之外国家的工资通胀削弱了海外外包的优势，一些工作渐渐地重回美国。企业通常不会将 IT 系统的概念、系统分析和设计外包给离岸企业，但会经常外包 IT 系统的编程、测试、维护和日常操作。

如果一家企业花时间评估所有的风险并确保外包适合特定的需求，那么它最有可能从外包中获益。任何外包应用程序的企业都必须全面了解项目，包括系统需求、实施方法、预期收益、成本要素以及衡量绩效的指标。许多企业低估了以下活动的相关成本：识别并评估信息技术服务提供商，将业务工作转移给新的供应商，改进内部软件开发方法以匹配外包服务供应商，监督供应商以确保它们履行了合约义务。企业需要为记录需求、发送 RFP、处理差旅费、洽谈合同、项目管理这些活动合理分配资源。专家表示，将一项工作转移给海外合作者，并确保他们完全了解本企业的业务，需要 3 个月到一年的时间。

离岸外包往往会增加由于处理文化差异而导致额外的效能降低成本和人力资源成本，如终止或重新调整国内员工的雇佣关系。所有这些隐形成本减少了外包带来的预期好处。尽管外包能带来某些竞争优势，但是企业在使用外包开发或运营系统时要格外谨慎。

通用汽车公司已经将 90% 的 IT 服务外包，其中包括数据中心和应用的开发。最近，企业决定自己重新掌控 90% 的 IT 设施，只将剩余的 10% 交给外包商管理。降低成本很重要，但是通用汽车公司减少外包的主要原因是能重新掌控信息系统，这样能更快地对市场竞争机会作出反应，并在内部引入信息系统对系统和数据中心进行标准化和简化。图 13-12 显示离岸外包项目最佳和最差情况下的总成本，从中可以看出潜在风险对总成本的影响有多大。最佳情况反映的是对额外费用的最低估计，最差情况反映的是对额外费用的最高估计。如图 13-12 所示，隐形成本使海外外包的总成本增加了 15%～57%。虽然有这些额外费用，但是如果控制得好的话，很多企业还是能从海外外包中获益的。

离岸外包总成本				
外包合约约定成本			10 000 000美元	
潜在风险来源	最好的情况	额外费用（美元）	最坏的情况	额外费用（美元）
1. 供应商选择	0.02%	20 000	2%	200 000
2. 转型成本	2%	200 000	3%	300 000
3. 人力资源分配	3%	300 000	5%	500 000
4. 生产率降低/文化问题	3%	300 000	27%	2 700 000
5. 改进开发流程	1%	100 000	10%	1 000 000
6. 合约管理	6%	600 000	10%	1 000 000
总的额外费用		1 520 000		5 700 000
	外包合约约定费用美元	额外费用美元	总成本美元	额外费用
最好情况下的外包总成本	10 000 000	1 520 000	11 520 000	15.2%
最坏情况下的外包总成本	10 000 000	5 700 000	15 700 000	57.0%

图13-12 离岸外包的总成本

注：如果一家企业在离岸外包合同中商定的费用为1 000万美元。即使在最佳的情况下，企业也有15.2%的额外费用消耗。在最坏的情况下，企业将面临生产率骤降问题，同时伴随很高的转型和解雇员工的成本。这样除了外包合同中的1 000万美元，企业还将支付57%的额外费用。

13.5 在数字企业时代信息系统建设有哪些新方法？

技术和商业环境的变化如此之快，以至于企业采用更短、更加非正式的系统开发过程，包括用于移动应用的开发过程。除了使用软件包和在线软件服务，企业更多地依赖快速的周期性技术，如快速应用软件开发、联合应用设计、敏捷式开发和可重用的标准软件组件，组合成一套完整的软件系统。

13.5.1 快速应用开发、敏捷式开发和DevOps

快速应用开发（rapid application development，RAD）是指在非常短的时间内创建可运行系统的过程，过程具有一定的灵活性，可以随着项目的发展而调整。RAD还包括使用可视化编程和其他工具来构建图形用户界面、关键系统元素的迭代原型、程序代码生成的自动化以及最终用户和信息系统专家之间的紧密合作。简单的系统通常可以由预先构建的组件组装而成。这个过程不一定需要按照顺序完成，开发过程中的关键部分可以同时进行。

有一项名为**联合应用设计**（joint application design，JAD）的技术，有时用来加快系统信息需求的产生和设计初步系统。JAD将最终用户和信息系统专家聚集在一起，交互讨论系统设计。如果使用得当，JAD技术能够显著加快设计阶段，而且大大提高用户参与度。

敏捷式开发（agile development）可使软件开发快速完成，将一个大项目分解为一系列子项目，子项目采用迭代方法、持续反馈以及用户不断参与，实现项目的快速完成。每个小项目由一个团队完成，就像一个单独完整的项目和不断对用户发布的过程。开发者明确需求后，在下一阶段的迭代过程中将进行改进或增加新功能。测试在早期进行，并且常常贯穿整个开发过程。敏捷式方法更强调面对面沟通，鼓励人们协作，以便更快、更有效地作出决策。

DevOps 建立在敏捷开发原则的基础上，作为组织战略来创建文化和环境，进一步促进快速和敏捷的开发实践。DevOps 代表"开发和运营"，强调创建应用程序的软件开发人员与运行和维护应用程序的 IT 运营人员之间的紧密合作。从传统意义上讲，在大型的企业中，应用程序开发团队负责收集应用程序的业务需求、设计应用程序以及编写和测试软件。运营团队在投入生产后负责运行和维护软件。当开发团队没有意识到操作问题阻碍软件按预期工作时，会出现问题，需要额外的时间来返工和修复软件。

DevOps 通过在整个应用程序开发生命周期中促进系统开发和运营团队之间更好、更频繁的沟通和合作，以及快速和稳定的工作流程来尝试改变这种关系。随着敏捷技术、标准化流程以及更强大的自动化软件创建和测试工具的组织变革，可以更快速、更频繁地建设、测试和发布更可靠的应用程序。例如，DevOps 帮助 Netflix 的开发人员每天有数百次软件更改。

13.5.2 基于组件的开发和Web服务

我们已经介绍了在构建系统时，采用面向对象开发法的一些好处，这些系统可以快速应对变化的商业环境，其中包括网页应用服务。为了进一步加速软件开发，我们可以汇总分组对象，并提供拥有共同功能的软件部件，如图形用户界面或在线订单能力，进一步组合生成大规模的企业应用软件。这种软件开发方法叫做**基于组件的开发**（component-based development），这种方法可以通过装配、集成现有软件组件来构建新系统。这些软件组件越来越多地来自云服务。企业使用基于组件的开发法建立电子商务应用，并且通过商业化可用的组件加以实现，这些组件包括购物车、用户身份认证、搜索引擎和具有独特业务需求的软件目录。

Web 服务和服务导向的计算

第 5 章介绍了 Web 服务作为松耦合，利用 XML 与其他开放协议，以及标准开发传输的可重用软件组件，实现应用软件之间的沟通，无须编写定制程序即可共享数据和服务。除了支持内部和外部的系统集成，网页服务还可以用来构建新的信息系统应用，或者增强现有系统功能。由于这些服务使用的是通用标准，比起专有部件，它们更容易集成，成本也更低。

每一个 Web 服务不仅可以独自完成特定的功能，还可以和其他网页服务联合完成更复杂的交易，如信用检查、采购和产品订购等。通过创建在各种操作系统、编程语言和客户设备中都能传输和共享数据的软件组件，可以使网页服务构建系统时的成本显著减少，同时也创造了和其他企业协同的新机会。

13.5.3 移动应用开发：为多屏幕世界设计

如今，员工和客户都期望能够使用他们选择的移动设备随时随地获取信息或进行交易。为满足这些需求，企业需要开发移动网站、移动应用程序、本地应用程序以及传统的信息系统。

企业一旦决定开发移动应用程序，就必须作出一些重要的选择，包括用于实现这些应用程序的技术（无论是编写本地应用程序还是移动 Web 应用程序），以及如何处理移动网站。**移动网站**（mobile website）是正常网站的版本，简化了内容和导航，便于在小型移动屏幕上访问和搜索（你可以从计算机上访问亚马逊网站，然后从智能手机上查看与正常网站的区别）。

移动网络应用（mobile web app）是具有移动设备特定功能的、互联网使能的应用程序。用户通过移动设备的网络浏览器访问移动网络应用程序。网络应用主要驻留在服务器上，通过互联网访问，不需要安装在设备上。不论什么品牌，大多数可以上网的设备都可以使用相同的应用程序。

本机应用（native app）是一个独立的应用程序，运行在特定的平台和设备上。本机应用直接安装在移动设备上。本机应用可以连接到互联网上，下载和上传数据，即使没有连接到互联网上，也可以对这些数据进行操作。例如，像Kindle这样的电子书阅读应用，可以从互联网上下载书籍，与互联网断开连接后，还能呈现书籍以供阅读。本机移动应用提供了快速的性能和高度的可靠性。它们也可以利用移动设备的特殊功能，如相机或触摸功能。但是，本机应用开发比较昂贵，因为针对不同的移动操作系统和硬件，必须开发不同的应用版本。

为移动平台开发应用和为计算机甚至更大的显示屏开发应用是截然不同的。由于移动设备尺寸小，所以当用户使用手指、多种触摸手势操作时，比用键盘输入时简单。移动应用需要根据特定的任务进行优化，不能执行太多烦琐的任务，并且要设计得当，便于使用。移动应用和计算机应用的用户体验也有很大的区别。资源（带宽）、屏幕空间、内存、处理、数据输入和用户的手势是移动应用优先要考虑的因素。

当为计算机创建的网页缩小到智能手机屏幕的尺寸时，用户浏览起来是很困难的。用户需要不停地放大网页来阅读详情，或者缩小并拖动网页来发现内容在网页中的位置。因此，很多企业往往会为手机界面专门设计网页，需要设计多种网站来适应智能手机、平板电脑、台式机浏览器的不同需求。这相当于至少设计3种内容、维护、成本都不相同的网站。一般来说，当你登录浏览器以后，浏览器会将你的信息发送给服务器。这样，网站服务器会发送给你适合的网页尺寸。

响应式网页设计（responsive web design）可以让设计者用一个方案来解决不同网站带来的问题。响应式网页设计可以使网页排版根据访问者的屏幕大小自动作出调整，不管是台式机、便携机、平板电脑还是智能手机。响应式设计采用基于网格的布局、柔性的图片以及媒体查询来优化看到的不同内容。这样就不必为每一种新设备单独设计开发网站。在第5章中介绍的HTML5也能在移动应用开发中使用，因为它能支持跨平台的移动应用。

"互动讨论：技术"部分描述了一些企业是如何应对前面提到的移动应用开发带来的挑战的。

互动讨论：技术

Apps的开发与移动应用的系统开发是不同的

现在，几乎所有的企业都希望部署移动应用Apps，它们希望这些应用Apps在很短的时间内就开发出来。但那是非常不容易的。

开发成功的移动应用Apps会带来某些独特的挑战。移动设备与PC上的用户体验有着根本性的区别。移动设备上有一些特殊的功能，如基于位置的服务，使企业可以用新的方式与客户进行互动。企业需要利用这些功能，同时提供适合小屏幕的体验。移动软件有多种平台，包括iOS、android和windows10，一家企业可能需要不同版本的应用Apps才能在这些平台上运行，也可能需要在不同大小和功能的设备上运行这些移动应用Apps。移动设备有可能很小，可以戴在手腕上，也可能是大型的高清平板显示器。移动设备中还包括传感器和音频输出，甚至包括结合真实和虚拟图像的显示器。系统构建者需要了解客户如何、为什么以及在哪里使用移动设备，并且了解这些移动体验如何改变业务交互和行为。你不仅仅能将网站或桌面的应用程序移植到智能手机或平板电脑上。这是一个不同的系统开发过程。许多企业需要将应用Apps

连接到企业桌面和移动设备上。例如，Great West Financial 是美国第二大退休服务企业，管理的资产约为 4 610 亿美元。企业员工的很多时间都在现场为客户服务，而不是在办公室办公，他们需要从任何地方连接到企业的 ERP 财务系统来处理应付账款发票审批功能。Great West Financial 决定为此部署 Dolphin 移动审批应用 App。

  Great West 之所以选择 Dolphin，是因为它可以在一个应用 App 中处理所有的 SAP 工作流，这样员工就不必去一个地方审批发票，再去另一个地方审批其他事情了。Great West 对应用 App 进行了配置，使其外观与用户在桌面上访问的应用 App 尽可能相似。用户在移动设备上看到的发票抬头和项目上的数据字段与台式计算机屏幕上的数据字段相同，并且发票审批流程中的步骤也是相同的。然而，考虑到在移动设备上不同屏幕之间来回切换的困难，移动应用 App 将必要的发票批准代码合并到每行项目的详细信息中，而不是在 PDF 附件中显示这些代码。在桌面上，用户必须登录 SAP 系统才能看到发票，并将收到电子邮件发出的批准发票的通知。移动应用 App 上的弹出式通知使得用户不必登录应用 App 就能知道发票的信息。

  在部署移动应用 App 之前，Great West 必须建立适当的移动基础设施，考虑安全性、登录和后端集成等因素。由于这是企业第一个连接到 SAP 系统的移动应用 App，必须确保移动应用能够包含 SAP 系统的整个工作流程，并且所有的数据都需要被加密和保证安全。Great West 为移动审批应用 App（兼容 iOS 和 android 的设备）购买了 1 000 个许可证，并向高管和重要的发票用户发放了企业的自有设备。其他用户可以在自己的设备上使用这个应用，只要符合企业的 BYOD 政策。

  过去的几年，联合包裹服务公司（UPS）为客户提供了一个 UPS 移动应用 App，用智能手机和平板电脑跟踪客户的发货情况，并获取定价信息。UPS 开发人员最初编写和维护了 UPS Mobile 的多个版本，包括 Objective-C 中的 iOS 版本和 Java 中的 android 版本。这意味着 UPS 移动开发人员的工作量增加了一倍。应用 App 的不同版本可能不会同时更新，因此使用不同类型设备的客户不能够同时使用最新的功能。

  UPS 可以将移动应用 App 转移到一个单一的开发平台上，但这需要大量的工作。为此，企业选择了 visual studio tools for xamarin，这个软件允许开发人员跨平台共享同一个 C 语言代码库，并向客户提供本机的应用 App。xamarin 还与移动设备的独特硬件和功能进行很好的集成。虽然 UPS 必须重建超过 13 万行代码，这些代码曾花费了 4 年多时间编写，但管理层意识到，从长远来看重写 UPS mobile 的代码将大大节省时间和成本。因此，企业继续在单一平台上开发。xamarin 的大部分代码只需要开发一次，在未来的几年中，它可以支持多个平台，效率非常高。UPS mobile 的开发人员使用 visual studio for xamarin 工具重写了 UPS mobile 所有的版本。现在，UPS 可以在几周或几天内，在所有移动设备上新增一项新功能，而不是要花几个月的时间。

  资料来源： Rob Bamforth, "Developers at the Mobile Edge," Computer Weekly, January 30–February 5, 2018; Mary K. Pratt, Linda Tucci, "Enterprise Mobile App Development: No Easy Answers," searchCIOtechtarget.com, accessed February 20, 2018; Microsoft, "UPS Paves the Way for Better Service with Faster Development and Artificial Intelligence," September 28, 2017; www.greatwest. com, accessed February 20, 2018; and Ken Murphy, "Great-West Financial Establishes Its Mobile Footprint," SAP Insider Profiles, October 31, 2016.

案例分析题：

  1. 在构建移动应用 App 时，需要解决管理、组织和技术方面的哪些挑战？

  2. 移动应用 App 的用户需求定义与传统的系统分析有何不同？

  3. 请描述 Great-West 的移动发票审批流程在部署 App 后发生了哪些变化。

13.6 MIS 如何有助于我的职业发展

这是第 13 章和本书帮助你如何找到一份商业系统分析师的入门级工作的内容。

13.6.1 公司

Systems 100 技术咨询公司是一家位于芝加哥的专业技术服务企业,它为其他美国企业提供人员和信息技术咨询服务,目前有一个初级商业系统分析师的空缺职位。企业为 150 多家金融服务、医疗保健、通信、运输、能源、消费品和技术等领域的企业提供业务和技术顾问,帮助它们经济、高效地实施业务和技术项目。

13.6.2 职位描述

初级商业系统分析师在软件开发生命周期的所有阶段与项目团队一起工作,包括定义业务需求、开发详细的设计规范,以及与应用程序开发人员一起构建或改进系统和业务流程。在执行任务之前,新的商业系统分析员接受背景培训,需要完成相应的任务。第一项任务是与密歇根州的一家初创数据分析企业签订合同,为一家中型企业提供服务。这位初级商业系统分析师将与数据科学家团队合作,帮助客户整合数据源,清理和组织混乱的数据,并提高对模式和趋势的理解。

13.6.3 岗位资格要求

- 即将毕业的大学生,MIS、金融、心理学或相关领域的学士学位。
- 拥有 3～6 个月以上的企业工作或实习经验,包括与项目团队合作的经验。
- 对技术和系统以及业务流程改进有很深入的理解。
- 较强的分析、沟通和解决问题的能力。
- 适应在团队的环境中工作。
- 了解软件开发生命周期和业务流程改进。
- 了解 MS Office 应用程序。
- 最好有 SQL 编程经验。

13.6.4 面试问题

1. 你学过哪些信息系统课程,包括 MIS、数据库、数据分析和系统开发?你会写 SQL 查询吗?
2. 你有没有参与过系统开发项目?如果有,你做过什么?你用什么系统开发实践?
3. 你是否参与过其他类型的项目,你扮演了什么角色?你有这些项目的书面案例吗?
4. 你使用过哪些 Microsoft Office 工具?你用这些工具解决了哪些问题?
5. 你有敏捷软件开发的经验吗?

13.6.5 作者提示

1. 复习第 2 章和第 13 章中关于业务流程的内容,以及第 14 章关于 IT 项目管理和实施的内容。准备好谈谈你有过哪些系统开发经验,包括分析或重新设计业务流程。同时准备好讨论现代系统开发实践的内容。

2. 询问你会如何使用 SQL 和 Microsoft Office 工具完成这项工作,以及你需要展示哪些技能。带上你用这个软件所做的工作案例。表现出对你不熟悉的工具来完成工作任务的学习兴趣。

3. 带上你的书面案例,展示你的分析和商业应用技能和项目经验。

复习总结

13-1 新系统的建设如何引发组织变革?

构建一个新的信息系统,是一种有计划的组织变革。技术带来的 4 种变革包括自动化、程序合理化、业务流程再造和范式转移。随着改变的不断深入,风险和收益同步增加。许多企业使用业务流程管理,重新设计工作流和业务流程,并期望带来生产率方面的巨大突破。业务流程管理对于全面质量管理(TQM)、六西格玛以及其他渐进式的流程优化也很有效。

13-2 系统开发过程中的核心活动有哪些?

系统开发过程中的核心活动有系统分析、系统设计、编程、测试、转换、运行与维护。系统分析是对现有系统存在问题的研究、分析,以及对需求的识别。系统设计为信息系统解决方案提供详细的说明,介绍所采用的技术和组织内组件是如何融合在一起的。

13-3 信息系统建模和设计的主要方法有哪些?

信息系统建模和设计的两个主要方法是结构化方法和面向对象的开发。结构化方法将处理程序的模型和数据的模型分开。DFD 是结构化分析的主要工具,结构表是用来表示结构化软件设计的主要工具。面向对象的开发将系统模拟为一系列的对象,这些对象包括处理程序和数据信息。面向对象建模是基于类和继承的概念。

13-4 建设信息系统有哪些可选方法?

最早用来构建信息系统的方法是系统生命周期法,在这种方法中,系统需要按正式阶段开发。这些阶段按序进行,每个阶段都有输出且开始前都需要正式批准。如果是一个大型项目,而且在系统构建过程中的每个阶段都需要正式的规范、严格的控制管理,则使用系统生命周期法开发将很有效。但是,系统生命周期法的成本高且比较严格、死板。

原型法可以快速、低成本地建立实验系统,供最终用户使用并评估。在原型法中,最终用户将参与系统开发、迭代设计过程,直至系统指标能很准确地满足需求。在采用原型法的过程中,快速构建的原型系统还没有被完全测试,并且还没有建立文档,所以还没有达到产品化的要求。

使用软件包开发系统,可以减少设计、编程、测试、安装、维护过程中的大量工作。如果企业没有专门的 IT 开发人员,或者不能承担专门定制开发一款系统的费用,那么应用软件包将为企业带来很多帮助。但是为了满足企业独特的需求,软件可能需要进一步的改进,这将导致成本上升。

终端用户开发法是指终端用户独自或者在最少的信息系统专家帮助下开发信息系统。终端用户开发法可以使用用户友好的软件工具，快速创建系统。然而，终端用户开发法会产生无法确定质量标准且难以应用传统方法控制的系统。

外包则是请外部服务商为企业建立（或运营）信息系统，而不再由组织内部信息系统人员来完成。外包可以节约开发成本，然而，企业将面临对信息系统失去控制的风险，并且变得很依赖于外部服务商。外包将产生隐形成本，特别是当外包工作在海外进行时更是如此。

13-5 在数字企业时代信息系统建设有哪些新方法？

企业可以采用RAD、JAD、敏捷式开发、可重用的软件组件以加快系统开发流程。RAD使用面向对象软件、可视化编程、原型法、快速创建系统的工具。敏捷式开发将一个大的项目分解成一系列小的子项目，这些子项目可以利用迭代法和持续的反馈意见在短期内完成。基于组件的开发，通过组合多套软件组件以建立大型商业应用，加快应用开发过程。DevOps 强调创建应用程序的软件开发人员与运行和维护应用程序的IT运营人员之间的紧密合作。Web 服务提供了一套通用标准，使组织能够通过标准的即插即用体系结构连接它们的系统，而不管它们的技术平台如何。移动应用开发必须关注简易、可用性、要为小屏幕优化应用的需求。

关键术语

验收测试（acceptance testing）
敏捷开发（agile development）
自动化（automation）
业务流程管理（business process management，BPM）
业务流程再造（business process redesign）
基于组件的开发（component-based development）
计算机辅助软件工程（computer-aided software engineering，CASE）
系统切换（conversion）
定制（customization）
数据流程图（data flow diagram，DFD）
开发运营一体化（DevOps）
直接切换策略（direct cutover strategy）
归档（documentation）
终端用户开发法（end-user development）
终端用户界面（end-user interface）
可行性研究（feasibility study）

信息需求（information requirements）
迭代（iterative）
联合应用开发（joint application design，JAD）
维护（maintenance）
移动网络应用（mobile web app）
移动网站（mobile website）
本机应用（native app）
对象（object）
面向对象的开发（object-oriented development）
离岸外包（offshore outsourcing）
范式转移（paradigm shift）
并行策略（parallel strategy）
阶段性方法策略（phased approach strategy）
试用策略（pilot study strategy）
安装后审计（post-implementation audit）
流程规范（process specifications）
生产（production）
编程（programming）

原型（prototype）
原型法（prototyping）
查询语言（query languages）
快速应用开发（rapid application development，RAD）
程序合理化（rationalization of procedures）
需求清单（request for proposal，RFP）
响应式网页设计（responsive web design）
六西格玛（six sigma）
结构图表（structure chart）
结构化（structured）
系统测试（system testing）
系统分析（systems analysis）
系统设计（systems design）
系统开发（systems development）
系统生命周期（systems life cycle）
测试计划（test plan）
测试（testing）
全面质量管理（total quality management，TQM）
单元测试（unit testing）

复习题

13-1 新系统的建立如何引发组织变革?
- 描述由信息技术带来的4种组织变革。
- 定义业务流程管理，并描述业务流程管理需要的步骤。
- 说明信息系统是如何支持组织内提高质量的流程改革。

13-2 系统开发过程中的核心活动有哪些?
- 系统分析和系统设计的区别是什么? 分别描述这两项中的活动。
- 明确系统信息需求，并解释为什么很难准确获取系统需求。
- 解释为什么系统的测试阶段很重要，列出并描述信息系统测试的3个阶段。
- 描述系统开发过程中编程、转换、运行与维护的作用。

13-3 信息系统建模和设计的主要方法有哪些?
- 比较面向对象的方法和传统的结构法。

13-4 构建信息系统有哪些可选方法?
- 定义传统生命周期法。描述构建系统时的优缺点。
- 定义信息系统原型法。描述原型法的好处及局限。列出用原型法构建系统的步骤。
- 定义应用软件包法。解释在软件包的基础上开发信息系统的优缺点。
- 定义终端用户开发法，并描述其优缺点。列出管理终端用户开发的规则和程序。
- 描述用外包法构建信息系统的优缺点。

13-5 在数字企业时代信息系统建设的新方法有哪些?
- 定义快速应用软件开发、敏捷式软件开发和DevOps,并说明它们是如何加快系统开发效率的。
- 说明基于组件的开发和网页服务是如何帮助企业构建、增强信息系统。
- 说明移动应用开发和响应式网页设计的特点。

讨论题

13-6 为什么选择一种合适的系统开发方法很重要?谁应该参与选择过程?

13-7 有些人说降低系统开发成本最好的方法是采用应用软件包或用户友好的工具,你同意吗?为什么?

13-8 为什么在开发一个新的信息系统时,理解业务流程是非常重要的?

MIS 实践项目

本部分中的项目为你提供分析业务流程的实际经验,设计和建立汽车销售客户系统以及分析网站信息需求。

管理决策问题

13-9 购买 Sears Roebuck 设备(如洗衣机)的客户可以额外付费购买3年的服务合约。合约提供免费的维修服务和部件,由 Sears 的授权服务供应商来完成。持有 Sears 服务合同的人,当需要维修像洗衣机这样的设备时,他首先需要打电话给企业,与相关部门预约。预约部门将会告诉客户大概的上门服务时间。维修人员将在预约的时间范围内,到达客户家中诊断问题。如果发现是某个部件坏了,技术人员会对坏掉的部件进行更换。但是,如果技术人员没有带新部件,那么需要先从企业订货。如果企业里也没有存货,企业将给客户一个大概的时间,在这个时间内新部件将到达。部件直接寄到客户家中,在部件到达后,客户需要打电话进行第二次预约。在第二次上门服务中,技术人员对坏掉的部件进行替换。整个过程耗时很长,第一次预约的时间大概需要两周,新部件送达需要两周,第二次预约又要花两周。

- 绘制现有流程。
- 现有流程对企业的运营效率和客户关系的影响是什么?
- 通过什么样的改变,可以使这个流程更高效?信息系统如何支持这些改变?绘制改进后的流程图。

13-10 某农药企业的管理层对于企业的生产计划不是很满意。通过对每种产品需求量的最佳推测制订生产计划,这种方法是基于以前的订货量。如果有客户提交了未在预期数量范围内的订单,或者在下订单后需要修改订单内容,这时企业就无法调整生产计划,企业可能需要告诉客户不能满足其订单,或者企业需要花更多的成本保持额外的库存。

在每月末，订单将被汇总，并由工作人员手动输入到企业的生产计划系统中。上月的生产数据和库存系统中的数据也是手动输入到企业的订单管理系统中。销售部门和生产部门的分析人员将分析各自部门的数据，以制订下个月的销售目标和生产目标，这两个估计结果往往不相符。然后，分析人员需要在一个更高层次的计划会议中开会讨论，来修订生产和销售目标，同时加入高层管理人员制订的关于市场份额、收益和利润的目标。会议最终生成一份主生产计划。

整个生产计划过程需要 17 个工作日完成。其中 9 个工作日用来汇总、验证数据。剩下的时间用来制订、协调生产和销售目标，并最终定下主生产计划。

- 绘制现有生产计划的流程图。
- 分析当前流程给企业带来的问题。
- 企业系统如何解决这些问题？用何种方法可以降低成本？如果安装企业系统，生产计划的流程图将是什么样的，请绘出。

改善决策：使用数据库软件为汽车销售企业设计客户系统

软件技能：数据库设计、查询、报告和表格

业务技能：销售机会和客户分析

13-11 这个项目需要进行系统分析，并使用数据库软件进行系统方案设计。

Ace 汽车代理商负责在波特兰市销售斯巴鲁汽车。Ace 在当地的报纸上做了广告，并且在斯巴鲁网站以及其他汽车网站中被列为授权经销商。这家企业在当地享有较高的知名度和美誉度。

Ace 认为它还没有掌握客户足够的信息。该企业不能确定是哪种因素使得客户了解到了自己，并且最终达成交易，即企业不确定哪种渠道是最有效的。如果企业可以知道哪种客户接触法产生了最大的实际效益，企业则可以关注于这种广告渠道，以带来最大的利润。购买者是从报纸广告、亲人朋友，还是网站了解到 Ace 的呢？

准备一份系统分析报告，详细分析 Ace 的问题，并且提供一种可以使用数据库管理软件实现的系统解决方案。然后，使用数据库软件开发一个简单的系统方案。

实现卓越运营管理：分析网站设计和信息需求

软件技能：网页浏览软件

业务技能：信息需求分析、网站设计

13-12 访问一个网站，并进行全面的浏览。准备一份报告，分析网站提供的功能和网站的信息需求。你的报告需要回答以下问题：网站有哪些功能？网站使用什么数据？输入、输出和处理方法分别是什么？其他的设计规范有哪些？网站有没有连接到内部系统，或者是其他企业的系统？网站为企业带来了什么价值？

团队合作项目

准备网站设计说明书

13-13 与3～4名同学一起,选择本文中描述过的网络系统。查看所选择系统的网站。使用从网站上学到的知识和书中的描述,准备一份描述所选系统设计规范的报告。如果可能,请使用 Google Docs、Google Drive 或 Google Sites,集思广益并制作演示文稿来报告结果。

案例研究

日立咨询将人力资源转移到云端

日立咨询是一家国际管理和技术咨询公司,总部设在得克萨斯州达拉斯,是日立公司在日本东京的子公司。日立咨询目前在美国、日本、巴西、中国、印度、葡萄牙、新加坡、西班牙、英国、德国和越南等22个国家拥有约6 500名员工。由于企业提供咨询服务,员工是其最重要的资源。为了在竞争中取得成功,日立咨询必须确保无论客户何时何地需要咨询服务,企业都有足够数量、有适当技能和专业知识的员工。在这类企业中,人力资源的作用尤其重要。

4年前,日立咨询决定扩大其业务模式,将企业最佳实践和领先技术(如物联网)以及传统的咨询服务相结合,为客户提供交钥匙的定制解决方案。日立咨询在铁路、交通、能源、水、城市、医疗保健和公共安全等多个领域都在这样做。一个关键的成功因素是:与整个行业的合作伙伴、客户和其他利益相关者合作。这些新产品需要具备适当才能的人员提供日立咨询新的解决方案的组合。企业不得不重新组建人力资源部,使其更具战略性,以便拥有合适的人员来完成这项工作。

日立咨询有多个完全不同的当地人力资源系统(有一些还只是电子表格),这些系统保存着宝贵的员工数据,但没有与在美国的传统人力资源系统集成。要想从整个企业范围内了解企业的劳动力状况是一件不可能的事情。当一位高级管理人员要求把企业范围内的数据拿来决策时,人力资源部的工作人员必须手动收集和汇总必要的数据。这个过程可能要花费几天的时间。处理这些复杂的人工流程和孤立的数据使企业无法在"单一真相来源"的状况下运营。

为了企业的发展,人力资源必须转型,原来的人力资源系统也需要更换。一个首要的任务是:改进人才招聘和发展的业务流程,以便日立咨询能更好、更快、更廉价地找到合适的人才。过去,日立咨询一直等到新职位有空缺后才积极招聘人才。新的人力资源管理职能通过员工推荐和社交网络来培养与优秀候选人的关系。通过持续的交流,人力资源部的员工可以发现明星人才,并在时机成熟的时候迅速聘用这些人才。日立咨询希望新的人力资源系统能够降低招聘成本,提高应聘者的工作经验、敬业度和留存率,并扩大日立咨询作为首选雇主的认可度。

另一个优先要做的事情是建立一个统一的记录系统,作为日立咨询所有区域的权威信息来源,并有一个人力资源数据中央存储库。通过企业范围内的云应用,人力资源经理和IT经理可以根据角色和职能集中分配数据访问的权限,同时还可以强制执行全球的安全和监管政策。日立咨询的员工经常在客户的现场工作,需要用平板电脑和智能手机访问企业的数据和应用,因此新的解决方案也需要提供移动访问,这在日立咨询的传统系统中是不可能实现的。其他目标包括：扩展分析和报告功能、简化薪酬、福利和缺勤管理的全球平台等。

一个由人力资源、业务部门和 IT 领导组成的指导委员会评估了各种技术的选项，最终选择了 Oracle HCM 云作为解决方案。Oracle HCM Cloud 是一个基于云的人力资本管理系统，它提供了一个统一的全球人力资源解决方案，用于维护员工记录、协调常见的人力资源流程，吸引、开发和留住顶尖人才，提高员工生产力，控制劳动力成本以及满足简单和复杂的员工薪酬需求。系统也具有招聘候选人、管理绩效、发展职业、提供学习、进行人才评估和规划接班人的能力。

日立咨询发展迅速，云计算的灵活性有助于它从新的收购中迅速吸纳大量的员工。日立咨询曾经用不到两周的时间，将数百名新员工引入传统的人力资源系统。对于旧的系统，如何确保企业有足够的硬件和软件资源来满足新员工的需求，而不至于在额外的基础设施上超支，或者在同等风险情况下控制基础设施支出，使系统应对未来的增长，这是一个具有挑战性的项目。有了云平台之后，日立咨询只需将新员工纳入人力资源应用，并调整与 Oracle 的合同，适应额外的员工数量即可。将自己需要的计算能力转换成云软件服务提供商的能力，也减轻了日立咨询 IT 员工的日常数据中心维护工作，为战略业务规划（如为决策者创建报告和分析）留出更多的时间。

Oracle HCM 云服务能够满足所有这些需求，而且它还具有一个现代化的用户界面，与日立咨询原有系统的过时界面相比，员工更容易使用新系统。Oracle 云平台的灵活性也引起了指导委员会的注意。有了这么多云服务，客户必须先将业务流程适应服务的需求。Oracle HCM 云服务提供了标准的流程，也允许企业在必要的时候定制流程。

日立咨询的团队指导委员会还发现，Oracle HCM 云服务提供了保护人力资源数据所需的严格的安全和监管控制，其中一些数据是高度敏感的。多年来，许多企业都不愿意采用云计算，它们担心外部服务提供商无法像现场安装和管理的系统那样有效地保护敏感数据。随着时间的推移，云计算在可靠性和安全性方面的声誉不断提高。越来越多的企业认为数据在云上与在本地是同样安全的。日立咨询的指导委员会确信，Oracle 可以应对最新的安全威胁，并且在保护员工数据方面做得和以前一样好，甚至更好。

2014 年初，高层管理批准了人力资源现代化的计划，新系统于 2015 年 9 月投入使用。项目负责人意识到，他们需要关注员工的使用体验，以便员工适应新系统带来的变化。直接参与人力资源现代化项目的人力资源部和信息技术部员工也必须履行职责。项目负责人设计了一个分时计划，在最需要他们专业知识的时候，把他们拉进现代化项目，但很快又让他们回到正常的工作岗位上，确保日立咨询的业务正常运行。

Oracle 人力资本管理云的实施服务于日立咨询的全球员工，为日立咨询带来了诸多益处。这个项目降低了雇佣新员工的时间和成本，改善了顶尖人才的识别、开发和保留。过去，员工推荐流程常常因为员工质疑他们的建议是否会得到执行而步履蹒跚。有了新系统后，转介方可以更清楚地识别和标记候选人，如果转介成功一位新员工，转介方也会得到奖励。日立咨询从现有员工中引进新人才的比例从 17% 提高到 35%。在系统运行的第一年，企业降低了付给猎头的费用，共节省了 100 万美元。从收购中吸收和整合员工变得更加容易。

日立咨询的高层管理人员和区域经理现在可以在决定新业务方向时，及时访问员工的信息。例如，最近高层管理人员要求日立咨询的服务交付总监 Matt Revel 提供过去 12 个月员工人数和离职趋势，用来评估管理人员为日立咨询的销售和解决方案部门人员所做的投资。过去，为了收集这些信息，Revell 手下的员工必须向每个日立咨询的区域管理人员要求这些数据，然后将这些信息标准化（因为一些定义并不一致，如对全职员工和临时员工的定义）。只有这样，位于美国总部的日立咨询分析小组才能汇总数据并运行获得最终报告。Oracle HCM 云服务集中了日立咨询所有的人力资源信息，并使用了一组通用的企业级定义。这样能够更快、更准确地完成报告和分析工作。

新的集中化系统还使人力资源部的效率更高，它用标准化做法取代了在不同地区运行的几十个独立的流程，并增强了战略性分析员工数据的能力。例如，日立咨询每年都会将数百名员工调到本国以外的地方，为需要专业技能的客户服务。新的、精简的全球系统大大改进了员工全球流动的过程，同时作为记录系统也为许多关键下游系统提供员工数据。这不仅提高了数据的完整性，也大大提高了员工队伍的全球可视性，促进了全球员工数据的战略分析。

日立咨询的转型专家告诉客户，根本性的变革是一个持续的过程，这也是人力资源和 IT 部门牢记在心的一课。现在，日立咨询的领导者正在扩展对 Oracle HCM 云服务中可用薪酬功能的使用，更精确地管理销售人员的薪酬。据日立咨询 Oracle HCM 云业务副总裁 Sona Manzo 称，企业需要时间确定如何转变销售组织，因此将销售薪酬作为一项单独的举措。

日立咨询继续使用 Oracle HCM 云服务的新功能来帮助业务增长。新系统已经能够处理每个国家的销售人员量身定制的复杂奖金方案。例如，"热门技能"奖金对于吸引亚太地区的人才至关重要，但在美洲等其他地区则不适用。日立咨询很快能够跟踪每个国家的多个奖励计划，并正在研究使管理人员通过移动设备要求和批准奖金或加薪的功能。

资料来源：April Mazon, "Hitachi Consulting Realizes Significant Value with HCM Cloud Transformation," https://blogs.oracle.com, accessed January 10, 2018; Alan Joch, "Disrupt Yourself," Profit Magazine, Summer 2017; and www.hitachiconsulting.com, accessed January 19, 2018.

案例分析题：

13-14 分析日立咨询原有的人力资源系统存在哪些问题。管理、组织和技术方面的哪些因素导致了这些问题？这些问题对业务有何影响？

13-15 列出并描述日立咨询新的人力资源系统的主要信息需求。

13-16 基于云的系统是否适合日立咨询？为什么？

13-17 日立咨询采取了哪些措施确保新的人力资源系统取得成功？

13-18 新的人力资源系统有什么好处？它如何改变日立咨询的运营活动和决策？这个系统解决方案有多成功？

参考文献

[1] AppDynamics. "10 Things Your CIO Should Know about DevOps." www.appdynamics.com, accessed March 3, 2018.

[2] Aron, Ravi, Eric K. Clemons, and Sashi Reddi. "Just Right Outsourcing: Understanding and Managing Risk." Journal of Management Information Systems 22, No. 1 (Summer 2005).

扫一扫，下载本章参考文献

[3] Benaroch, Michael, Yossi Lichtenstein, and Lior Fink. "Contract Design Choices and the Balance of Ex Ante and Ex Post Transaction Costs in Software Development Outsourcing." MIS Quarterly 40, No. 1 (March 2016).

[4] Bossert, Oliver, Chris Ip, and Irina Starikova. "Beyond Agile: Reorganizing IT for Faster Software Delivery." McKinsey & Company (2015).

[5] Chang, Young Bong, Vijay Gurbaxani, and Kiron Ravindran. "Information Technology Outsourcing: Asset Transfer and

the Role of Contract." MIS Quarterly 41, No. 3 (September 2017).

[6] Comella-Dorda, Santiago, Swati Lohiya, and Gerard Speksnijder. "An Operating Model for Company-Wide Agile Development." McKinsey & Company (May 2016).

[7] Edberg, Dana T., Polina Ivanova, and William Kuechler. "Methodology Mashups: An Exploration of Processes Used to Maintain Software." Journal of Management Information Systems 28, No. 4 (Spring 2012).

[8] El Sawy, Omar A. Redesigning Enterprise Processes for E-Business. McGraw-Hill (2001).

[9] Furneaux, Brent, and Michael Wade. "Impediments to Information Systems Replacement: A Calculus of Discontinuance." Journal of Management Information Systems 34, No. 3 (2017).

[10] Gnanasambandam, Chandra, Martin Harrysson, Rahul Mangla, and Shivam Srivastava. "An Executive's Guide to Software Development." McKinsey & Company (February 2017).

[11] Goo, Jahyun, Rajiv Kishore, H. R. Rao, and Kichan Nam. "The Role of Service Level Agreements in Relational Management of Information Technology Outsourcing: An Empirical Study." MIS Quarterly 33, No. 1 (March 2009).

[12] Hahn, Eugene D., Jonathan P. Doh, and Kraiwinee Bunyaratavej. "The Evolution of Risk in Information Systems Offshoring: The Impact of Home Country Risk, Firm Learning, and Competitive Dynamics." MIS Quarterly 33, No. 3 (September 2009).

[13] Hammer, Michael, and James Champy. Reengineering the Corporation. New York: HarperCollins (1993).

[14] Hoehle, Hartmut, and Viswanath Venkatesh. "Mobile Application Usability: Conceptualization and Instrument Development." MIS Quarterly 39, No. 2 (June 2015).

[15] Hua Ye, Jonathan, and Atreyi Kankanhalli. "User Service Innovation on Mobile Phone Platforms: Investigating Impacts of Lead Userness, Toolkit Support, and Design Autonomy." MIS Quarterly 42, No. 1 (March 2018).

[16] Kelleher, Justin. "Debunking the Myths Around Agile Development." Information Management (August 21, 2017).

[17] Kendall, Kenneth E., and Julie E. Kendall. Systems Analysis and Design (9th ed.). Upper Saddle River, NJ: Prentice Hall

(2019).

[18] Kotlarsky, Julia, Harry Scarbrough, and Ilan Oshri. "Coordinating Expertise Across Knowledge Boundaries in Offshore Outsourcing Projects: The Role of Codification." MIS Quarterly 38, No. 2 (June 2014).

[19] Levina, Natalia, and Jeanne W. Ross. "From the Vendor's Perspective: Exploring the Value Proposition in Information Technology Outsourcing." MIS Quarterly 27, No. 3 (September 2003).

[20] Mani, Deepa, and Anitesh Barua. "The Impact of Firm Learning on Value Creation in Strategic Outsourcing Relationships." Journal of Management Information Systems 32, No. 1 (2015).

[21] McKinsey & Company. "Agile with a Capital 'A': A Guide to the Principles and Pitfalls of Agile Development." (February 2018).

[22] Nelson, H. James, Deborah J. Armstrong, and Kay M. Nelson. "Patterns of Transition: The Shift from Traditional to Object Oriented Development." Journal of Management Information Systems 25, No. 4 (Spring 2009).

[23] Ozer, Muammer, and Doug Vogel. "Contextualized Relationship Between Knowledge Sharing and Performance in Software Development." Journal of Management Information Systems 32, No. 2 (2015).

[24] Pollock, Neil, and Sampsa Hyysalo. "The Business of Being a User: The Role of the Reference Actor in Shaping Packaged Enterprise System Acquisition and Development." MIS Quarterly 38, No. 2 (June 2014).

[25] Saunders, Adam, and Erik Brynjolfsson. "Valuing Information Technology Related Intangible Assets." MIS Quarterly 40, No. 1 (March 2016).

[26] Sircar, Sumit, Sridhar P. Nerur, and Radhakanta Mahapatra. "Revolution or Evolution? A Comparison of Object-Oriented and Structured Systems Development Methods." MIS Quarterly 25, No. 4 (December 2001).

[27] Su, Ning, Natalia Levina, and Jeanne W. Ross. "The Long-Tail Strategy for IT Outsourcing." MIT Sloan Management Review (Winter 2016).

[28] Valacich, Joseph A., and Joey George. Modern Systems Analysis and Design, 8th ed. Upper Saddle River, NJ: Prentice-Hall (2017).

第 14 章

管理项目

学习目标

通过阅读本章，你将能回答：

1. 项目管理的目标是什么？为什么项目管理在信息系统开发中如此重要？
2. 有哪些方法可以用来选择和评估信息系统项目，并且使其和企业目标保持一致？
3. 企业如何评估信息系统项目的商业价值？
4. 信息系统项目的主要风险有哪些？如何管理风险？
5. MIS 如何有助于我的职业发展？

本章案例

健全的项目管理有助于 Stepan 公司改进财务计划和报告

康菲石油公司实施访问控制新系统

奥雅纳将项目管理转移到云端

宾夕法尼亚州失业补偿现代化系统：未竟之事

健全的项目管理有助于 Stepan 改进财务规划和报告

Stepan 总部位于伊利诺伊州诺思菲尔德，是全球一家主要的特殊和中间化学品制造商，如表面活性剂、聚合物和销售给其他制造商的特殊产品。企业的主要市场包括清洁剂和洗涤剂（包括洗涤剂、洗发水、织物柔软剂、牙膏和家用清洁剂）、油漆、化妆品、食品、饮料、营养补充剂、农产品、塑料、家具、汽车设备、绝缘材料和制冷设备的制造商。Stepan 在全球拥有 2 000 名员工和 18 个生产基地。

多年来，Stepan 的财务规划和分析（FP&A）团队使用不易整合的电子表格和数据库管理全球财务预算和预测。FP&A 团队花了大量的时间维护电子表格，并从系统中收集、汇总和提取数据。每月的财务报表要花上几百个小时，这样几乎没有时间进行分析和战略思考。

在过去的 10 年里，Stepan 迅速扩张，超出了原有系统报告和规划流程的能力。2014 年，Stepan 启动了一项名为"驱动"的整个企业业务转型计划，目标之一就是改善全球的财务报告和规划流程。企业选择了基于 SAP Business Planning and Consolidation（BPC）的解决方案，在单个应用程序中提供规划、预算、预测和财务整合的功能，并可以和 Stepan 的全球 SAP ERP 系统进行集成。

Stepan 的新系统项目团队进行了深入的探索研讨、与改进和实施顾问进行交流、参加战略思维的培训课程以及去几家同行企业进行实地考察。在 SAP 分析小组顾问的协助下，项目团队对员工进行了相关的调研，并进行了面对面的交谈，确定他们在管理汇报和规划上花费了多少时间。

项目团队建立了一个更好的规划工具的商业案例。项目团队向管理层提交的数据显示，Stepan 的财务部门在战略规划工作上落后于类似规模的化工企业。数据还显示，Stepan 在预算周期上花费的工作时间大约是其他类似规模企业的两倍。

Stepan 采用了分阶段实施的方法。第一阶段的重点是管理报告和供应链预测。2017 年 1 月，企业启用了管理报告功能，随后不久又启用了供应链预测和报告功能。第二阶段于 2017 年第四季度开始，侧重于实施预算、预测和利润预测能力。第三阶段主要提供全面整合和外部报告的功能，于 2018 年完成。最终用户参与 FP&A 项目团队对于数据验证来说是至关重要的。Stepan 在为全球金融团队上线之前推出了选择用户组的功能。这种方法使 Stepan 能够为较少的用户群分配培训资源，即便要花费更长的时间才能实现效益。

项目范围和管理用户期望是首要任务。Stepan 的 FP&A 项目组清晰地定义了项目的范围，并确保在获得一点进展或变化时，就及时告知整个企业。为了应对项目失控，项目团队为项目的每个阶段分发了一份项目范围内和范围外的所有内容的列表。这份列表提供了参考指南，其中详细描述了用户在每次推出时可能期望的功能，以及 SAP BPC 的功能。项目团队强调了应用程序解决的每个问题，并试图培训企业中不太了解财务的人。Stepan 的 FP&A 高级经理 Andrew Chapmen 认为，清楚地解释不在项目范围内的内容比定义项目范围内的内容更重要。

Stepan 开始意识到项目带来的好处，有更好的切割工具、更少的手工流程，需要更少的努力分析成本以及准确地看到成本和利润。这个企业正在成为一个更具战略性的组织。

资料来源：www.stepan.com, accessed January 5, 2018; Ken Murphy, "Planning Tips Scales in Stepan Company's Favor," SAP Insider Profiles, August 10, 2017; and www.sap.com, accessed January 5, 2018.

信息系统面临的主要挑战之一就是确保它们真正产生商业价值。信息系统项目的失败率非常高，因为组织没能正确地评估它们的商业价值，或者因为企业在引入新技术时未能管理好因新技术的应用而引发的组织变革。建立或改进信息系统项目需要专门的管理和组织技巧才能有效。

Stepan 的管理层在实施一个新的财务规划和整合系统的项目时，就意识到了这一点。新技术包括对重要业务流程和新软件的更改。Stepan 成功地完成了这个项目，因为它的管理层清楚地认识到，强有力的项目管理和对组织变革的关注是成功的关键。图 14-1 提出了本案例和本章提出的重要观点。Stepan 在全球的快速增长、过时的预算和预测流程需要更自动化的、更先进的系统，能够快速整合整个企业的财务数据。过时的系统使财务运作效率低下，使财务规划和分析小组无法集中精力改进财务分析，缺乏更具战略性的思考。管理层明智地组建了一个项目团队，仔细定义了项目的范围，并与 SAP 专业顾问和具有金融业务知识的最终用户密切合作。新系统是在可管理的阶段逐步实施的，用户可以得到详细的培训。

> 需要考虑：为什么这个项目会成功？为什么密切关注项目范围很重要？

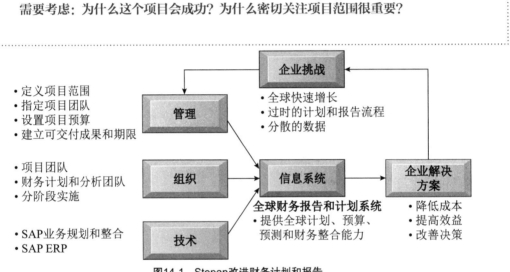

图 14-1　Stepan 改进财务计划和报告

14.1 项目管理的目标是什么？为什么项目管理在信息系统开发中如此重要？

信息系统项目的失败率很高。几乎在每一个组织内，信息系统项目都投入了比最初预期更多的时间和资金，或者完工的系统运行起来总是不理想。当信息系统不能正常运行或者开发成本太高时，企业也许不能从信息系统投资中获益，系统可能也无法解决人们期望它解决的问题。开发一个新系统必须仔细管理、精心策划，而项目实施的方法则可能是影响结果最重要的因素。这就是要了解信息系统项目管理知识，以及理解信息系统项目成败的原因所在。

14.1.1 项目失控与系统失败

项目管理得有多糟糕？根据信息系统项目计划所设立的交付要求，平均而言，私营部门的信息系统项目往往低估了一半的费用预算和时间。许多项目交付的系统缺失了部分功能（承诺在以后版本实现）。麦肯锡（McKinsey）和牛津大学（Oxford University）的一项联合研究发现，大型软件项目的开发成本平均比预算高出66%，所用时间比计划时间超出33%。云项目组合管理提供商Innotas最近的调查显示，超过50%的企业在过去的12个月内经历过IT项目的失败（Florentine，2016）。

如图14-2所示，一个系统开发项目如果没有合适的管理，最可能遭遇以下结果：

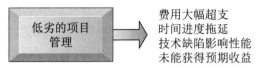

图14-2　低劣的项目管理的后果

注：没有合适的管理，系统开发项目会花更长的时间才能完成，并且在大多数情况下会超过原定的预算。这导致信息系统很可能会有技术缺陷，并且也许不能为组织带来益处。

失败的信息系统项目开发的系统通常不能按照最初的设想运行，或者根本不能运行。为了使其运行，用户通常还要开发一套并行的手工系统。

系统的实际设计可能没有体现业务的核心需求，或者未能提升组织绩效。系统产生的信息可能没有提供及时的帮助，可能无法被理解或使用，或者可能是错误的。

对不懂技术又必须与系统互动的业务人员而言，和系统互动的方式可能过于复杂而令人沮丧。系统的用户界面可能很糟糕。**用户界面**（user interface）是系统的一部分，用户通过它和终端用户互动。例如，在线输入的表格或者数据录入在屏幕上显示得很糟糕，以至于没人愿意提交数据或者查询信息。系统输出展示的格式也可能令人难以理解。

如果网页混乱且排版不合理，用户不能方便地查询到想要的信息，或者用户的计算机长时间不能访问和显示网页，这会打击用户进一步使用该网站的信心。

另外，系统中的数据也许非常不准确或不一致。某些字段的信息可能是错误的或含糊不清的，或者它可能没有被适当地加以组织以便用于商业用途。某些具体业务职能的信息需求，也可能由于数据不完整而不可获取。

14.1.2　项目管理的目标

项目（project）是指为了完成特定企业某个具体的目标而计划的一系列相关活动。信息系统项目主要有开发新的信息系统、改善现有的信息系统、升级或更新企业的IT基础构架等。

项目管理（project management）是指在一定的预算和时间限制下，运用有关的知识、技能、工具和技术实现某个明确的目标。项目管理活动包括制订工作计划、评估风险、估计完成项目所需的资源、组织工作、获取人力和物质资源、分配任务、指导活动、控制项目实施、进度报告、结果分析等活动。与其他业务领域的项目管理一样，信息系统项目管理必须处理5个主要要素，即范围、时间、成本、质量和风险。

范围（scope）是指项目包括哪些工作，不包括哪些工作。例如，一个新的订单处理系统的项目范围也许包括订单输入并将订单传递给生产和会计的新模块，而相关的应收账款、制造、分发或者库存控制等模块不做任何改变。项目管理明确了成功完成项目的所有工作，并且应确保项目范围不超出最初的规划。

时间（time）是指完成项目所需的时间长度。项目管理通常要确定完成项目主要组件所需要的时间长度。这些主要组件被进一步分解成若干活动和任务。项目管理要尽量明确完成每项任务所需要的时间,并为完成这项任务制定一个时间表。

成本(cost)是基于完成项目所需的时间乘以完成项目的人力成本得出的。信息系统项目成本还包括硬件成本、软件成本和工作场所成本。项目管理要制定项目预算并监管项目进行中的开支情况。

质量(quality)是指用于衡量项目的最终结果满足管理层设定目标程度的指标。信息系统项目的质量通常可以归结为改善组织绩效和增强决策的程度。此外,一个新系统的质量还要考虑系统产生信息的准确性、及时性和系统的易用性等方面的要求。

风险(risk)是指影响项目成功的潜在因素。这些潜在因素可能会阻碍项目实现其目标,包括需要延长时间、增加成本、降低项目质量或者阻碍项目完全实现的因素。14.4 将描述信息系统项目中最重要的风险因素。

14.2 有哪些方法可以用来选择和评估信息系统项目,并且使信息系统的开发和公司目标保持一致?

为了解决问题、改善绩效,企业通常会提出许多不同的项目。对于信息系统项目而言,企业往往有很多想法,但可用的资源没有那么多。企业需要选择那些效益最大的项目。显然,项目选择是由整体经营战略决定的。那么在所有选项中,管理人员应该怎样选择呢?

14.2.1 信息系统项目的管理结构

图 14-3 给出了大型企业信息系统项目中管理结构的组成元素,有助于确保最重要的系统项目得到优先考虑。

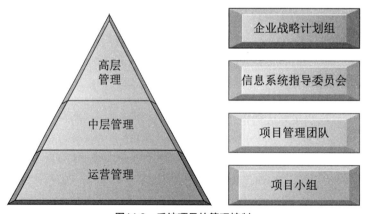

图14-3 系统项目的管理控制

注:每个管理层级对信息系统项目负有不同的责任,项目控制结构有助于对组织中最重要的信息系统项目进行优先考虑。

在这个项目控制结构的顶端是公司战略规划组和信息系统指导委员会。公司战略规划组负责制定公司战略规划,可能需要开发新系统来支持战略的实施。通常战略规划组还需要制定企业绩效的目标管理措施(也称"关键绩效指标"(KPI),见第 12 章),需要选择支持一个或多个 KPI 持续改善的 IT 项目。这些 KPI 会被董事会经常检视讨论。

信息系统指导委员会负责系统开发和运营,由终端用户和信息系统领域的部门负责人组成。

指导委员会的职责是审查、批准各个业务部门的系统规划，协调并整合系统，偶尔也参与具体的信息系统项目的选型工作。其成员对高层管理者和董事会制定的 KPI 有敏锐的意识。

项目管理团队由信息系统经理和终端用户经理构成，负责具体的信息系统项目的监督，并负责指导项目小组。项目小组对各自的信息系统项目直接负责，由系统分析师、终端用户中相关业务领域专家、应用程序设计员或者数据库专家等成员构成。系统解决方案的具体性质、特点决定了项目团队的规模和所需的专业技能组合。

14.2.2 信息系统项目与企业规划的链接

为了识别出那些能够为企业带来最大商业价值的信息系统项目，我们需要制定一个**信息系统规划**（information systems planning）来支持组织总体战略规划的实现，其中的战略信息系统往往是和高层企业战略规划结合在一起的。规划犹如一幅路线图，指明了系统开发（规划的目标）的方向、立项依据、当前系统情况、拟开发的新任务、管理策略、实施计划和预算等，见表 14-1。

表 14-1 信息系统规划

1. 规划目标
规划内容概述
当前业务组织和将来的组织
关键业务流程
管理策略
2. 战略业务规划基础
现状
当前业务组织
变化的环境
业务规划的主要目标
企业的战略规划
3. 当前系统
支持业务职能和流程的主要系统
现有基础设施能力
硬件
软件
数据库
通信和网络
满足业务需求的困难
预测未来需求
4. 新开发系统
新系统项目
项目描述
业务缘由
应用程序在战略中的作用
新基础设施功能要求
硬件
软件
数据库
通信和网络

续表

5. 管理策略 收购计划 里程碑事件和时间 组织改造 内部重组 管理控制 主要培训项目 人力资源策略
6. 实施计划 预期实施中的困难 进度报告
7. 预算需求 资金需求 可能的节约 资金计划 采购周期

信息系统规划包含企业目标陈述，指明如何借助信息技术实现该目标，以及系统项目如何实现总体目标。它明确了具体目标实现的时间和里程碑，这些时间计划和里程碑在项目建设过程中可以用来评估项目进度，即在计划的时间框架内到底完成了多少目标。信息系统规划指出了关键的管理决策、技术和所需的组织变革。

为了更有效地做好信息系统规划，企业需要将全部的信息系统应用、IT基础设施组件以及长期和短期的信息需求进行盘点并保存归档。对于那些有助于改善管理决策的项目，项目管理者首先需要确定哪些决策的改善会给企业带来最大的附加价值，然后他们需要设计一组度量指标，可以定量分析更加及时、准确的信息对于决策结果的价值（详见第12章）。

14.2.3 应用组合分析

一旦战略分析确定了系统开发的总体方向，应用组合分析就可以用来评估各类可能的系统项目。**应用组合分析**（portfolio analysis）是对组织的所有信息系统项目和资产进行汇总，包括基础设施、外包合同和许可证等。信息系统应用组合分析和金融投资组合分析一样，需要分析对企业可能带来的风险和潜在的收益（见图14-4）。

每个信息系统项目有其自身的风险和收益（见14.4节中的增加系统项目风险的因素）。企业需要平衡信息系统风险和收益的关系，提高IT资产组合的回报。虽然不存在一个对所有的企业而言都理想的组合应用，但对像金融这样信息密集型行业中的企业而言，应该有一些高风险、高收益的项目，因为金融企业需要确保跟上技术发展的时代潮流，

图14-4 系统组合

注：企业需要从潜在收益和项目风险两个视角检视各个项目。有些项目需要避免投资，有些项目需要快速开发，对所有企业而言不存在一个理想的组合，不同行业的不同企业有不同的选择。

而非信息密集型行业的企业应当关注那些高收益、低风险的项目。

当然，最理想的是那些高收益、低风险的系统项目，可以确保较早地获得收益而风险又相对较低。另外，对于高收益、高风险的系统项目，要认真推敲；对于低收益、高风险的项目，应该完全避免；对于低收益、低风险的项目，应当仔细审查，看是否可重建，或是否可用那些有较高潜在收益的、更理想的系统项目来代替。基于应用组合分析，管理人员可以确定那些适合企业风险和收益的最佳投资组合，在有较高风险、较高回报的项目与有较低回报但安全的项目之间取得平衡。将组合分析和企业战略联系起来的企业，其 IT 资产的投资回报就高；信息技术投资和企业战略对应得越好，组织范围内的 IT 投资协调得也就越好（Jeffrey 和 Leliveld，2004）。

14.2.4 评分模型

企业进行项目选择时，在需要考虑多个评判指标的情况下，**评分模型**（scoring model）会很有用。对一个系统项目而言，评分模型首要对该项目的不同特征指标赋予权重，然后再加权汇总。当某企业需要在两个 ERP 系统项目中进行选择时，它会采用表 14-2 来计算。表中第 1 列是评价标准，决策者利用它们来评价系统。这些评价标准往往是决策者长期讨论出来的。通常评分模型的重要输出往往不是分值，而是就评价一个系统的指标达成共识。

表 14-2 显示了某企业最需要的能力是订单处理、库存管理和仓库管理。表中第 2 列是决策者赋予各评判指标的权重，第 3 列和第 5 列显示了每一个 ERP 系统能提供的相应功能满足需求的程度。每一个供应商 ERP 系统的每一项功能的得分即为评分权重乘以该功能满足需求程度的评分。表 14-2 表明 ERP 系统 B 的评分最高。

表 14-2 ERP 系统选型评价模型的例子

评价标准	权重	ERP 系统 A%	ERP 系统 A 评分	ERP 系统 B%	ERP 系统 B 评分
1.0 订单处理					
1.1 在线订单处理	4	67	268	73	292
1.2 在线定价	4	81	324	87	348
1.3 库存校核	4	72	288	81	324
1.4 客户信用校核	3	66	198	59	177
1.5 发票	4	73	292	82	328
总订单处理			1 370		1 469
2.0 库存管理					
2.1 生产预测	3	72	316	76	228
2.2 生产计划	4	77	316	81	324
2.3 库存控制	4	68	272	80	320
2.4 报告	3	71	213	69	207
总库存管理			1 017		1 079
3.0 仓库					
3.1 接收货物	2	71	142	75	150
3.2 提货/包装	3	77	231	82	246
3.3 运输	4	92	368	89	356

续表

评价标准	权重	ERP 系统 A%	ERP 系统 A 评分	ERP 系统 B%	ERP 系统 B 评分
总仓库			741		752
总分			3 128		3 300

如同所有的"客观"技术一样,使用评分模型需要许多定性判断。评分模型的应用需要一批理解问题和技术的专家。比较合适的做法是,循环多次地计算评分模型,修改评判指标和权重,观察评判标准的合理变化对输出结果的影响程度。评分模型通常用于确认、合理化和支持决策,而不是作为系统选择的最终判断依据。

14.3 企业如何评估信息系统项目的商业价值

系统项目要既能支持企业的战略目标,又能满足用户的信息需求,同时对于企业来说,它还必须是一项很好的投资。从财务的角度看,系统价值本质上就是投资回报的问题。相对于成本投入,信息系统的投资能否产生足够的回报?

14.3.1 信息系统成本与收益

表 14-3 列出了与信息系统有关的几个比较常用的成本和收益项。**有形收益**(tangible benefits)可以量化并以货币价值来体现。**无形收益**(intangible benefits),诸如更有效的客户服务或优化决策等,不能立刻量化但长期可获得收益。与 MIS、决策支持系统和计算机辅助协同工作系统相比,业务系统与办公文书系统可以节省劳动力、空间,能产生更多可衡量的有形收益(见第 2 章和第 12 章)。

表 14-3 信息系统的成本和收益

成本
硬件
通信
软件
服务
人员
有形收益(成本节约)
提高生产率
降低运行成本
减少工作人员
降低计算机开销
降低外包成本
降低职员和专家成本
降低开销增长率
减少设备成本

续表

无形收益
改善财产利用
改善资源控制
改善组织计划
增加组织灵活性
更及时的信息
更多的信息
促进组织学习
得到合法要求
增加员工友善度
增加工作满意度
改善决策
改善运营
较高的客户满意度
较好的企业形象

第 5 章引入的**总持有成本**（total cost of ownership，TCO）是用来识别和测量信息技术投入的各个方面的成本费用，不仅仅只是一开始的硬件采购和安装费用以及软件费用。然而，TCO 的分析仅提供评估信息系统投资的部分信息，因为它没有涉及收益、诸如复杂成本这类的成本分类，以及稍后在本章讨论的"软的"且具有战略性的因素。

14.3.2 信息系统资金预算

为衡量一个具体项目的收益，必须对所有的成本和收益进行计算。显然，成本大于收益的项目应当被否决。但对于收益大于成本的项目，也需要通过财务分析衡量该项目相对于企业的投资而言是否带来了良好的回报。**资金预算**（capital budgeting）模型是用于评估长期资本投资项目价值的评估技术之一。

资金预算方法基于对企业现金流的流入和流出的估算，资金项目产生这些现金流。信息系统项目的投资成本是由硬件、软件和人力支出形成的直接现金流出，在随后的几年里还可能会有额外的现金支出，这将需要由投资产生的现金流入进行平衡。产生现金流入的形式有多种，包括销售更多的产品（如新产品、更高质量产品或增加市场份额），或减少生产和运营成本。现金流出和流入的差额即为投资项目的财务价值。一旦建立了现金流，就可以用多种方法比较不同的项目，并作出投资决策。

用于评估 IT 项目的主要资金预算模型有：投资回收期法、投资回报率（ROI）法、净现值法、内部收益率（IRR）法等。在本章学习跟踪模块，我们可以看到更多如何利用资金预算模型评估信息系统投资的例子。

14.3.3 财务模型的局限

传统的对信息系统财务投资和技术方面的关注容易使人趋向于忽视信息系统的社会和组织维度方面的内容，这可能影响 IT 投资的真实成本和收益。许多企业的信息系统投资决策没有合理地考虑因新系统实施而引发的组织调整成本，如培训终端用户的成本、新系统的用户学习曲线对生产率的影响，以及管理人员监控新系统实施引发的变革所耗费的时间成本。诸如使用新系统作出了更及时的决策，或增强了员工的学习和专业知识这样的隐形收益，在传统的财务分析中也容易被忽视。

14.4 信息系统项目的主要风险有哪些？如何管理风险？

第 8 章已经介绍了信息系统风险和风险评估。本章将描述信息系统项目的具体风险，并给出管理风险的有效措施。

14.4.1 项目风险维度

信息系统因其规模、范围、复杂程度、组织特性和技术特性的不同而有显著的差异。某些系统开发项目可能会出现之前所描述的问题，或者因高风险而遭到延期。项目风险的大小受项目的规模、结构、信息系统人员和项目团队技术知识水平的影响。

- 项目的规模。项目的规模由项目花费的资金、参与的员工数、工期和所涉及的组织单位数决定。项目的规模越大，风险就越大。大规模系统项目的失败率比其他项目高 50%～75%，因为这样的项目非常复杂，难以控制。系统的组织复杂性，即使用该系统的部门和团队的数量、该系统的实施对业务流程的影响程度等，是使大规模项目变得复杂的因素之一。技术的复杂性因素，包括软件代码的行数、项目的时间进度和预算等。另外，用于估算开发大规模信息系统项目的时间和成本的方法目前还很少。
- 项目结构。有些项目高度结构化，其要求清楚、直接，容易定义输出和过程。用户也能确切地知道他们需要什么以及系统应当做什么，几乎不大会改变主意。这些项目相对于那些难以定义、需求经常变化的项目来说，属于较低风险的项目。之所以出现输出难以界定的项目主要是因为它受用户需求变化的影响，或者难以统一用户的需求。
- 技术经验。如果项目团队和信息系统人员缺少所要求的技术知识，项目风险就会加大。如果团队不熟悉项目的硬件、系统软件、应用软件或者数据库管理系统，项目很可能会遇到技术问题，或者需要花更多的时间来完成，因为团队成员需要掌握新技术。

在信息系统项目中，技术难度只是众多风险因素中的一个，其他风险因素主要和组织相关，包括信息需求的复杂性、项目涉及的范围、受新信息系统影响的组织部门的数量等。

14.4.2 变革管理和实施的概念

引进信息系统或者对信息系统进行改造，对行为和组织有很大的影响。信息的定义方式、获取方式、使用方式以及组织资源管理方式的改变，常常会导致职权体系与权力的重新分配。这种组织内部的变革会遇到阻力和对抗，即使在其他各方面都很好的信息系统也会因此而夭折。

很多信息系统项目失败的原因在于因信息系统建设而引发的组织变革过程中没有得到足够的重视。成功的系统建设需要谨慎的**变革管理**（change management）。

1. 实施的概念

为了有效地管理因新信息系统实施引发的组织变革，必须要了解整个实施过程。**实施**（implementation），尤其是信息系统的实施是指针对某项创新的采纳、管理和工作惯例化的所有组织活动。在信息系统实施过程中，系统分析员是**变革促进者**（change agent）。一个系统分析员不仅要开发技术解决方案，而且要重新定义组织中不同群体的资源配置、沟通合作关系、岗位活动和权力关系。系统分析员是组织变革过程的催化剂，负责确保所有部门参与并接受新系统带来的变革。作为变革促进者，系统分析员要与用户沟通，调和不同利益团体之间的矛盾，并保证组织能完全适应变革。

2. 终端用户的作用

系统的成功实施通常得益于用户的重度参与和管理层的全力支持。用户参与信息系统设计和运行有几个好处：①如果用户深度地参与系统设计，他们会有更多的机会根据他们的业务需求及其重要性设计系统，有更多的机会控制系统的输出。②他们因为积极地参与了变革的过程，也能更积极地使用上线以后的系统。融合了用户的知识和经验的系统，可以带来更好的解决方案。

用户和信息系统专家的关系历来是信息系统实施中可能出现问题的地方。用户和信息系统专家有不同的背景、兴趣和优先顺序，这就是所谓的**用户-设计者沟通代沟**（user-designer communications gap）。这些差异导致了不同的组织忠诚度、问题求解方法和表达方式。

例如，信息系统专家通常会高度关注问题求解的技术方案或机器层面的方案，他们会寻找严谨的、复杂的技术解决方案，通常会为了硬件和软件的效率最优化而牺牲系统的易用性与组织效率。而用户喜欢的是能够帮他们解决业务问题或简化组织任务的系统。通常这两类人对于问题的求解方向是不同的，以至于他们连说话用的词汇似乎都不同。

表 14-4 列出了典型的终端用户和技术专家（信息系统设计者）关于一个新系统开发的不同关注点。终端用户和设计者之间的代沟也是用户的需求没有被正确纳入信息系统中，以及用户被排挤出信息系统实施过程之外的主要原因。

表 14-4 终端用户与信息系统设计者之间的沟通代沟

终端用户的关注点	信息系统设计者的关注点
信息系统能提供工作需要的信息吗	新系统对服务器有什么要求
我们能在智能手机、平板电脑和 PC 机上访问数据吗	新系统对编程有何要求
为将数据输入系统中，我们需要什么样的新工作程序	数据存在哪里？存储这些数据最有效的方式是什么
系统的运行如何影响员工的日常工作	我们应当用什么技术来保障数据安全

当用户和技术专家之间有明显的代沟时，当这两群人继续关注不同的目标时，系统开发项目失败的风险会很高。在这种情况下，用户往往被赶出项目组，因为用户无法理解技术人员在说什么，所以他们认为整个项目最好由信息系统专家独立完成。

3. 管理层的支持和承诺

如果一个信息系统项目得到各级管理者的支持和承诺，那么用户和技术信息服务人员就很有可能感受到积极的鼓励，他们会认为参与这一系统的开发过程将会受到高层领导的关注和优先考虑。在实施过程中所花的时间和努力将会被认可与奖励。管理层的支持也保证了项目成功实施所需的充足的资金和资源。同时，与新系统实施有关的员工工作习惯的有效调适、工作程序的有效变化、任何组织的有效调整都取决于管理层的支持。如果管理人员认为新系统是最优先的工作任务，那么他的下属也会以同样的方式对待这个系统。根据项目管理研究机构的研究，高层管理发起人的积极参与是项目成功的主要因素（Kloppenborg 和 Tesch，2015；Project Management Institute，2013）。

4. 变革管理的挑战：业务流程再造、企业应用、兼并和收购

鉴于创新和信息系统实施面临的挑战，在企业应用系统和 BPR 项目中有很高的失败率是不足为奇的，因为这些项目通常需要组织的重大变革，需要撤换那些已深深根植于许多相互关联的业务流程中的旧技术和遗留系统。许多研究表明在所有 BPR 项目中有 70% 的项目没有获得预期收益。同样，很大一部分企业应用系统未能完全实现预期目标，有些系统甚至实施了 3 年也不能达到用户要求的目标。

许多企业应用系统和 BPR 没有很好地得到实施，是因为项目执行得不够有力，变化管理的做法不够有效，没有很好地消除员工对变革的忧虑。应对整个组织的恐惧和焦虑、克服关键管理人员的阻力、改变岗位职责、改变职业晋升路线、改变员工招聘方式等，均对 BPR 项目构成较大的威胁，甚至比企业面对的业务流程的革命性变革的可视化和设计的困难更大。所有企业应用的实施需要不同企业职能部门之间的紧密协调和大范围的业务流程变革（见第 9 章）。

企业并购相关的项目也有类似的失败率。收购和兼并深受被合并企业的组织特征和 IT 基础架构的影响。把两家不同企业的信息系统整合在一起，通常需要对大范围的组织变革和复杂的系统项目进行很好的管理。如果对系统整合不加以妥善管理，企业可能出现由一个又一个独立的遗留系统合成的一团乱麻一样的系统。如果没有成功的系统集成，企业兼并的预期收益就很难实现，更糟糕的是合并以后的企业不能有效地执行业务流程。

14.4.3 控制风险因素

已有许多项目管理、需求收集和工作计划的方法可以用来解决信息系统项目实施中的各种问题，并且保证用户在实施过程和管理组织变革过程中发挥合适的作用方面，也有多种策略。尽管实施过程中不是所有的问题都能容易地被控制或计划，但是预测潜在的问题并采取适当的规避问题的策略，应该有助于增加系统成功的机会。

项目风险管理的第一步是识别项目面临的风险性质和程度，然后实施者针对项目每个风险的不同程度采取适当的风险管理工具和方法进行处理。并不是所有的风险都可以被预先识别，但是通过精细的项目管理，大部分风险是可以被预先确定的。紧密的沟通和合作文化将有助于项目团队应对许多不可预见的问题（Browning 和 Ramasesh，2015；Laufer 等人，2015；McFarlan，1981）。

1. 管理技术复杂性

具有挑战性和复杂性的项目，可以利用**内部集成工具**（internal integration tools）来管理，这些项目的成功取决于如何管好技术的复杂性。项目负责人需要拥有丰富的技术经验和管理经验，必须能够预见问题，并能够理顺主要技术团队之间的工作关系。项目团队必须要有一个具有雄厚的技术实力和丰富的项目管理经验的领导，以及很有经验的团队成员，应当经常召开团队会议。如果内部缺乏基本的技术技能或专业知识，应当从外部获得。

2. 正式规划和控制工具

大型项目受益于适当使用**正式的规划工具**（formal planning tools）和**正式的控制工具**（formal control tools）来记录和监控项目计划。两种最常用的方法是甘特图和计划评审图（PERT 图）。

甘特图（gantt chart）列出项目活动的开始和完成日期，可以直观地表示一个开发项目中不同任务的时间计划、持续时间以及人力资源需求。图 14-5 中的长横杠表示每一个任务，其长度与所需完成时间成正比。

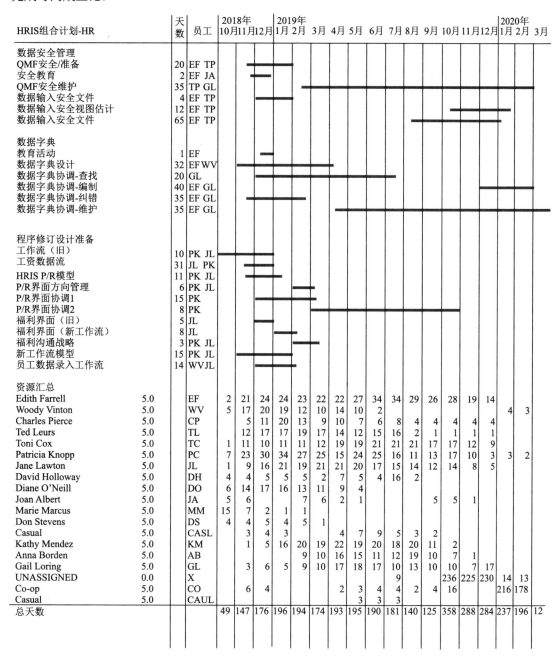

图14-5　一幅甘特图

注：图 14-5 显示了每项任务、人－天数、责任人的首字母、每项任务的起止时间。资源汇总部分为项目管理者提供了全面了解每个人、每个月在这个项目中需要工作的天数。本图所示项目是一个数据管理项目。

尽管甘特图标明了项目任务的起止时间，但没有标明任务间的依存关系，如一项任务滞后于进度计划，另一项任务是如何受影响的，或者任务应当如何排序。这正是**计划评审图**（PERT charts）的优点。计划评审图是指**项目计划和评审技术**（program evaluation and review technique），是20世纪50年代美国海军为管理北极星潜射导弹项目而设计的。PERT图列出了组成项目的具体活动，以及在一个具体的活动开始前必须完成的活动（见图14-6）。

PERT图把项目描绘成一个由编号节点（圆形或者方形）构成的网络图，编号节点代表项目中的任务。每个节点都被编号，并且标注了任务、工期、开始时间和完成时间。线条上的箭头方向标明了任务次序，并且标示出开始一项任务前必须完成哪些任务。在图14-6中，节点2、节点3、节点4的任务彼此独立，可以并行进行，但都取决于节点1任务的完成。由于复杂项目的PERT图难以解释，因此项目经理通常同时使用甘特图和PERT图。

项目管理技术可以帮助管理者及时找出项目计划时间内的任务瓶颈、可能发生的问题及其对项目的影响，还可以帮助系统开发人员将项目分割成更小、更易于管理、具有明确可测量成果的细分项目。标准控制技术可以方便地将项目进度、项目预算和目标日期进行比较，从而发现实际与计划的偏差。

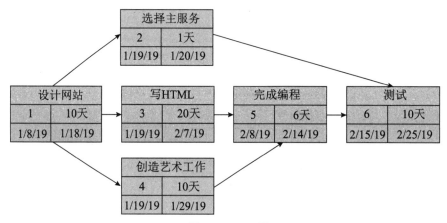

图14-6　PERT图

注：这是创建一个小型网站项目的简化PERT图，显示了该项目任务的顺序和任务之间的关系。

3. 提升用户参与度，解决用户抵触问题

一些规模较小和有许多未定义需求的项目，需要用户全过程参与。必须动员用户支持众多可能设计方案中的一个，并承诺持续参与该方案的实施。**外部集成工具**（external integration tools）提供了把实施团队的工作与组织各层级的用户连接在一起的方法。例如，用户可以成为项目小组的活跃成员，承担领导角色，或负责安装和培训。实施团队要向用户展示其响应能力，及时回答问题，综合用户的反馈，显示乐于提供帮助的愿意。

用户参与实施阶段的工作还不足以解决用户抵制组织变革的问题。系统可能会以不同的方式影响不同的用户，有些用户可能喜欢新系统，因为他们认为新系统带来的变革对他们有利；另一些人可能会抵制这些变革，因为他们认为这些变革可能会损害他们的利益。

如果强调自愿使用系统，用户可能避而不用；如果强制使用系统，可能会提高系统的错误率，以及增加系统中断、员工离职甚至员工故意以破坏的方式表达对新系统的抵制现象。因此，实施策略不仅要鼓励用户参加和介入，而且必须向用户强调抗拒实施带来的问题。**抗拒实施**（counter implementation）是指故意对抗组织实施信息系统或组织创新的行为。

克服用户阻力策略包括用户参与（除了改进软件设计以外，还要有承诺）、用户教育和培训、制定管理规章制度、给配合较好的用户更好的激励等。另外，企业还可以通过改善新系统终端用户界面的友好性使其好用和易用。如果在引入新系统之前先解决了组织问题，那么用户将更加容易合作。

14.4.4 组织设计

由于新信息系统的目标是改善组织绩效，因此信息系统项目必须重视新系统实施后组织将要发生的变化，包括开发移动和 Web 应用的项目。另外，除了业务程序的变化以外，业务流程、岗位职能、组织架构、权力关系和工作环境的变革都应当被认真地策划和设计。

随着对人机工效学问题的关注，用户与系统界面的设计问题也需要特别注意。**人机工效学**（ergonomics）是指在工作环境中人与机器的交互关系，关注岗位设计、员工健康问题、终端用户信息系统的界面设计等。表 14-5 列出了计划实施信息系统时需要强调的组织方面的内容。

虽然系统分析和设计活动应该包括系统对组织的影响分析，但实际上这方面的内容常常被忽视。**组织影响分析**（organizational impact analysis）用来分析计划实施的信息系统将如何影响组织结构、员工态度、决策制定和业务运营。为了成功地将信息系统实施与组织设计进行整合，企业在开发过程中必须非常重视对组织的影响评估进行充分详尽的记录。

表 14-5 信息系统规划和实施中的组织因素

员工参加和介入
岗位设计
标准和绩效监控
人机工效学（包括装备、用户界面和工作环境）
员工投诉解决程序
健康和安全
符合政府监管

社会技术设计

解决人和组织问题的方法之一是在信息系统项目中融入**社会技术设计**（sociotechnical design）的经验。设计者已经提供了不同的技术和社会设计的解决方案。其中，社会设计方案解决的是不同的工作组结构、任务分配和员工岗位设计等方面的问题。把技术设计与社会设计的解决建议方案进行比较，我们发现最好的解决方案要同时符合社会和技术目标，并以此作为选择最终设计方案的标准。希望由此得到的社会技术设计解决方案可以实现把技术效率目标和满足组织与人员需求结合起来，从而帮助提升工作满意度和生产效率。

你可以在"互动讨论：管理"部分描述的康菲石油公司实施新门禁系统的项目中看到一些项目管理策略正在发挥作用。

互动讨论：管理

康菲石油公司实施访问控制新系统

康菲石油公司是美国一家跨国能源企业，总部设在得克萨斯州休斯敦。它是世界上最大的独立的石油和天然气勘探和生产企业，截至2017年3月，总资产规模达到880亿美元。该公司在17个国家拥有11 600名员工，并在17个国家经营石油和天然气。信息系统是管理勘探和生产作业、促进跨职能部门和业务部门合作、招聘和培养高素质科学家和工程师、管理风险和进行合理投资的重要工具。

康菲石油公司拥有一个庞大而复杂的全球用户网络，用户需要访问它的系统。因此，管理企业信息系统的访问控制非常具有挑战性，企业必须特别关注满足管理、风险和合规性（GRC）的要求，如访问控制和职责分离（SoD）（请回顾第8章对这两个主题的讨论）。

2009年，康菲石油公司开始使用SAP的访问控制（SAP Access Control）。Access Control是SAP的一个产品，用于简化管理、验证用户访问应用和数据的过程。SAP Access Control可与SAP和非SAP应用配合使用，包括SAP Finance、SAP Sales & Distribution和Oracle软件工具。这个产品将用户访问分配自动化，自动检查用户的访问和角色授权，并检测和纠正违规风险。这个软件支持企业内职责划分的政策，这样人们就不会有相互冲突的活动或权力。

SAP对这个软件进行了许多改进，包括更好的稳定性和定制的功能。康菲石油公司不断实施新版本的应用，每次SAP升级软件时，以前运行的某些功能在迁移到最新版本时都会受到影响。这可能需要几个月的时间，才能使所有流程恢复到康菲石油公司预期的运行方式。SAP访问控制的最新升级需要一个为期一年的稳定项目。

在整个升级项目的过程中，SAP和康菲石油公司保持沟通顺畅。康菲石油公司与SAP密切合作，并与SAP专家直接联系。反过来，康菲石油公司也为SAP提供了改进访问控制版本的想法和建议。通过与SAP专家合作，并尝试使用不同的方法，康菲石油公司能够通过配置系统满足企业的实际需求。康菲石油公司提高了安排必需工作的能力，拥有了应急访问管理的通道，并且评估了职责分离的风险。

SAP Access Control 10.1有一个用户定制界面的新功能，这是康菲石油公司使用这个新版本的主要卖点之一。在配置用户界面时，企业删除了不用的数据字段，只向用户显示实际需要查看的内容。康菲石油公司还增加了更多的帮助功能。最终的用户界面使终端用户提交或处理请求变得更加容易。

这个项目还通过最小化工作流来提高系统的可用性。康菲石油公司的GRC管理人Trevor Wyatt试图将工作流程控制在一个可控的数字上，这既是为了简化项目，也是为了使系统的解决方案更易于使用。尽管其他企业可能会通过几百个工作流来设置SAP Access Control，但康菲石油公司只有非常少的几个工作流。根据Wyatt的说法，工作流越多，故障排除就越困难，出现问题的可能性也就越高。为终端用户提供更简单的工作流，意味着系统的风险更小。这样，系统运行只需要花几分钟就能获得批准，而不是几个月。保持简单的工作流，可以最大限度地降低复杂性，降低工作流中的风险。

康菲石油公司在整个项目的升级和稳定期间，都高度重视终端用户的需求。企业根据用户的需求提供工作辅助工具、实践培训和课堂培训。Wyatt还认为，持续培训非常重要，尤其是当用户没有这项技术的背景时。康菲石油公司坚持培训、培训、再培训。通过整体培训，康菲石油公司能够让数千名用户习惯SAP Access Control 10.1提供的功能，而且投诉也很少。

项目完全实施后，SAP Access Control 10.1就可以在康菲石油公司无缝衔接地工作了，几乎没有遇到工作流的问题。访问控制解决方案由内部和外部审计人员严格审查，确保系统正常工作。由于事先的审查和SAP访问控制的成功升级，在项目评审时需要做的工作也就更少了。随着SAP Access Control变得更加稳定，评审人员对系统有了更多的信心，也就没有必要深究下去了。此外，审计人员可以直接从系统中提取信息，而不必向GRC团队要求提供这些信息。这为审计人员和GRC专业人员节省了大量的时间，并简化了业务流程。

经过这样一个从系统中排除问题的细致过程，并以最利于企业的方式进行配置，康菲石油公司从这样一个值得信赖的访问控制流程中大大获益。系统保证不必进行二次更改，性能完全符合预期。

资料来源：www.sap.com, accessed January 7, 2018; Nicole D'Angelo, "ConocoPhillips Drills Down into Access Control," SAP Insider Profiles, July 12, 2017; and www.conocophillips.com, accessed January 7, 2018.

案例分析题：
1. 这个项目对康菲石油公司有多重要？为什么？
2. 在实施新的 SAP Access Control 版本过程中，使用了哪些本章描述的项目管理技术？
3. 为什么这个项目会成功？它解决了哪些管理、组织和技术问题？

14.4.5　项目管理软件工具

商业软件工具使项目管理的许多事情可以自动完成，使项目管理过程变得很便捷。项目管理软件通常具有以下功能：任务定义和任务排序、分配任务资源、记录计划任务的开始和结束时间、过程跟踪、任务和资源变更等。许多软件工具可以自动创建甘特图和PERT图，并且提供沟通、合作和社交工具。

有一些项目管理工具本身就是一个大型的复杂软件，适用于管理非常大型的项目、分散的工作团队和企业职能。这些高端的工具可以管理大量的任务、活动及其复杂的关系。目前使用最广泛的项目管理工具是微软的Project，但是也有针对小型项目和小型企业的低成本工具。现在，许多项目管理应用软件都提供基于云计算的版本，以便项目团队成员可以在任何地方工作，访问项目管理工具及其数据。在"互动讨论：技术"部分描述了基于云的 Microsoft Project Online 的一些功能。

项目管理软件可以帮助组织跟踪单个项目、分配资源和管理成本，而**项目组合管理软件**（project portfolio management software）可以帮助企业管理多个项目组以及它们间的相互关系，帮助管理者审核、比较项目的建议方案，根据企业的预算及资源能力水平确定能达成组织战略目标的项目的最优组合和优先次序。

互动讨论：技术

奥雅纳将项目管理转移到云端

奥雅纳是一家跨国专业服务企业，总部设在伦敦，主要为建筑结构和环境提供工程、设计、规划、项目管理和咨询服务。奥雅纳成立于1946年，目前在全球35个国家的85个办事处拥有超过13 000名员工。企业将自己定义为一个不同学科的专业人士，即工程师、规划师、设计师、金融专家、咨询专家和可持续发展专业人士。企业希望能够携手合作，提供比单一工作更高质量的项目和服务。奥雅纳已在160多个国家开展项目，包括巴黎蓬皮杜中心、悉尼歌剧院、伦敦和巴黎之间的高速铁路以及2008年北京奥运会国家游泳中心。

奥雅纳在其工作的各个方面都充分运用信息技术，包括与客户合作、设计建筑、运行结构模拟和协调项目等。奥雅纳的管理层希望确保其信息系统团队以正确的方式开展所有有助于业务发展的 IT 项目。奥雅纳的系统必须是稳定的、领先的、随时可用的，员工可以在任何时间、任何地点访问需要的信息。

直到最近，奥雅纳的 IT 员工还依赖于微软的 Excel 电子表格或微软的 Word 文档作为项目管理的工具。他们提供的报告是零星的，格式也不尽相同，文档合作非常有限，项目的交付方式也不一致，无法集中了解每个项目发生的情况。于是，奥雅纳成立了一个全球 IT 项目管理办公室，监督整个 IT 项目组合，但是由于不得不手工操作来自各个区域办事处的电子表格和电子邮件来更新创建报告，项目监督工作受到了一定的阻碍。

与专门从事项目组合管理的 Program Framework 的咨询顾问合作，奥雅纳决定采用微软的 Project Online 来改进项目管理。Project Online 是微软基于云的项目管理工具，它可以帮助组织有效地规划项目、跟踪状态，并与来自任何地点和任何设备的其他人合作。奥雅纳全球员工无论在何处工作，都可以随时访问项目数据。云解决方案还使得使用实时数据报告项目成为可能，系统能够与服务和变革管理等其他流程相关联。Program Framework 的顾问帮助奥雅纳实施 Project Online 项目，并对员工进行培训，还为 Project Online 项目开发了一个定制的项目状态报告功能。

过去，奥雅纳的全球 IT 项目管理办公室每月必须花 40 个小时手动编写报告。在创建状态报告时，这个报告已经过期了。Project Online 使奥雅纳能够即时查看所有 IT 项目的实时状态。各地区的员工可以查看自己的项目组合，而奥雅纳的全球 IT 项目管理办公室可以直接查看所有的全球项目。奥雅纳的管理层可以根据红色、绿色、琥珀色的状态指标，检查和分类整个企业的项目（红色代表处于关键状态的项目，琥珀色代表处于风险中的项目）。这个系统使奥雅纳的管理层能够看到整个企业的项目组合，更好地了解项目交付情况。全球 IT 项目管理办公室可以获得关键项目状态摘要，并突出显示单个项目的报告，以便深入了解更多细节，使 IT 部门能够根据最新的数据作出更好的决策。Project Online 已经成为支持奥雅纳在全球范围内项目管理通用方法的必要条件。在奥雅纳的整个项目组合中，重复工作较少，战略价值更高。

Project Online 是微软基于云的 Office 365 软件套件的一部分，可以与其他微软工具无缝合作，如 OneDrive for Business（云存储）、Skype for Business（语音、视频、聊天）、Yammer（企业社交网络）和 Visual Studio Team Foundation Server（奥雅纳使用的）。奥雅纳还计划实施其他 Project Online 功能，如需求和产能计划、投资组合优先次序和投资组合平衡等功能。用户可以轻松地从 Project 中复制信息，并将其粘贴到 Office 应用中（如 PowerPoint 和 Word）。

奥雅纳将 Project Online 用于 IT Project Pipeline 中，Project Pipeline 是一个未来开发的中心思想库。Pipeline 中记录了每个人的想法，要求发起人提供项目描述、项目预算和资源需求等信息。奥雅纳的全球 IT 项目管理办公室将这些信息发送给管理委员会成员，用来回顾和确定新的项目计划的优先顺序。

当这些想法被接受时，Project Pipeline 里的信息可以很容易地传递给已经启动的项目组。Project Pipeline 只需几分钟时间，就可以创建相应的项目或程序。每个项目都有自己的项目详细信息页面，其中包括一个内置的计划模板和一个连接到微软 SharePoint Server 站点的文档存储库和状态报告功能。这种能力为奥雅纳全球 IT 项目管理办公室经理 Carolyn Bundey 在每个新项目立项过程中节省了几天的时间，每年为大约 180 个 IT 项目组合节省了大量的时间。

几年前，Project Online 有大约 150 个用户，但是奥雅纳还是考虑为所有员工提供这个工具。奥雅纳购买了 Project Online 三个不同版本的授权。项目经理、老板和管理员同时使用 Project Online 与 Project Professional for Office 365，这样使他们能够在 Web 浏览器内部或外部创建和编辑项目计划。奥雅纳的管理人员使用 Project Online 审查项目状态。项目团队成员使用较低成本的 Project Lite 版本查看工作分配或与其他团队成员的合作。

资料来源："Engineering Firm Uses Cloud-Based Solution to Generate, Execute, and Monitor IT Projects," www.microsoft.com, accessed January 2, 2018; "Leading Arup at the Forefront of Innovation in Today's Built Environment," www.gineersnow.com, accessed January 3, 2018; and www.arup.com, accessed January 2, 2018.

案例分析题：
1. 信息技术、项目管理和奥雅纳的商业模式、业务战略之间有什么关系？
2. 微软的 Project Online 如何支持奥雅纳的业务战略？它如何改变了企业的运作方式？
3. 奥雅纳在选择 Project Online 作为其全球项目组合管理工具时，必须解决哪些管理、组织和技术问题？

14.5 MIS 如何有助于我的职业发展

这是第 14 章和本书如何帮助你找到一份 IT 项目管理助理的入门级工作的内容。

14.5.1 公司

XYZ 多媒体娱乐公司是一家总部位于洛杉矶的大型跨国大众媒体和娱乐企业，企业正在招聘一名初级 IT 项目管理助理。XYZ 多媒体娱乐公司为全球观众制作电影、电视节目、录音、流媒体互联网内容、互动游戏和消费产品。在产品、服务和运营中，它是尖端信息技术的密集用户。

14.5.2 职位描述

IT 项目管理助理帮助 IT 项目经理进行规划、预算和监督企业信息技术项目的各个方面。工作职责包括：

- 执行企业集中项目管理办公室分配的任务，包括发现和记录最佳实践、查询可用的工具、提出流程和程序的改进建议等。
- 与项目经理合作，确保每个技术项目的范围和方向按计划进行。
- 与其他项目利益相关者合作，获得他们的支持。

14.5.3 岗位资格要求

- 计算机科学、计算机工程、MIS、项目管理或相关领域的学士学位。

- 具备项目管理（PMI）教学知识。
- 知道流程文件（工作流程图）。
- 熟练使用微软的 Word、Excel 和 PowerPoint。
- 较强的沟通和研究技能。
- 具有 SharePoint 或 Microsoft Project 的经验。

14.5.4 面试问题

1. 你曾经做过 IT 项目吗？你做过哪些方面工作？你是否使用过任何项目管理工具，如 Microsoft Project？
2. 你有没有做过非 IT 项目？你的职责是什么？你在工作中使用过项目管理软件吗？
3. 你学习过项目管理课程吗？你对流程文件了解多少？
4. 你对 Microsoft Office 工具以及 Microsoft Project 和 SharePoint 的熟练程度如何？

14.5.5 作者提示

1. 复习本章和第 13 章关于开发信息系统的内容，熟悉项目管理和系统开发的技术和方法。
2. 利用网络对项目管理方法和工具进行更多的研究。浏览项目管理协会（PMI）网站或查看项目管理协会的书籍、项目管理知识体系指南。
3. 尝试查找有关 XYZ 多媒体公司如何管理项目的信息。询问这家企业使用什么样的项目管理方法和工具。如果可能，展示你对这些工具和方法的熟悉程度。
4. 提供你在课程中或工作中做的任何项目管理工作的案例，也可以提供你的写作和口头交流技巧的案例。

复习总结

14-1 项目管理的目标是什么？为什么项目管理在信息管理系统开发中如此重要？

为了确保系统能在预算控制范围内且按时交付，创造真正的商业价值，良好的项目管理是至关重要的。项目管理活动包括工作计划、风险评估、评估和获取完成工作所需资源、工作分配、指导执行、结果分析。项目管理必须处理好 5 个主要的变量：项目范围、项目时间、项目成本、项目质量和项目风险。

14-2 有哪些方法可以用来选择和评估信息系统项目，并且使其和企业目标保持一致？

组织需要有一个信息系统规划，该规划描述利用信息技术如何支持业务目标的实现，描述所有的系统应用和 IT 基础设施的各个组成部分。大型企业需要在管理上作出安排，以保证最重要的信息系统项目获得优先权。企业可以运用投资组合分析和评分模型对多个信息系统项目方案进行评估和选择。

14-3　企业如何评估信息系统项目的商业价值？

要确定信息系统项目是值得投资的，必须计算它的成本和收益。有形收益是可以量化的，而不能立即量化的无形收益在未来可能会产生量化收益。企业对高于成本的收益可以运用资本预算方法进行分析，以确保满足自身对项目有良好回报的预期。

14-4　信息系统项目的主要风险有哪些？如何管理风险？

系统开发项目的风险大小取决于：项目规模、项目结构和技术经验。在项目开发的过程中，由于用户参与项目不足或者不当、缺少管理层支持、项目实现过程中管理不善等原因，信息系统项目很可能失败。因为涉及广泛的组织变革、业务流程再造、企业级应用系统和并购项目等项目的失败率是非常高的。

系统实施是指在新的信息系统引入时引发的组织变革的整个过程。项目实施阶段用户的参与和支持、管理层的支持、实施过程的控制必不可少，这些也是应对新系统项目实施风险的机制。项目风险因素可以通过项目管理的权变方法进行某种控制。根据每一个项目的风险大小不同，可以综合采用外部集成工具、内部集成工具、正式的规划方法、正式的控制工具等适当的组合方法。

关键术语

资金预算（capital budgeting）
变革推动者（change agent）
变革管理（change management）
抗拒实施（counter implementation）
人机工效学（ergonomics）
外部集成工具（external integration tools）
正式控制工具（formal control tools）
正式规划工具（formal planning tools）
甘特图（gantt chart）
实施（implementation）
信息系统规划（information systems plan）
无形收益（intangible benefits）
内部集成工具（internal integration tools）

组织影响分析（organizational impact analysis）
PERT 图（PERT chart）
投资组合分析（portfolio analysis）
项目（project）
项目管理（project management）
项目组合管理（project portfolio management）
范围（scope）
评分模型（scoring model）
社会技术设计（sociotechnical design）
有形收益（tangible benefits）
用户-设计者沟通代沟（user-designer communications gap）
用户界面（user interface）

复习题

14-1　项目管理的目标是什么？为什么它在信息系统开发中如此重要？

- 描述由项目管理不善引起的信息系统问题。
- 定义项目管理。列出并描述通过项目管理来解决的项目管理活动和变量。

14-2 有哪些方法可用于选择和评价信息系统项目，并且使其与企业目标保持一致？
- 列出并描述信息系统项目管理中各团队的职责。
- 描述信息系统规划的目的和主要类型。
- 解释关键绩效指标、投资组合分析和评分模型怎样用于选择信息系统项目。

14-3 企业如何评价信息系统项目的商业价值？
- 列出并描述信息系统的主要成本和收益。
- 区分有形收益和无形收益。

14-4 信息系统项目的主要风险有哪些？如何管理风险？
- 识别并描述信息系统项目中的主要风险因素。
- 解释为什么新系统的建设者需要解决系统实施和变革管理问题。
- 解释为什么管理层和最终用户的支持，对信息系统项目的成功实现至关重要。
- 为什么实现涉及企业应用、业务流程再造和并购的项目，有很高的失败率。
- 识别并描述控制项目风险的策略。
- 识别在项目规划和实施过程中应重视的组织因素。
- 解释项目管理软件如何有助于实现成功的项目管理。

讨论题

14-5 项目管理对新信息系统的成功有多大影响？
14-6 信息系统的失败通常是因为系统建设者忽视了组织行为问题。为什么会如此？
14-7 最终用户在信息系统项目管理中有什么作用？

MIS 实践项目

本部分的项目将提供评估信息系统项目的实践经验，使用电子表格软件为新的信息系统投资执行资本预算分析，并使用网络工具分析新房贷款。

管理决策问题

14-8 美国人口普查局启动了一项 IT 项目，旨在为人口普查人员配备高科技手持设备，设备可以让人口普查员直接把输入数据发送到总部，从而也节约了纳税人的钱。2006 年，人口普查局与 Harris 公司签署了价值 6 亿美元的合同，准备部署 500 000 个这种移动设备，但仍无法确定设备上需要实现哪些功能。人口普查局官员没有通过测试流程来评价这些手持设备的性能。随着项目的进展，增加了 400 个项目需求变更。2 年的时间和几亿纳税人的钱投入后，因手持设备仍然太慢和不稳定而无法用于 2010 年的美国人口普查。人口普查局管理层和 Harris 公司能做什么来避免这样的结果发生呢？

14-9 Caterpillar 是世界领先的挖掘机械制造商和农业设备供应商。Caterpillar 希望结束其对 DBS（dealer business system，经销商业务系统）的支持，这套系统通过授权给经销商使用，来帮助其经营业务。这套系统的软件逐渐过时，高层管理者想由埃森哲咨询公司接手该软件托管版本的支持工作，这样他们就可以专注于核心业务。Caterpillar 从来没有要求经销商使用 DBS，但是该系统事实上已经成为经销商与企业进行业务往来的标准。北美 50 家经销商中绝大多数都使用相同的 DBS 版本，在世界其他地区大约 200 家经销商中有半数左右也是这样的情况。在 Caterpillar 把产品移交给埃森哲之前，应该考虑哪些因素和问题？应该问些什么问题？经销商应该问些什么问题？

改善决策：利用网络工具购买住宅并为其融资

软件技能：基于互联网的软件

业务技能：财务规划

14-10 本项目将提升你的技巧，请用基于网络的软件搜索一处住宅，并计算该住宅的抵押贷款融资金额。

你希望在科罗拉多州的 Fort Collins 买一所房子。理想情况下，你想买一所独栋的房子，至少有 3 间卧室、1 间浴室且费用在 1 万～30 万美元，准备以 30 年期的固定利率抵押贷款还贷。你可以负担房子价值 20% 的首付。在你购买房子之前，你想去搜索什么样的房子在你的价格范围内，找到一个抵押贷款，并确定你每月所需还贷的金额。用 Realtor.com 网站帮助你完成以下任务：

- 找到符合你要求的在科罗拉多州的 Fort Collins 的住房。
- 找到一家可提供房屋总价 80% 的抵押贷款企业，至少比较 3 家企业的利率（除雅虎外的搜索引擎）。
- 选择一家抵押贷款企业，计算最终成本和月付款。

完成上述任务后，你可以评价整个过程，如评价网站的易用性、你找到购房信息和抵押贷款信息的能力、你找到的信息的准确性、房屋和贷款的可选择范围。

团队合作项目

识别实施问题

14-11 与 3～4 名学生组成一个小组。针对本章中互动讨论或章尾案例中提到的系统，描述你认为可能遇到的现实问题。对于将采取什么步骤解决或防止这些问题，请写一份分析报告。如果可能的话，请使用 Google Docs、Google Drive 和 Google Sites，集思广益并制作演示文稿报告结果。

案例研究

宾夕法尼亚州失业补偿现代化系统：未竟之事

宾夕法尼亚州劳动和工业部（Department of Labor and Industry，DLI）负责管理和实施本州的失业补偿计划，为符合条件的工人提供临时收入，以弥补损失的工资。DLI 拥有超过 500 名员工，约 200 个办事处，为宾夕法尼亚州 640 万名工人和近 30 万雇主提供服务。**失业补偿**（unemployment compensation，UC）的申请通常通过在线、电话或邮寄到 UC 服务中心。

DLI 有一个处理失业救济金的遗留主机系统，已经有 40 多年的历史了。然而，它的维护成本越来越高，修改也越来越困难，系统的案例管理功能非常有限，也难以集成新的工具和技术以提高生产率。

2006 年 6 月，DLI 和 IBM 签署了一份总价值为 1 099 亿美元的固定价格合同，用以建设一个失业补偿现代化系统（UCMS），取代过时的主机系统。与 IBM 签订的最初合同要求在 2010 年 2 月之前完成更现代化、更高效的技术和业务流程，包括：维护工资记录，处理雇主税款，索赔处理、付款和上诉。经过 3 年的投标过程，IBM 赢得了 UCMS 的合同，并且 IBM 是唯一拥有专有数据库的供应商，能够完全支持集成的计算机系统。

然而，项目经历了严重的延误和超支，最终耗资近 1.8 亿美元，大部分工程在 2013 年 9 月合同到期时尚未完工。该项目比计划推迟 45 个月，超出预算 6 000 万美元。宾夕法尼亚州的纳税人支付给 IBM 近 1.7 亿美元，本以为会得到一个综合的、集成的、现代化的系统，最终却什么都没有。IBM 的合同没有续签。2017 年 3 月，宾夕法尼亚州起诉 IBM 没有履行合同，因疏忽未提供补偿，向纳税人收取了费用却没有提供相应的服务。IBM 表示，宾夕法尼亚州的索赔没有依据，它将和州政府打官司。企业的一位发言人声称，项目的一些问题应该归咎于州政府，项目没有如期交付双方都有责任。这一切是怎么发生的呢？

UCMS（工资记录）的第 1 阶段于 2008 年 5 月开始实施。第 2 阶段，包括雇主税务处理系统，于 2011 年 3 月投入使用，但是需要额外的工作，这就花了好几年的时间解决这个问题。第 3 阶段，包括福利索赔处理、支付和上诉仍然有很多问题，最终没有上线。

2012 年，DLI 聘请卡内基梅隆软件工程学院对 UCMS 进行独立评估。评估工作于 2013 年 7 月完成，评估建议继续解决第 2 阶段的遗留问题，停止第 3 阶段的工作。第 3 阶段发现的许多问题都无法解决。

卡内基梅隆大学的研究发现了系统开发过程中的许多缺陷。IBM 拥有丰富的系统经验和技术知识，但它的方案低估了项目的范围和复杂性。DLI 没有足够有经验的人员对合同和项目进行有效的监督和管理。在管理项目的过程中，也没有正式授权相应的角色和责任。DLI 没有人负责任，基本上靠自己管理合同。

UCMS 作为一个大型的软件项目，其系统非常复杂、有大量的信息需求和业务规则，成本也非常高。DLI 在征集 UCMS 供应商提案时，需求表达模棱两可，同时也忽略了对方案定量和定性的性能衡量指标的确定。

一个大规模的软件密集型系统（如 UCMS），需要一个严格的、有纪律的测试策略，但是 UCMS 在实施过程中没有这样做。IBM 决定使用 DLI 的用户帮助开发测试脚本。用户提供了业务方面的专业知识，但是 IBM 并没有使用 IT 测试专家。用户验收测试是在完成第 2 阶段和第 3 阶段的系统测试之前启动的。在这个项目中，严格的测试执行得太晚了。DLI 没有规定 UCMS 系统功能的最低标准，因此在第 2 阶段和第 3 阶段应用发布时，没有可识别的标准和证据来论证系统是稳定运行的。

　　DLI 的员工也没有完全理解 IBM 对业务系统需求的描述，他们自己也不知道究竟同意哪些方面。IBM 对这个项目的软件开发和测试程序缺乏严谨性。这导致了软件缺陷的数量高于行业标准，软件代码过于复杂（使得测试变得非常困难），以及发现缺乏业务需求的时间较晚。

　　该系统绝大多数的软件缺陷都是非常严重的，有 50% 的缺陷直到用户验收测试时才被发现，这在系统开发周期中属于非常晚发现缺陷的。在整个开发过程中，如果没有彻底的、完整的测试，就无法知道在使用系统时，会有多少缺陷被发现。卡内基梅隆大学的研究人员还发现，IBM 没有进行压力测试来确定 UCMS 系统的性能极限。

　　IBM 的软件开发计划应该使用行业和企业的标准和实践，但是在项目开发期间，没有持续的规章执行这些标准和实践。2011 年 3 月，DLI 提前接受了第 2 阶段的系统，它们知道系统存在缺陷，会影响系统的性能，包括软件缺陷、未解决的数据转换问题、批处理操作问题等。

　　如此复杂和庞大的项目需要在整个系统开发周期内保持高度的知识连续性，但这一点在 UCMS 系统开发中从未实现过。在需求确定阶段，DLI 没有足够的用户专家与项目组技术成员一起参与应用设计（JAD；见第 13 章）。项目的 36 个 JAD 分包商被过早地从项目中移除，这使得 IBM 对失业索赔处理业务需求的理解不完整。系统设计和测试人员没有包含在 JAD 过程中，与行业良好的商业惯例也背道而驰。将该类人员包含在内是非常重要的用以确保在测试时失业补偿的业务需求被定义的足够详细。DLI 的工作人员经常在非常短的审批期限内，在压力下批准了 JAD 的需求文档和详细的系统设计文档。

　　无效的项目管理和人员不停的变化阻碍了整个项目过程中重要的知识传递，这被称作"项目记忆"的缺失。自从 UCMS 项目开始后，有 638 个不同的合同商和工作人员为这个项目工作。大多数项目成员在这个项目上花费不到一年的时间，75% 的成员是 2 年以内的。项目的这些不连续性和劳动力流失导致了 IBM 的进度延迟和无法提供项目状态的准确描述。

　　宾夕法尼亚州的失业补偿系统在没有 IBM 的情况下继续进行着。2013 年，宾夕法尼亚州议会通过了第 34 号法案，该法案设立了一个服务基础设施改善基金（Services Infrastructure Improvement Fund，SIIF），作为临时的资金补充来源，用来改善失业补偿的服务和系统。2013—2016 年，政府总共批准和花费了 1.784 亿美元。即使是这样，这个项目还是失败了。宾夕法尼亚州审计长 Eugene A. DePasquale 于 2017 年 1 月发动了一项审计，确定 1.78 亿美元的 SIIF 资金是如何使用的。审计人员发现，DLI 没有使用恰当的会计方法来记录 SIIF 的具体支出。DLI 整合了所有来源的失业补偿管理资金，包括失业补偿管理的联邦基金、失业补偿税的利息以及 SIIF 的支出。

　　这个项目积极的方面是：2013—2016 年，失业补偿申请人和失业补偿系统架构方面的服务有所提升。例如，第一笔付款及时支付率从 81.6% 上升到 93.4%。但是，DLI 始终无法说明 SIIF 支出对这些结果的贡献。

　　2016 年 12 月，当 SIIF 资金没有被重新授权，补充的资金遭遇终止时，DLI 被迫从 2017 年失业补偿行政预算中削减了 5 750 万美元，导致 2016 年 12 月关闭 8 个失业补偿服务中心中的 3 个服务点，并取消 521 个职位。客户服务明显下降，失业补偿申请人无法打通服务网点的电话，处理索赔的时间也拖延了。

　　尽管先前遭遇了挫折，DLI 仍然决定继续完成失业补偿金发放系统的现代化。2017 年 6 月，DLI 与佛罗里达州的 Geographic Solutions 签订了一份价值 3 500 万美元的合同，旨在创建一个能够提升客户服务、提高质量、提高运营效率和可持续发展的系统。Geographic Solutions 专门为劳动力发展和失业保险行业设计、开发和维护基于网络的系统，并为美国各州和地方机构开发了 80 多个劳动力系统。Geographic Solutions 计划于 2017 年 8 月 1 日开始该系统的工作，预计完成时间为 18～24 个月。

2015 年，DLI 斥资 610 万美元聘请了总部位于芝加哥的 CSG Government Solutions 公司，协助规划和监控这个项目。CSG 专注于规划、管理和支持复杂的政府大型信息技术和业务流程项目。CSG 分析了现有系统和工作流程，制定了项目战略和技术路线图，并收集了业务需求和技术需求，制定了 RFP。CSG 还成立了一个项目管理办公室来全面监控项目进度，并在整个系统现代化过程中提供技术监督、失业补偿主题专业知识、需求管理和测试支持。一旦新系统全面实施，系统现代化所节省的成本估计能补偿总行政成本的 5%～10%。

资料来源：www.geographicsolutions.com, accessed January 3, 2018; www.csgdelivers.com, accessed January 3, 2018; Jan Murphy, "Take Two: Labor & Industry Tries Again to Modernize Jobless Benefits Computer System," Penn Live, June 23, 2017; Commonwealth of Pennsylvania Department of the Auditor General, "Performance Audit Report: Pennsylvania Department of Labor and Industry Service and Infrastructure Improvement Fund (SIIF)," April 2017; and Constance Bennett, Nanette Brown, Julie Cohen, Dr. Betsy Clark, Jeff Davenport, Eric Ferguson, John Gross, Michael H. McLendon, and Gregory Such, "Independent Assessment of the Commonwealth of Pennsylvania Unemployment Compensation Modernization System Program (UCMS)," Carnegie Mellon University Software Engineering Institute, July 2013.

案例分析题：

14-12　评估失业补偿现代化系统项目对宾夕法尼亚州的重要性。

14-13　为什么失业补偿现代化系统在宾夕法尼亚州是一个危险的项目？请识别关键的风险因素。

14-14　对 UCMS 项目遇到的问题进行分类和描述。哪些管理、组织和技术因素导致了这些问题？

14-15　我们可以做些什么来降低这些项目的风险？

参考文献

[1] Appan, Radha, and Glenn J. Browne. "The Impact of Analyst Induced Misinformation on the Requirements Elicitation Process." MIS Quarterly 36, No 1 (March 2012).

[2] Ariel Avgar, Prasanna Tambe, and Lorin M. Hitt. "Built to Learn: How Work Practices Affect Employee Learning During Healthcare Information Technology Implementation." MIS Quarterly 42, No. 2 (June 2018).

[3] Baird, Aaron, Elizabeth Davidson, and Lars Mathiassen. "Reflective Technology Assimilation: Facilitating Electronic Health Record Assimilation in Small Physician Practices." Journal of Management Information Systems 34, No. 3 (2017).

[4] Balaji, Arjun, Raghavan Janardhanan, Shannon Johnston, and Noshir Kaka. "How Predictive Analytics Can Boost Product Development." McKinsey & Company (August 2018).

[5] Bloch, Michael, Sen Blumberg, and Jurgen Laartz. "Delivering Large-Scale IT Projects on Time, on Budget, and on Value." McKinsey Quarterly (October 2012).

[6] Brock, Jon, Tamim Saleh, and Sesh Iyer. "Large-Scale IT Projects: From Nightmare to Value Creation." Boston Consulting Group (May 20, 2015).

[7] Browning, Tyson, R., and Ranga V. Ramasesh. "Reducing Unwelcome Surprises in Project Management." MIT Sloan Management Review (Spring 2015).

[8] Brynjolfsson, Erik, and Lorin M. Hitt. "Information Technology and Organizational Design: Evidence from Micro Data." (January 1998).

[9] Chandrasekaran, Sriram, Sauri Gudlavalletti, and Sanjay Kaniyar. "Achieving Success in Large Complex Software Projects." McKinsey Quarterly (July 2014).

[10] Clement, Andrew, and Peter Van den Besselaar. "A Retrospective Look at PD Projects." Communications of the ACM 36, No. 4 (June 1993).

[11] Davies, Andrew, Mark Dodgson, David M. Gann, and Samuel C. MacAulay. "Five Rules for Managing Large Complex Projects. MIT Sloan Management Review (Fall 2017).

[12] Dubravka Cecez-Kecmanovic, Karlheinz Kautz, and Rebecca Abrahall. "Reframing Success and Failure of Information Systems: A Performative Perspective." MIS Quarterly 38, No. 2 (June 2014).

[13] Florentine, Sharon. "More Than Half of IT Projects Are Still Failing." CIO (May 11, 2016).

[14] Flyvbjerg, Bent, and Alexander Budzier. "Why Your IT Project May Be Riskier Than You Think." Harvard Business Review (September 2011).

[15] He, Jun, and William R. King. "The Role of User Participation In Information Systems Development: Implications from a Meta-Analysis." Journal of Management Information Systems 25, No. 1 (Summer 2008).

[16] Hu, Paul Jen-Hwa, Han-fen Hu, and Xiao Fang. "Examining the Mediating Roles of Cognitive Load and Performance Outcomes in User Satisfaction with a Website: A Field Quasi Experiment." MIS Quarterly 41, No. 3 (September 2017).

[17] Jeffrey, Mark and Ingmar Leliveld. "Best Practices in IT Portfolio Management." MIT Sloan Management Review 45, No. 3 (Spring 2004).

[18] Karhade, Prasanna, Michael J. Shaw, and Ramanath Subramanyam. "Patterns in Information Systems Portfolio Prioritization: Evidence from Decision Tree Induction." MIS Quarterly 39, No.2 (June 2015).

[19] Keen, Peter W. "Information Systems and Organizational Change." Communications of the ACM 24 (January 1981).

[20] Keil, Mark, H. Jeff Smith, Charalambos L. Iacovou, and Ronald L. Thompson. "The Pitfalls of Project Status Reporting." MIT Sloan Management Review 55, No. 3 (Spring 2014).

[21] Keil, Mark, Joan Mann, and Arun Rai. "Why Software Projects Escalate: An Empirical Analysis and Test of Four Theoretical Models." MIS Quarterly 24, No. 4 (December 2000).

[22] Kim, Hee Woo, and Atreyi Kankanhalli. "Investigating User Resistance to Information Systems Implementation: A Status Quo Bias Perspective." MIS Quarterly 33, No. 3 (September 2009).

[23] Kloppenborg, Timothy J., and Debbie Tesch. "How Executive Sponsors Influence Project Success." MIT Sloan Management Review (Spring 2015).

[24] Kolb, D. A., and A. L. Frohman. "An Organization Development Approach to Consulting." Sloan Management Review 12 (Fall 1970).

[25] Lapointe, Liette, and Suzanne Rivard. "A Multilevel Model of Resistance to Information Technology Implementation." MIS Quarterly 29, No. 3 (September 2005).

[26] Laudon, Kenneth C. "CIOs Beware: Very Large Scale Systems." Center for Research on Information Systems, New York University Stern School of Business, working paper (1989).

[27] Laufer, Alexander, Edward J. Hoffman, Jeffrey S. Russell, and W. Scott Cameron. "What Successful Project Managers Do." MIT Sloan Management Review (Spring 2015).

[28] Lee, Jong Seok, Mark Keil, and Vijay Kasi. "The Effect of an Initial Budget and Schedule Goal on Software Project Escalation." Journal of Management Information Systems 29, No. 1 (Summer 2012).

[29] Li, Xitong, and Stuart E. Madnick. "Understanding the Dynamics of Service-Oriented Architecture Implementation." Journal of Management Information Systems 32, No. 2 (2015).

[30] Liang, Huigang, Zeyu Peng, Xue Zeyu, Guo Yajiong, and Wang Xitong. "Employees' Exploration of Complex Systems: An Integrative View." Journal of Management Information Systems 32 No. 1 (2015).

[31] Liang, Huigang, Nilesh Sharaf, Qing Hu, and Yajiong Xue. "Assimilation of Enterprise Systems: The Effect of Institutional Pressures and the Mediating Role of Top Management." MIS Quarterly 31, No. 1 (March 2007).

[32] McFarlan, F. Warren. "Portfolio Approach to Information Systems." Harvard Business Review (September–October 1981).

[33] Mumford, Enid, and Mary Weir. Computer Systems in Work Design: The ETHICS Method. New York: John Wiley (1979).

[34] Polites, Greta L., and Elena Karahanna. "Shackled to the Status Quo: The Inhibiting Effects of Incumbent System Habit, Switching Costs, and Inertia on New System Acceptance." MIS Quarterly 36, No. 1 (March 2012).

[35] Pratt, Mary K. "Why IT Projects Still Fail." CIO (August 1, 2017).

[36] Project Management Institute. A Guide to the Project Management Body of Knowledge (6th ed.). Newtown Square, PA: Project Management Institute (2017).

[37] Ramasubbu, Narayan, Anandhi Bharadwaj, and Giri Kumar Tayi. "Software Process Diversity: Conceptualization, Measurement, and Analysis of Impact on Project Performance." MIS Quarterly 39, No. 4 (December 2015).

[38] Rivard, Suzanne, and Liette Lapointe. "Information Technology Implementers' Responses to User Resistance: Nature and Effects." MIS Quarterly 36, No. 3 (September 2012).

[39] Ryan, Sherry D., David A. Harrison, and Lawrence L. Schkade. "Information Technology Investment Decisions: When Do Cost and Benefits in the Social Subsystem Matter?" Journal of Management Information Systems 19,

No. 2 (Fall 2002).

[40] Schwalbe, Kathy. An Introduction to Project Management (6th ed.). Cengage (2017).

[41] Sharma, Rajeev, and Philip Yetton. "The Contingent Effects of Training, Technical Complexity, and Task Interdependence on Successful Information Systems Implementation." MIS Quarterly 31, No. 2 (June 2007).

[42] Swanson, E. Burton. Information System Implementation. Homewood, IL: Richard D. Irwin (1988).

[43] Sykes, Tracy Ann. "Support Structures and Their Impacts on Employee Outcomes: A Longitudinal Field Study of an Enterprise System Implementation." MIS Quarterly 39, No. 2 (June 2015).

[44] Sykes, Tracy Ann, and Viswanath Venkatesh. "Explaining Post Implementation Employee System Use and Job Performance: Impacts of the Content and Source of Social Network Ties." MIS Quarterly 41, No. 3 (September 2017).

[45] Tornatsky, Louis G., J. D. Eveland, M. G. Boylan, W. A. Hetzner, E. C. Johnson, D. Roitman, and J. Schneider. The Process of Technological Innovation: Reviewing the Literature. Washington, DC: National Science Foundation (1983).

[46] Weinnschenk, Carl. "How Project Management Software Increases IT Efficiency." IT Business Edge (January 18, 2018).

[47] Yin, Robert K. "Life Histories of Innovations: How New Practices Become Routinized." Public Administration Review (January– February 1981).

[48] Zhang, Xiaojun. "Knowledge Management System Use and Job Performance: A Multilevel Contingency Model." MIS Quarterly 41, No. 3 (September 2017).

第 15 章
管理全球系统

学习目标

通过阅读本章，你将能够回答如下问题：
1. 推动业务国际化的主要因素有哪些？
2. 发展全球化企业有哪些可选战略？
3. 全球信息系统和管理解决方案面临的挑战是什么？
4. 开发国际信息系统时需要考虑哪些问题和技术选择？
5. MIS 如何有助于我的职业发展？

本章案例

新系统帮助 Eli Lilly 实现全球化公司
全球互联网走向多媒体
AbbVie 构建全球系统的基础设施
中国的电子商务：机遇和障碍

新系统帮助 Eli Lilly 实现全球化公司

Eli Lilly 是世界领先的药物制造商之一，在 120 个国家销售药品和动物保健产品。Eli Lilly 总部位于印第安纳州印第安纳波利斯，在美国和 73 个国家拥有 41 000 名员工，2017 年收入为 229 亿美元，在全球拥有 13 个制造工厂和 6 个研发中心（R&D）。

作为一家遍布全球的企业，Lilly 拥有许多独立的、当地的信息系统支持当地的业务流程，这些系统之间很难合作。想象一下，当 40 个不同地区的控制员在 40 个不同数据标准的系统上执行当月月末的财务结账流程时，会有多少的数据冗余，以及效率是如此低下！

为了将 Lilly 作为一家全球性的企业来管理，并且为了降低成本，Lilly 开始转向一种共享服务的模式，在这种模式中，公共流程在区域层面集中，或者完全外包。企业在印第安纳州、爱尔兰、墨西哥和马来西亚设立了 4 个区域共享服务中心。共享服务模型通过将业务流程从本地单元中分离出来，并在共享服务中心进行区域化，有助于消除冗余的流程，并降低成本。

在本案例中，旧系统需要退役，用一个通用的 IT 平台取代，建立一个统一的、企业级的 ERP 系统。从 2010 年开始，Lilly 开始在所有地区推出一个单一的全球 SAP。如今，Lilly 全球所有的业务基本上都运行在 SAP ERP 和 17 个 SAP 其他软件解决方案上，包括企业治理、风险管理和合规系统（GRC）。

特别重要的是，Lilly 在 2013 年采用了 SAP GRC 流程控制系统。此前，Lilly 的财务控制小组试图通过使用单独的电子表格对不同地区的控制措施进行区域管理。企业的主要控制矩阵是一张大的工作簿，由来自各个电子表格的数据组成，并用颜色编码来管理文件的更改。在 Lilly 这样的全球组织中，工作簿的控制手段无法在任何时间点确定应该使用哪些控制措施，而且非常耗时。

SAP GRC 流程控制是一种工具，可以让组织连续查看所有业务流程中的关键合规活动，如是否遵守《萨班斯-奥克斯利法案》（Sarbanes-Oxley，SOX）、职责分离（SoD）和管理业务的运营控制（SOX 控制财务报表中报告数据的准确性和安全性，SoD 是指派多人执行同一项任务，以防止欺诈和错误）。SAP GRC 流程控制是一个中央存储库，用于存储 Lilly 全球控制矩阵中的数据，并通过自动化监控改进对这些控制的管理。流程控制工具可以在需要测试控件时发出警报、存储测试和签核文档，创建和委派补救计划，并保留对控件更改的审核跟踪。通过标准化和简化整个企业的流程控制和业务规则的执行，Lilly 作为一家全球性的企业变得更加高效和有效。

资料来源：www.sap.com, accessed January 9, 2018; Lauren Bonneau, "Eli Lilly and Company Continues Its Global Standardization and Automation Initiative with a rollout of SAP Process Control," SAP Insider Profiles, August 10, 2017; www.lilly.com, accessed January 9, 2018; and Dave Hannon, "Lilly Brings Process Consistency to a Diversified Global Organization," SAP Insider Profiles, April 1, 2011.

Lilly 致力于创建全球报告系统和区域共享服务模式，确定了全球性组织想在全球范围内运营，真正需要考虑的一些问题。和许多大型跨国企业一样，Lilly 在不同的国家拥有众多的运营部门。这些单位有自己的系统、业务流程和报告标准。因此，Lilly 无法有效协调全球业务，或跨国、跨区域管理财务报告控制。管理层无法了解在整个企业范围内 Lilly 如何满足企业治理、风险和合规标准。

图 15-1 提出了本案例和本章提出的重要论点。为了解决全球管理和业务挑战，Lilly 开始了

共享服务模式,并在全球范围内标准化和精简了业务流程。企业在全球范围内实施了统一的 SAP ERP 软件。Lilly 还实施了 SAP 流程控制,创建了一个全球治理、风险管理和合规标准(GRC)的框架。Lilly 的全球系统为企业提供了企业运营和财务绩效方面的信息,可以从全球的角度更容易地管理和协调企业业务。

> 需要思考:信息技术如何改善 Lilly 的运营和决策制定?新的 ERP 和过程控制系统如何帮助 Lilly 成为一家全球化的组织?

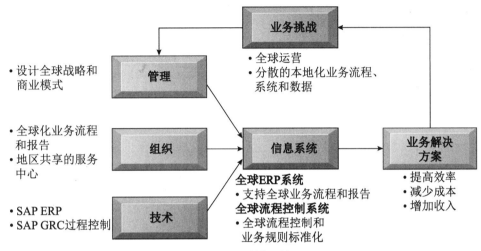

图15-1 Lilly的新系统

15.1 推动业务国际化的主要因素有哪些?

前面的章节描述了由先进的网络和信息系统驱动的全球经济体系和全球世界秩序的出现。新的世界秩序正在席卷许多国内企业、民族工业和国内政治家控制的国家经济。许多本地化企业将被跨越国界的、快速移动网络企业所取代。国际贸易的增长彻底改变了全球各地的经济。

iPhone 由美国苹果公司的工程师设计,采购来自世界各地的 100 多种高科技零部件,并在中国组装。中国台湾、韩国、日本、法国、意大利、德国和美国的企业提供了外壳、相机、处理器、加速器、陀螺仪、电子罗盘、电源管理芯片、触摸屏控制器和高清显示屏等组件,富士康负责制造和组装。

15.1.1 开发国际信息系统架构

本章将介绍如何构建适合国际战略的国际信息系统架构。**国际信息系统架构**(international information systems architecture)由组织要求的协调全球贸易和其他活动的基本信息系统组成。图 15-2 说明了在本章中所遵循的原理,并描述了国际信息系统架构的主要方面。

建立国际体系时要遵循的基本战略是了解企业运营的全球环境。这意味着要理解推动行业走向全球竞争的整体市场力量或业务驱动因素。**业务驱动力**(business driver)是企业必须响应并影响业务方向环境中的一种力量。同样，我们要仔细研究带来管理挑战的抑制因素或消极因素，这些因素可能会影响全球业务的发展。一旦审视了全球环境，你就要考虑在这种环境下竞争的企业战略。你的企业将如何回应？你可以忽略全球市场，只专注于国内竞争，再从国内市场走向全球销售，或者在全球范围内组织生产和销售。当然也有很多其他的选择。

图15-2　全球信息系统架构

注：开发国际信息系统架构需要考虑全球环境、企业全球化战略、组织结构、管理和业务流程以及技术平台。

在制定完战略之后，企业应该考虑如何设置组织结构，以便能够实施该战略。如何在全球环境中完成分工？生产、行政、会计、营销和人力资源职能在哪些地方？谁来处理系统功能？

接下来，必须考虑实施战略的管理问题，并使组织设计成为现实。这里的关键是业务流程设计。如何发现和管理用户需求？如何使当地组织的变革符合国际化需求？如何在全球范围内重组，以及如何协调系统开发？

最后，企业要考虑的是技术平台。尽管技术变革是引领全球市场的关键驱动因素，但在理性选择正确的技术之前，需要有一个企业的战略和结构。

完成这个推理过程之后，你将会顺利地迈向一个能够实现企业目标的、适当的国际信息系统组合。首先，我们来看一下全球环境。

15.1.2　全球环境：商业驱动力和挑战

表 15-1 列出了全球环境中引领所有行业走向全球市场和竞争的商业驱动力和挑战。

表 15-1　全球环境：商业驱动力和挑战

一般的文化因素	特定的商业因素
全球通信和交通技术	全球市场
全球文化的发展	全球生产和运营
全球社会规则的出现	全球合作
政治稳定	全球劳动力
全球知识库	全球经济规模

全球商业驱动力和挑战可以分为两大类：一般的文化因素和特定的商业因素。自第二次世界大战以来，大家很容易认为一般的文化因素推动了国际化。信息、全球通信和交通技术已经建立

了一个地球村,即在全球范围内,通过电话、电视、广播或计算机网络进行通信不再困难。在地理上分散的不同地点之间运输货物和服务的成本也大幅下降。

全球通信的发展创造了第二个意义上的地球村:由电视、互联网和电影等其他全球共享媒体创造的**全球文化**(global culture),允许不同的文化和人民对正确的和错误的、可取的和不可取的、英雄的和懦弱的价值观达成一致。

最后要考虑的因素是全球知识库的增长。第二次世界大战结束后,知识、教育、科学和工业技能高度集中在北美、西欧和日本,世界上其他地方被称为第三世界。但这已不再是事实。拉丁美洲、中国、印度、南亚和东欧等地建立了强大的教育、工业和科学中心,形成了更为民主和广泛分散的知识基础。

这些导致国际化的一般文化因素影响了大多数行业的商业全球化。强大的通信技术和世界文化的出现,为全球市场奠定了基础——全球消费者对消费类似的产品获得文化认可感兴趣。可口可乐、美国运动鞋(韩国制造、洛杉矶设计)和有线新闻网(CNN)节目现在可以在拉丁美洲、非洲和亚洲销售。

为了满足这一需求,全球的生产和运营已经出现,远在千里之外的生产设施和核心总部之间实现了精确的在线协调。丹麦哥本哈根的全球主要航运企业马士基(Maersk)在哥本哈根和其他地方的航运经理,可以在线观看鹿特丹的船舶装载情况、检查配平和压载物,并随着活动的进行在特定的船位跟踪包裹。这一切都可以通过国际卫星链路实现。

新的全球市场和全球生产经营压力为全球协调提出了全新的能力。生产、会计、营销和销售、人力资源和系统开发(所有主要的业务职能)可以在全球范围内协调。

例如,Frito-Lay 可以在美国开发营销销售自动化系统,它一旦在美国成功实现运营,就可以在西班牙尝试相同的技能和技术。微营销(向非常小的地区和社会单位的营销)不再意味着只向美国的社区营销,而是向全世界的社区营销。基于互联网的营销意味着向世界各地的个人和社交网络进行营销。这种新的全球协调水平,有史以来第一次允许根据比较优势确定商业活动的位置。在最能实现设计的地方进行设计,营销、生产和财务也是如此。

最后,全球市场、生产和管理为强大、持续的全球规模经济创造了条件。受全球需求推动的生产可以集中在能够最好完成的地方,而固定资源可以被分配到更大的生产运行上,人们可以更有效和精确地估计大型工厂的生产运行。低成本的生产要素可以在任何地方被利用,而且能够在全球组织的生产企业获得强大的战略优势。这些一般而具体的商业驱动因素极大地扩大了世界贸易和商业的范围。

并非所有行业都受到这些趋势的影响。显然,制造业受到的影响要远远大于那些仍然是国内效率低下的服务业。但是,电信、娱乐、交通、金融、法律和一般业务的本地化服务正在瓦解。显然,那些能够理解行业国际化,并对这种变化作出适当的反应的企业,将会在生产力和稳定性方面获得巨大的收益。

商业挑战

虽然全球化的企业获得成功的可能性很大,但一些基础的力量正在阻止全球经济,并破坏国际业务。表 15-2 列出了全球化系统发展中最常见、最有力的挑战。

在文化层面上,以狭隘的个人特征为基础,以各种形式(宗教、民族主义、民族、地区主义、地缘政治地位)作出判断和采取行动的**特殊主义**(particularism),都拒绝全球共同文化的概念,拒绝国外商品和服务渗透到国内市场的做法。不同文化之间的差异会产生不同的社会期望、政治以及最终法律规则。在美国等一些国家,消费者期望国产品牌产品在国内建厂,对于国内品牌的产品实际上大部分是在国外生产的，都感到失望。

表 15-2　全球化商业系统的挑战和阻碍

全 球 的	特 殊 的
文化特殊主义：宗教主义、国家主义、语言差异	标准：不同的 EDI、电子邮件、通信标准
社会期望：品牌名字期望、工作时间	可靠性：电话网络不一定可靠
政策法律：跨境数据和隐私法、商业规则	速度：不同的数据传输速度、许多国家比美国慢
	人员：缺乏有经验的咨询师

不同的文化产生不同的政治制度。世界上许多不同的国家都有不同的法律管理信息的流动、公民的信息隐私、系统中软硬件的来源以及无线电和卫星通信。甚至在不同的政治文化中，企业经营时间和商业贸易条件也有很大的差异。这些不同的法律制度使全球商业变得更加复杂，所以企业在建立全球体系时必须加以考虑。

例如，欧洲国家在跨境数据流和隐私方面的法律与美国相比有不同的规定。**跨境数据流**（transborder data flow）定义为以任何形式跨越国际边界的信息移动。1998 年，欧盟通过了一项数据保护指令，扩大和规范了欧盟国家的隐私保护，并允许个人数据传输到位于美国和其他符合欧洲隐私标准国家的系统上。2018 年 5 月生效的通用数据保护条例（General Data Protection Regulation，GDPR）为欧洲公民提供了额外的隐私保护，适用于欧盟公民生成的所有数据，无论收集相关数据的企业是否位于欧盟境内，也不管所有这些人的数据是否存储在欧盟境内，甚至都不管他们是否真的是欧盟公民（参见第 4 章关于 GDPR 的讨论）。

文化差异和政治差异深刻地影响着组织的信息技术的业务流程和应用。一般的文化差异产生了一系列特殊的障碍，从电话网络的不同可靠性到技术顾问的短缺等。

各国的法律和传统形成了不同的会计惯例，影响了盈利和亏损的分析方式。德国企业在创业时一般不会计算利润，直到项目完成并获得收入才计算。相反，英国企业在一个项目完成之前就开始计算利润，因为它们有理由相信将来会得到这笔钱。

这些会计实践与各国法律制度、经营理念和税法密切相关。英国、美国和荷兰的企业主要受益格鲁-撒克逊（Anglo-Saxon）习俗的影响，将税务计算与报告分离，并将重点放在向股东显示利润增长的速度上。中欧的企业会计实践不太注重投资者，而重视证明遵守严格的规则和尽量减少税收负债。这些不同的会计实践使得不同国家的大型跨国企业难以评估它们的表现。

语言仍然是一个重大障碍。虽然英语已经成为一种标准的商业语言，但只是在企业的高层管理人员之间，而在中、低层人员之间并非如此。在新的信息系统能够成功实施之前，软件可能必须用本地语言接口来构建。

汇率波动可能会对规划计算模型和预测造成破坏。在墨西哥或日本，看起来有利可图的产品，实际上可能会因为汇率的变化而产生损失。

在设计业务和建立国际系统时，企业必须考虑这些阻碍因素。例如，试图实施跨国界的"精益生产"系统的企业，通常会低估在不同国家自由流通货物和信息的时间、费用和后勤保障的难度。

15.1.3　最新进展

有人可能会认为，鉴于前面提到的获得竞争优势的机会以及对未来应用的兴趣，大多数国际公司已经合理地开发了完美的国际系统架构。现实并非如此。大多数企业从一开始就沿用了拼凑而成的国际系统，通常是基于过时的信息处理概念，从独立的外部部门到企业总部的批量报告，从一个遗留系统到另一个遗留系统的手动输入数据，很少进行在线控制和沟通。面对这种情况的企业往往更有竞争压力，因为很多竞争对手拥有真正设计合理的国际系统。最近，还有一些企业为国际系统建立了技术平台，但由于缺乏全球战略而无用武之地。

事实证明，建设适当的国际架构存在重大的困难。困难在于规划适合企业全球战略的体系，搭建组织体系和业务单位架构，解决实施问题，选择正确的技术平台。下面，我们将更详细地研究这些问题。

15.2 发展全球化企业有哪些可选的战略？

企业寻求全球化的定位面临 3 个组织问题：战略选择、业务组织和系统管理。前两者紧密相连，所以我们一起讨论。

15.2.1 全球战略和业务组织

四大全球化战略构成了全球企业组织结构的基础：国内出口商、多国企业、特许经营商和跨国企业。这些战略中的每一个都采用特定的业务组织结构（见表 15-3）。为简单起见，我们描述 3 种组织结构：集中（在本国）、分散（到本地的外国单位）和协调（所有单位平等参与）。其他类型的治理模式可以在特定的企业中被观察到（如由一个单位独裁统治、平等的联盟、平衡战略单位之间权力的联邦结构等）。

国内出口商（domestic exporter）战略的特点是在原产国开展大量的企业活动。几乎所有的国际企业都是以这种方式开始的，其他一些企业形式也是如此。它们在本国建立生产、财务/会计、销售/营销、人力资源和战略管理，以优化本国的资源。国际销售有时是通过代理协议或分支机构进行的，但即使在当地，国外的营销也依赖于国内的营销主题和策略。Caterpillar 和其他一些重资产设备制造商属于这类企业。

多国公司（multinational）的战略是将财务管理和控制集中在一个中心的基地上，同时将生产、销售和营销业务分散到其他国家。企业在不同国家销售的产品和服务，适合当地的市场情况。这样的组织成为不同国家的生产和营销设施的远程联盟。许多金融服务企业以及生产制造商，如通用汽车、克莱斯勒和英特尔等，都适合这种模式。

特许经营者（franchisers）是一个有趣的新旧混合体。一方面，产品是在本国创造、设计、出资和初步生产的，但由于产品的特殊原因，必须严重依赖外国人员进一步生产、销售等。食品加盟商如麦当劳、Mrs. Fields Cookies 和肯德基等都适合这种模式。麦当劳在美国创建了一种新型的快餐连锁店模式，并在很大程度上依赖美国对新产品的创意、战略管理和融资。尽管如此，由于产品必须在当地生产（易腐烂的），需要广泛的生产协调和分发、本地的市场营销及招聘当地的人员。

一般来说，外国特许经营者是母国单位的克隆，但是完全通过全球协调来优化生产要素是不可能的。例如，土豆和牛肉通常无法在世界市场上价格最低的地方购买，必须在最接近消费的地方生产。

表 15-3　全球业务战略和结构

业务功能	国内出口商	多国企业	特许经营商	跨国公司
生产	集中	分散	协调	协调
财务/会计	集中	集中	集中	协调
销售/市场	混合	分散	协调	协调
人力资源	集中	集中	协调	协调
战略管理	集中	集中	集中	协调

跨国公司是无国籍的，是真正进行全球管理的企业，可能在未来占有较大的国际业务份额。跨国公司没有单一的国家总部，而是有许多地区总部，也许还有世界总部。在**跨国**（transnational）战略中，几乎所有的增值活动都是从全球角度来管理的，没有国界的限制，无论在哪里出现优化的供需来源，都会充分利用当地的竞争优势。跨国公司以全球而不是本国为管理框架。这些企业的治理结构已经可以与联邦制结构相媲美，其中有一个强大的中央决策管理核心，但是在整个全球分支中，权力和财力都相当分散。很少有企业能真正达到跨国的状态。

信息技术和全球通信技术的进步正在给国际企业更大的灵活性以塑造全球战略。保护主义和更好地服务当地市场的需求鼓励企业分散生产设施，至少成为跨国公司。与此同时，实现规模经济和利用短期地方优势的举措，使跨国公司向全球管理的视角和权力与权威集中的地方倾斜。因此，非集中化的、分散的力量以及集权和全球协调的力量旗鼓相当。

15.2.2　全球系统适应战略

信息技术和全球通信的进步正在给国际企业更大的灵活性以塑造全球战略。系统的配置、管理和开发要遵循所选择的全球战略。图 15-3 描述了典型的配置。系统是指构建和运营信息系统所涉及的全部活动，与战略业务计划、系统开发以及持续运行和维护的概念一致。为简单起见，我们考虑 4 种类型的系统配置。集中系统是指系统开发和运行在国内的系统。重复系统是指在本地进行开发，但操作交给国外的自治单位的系统。分散系统是指每个外国单位设计自己独特的解决方案和系统。网络化系统是指所有单位的系统开发和运营以一体化和协调的方式进行。

系统配置	战略			
	国内出口商	多国企业	特许经营商	跨国企业
集中系统	X			
重复系统			X	
分散系统	x	X	x	
网格化系统		x		X

图15-3　全球战略和系统配置

注：X 表示主要模式，x 表示正在生产的模式。例如，国内出口商主要依赖于集中系统，但在各地市场上分散系统也有一定的发展。

从图 15-3 可以看出，国内出口商倾向于拥有高度集中的系统，由同一个国内系统开发人员团队来开发全球应用。多国企业提供了一个直接而鲜明的对比：国外单位根据本地需求设计自己的系统解决方案，与总部（除了财务报告和一些通信应用之外）几乎没有任何共同的应用。特许经营商拥有最简单的系统结构：就像它们销售的产品一样，通常在原来的基础上开发一个简单的系统，然后在全球范围内复制。每个国外单位无论在哪里，都有相同的应用。最后，我们在跨国企业中，发现了最雄心勃勃的系统开发形式：网格化系统是那些为系统开发和运行提供稳固、简单的全球环境的系统。该系统通常以强大的电信骨干网、共享的应用开发文化以及跨越文化障碍的共享管理文化为前提。网络化系统结构在金融服务业中最明显。在金融服务中，货币和货币工具的同质性似乎克服了文化的障碍。

15.2.3 重新组织业务

企业如何在国际上开展业务？要发展成为一个全球化的公司，信息系统就需要支持全球化业务，企业需要遵循以下原则：

（1）按比较优势组织增值活动。例如，市场营销/销售职能应该放在执行最好的地方，同时要使成本最小和影响最大（同样需要这样做的还有生产、财务、人力资源和信息系统）。

（2）在本地、国内和国际不同层次上开发和运营系统。为了满足当地的需要，企业应该有一定规模的本地区域系统单位。区域系统单位在主要地理区域（欧洲、亚洲、美国）内进行跨国界的通信和系统开发。跨国系统单位应该建立跨主要区域的联系，并协调国际通信和系统开发的发展和运作（Roche，1992）。

（3）在全球总部设立负责发展国际系统的单一办公室，设立一位全球首席信息官（CIO）的职位。

许多成功的企业根据这些原则设计了组织系统结构。这些企业的成功不仅取决于适当的活动组织，还取决于一个关键因素——一个能够理解国际系统风险和收益的管理团队，可以制定克服风险的战略。接下来，我们将探讨这些管理主题。

15.3 全球信息系统和管理解决方案面临的挑战是什么？

表 15-4 列出了国际系统在开发中带来的主要管理问题。值得注意的是，这些问题也是管理者在开发一般国内系统方面遇到的主要问题，只是它们在国际环境下更加复杂。

表 15-4 国际化系统开发中的管理挑战

就共同的用户需求达成一致
业务流程的变革
协调应用开发
协调软件发布版本
鼓励本地用户支持全球系统

15.3.1 典型场景：全球范围的无序状态

让我们来看一个很常见的场景。一家总部设在美国，在欧洲经营的传统跨国消费品企业，若要扩张到亚洲市场，则必须制定一个跨国战略和一个支持跨国战略的信息系统架构。像大多数跨国公司一样，它把生产和销售分散到不同的地区和中心，同时把美国当作全球总部并进行战略管理。传统上，它允许每个附属的外国部门开发自己的系统。唯一的中央协调系统是财务控制和报告。美国的中央系统团队只关注国内的职能和生产。

这样做的结果是形成了硬件、软件和通信系统的大杂烩。欧洲和美国之间的电子邮件系统是不兼容的。每个生产设施使用不同的制造资源计划系统（或同一个 ERP 系统的不同版本）以及不同的营销、销售和人力资源系统。硬件和数据库平台也大不相同。欧洲国家间的通信成本很高，而且不同地方之间的通信质量也很差。

你对这家企业的高级管理人员有什么建议呢？他们现在想要推行跨国战略，开发一个信息系统架构以支持高度协调的全球系统环境。请重新审视表 15-4 来考虑所面临的问题。外国部门会抵制共同的用户需求；除了自己的单位需求外，它们从未考虑太多其他需求。最近，企业扩大了美国当地的系统团队，并要求它们关注当地的需求。这些系统团队不会轻易接受任何支持跨国战略人士的指导。要说服世界各地的本地管理人员改变业务流程，与全球其他单位保持一致，特别是当这么做可能影响他们在当地的表现时，这会变得非常困难。毕竟，当地的经理会因为实现部门或工厂的本地目标而获得奖励。最后，在缺乏强大的通信网络的情况下，协调世界各地项目的开发是非常困难的，因此很难鼓励本地用户在开发的系统中拥有所有权。

15.3.2　全球系统策略

图 15-4 列出了解决方案的主要考虑维度。首先，不是所有的系统都应该跨国协调；从成本和可行性的角度来看，只有一些核心系统才是真正值得共享的。**核心系统**（core systems）支持对组织至关重要的职能。对于其他系统，企业应该进行部分协调，因为它们共享一些关键要素，但不必完全跨国通用。对于这样的系统，局部改变是可能的，并且是可取的。最后一组系统是外围的、真正省级的且只需要满足当地需求的系统。

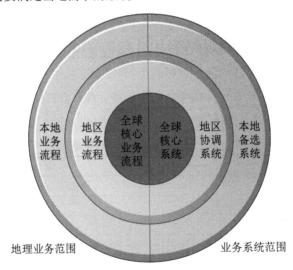

图15-4　本地、地区和全球系统

注：机构和其他协调成本随着企业从本地备选系统向地区和全球系统转移而增加。然而，随着企业开发全球系统，参与全球市场的交易成本可能会下降。一个明智的策略是通过开发对全球运营至关重要的少数全球核心系统来降低代理成本，而将其他系统留在区域和本地单位。

资料来源：Managing Information Technology in Multinational Corporations by Edward M. Roche, © 1993. Adapted by permission of Prentice Hall, Inc., Upper Saddle River, NJ.

1. 定义核心业务流程

如何识别核心系统？第一步要定义关键核心业务流程的简单列表。关于业务流程，我们在第2章中已有定义和描述。简而言之，业务流程是一组逻辑上相关的任务，产生特定的业务结果，如向客户发出正确的订单或向市场提供创新产品。每个业务流程通常涉及多个职能领域、沟通和协调工作以及信息和知识。

识别核心业务流程的方法是进行业务流程分析。如何获取客户订单？一旦获取了订单会发生什么？谁来填写订单？如何将这些订单给客户？供应商是否有权使用制造资源计划系统，以便进行自动供应？你应该能够在10个对企业至关重要的业务流程列表中确定优先级。

接下来，你可以确定这些流程的卓越中心吗？在美国完成客户订单是最好的吗？德国的制造过程控制是最好的吗？亚洲的人力资源是最好的吗？你应该能够识别出企业的哪些领域是做得比较突出的，如哪些业务线、哪个部门在执行一个或多个业务职能时表现突出。当你了解企业的业务流程时，你可以对它们进行排序。然后，你可以决定哪些流程应该成为核心流程，在全球范围内进行集中协调、设计和实施，哪些流程应该是区域性的和本地的。同时，通过确定关键业务流程——那些真正重要的业务流程，你可以为定义未来的愿景作出很大的贡献。

2. 明确需集中协调的核心系统

通过确定关键的核心业务流程，你开始看到跨国系统的机会。接着要关注核心系统，并将这些系统界定为真正的跨国系统。确定和实施跨国系统的财务和政策成本是非常高的。因此，你要尽量把列表保持在最低限度，让经验成为向导，并将错误降到最低。通过分辨一小部分系统是绝对重要的系统，你也能分辨出哪里会反对跨国战略。同时，你可以安抚那些反对跨国系统全球中心协调的人，通过允许外围系统的开发，从而保证不减少技术平台的需求。

3. 选择方式：渐进型、大设计、演进型

第三步是选择一种推进方式，一定要避免零散的做法。如果企业缺乏对那些在跨国开发中有损失的人的反对跨国系统的预见性，以及缺乏说服高层管理人员认为跨国系统值得这样做的授权，那么国际系统项目肯定会失败。同样，企业也需要避免一次性完成所有事情的宏伟设计方法，因为这往往会导致无法集中资源，从而使项目失败。没有任何事情可以一下子做得很好，而且反对组织变革者也一定会出现，因为实施组织变革需要付出很大的努力和非常多的资源。另一种方法是企业逐渐从现有的应用中逐步形成国际应用，并对组织在5年内应具备的跨国能力有一个精确、清晰的看法。有时候这被称为"萨拉米战略"或一次一片战略。

4. 明晰收益

对企业来说内部有什么？最糟糕的情况之一是为了建立全球系统而建立全球系统。从一开始，总部高级管理层和国外分支部门经理就能清楚地了解国际系统对企业和每个业务单位的好处。虽然每个系统都为特定的预算提供了独特的好处，但是全球系统的总体好处在于以下4个方面。

（1）真正的综合、分布式、跨国的全球系统有助于卓越的管理和协调。这种系统的收益不能以简单的价格来体现，它的价值也不会出现在任何资本预算模型中。这是一种在危机时刻，把供应商从一个地区切换到另一个地区的能力，是应对自然灾害而转移生产的能力，以及在一个地区利用产能过剩来满足另一个地区需求的能力。

（2）生产、运营、供应和分配的巨大改善。想象一下全球供应商和全球分销网络的全球价值链，高级管理人员第一次可以在最经济的地区找到增值的活动。

（3）全球系统意味着全球客户和全球营销。世界各地的固定成本可以在更大的客户基础上

摊销。这将在生产设施上释放新的规模经济。

（4）全球系统意味着能够在更大的资本基础上优化企业资金的使用。这意味着企业可以有效地调动过剩地区的资本来扩大资本匮乏地区的生产；企业内的现金也可以被更有效地管理和使用。

这些战略本身不会创建全球系统，但你将不得不实施你的战略目标。

15.3.3 管理解决方案：实施

现在可以重新考虑如何处理表 15-4 中所描述的管理者面临的开发全球信息系统架构最棘手的问题。

1. 就共同的用户需求达成一致

企业要建立核心业务流程和核心支持系统的简单列表，在企业多个部门之间进行合理比较，开发讨论业务的通用语言，以自然形成对共同元素的理解（以及必须保持在本地的独特品质）。

2. 引入业务流程的变革

作为变革代理人，你的成功将取决于你的合法性、权威以及让用户参与变革设计过程的能力。**合法性**（legitimacy）是指你的权威在多大程度上以能力、愿景或其他品质为理由被接受。选择一个可行的变革策略，之前我们将其定义为演进型的，但是更有远见的是，该策略应该有助于让其他人相信变革是可行的、可取的。让人们参与变革，确保变革符合企业和当地单位的最佳利益，这是一个关键策略。

3. 协调应用开发

选择变革策略对于这个问题至关重要。在全球范围内，要实现一个宏伟的变革设计策略太复杂了。通过向更大的目标迈出一小步来协调变革要容易得多。我们可以假设一个为期 5 年而不是 2 年的行动计划，并将一套跨国系统减少到最低程度，以降低协调成本。

4. 协调软件发布版本

企业可以制定相应的程序，确保所有运营单位同时转换为新的软件版本，以便每个人的软件都能兼容。

5. 鼓励本地用户支持全球系统

这个问题的关键在于让用户参与到设计的创建过程中，而不是放弃对项目开发的控制。应对当地单位对跨国公司抵制的总体策略是共同选择。**共同选择**（cooptation）是指使反对者进入设计和实施解决方案的过程，而不放弃对变革的方向和性质的控制。在这个过程中，要尽可能避免最初的反对力量。然而，最低要求是当地单位必须就跨国系统的简单列表达成一致，这可能需要最初的力量来巩固真正需要某种跨国系统的想法。

如何进行共同选择？目前有几种可能的选择。一种选择是允许每个国家单位都有机会在本国领土开展一项跨国申请，然后在全世界开展。通过这种方式，每个主要的国家系统小组在开发跨国系统方面都有了一定的行动，各地方单位都感受了主人翁地位。不利的一面是，这要假设开发高质量系统的能力分布是均匀的，如德国的一个团队可以在法国和意大利成功实施系统，但现实并非如此。

第二种选择是开发新的跨国运营中心或者卓越中心。全球可能存在几个专注于特定业务流程的中心。这些中心大量吸收当地的运营单位，以跨国团队为基础，并向全球管理层报告。卓越中心执行业务流程的初始识别和规范，定义信息需求，执行业务和系统分析，并完成所有的设计和测试。然而，试点和测试应该推广到全球其他地区。招募大量的本地团队到跨国卓越中心，有助于传达这样的信息：所有重要的团体都参与了设计，并将产生影响力。

即使有了适当的组织结构和管理选择，企业在技术方面仍然可能步履维艰。技术平台、网络、硬件和软件的选择是构建跨国信息系统架构的最终要素。

15.4 开发国际信息系统时需要考虑哪些问题和技术选择？

一旦企业确定了全球商业模式和系统战略，它们必须选择硬件、软件和网络标准以及关键系统应用，以支持全球业务流程。硬件、软件和网络在国际环境中面临着特殊的技术挑战。

一个主要的挑战是如果一个国家的运营单位和另一个国家的运营单位之间差异很大，那么要寻找一种方法来使全球计算平台标准化。另一个主要的挑战是寻找特定的、用户友好的软件应用，真正提高国际工作团队的生产力。互联网在全球的广泛使用，大大减少了网络问题。但是互联网的存在并不能保证信息在全球组织中无缝流通，因为并不是所有的业务部门都使用相同的应用，而且互联网服务的质量也是可变的（就像电话服务一样）。例如，德国业务部门可能会使用开源合作工具共享文档和通信，这与使用微软解决方案的美国总部团队不兼容。企业要克服这些困难，需要在全球范围内进行系统集成和连接。

15.4.1 计算平台和系统集成

基于核心系统概念的跨国信息系统架构的开发，引发了新的核心系统如何适应不同的部门、不同的人在全球开发的现有应用以及不同种类的计算硬件的问题。全球系统的目标是开发全球性、分布式和集成的系统，以支持跨越国界的数字业务流程。简而言之，这些都是大型国内系统开发面临的问题。但是，这个问题在国际环境下被放大了。想象一下，在不同的国家、不同的运营单位，运行在IBM、Oracle、HP和其他硬件上的Windows、Linux、Unix或专有操作系统，要集成这些系统是多么大的挑战啊！

此外，哪怕所有的站点使用相同的硬件和操作系统，也不能保证这些系统能够集成。核心管理层必须建立数据标准以及其他站点要遵守的技术标准。例如，企业必须将会计年度的开始和结束时间等会计术语（回顾之前关于建立全球业务文化挑战的讨论），以及系统、通信速度、体系结构与网络软件之间的可接受界面标准化。

15.4.2 连接性

真正整合的全球系统必须具有连接能力，将全球企业的系统和人员连接成一个单一的集成网络，就像电话系统一样能够进行语音、数据和图像传输。互联网为全球分散的单位之间进行连接提供了非常强大的基础。但是，许多问题依然存在。公共互联网不能保证任何级别的服务（即使在美国）。很少有全球性企业会相信互联网的安全性，通常它们会使用专用网络交流敏感数据，并且利用互联网虚拟专用网络（VPN）进行需要较低安全性的通信。并不是所有的国家都支持基本的互联网服务，互联网服务需要获得可靠的电路，在不同的运营商和地区电信局之间进行协调，

15.4.3 软件本地化

核心系统的开发给应用软件带来了独特的挑战：旧系统如何与新系统连接？如果旧系统保存在本地，则必须构建和测试全新的接口（这很常见）。这些接口可能会造成高昂的代价和不必要的麻烦。若必须要创建新软件，另一个挑战则是如果业务部门已经习惯独特的业务流程和数据定义，那么如何构建来自不同国家的多个业务部门实际使用的软件。

除了整合新旧系统之外，还存在人机界面设计和系统功能的问题。例如，为了提高全球劳动力的生产力，真正有用的软件界面必须很容易被理解和掌握。图形用户界面是最理想的，但预设了一种共同的语言，通常是英语。当国际系统只涉及知识工作者时，英语可能就是设定的国际标准。但是随着国际系统深入到管理层和文书组织中，共同的语言可能不会被设定，人机界面必须建立起来，以适应不同的语言，甚至不同的惯例。将软件转换成第二种语言的整个过程称为**软件本地化**（software localization）。

世界上大多数人使用移动设备访问互联网，因此移动 App 必须配适移动平台、小屏幕、低频宽。由于许多移动互联网用户不能读写，因此需要建设专门的视频和音频接口为这一群体服务。在"互动讨论：技术"部分讨论这个问题。

什么是最重要的软件应用？许多国际系统强调基本的交易和管理报告系统。企业越来越多地转向供应链管理和企业资源计划系统，以便在全球范围内将其业务流程标准化，并创建协调一致的全球供应链和劳动力（见"互动讨论：管理"部分）。然而，这些跨职能系统并不总是与其他国家的语言、文化传统和业务流程的差异相兼容。某国的运营单位在技术使用方面可能并不高级，但也可能会遇到管理企业应用技术复杂性的问题。

电子数据交换（EDI）系统和供应链管理系统被制造和分销企业广泛使用，在全球范围内连接不同的供应商。合作和企业社交网络系统、电子邮件和视频会议对于以知识和数据为基础的企业（如广告企业、医学和工程领域供并钱研究性企业以及图形和出版企业）来说，是特别重要的全球性工具。

互动讨论：技术

全球互联网走向多媒体

Megh Singh 是印度新德里火车站的搬运工，每天收入不到 8 美元。每一天，时常可以看到他在车站楼梯间对着智能手机窃窃私语。Singh 在使用语音识别软件，通过火车站内免费 WiFi 系统接入互联网。他的智能手机是一款简约型智能手机，存储空间很小，只有 4G 的容量，相比之下，发达国家普遍使用 32G 容量。Singh 的智能手机有谷歌搜索、Facebook 的 What's App，但 Singh 也经常使用 JC 浏览器、MX Player 和 SHAREit 等应用，这些应用都是专门为慢速连接和最小数据存储设计的。

大多数印度搬运工仍然认为智能手机是为有钱人和有文化的人提供的，但自从 2015 年火车站开始提供免费的 WiFi 服务以来，越来越多的工人开始使用廉价智能手机上网。Singh 喜欢用他的智能手机查看火车时刻表、给家人发短信、下载电影等。他每天早上很早就到了车站，通过 What's App 给家人和朋友发送录音信息。他整天都会收到家人朋友的录音回复。Singh 还使用 YouTube、Google 和 MXPlayer 在互联网上搜索节目和剪辑影片。他在 YouTube 上使用语音搜索，每天下载 20 个视频片段，晚上回到家里与其他 5 个搬运工一起观看。

Singh 对阅读或使用键盘感到不舒服。他对电子邮件一无所知，不知道如何发送。然而，他说他可以通过视频和语音来充分享受互联网。Singh 代表了全球新一轮互联网用户的浪潮。"下一个 10 亿"的互联网新人将主要使用语音激活和图像沟通，而不是键入搜索和电子邮件。

文字并没有从互联网上完全消失，它仍然有它的用途。但是，互联网用户越来越多地使用音频和视频，而不是键入搜索和阅读基于文本的网页。有影响力的传播者将越来越多地依赖播客、Instagram、YouTube 视频和 HHQ Trivia 等应用。在美国和德国这样发达的国家是这样，在人均收入和互联网普及率较低的贫穷国家也是如此。

在互联网的早期，文字曾经是计算机可以轻松工作的唯一格式。如今，随着更强大、更复杂的硬件和软件的出现，计算机可以破译和操控多媒体。这对于许多不会读写的人来说，通过图像和声音进行交流比文字更容易。

印度 13 亿人口中，只有 4 亿人能够上网，绝大多数通过移动设备上网。由于价格战和供应商努力吸引低收入用户，上网人数在不断上升。沃达丰印度分公司是沃达丰 PLC 的子公司，企业发现新用户不太理解数据限额。于是决定给用户提供一种新的选择，以每小时不到 25 美分的成本购买他们想要的数据。Facebook 在印度各地赞助了免费的 WiFi 热点，已经在印度拥有 2 亿活跃用户。企业位于加州门罗公园（Menlo Park）总部的开发者提出了"周二 2G"项目，当用户在缓慢的互联网连接上使用 Facebook 时可以选择使用。Facebook 和 LinkedIn 一样，为新兴市场打造了一个更轻、数据消耗更少的版本。LinkedIn Lite 是一款数据量较小的应用，可以在 2G 手机上运行，并帮助蓝领工人找到工作。

新企业在不断地涌现，为不太富裕、受教育程度较低的互联网用户提供量身定制的应用和服务。Singh 手机上的应用就是一个很好的例子。阿里巴巴控股集团（Alibaba Holding Group）旗下的 UC 浏览器经过优化后，可以使用更少的数据进行低速连接。UC 浏览器占据印度移动浏览器市场份额的 40% 以上。联想集团的 SHAREit 允许用户使用 WiFi 直接连接，将文件、照片、视频和应用从一台设备发送到另一台设备。专门为印度开发的 YouTube 应用可以更容易在网速较慢的情况下工作，可以将视频保存到离线观看，并监控用户数据量的使用情况。

2016 年，印度银行推出了一个移动支付系统，帮助不太懂技术的用户使用手机进行支付和转账。支付系统的登录过程被简化了。Paytm 是印度最大的移动货币应用，拥有超过 2 亿的用户，远远超过印度人民拥有信用卡的数量。

资料来源：Farhad Manjoo，"Welcome to the Post-Text Future，" New York Times, February 14, 2018; www-shareit.com, accessed February 16, 2018; Eric Ballman， "The End of Typing: The Next Billion Mobile Users Will Rely on Voice and Video," Wall Street Journal, August 7, 2017; and Julia Love， "YouTube Unveils India Mobile App for Spotty Internet Signals," Reuters, April 4, 2017.

案例分析题：

1. 为什么语音和视频成为互联网上的主要通信手段？

2. 这一趋势将如何影响在全球范围内开展业务的企业？将如何影响它们经营业务和与客户互动的方式？

3. 什么样的企业可能从多媒体的互联网中获益？请解释一下。

> 互动讨论：技术

AbbVie 构建全球系统的基础设施

总部位于伊利诺伊州芝加哥的 AbbVie，是一家全球性生物制药的研究型企业，于 2013 年 1 月从雅培实验室剥离出来。作为一个独立的实体，AbbVie 还是一家非常大的企业，在全球 70 多个国家以及 19 个研发和制造基地拥有 29 000 多名员工。2017 年，AbbVie 创造了 282 亿美元的收入。治疗类风湿关节炎和克罗恩病的药物 Humira，是全球销售最好的产品之一。

当 AbbVie 从雅培实验室分离出来时，企业已经有 50～60 个不同的遗留系统，这些系统在全球 100 多个地方支持着关键任务流程。遗留系统由雅培公司根据过渡服务协议（transitional services agreement，TSA）提供支持，并于 2015 年年底终止协议。AbbVie 的管理层不得不作出选择：是继续独自运行这些遗留系统，还是应该投资一个更先进的平台，支持全球所有分支机构和制造基地的业务流程？

时间压力使得这项决策变得复杂。AbbVie 实施新的系统解决方案必须在 2015 年底前完成（3 年），而过渡服务协议中规定的基础设施建设时间需要两年多。AbbVie 决定为所有的子公司和生产基地创建标准的业务流程，并在全球范围内通过单一的 SAP ERP 来支持这些流程。这个项目雄心勃勃：新系统必须在 3 年内在全球 150 多个国家投入使用。AbbVie 设计了一个新的运营模式，包括很多组织变革、业务流程外包、卓越中心和区域共享服务。

AbbVie 没有浪费时间。它选择 IBM 全球业务服务咨询师指导 SAP 的全球部署。从 2013 年 8 月开始，AbbVie 在 18 个月内将 SAP ERP 推广到 110 家子公司和生产基地。企业使用全球化的 SAP 标准化端到端流程模板，并允许仅根据国家/地区的具体要求定制软件。这些需求由创建本地实施指南的团队预先确定。

AbbVie 业务流程团队为端到端流程（如采购到付款、订单到现金、记录到报表和仓库管理）制定了标准定义。AbbVie 通过扩展多种货币和语言的功能，并根据当地法规或法律要求逐个国家进行更新，使标准模板在全球范围内可用。

每个分支机构在要求定制时，AbbVie 的项目团队会根据收集到的本地法律要求列表对其进行审查。AbbVie 随后确定了定制需求是由其他国家要求的，还是只针对一个国家的，而且拒绝针对某一国家的特殊定制的需求。在几个分支机构进行测试和确认后，确保标准模板适合大多数国家的需求，因此未来的定制需求是很少的。

AbbVie 在开发期间测试了全球模板的有效性，获得了关于系统被采纳、适应、添加和放弃的评判标准。项目团队比较了各个国家的指标的百分比，并将结果汇报给 AbbVie 的业务部门领导。例如，如果指标显示德国采用了 82% 的模板，法国采用了 70% 的模板，那么业务支持部门会去调查法国是否有需要变革的流程。这对于 18 个月内在全球部署整个 SAP ERP 系统是非常关键的。

项目组还负责将数据从不同的遗留系统迁移到全球 SAP ERP 系统的数据结构中。对于每个独立的遗留系统，团队提取了原始数据，并将其存储在安全的数据仓库中，然后识别任何丢失或不准确的字段，以及其他数据清理要求。团队在整合和清理数据的同时，还向商业用户教会了特定的 SAP 数据字段、字段的使用方式以及它们如何变革以前的业务流程。团队将从业务中获取数据，将数据放在数据映射模板中，并在各种测试环境中加载数据。一旦商业用户验证了数据的准确性，系统就可以投入生产了。

这些活动通过高度重视系统的透明度和系统培训，促进了企业的变革管理。在系统部署到新地方大约6个月之前，这个国家特定的过渡领导人将对用户进行模板培训，并使他们熟悉任何的流程变革。过渡领导是AbbVie的技术团队和业务流程团队之间的联络人，帮助公司快速解决变革管理过程中出现的问题。

AbbVie在实施的过程中，还花了一部分时间验证系统是否符合当地数据隐私法的规定。2015年5月，企业完成了SAP ERP的全球推广。因此，企业能够成功地使全球流程标准化，并满足TSA的要求。新的全球体系还有额外的好处是具有前所未有的灵活性和透明度。

现在，AbbVie在每个月的月末都有一组衡量绩效的关键指标，如创建新客户所需的时间、供应商付款周期、付款条件或订单完成情况等。全球系统的特点是为管理者提供了仪表盘，可以让他们查看到每个国家的绩效结果，找到问题的根本原因，并更容易地采取纠正措施。系统出的报告也更加准确。

AbbVie之所以能够成功实施一项重大的全球系统，是因为企业领导很有远见，组织运营良好，在项目开始时就完成了在全球范围内精简流程的艰巨工作。全球SAP项目团队可以质疑现有流程，发现许多流程可以简化，这样使企业更加敏捷。AbbVie的业务效率也得到了提高，因为纠正措施通常会带来额外的流程改进。通过查看这些指标，项目团队可以建议改进流程的措施，从企业的投资中获得更多的收益。现在，AbbVie可以作为一个单一的跨国企业进行经营。

资料来源："AbbVie Builds a Global Pharmaceuticals Company on New Foundations with SAP and IBM," https://www-01.ibm.com, accessed January 6, 2018; Ken Murphy, "Biopharmaceutical Startup AbbVie Receives Healthy Long-Term Prognosis," SAP Insider Profiles, September 19, 2017; and www.abbvie.com, accessed January 6, 2018.

案例分析题：

1. AbbVie在全球系统中遇到了哪些典型的管理问题？哪些管理、组织和技术因素导致了这些问题？
2. AbbVie描述了本章中全球系统战略的哪些要素？
3. AbbVie新的SAP ERP系统如何支持其全球业务战略？
4. AbbVie的新系统如何改进运营和管理决策的？

15.5 MIS如何有助于我的职业发展

这是第15章和本书如何帮助你找到一份全球数据服务企业的销售和市场营销实习生入门级工作的内容。

15.5.1 公司

Global Online Stats是全球领先的定量数据、统计数据和市场研究产品提供商，目前有一个初级销售和市场营销实习生的空缺职位。该公司在波士顿、伦敦和巴黎有超过500名员工。企业为访问在线定量数据库提供工具和服务，这样的数据库面向各种规模的商业企业，包括咨询企业、媒体机构和来自不同行业和国家的大企业的营销部门。

15.5.2 职位描述

与总经理和全球销售主管密切合作，开发和维护销售线索和新客户。工作职责包括：
- 利用现有客户的线索发现潜在客户，建立与媒体和行业协会的关系，通过电话、电子邮件和网络开发新客户。
- 开发客户，将零散客户转变为长期客户。
- 为各类产品和业务线开发销售机会。
- 与新的潜在客户寻找和安排见面的机会。
- 更新客户档案。

15.5.3 岗位资格要求

- 四年制大学学士学位。
- 非常强的口头和书面沟通能力。
- Microsoft Office 技能。
- 有销售或市场营销实习经验或打电话拜访经验者优先。
- 外向、有竞争力、积极主动的销售特性。

15.5.4 面试问题

1. 你在大学或以前的工作中使用过定量数据吗？你运用数据做过哪些工作？
2. 你曾经使用过在线数据库或数据库软件吗？你是如何处理这些数据库的？你上过数据库方面的课程吗？
3. 你运用 Microsoft Office 的工具：Word、Excel、PowerPoint、Access 的水平如何？
4. 你有什么销售经验？
5. 你精通外语吗？
6. 在向非美国组织销售我们的产品和服务时，你觉得会面临哪些挑战？

15.5.5 作者提示

1. 复习 15.1、15.3 和 15.4，第 6 章数据管理以及第 12 章商业智能和分析的内容。
2. 利用网络研究企业的产品、服务和客户，以及它的运作方式。思考企业需要做些什么来扩大全球销售。
3. 询问你在工作中如何使用 Microsoft Office 工具。
4. 询问在使用企业数据产品方面你将会接受哪些培训。

复习总结

15-1 推动业务国际化的主要因素有哪些？

国际间沟通和运输的价格降低，创造了一个具有稳定期望或规范的世界文化。稳定的政治和不断增长的全球知识被广泛分享，也有助于世界文化的形成。这些一般因素为全球市场、全球生产、协调、分配和全球规模经济创造了条件。

15-2 发展全球化企业有哪些可选战略？

有4个基本的国际战略：国内出口商、多国企业、特许经营商和跨国公司。在跨国战略中，所有生产要素要在全球范围内协调一致。然而，战略的选择是企业业务类型和产品类型的一个功能。

企业战略和信息系统设计之间有联系。跨国公司必须开发网络化的系统配置，并允许开发和运营的分散。特许经营商几乎总是在多个国家复制系统，并使用集中的财务控制。多国企业通常依靠外国单位的分散独立，向网络开发的方向发展。国内出口商通常集中在国内总部，允许分散经营。

15-3 全球信息系统和管理解决方案面临的挑战是什么？

全球信息系统提出了挑战，因为文化、政治和语言的多样性会放大组织文化和业务流程的差异，并使不同地方的信息系统难以整合。通常情况下，国际系统的开发没有一个有意识的规划。补救措施是定义核心业务流程的一小部分，并专注于构建支持这些流程的系统。在战术上，管理者不得不选择广泛分散的外国单位参与开发和运行，谨慎地进行总体控制。

15-4 开发国际信息系统时需要考虑哪些问题和技术选择？

实施全球系统需要考虑业务设计和技术平台的实施战略。主要的硬件和通信问题是系统集成和连接。整合的选择要么是采用专有架构，要么是采用开放系统技术。全球网络建设和运营极其困难。企业可以建立自己的全球网络，也可以建立基于互联网（内联网或VPN）的全球网络。主要的软件问题涉及与现有系统建立接口，并选择可以与多种文化、语言和组织框架一起工作的应用。

关键术语

业务驱动力（business driver）
共同选择（cooptation）
核心系统（core systems）
国内出口商（domestic exporter）
特许经营者（franchisers）
全球文化（global culture）
国际信息系统架构（international information systems architecture）

合法性（legitimacy）
多国公司（multinational）
特殊主义（particularism）
软件本地化（software localization）
跨境数据流（transborder data flow）
跨国公司（transnational）

复习题

15-1 推动业务国际化的主要因素有哪些?
- 列出和描述发展国际信息系统架构的 5 个主要方面。
- 描述导致全球业务增长的五大文化因素以及 4 个具体的业务因素。描述这些因素之间的相互联系。
- 列出并描述全球系统发展面临的主要挑战。
- 解释为什么一些企业没有开发国际系统的计划。

15-2 发展全球化企业有哪些可选战略?
- 描述全球商业和组织结构的 4 种主要战略。
- 描述可用于支持四种全球化战略的不同的系统配置。

15-3 全球信息系统和管理解决方案面临的挑战是什么?
- 列出和描述国际体系发展中的主要管理问题。
- 确定和描述组织进行全球业务时遵循的 3 个原则。
- 确定和描述制定和实施全球系统管理战略的 3 个步骤。
- 定义共同选择并解释如何在建立全球系统时使用它。

15-4 开发国际信息系统时需要考虑哪些问题和技术选择?
- 描述全球系统面临的主要技术问题。
- 确定有助于企业开发全球系统的技术。

讨论题

15-5 如果你是一家在许多国家运营的企业,你将使用什么标准来确定应用,是作为全球应用开发还是作为本地应用开发?

15-6 请描述互联网可用于国际信息系统的方式。

MIS 实践项目

本部分项目为你提供实践经验,进行国际市场调查,分析扩大业务的国际系统问题,为国际企业建立工作发布数据库和网页。访问 MyMIS Lab 的多媒体库以访问本章的 MIS 实践项目。

管理决策问题

15-7 UPS 一直在中国拓展包裹运送和物流服务，为跨国公司和当地企业提供服务。中国的 UPS 司机需要使用 UPS 系统和工具（如手持式交付信息获取设备）来获取包裹交付数据。UPS 希望通过网络为中国和跨国客户提供 WorldShip、CampusShip 和其他航运管理服务。为了在中国成功运作，UPS 必须考虑的一些国际系统问题是什么？

15-8 你所在企业制造和销售网球拍，并希望在美国以外地区销售。你负责制定一个全球性的网络战略，首选目标国家是巴西、中国、德国、意大利和日本。使用 CIA World Factbook 和其他在线资源中的统计数据，你首选哪个国家？你会使用什么标准？你应该在网络战略中考虑哪些其他因素？你将在网站上设置哪些功能以吸引目标地区的买家？

实现卓越运营：为国际咨询企业建立工作数据库和网页

    软件技能：数据库和网页设计

    业务技能：人力资源内部工作发布

15-9 海外地区的企业需要一种方式告知员工在这些地点是否有空缺的职位。在这个项目中，你将使用数据库软件设计一个数据库发布内部职位空缺信息和一个网页显示这些信息。

KTP 在世界各地运营，专门为中型和大型企业设计、开发和实施企业系统。KTP 为员工提供在美国、欧洲和亚洲各地旅行、生活和工作的机会。该企业的人力资源部门拥有一个简单的数据库，使员工能够跟踪职位空缺。当员工有兴趣搬迁时，她/他与人力资源部门联系，查看 KTP 职位空缺清单。KTP 还在企业网站上公布就业机会。

KTP 职位空缺数据库应包括哪些类型的数据？哪些信息不应该包含在这个数据库中？根据你对这些问题的回答，为 KTP 建立一个职位空缺数据库。用至少 20 条记录填充数据库。你也应该建立一个简单的网页，包含你新创建的职位空缺数据库。将 KTP 数据库和网页的副本提交给老师。

改进决策：开展国际市场营销和定价研究

    软件技能：基于互联网的软件

    业务技能：国际定价和市场营销

15-10 在这个项目中，你将使用网络研究海外经销商和海关规定，并使用基于互联网的软件计算外币价格。

你负责一家决定进入国际市场的美国家具制造商的市场营销。你想通过联系一家欧洲办公家具零售商来测试市场，为它提供一张售价约 165 美元的办公桌。使用网络，找到所需的信息，找到并联系这家企业，找出在当前市场上可以以多少欧元得到一把椅子。此外，考虑使用一个通用的货币转换器网站，确定一种货币以其他货币表示的价值。获取联系企业所需的信息以及椅子的当地货币价格。找到并获取从美国进出口到所选零售商所在国家产品的海关和法律限制。最后，找到一家企业作为海关代理，并收集有关运输成本的信息。

团队合作项目

识别全球商业战略的技术

15-11 与一组学生一起，确定一个信息技术领域，探索这项技术怎样才能有助于支持全球商业战略。例如，可以选择电子邮件、智能手机、VPN、企业系统、合作软件或网络。有必要确定一个业务场景来讨论这项技术。可以选择汽车零部件特许经营权或服装特许经营权（如Express）作为示例业务。你会选择哪些应用、哪些核心业务流程以及该技术如何使用？如果可能，请使用 Google Docs、Google Drive 或 Google Sites，集思广益并制作演示文稿来报告结果。

案例研究

中国的电子商务：机遇和障碍

世界上最大、增长最快的电子商务市场在哪里？在中国！中国拥有超过8亿互联网用户，占全球零售电子商务销售额的50%以上（预计到2021年将接近60%）。中国的移动支付市场规模是美国市场的11倍。目前，中国的在线销售额超过了美国。预计到2021年，电子商务将占中国零售总额的40.8%。

中国的电子商务具有很强的流动性：截至2018年年底，中国超过75%的电子商务交易（价值超过1万亿美元）是通过移动设备进行的。2017年，移动商务占中国电子商务销售额的81.6%。通过微信等移动手机支付在线和店内的费用已经席卷全国。根据艾瑞咨询集团的数据显示，2016年中国移动支付总额为9万亿美元，而同年美国的移动支付总额为1 120亿美元。中国也已经成为全球最大的移动支付市场。

腾讯的微信拥有9亿多活跃用户，是中国主要的移动平台。零售商和品牌商发现，要吸引消费者的注意力，通常需要在微信的平台上运营，而不是建立一个直接面向消费者的移动App。雅诗兰黛、Coach和Gap等零售商在微信应用中建立客户忠诚度计划，并在微信平台上进行客户关系管理。Max Factor在微信平台上建立了一个新的社交CRM系统，使用在线和离线数据创建了一个包含36类标签的详细客户数据库。Max Factor Build使用实时数据，通过微信平台根据客户生命周期的不同阶段发送个性化信息。

信用卡在中国一直未得到普及。对许多中国人来说自由消费是不可能的，因为中国文化长期以来不喜欢欠债。

电子商务使中国的数字消费者能够接触到来自海外的产品，而且相当一部分消费者似乎喜欢购买在国内价格偏高或稀缺的商品。

中国人在网上购买最受欢迎的商品类别包括：服装、食品和饮料、家用产品、消费电子产品、家电和个人护理产品。食品、奢侈品、运动和健康产品是未来增长的重要商品。中国的网络购物者往往是年轻人、城市人和受过高等教育的人。

社交媒体是发起网购的重要渠道。大约45%的中国消费者通过社交媒体来寻找新产品，54%的消费者会评论产品，25%的人通过社交渠道直接购买。零售商和品牌商需要建立和参与社交社区，并在社交平台上与客户接触。

根据波士顿咨询和阿里研究院的研究，电子商务正在一定程度上取代中国实体门店的购物，到 2020 年，电子商务将占私人消费增长的 42%。为此，沃尔玛、家乐福等超市关闭了多家门店。

对于那些想进军中国电子商务市场的跨国公司来说似乎有很多机会，但事实上并不那么容易。中国可能是世界上最大、增长最快的电子商务市场，但它也是外国企业最难渗透的市场之一。中国的电子商务市场参与者众多且竞争激烈。

腾讯是全球最大的互联网和技术企业之一，也是最大、最具价值的游戏和社交媒体企业，还拥有中国大部分的音乐服务。阿里巴巴是一家跨国电子商务、零售、互联网、人工智能和科技集团，通过门户网站提供消费者对消费者、企业对消费者、企业对企业的销售服务，以及电子支付服务、购物搜索引擎和以数据为中心的云计算服务。百度在中国和国际上提供互联网搜索服务以及交易服务，如百度送货、百度手机游戏、百度钱包和百度地图。

进入中国市场是有成本的。初期进场费 8 000 ～ 2 5000 美元，年服务费 5 000 ～ 10 000 美元，销售收入的佣金在 5% 左右，其他成本包括店面装饰、销售信息以及库存费用，此外还包括支付代理商的费用，有时仅代理费就高达数千美元。

可以与允许中国消费者购买国际品牌商品的企业合作，而该品牌不必在中国设有分支机构。例如，小红书推出了一款移动应用 App，允许客户从国外的主要市场选择产品，并向企业支付费用。然后，小红书为客户采购这些产品。

不过还有几点需要记住：大多数中国人对访问谷歌或 Facebook 等外国网站并不感兴趣，中国有一系列国内网站来提供类似的服务。中国本土的竞争对手通常会占上风，因为有太多人在使用它们的产品，以至于这些产品变得不可或缺。Skype 和 WhatsApp 等互联网通话和信息应用在中国是可以使用的，但在中国市场上，它们往往无法取代中国的产品。在中国，腾讯的微信远比 Skype、WhatsApp 和 Slack 更受欢迎。

一旦一种新的技术或商业模式出现，中国人可以很快适应本土市场。Oppo 和 Vivo 是 2016 年中国市场占有率第一和第三的智能手机品牌，吸引了一些较小的、较不富裕城市的年轻人和居民。他们的手机看起来像 iPhone，有许多相同的功能，但价格不到 iPhone 的一半。Oppo 和 Vivo 在中国的市场份额翻了一番，而苹果的市场份额却下降了 13%，排在第四位。

为了跟上小城市和农村地区日益增长的需求，在线零售商正在寻求扩大物流基础设施和服务。例如，阿里巴巴的物流子公司菜鸟拥有 18 万个快递站，负责产品的运输，还在中国各地扩展了生鲜食品配送中心。物流仍然是一个主要的挑战，因为中国的电子商务参与者试图在更广阔的地理区域接触更多的客户。中国的包裹递送业务量每年增长 30%，但这还无法满足人民日益增长的需求。

资料来源： "Overview of China Ecommerce Market," ecommerceworldwide.com, accessed February 1, 2018; Paul Mozur, "China Presses Its Internet Censorship Issues Across the Globe," New York Times, March 2, 2018; "China E-commerce Market (B2B, B2C, Mobile) in Q3 2017," China Internet Watch, January 25, 2018; Corey McNair, "Worldwide Retail and Ecommerce Sales," eMarketer, January 2018; Paul Mozur and Carolyn Zhang, "In China, Silicon Valley Giants Confront New Walls," New York Times, July 22, 2017; "Retail Ecommerce Sales in China 2016–2021," eMarketer, June 2017; "New eMarketer Forecast Sees Mobile Driving Retail Ecommerce in China," July 5, 2017; "eCommerce in China—the Future Is Already Here," Pricewaterhouse Coopers, 2017; McKinsey & Company, "How Savvy Social Shoppers Are Transforming E-Commerce," McKinsey Digital, April 2016; and Alan Lau and Min Su, "China's E-commerce Soft Spot: Logistics," McKinsey Quarterly, April 2016.

案例分析题：

15-12 请描述外国企业想要在中国进行在线交易的政策、文化和组织障碍。

15-13 这些因素会如何影响企业在中国建立电子商务业务？

15-14 企业需要做些什么才能在中国成功地开展电子商务业务？请解释一下。

参考文献

[1] Accenture. "Technology Not Widely Used in Global Companies' Emerging Market Supply Chains, Study Says." (September 16, 2014).

[2] Bisson, Peter, Elizabeth Stephenson, and S. Patrick Viguerie. "Global Forces: An Introduction." McKinsey Quarterly (June 2010).

扫一扫，下载本章参考文献

[3] Burtch, Gordon, Anindya Ghose, and Sunil Watta. "Cultural Differences and Geography as Determinants of Online Prosocial Lending." MIS Quarterly 38, No. 3 (September 2014).

[4] Chakravorti, Bhaskar, Ajay Bhalla, and Ravi Shankar Chaturved. "The 4 Dimensions of Digital Trust, Charted Across 42 Countries." Harvard Business Review (February 19, 2018).

[5] Davison, Robert. "Cultural Complications of ERP." Communications of the ACM 45, No. 7 (July 2002).

[6] Deans, Candace P., and Michael J. Kane. International Dimensions of Information Systems and Technology. Boston, MA: PWS-Kent (1992).

[7] Dewhurst, Martin, Jonathan Harris, and Suzanne Heywood. "The Global Company's Challenge." McKinsey Quarterly (June 2012).

[8] Ghislanzoni, Giancarlo, Risto Penttinen, and David Turnbull. "The Multilocal Challenge: Managing Cross-Border Functions." McKinsey Quarterly (March 2008).

[9] Gulati, Ranjay. "GE's Global Growth Experiment." Harvard Business Review (September–October 2017).

[10] Ives, Blake, and Sirkka Jarvenpaa. "Applications of Global Information Technology: Key Issues for Management." MIS Quarterly 15, No. 1 (March 1991).

[11] Ives, Blake, S. L. Jarvenpaa, and R. O. Mason. "Global Business Drivers: Aligning Information Technology to Global Business Strategy." IBM Systems Journal 32, No. 1 (1993).

[12] King, William R., and Vikram Sethi. "An Empirical Analysis of the Organization of Transnational Information Systems." Journal of Management Information Systems 15, No. 4 (Spring 1999).

[13] Kirsch, Laurie J. "Deploying Common Systems Globally: The Dynamic of Control." Information Systems Research 15, No. 4 (December 2004).

[14] Martinsons, Maris G. "ERP In China: One Package Two Profiles." Communications of the ACM 47, No. 7 (July 2004).

[15] Meyer, Erin. "When Culture Doesn't Translate." Harvard Business Review (October 2015).

[16] McKinsey & Company. "Lions Go Digital: The Internet's Transformative Potential in Africa." (November 2013).

[17] Mouchawar, Ronaldo. "Souq.com's CEO on Building an ECommerce Powerhouse in the Middle East." Harvard Business Review (September–October 2017).

[18] Naím, Moises, and Philip Bennett. "The Anti-Information Age." The Atlantic (February 16, 2016).

[19] Roche, Edward M. Managing Information Technology in Multinational Corporations. New York: Macmillan (1992).

[20] Su, Ning. "Cultural Sensemaking in Offshore Information Technology Service Suppliers: A Cultural Frame Perspective." MIS Quarterly 39, No. 4 (December 2015).

[21] The Guardian. "Internet Censorship Listed: How Does Each Country Compare?" theguardian.com, accessed February 23, 2018.

[22] Tractinsky, Noam, and Sirkka L. Jarvenpaa. "Information Systems Design Decisions in a Global Versus Domestic Context." MIS Quarterly 19, No. 4 (December 1995).

词汇表

3D 打印：使用机器根据数字文件的规格逐层制作的固态物体，也称为"增材制造"。

3G 网络：基于分组交换技术的移动网络，对移动用户来说速度达到 144 K 比特/秒，对固定用户来说速度能达到 2M 比特/秒以上，用户除了语音之外还可以传输视频、图形和其他富媒体。

4G 网络：无线通信的下一代演化是完全分组交换，能够提供从 1 M 比特/秒到 1 G 比特/秒的速度，比 3G 网络快 10 倍。

5G 网络：下一代无线技术的演进，支持千兆范围内的大量数据传输，传输延迟更少，与现有蜂窝系统相比，能够同时连接更多的设备（如传感器和智能设备）。

可接受使用政策（AUP）：定义企业信息资源和计算设备（包括 PC 和笔记本电脑、无线设备、电话和互联网）的可接受用途，并规定不合规的后果。

验收测试：提供在生产环境中系统准备使用的最终认证。

问责制：评估所作决策的责任和采取行动的机制。

广告收益模式：网站通过吸引大量的观众来创造收入。

合作收益模式：一种电子商务的收入模式，在这种模式下，网站作为"合作伙伴"把它们的访问者转介给其他网站，以获得转介费用。

代理理论：一种经济理论，认为企业是自利的个体之间的合同关系，必须加以监督和管理。

基于代理的建模：将复杂现象建模为遵循相对简单的交互规则的自治代理系统。

敏捷开发：将大型项目分解为一系列使用迭代和持续反馈，在短时间内完成的小型子项目，快速交付工作软件。

分析平台：预配置的硬件—软件系统，专门用于高速分析大型数据集。

分析型 CRM：CRM 应用程序，用来处理客户数据，提供改善业务绩效的信息。

Android：由 Android 公司（Google 购买）和后来的开放手机联盟开发的移动操作系统，作为灵活的、可升级的移动设备平台。

防病毒软件：用于检测并经常消除信息系统中的恶意软件的软件。

应用控制：每个计算机应用特有的特殊控制，确保只有经过授权的数据被该应用完全准确地处理。

应用服务器：处理基于浏览器的计算机和企业后端业务应用或数据库之间的所有应用操作的软件。

……

更多词汇，请扫描下方二维码获取 word 版。

扫一扫，
下载更多词汇

Supplements Request Form (教辅材料申请表)

Lecturer's Details（教师信息）

Name:(姓名)		**Title:**(职务)	
Department:(系科)		**School/University:**(学院/大学)	
Official E-mail:(学校邮箱)		**Lecturer's Address / Post Code:**(教师通讯地址/邮编)	
Tel:(电话)			
Mobile:(手机)			

Adoption Details（教材信息）　原版☐　翻译版☐　影印版 ☐

Title: (英文书名) Edition: (版次) Author: (作者)	
Local Publisher:(中国出版社)	

Enrolment:(学生人数)	**Semester:**(学期起止日期时间)	

Contact Person & Phone/E-Mail/Subject:
(系科/学院教学负责人电话/邮件/研究方向)
（我公司要求在此处标明系科/学院教学负责人电话/传真及电话和传真号码并在此加盖公章.）

教材购买由 我☐　我作为委员会的一部分☐　其他人☐[姓名：　　　] 决定。

Please fax or post the complete form to　　　　You can also scan the QR code,
　　　　　　　　　　　　　　　　　　　　　　您也可以扫描二维码，
　　　　　　　　　　　　　　　　　Apply for teaching materials online through our public account
（请将此表格传真至）：　　　　　　　　　通过我们的公众号线上申请教辅资料

CENGAGE LEARNING BEIJING
ATTN : Higher Education Division
TEL : (86) 10-83435000
FAX : (86) 10 82862089
EMAIL : asia.infochina@cengage.com
www.cengageasia.com
ADD : 北京市海淀区科学院南路 2 号
融科资讯中心 C 座南楼 707 室　100190

Note: Thomson Learning has changed its name to CENGAGE Learning

VERIFICATION FORM / CENGAGE LEARNING